TEACHER'S EDITION

D'accord! 1B

LANGUE ET CULTURE DU MONDE FRANCOPHONE

VISTA®
HIGHER LEARNING

Boston, Massachusetts

On the cover: Metro sign, Place de la Concorde, Paris, France

Publisher: José A. Blanco

Editorial Development: Megan Moran, Sharla Zwirek

Project Management: Brady Chin, Sally Giangrande, Rosemary Jaffe, Faith Ryan

Rights Management: Annie Pickert Fuller, Ashley Poreda

Technology Production: Kamila Caicedo, Jamie Kostecki, Reginald Millington, Paola Ríos Schaaf

Design: Radoslav Mateev, Gabriel Noreña, Andrés Vanegas

Production: Sergio Arias, Oscar Díez

Student Text ISBN: 978-1-68005-762-1
Teacher's Edition ISBN: 978-1-68005-763-8
Library of Congress Control Number: 2017949781

1 2 3 4 5 6 7 8 9   TC   23 22 21 20 19 18

Printed in Canada

Contents

1A

Unit/Lesson	Contextes	Structures	Culture/Panorama
Unité 1 Salut!			
Leçon 1A	Greetings and goodbyes Introductions and expressions of courtesy	Nouns and articles Numbers 0–60	Greetings and manners
Leçon 1B	People and things around the classroom	Subject pronouns and the verb **être** Adjective agreement	French identity and diversity **Le monde francophone**
Unité 2 Au lycée			
Leçon 2A	Academic life	Present tense of regular **-er** verbs Forming questions and expressing negation	French school life
Leçon 2B	Everyday activities	Present tense of **avoir** Telling time	**Le bac** **La France**
Unité 3 La famille et les copains			
Leçon 3A	Family, friends, and pets	Descriptive adjectives Possessive adjectives	Families in France
Leçon 3B	Descriptive adjectives Occupations	Numbers 61–100 Prepositions of location and disjunctive pronouns	Relationships **La Suisse** **La Belgique**
Unité 4 Au café			
Leçon 4A	Places and activities around town	The verb **aller** Interrogative words	Popular leisure activities
Leçon 4B	Going to a **café**	The verbs **prendre** and **boire**; Partitives Regular **-ir** verbs	**Café** culture **Le Québec**

1B

Unit/Lesson	Contextes	Structures	Culture/Panorama
Reprise			
	A brief overview of the contexts and grammar from Level 1A		
Unité 5 Les loisirs			
Leçon 5A	Leisure activities	The verb **faire** and the expression **il faut** Irregular **-ir** verbs	Soccer in France
Leçon 5B	Weather Seasons and months	Numbers 101 and higher Spelling-change **-er** verbs	Public spaces in France **L'Afrique de l'Ouest** **L'Afrique centrale**
Unité 6 Les fêtes			
Leçon 6A	Parties and celebrations Stages of life	Demonstrative adjectives The **passé composé** with **avoir**	**Le carnaval**
Leçon 6B	Clothing and colors	Indirect object pronouns Regular and irregular **-re** verbs	Fashion **Le Maroc** **L'Algérie** **La Tunisie**
Unité 7 En vacances			
Leçon 7A	Travel and transportation	The **passé composé** with **être** Direct object pronouns	Tahiti
Leçon 7B	Hotels and accommodations	Adverbs and the verbs **dire**, **écrire**, and **lire** The **imparfait**	Vacations **La Polynésie française** **L'Asie du Sud-Est**
Unité 8 Chez nous			
Leçon 8A	Parts of the house Furniture	The **passé composé** vs. the **imparfait** (Parts 1 and 2) The verb **vivre**	Housing in the Francophone world
Leçon 8B	Household chores	The **passé composé** vs. the **imparfait** (Summary) The verbs **savoir** and **connaître**	Household interiors **Paris** **L'Île-de-France**

1

Unit/Lesson	Contextes	Structures	Culture/Panorama
Unité 1 Salut!			
Leçon 1A	Greetings and goodbyes Introductions and expressions of courtesy	Nouns and articles Numbers 0–60	Greetings and manners
Leçon 1B	People and things around the classroom	Subject pronouns and the verb **être** Adjective agreement	French identity and diversity **Le monde francophone**
Unité 2 Au lycée			
Leçon 2A	Academic life	Present tense of regular **-er** verbs Forming questions and expressing negation	French school life
Leçon 2B	Everyday activities	Present tense of **avoir** Telling time	**Le bac** **La France**
Unité 3 La famille et les copains			
Leçon 3A	Family, friends, and pets	Descriptive adjectives Possessive adjectives	Families in France
Leçon 3B	Descriptive adjectives Occupations	Numbers 61–100 Prepositions of location and disjunctive pronouns	Relationships **La Suisse** **La Belgique**
Unité 4 Au café			
Leçon 4A	Places and activities around town	The verb **aller** Interrogative words	Popular leisure activities
Leçon 4B	Going to a **café**	The verbs **prendre** and **boire;** Partitives Regular **-ir** verbs	**Café** culture **Le Québec**
Unité 5 Les loisirs			
Leçon 5A	Leisure activities	The verb **faire** and the expression **il faut** Irregular **-ir** verbs	Soccer in France
Leçon 5B	Weather Seasons and months	Numbers 101 and higher Spelling-change **-er** verbs	Public spaces in France **L'Afrique de l'Ouest** **L'Afrique centrale**
Unité 6 Les fêtes			
Leçon 6A	Parties and celebrations Stages of life	Demonstrative adjectives The **passé composé** with **avoir**	**Le carnaval**
Leçon 6B	Clothing and colors	Indirect object pronouns Regular and irregular **-re** verbs	Fashion **Le Maroc** **L'Algérie** **La Tunisie**
Unité 7 En vacances			
Leçon 7A	Travel and transportation	The **passé composé** with **être** Direct object pronouns	Tahiti
Leçon 7B	Hotels and accommodations	Adverbs and the verbs **dire**, **écrire**, and **lire** The **imparfait**	Vacations **La Polynésie française** **L'Asie du Sud-Est**
Unité 8 Chez nous			
Leçon 8A	Parts of the house Furniture	The **passé composé** vs. the **imparfait** (Parts 1 and 2) The verb **vivre**	Housing in the Francophone world
Leçon 8B	Household chores	The **passé composé** vs. the **imparfait** (Summary) The verbs **savoir** and **connaître**	Household interiors **Paris** **L'Île-de-France**

Unit/Lesson	Contextes	Structures	Culture/Panorama
Reprise			
	Review of Level 1 vocabulary	Review of Level 1 grammar	Summer vacation activities
Unité Préliminaire Chez nous			
Leçon PA	Parts of the house Furniture	The **passé composé** vs. **the imparfait** (Parts 1 and 2) The verb **vivre**	Housing in the Francophone world
Leçon PB	Household chores	The **passé composé** vs. **the imparfait** (Summary) The verbs **savoir** and **connaître**	Household interiors **Paris** **L'Île-de-France**
Unité 1 La nourriture			
Leçon 1A	Food and meals	The verb **venir**, the **passé récent**, and time expressions The verbs **devoir, vouloir, pouvoir**	French gastronomy and the **Guide Michelin**
Leçon 1B	Dining Specialty food shops	Comparatives and superlatives of adjectives and adverbs Double object pronouns	French meals **La Normandie** **La Bretagne**
Unité 2 La santé			
Leçon 2A	Parts of the body Daily routine	Reflexive verbs Reflexives: **Sens idiomatique**	Healthcare in France
Leçon 2B	Health, maladies, and remedies	The **passé composé** and **imparfait** of reflexive verbs The pronouns **y** and **en**	**La sécurité sociale** **La Nouvelle-Aquitaine** **L'Occitanie**
Unité 3 La technologie			
Leçon 3A	Computers and electronics	Prepositions with the infinitive Reciprocal verbs	Technology
Leçon 3B	Cars and driving	The verbs **ouvrir** and **offrir** **Le conditionnel**	Cars in France **Provence-Alpes-Côte d'Azur** **La Corse**
Unité 4 En ville			
Leçon 4A	Errands	**Voir, croire, recevoir,** and **apercevoir** Negative/affirmative expressions	Small shops
Leçon 4B	Giving and getting directions	**Le futur simple** Irregular stems in the **futur simple**	French cities and towns **Les Pays de la Loire** **Le Centre-Val de Loire**
Unité 5 L'avenir et les métiers			
Leçon 5A	At the office Making phone calls	**Le futur simple** with **quand** and **dès que** The interrogative pronoun **lequel**	Phones in France
Leçon 5B	Professions	**Si** clauses Relative pronouns **qui, que, dont, où**	Unions and strikes **L'Auvergne-Rhône-Alpes** **La Bourgogne-Franche-Comté**
Unité 6 L'espace vert			
Leçon 6A	Environmental concerns	Demonstrative pronouns The subjunctive (Part 1)	The ecological movement in France
Leçon 6B	Nature	The subjunctive (Part 2) Comparatives and superlatives of nouns	National parks **Le Grand Est** **Les Hauts-de-France**
Unité 7 Les arts			
Leçon 7A	Performance arts	The subjunctive (Part 3) Possessive pronouns and **être à (quelqu'un)**	Theater in France
Leçon 7B	Literary arts TV and movies	The subjunctive (Part 4) Review of the subjunctive	Haitian painting **La France d'outre-mer**

Scope & Sequence: D'accord! 3

Lesson	Contextes	Structures	Imaginez/Culture	Film/Littérature
Reprise				
	Review of Levels 1 and 2 vocabulary	Review of Levels 1 and 2 grammar		
Leçon 1 Ressentir et vivre				
	Relationships	Spelling-change verbs The irregular verbs **être**, **avoir**, **faire**, and **aller** Forming questions	Les États-Unis Les francophones d'Amérique	**Court métrage:** *Tout le monde dit je t'aime* (**France**) **Littérature:** *Il pleure dans mon cœur* de Paul Verlaine
Leçon 2 Habiter en ville				
	Towns and cities	Reflexive and reciprocal verbs Descriptive adjectives and adjective agreement Adverbs	La France Rythme dans la rue: La fête de la Musique	**Court métrage:** *J'attendrai le suivant* (**France**) **Littérature:** *Tout bouge autour de moi* de Dany Laferrière
Leçon 3 L'influence des médias				
	News and media	The **passé composé** with **avoir** The **passé composé** with **être** The **passé composé** vs. the **imparfait**	Le Québec Guy Laliberté, un homme hors du commun	**Court métrage:** *Le Technicien* (**Canada**) **Littérature:** *99 Francs* de Fréderic Beigbeder
Leçon 4 La valeur des idées				
	Human rights Politics	The **plus-que-parfait** Negation and indefinite adjectives and pronouns Irregular **-ir** verbs	Les Antilles Haïti, soif de liberté	**Court métrage:** *L'hiver est proche* (**France**) **Littérature:** *Discours sur la misère* de Victor Hugo
Leçon 5 La société en évolution				
	Diversity Social change	Partitives The pronouns **y** and **en** Order of pronouns	L'Afrique de l'Ouest Le numérique fait bouger les écoles africaines	**Court métrage:** *Samb et le commissaire* (**Suisse**) **Littérature:** *Le marché de l'espoir* de Ghislaine Sathoud
Leçon 6 Les générations que bougent				
	Families Stages of life	The subjunctive: impersonal expressions; will, opinion, and emotion Demonstrative pronouns Irregular **-re** verbs	L'Afrique du Nord et le Liban Jour de mariage	**Court métrage:** *De l'autre côté* (**Algérie/France**) **Littérature:** *La logique des grands* de Olivier Charneux
Leçon 7 À la recherche du progrès				
	Technology and inventions The sciences	The comparative and superlative of adjectives and adverbs The **futur simple** The subjunctive with expressions of doubt and conjunctions; the past subjunctive	La Belgique, la Suisse, et le Luxembourg CERN: À la découverte d'un univers particulier	**Court métrage:** *Le Manie-Tout* (**France**) **Littérature:** *Solitude numérique* de Didier Daeninckx
Leçon 8 S'évader et s'amuser				
	Leisure activities Sports	Infinitives Prepositions with geographical names The **conditionnel**	L'océan Indien La Réunion, île intense	**Court métrage:** *Le ballon prisonnier* (**France**) **Littérature:** *Le football* de Sempé-Goscinny
Leçon 9 Perspectives de travail				
	At the office Banking and finances	Relative pronouns The present participle Irregular **-oir** verbs	L'Afrique Centrale Des Africaines entrepreneuses	**Court métrage:** *Bonne nuit Malik* (**France**) **Littérature:** *Les tribulations d'une caissière* de Anna Sam
Leçon 10 Les richesses naturelles				
	Nature The environment	The past conditional The future perfect **Si** clauses	La Polynésie française, la Nouvelle-Calédonie, l'Asie Les richesses du Pacifique	**Court métrage:** *L'homme qui plantait des arbres* (**Québec, Canada**) **Littérature:** *Baobab* de Jean-Baptiste Tati-Loutard

Traditional
sequence of study

OR

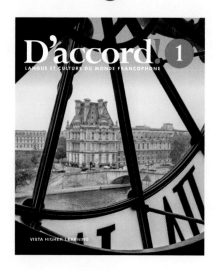

Year 1 ——————— Year 2 ——————— Year 3

- Sequenced instruction builds interpretive, interpersonal, and presentational communication skills
- Consistent pedagogy enables a seamless transition from year to year

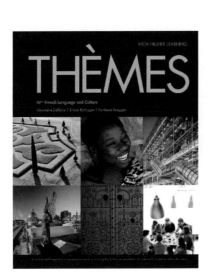

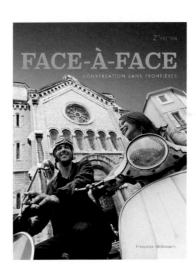

AP®   Advanced

- Focus on personalized language learning enhances the student experience
- A single technology portal built specifically for world language education—vhlcentral

Alternate
sequence of study

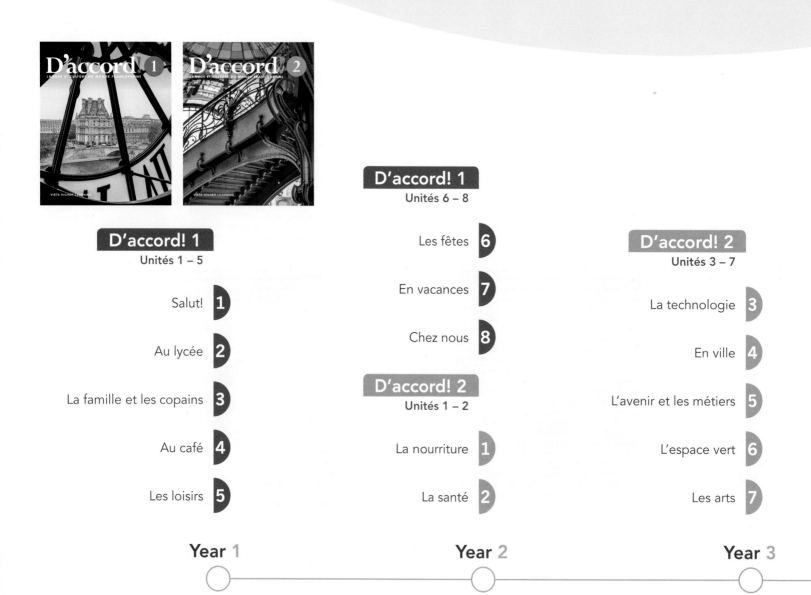

D'accord! 1
Unités 1 – 5

Salut! **1**

Au lycée **2**

La famille et les copains **3**

Au café **4**

Les loisirs **5**

D'accord! 1
Unités 6 – 8

Les fêtes **6**

En vacances **7**

Chez nous **8**

D'accord! 2
Unités 1 – 2

La nourriture **1**

La santé **2**

D'accord! 2
Unités 3 – 7

La technologie **3**

En ville **4**

L'avenir et les métiers **5**

L'espace vert **6**

Les arts **7**

Year 1

Year 2

Year 3

Are you considering a different pace that better accommodates the breadth and depth of the program? Then consider this alternative sequence of study successfully used in schools across the country.

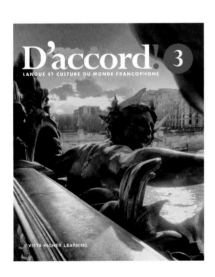

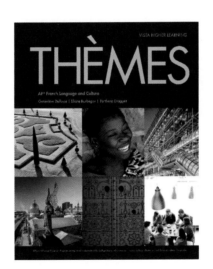

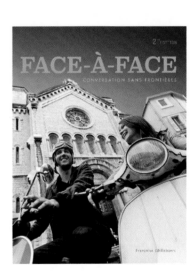

Year 4   AP®   Advanced

Pace **D'accord!** 1 and 2 over three years to give you the
flexibility you desire for your program. And no matter which
sequence of study you choose, vhlcentral is always there to
support instruction and learning.

D'accord! PRIME vs. D'accord! Supersite

At Vista Higher Learning, we recognize that classrooms and districts across the country are implementing technology at varying rates. That's why we offer two levels of technology with **D'accord! Prime** or **Supersite**. The program's flexibility makes it a good fit for any curriculum or infrastructure—both today and for years to come.

For the Teacher

COMPONENT	WHAT IS IT?	PRIME	Supersite
Teacher's Edition	Teacher support for core instruction	•	•
Activity Pack (with Answer Key)	Supplementary activities for levels 1 and 2, including: • Additional structured language practice • Additional activities using authentic sources • Communication activities for practicing interpersonal speaking • Lesson review activities	•	•
Audio and Video Scripts	Scripts for all audio and video selections: • Textbook audio • *Cahier de l'élève* audio • Testing Program audio • Video Virtual Chat scripts • *Roman-photo*, *Le Zapping*, and *Flash culture* • Grammar Tutorials	•	•
Cahier de l'élève Teacher's Edition	Workbook with overprinted answers		•
Digital Image Bank	Images and maps from the text to use for presentation in class, plus a bank of illustrations to use with the Instructor-Created Content tool	•	•
Grammar Presentation Slides	Grammar presentation reformatted in PowerPoint	•	•
I Can Worksheets	Unit Objectives broken down by section and written in student-friendly "I Can" statement format	•	•
Implementation Guides	In-depth support for every stage of instruction—from planning and implementation, to assessment and remediation		•
Index to AP® Themes and Contexts	Overview chart showing where you can explore the various themes and contexts with students	•	•
Learning Templates	Pre-built syllabi that provide you with flexible options to suit your On-level and Above-level classes		•
Lesson Plans	Editable block and standard schedules		•
Middle School Activity Pack (with Answer Key)	Hands-on vocabulary and grammar practice designed for younger learners, but effective for kinesthetic instruction for levels 1A, 1B, and 1	•	•
Pacing Guides	Guidelines for how to cover the level's instructional material for a variety of scenarios (standard, block, etc.)	•	•
Program Audio	Audio files for all textbook and *Cahier* audio activities	•	•
Teacher's DVD Set	*Roman-photo*/*Flash culture* DVD, Teacher Resources DVD	•	
Testing Program (with Answer Key)	Quizzes, tests, and exams; includes IPAs with grading rubrics	•	•
Testing Program Audio	Audio to accompany all tests and exams	•	•

For the **Student**

COMPONENT	WHAT IS IT?	PRIME	Supersite
Student Edition	Core instruction for students	•	•
Cahier de l'élève	Student workbook with listening and writing practice		•
Audio-synced Readings	Audio to accompany all *Lecture* selections	•	•
Dictionary	Easy digital access to dictionary	•	•
eBook	Downloadable Student Edition		•
eCompanion	Online version of the Student Edition	•	
Enhanced Diagnostics	Embedded assessment activities provide immediate feedback to students	•	
Flash culture Video	Young broadcasters from the French-speaking world share cultural aspects of life	•	•
Grammar Tutorials	Animated tutorials pair lesson concepts with fun examples and interactive questions that check for understanding		•
Grammar Tutorials with Diagnostics	Interactive tutorials featuring embedded quick checks and multi-part diagnostics with real-time feedback and remediation	•	
Learning Progression	Unique learning progression logically contextualizes lesson content	•	
Le Zapping Video	Authentic TV clips from across the French-speaking world	•	•
My Vocabulary	A variety of tools to practice vocabulary	•	•
News and Cultural Updates	Monthly posting of authentic resource links with scaffolded activities	•	•
Online Information Gap Activities	Student pairs work synchronously to record a conversation as they negotiate for meaning to complete a task	•	
Partner Chat Activities	Pairs of students work synchronously to record a conversation in the target language	•	•
Personalized Study Plan	Personalized prescriptive pathway highlights areas where students need more practice	•	
Practice Tests with Diagnostics	Students get feedback on what they need to study before a test or exam	•	
Pronunciation Tutorials	Interactive presentation of French pronunciation and spelling with Speech Recognition	•	
Roman-photo Video	Engaging storyline video	•	•
Speech Recognition	Innovative technology analyzes students' speech and provides real-time feedback	•	
vText	Virtual interactive textbook for browser-based exploration	•	
Video Virtual Chat Activities	Students create simulated conversations by responding to questions delivered by video recordings of native speakers	•	
Vocabulary Hotspots	Vocabulary presentation with embedded audio	•	•
Vocabulary Spotlights	Automated spotlighting on images with audio	•	
Vocabulary Tutorials (Interactive)	Lesson vocabulary taught in a cyclical learning sequence—Listen & repeat, Match, Say it—with Speech Recognition and diagnostics	•	
Web-enhanced Readings	Dynamic presentation with audio		•

Student-Directed Learning

To effectively learn a new language, students need opportunities for meaningful practice—both inside and outside of the classroom. **D'accord! Prime** provides students with the interactive tools and engaging content they need to stay motivated and on track throughout the school year.

D'accord! Prime is unique in its organization and delivery of lesson content. Each color-coded strand features a progression that contextualizes the learning experience for students by breaking lesson content into comprehensible chunks.

Teacher-Driven Technology

D'accord! Prime allows your unique teaching style to shine through. Use the powerful Assignment Wizard to build courses quickly and easily to meet the needs of each classroom. With this program, you'll have the time and flexibility to create and incorporate your own activities, videos, assignments, and assessments. Adding your own voice is easy—and your students will hear your unique accent loud and clear.

With integrated content, comprehensive resources, and innovative tools, **D'accord! Prime** online provides everything you need to engage students and support language learning—all while making instruction easier.

A powerful setup wizard lets you customize your course settings, copy previous courses to save time, and create your all-in-one gradebook. Grades for teacher-created assignments (pop-quizzes, class participation, etc.) can be incorporated for a true, up-to-date cumulative grade.

Convenient options for grading include spot-checking, student-by-student, and question-by-question approaches. Plus, in-line editing tools and voice comments provide additional opportunities for targeted feedback.

Administer pre-built online quizzes and tests or develop your own—such as open-ended writing prompts or chat activities. You can also add your own text reference, image reference, or word bank to a section of a test.

Tailor your course to fit your needs. Create your own open-ended video Partner Chat activities, add video or outside resources, and modify existing content with personalized notes.

Explore and Learn

Explore and Learn activities engage students, so they can actively learn and build confidence in a safe online environment. With these low-stakes assignments, students receive credit for participation, not performance.

Explore

Explore interactive presentations activate students' prior knowledge and connect them with the material they are about to learn.

Contextes Explore features a multimodal presentation with audio, text, illustrations, and contemporary photos that immerses students in an engaging learning environment.

Contextes Spotlights capture and focus students' attention on key vocabulary from the lesson.

Roman-photo Explore mini video clips in an easy-to-follow storyboard format set the context for the entire episode.

Structures Explore features carefully designed charts and diagrams that call out key grammatical structures as well as additional active vocabulary. Audio and point-of-use photos from the Vocabulary Tutorials and *Roman-photo* episode provide additional context.

Learn

Learn activities shift from receptive to interactive, inviting students to be active participants and take ownership of their learning. Embedded quick checks give students immediate feedback, without grading or demotivating them.

Vocabulary Tutorials feature a cyclical learning sequence that optimizes comprehension and retention:

- **Listen & repeat:** How does the word look and sound?
- **Match:** Which picture represents the word?
- **Say it:** Do you recognize the picture? Do you know how to say the word?

Audio hints and cognate/false cognate icons help students understand and remember new vocabulary.

Speech Recognition, embedded in the Vocabulary Tutorials, Pronunciation Tutorials, and *Roman-photo*, identifies student utterances in real time and objectively determines whether a student knows the word.

This innovative technology increases student awareness of pronunciation through low-stakes production practice.

Pronunciation Tutorials require students to engage with the material via interactive quick checks throughout each tutorial.

Real-time feedback via embedded Speech Recognition gives students an opportunity to reflect on their language patterns and increases their awareness of pronunciation for more effective speaking and listening skills.

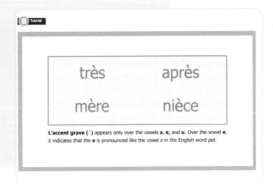

Culture à la loupe features a dynamic web-enhanced presentation of the reading with audio to engage 21st-century learners.

Practice

Practice activities are carefully scaffolded—moving from discrete to open-ended—to support students as they acquire new language. This purposeful progression develops students' confidence and skills as they master new vocabulary and structures.

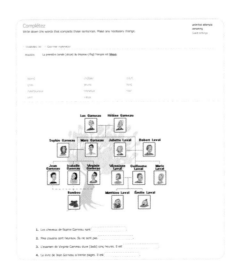

D'accord! Prime

Communicate

Communicate activities provide opportunities for students to develop their oral skills and build confidence. Scaffolded activities expand on the three modes of communication: interpretive, interpersonal, and presentational.

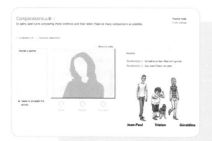

Online Information Gap activities engage student partners in interpersonal communication as they negotiate meaning to solve a real-world task. They also provide opportunities for students to learn how to ask for clarification, request information, and use circumlocution or paraphrasing when faced with misunderstandings.

Self-check

Self-check activities enable students to gauge their performance every step of the way. These low-stakes activities feature real-time feedback and personalized remediation that highlights areas where students may need more practice.

Évaluation personnelle is a self-check activity that provides students with low-stakes diagnostic opportunities for each vocabulary and grammar section. Depending on their performance, students are provided with opportunities for review.

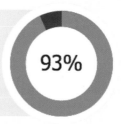

Assessment

A variety of formative and summative assessments allow for varied and ongoing evaluation of student learning and progress. Tailor these assessments to meet the needs of your students.

Épreuve diagnostique is a multi-question practice test in the *Révision* section of each B lesson that provides students with a low-stakes opportunity for assessing their knowledge of the vocabulary and grammar points covered in each unit.

A **Personalized Study Plan** highlights areas where students need additional support and recommends remediation activities for completion prior to the unit test.

World-Readiness Standards
for Learning Languages

D'accord! blends the underlying principles of the *ACTFL Proficiency Guidelines and the World-Readiness Standards for Learning Languages* with features and strategies tailored specifically to build students' language and cultural competencies.

The *Standards* are organized into five goal areas, often called the Five C's: Communication, Cultures, Connections, Comparisons, and Communities. As **D'accord!** takes a communicative approach to the teaching and learning of French, the Communication goal is central to instruction. For example, the diverse formats used in *Communication* activities engage students in communicative exchanges, providing and obtaining information, and expressing feelings and emotions.

The Cultures goal is most evident in the *Culture*, *Le Zapping*, *Flash culture*, and *Panorama* sections, but **D'accord!** also weaves in culture throughout, exposing students to the multiple facets of practices, products, and perspectives of the French-speaking world. In keeping with the Connections goal, students can connect with other disciplines such as geography, history, fine arts, and science in the *Panorama* section; they can acquire information and recognize distinctive cultural viewpoints in the non-literary and literary texts of the *Lecture* sections.

The *Structures* sections feature clear explanations that reflect the Comparisons goal. Students can work toward the Connections and Communities goal when they do the *Culture* and *Panorama* sections' *Sur Internet activities.* Key Standards are called out in the Teacher's Edition wrap.

THE FIVE C'S OF FOREIGN LANGUAGE LEARNING	
Communication	Understand and be understood: read and listen to understand the French-speaking world, converse with others, and share your thoughts clearly through speaking and writing.
Cultures	Experience French-speaking cultures through their own viewpoints, in the places, objects, behaviors, and beliefs important to the people who live them.
Connections	Apply what you learn in your French course to your other studies; apply what you know from other courses to your French studies.
Comparisons	Discover in which ways the French language and French-speaking cultures are like your own—and how they differ.
Communities	Engage with French-speaking communities locally, nationally, and internationally both in your courses and beyond—for life.

Adapted from ACTFL's *Standards for Foreign Language Learning in the 21st Century*

Six-step
instructional design

D'accord! is built around Vista Higher Learning's proven six-step instructional design. Each unit is organized into color-coded strands that present new material in clear, comprehensible, and communicative ways. With a focus on personalization, authenticity, cultural immersion, and the seamless integration of text and technology, language learning comes to life in ways that are meaningful to each and every student.

1 **Context**
Provide students with a place to start. Let them share their own experiences with and about the unit topic.

2 **Vocabulary**
Give students a new linguistic code to express what they already know and experience in the context of the unit theme.

3 **Media**
Once students see that French is a tool for expressing their own ideas, media helps them relate their own experiences to those of native speakers.

4 **Culture**
Bring students into the experience of contemporary French-speaking culture as seen from the perspective of those living it.

5 **Structure**
The formal presentation of relevant grammar and scaffolded, personalized activities help students leverage grammar as a tool for building confidence, fluency, and accuracy.

6 **Synthesis**
Pulling everything together, students integrate context, personal experience, communication tools, and cultural products, perspectives, and practices.

Beginning with the
student in mind

Pour commencer
jump-starts the unit, allowing students to use the French they know to talk about the photo.

All units open with images that provide visual context for the unit theme.

Les fêtes

Unité
6

Pour commencer
- Combien de personnes y a-t-il sur la photo? Quel âge ont-ils, à votre avis?
- Qu'est-ce qu'ils fêtent aujourd'hui?
- Qu'est-ce qu'ils vont manger, du fromage ou un dessert?
- Et vous, organisez-vous souvent des fêtes? Pour quelles occasions?

At-a-glance content summaries provide an overview of the vocabulary, grammar, and cultural topics covered in the unit.

Each unit includes two lessons and an end-of-unit **Savoir-faire** section.

Setting the stage
for communication

You will learn how to...
highlights the communicative goals and real-life tasks students will be able to carry out in French by the end of each lesson.

Theme-related vocabulary is introduced through full-color, expansive illustrations and easy-to-use reference lists.

Mise en pratique starts the lesson's activity sequence with controlled practice.

Contextes — Leçon 6A — Les fêtes — Unité 6

You will learn how to...
- talk about celebrations
- talk about the stages of life

◁) **vhl**central

Surprise!

les invitées (f.)
les invités (m.)
l'hôte (m.)
l'hôtesse (f.)
la glace
les biscuits (m.)
les bonbons (m.)
les desserts (m.)
les glaçons (m.)
le gâteau
la surprise
le couple
le cadeau

BON ANNIVERSAIRE, MARC!

Vocabulaire

faire une surprise (à quelqu'un)	to surprise (someone)
fêter	to celebrate
organiser une fête	to organize a party
une fête	party; celebration
un jour férié	holiday
l'amitié	friendship
l'amour	love
le bonheur	happiness
un(e) fiancé(e)	fiancé
des jeunes mariés (m.)	newlyweds
un rendez-vous	date; appointment
l'adolescence (f.)	adolescence
l'âge adulte (m.)	adulthood
un divorce	divorce
l'enfance (f.)	childhood
une étape	stage
la jeunesse	youth
un mariage	marriage; wedding
la mort	death
la naissance	birth
la vie	life
la vieillesse	old age
prendre sa retraite	to retire
tomber amoureux/ amoureuse	to fall in love
ensemble	together

Mise en pratique

1 Chassez l'intrus Indiquez le mot ou l'expression qui n'appartient pas (*doesn't belong*) à la liste.

1. l'amour, tomber amoureux, un fiancé, un divorce
2. un mariage, un couple, un jour férié, une fiancée
3. un biscuit, un glaçon un dessert, un gâteau
4. la retraite l'amitié, le bonheur, l'amour
5. la vieillesse, la naissance, l'enfance, la jeunesse
6. faire la fête, un hôte, des invités, une étape
7. fêter, un cadeau, la vie, une surprise
8. la glace l'âge adulte la mort, l'adolescence

2 Écoutez Écoutez la conversation entre Anne et Nathalie. Indiquez si les affirmations sont **vraies** ou **fausses**.

	Vrai	Faux
1. Jean-Marc va prendre sa retraite dans six mois.	☐	☐
2. Nathalie a l'idée d'organiser une fête pour Jean-Marc.	☐	☐
3. Anne va acheter un gâteau.	☐	☐
4. Nathalie va apporter de la glace.	☐	☐
5. La fête est une surprise.	☐	☐
6. Nathalie va envoyer les invitations par e-mail.	☐	☐
7. La fête va avoir lieu (*take place*) dans le bureau d'Anne.	☐	☐
8. La maison d'Anne n'est pas belle.	☐	☐
9. Tout le monde va donner des idées pour le cadeau.	☐	☐
10. Les invités vont acheter le cadeau.	☐	☐

3 Associez Faites correspondre les mots et expressions de la colonne de gauche avec les définitions de la colonne de droite. Notez que tous les éléments ne sont pas utilisés. Ensuite (*Then*), avec un(e) partenaire, donnez votre propre définition de quatre expressions de la première colonne. Votre partenaire doit deviner (*must guess*) de quoi vous parlez.

_____ 1. la naissance
_____ 2. l'enfance
_____ 3. l'adolescence
_____ 4. l'âge adulte
_____ 5. tomber amoureux
_____ 6. un jour férié
_____ 7. le mariage
_____ 8. le divorce
_____ 9. prendre sa retraite
_____ 10. la mort

a. C'est une date importante, comme le 4 juillet aux États-Unis.
b. C'est la fin de l'étape prénatale.
c. C'est l'étape de la vie pendant laquelle (*during which*) on va au lycée.
d. C'est un événement très triste.
e. C'est soudain (*suddenly*) aimer une personne.
f. C'est le futur probable d'un couple qui se dispute (*fights*) tout le temps.
g. C'est un jour de bonheur et de célébration de l'amour.
h. C'est quand une personne décide de ne plus travailler.

66 soixante-six

soixante-sept 67

Engaging students in
active communication

| Contextes | Leçon 6A |

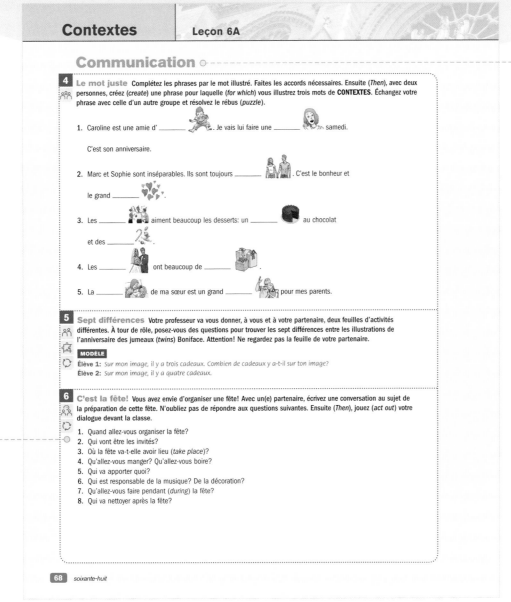

Communication

4 Le mot juste Complétez les phrases par le mot illustré. Faites les accords nécessaires. Ensuite (*Then*), avec deux personnes, créez (*create*) une phrase pour laquelle (*for which*) vous illustrez trois mots de **CONTEXTES**. Échangez votre phrase avec celle d'un autre groupe et résolvez le rébus (*puzzle*).

1. Caroline est une amie d'_____. Je vais lui faire une _____ samedi. C'est son anniversaire.

2. Marc et Sophie sont inséparables. Ils sont toujours _____. C'est le bonheur et le grand _____.

3. Les _____ aiment beaucoup les desserts: un _____ au chocolat et des _____.

4. Les _____ ont beaucoup de _____.

5. La _____ de ma sœur est un grand _____ pour mes parents.

5 Sept différences Votre professeur va vous donner, à vous et à votre partenaire, deux feuilles d'activités différentes. À tour de rôle, posez-vous des questions pour trouver les sept différences entre les illustrations de l'anniversaire des jumeaux (*twins*) Boniface. Attention! Ne regardez pas la feuille de votre partenaire.

MODÈLE
Élève 1: *Sur mon image, il y a trois cadeaux. Combien de cadeaux y a-t-il sur ton image?*
Élève 2: *Sur mon image, il y a quatre cadeaux.*

6 C'est la fête! Vous avez envie d'organiser une fête! Avec un(e) partenaire, écrivez une conversation au sujet de la préparation de cette fête. N'oubliez pas de répondre aux questions suivantes. Ensuite (*Then*), jouez (*act out*) votre dialogue devant la classe.

1. Quand allez-vous organiser la fête?
2. Qui vont être les invités?
3. Où la fête va-t-elle avoir lieu (*take place*)?
4. Qu'allez-vous manger? Qu'allez-vous boire?
5. Qui va apporter quoi?
6. Qui est responsable de la musique? De la décoration?
7. Qu'allez-vous faire pendant (*during*) la fête?
8. Qui va nettoyer après la fête?

68 *soixante-huit*

The **Communication** section includes communicative activities that allow students to use the vocabulary creatively in interactions with a partner, a small group, or the entire class.

Hands-on activities encourage interaction and communication.

Video Virtual Chats Students create simulated conversations by responding to questions delivered by video recordings of native speakers. Students benefit from non-verbal and articulatory cues—essential for production and pronunciation.

Authenticity
in pronunciation and spelling

Les sons et les lettres presents the rules of French pronunciation and spelling.

An abundance of model words and phrases focus students' attention on the target sounds and letters.

The last activity features illustrative sayings and proverbs to practice the pronunciation or spelling point in an entertaining cultural context.

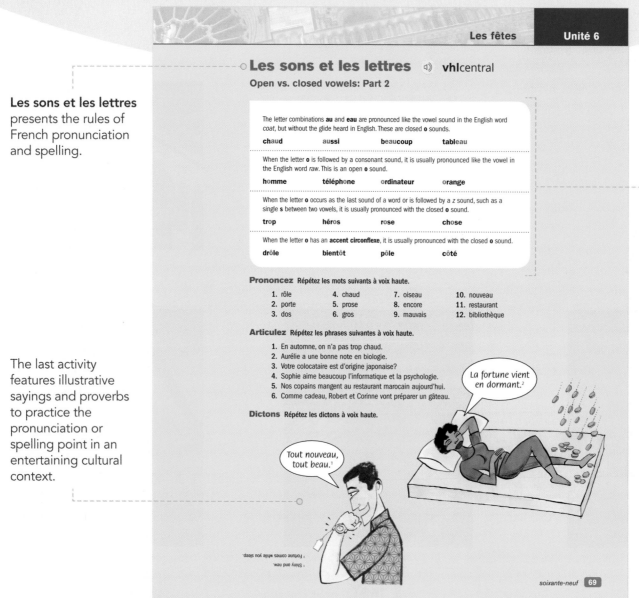

Les fêtes | Unité 6

Les sons et les lettres vhlcentral
Open vs. closed vowels: Part 2

The letter combinations **au** and **eau** are pronounced like the vowel sound in the English word *coat*, but without the glide heard in English. These are closed **o** sounds.

| chaud | aussi | beaucoup | tableau |

When the letter **o** is followed by a consonant sound, it is usually pronounced like the vowel in the English word *raw*. This is an open **o** sound.

| homme | téléphone | ordinateur | orange |

When the letter **o** occurs as the last sound of a word or is followed by a *z* sound, such as a single **s** between two vowels, it is usually pronounced with the closed **o** sound.

| trop | héros | rose | chose |

When the letter **o** has an **accent circonflexe**, it is usually pronounced with the closed **o** sound.

| drôle | bientôt | pôle | côté |

Prononcez Répétez les mots suivants à voix haute.

1. rôle
2. porte
3. dos
4. chaud
5. prose
6. gros
7. oiseau
8. encore
9. mauvais
10. nouveau
11. restaurant
12. bibliothèque

Articulez Répétez les phrases suivantes à voix haute.

1. En automne, on n'a pas trop chaud.
2. Aurélie a une bonne note en biologie.
3. Votre colocataire est d'origine japonaise?
4. Sophie aime beaucoup l'informatique et la psychologie.
5. Nos copains mangent au restaurant marocain aujourd'hui.
6. Comme cadeau, Robert et Corinne vont préparer un gâteau.

Dictons Répétez les dictons à voix haute.

La fortune vient en dormant.²

Tout nouveau, tout beau.¹

¹ Shiny and new.
² Fortune comes while you sleep.

soixante-neuf 69

Media bridges
language and culture

Follow characters through all the levels of **D'accord!**

Roman-photo storyline video brings lesson vocabulary and grammar to life. Students experience local life with a group of students living in Aix-en-Provence, France.

Products, practices, and perspectives are featured in every episode.

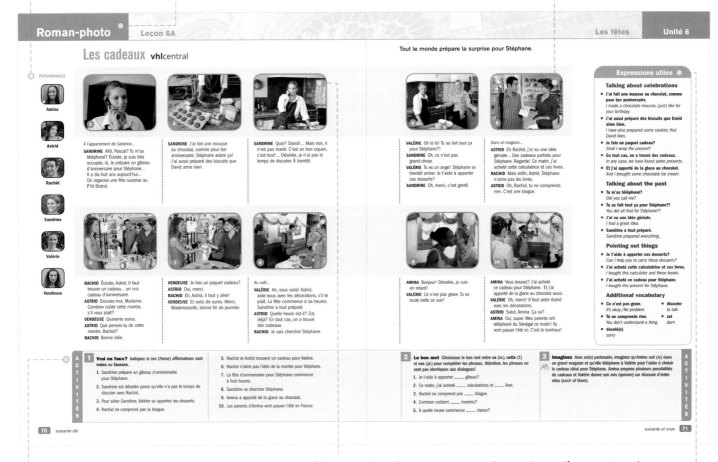

Activities feature comprehension questions, communicative tasks, and research-based tasks.

The easy-to-follow storyboard sets the context for the video, while the dialogue boxes reinforce the lesson's vocabulary and preview the language structures that will be covered later in the lesson.

Expressions utiles organizes the most important words and expressions from the episode by language function, showing how students can apply them in real, practical ways.

Roman-photo Episodes bridge language and culture, providing a glimpse into everyday life in the French-speaking world. Each dramatic segment presents and reviews vocabulary and structures in accurate cultural contexts for effective training in both comprehension and personal communication.

Culture
presented in context

Culture à la loupe explores a topic related to the lesson theme with in-depth cultural information on related products, practices, and perspectives.

Le français quotidien presents familiar words and phrases related to the lesson's theme that are used in everyday spoken French.

Portrait features Francophone personalities, places, and customs that are of interest to students.

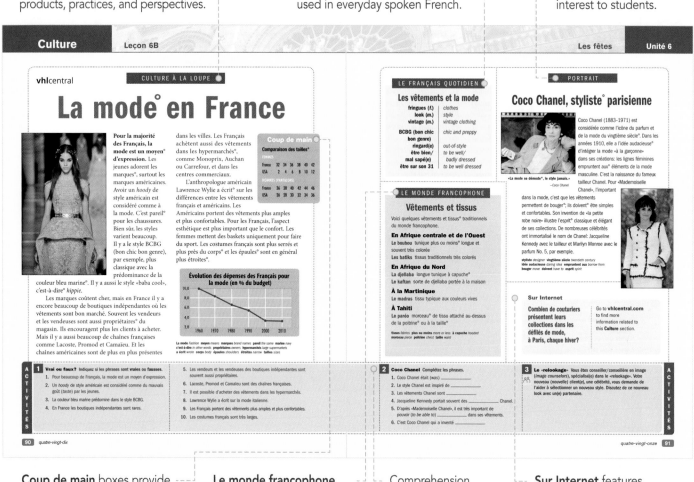

Coup de main boxes provide handy, on-the-spot language or cultural information that supports student learning.

Le monde francophone continues the exploration of the lesson's cultural theme, featuring information about various regions of the Francophone world.

Comprehension activities solidify learning.

Sur Internet features additional cultural explorations online.

News and Cultural Updates provide real-world connections to language and culture via authentic articles and videos. From online newspaper articles to TV news segments, each source is chosen for its age-appropriate content, currency, and high interest to students. All selections include scaffolded pre-, during-, and post-reading and viewing activities for a wide range of learning abilities.

Grammar
as a tool not a topic

The **Structures** sections include two grammar points per lesson, each with an explanation and practice activities.

Carefully designed charts and diagrams call out key grammatical structures and forms, as well as important related vocabulary.

Assign **Vérifiez** activities online to give students practice with discrete grammar concepts before they move on to the main practice sequence.

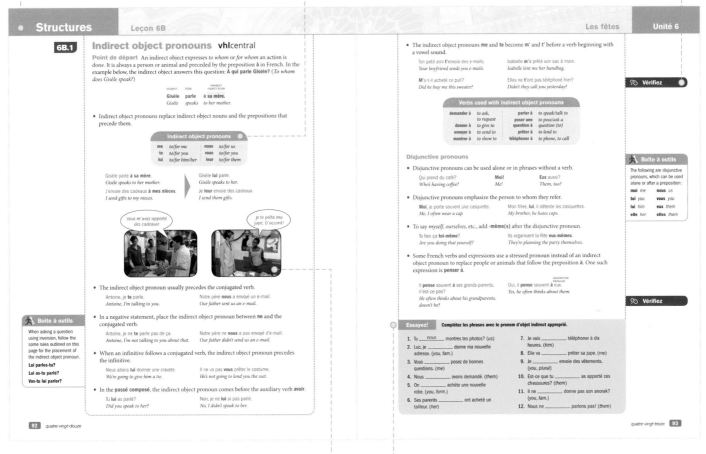

Photos from the **Roman-photo** show the grammar in context.

Essayez! offers students their first comprehensive practice of each new grammar point.

Animated Grammar Tutorials feature guided instruction with interspersed quick checks to keep students on track and ensure comprehension. *Le professeur* provides a humorous, engaging, and relatable twist to grammar instruction.

Carefully scaffolded
activities

Mise en pratique includes contextualized, sequenced activities that practice all the forms and structures in the grammar presentation.

Communication features pair and group activities for interpersonal and presentational communicative practice.

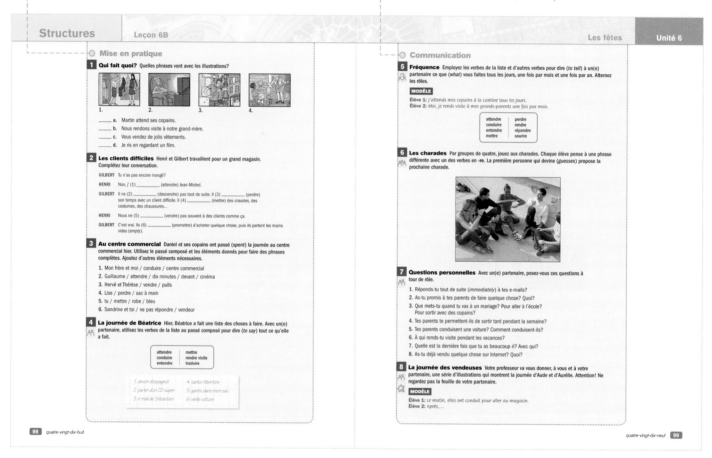

Partner Chat activities enable students to work in pairs to synchronously record a conversation in the target language to complete a specific activity. This collaboration facilitates spontaneous and creative communication in a safe environment.

Targeted review
and recycling

Révision activities integrate the lesson's two grammar points with previously learned vocabulary and structures, providing consistent, built-in review and recycling as students progress through the text.

Synthèse   Leçon 6B

Révision

1 Je leur téléphone Par groupes de quatre, interviewez vos camarades. Préparez dix questions avec un verbe et une personne de la liste. Écrivez les réponses.

MODÈLE

Élève 1: *Est-ce que tu parles souvent à tes cousines?*
Élève 2: *Oui, je leur parle toutes les semaines.*

verbes	personnes
donner un cadeau	copain ou copine
envoyer une carte/un e-mail	cousin ou cousine
parler	grands-parents
rendre visite	petit(e) ami(e)
téléphoner	sœur ou frère

2 Mes e-mails Ces personnes vous envoient des e-mails. Que faites-vous? Vous ne répondez pas, vous attendez quelques jours, vous leur téléphonez? Par groupes de trois, comparez vos réactions.

MODÈLE

Élève 1: *Ma sœur m'envoie un e-mail tous les jours.*
Élève 2: *Tu lui réponds tout de suite?*
Élève 3: *Tu préfères ne pas lui répondre?*

1. un e-mail anonyme
2. un e-mail d'un(e) camarade de classe
3. un e-mail d'un professeur
4. un e-mail d'un(e) ami(e) d'enfance
5. un e-mail d'un(e) copain (copine)
6. un e-mail de vos grands-parents

3 Une liste Des membres de votre famille ou des amis vous ont donné ou acheté des vêtements que vous n'aimez pas du tout. Faites une liste de quatre ou cinq de ces vêtements. Comparez votre liste à la liste d'un(e) camarade.

MODÈLE

Élève 1: *Ma sœur m'a donné une écharpe verte et laide et mon père m'a acheté des chaussettes marron trop petites!*
Élève 2: *L'année dernière, un ami m'a donné...*

4 Quoi mettre? Vous et votre partenaire allez faire des choses différentes. Un(e) partenaire va fêter la retraite de ses grands-parents à Tahiti. L'autre va skier dans les Alpes. Qu'allez-vous porter? Demandez des vêtements à votre partenaire si vous n'aimez pas tous les vêtements de votre ensemble.

MODÈLE

Élève 1: *Est-ce que tu me prêtes ton tee-shirt violet?*
Élève 2: *Ah non, j'ai besoin de ce tee-shirt. Tu me prêtes ton pantalon?*

Ensemble 1

Ensemble 2

5 S'il te plaît Votre ami(e) a acheté un nouveau vêtement que vous aimez beaucoup. Vous essayez de convaincre (*to convince*) cet(te) ami(e) de vous prêter ce vêtement. Préparez un dialogue avec un(e) partenaire où vous employez tous les verbes. Jouez la scène pour la classe.

aller avec	montrer
aller bien	prêter
donner	promettre
mettre	rendre

6 Bon anniversaire, Nicolas! Votre professeur va vous donner, à vous et à votre partenaire, deux feuilles d'activités différentes. Attention! Ne regardez pas la feuille de votre partenaire.

MODÈLE

Élève 1: *Les amis de Nicolas lui téléphonent.*
Élève 2: *Ensuite, ...*

Interpersonal activities encourage students to demonstrate proficiency with the lesson's vocabulary and grammar.

Authentic media and listening
for interpretive communication

Le Zapping presents authentic video clips from around the Francophone world connected to the language, vocabulary, and theme of the lesson.

À l'écoute builds students' listening skills with a recorded conversation or narration.

The scaffolded activity sequence engages students by helping them to understand and apply what they have seen.

Stratégie and **Préparation** prepare students for the listening passage.

À vous d'écouter guides students through the recorded passage, and **Compréhension** checks their understanding of what they heard.

Le Zapping clips are a great tool for exposing students to target language discourse. This authentic input provides evidence of the correct formulations of the language so that students can form hypotheses about how it works.

Perspective through **geography**

Panorama presents interesting details about Francophone countries and regions.

Maps point out major cities, rivers, and other geographical features while captioned images provide a glimpse into the featured locations.

Art, history, and daily life are brought to life using vivid language and photos.

Savoir-faire

Les fêtes Unité 6

vhlcentral

Panorama

L'Algérie

Le pays en chiffres
- Superficie: *2.381.741 km²*
- Population: *40.263.711*
- Industries principales: *agriculture, gaz naturel, pétrole°*
- Ville capitale: *Alger* ▸ Monnaie: *dinar algérien*
- Langues: *arabe, français, tamazight*

Le Maroc

Le pays en chiffres
- Superficie: *446.550 km²*
- Population: *33.655.786*
- Industries principales: *agriculture, exploitation minière°*
- Ville capitale: *Rabat* ▸ Monnaie: *dirham*
- Langues: *arabe, tamazight, français*

La Tunisie

Le pays en chiffres
- Superficie: *163.610 km²*
- Population: *11.134.588*
- Industries principales: *agriculture, exploitation minière*
- Ville capitale: *Tunis* ▸ Monnaie: *dinar tunisien*
- Langues: *arabe, français, tamazight*

Personnes célèbres
- Albert Memmi, *Tunisie, écrivain (1920–)*
- Nezha Chekrouni, *Maroc, politicienne (1955–)*
- Khaled, *Algérie, chanteur (1960–)*

pétrole oil exploitation minière mining ne... que only Grâce aux Thanks to sources springs sable sand faire pousser grow En plein milieu Right in the middle

102 cent deux

Incroyable mais vrai!

Des oranges du Sahara? Dans ce désert, il ne tombe que° 12 cm de pluie par an. Grâce aux° sources° et aux rivières sous le sable°, les Sahariens ont développé un système d'irrigation pour faire pousser° des fruits et des légumes dans les oasis. En plein milieu° du désert, on peut trouver des tomates, des abricots ou des oranges!

Les régions
Le Maghreb
La région du Maghreb, en Afrique du Nord, se compose° du Maroc, de l'Algérie et de la Tunisie. Envahis° aux 7ᵉ et 8ᵉ siècles par les Arabes, les trois pays deviennent plus tard des colonies françaises avant de retrouver leur indépendance dans les années 1950–1960. La population du Maghreb est composée d'Arabes, d'Européens et de Berbères, les premiers résidents de l'Afrique du Nord. Le Grand Maghreb inclut ces trois pays, plus la Libye et la Mauritanie. En 1989, les cinq pays ont formé l'Union du Maghreb Arabe dans l'espoir° de créer une union politique et économique, mais des tensions entre l'Algérie et le Maroc ont ralenti° le projet.

Les arts
Assia Djebar (1936–2015)
Lauréate de nombreux prix littéraires et cinématographiques, Assia Djebar était° une écrivaine et cinéaste algérienne très talentueuse. Dans ses œuvres°, Djebar présente le point de vue° féminin avec l'intention de donner une voix° aux femmes algériennes. *La Soif*, son premier roman°, sort en 1957. C'est plus tard, pendant qu'elle enseigne l'histoire à l'Université d'Alger, qu'elle devient cinéaste et sort son premier film, *La Nouba des femmes du Mont Chenoua*, en 1979. Le film reçoit le prix de la critique internationale au festival du film de Venise. En 2005, Assia Djebar devient le premier écrivain du Maghreb, homme ou femme, à être élue° à l'Académie française.

Les destinations
Marrakech
La ville de Marrakech, fondée en 1062, est un grand symbole du Maroc médiéval. Sa médina, ou vieille ville, est entourée° de fortifications et fermée aux automobiles. On y trouve la mosquée de Kutubiyya et la place Djem'a el-Fna. La mosquée est le joyau° architectural de la ville, et la place Djem'a el-Fna est la plus active de toute l'Afrique à tout moment de la journée, avec ses nombreux artistes et vendeurs. La médina a aussi le plus grand souk (grand marché couvert°) du Maroc, où toutes sortes d'objets sont proposés, au milieu de délicieuses odeurs de thé à la menthe°, d'épices et de pâtisseries au miel°.

Les traditions
Les hammams
Inventés par les Romains et adoptés par les Arabes, les hammams, ou «bains turcs», sont très nombreux et populaires en Afrique du Nord. Ce sont des bains de vapeur° composés de plusieurs pièces--souvent trois--où la chaleur est plus ou moins forte. L'architecture des hammams varie d'un endroit à un autre, mais ces bains de vapeur servent tous de lieux où se laver° et de centres sociaux très importants dans la culture régionale. Les gens s'y réunissent aux grandes occasions de la vie, comme les mariages et les naissances, et y vont aussi de manière habituelle pour se détendre et parler entre amis.

Qu'est-ce que vous avez appris? Répondez aux questions par des phrases complètes.

1. Qui est un chanteur algérien célèbre?
2. Où fait-on pousser des fruits et des légumes dans le Sahara?
3. Pourquoi le français est-il parlé au Maghreb?
4. Combien de pays composent le Grand Maghreb? Lesquels?
5. Qui est Assia Djebar?
6. Qu'essaie-t-elle de faire dans ses œuvres?
7. Qu'est-ce qu'un souk?
8. Quel est l'autre nom pour la vieille ville de Marrakech?
9. Où peut-on aller au Maghreb pour se détendre et parler entre amis?
10. Qui a inventé les hammams?

Sur Internet

1. Cherchez plus d'information sur les Berbères. Où se trouvent les grandes populations de Berbères? Ont-ils encore une identité commune?
2. Le henné est une tradition dans le monde maghrébin. Comment et pourquoi est-il employé?
3. Cherchez des informations sur les oasis du Sahara. Comment est la vie là-bas? Que peut-on y faire?

se compose is made up Envahis Invaded espoir hope ont ralenti slowed down était was œuvres works point de vue point of view voix voice roman novel élue elected entourée surrounded joyau jewel couvert covered menthe mint miel honey bains de vapeur steam baths se laver to wash oneself

cent trois 103

Interesting key facts about the featured location(s) demonstrate the diversity of the Francophone world.

Incroyable mais vrai! highlights an "Isn't that cool?" fact about the featured place or its people.

An **Interactive Map** points out major cities and geographical features and situates the country or region in the context of its immediate surroundings and the world.

Reading skills
developed in context

Avant la lecture presents valuable reading strategies and pre-reading activities.

Context-based readings pull all the unit elements together.

Après la lecture activities include comprehension checks and post-reading expansion exercises.

Savoir-faire

Les fêtes | Unité 6

Lecture vhlcentral

Avant la lecture

STRATÉGIE

Recognizing word families

Recognizing related words can help you guess the meaning of words in context, ensuring better comprehension of a reading selection. Using this strategy will enrich your French vocabulary.

Examinez le texte

Voici quelques mots que vous avez déjà appris. Pour chaque mot, trouvez un terme de la même famille dans le texte et utilisez un dictionnaire pour donner son équivalent en anglais.

MODÈLE

ami	amitié	friendship
1 diplôme		
2. commencer		
3. sortir		
4. timide		
5. difficile		
6. préférer		

Familles de mots

Avec un(e) partenaire, trouvez le bon mot pour compléter chaque famille de mots. (Note: vous avez appris tous les mots qui manquent (all the missing words) dans cette unité et il y a un mot de chaque famille dans le texte.)

MODÈLE

attendre	l'attente	attendu(e)
VERBE	**NOM**	**ADJECTIF**
1. boire	la boisson	
2.	la fête	festif/festive
3. vivre		vif/vive
4. rajeunir		jeune
5. surprendre		surprise(e)
6.	la réponse	répondu(e)

104 cent quatre

Ça y est, c'est officiel!

Bravo, jeunes diplômés°! C'est le commencement d'une nouvelle vie. Il est maintenant temps de fêter ça!

Pour faire retomber la pression°, Mathilde, Christophe, Alexandre et Laurence vous invitent à fêter entre amis votre diplôme bien mérité°!

À laisser chez vous:
La timidité, la fatigue, les soucis° et les difficultés des études et de la vie quotidienne° pour une ambiance festive

Quoi d'autre?
Un groupe de musique (le frère de Mathilde et sa bande) va venir° jouer pour nous!

À apporter:
Nourriture° et boissons: Chaque invité apporte quelque chose pour le buffet: salades, plats° froids/chauds, fruits, desserts, boissons
Activités: Jeux de cartes, ballons°, autres jeux selon° vos préférences, chaises pliantes°, maillot de bain (pour la piscine), crème solaire
Surprenez-nous!

Quand:
Le samedi 16 juillet (de 16h00 à minuit)

Où:
Chez les parents de Laurence, 14 route des Mines, Allouagne, Nord-Pas-de-Calais

Comment y aller°:
À la sortie d'Allouagne, prenez la route de Lozinghem. Tournez à gauche sur la route des Mines. Le numéro 14 est la grande maison sur la droite. (Nous allons mettre des ballons° de couleurs sur la route pour indiquer l'endroit.)

Au programme:
Faire la fête, bien sûr! Manger (buffet et barbecue), rire, danser et fêter la fin des cours! Attendez-vous à passer un bon moment!

Autres activités:
Activités en plein air° (football, badminton, volley, piscine... et surtout détente°!)

Pour répondre à cette invitation:
Téléphonez à Laurence (avant le 6 juillet, SVP°) au 06.14.55.85.80 ou par e-mail: laurence@courriel.fr

Ça y est! That's it! diplômés graduates faire retomber la pression to unwind bien mérité well deserved soucis worries vie quotidienne daily life va venir is going to come Nourriture Food plats dishes ballons balls selon depending on pliantes folding y aller get there ballons balloons en plein air outdoor détente relaxation svp please

---

Après la lecture

Vrai ou faux? Indiquez si les phrases sont vraies ou fausses. Corrigez les phrases fausses.

1. C'est une invitation à une fête d'anniversaire.
2. Les invités vont passer un mauvais moment.
3. On va manger des salades et des desserts.
4. Les invités vont faire toutes les activités dans la maison.
5. Un groupe de musique va jouer à la fête.
6. La fête commence à 16h00.

Conseillez Vous êtes Laurence, l'organisatrice de la fête. Les invités veulent (want) assister à la fête, mais ils vous contactent pour parler de leurs soucis respectifs. Donnez-leur des conseils (advice) pour les mettre à l'aise (at ease).

MODÈLE

Isabelle: J'ai beaucoup de soucis cette semaine.
Vous: Tu vas laisser tes soucis à la maison et venir (come) à la fête.

1. Thomas: Je ne sais (know) pas quoi apporter.
   Vous: _____
2. Sarah: Je me perds (get lost) facilement quand je conduis.
   Vous: _____
3. Sylvie: Je ne fais pas de sport.
   Vous: _____
4. Salim: Je veux (want) répondre à l'invitation, mais je n'ai pas d'ordinateur.
   Vous: _____
5. Sandra: Je n'aime pas le barbecue.
   Vous: _____
6. Véronique: J'aime faire du sport en plein air, mais je n'aime pas le football.
   Vous: _____

On va à la fête! Vous êtes invité(e) à cette fête et vous allez amener un(e) ami(e). Téléphonez à cet(te) ami(e) (votre partenaire) pour l'inviter. Donnez des détails et répondez aux questions de votre ami(e) sur les hôtes, les invités, les activités de l'après-midi et de la soirée, les choses à apporter, etc.

cent cinq 105

Graphic organizers, photos, and other visual elements support reading comprehension.

Lecture readings provide students with an opportunity to listen to native speakers as audio-sync highlighting of sentences guides their eyes and makes content more salient.

Writing skills
developed in context

Stratégie boxes provide strategies for preparation and execution of the writing task related to the unit's theme.

Après l'écriture provides post-writing tasks and problem-solving exercises for pairs or groups.

Écriture

STRATÉGIE

How to report an interview

There are several ways to prepare a written report about an interview. For example, you can transcribe the interview, or you can summarize it. In any event, the report should begin with an interesting title and a short introduction that answers the five W's (*who, what, when, where, why*) and the *H* (*how*) of the interview. The report should end with an interesting conclusion. Note that when you transcribe a conversation in French, you should pay careful attention to format and punctuation.

Écrire une interview en français

- Pour indiquer qui parle dans une interview, on peut mettre le nom de la personne qui parle devant sa phrase.

  MONIQUE Lucie, qu'est-ce que tu vas mettre pour l'anniversaire de Julien?

  LUCIE Je vais mettre ma robe en soie bleue à manches courtes. Et toi, tu vas mettre quoi?

  MONIQUE Eh bien, une jupe en coton et un chemisier, je pense. Ou peut-être mon pantalon en cuir avec... Tiens, tu me prêtes ta chemise jaune et blanche?

  LUCIE Oui, si tu me la rends (*return it to me*) dimanche. Elle va avec le pantalon que je vais porter la semaine prochaine.

- On peut aussi commencer les phrases avec des tirets (*dashes*) pour indiquer quand une nouvelle personne parle.

  – Qu'est-ce que tu as acheté comme cadeau pour Julien?

  – Une cravate noire et violette. Elle est très jolie. Et toi?

  – Je ne lui ai pas encore acheté de cadeau. Des lunettes de soleil peut-être?

  – Oui, c'est une bonne idée! Et il y a des soldes à Saint-Louis Lunettes.

106 cent six

Thème

Écrire une interview

Avant l'écriture

1. Clarisse Deschamps est une styliste suisse. Elle dessine des vêtements pour les jeunes et va présenter sa nouvelle collection sur votre campus. Vous allez interviewer Clarisse pour le journal de votre lycée.

   Préparez une liste de questions à poser à Clarisse Deschamps sur elle ou sur sa nouvelle collection. Vous pouvez (*can*) poser des questions sur:

   - les types de vêtements
   - les couleurs
   - le style
   - le prix

Quoi?	
Comment?	
Pour qui?	
Combien?	
Pourquoi?	
Où?	
Quand?	

2. Vérifiez que vous avez au moins (*at least*) une question pour chaque mot interrogatif du tableau (*chart*).

3. Ensuite (*Then*), choisissez 5-6 questions à poser pendant (*during*) l'interview.

Écriture

Écrivez un compte rendu (*report*) de l'interview.

- Commencez par une courte introduction.

  MODÈLE *Voici une interview de Clarisse Deschamps, styliste suisse. Elle va présenter sa nouvelle collection sur notre campus vendredi, le 10 novembre.*

- Inventez une conversation de 10 à 12 lignes entre vous et Clarisse. Indiquez qui parle, avec des tirets (*dashes*) ou avec les noms des personnes.

  MODÈLE *—Quel genre de vêtements préférez-vous porter pour sortir?*
  —Moi, je préfère porter une robe noire. C'est très élégant.

- Terminez par une brève (*brief*) conclusion.

  MODÈLE *On vend la collection de Clarisse Deschamps à Vêtements & Co à côté du lycée. Cette semaine, il y a des soldes!*

Tête-à-tête avec Clarisse Deschamps

Voici une interview de Clarisse Deschamps, styliste suisse. Elle va présenter sa nouvelle collection sur notre campus vendredi, le 10 novembre.

- Quel genre de vêtements préférez-vous porter pour sortir?
- Moi, je préfère porter une robe noire. C'est très élégant...

On vend la collection de Clarisse Deschamps à Vêtements & Co dans le magasin qui est à côté de notre lycée. Cette semaine, il y a des soldes!

Après l'écriture

1. Échangez votre compte rendu avec celui (*the one*) d'un(e) partenaire. Répondez à ces questions pour commenter son travail.

   - Votre partenaire a-t-il/elle organisé les questions de manière logique?
   - A-t-il/elle inclu une introduction, une interview de 10 à 12 lignes et une conclusion?
   - A-t-il/elle utilisé le bon style pour écrire l'interview?
   - A-t-il/elle utilisé les bonnes formes verbales?

2. Corrigez votre compte rendu d'après (*according to*) les commentaires de votre partenaire. Relisez votre travail pour éliminer ces problèmes:

   - des fautes (*errors*) d'orthographe
   - des fautes de ponctuation
   - des fautes de conjugaison
   - des fautes d'accord (*agreement*) des adjectifs
   - un mauvais emploi (*use*) de la grammaire

cent sept 107

Avant l'écriture includes step-by-step tasks and problem-solving exercises for pairs or groups.

Thème describes the writing topic and includes suggestions for approaching it.

Vocabulary as a reference
and study tool

Vocabulaire summarizes all the active vocabulary in the unit.

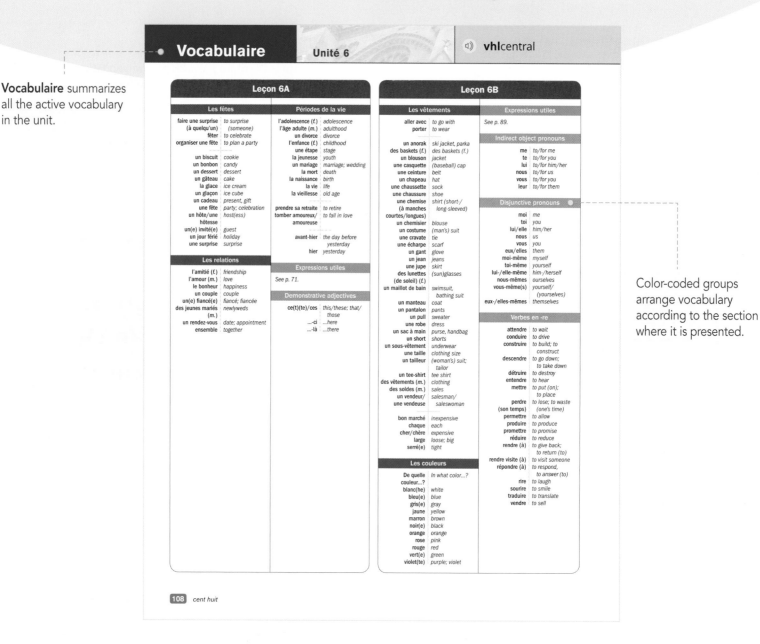

🔊 **vhl**central

Vocabulaire — Unité 6

Leçon 6A

Les fêtes	
faire une surprise (à quelqu'un)	to surprise (someone)
fêter	to celebrate
organiser une fête	to plan a party
un biscuit	cookie
un bonbon	candy
un dessert	dessert
un gâteau	cake
la glace	ice cream
un glaçon	ice cube
un cadeau	present, gift
une fête	party; celebration
un hôte/une hôtesse	host(ess)
un(e) invité(e)	guest
un jour férié	holiday
une surprise	surprise

Les relations	
l'amitié (f.)	friendship
l'amour (m.)	love
le bonheur	happiness
un couple	couple
un(e) fiancé(e)	fiancé; fiancée
des jeunes mariés (m.)	newlyweds
un rendez-vous	date; appointment
ensemble	together

Périodes de la vie	
l'adolescence (f.)	adolescence
l'âge adulte (m.)	adulthood
un divorce	divorce
l'enfance (f.)	childhood
une étape	stage
la jeunesse	youth
un mariage	marriage; wedding
la mort	death
la naissance	birth
la vie	life
la vieillesse	old age
prendre sa retraite	to retire
tomber amoureux/ amoureuse	to fall in love
avant-hier	the day before yesterday
hier	yesterday

Expressions utiles	
See p. 71.	

Demonstrative adjectives	
ce(t)(te)/ces	this/these; that/those
...-ci	...here
...-là	...there

Leçon 6B

Les vêtements	
aller avec	to go with
porter	to wear
un anorak	ski jacket, parka
des baskets (f.)	des baskets (f.)
un blouson	jacket
une casquette	(baseball) cap
une ceinture	belt
un chapeau	hat
une chaussette	sock
une chaussure	shoe
une chemise (à manches courtes/longues)	shirt (short-/long-sleeved)
un chemisier	blouse
un costume	(man's) suit
une cravate	tie
une écharpe	scarf
un gant	glove
un jean	jeans
une jupe	skirt
des lunettes (de soleil) (f.)	(sun)glasses
un maillot de bain	swimsuit, bathing suit
un manteau	coat
un pantalon	pants
un pull	sweater
une robe	dress
un sac à main	purse, handbag
un short	shorts
un sous-vêtement	underwear
une taille	clothing size
un tailleur	(woman's) suit; tailor
un tee-shirt	tee shirt
des vêtements (m.)	clothing
des soldes (m.)	sales
un vendeur/ une vendeuse	salesman/ saleswoman
bon marché	inexpensive
chaque	each
cher/chère	expensive
large	loose; big
serré(e)	tight

Les couleurs	
De quelle couleur...?	In what color...?
blanc(he)	white
bleu(e)	blue
gris(e)	gray
jaune	yellow
marron	brown
noir(e)	black
orange	orange
rose	pink
rouge	red
vert(e)	green
violet(te)	purple; violet

Expressions utiles	
See p. 89.	

Indirect object pronouns	
me	to/for me
te	to/for you
lui	to/for him/her
nous	to/for us
vous	to/for you
leur	to/for them

Disjunctive pronouns	
moi	me
toi	you
lui/elle	him/her
nous	us
vous	you
eux/elles	them
moi-même	myself
toi-même	yourself
lui-/elle-même	him-/herself
nous-mêmes	ourselves
vous-même(s)	yourself/ (yourselves)
eux-/elles-mêmes	themselves

Verbes en -re	
attendre	to wait
conduire	to drive
construire	to build; to construct
descendre	to go down; to take down
détruire	to destroy
entendre	to hear
mettre	to put (on); to place
perdre (son temps)	to lose; to waste (one's time)
permettre	to allow
produire	to produce
promettre	to promise
réduire	to reduce
rendre (à)	to give back; to return (to)
rendre visite (à)	to visit someone
répondre (à)	to respond, to answer (to)
rire	to laugh
sourire	to smile
traduire	to translate
vendre	to sell

108 cent huit

Color-coded groups arrange vocabulary according to the section where it is presented.

My Vocabulary enables students to identify, practice, and retain individualized vocabulary for each lesson.

Students can print bilingual word lists. They can also create personalized word lists.

Interactive Flashcards featuring the French word or expression (with audio) and the English translation are available for fast and effective review and practice.

Learning to Use Your **Teacher's Edition**

D'accord! offers you a comprehensive, thoroughly developed Teacher's Edition (TE). It features student text pages overprinted with answers to all activities with discrete responses. Each page also contains annotations for most activities that were written to complement and support varied teaching styles, to extend the already rich contents of the student textbook, and to save you time in class preparation and course management.

In the Teacher Wrap

- **Section Goals** summarize what students will learn and practice in each section

- **Key Standards** list the ACTFL standards that are met in each section

- **Suggestions** offer ideas for working with on-page materials, carrying out specific activities, and presenting new vocabulary or grammar

- **Expansions** present ways to expand or vary the activities on the page

- **TELL Connections** offer suggestions for incorporating the Teacher Effectiveness for Language Learning framework to define and focus on the skills, behaviors, and professional growth of world language educators

- **21st Century Skills** incorporate the Partnership for 21st Century Skills framework to identify and classify skills that high school students need to meet today's workplace requirements

- **Pre-AP®** activity suggestions offer ways for students to work with the materials on the page in a way that prepares them for advanced study

- **Communication Icons** indicate activities that engage students in one of the three different modes of communication:

    Interpretive communication Exercises that target students' reading or listening skills and assess their comprehension

    Presentational communication Ideas and contexts that require students to produce a written or verbal presentation in the target language

    Interpersonal communication Activities that provide students with opportunities to carry out language functions in simulated real-life contexts or engage in personalized communication with others

Pre-AP is a registered trademark of the College Board, which was not involved in the production of, and does not endorse, this product.

 Please visit **vhlcentral.com** for additional teaching support.

Differentiation

Knowing how to appeal to learners of different abilities and learning styles will allow you to foster a positive teaching environment and motivate all your students. Here are some strategies for creating inclusive learning environments. Point-of-use expansion activities and ideas for differentiation are also provided in your Teacher Wrap.

Learners with Special Needs

Learners with special needs include students with attention priority disorders or learning disabilities, slower-paced learners, at-risk learners, and English-language learners. Some inclusion strategies that work well with such students are:

Clear Structure By teaching concepts in a predictable order, you can help students organize their learning. Encourage students to keep outlines of materials they read, classify words into categories such as colors, or follow prewriting steps.

Frequent Review and Repetition Preview material to be taught and review material covered at the end of each lesson. Pair proficient learners with less proficient ones to practice and reinforce concepts. Help students retain concepts through continuous practice and review.

Multi-sensory Input and Output Use visual, auditory, and kinesthetic tasks to add interest and motivation, and to achieve long-term retention. For example, vary input with the use of audio recordings, video, guided visualization, rhymes, and mnemonics.

Additional Time Consider how physical limitations may affect participation in special projects or daily routines. Provide additional time and recommended accommodations.

Different Learning Styles

Visual Learners learn best by seeing, so engage them in activities and projects that are visually creative. Encourage them to write down information and think in pictures as a long-term retention strategy; reinforce their learning through visual displays such as diagrams, videos, and handouts.

Auditory Learners best retain information by listening. Engage them in discussions, debates, and role-playing. Reinforce their learning by playing audio versions of texts or reading aloud passages and stories. Encourage them to pay attention to voice, tone, and pitch to infer meaning.

Kinesthetic Learners learn best through moving, touching, and doing hands-on activities. Involve such students in skits and dramatizations; to infer or convey meaning, have them observe or model gestures and facial expressions.

Best Practices

The creators of **D'accord!** understand that there are many different approaches to successful language teaching and that no one method works perfectly for all teachers or all learners. These strategies and tips may be applied to any language-teaching method.

Maintain the Target Language

As much as possible, create an immersion environment by using French to *teach* French. Encourage the exclusive use of the target language in your classroom, employing visual aids, mnemonics, circumlocution, or gestures to complement what you say. Encourage students to perceive meaning directly through careful listening and observation, and by using cognates and familiar structures and patterns to deduce meaning.

Cultivate Critical Thinking

Prompt students to reflect, observe, reason, and form judgments in French. Engaging students in activities that require them to compare, contrast, predict, criticize, and estimate will help them to internalize the language structures they have learned.

Encourage Use of Circumlocution

Prompt students to discover various ways of expressing ideas and of overcoming potential blocks to communication through the use of circumlocution and paraphrasing.

Engage all students

Learning French isn't all about grammar and memorization. **D'accord!** provides multiple ways to get students excited about the language and culture of the Francophone world.

Make It Personal

- Find out why students decided to learn French. Is it to speak to relatives? To interact with Francophone friends on social media? To learn more about a particular element of French culture, film, or literature? Keep students motivated by helping them see how individual tasks lead to the larger goal of communicating with French-speaking people. Take the time to explore (and expand on) the **Culture** and **Panorama** sections to engage students with daily life and geography, as well as fine and performing arts.

- Have students talk about themselves! The Teacher's Edition interpersonal communication annotations point out activities where students ask each other questions about their own lives. Personalizing the discussion helps keep students engaged with the material they are practicing in French.

Get Students Talking

Look for icons calling out pair and group work. Some great speaking activities include:

Virtual and Partner Chat activities:

- Offer opportunities for spoken production beyond the face-to-face classroom

- Help reduce students' affective filter and build confidence

- Provide a recorded portfolio of students' spoken work that can be easily graded

Info Gap activities: Give students these worksheets either electronically or in print, and have them work to get information from a partner.

Textbook Activity Worksheets: Get the whole class on their feet to participate in classroom activities, such as surveys, using the language they just learned.

Take Advantage of Multimedia

For students:

- Are your students on YouTube every minute of their free time? Engage them with the video selections in **Le Zapping**.

- Do your students want to study abroad in a Francophone area? Get them engaged with the **Roman-photo** series featuring David, an American studying abroad in Aix-en-Provence. Younger students are fascinated by what older students are doing, so the situations with university students should hold their interest.

- Make learning vocabulary engaging and effective for students with **My Vocabulary** online. They can study the vocabulary for each lesson or customize flashcard banks to study only those words they need to learn for an upcoming quiz. The flashcard tool is ideal for student self-study of vocabulary.

- Provide a humorous, engaging, and relatable approach to grammar instruction with the **Grammar Tutorials** online. They feature guided instruction to keep students on track and ensure comprehension.

For teachers:

- Assign or use the audio-enabled **Vocabulary Presentations** online to give students an interactive experience while they hear the new terms spoken by a native speaker of French.

- Use the **Digital Image Bank** to enliven your own digital or print activities.

- Have students follow along in their text as the selections in **Lecture** are read aloud by a native French speaker.

- Keep grammar instruction focused by using the **Grammar Slides**. Breaking up the instructional points into slides helps make the lesson more digestible.

- Don't forget to use the summaries of the **Roman-photo** to reinforce grammar instruction.

Assessment

As you use the **D'accord!** program, you can employ a variety of assessments to evaluate progress. The program provides comprehensive, discrete answer assessments, as well as more communicative assessments that elicit open-ended, personalized responses.

Testing Program

The **D'accord!** Testing Program offers quizzes for each vocabulary and grammar section, Lesson and Unit tests with listening comprehension, Cumulative Exams, Optional Test Sections, IPAs with rubrics for every unit, oral testing suggestions with grading rubrics, audio scripts for listening comprehension activities, and all answer keys. The quizzes, tests, and exams may be administered online or printed for in-class assessment, and may be customized by adding, eliminating, or moving items according to your classroom and student needs.

Portfolio Assessment

Portfolios can provide further valuable evidence of your students' learning. They are useful tools for evaluating students' progress in French and also suggest to students how they are likely to be assessed in the real world. Since portfolio activities often comprise classroom tasks that you would assign as part of a lesson or as homework, you should think of the planning, selecting, recording, and interpreting of information about individual performance as a way of blending assessment with instruction.

You may find it helpful to refer to portfolio contents, such as drafts, essays, and samples of presentations when writing student reports and conveying the status of a student's progress to his or her parents.

Ask students regularly to consider which pieces of their own work they would like to share and help them develop criteria for selecting representative samples. Prompt students to choose a variety of media to demonstrate development in all four language skills.

Self-assessment

Students can assess their own progress by using "I Can" (or "Can-Do") Statements. The templates provided may be customized to guide student learning within and between units, and to train students to assess their progress.

Integrated Performance Assessments

IPAs give students a real-life task that makes sense to them and engages their interest. To complete the task, students progress through the three modes of communication: they read, view, and listen for information (interpretive mode); they talk and write with classmates and others on what they have experienced (interpersonal mode); and they share formally what they have learned (presentational mode). A critical step in administering the IPA is to define and share rubrics with students before beginning the task so they are aware of what successful performance should look like.

Strategies for Differentiating Assessment

Adjust Questions Direct complex or higher-level questions to students who are equipped to answer them adequately and modify questions for students with greater needs. Always ask questions that elicit thinking, but keep in mind the students' abilities.

Provide Tiered Assignments Assign tasks of varying complexity depending on individual student needs.

Promote Flexible Grouping Encourage movement among groups of students so that all learners are appropriately challenged. Group students according to interest, oral proficiency levels, or learning styles.

Adjust Pacing Pace the sequence and speed of assessments to suit your students' needs. Time advanced learners to challenge them and allow slower-paced learners more time to complete tasks or to answer questions.

The **Vista Higher Learning** Story

Your Specialized Foreign Language Publisher

Independent, specialized, and privately owned, Vista Higher Learning was founded in 2000 with one mission: to raise the teaching and learning of world languages to a higher level. This mission is based on the following beliefs:

- It is essential to prepare students for a world in which learning another language is a necessity, not a luxury.
- Language learning should be fun and rewarding, and all students should have the tools they need to achieve success.
- Students who experience success learning a language will be more likely to continue their language studies both inside and outside the classroom.

With this in mind, we decided to take a fresh look at all aspects of language instructional materials. Because we are specialized, we dedicate 100 percent of our resources to this goal and base every decision on how well it supports language learning.

That is where you come in. Since our founding, we have relied on the invaluable feedback of language teachers and students nationwide. This partnership has proved to be the cornerstone of our success, allowing us to constantly improve our programs to meet your instructional needs.

The result? Programs that make language learning exciting, relevant, and effective through:

- unprecedented access to resources
- a wide variety of contemporary, authentic materials
- the integration of text, technology, and media
- a bold and engaging textbook design

By focusing on our singular passion, we let you focus on yours.

The Vista Higher Learning Team

VISTA®
HIGHER LEARNING

www.vistahigherlearning.com

D'accord! 1B

LANGUE ET CULTURE DU MONDE FRANCOPHONE

VISTA®
HIGHER LEARNING

Boston, Massachusetts

On the cover: Metro sign, Place de la Concorde, Paris, France

Publisher: José A. Blanco

Editorial Development: Megan Moran, Sharla Zwirek

Project Management: Brady Chin, Sally Giangrande, Rosemary Jaffe, Faith Ryan

Rights Management: Annie Pickert Fuller, Ashley Poreda

Technology Production: Kamila Caicedo, Jamie Kostecki, Reginald Millington, Paola Ríos Schaaf

Design: Radoslav Mateev, Gabriel Noreña, Andrés Vanegas

Production: Sergio Arias, Oscar Díez

Student Text ISBN: 978-1-68005-762-1
Library of Congress Control Number: 2017949781

1 2 3 4 5 6 7 8 9 TC 23 22 21 20 19 18

Printed in Canada

D'accord! 1B

LANGUE ET CULTURE DU MONDE FRANCOPHONE

Table of Contents

Reprise

UNITÉ 5
Les loisirs

Leçon 5A

Leçon 5B

UNITÉ 6
Les fêtes

Leçon 6A

Leçon 6B

Table of Contents

UNITÉ 7
En vacances

Leçon 7A

Leçon 7B

UNITÉ 8
Chez nous

Leçon 8A

Leçon 8B

Contextes

Roman-photo

Appendices

Le monde francophone

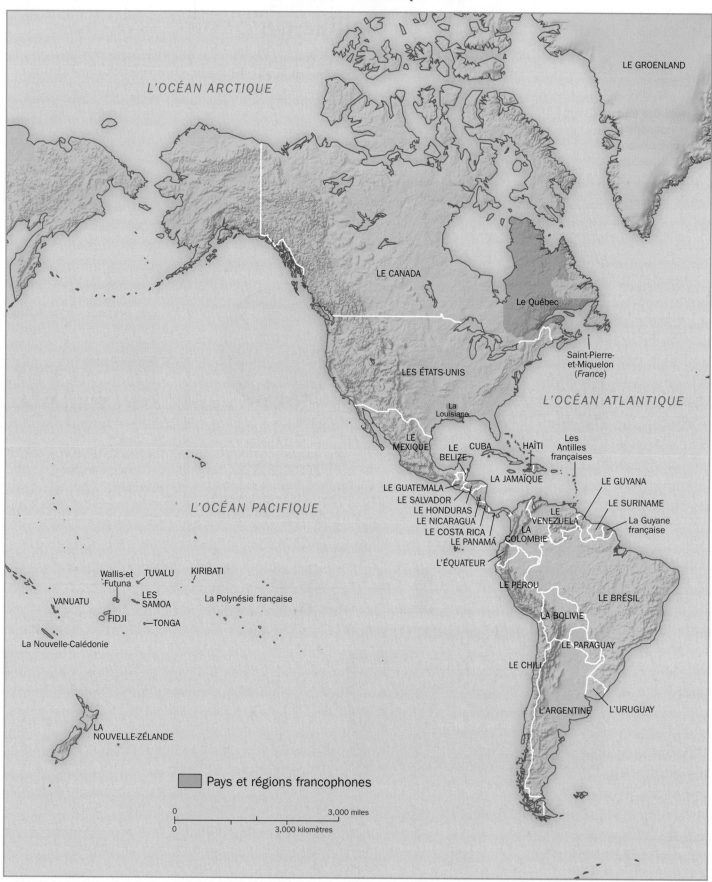

L'OCÉAN ARCTIQUE

LE GROENLAND

LE CANADA

Le Québec

Saint-Pierre-
et-Miquelon
(*France*)

LES ÉTATS-UNIS

L'OCÉAN ATLANTIQUE

La
Louisiane

LE
MEXIQUE

LE
BELIZE

CUBA

HAÏTI

Les
Antilles
françaises

L'OCÉAN PACIFIQUE

LA JAMAÏQUE

LE GUATEMALA

LE GUYANA

LE SALVADOR

LE SURINAME

LE HONDURAS

LE
VENEZUELA

La Guyane
française

LE NICARAGUA

LA
COLOMBIE

LE COSTA RICA

LE PANAMÁ

L'ÉQUATEUR

Wallis-et
-Futuna

TUVALU

KIRIBATI

LE PÉROU

LE BRÉSIL

VANUATU

LES
SAMOA

La Polynésie française

FIDJI

TONGA

LA BOLIVIE

La Nouvelle-Calédonie

LE PARAGUAY

LE CHILI

LA
NOUVELLE-ZÉLANDE

L'ARGENTINE

L'URUGUAY

Pays et régions francophones

0   3,000 miles
0   3,000 kilomètres

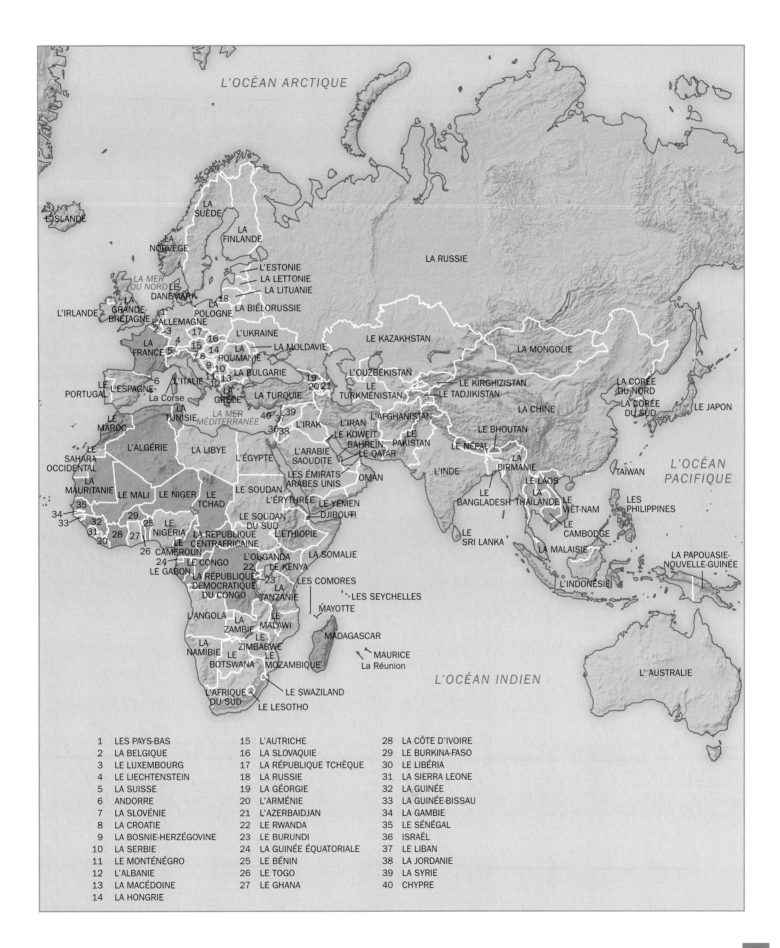

L'Amérique du Nord et du Sud

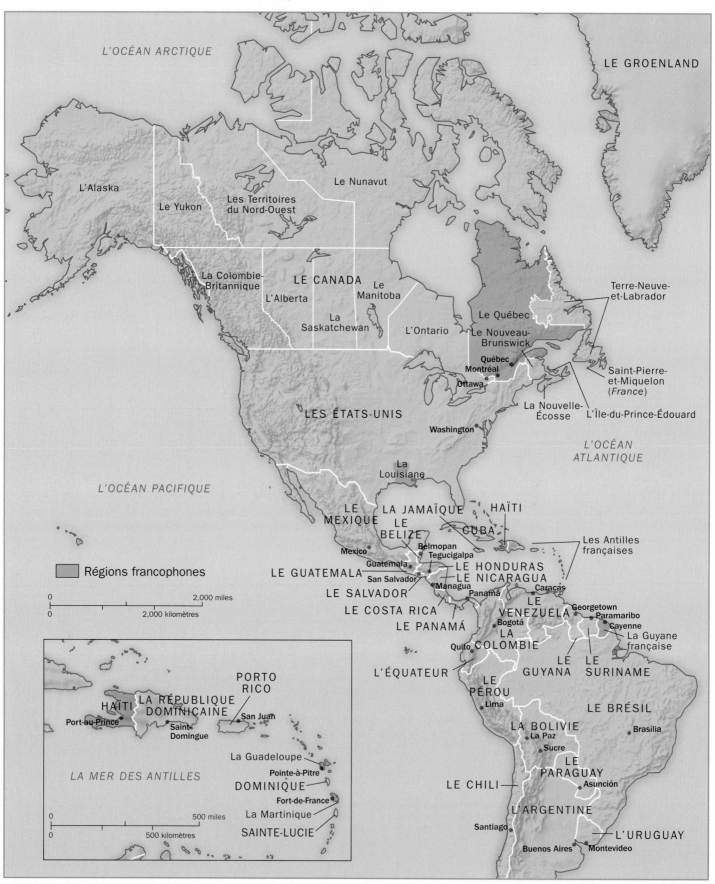

L'OCÉAN ARCTIQUE

LE GROENLAND

L'Alaska

Le Nunavut

Le Yukon

Les Territoires
du Nord-Ouest

La Colombie-
Britannique

LE CANADA

Le Manitoba

L'Alberta

La
Saskatchewan

L'Ontario

Le Québec

Terre-Neuve-
et-Labrador

Le Nouveau-
Brunswick

Québec
Montréal

Saint-Pierre-
et-Miquelon
(France)

Ottawa

La Nouvelle-
Écosse

L'Île-du-Prince-Édouard

LES ÉTATS-UNIS

Washington

L'OCÉAN
ATLANTIQUE

La
Louisiane

L'OCÉAN PACIFIQUE

LE
MEXIQUE

LA JAMAÏQUE

HAÏTI

LE
BELIZE

CUBA

Les Antilles
françaises

Mexico

Belmopan
Tegucigalpa

LE GUATEMALA

Guatemala

San Salvador

LE HONDURAS
LE NICARAGUA

Managua

LE SALVADOR

Panamá

Caracas

LE COSTA RICA

LE
VENEZUELA

Georgetown
Paramaribo

LE PANAMÁ

Bogotá

Cayenne

LA
COLOMBIE

La Guyane
française

Quito

LE
GUYANA

LE
SURINAME

L'ÉQUATEUR

LE
PÉROU

Lima

LE BRÉSIL

Brasília

LA BOLIVIE

La Paz

Sucre

LE
PARAGUAY

LE CHILI

Asunción

L'ARGENTINE

Santiago

L'URUGUAY

Buenos Aires

Montevideo

Régions francophones

0   2,000 miles
0   2,000 kilomètres

PORTO
RICO

HAÏTI

LA RÉPUBLIQUE
DOMINICAINE

San Juan

Port-au-Prince

Saint
Domingue

La Guadeloupe

LA MER DES ANTILLES

Pointe-à-Pitre

DOMINIQUE

Fort-de-France

La Martinique

SAINTE-LUCIE

0   500 miles
0   500 kilomètres

La France

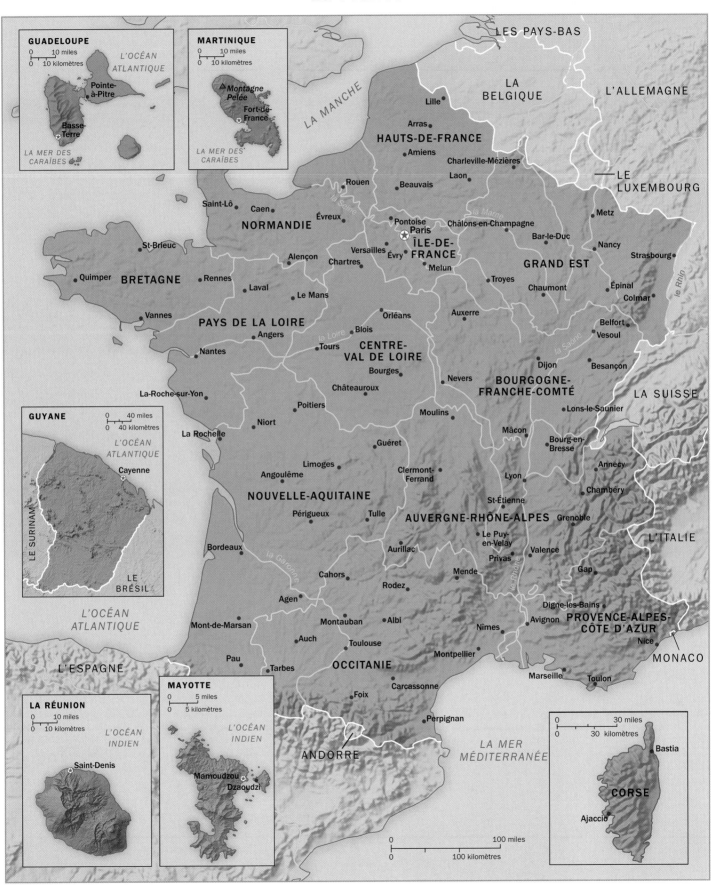

GUADELOUPE

0   10 miles
0   10 kilomètres

L'OCÉAN ATLANTIQUE

Pointe-à-Pitre

Basse-Terre

LA MER DES CARAÏBES

MARTINIQUE

0   10 miles
0   10 kilomètres

△ Montagne Pelée

Fort-de-France

LA MER DES CARAÏBES

LES PAYS-BAS

LA MANCHE

Lille

Arras

LA BELGIQUE

L'ALLEMAGNE

HAUTS-DE-FRANCE

Amiens

Charleville-Mézières

Laon

Rouen

Beauvais

LE LUXEMBOURG

Saint-Lô

Caen

Évreux

la Seine

Pontoise
Paris

Châlons-en-Champagne

Metz

Bar-le-Duc

la Marne

Nancy

Strasbourg

NORMANDIE

ÎLE-DE-FRANCE

Versailles

Chartres

Évry

Melun

Troyes

GRAND EST

Chaumont

Épinal

Colmar

le Rhin

St-Brieuc

BRETAGNE

Rennes

Laval

Le Mans

Orléans

Auxerre

Belfort

Vesoul

Quimper

Vannes

PAYS DE LA LOIRE

Angers

la Loire

Blois

Tours

CENTRE-VAL DE LOIRE

Dijon

Besançon

BOURGOGNE-FRANCHE-COMTÉ

la Saône

LA SUISSE

Nantes

Bourges

Châteauroux

Nevers

Moulins

Lons-le-Saunier

La-Roche-sur-Yon

Poitiers

Mâcon

Bourg-en-Bresse

GUYANE

0   40 miles
0   40 kilomètres

L'OCÉAN ATLANTIQUE

Cayenne

LE SURINAM

LE BRÉSIL

La Rochelle

Niort

Guéret

Limoges

Angoulême

Clermont-Ferrand

Lyon

Annecy

Chambéry

NOUVELLE-AQUITAINE

Périgueux

Tulle

AUVERGNE-RHÔNE-ALPES

St-Étienne

Grenoble

L'ITALIE

Bordeaux

la Garonne

Cahors

Aurillac

Le Puy-en-Velay

Privas

Valence

Gap

Rodez

Mende

le Rhône

Agen

Digne-les-Bains

L'OCÉAN ATLANTIQUE

Mont-de-Marsan

Montauban

Albi

Nîmes

Avignon

PROVENCE-ALPES-CÔTE D'AZUR

Nice

MONACO

Auch

Toulouse

Montpellier

Pau

Tarbes

OCCITANIE

Marseille

Toulon

L'ESPAGNE

MAYOTTE

0   5 miles
0   5 kilomètres

Carcassonne

Foix

Perpignan

0   30 miles
0   30 kilomètres

LA RÉUNION

0   10 miles
0   10 kilomètres

L'OCÉAN INDIEN

Saint-Denis

L'OCÉAN INDIEN

Mamoudzou
Dzaoudzi

ANDORRE

LA MER MÉDITERRANÉE

Bastia

CORSE

Ajaccio

0   100 miles
0   100 kilomètres

L'Europe

0   500 miles

0   500 kilomètres

Pays francophones

LA MER DE BARENTS

LA MER DE NORVÈGE

L'ISLANDE

Reykjavik

LA SUÈDE

LA FINLANDE

LA NORVÈGE

Helsinki

LA RUSSIE

Oslo

Stockholm

Tallinn

L'ESTONIE

Moscou

Riga

LA LETTONIE

LA MER DU NORD

LE DANEMARK

LA MER BALTIQUE

LA LITUANIE

Copenhague

Vilnius

LA RUSSIE

Minsk

Dublin

L'IRLANDE

LA GRANDE BRETAGNE

LES PAYS-BAYS

Berlin

Varsovie

LA BIÉLORUSSIE

Londres

La Haye

Kiev

Bruxelles

L'ALLEMAGNE

LA POLOGNE

L'UKRAINE

LA BELGIQUE

Luxembourg

L'OCÉAN ATLANTIQUE

Paris

Prague

LE LUXEMBOURG

LA RÉPUBLIQUE TCHÈQUE

LA SLOVAQUIE

LA MOLDAVIE

LE LIECHTENSTEIN

Bratislava

Chisinau

Vienne

Budapest

Berne

L'AUTRICHE

LA HONGRIE

LA ROUMANIE

LA SUISSE

Ljubljana

Zagreb

Bucarest

LA MER NOIRE

LA FRANCE

LA SLOVÉNIE

Belgrade

Monte Carlo

LA CROATIE

LA BOSNIE-HERZÉGOVINE

LA SERBIE

Andorre-la-Vieille

Sarajevo

LA BULGARIE

LE PORTUGAL

ANDORRE

MONACO

L'ITALIE

LE MONTÉNÉGRO

Podgorica

Sofia

Skopje

La Corse

Rome

Tirana

LA MACÉDOINE

Madrid

L'ALBANIE

LA TURQUIE

Lisbonne

L'ESPAGNE

LA GRÈCE

La Sardaigne

La Sicile

Athènes

Nicosie

CHYPRE

MALTE

La Valette

LA MER MÉDITERRANÉE

LE MAROC

LA TUNISIE

L'ALGÉRIE

LA LIBYE

L'ÉGYPTE

L'Afrique

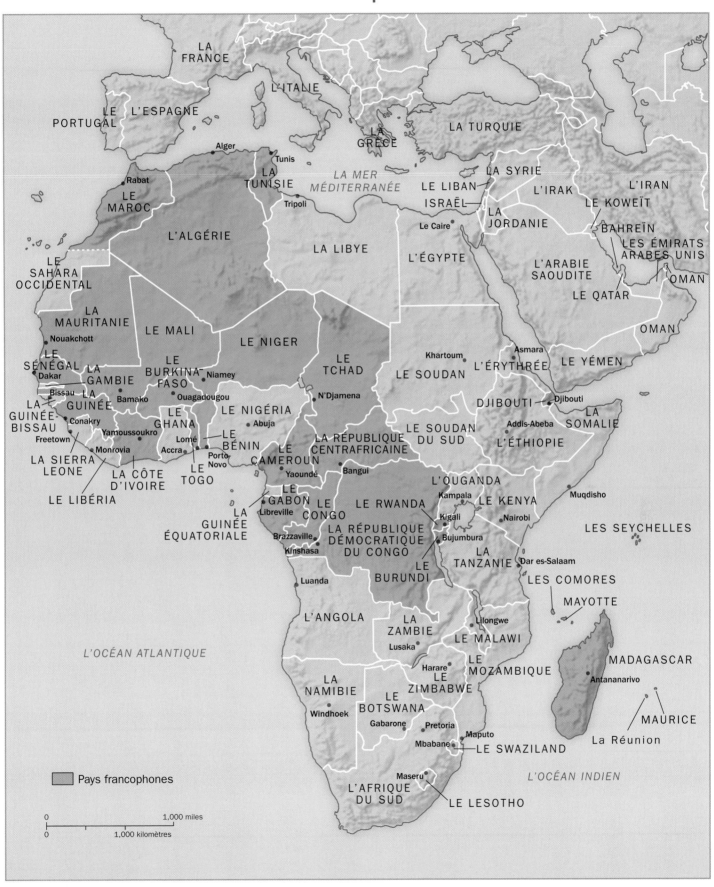

LA FRANCE

L'ITALIE

LE PORTUGAL   L'ESPAGNE

LA GRÈCE

LA TURQUIE

Alger

Tunis

LA SYRIE

LE LIBAN
ISRAËL

L'IRAK

L'IRAN
LE KOWEÏT

Rabat

LA TUNISIE

LA MER MÉDITERRANÉE

LA JORDANIE

BAHREÏN
LES ÉMIRATS ARABES UNIS

LE MAROC

Tripoli

Le Caire

L'ALGÉRIE

LA LIBYE

L'ÉGYPTE

L'ARABIE SAOUDITE

OMAN

LE SAHARA OCCIDENTAL

LE QATAR

OMAN

LA MAURITANIE

LE MALI

LE NIGER

LE TCHAD

Khartoum

L'ÉRYTHRÉE

LE YÉMEN

Asmara

Nouakchott

LE SÉNÉGAL
Dakar

LA GAMBIE

LE BURKINA FASO

Niamey

LE SOUDAN

DJIBOUTI   Djibouti

Bissau

LA GUINÉE

Bamako

Ouagadougou

N'Djamena

LA SOMALIE

LA GUINÉE-BISSAU

Conakry

LE GHANA

LE NIGÉRIA

LE SOUDAN DU SUD

Addis-Abeba

L'ÉTHIOPIE

Freetown

Yamoussoukro

Abuja

LA SIERRA LEONE

Monrovia

Lomé

Accra

LE BÉNIN

LA RÉPUBLIQUE CENTRAFRICAINE

LE LIBÉRIA

LA CÔTE D'IVOIRE

LE TOGO

Porto-Novo

LE CAMEROUN

Bangui

L'OUGANDA

LE KENYA

Muqdisho

Yaoundé

LE GABON

LE CONGO

LE RWANDA

Kampala

LA GUINÉE ÉQUATORIALE

Libreville

LA RÉPUBLIQUE DÉMOCRATIQUE DU CONGO

Kigali

Nairobi

LES SEYCHELLES

Brazzaville

Bujumbura

Kinshasa

LE BURUNDI

LA TANZANIE

Dar es-Salaam

Luanda

LES COMORES

MAYOTTE

L'ANGOLA

LA ZAMBIE

Llongwe

LE MALAWI

MADAGASCAR

L'OCÉAN ATLANTIQUE

Lusaka

Harare

LE MOZAMBIQUE

Antananarivo

LA NAMIBIE

LE ZIMBABWE

MAURICE

LE BOTSWANA

Windhoek

Gabarone

Pretoria

Maputo

La Réunion

Mbabane

LE SWAZILAND

L'OCÉAN INDIEN

Maseru

L'AFRIQUE DU SUD

LE LESOTHO

⬛ Pays francophones

0 ————— 1,000 miles

0 ————— 1,000 kilomètres

L'Asie et l'Océanie

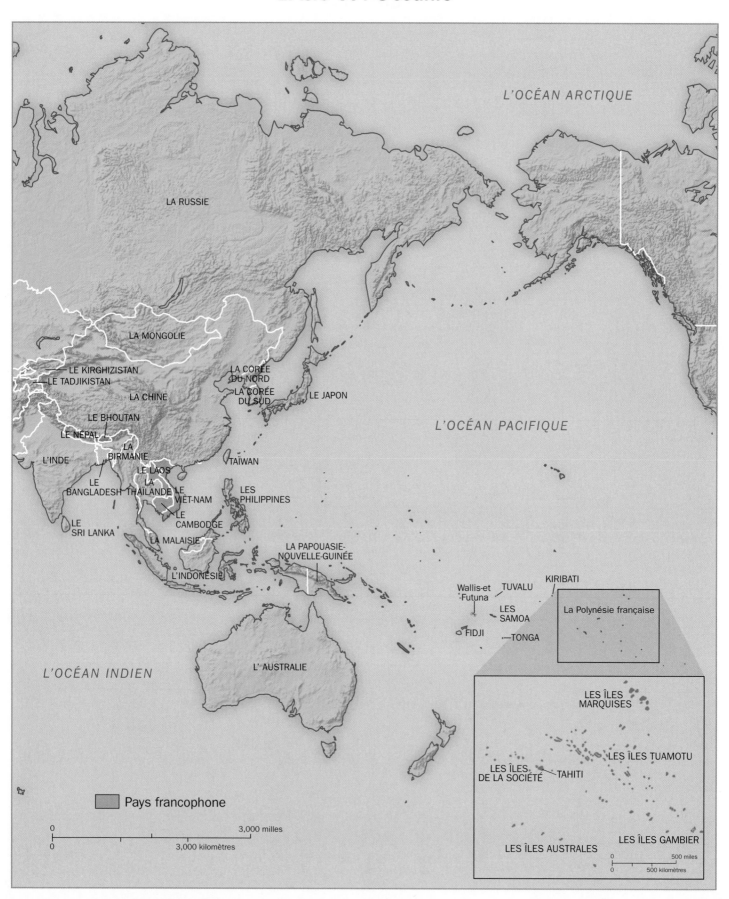

L'OCÉAN ARCTIQUE

LA RUSSIE

LA MONGOLIE

LE KIRGHIZISTAN

LE TADJIKISTAN

LA CHINE

LA CORÉE DU NORD

LA CORÉE DU SUD

LE JAPON

LE BHOUTAN

LE NÉPAL

LA BIRMANIE

L'INDE

LE LAOS

TAÏWAN

L'OCÉAN PACIFIQUE

LE BANGLADESH

LA THAÏLANDE

LE VIÊT-NAM

LES PHILIPPINES

LE CAMBODGE

LE SRI LANKA

LA MALAISIE

LA PAPOUASIE-NOUVELLE-GUINÉE

L'INDONÉSIE

Wallis-et-Futuna

TUVALU

KIRIBATI

LES SAMOA

La Polynésie française

FIDJI

TONGA

L'OCÉAN INDIEN

L'AUSTRALIE

LES ÎLES MARQUISES

LES ÎLES TUAMOTU

LES ÎLES DE LA SOCIÉTÉ

TAHITI

LES ÎLES AUSTRALES

LES ÎLES GAMBIER

Pays francophone

0   3,000 milles

0   3,000 kilomètres

0   500 miles

0   500 kilomètres

Roman-photo video program

Fully integrated with your textbook, the **Roman-photo** video series contains 36 dramatic episodes—one for each lesson in Levels 1 and 2, and 6 episodes in the **Reprise** lesson in Level 3. The episodes present the adventures of four college students who are studying in the south of France at the Université Aix-Marseille. They live in apartments above and near Le P'tit Bistrot, a café owned by Valérie Forestier. The videos tell their story and the story of Madame Forestier and her teenage son, Stéphane.

The **Roman-photo** dialogues in the printed textbook are an abbreviated version of the dramatic version of the video episodes. Therefore, each **Roman-photo** section in the text can used as a preparation before you view the corresponding video episode, as post-viewing reinforcement, or as a stand-alone section.

Each episode in Levels 1 and 2 features the characters using the vocabulary and grammar you are studying, as well as previously taught language. Each episode ends with a **Reprise** segment, which features the key language functions and grammar points used in the episode. The first four episodes in the Level 3 **Reprise** lesson review the topics and structures from Levels 1 and 2. The final two episodes bring you up-to-date on the lives of the characters.

The cast

Here are the main characters you will meet when you watch **Roman-photo**:

Of Senegalese heritage
Amina Mbaye

From Washington, D.C.
David Duchesne

From Paris
Sandrine Aubry

From Aix-en-Provence
Valérie Forestier

Of Algerian heritage
Rachid Kahlid

And, also from Aix-en-Provence
Stéphane Forestier

Video

Flash culture video program

For one lesson in each unit, a **Flash culture** segment allows you to experience the sights and sounds of the French-speaking world and the daily life of French speakers. Each segment is from two-to-three minutes long and is correlated to your textbook in one **Culture** section in each unit.

Hosted by narrators Csilla and Benjamin, these segments of specially shot footage transport you to a variety of venues: schools, parks, public squares, cafés, stores, cinemas, outdoor markets, city streets, festivals, and more. They also incorporate mini-interviews with French speakers in various walks of life: for example, family members, friends, students, and people in different professions.

The footage was filmed taking special care to capture rich, vibrant images that will expand your cultural perspectives with information directly related to the content of your textbook. In addition, the narrations were carefully written to reflect the vocabulary and grammar covered in **D'accord!**

Le Zapping

Authentic TV clips from around the French-speaking world connect the vocabulary and theme of each unit. These clips include commercials, newscasts, short films, and TV shows.

Reportage de France 3
Côte d'Azur

Ça va être un petit meuble...
une petite table de chevet.°

The French-speaking World

Do you know someone who speaks French? Chances are you do! More than 2 million Americans speak French or one of its varieties at home, and it is the second most common language in some states. It is the official language of more than twenty-five countries and an official language of the European Union and United Nations. English and French are the only two languages that are spoken on every continent of the world.

The Growth of French

Have you ever heard someone say that French is a Romance language? This doesn't mean it's romantic—although some say it is the language of love!—but that it is derived from Latin, the language of the Romans. Gaul, a country largely made up of what is now France and Belgium, was absorbed into the Roman Empire after the Romans invaded Gaul in 58 B.C. Most Gauls began speaking Latin. In the third century, Germanic tribes including the Franks invaded the Roman territories of Western Europe. Their language also influenced the Gauls. As the Roman empire collapsed in the fifth century, people in outlying regions and frontiers were cut off from Rome. The Latin spoken by each group was modified more and more over time. Eventually, the language that was spoken in Paris became the standard for modern-day French.

The French-speaking World

Speakers of French
(approx. 228 million worldwide)

- America and the Caribbean 7%
- Asia and Oceania 1%
- Europe 47%
- North Africa and the Middle-East 12%
- Sub-Saharan Africa and the Indian Ocean 33%

Source: Organisation internationale de la Francophonie

French in the United States

1500

1600

1700

1534
Jacques Cartier claims territories for France as he explores the St. Lawrence river, and the French establish fur-trading posts.

1600s
French exploration continues in the Great Lakes and the Mississippi Valley. La Salle takes the colony of Louisiana for France in 1682.

1685–1755
The Huguenots (French Protestants) form communities in America. French Acadians leave Nova Scotia and settle in northern New England and Louisiana.

French in the United States

French came to North America in the 16th and 17th centuries when French explorers and fur traders traveled through what is now America's heartland. French-speaking communities grew rapidly when the French Acadians were forced out of their Canadian settlement in 1755 and settled in New England and Louisiana. Then, in 1803, France sold the Louisiana territory to the United States for 80 million francs, or about 15 million dollars. Overnight, thousands of French people became citizens of the United States, bringing with them their rich history, language, and traditions.

This heritage, combined with that of the other French populations that have immigrated to the United States over the years, as well as U.S. relations with France in World Wars I and II, has led to the remarkable growth of French around the country. It is one of the most commonly spoken languages in the U.S., and there are significant populations in Louisiana, Maine, New Hampshire, and Vermont who speak French or one of its varieties.

You've made a popular choice by choosing to take French in school; it is the second most commonly taught foreign language in classrooms throughout the country! Have you heard people speaking French in your community? Chances are that you've come across an advertisement, menu, or magazine that is in French. If you look around, you'll find that French can be found in some pretty common places. Depending on where you live, you may see French on grocery items such as juice cartons and cereal boxes. In some large cities, you can see French language television broadcasts on stations such as TV5Monde. When you listen to the radio or download music from the Internet, some of the most popular choices are French artists who perform in French. French and English are the only two official languages of the Olympic Games. More than 20,000 words in the English language are of French origin. Learning French can create opportunities within your everyday life.

1803
The United States purchases Louisiana, where Cajun French is widely spoken.

1800 **1900** **2000**

1980s
Nearly all high schools, colleges, and universities in the United States offer courses in French as a foreign language. It is the second most commonly studied language.

2011
In the U.S., French is one of the languages most commonly spoken at home, with over 2 million speakers.

Why Study French?

Connect with the World

Learning French can change how you view the world. While you learn French, you will also explore and learn about the origins, customs, art, music, and literature of people all around the world. When you travel to a French-speaking country, you'll be able to converse freely with the people you meet. And whether here in the U.S. or abroad, you'll find that speaking to people in their native language is the best way to bridge any culture gap.

Learn an International Language

There are many reasons for learning French, a language that has spread to many parts of the world and has along the way embraced words and sounds of languages as diverse as Latin, Arabic, German, and Celtic. The French language, standardized and preserved by the Académie française since 1634, is now among the most commonly spoken languages in the world. It is the second language of choice among people who study languages other than English in North America.

Understand the World Around You

Knowing French can also open doors to communities within the United States, and it can broaden your understanding of the nation's history and geography. The very names Delaware, Oregon, and Vermont are French in origin. Just knowing their meanings can give you some insight into the history and landscapes for which the states are known. Oregon is derived from a word that means "hurricane," which tells you about the windy weather; and Vermont comes from a phrase

City Name	Meaning in French
Bel Air, California	"beautiful air"
Boise, Idaho	"wooded"
Des Moines, Iowa	"of the monks"
Montclair, New Jersey	"bright mountain"

meaning "green mountain," which is why its official nickname is The Green Mountain State. You've already been speaking French whenever you talk about these states!

Explore Your Future

How many of you are already planning your future careers? Employers in today's global economy look for workers who know different languages and understand other cultures. Your knowledge of French will make you a valuable candidate for careers abroad as well as in the United States. Doctors, nurses, social workers, hotel managers, journalists, businesspeople, pilots, flight attendants, and many other kinds of professionals need to know French or another foreign language to do their jobs well.

Expand Your Skills

Studying a foreign language can improve your ability to analyze and interpret information and help you succeed in many other subject areas. When you begin learning French, much of your studies will focus on reading, writing, grammar, listening, and speaking skills. You'll be amazed at how the skills involved with learning how a language works can help you succeed in other areas of study. Many people who study a foreign language claim that they gained a better understanding of English and the structures it uses. French can even help you understand the origins of many English words and expand your own vocabulary in English. Knowing French can also help you pick up other related languages, such as Portuguese, Spanish, and Italian. French can really open doors for learning many other skills in your school career.

How to Learn French

Start with the Basics!

As with anything you want to learn, start with the basics and remember that learning takes time!

Vocabulary Every new word you learn in French will expand your vocabulary and ability to communicate. The more words you know, the better you can express yourself. Focus on sounds and think about ways to remember words. Use your knowledge of English and other languages to figure out the meaning of and memorize words like **téléphone**, **l'orchestre**, and **mystérieux**.

Grammar Grammar helps you put your new vocabulary together. By learning the rules of grammar, you can use new words correctly and speak in complete sentences. As you learn verbs and tenses, you will be able to speak about the past, present, or future; express yourself with clarity; and be able to persuade others with your opinions. Pay attention to structures and use your knowledge of English grammar to make connections with French grammar.

Culture Culture provides you with a framework for what you may say or do. As you learn about the culture of French-speaking communities, you'll improve your knowledge of French. Think about a word like **cuisine** and how it relates to a type of food as well as the kitchen itself. Think about and explore customs observed at **le Réveillon de la Saint-Sylvestre** (New Year's Eve) or **le Carnaval** (or **Mardi Gras**, "fat Tuesday") and how they are similar to celebrations you are familiar with. Observe customs. Watch people greet each other or say good-bye. Listen for sayings that capture the spirit of what you want to communicate!

Listen, Speak, Read, and Write

Listening Listen for sounds and for words you can recognize. Listen for inflections and watch for key words that signal a question such as **comment** (*how*), **où** (*where*), or **qui** (*who*). Get used to the sound of French. Play French pop songs or watch French movies. Borrow books on CD from your local library, or try to attend a meeting with a French language group in your community. Download a podcast in French or watch a French newscast online. Don't worry if you don't understand every single word. If you focus on key words and phrases, you'll get the main idea. The more you listen, the more you'll understand!

Speaking Practice speaking French as often as you can. As you talk, work on your pronunciation, and read aloud texts so that words and sentences flow more easily. Don't worry if you don't sound like a native speaker, or if you make some mistakes. Time and practice will help you get there. Participate actively in French class. Try to speak French with classmates, especially native speakers (if you know any), as often as you can.

Reading Pick up a French-language newspaper or a magazine on your way to school, read the lyrics of a song as you listen to it, or read books you've already read in English translated into French. Use reading strategies that you know to understand the meaning of a text that looks unfamiliar. Look for cognates, or words that are related in English and French, to guess the meaning of some words. Read as often as you can, and remember to read for fun!

Writing It's easy to write in French if you put your mind to it. Memorize the basic rules of how letters and sounds are related, practice the use of diacritical marks, and soon you can probably become an expert speller in French! Write for fun—make up poems or songs, write e-mails or instant messages to friends, or start a journal or blog in French.

Tips for Learning French

- **Listen** to French radio shows, often available online. Write down words you can't recognize or don't know and look up the meaning.

- **Watch** French TV shows or movies. Read subtitles to help you grasp the content.

- **Read** French-language newspapers, magazines, websites, or blogs.

- **Listen** to French songs that you like— anything from a a jazzy pop song by Zaz to an old French ballad by Edith Piaf. Sing along and concentrate on your pronunciation.

- **Seek** out French speakers. Look for neighborhoods, markets, or cultural centers where French might be spoken in your community. Greet people, ask for directions, or order from a menu at a French restaurant in French.

- **Pursue** language exchange opportunities in your school or community. Try to join language clubs or cultural societies, and explore opportunities for studying abroad or hosting a student from a French-speaking country in your home or school.

Practice, practice, practice!

Seize every opportunity you find to listen, speak, read, or write French. Think of it like a sport or learning a musical instrument— the more you practice, the more you will become comfortable with the language and how it works. You'll marvel at how quickly you can begin speaking French and how the world that it transports you to can change your life forever!

- **Connect** your learning to everyday experiences. Think about naming the ingredients of your favorite dish in French. Think about the origins of French place names in the U.S., like Baton Rouge and Fond du Lac, or of common English words and phrases like **café**, **en route**, **fiancé**, **matinée**, **papier mâché**, **petite**, and **souvenir**.

- **Use** mnemonics, or a memorizing device, to help you remember words. Make up a saying in English to remember the order of the days of the week in French (L, M, M, J, V, S, D).

- **Visualize** words. Try to associate words with images to help you remember meanings. For example, think of a **pâté** or **terrine** as you learn the names of different types of meats and vegetables. Imagine a national park and create mental pictures of the landscape as you learn names of animals, plants, and habitats.

- **Enjoy** yourself! Try to have as much fun as you can learning French. Take your knowledge beyond the classroom and find ways to make your learning experience your very own.

Common Names

Get started learning French by using a French name in class. You can choose from the lists on these pages, or you can find one yourself. How about learning the French equivalent of your name? The most popular French names for girls are Emma, Léa, Chloé, Manon, and Inès. The most popular French names for boys are Nathan, Lucas, Enzo, Léo, and Louis. Is your name, or that of someone you know, in the French top five?

More Boys' Names	More Girls' Names
Thomas	Lola
Gabriel	Zoé
Théo	Alice
Hugo	Louise
Maxime	Camille
Alexandre	Océane
Antoine	Marie
Adam	Sarah
Quentin	Clara
Clément	Lilou
Nicolas	Laura
Alexis	Julie
Romain	Mathilde
Raphaël	Lucie
Valentin	Anaïs
Noah	Pauline
Julien	Margot
Paul	Lisa
Baptiste	Eva
Tom	Justine
Jules	Maéva
Arthur	Jade
Benjamin	Juliette
Mohamed	Charlotte
Mathis	Émilie

The top five names for boys:	The top five names for girls:
Nathan	Emma
Lucas	Léa
Enzo	Chloé
Léo	Manon
Louis	Inès

Useful French Expressions

The following expressions will be very useful in getting you started learning French. You can use them in class to check your understanding, and to ask and answer questions about the lessons. Learn these ahead of time to help you understand direction lines in French, as well as your teacher's instructions. Remember to practice your French as often as you can!

Expressions utiles	Useful expressions
Allez à la page 2.	Go to page 2.
Alternez les rôles.	Switch roles.
À tour de rôle...	Take turns...
À voix haute	Aloud
À votre/ton avis	In your opinion
Après une deuxième écoute...	After a second listen...
Articulez.	Enunciate.; Pronounce carefully.
Au sujet de, À propos de	Regarding/about
Avec un(e) partenaire/ un(e) camarade de classe	With a partner/a classmate
Avez-vous/As-tu des questions?	Do you have any questions?
Avez-vous/As-tu fini/ terminé?	Are you done?/Have you finished?
Chassez l'intrus.	Choose the item that doesn't belong.
Choisissez le bon mot.	Choose the right word.
Circulez dans la classe.	Walk around the classroom.
Comment dit-on ____ en français?	How do you say ____ in French?
Comment écrit-on ____ en français?	How do you spell ____ in French?

Expressions utiles	Useful expressions
Corrigez les phrases fausses.	Correct the false statements.
Créez/Formez des phrases...	Create/Form sentences...
D'après vous/Selon vous...	According to you...
Décrivez les images/ dessins...	Describe the images/ drawings...
Désolé(e), j'ai oublié.	I'm sorry, I forgot.
Déterminez si...	Decide whether...
Dites si vous êtes/Dis si tu es d'accord ou non.	Say if you agree or not.
Écrivez une lettre/ une phrase.	Write a letter/a sentence.
Employez les verbes de la liste.	Use the verbs from the list.
En utilisant...	Using...
Est-ce que vous pouvez/tu peux choisir un(e) autre partenaire/ quelqu'un d'autre?	Can you please choose... another partner/someone else?
Êtes vous prêt(e)?/ Es-tu prêt(e)?	Are you ready?
Excusez-moi, je suis en retard.	Excuse me for being late.
Faites correspondre...	Match...
Faites les accords nécessaires.	Make the necessary agreements.

Expressions utiles	Useful expressions
Félicitations!	*Congratulations!*
Indiquez le mot qui ne va pas avec les autres.	*Indicate the word that doesn't belong.*
Indiquez qui a dit…	*Indicate who said…*
J'ai gagné!/Nous avons gagné!	*I won!/We won!*
Je n'ai pas/Nous n'avons pas encore fini.	*I/We have not finished yet.*
Je ne comprends pas.	*I don't understand.*
Je ne sais pas.	*I don't know.*
Je ne serai pas là demain.	*I won't be here tomorrow.*
Je peux continuer?	*May I continue?*
Jouez le rôle de…/ la scène…	*Play the role of…/ the scene…*
Lentement, s'il vous plaît.	*Slowly, please.*
Lisez…	*Read…*
Mettez dans l'ordre…	*Put in order…*
Ouvrez/Fermez votre livre.	*Open/Close your books.*
Par groupes de trois/ quatre…	*In groups of three/four…*
Partagez vos résultats…	*Share your results…*
Posez-vous les questions suivantes.	*Ask each other the following questions.*
Pour demain, faites…	*For tomorrow, do…*

Expressions utiles	Useful expressions
Pour demain, vous allez/tu vas faire…	*For tomorrow you are going to do…*
Prononcez.	*Pronounce.*
Qu'est-ce que ____ veut dire?	*What does ____ mean?*
Que pensez-vous/ penses-tu de…	*What do you think about…*
Qui a gagné?	*Who won?*
…qui convient le mieux.	*…that best completes/is the most appropriate.*
Rejoignez un autre groupe.	*Get together with another group.*
Remplissez les espaces.	*Fill in the blanks.*
Répondez aux questions suivantes.	*Answer the following questions.*
Soyez prêt(e)s à…	*Be ready to…*
Venez/Viens au tableau.	*Come to the board.*
Vous comprenez?/ Tu comprends?	*Do you understand?*
Vous pouvez nous expliquer/m'expliquer encore une fois, s'il vous plaît?	*Could you explain again, please?*
Vous pouvez répéter, s'il vous plaît?	*Could you repeat that, please?*
Vrai ou faux?	*True or false?*

Acknowledgments

On behalf of its authors and editors, Vista Higher Learning expresses its sincere appreciation to the many educators nationwide who reviewed materials from **D'accord!** Their input and suggestions were vitally helpful in forming and shaping the program in its final, published form.

We also extend a special thank you to Mayanne Wright, Stephen Adamson, and Séverine Champeny, whose hard work was central to bringing **D'accord!** to fruition.

We are especially grateful to Norah Jones, for her continued support and feedback regarding all aspects of the text.

Reviewers

Rachel Safier Albino
Saint Francis High School
Mountain View, CA

Erin Austin
Poudre High School
Fort Collins, CO

Rebecca Barck
The Bryn Mawr School
Baltimore, MD

Jennifer Barnhill
The Archer School for Girls
Los Angeles, CA

Michael Battle
Saint Francis High School
Mountain View, CA

Mary Bell
St Mary's Episcopal School
Memphis, TN

Morgan Benz
Drew School
San Francisco, CA

Marie France Bernard
Carrollton School of the Sacred Heart
Miami, FL

Joyce Besserer
Brookfield Academy
Brookfield, WI

Cree Bol
Polaris Expeditionary School
Fort Collins, CO

Greta Brewer
West Boca High School
Boca Raton, FL

Kari Bridenbaugh
Rocky Mountain High School
Fort Collins, CO

Bradey Bulk
Wilmington Friends School
Wilmington, DE

Chantal Cassan
St Andrew's Episcopal School
Potomac, MD

Christi Castenson
West Aurora High School
Aurora, IL

Anna Maria Cherubin
Eleanor Roosevelt High School
Greenbelt, MD

Ines du Cos de La Hitte
Sierra Canyon School
Chatsworth, CA

Amaris Cuchanski
Falmouth Academy
Falmouth, MA

Isabelle Daly
Ranney School
Tinton Falls, NJ

Silvana Dessi-Olive
The Blake School
Minneapolis, MN

Michele Diament
Collins Hill High School
Suwanee, GA

Catherine Douglas
Xaverian Brothers High School
Westwood, MA

Parthena Draggett
Community School of Naples
Naples, FL

Jillian Eilert
Avon High School
Avon, IN

Erin Feltman
Timberline High School
Olympia, WA

Kristine Finnegan
Kempsville High School
Virginia Beach, VA

Mary Beth Fischer
Kinard Core Knowledge Middle School
Fort Collins, CO

Kimberly Fogelson
Dominion High School
Sterling, VA

Acknowledgments

Kevin Giggy
Mitchell High School
Mitchell, IN

Lee Holcomb
Inspire School of Arts & Sciences
Chico, CA

Anne Jackson
Holy Innocents Episcopal School
Atlanta, GA

Debra Jukich
Mead High School
Longmont, CO

Kimberley Jurawan
The Benjamin School
Palm Beach Gardens, FL

Catalina Keilhauer
The Madeira School
McLean, VA

Benjamin Lizotte
St. John's High School
Shrewsbury, MA

Jean Mari Hernandez Lopez
Westtown School
West Chester, PA

Sabrina Maggio
Marist High School
Chicago, IL

Miranda Markland
Preston Middle School
Fort Collins, CO

Michelle Martin
Brebeuf Jesuit Preparatory School
Indianapolis, IN

Patricia Massey
Potomac Falls High School
Potomac Falls, VA

Thomas Michaud
Nichols School
Buffalo, NY

Caron Morton
Suncoast Community High School
Riviera Beach, FL

Nadine Paulsen
Archbishop Mitty High School
San Jose, CA

Marilyn Payton
St. John XXIII College Preparatory
Katy, TX

Rebecca Philippone
Greene High School
Greene, NY

Sarah du Plessis
Hopkins School
New Haven, CT

Tom Pozen
Saint Ignatius College Prep
Chicago, IL

Meghan Primm
Mill Creek High School
Hoschton, GA

Carolyn Quinby
Terra Linda High School
San Rafael, CA

Philippe Radelet
Benjamin Franklin High School
New Orleans, LA

Caroline Ridenour
Heritage Christian School
North Hills, CA

Donna Romanick
Pope John XXIII High School
Sparta, NJ

Tracy Rucker
Louisville Collegiate School
Louisville, KY

Katherine Saxby
Orinda Academy
Orinda, CA

Sarah Sexton
Fossil Ridge High School
Fort Collins, CO

Ellen Spence
Beavercreek High School
Beavercreek, OH

Suzanne Stluka
The New School of Northern Virginia
Fairfax, VA

Maggie Strahl
Bishop Fenwick High School
Franklin, OH

Cammie Williams
William Byrd High School
Vinton, VA

Pachao Yajcherthao
The Blake School
Minneapolis, MN

Valerie Yoshimura
The Archer School for Girls
Los Angeles, CA

Reprise

Reprise Goals

In **Reprise**, students will review:

- greeting and saying goodbye to people
- identifying themselves and others
- describing classes and schedules
- discussing family, friends, and occupations
- saying where they are going
- ordering food and beverages
- telling time
- numbers 0–60 and 61–100
- nouns and articles
- the present tense of regular and irregular verbs
- adjectives and adjective agreement
- forming questions and expressing negation
- prepositions of location and disjunctive pronouns

 21ˢᵗ Century Skills

Initiative and Self-Direction
Students can monitor their progress online using vhlcentral.com activities and assessments.

Pour commencer

- b. une fille et deux garçons
- c. douze ans
- a. au lycée
- a. Ils ont l'air content.

Pour commencer

- Qui est dans la photo?
  a. des filles b. une fille et deux garçons
  c. deux profs
- Quel âge ont-ils, à votre avis?
  a. six ans b. vingt ans c. douze ans
- Où sont-ils?
  a. au lycée b. au café c. chez des amis
- Comment vont-ils?
  a. Ils ont l'air content. b. Ils sont malheureux.
  c. Ils ont l'air fatigué.

EXPANSION

Descriptions Have students work in pairs. Ask the pairs to create a description of one of the boys in the photo. Students should include a physical description as well as information about family, activities, or school. Encourage students to use their imagination as necessary. Call on volunteer pairs to read their description aloud.

PRE-AP®

Interpersonal Speaking Have students work in pairs to imagine a conversation between the two boys in the photo. The situation might be, for example, the two students meeting for the first time or the two discussing what they are going to do after the scene in the photo. Have students present their conversations to the class.

Section Goals

In this section, students will review:
• gender and number of nouns
• definite and indefinite articles
• the numbers 0–60
• the expression **il y a**

Suggestions

• Present bullet 1 and **Boîte à outils**. Explain the use of definite and indefinite articles. Point out that the **-n** of **un** is pronounced before a vowel.
• Present the two bullets points on making nouns plural.
• Write nouns on the board and have students state if they are singular or plural, masculine or feminine. Then have them provide definite or indefinite articles.
• Have students review numbers 0–60 with a partner. Next, call out numbers and have students write the digits. Then, write numbers in digits on the board and have students state what they are.
• Ask questions like the following: **Il y a combien d'élèves dans la classe?** (**Il y a seize élèves dans la classe.**)

Essayez! Have students write four more numbers between 0–60 for a partner to write out.

TELL Connection

Learning Experience 3 *Why:* Help students see connections between all the tools involved in the language-learning experience. *What:* Grammar is an important tool of accuracy. Guide students to do periodic reviews to strengthen their accuracy in a controlled practice environment and grow their confidence in communication.

1.1

🏃 Boîte à outils

Articles tell the gender and number of the nouns they precede. As you learn new nouns, study them with their corresponding articles. This will help you remember their gender.

1.2

🏃 Boîte à outils

The numbers **41–49** and **51–59** follow the same pattern as the numbers **31–39**.

Nouns and articles **vhl**central

Articles

• All French nouns have gender (masculine/feminine) and number (singular/plural).

	Definite articles *(the)*			Indefinite articles *(a, an, some)*	
	Singular (before consonants)	Singular (before vowel sound)	Plural	Singular	Plural
Masculine	le livre	l'étudiant	les ordinateurs	un résultat	des résultats
Feminine	la carte	l'amie	les actrices	une horloge	des horloges

Plural of nouns

• For most nouns: add **-s**

   la table ▸ les tables

• For nouns ending in **-eau**: add **-x**; for nouns ending in **-al**: change **-al** to **-aux**

   un bureau ▸ des bureaux   l'animal ▸ les animaux

Numbers 0–60 and *il y a*

Numbers 0–30		
0–10	11–20	21–30
0 zéro	11 onze	21 vingt et un
1 un	12 douze	22 vingt-deux
2 deux	13 treize	23 vingt-trois
3 trois	14 quatorze	24 vingt-quatre
4 quatre	15 quinze	25 vingt-cinq
5 cinq	16 seize	26 vingt-six
6 six	17 dix-sept	27 vingt-sept
7 sept	18 dix-huit	28 vingt-huit
8 huit	19 dix-neuf	29 vingt-neuf
9 neuf	20 vingt	30 trente
10 dix		

Numbers 31–60		
31–34	35–38	39, 40, 50, 60
31 trente et un	35 trente-cinq	39 trente-neuf
32 trente-deux	36 trente-six	40 quarante
33 trente-trois	37 trente-sept	50 cinquante
34 trente-quatre	38 trente-huit	60 soixante

• Use **un** before all masculine nouns and **une** before all feminine nouns when counting.

   un objet   **une** calculatrice
   quarante et un objets   **cinquante et une** calculatrices

• Use **il y a** to express *there is/are*. Use **il n'y a pas de (d')** followed directly by a noun to express *there is/are not*.

Essayez!   Make the singular nouns plural and the plural nouns singular in items 1–5.
Give the number in French in items 6–10.

1. un dictionnaire   *des dictionnaires*
2. des filles   *une fille*
3. la table   *les tables*
4. les actrices   *l'actrice*
5. l'élève   *les élèves*

6. 43   *quarante-trois*
7. 32   *trente-deux*
8. 8   *huit*
9. 57   *cinquante-sept*
10. 60   *soixante*

TEACHING OPTIONS

Using Video Show the video episode for **D'accord! 1A Unité 1 Leçon 1A** to offer more input on singular and plural nouns and their articles. With their books closed, have students write down every noun and article that they hear. After viewing the video, ask volunteers to list the nouns and articles they heard.

DIFFERENTIATION

For Kinesthetic Learners Give ten students a card with a number from 0–60. (You may want to assign numbers in fives to simplify the activity.) The card must be visible to the other students. Then call out simple math problems (addition or subtraction) involving the assigned numbers. When the first two numbers are called, each student steps forward. The student whose assigned number completes the math problem has five seconds to join them.

1.3 Present tense of *être*

être (to be)			
je suis	I am	nous sommes	we are
tu es	you are	vous êtes	you are
il/elle est	he/she/it is	ils/elles sont	they are
on est	one is		

Vérifiez

- Use **c'est** or **ce sont** plus an article and noun to identify who someone is or what something is. Do not use an article with proper nouns.

  C'est une montre.   **Ce sont** Amina et Rachid.

- Use **il/elle est** and **ils/elles sont** to refer to someone or something already mentioned, or with a profession or relationship. Nouns that follow do not use an article or adjective.

  Anne? **Elle est** sympa.   **Ils sont** acteurs.

Vérifiez

1.4 Adjective agreement

- Most adjectives agree in number and gender with the nouns they describe. For most adjectives, add an -e to form the feminine and an -s to form the plural.

Masculine	Masculine plural	Feminine	Feminine plural
élégant	élégants	élégante	élégantes

  Marc est **réservé.**   Carole est **réservée** aussi.

  Ils sont **français** et très **sympas.**   Carole et Marie **sont charmantes.**

- To form the feminine of adjectives that end with **-ien**: change to **-ienne**.

  algérien ▶ algérienne

- Masculine singular adjectives that end in -s keep the identical form in the plural.

Vérifiez

- Most adjectives are placed after the noun they describe.

  un homme égoïste   **une étudiante réservée**

Essayez!   Complete each sentence with the correct form of the adjective and the verb **être.**

1. Marc (timide) _est timide_.
2. Ils (anglais) _sont anglais_.
3. Je (français) _suis français/française_.
4. Mme Malbon (réservé) _est réservée_.
5. Marie, tu (agréable) _es agréable_.
6. Le cours (facile) _est facile_.
7. Vous (charmant) _êtes charmant/charmante/charmants/charmantes_.
8. Nous (italien) _sommes italiens/italiennes_.
9. Ils (désagréable) _sont désagréables_.
10. Les enfants (indépendant) _sont indépendants_.
11. Vous (poli) _êtes poli/polie/polis/polies_.
12. Nous (sincère) _sommes sincères_.
13. La fille (égoïste) _est égoïste_.
14. Je (occupé) _suis occupé/occupée_.
15. L'examen (difficile) _est difficile_.
16. Ma tante (intéressant) _est intéressante_.

trois **3**

Section Goals

In this section, students will review:
- subject pronouns
- the verb **être**
- **c'est** and **il/elle est**
- forms, agreement, and position of adjectives
- some descriptive adjectives
- some adjectives of nationality

Suggestions
- Point to yourself and say: **Je suis professeur**. Then walk up to a student and say: **Tu es**… The student should say: **élève**. Include other subject pronouns and forms of **être** while pointing to other students. Assign the **Vérifiez** activity.
- Present the bullet points about **il/elle est** and **ils/elles sont**. Use the examples to point out where articles are used.
- Explain that **c'est/ce sont** is most often followed by a noun and **il(s)/elle(s) est/sont** is most often followed by an adjective. Have students provide other examples that contrast usage. Then assign the **Vérifiez** activity.
- Have students work in pairs to list as many adjectives of nationality and adjective cognates as they can remember. Go over lists as a class.
- Write these adjectives on the board: **impatient, impatiente, impatients, impatientes**. Model each adjective in a sentence and ask volunteers to tell you whether it is masculine or feminine and singular or plural. Then have students give feminine and plural forms of adjectives they brainstormed. Assign the **Vérifiez** activity.
- Point out that in English most adjectives are placed before the noun, but in French they are placed after the noun. Provide sentence starters and have students complete them with nouns and adjectives orally and in writing. Examples: **Mme _____ est… (une professeur intéressante). Nous sommes… (des élèves brillants).**

Essayez! Have students create additional simple sentences using the verb **être**.

EXPANSION

Rapid Drill As a rapid-response drill, call out subject pronouns and have students respond with the correct form of **être**. Examples: **tu (es)** and **vous (êtes)**. Then reverse the drill; say the forms of **être** and have students give the subject pronouns. Accept multiple answers for **est** and **sont**.

DIFFERENTIATION

For Visual Learners Have students collect several interesting pictures of people from magazines or newspapers. Have them prepare a description of one of the pictures ahead of time. Invite them to show the pictures to the class and then give their descriptions orally without indicating which picture they are talking about. The class will guess which of the pictures is being described.

Section Goals

In this section, students will review:
• the present tense of regular -er verbs
• spelling changes in -cer and -ger verbs
• forming questions
• expressing negation

Suggestions

• As a class, brainstorm a list of -er verbs and write them on the board. Review meanings.
• Introduce the idea of a "boot verb." Write the conjugation of a common -er verb on the board with the singular forms in the first column and the plural forms in the second column. Draw a line around **je, tu, il/elle/on,** and **ils/elles,** forming the shape of a boot. The four verb forms inside the "boot" are pronounced alike.
• Explain that the French present tense equals four English present tenses. Ask volunteers to translate examples: **Au lycée, je mange bien.** (*I eat well at school.*) **Excusez-moi, je mange.** (*Excuse me, I'm eating.*)
• Point out that verbs ending in -cer and -ger have a spelling change in the **nous** form. Write **commençons** and **mangeons** on the board, and circle the change. Follow the Rapid Drill suggestion, p. 4, and assign the **Vérifiez** activity.
• Present the different ways of forming questions, modeling pronunciation and intonation. Have students create questions based on sentences you provide. Example: **Elle aime les frites. (Est-ce qu'elle aime les frites? Aime-t-elle les frites? Elle aime les frites, n'est-ce pas?)**
• Point out that any question word can go before **est-ce que.** Example: **Que** as in **Qu'est-ce que c'est?** Assign the **Vérifiez** activity.
• Explain the positions of **ne (n')** and **pas** in negative phrases and in inverted questions.

Essayez! Have students create new sentences orally or in writing by changing the subject of the sentence.

2.1

Present tense of regular -er verbs vhlcentral

• To form the present tense of regular -er verbs, drop the -er and add the appropriate endings for the different subject pronouns.

parler (to speak)			
je parle	*I speak*	nous parlons	*we speak*
tu parles	*you speak*	vous parlez	*you speak*
il/elle/on parle	*he/she/it/one speaks*	ils/elles parlent	*they speak*

• When two verbs are used together without a change in subject, only the first verb should be conjugated.

J'adore voyager.   Ils détestent étudier ensemble.

Vérifiez

• Verbs ending in -ger and -cer have a spelling change in the nous form.

voyager ▶ nous voyageons   commencer ▶ nous commençons

2.2

Forming questions and expressing negation

Forming questions

Boîte à outils

When the word following **est-ce que** begins with a vowel sound, **que** becomes **qu'**:

Est-ce qu'il aime dessiner?
Does he like to draw?

• There are several ways to ask a question in French: by raising the pitch of your voice at the end of a sentence; by placing **est-ce que** before a statement; by adding tag questions to the end of a statement; by inverting the subject and verb.

Vous habitez à Bordeaux?   **Est-ce que** vous parlez français?
You live in Bordeaux?   *Do you speak French?*

Nous mangeons à midi, **n'est-ce pas**?   **Parlez-vous** français?
We eat at noon, don't we?   *Do you speak French?*

• When using inversion, if the verb ends in a vowel and the subject pronoun is **il, elle,** or **on,** insert a **-t-** between the verb and the pronoun.

Parle-t-elle français?

Vérifiez

Expressing negation

• To make a sentence negative, place **ne (n')** before the conjugated verb and **pas** after it.

Je **ne mange pas** souvent à la cantine.   Étienne **n'aime pas étudier** la chimie.

• After negative statements, indefinite articles change to **de (d')** except with the verb **être.**

Essayez!   Create questions with **est-ce que (qu')** using the subjects provided. Then answer each question negatively.

MODÈLE

tu: aimer/l'art
Est-ce que tu aimes l'art?
Non, je n'aime pas l'art.

1. vous: parler/espagnol
   Est-ce que vous parlez espagnol? Non, je ne parle pas/nous ne parlons pas espagnol.
2. Luc: manger/à la cantine
   Est-ce que Luc mange à la cantine? Non, il ne mange pas à la cantine.
3. tu: détester/le cours d'informatique
   Est-ce que tu détestes le cours d'informatique? Non, je ne déteste pas le cours d'informatique.
4. Élodie et Mireille: retrouver/des copines/à la librairie
   Est-ce qu'Élodie et Mireille retrouvent des copines à la librairie? Non, elles ne retrouvent pas de copines à la librairie.
5. ils: aimer mieux/dessiner
   Est-ce qu'ils aiment mieux dessiner? Non, ils n'aiment pas mieux dessiner.
6. nous: passer/un examen demain
   Est-ce que nous passons un examen demain? Non, nous ne passons pas d'examen demain.

EXPANSION

Rapid Drill Do a rapid-response drill. Write the infinitive of an -er verb on the board. Call out subject pronouns and/or names, and have students respond with the correct verb form. Then reverse the drill; write a verb form on the board and have students say the subject pronouns.

TEACHING OPTIONS

Questions Prepare eight questions. Write their answers on the board in random order. Then read your questions aloud, having students match the question to the appropriate answer. Make sure that only one of the possible answers corresponds logically to the questions you ask. Example: **Pourquoi déteste-t-il les maths? (Il n'aime pas le prof.)**

2.3

Present tense of *avoir*

Present tense of *avoir*			
j'ai	*I have*	nous avons	*we have*
tu as	*you have*	vous avez	*you have*
il/elle/on a	*he/she/it/one has*	ils/elles ont	*they have*

Expressions with *avoir*			
avoir... ans	*to be... years old*	avoir froid	*to be cold*
avoir besoin (de)	*to need*	avoir honte (de)	*to be ashamed (of)*
avoir de la chance	*to be lucky*	avoir l'air	*to look like, to seem*
		avoir peur (de)	*to be afraid (of)*
avoir chaud	*to be hot*	avoir raison	*to be right*
avoir envie (de)	*to feel like*	avoir sommeil	*to be sleepy*
		avoir tort	*to be wrong*

2.4

Telling time

- There are two ways to ask what time it is.

  Quelle heure est-il?

  Est-ce que vous avez l'heure?

Stéphane! Quelle heure est-il? Tu n'as pas de montre?

Il est **une** heure.	*It's 1:00.*	Il est **trois** heures **moins le quart**.	*It's 2:45.*
Il est **six** heures.	*It's 6:00.*	Il est **quatre** heures **moins vingt**.	*It's 3:40.*
Il est **onze** heures **dix**.	*It's 11:10.*	Il est **midi**.	*It's noon.*
Il est **neuf** heures **et quart/quinze**.	*It's 9:15.*	Il est **minuit**.	*It's midnight.*
Il est **huit** heures **et demie/trente**.	*It's 8:30.*	Il est **dix** heures **pile**.	*It's ten o'clock.*

- To ask what time an event takes place, use **à quelle heure**. To say at what time something takes place, use **à** + *time*.

  À quelle heure commence la classe de géographie?
  La classe commence **à dix heures et demie**.

- The 24-hour clock is often used to express departure times, movie times, and store hours.

  Le train arrive **à quinze heures huit**.

Essayez!

Complete sentences 1–5 with the correct forms of **avoir**. Complete sentences 6–10 with the correct time using the cues provided.

1. Vous ___avez___ l'heure?
2. J' ___ai___ quatorze ans.
3. Nous ___avons___ envie de danser.
4. ___As___ -tu besoin d'une calculatrice?
5. Il ___a___ de la chance!

6. (1:00) Il est ___une heure___.
7. (4:20) Il est ___quatre heures vingt___.
8. (2:45) Il est ___trois heures moins le quart___.
9. (noon) Il est ___midi___.
10. (8:30) Il est ___huit heures et demie/trente___.

cinq **5**

Section Goals

In this section, students will review:
- the verb **avoir**
- some common expressions with **avoir**
- telling time
- some time expressions
- the 24-hour system of telling time

Suggestions

- Explain that **avoir** is irregular. Go through the forms having students repeat after you. Stress where liaison occurs. Then ask students questions to elicit the different forms. Examples: **Qui a un crayon? Avez-vous un dictionnaire? David a-t-il un dictionnaire?**
- Tell the class that many French expressions use **avoir** + [*noun*] instead of **être** + [*adjective*] in English. Tell students to use **avoir envie de** + [*infinitive*] to ask people if they feel like doing something.
- Model the use of the expressions by talking about yourself while gesturing and asking students questions. Examples: **J'ai froid ce matin/ cet après midi. Vous avez froid aussi ou vous avez chaud?** Assign the **Vérifiez** activity.
- Use a paper plate clock to introduce: **Il est sept heures (huit heures, neuf heures...).**
- Then, introduce: **Il est _____ heure(s) cinq, dix, et quart**, and **et demie**.
- Introduce and explain: **Il est _____ heure(s) moins cinq, moins dix, moins le quart**, and **moins vingt**. Go over the first two bullets on time. Ask students questions based on what you indicate with your paper plate clock or by writing times on the board.
- Explain the use of the 24-hour clock. Have students practice saying times this way by adding 12.

Essayez! For items 6–8 and 9, ask students to state the times using the 24-hour clock, assuming all times are pm.

TEACHING OPTIONS

Clocks Draw a large clock face on the board with its numbers but without the hands. Say a time and ask a volunteer to come up and draw the hands to indicate that time. The rest of the class verifies whether or not the person has written the correct time, saying: **Il/Elle a raison/tort.** Repeat this a number of times.

EXPANSION

Rapid Drill Do a quick substitution drill with **avoir**. Write a sentence on the board and have students read it aloud. Then say a new subject and have students repeat the sentence, substituting the new subject. Examples: **1. J'ai des problèmes. (Éric et moi, tu, Stéphane, vous, les hommes) 2. Pierre a cours de chimie le mardi et le jeudi. (Pierre et Julie, nous, je, vous, tu)**

Mise en pratique

1 **Sur le campus** Étienne's little sister wants to know everything about his school. Answer each of her questions using the number in parentheses.

MODÈLE

Il y a combien de bibliothèques? (2)
Il y a deux bibliothèques.

1. Il y a combien de salles de classe? (43)   Il y a quarante-trois salles de classe.
2. Il y a combien de tables dans la bibliothèque? (11)   Il y a onze tables dans la bibliothèque.
3. Il y a combien de filles dans la classe d'histoire? (21)   Il y a vingt et une filles dans la classe d'histoire.
4. Il y a combien de professeurs? (52)   Il y a cinquante-deux professeurs.
5. Il y a combien de tableaux dans la classe de français? (1)   Il y a un tableau dans la classe de français.
6. Il y a combien de chaises dans la cantine? (60)   Il y a soixante chaises dans la cantine.
7. Il y a combien de fenêtres dans la librairie? (0)   Il n'y a pas de fenêtres dans la librairie.
8. Il y a combien de cartes dans la classe de géographie? (3)   Il y a trois cartes dans la classe de géographie.
9. Il y a combien de professeurs de français? (4)   Il y a quatre professeurs de français.
10. Il y a combien d'ordinateurs dans la classe d'informatique? (25)   Il y a vingt-cinq ordinateurs dans la classe d'informatique.

2 **Identifiez** Describe these photos using **c'est/ce sont**, **il est/elle est**, or **ils sont/elles sont**.

1. _____C'est_____ un téléphone.

2. _____Ce sont_____ des photos.

3. _____Elle est_____ chanteuse.

4. _____Elles sont_____ copines.

5. _____Ils sont_____ là.

6. _____C'est_____ Amina.

3 **Les nationalités** Tell everyone's nationalities according to the cities from which they come. Use **être** and the correct form of the adjective.

| algérien | anglais | espagnol | japonais | québécois |
| allemand | américain | français | marocain | vietnamien |

MODÈLE

Monique: Paris.
Elle est française.

1. Les copains Gilbert et Marc: Montréal.   Ils sont québécois/canadiens.
2. Georges: Marseille.   Il est français.
3. Yasmine: Alger.   Elle est algérienne.
4. Moi: Dallas.   Je suis américain/américaine.
5. Les amis Takanobu et Satoshi: Tokyo.   Ils sont japonais.
6. Lucie et Andrea: Madrid.   Elles sont espagnoles.
7. Les copines Kym et Lien: Da Nang.   Elles sont vietnamiennes.
8. Nous: Paris.   Nous sommes français/françaises.
9. Katja: Berlin.   Elle est allemande.
10. Salim: Casablanca.   Il est marocain.

4 Complétez Complete the sentences using the correct present tense form of a verb from the box.

aimer	habiter	partager
commencer	parler	regarder

1. Nous _____parlons_____ français en classe.
2. Monique et Claire _____habitent_____ près du lycée?
3. Vous _____aimez_____ le cours de sciences?
4. Je _____regarde_____ le professeur.
5. Les cours _____commencent_____ à huit heures et demie.
6. Est-ce que tu _____partages_____ le livre?
7. Est-ce que vous _____parlez_____ anglais?
8. Tu _____habites_____ à Dakar?
9. La classe _____commence_____ à huit heures.
10. Nous _____regardons_____ la télévision.

5 A-t-on? Use the correct forms of avoir to form questions using inversion. Provide an affirmative or negative answer based on the icon provided.

MODÈLE

Arnaud et Fatou/ordinateur ☺
Arnaud et Fatou ont-ils un ordinateur?
Oui, ils ont un ordinateur.

1. Vous/cours d'art ☹ Avez-vous un cours d'art? Non, je n'ai pas de cours d'art.
2. Amina et Rachid/copines ☺ Amina et Rachid, ont-ils des copines? Oui, ils ont des copines.
3. Julie/dictionnaire ☹ Julie a-t-elle un dictionnaire? Non, elle n'a pas de dictionnaire.
4. Tu/téléphone ☺ As-tu un téléphone? Oui, j'ai un téléphone.
5. Antoine/diplôme ☹ Antoine a-t-il un diplôme? Non, il n'a pas de diplôme.
6. Nous/devoirs aujourd'hui ☺ Avons-nous des devoirs aujourd'hui? Oui, nous avons (vous avez) des devoirs aujourd'hui.

6 Est-ce que vous avez l'heure? Write the following times in French.

1. 4:05 Il est quatre heures cinq.
2. 1:15 Il est une heure et quart/quinze.
3. 8:30 Il est huit heures et demie/trente.
4. 12:00 ☀ Il est midi.
5. 12:00 ☾ Il est minuit.
6. 10:35 Il est onze heures moins vingt-cinq.
7. 3:55 Il est quatre heures moins cinq.
8. 2:45 Il est trois heures moins le quart.
9. 5:20 Il est cinq heures vingt.
10. 6:15 Il est six heures et quart/quinze.
11. 10:00 Il est dix heures.
12. 11:30 Il est onze heures et demie/trente.

7 À quelle heure? Find out when you and your friends are going to do certain things.

MODÈLE

À quelle heure est-ce qu'on étudie? (about 8 p.m.)
On étudie vers huit heures du soir.

À quelle heure...
1. ... est-ce qu'on arrive au cours? (at 10:30 a.m.) On arrive au cours à dix heures et demie du matin.
2. ... est-ce que vous parlez avec le professeur? (at noon) Nous parlons avec le professeur à midi.
3. ... est-ce que tu rentres? (late, at 11:15 p.m.) Je rentre tard, à onze heures et quart du soir.
4. ... est-ce qu'on regarde la télé? (at 9:00 p.m.) On regarde la télé à neuf heures du soir.
5. ... est-ce que Marlène et Nadine mangent? (around 1:45 p.m.) Elles mangent vers deux heures moins le quart de l'après-midi.
6. ... est-ce que le cours commence? (very early, at 7:20 a.m.) Il commence très tôt, à sept heures vingt du matin.

8 Télémonde Look at this French TV guide. Tell at what time each of the following programs start. Change the time from the official time.

MODÈLE

Pomme d'Api
À trois heures et demie.

VENDREDI

Antenne 2	Antenne 4	Antenne 5
15h30 Pomme d'Api (dessins animés)	**14h00** Football: match France-Italie	**18h25** Montréal: une ville à visiter
17h35 Reportage spécial: le sport dans les lycées	**19h45** Les informations	**19h30** Des chiffres et des lettres (jeu télévisé)
20h15 La famille Menet (feuilleton télévisé)	**20h30** Concert: Orchestre de Nice	**21h05** Reportage spécial: les Sénégalais
21h35 Télé-ciné: L'inspecteur Duval (film policier)	**22h10** Télé-ciné: Une chose difficile (comédie dramatique)	**22h05** Les informations

1. Télé-Ciné: Une chose difficile À dix heures dix.
2. Des chiffres et des lettres À sept heures et demie/trente.
3. La famille Menet À huit heures et quart/quinze.
4. Montréal: une ville à visiter À six heures vingt-cinq.
5. Football: match France-Italie À deux heures.
6. Télé-Ciné: L'inspecteur Duval À dix heures moins vingt-cinq.

sept **7**

---

4 Suggestion Have volunteers read the verbs in the list aloud. Tell students to read all ten items before attempting to start filling in the blanks.

4 Expansion Have students create additional sentences with blanks using each verb. Have them exchange papers with another student and complete each sentence with the correct verb.

5 Suggestion This activity can be done in pairs. Tell students to alternate asking and answering the questions.

5 Expansion Have students work in pairs. Change each question to the **tu** form. Each student will interview the other student and record his/her answers.

6 Suggestion This activity can be done orally or in writing.

6 Expansion Write the times given randomly on the board using the 24-hour clock. Have students match the answers from the activity with the times on the board. Example: **16h05: Il est quatre heures cinq.**

7 Suggestions
• Review expressions of time (**D'accord! 1A**, p. 77) before students begin the activity.
• Read the **modèle** aloud with a volunteer. Working in pairs, have students take turns asking and answering the questions.

8 Suggestion This activity can be done orally in pairs. Students should alternate asking and answering questions about the TV program. Example: **Pomme d'Api est à quelle heure? (Pomme d'Api est à trois heures et demie.).**

8 Expansion Have students ask questions about the times that their favorite TV shows start. Circulate around the room and ask different students the questions they have created.

7

1 Suggestion Tell students to add two elements of their own to each column.

1 Expansion Have students create three responses using the elements from each column, using different subject pronouns. Have another student determine the question for each of those responses.

2 Partner Chat You can also assign Activity 2 on vhlcentral.com. Students work in pairs to record the activity online. The pair's recorded conversation will appear in your gradebook.

 PRE-AP®

2 Interpersonal Speaking Encourage students to personalize the information and add additional information. Examples: **étudier** *a different subject*, **retrouver des amis** *in a different place*.

3 Suggestion Have a few volunteers read their descriptions to the class. Then ask the class to point out the differences between the various descriptions.

3 Expansion Have students write a description of you as the teacher. After students have written their descriptions, have them read the descriptions to a partner and compare them.

4 Suggestion Before beginning the activity, have the class decide on names for some of the people in the drawings.

4 Expansion Have students choose one of the illustrations and work in small groups to create a conversation between the people in the illustration they chose.

---

1 Assemblez In pairs take turns creating questions and answering. Use the verb **être** to combine elements from both columns. *Answers will vary.*

MODÈLE
Élève 1: Est-ce que tu es d'origine française?
Élève 2: Non, je ne suis pas d'origine française.

A	B
Singulier:	
Je	agréable
Tu	d'origine française
Mon (*My*, masc.) prof	difficile
Mon/Ma (*My*, fem.) camarade de classe	élève sincère
	sociable
Mon cours	
Pluriel:	
Nous	agréables
Mes (*My*) profs	copains/copines
Mes camarades de classe	difficiles
	élèves
Mes cours	sincères

2 Activités In pairs, say which of these activities you and your best friend both do. Be prepared to share your partner's answers with the class. Then, get together with another partner and report to the class again. *Answers will vary.*

MODÈLE
To your partner: *Nous parlons au téléphone, nous…*
To the class: *Ils/Elles travaillent, ils/elles…*

manger à la cantine	étudier une langue étrangère
oublier les devoirs	regarder la télévision
retrouver des amis au café	aimer les cours
travailler	voyager

3 Mes camarades de classe Choose two students (a male and a female) from your French class. Write a paragraph about each student by answering the questions below in French. Read your descriptions to your classmates to see if they can name the student you are describing. Remember to be complimentary! *Answers will vary.*

1. What is his/her name?
2. How old is he/she?
3. What is his/her heritage?
4. What is his/her personality like?
5. What does he/she like to do?
6. What does he/she not like to do?
7. What classes does he/she have?
8. What classes does he/she like/dislike?

4 Les portraits With a partner, take turns describing one of the illustrations below. Your partner will try to guess which illustration you are describing. *Answers will vary.*

TEACHING OPTIONS

Small Groups Working in small groups, have students invent a story about the people in a photo that you have chosen from a magazine, newspaper, or the textbook. Tell them to include who the people are, where they are from, and what they do in their story. Circulate around the room and assist with unfamiliar vocabulary as necessary, but encourage students to use terms they already know.

EXPANSION

Using Games Have students play a game of pantomime in groups of four or five. Tell students to choose an **-er** verb and act it out for the group. The other members of the group have to guess what the person is doing. Example: **Tu travailles?** The first person to guess correctly acts out the next pantomime.

5 Conversez
Interview your classmates to find the answers to each question. Ask a different student each time you ask a question. Record their responses on a sheet of paper. Answers will vary.

1. Quel jour sommes-nous?
2. À quelle heure est le prochain cours d'histoire?
3. À quelle heure arrives-tu à l'école?
4. Est-ce que tu passes un examen aujourd'hui?
5. Est-ce que tu aimes regarder la télé?
6. Quel genre de musique aimes-tu?
7. Est-ce que tu aimes mieux la chimie ou la biologie?
8. As-tu peur d'une mauvaise (bad) note?
9. Est-ce que tu as envie de visiter Montréal cette année?
10. Tu adores parler au téléphone, n'est-ce pas?

6 Au lycée
Create a class schedule using the course list below. When you are finished, create a conversation between you and a classmate comparing and discussing your schedules for the year. Answers will vary.

MODÈLE

Élève 1: Tu as un cours de chimie générale?
Élève 2: Oui, j'ai un cours de chimie générale le lundi et le mercredi à onze heures. Tu as un cours le lundi à midi?
Élève 1: Non, je n'ai pas de cours le lundi à midi.

Les cours	Jours et heures
Allemand	mardi, jeudi; 14h00-15h30
Biologie II	mardi, jeudi; 9h00-10h30
Chimie générale	lundi, mercredi; 11h00-12h30
Espagnol	lundi, mercredi; 11h00-12h30
Gestion	mercredi; 13h00-14h30
Histoire des États-Unis	jeudi; 12h15-14h15
Initiation à la physique	lundi, mercredi; 12h00-13h30
Initiation aux maths	mardi, jeudi; 14h00-15h30
Italien	lundi, mercredi; 12h00-13h30
Japonais	mardi, jeudi; 9h00-10h30
Les philosophes grecs	lundi; 15h15-16h45
Littérature moderne	mardi; 10h15-11h15

7 Bataille navale
With a partner, each of you will create a chart with six columns and six rows. Across the top row, write the same six activities as your partner. In the first column, write the same six subjects as your partner. Separately, mark four spaces on your chart without showing your partner. Ask questions to find out where your partner has placed his or her battleships. Whoever "sinks" the most battleships wins the game. Answers will vary.

MODÈLE

Élève 1: Est-ce que Luc et Sabine téléphonent à Jérôme?
Élève 2: Oui, ils téléphonent à Jérôme.
(if you marked that square)
Non, ils ne téléphonent pas à Jérôme.
(if you didn't mark that square)

	enseigner	téléphoner
Marie		
Luc et Sabine		🚢

---

5 Suggestion
Before doing this activity, you may want to write a short list of musical genres on the board for item 6. Also tell students that **cette** mean *this*.

5 Expansions
- Have volunteers report what they learned about their classmate.
- To practice the **nous** forms, ask students what they have in common with their classmates.

21st Century Skills

Productivity and Accountability
Provide students with the oral testing rubric found in the Teacher Resources on vhlcentral.com. Ask them to keep these strategies in mind as they prepare their oral exchanges.

6 Suggestion
Before beginning this activity, tell students to choose 4–5 classes from the list. Then read the **modèle** aloud with a partner.

6 Expansion
After students create their schedules, do a quick class survey to find out how many students are taking the same courses. Example: **Combien d'élèves ont un cours d'allemand?**

7 Suggestions
- Have two volunteers read the **modèle** aloud. Make sure the students understand the directions.
- Have students repeat the activity with a different partner.

Oral Practice Have students make a list of six items that students normally carry in their backpacks to class. Then tell them to circulate around the room asking their classmates if they have those items in their backpacks. Also tell them to ask how many they have. Example: **As-tu un cahier dans le sac à dos? Combien de cahiers as-tu?**

Matching Write the same descriptive adjectives on two cards or slips of paper and put them in two separate piles in random order. Hand out one card to each student. Tell students they have to find the person who has the same adjective as they do. Example: **Élève 1: Tu es optimiste? Élève 2: Oui, je suis optimiste./Non, je suis pessimiste**. For variation, this activity can also be used to practice adjectives of nationality.

vhlcentral

CULTURE À LA LOUPE

La francophonie aux États-Unis

Aux États-Unis°, plus de° deux millions d'habitants parlent français. Beaucoup de ces francophones viennent° d'Haïti, un pays de plus de dix millions d'habitants dans les Caraïbes. Les Haïtiens vivent souvent° dans les grandes villes, comme New York ou Miami.

À Brooklyn, dans le quartier° de «Little Haiti», on trouve le boulevard Toussaint L'Ouverture, nommé d'après° un héros haïtien. «Little Haiti» fête son héritage haïtien chaque année° en mai, avec un grand défilé°, de la musique, de la bonne cuisine et d'autres événements variés. Les Haïtiens sont très fiers de leur origine et veulent° faire connaître° leur culture.

Miami a aussi un «Little Haiti», ou «La Petite Haïti». On peut y° écouter de la musique d'influence haïtienne au festival «Big Night in Little Haiti» qui a lieu° tous les troisièmes° vendredis du mois. On peut aussi y voir de l'art et goûter° de la cuisine haïtienne.

La Louisiane, dans le sud° du pays, a un grand nombre d'habitants d'origine française. L'influence française est visible dans sa culture, sa musique, sa cuisine et ses lois° qui sont basées sur le code civil français.

À La Nouvelle-Orléans, le quartier du Vieux Carré° montre ses racines° françaises dans son architecture, et sa grande fête du «Mardi Gras» qui a lieu chaque année, en février ou mars. Les habitants de la Louisiane sont aussi fiers de leur origine que les Haïtiens.

Les états avec le plus de Haïtiens aux États-Unis

État	Population haïtienne	État	Population haïtienne
la Floride	251,963	le Massachusetts	36,779
l'État de New York	135,836	la Géorgie	13,287
le New Jersey	43,316	le Maryland	11,266

États-Unis *United States* **plus de** *more than* **viennent** *come* **souvent** *often* **quartier** *neighborhood* **nommé d'après** *named after* **chaque année** *every year* **défilé** *parade* **veulent** *want* **faire connaître** *to make known* **y** *there* **a lieu** *takes place* **tous les troisièmes** *every third* **goûter** *to taste* **sud** *south* **loi** *law* **Vieux Carré** *Old Square/French Quarter* **racines** *roots*

A C T I V I T É S

1 Vrai ou faux? Decide if the sentences are **vrai** (true) or **faux** (false).

1. Haïti est un pays dans la Mer Méditerranée.
   Faux
2. Il y a des communautés haïtiennes à New York et Miami.
   Vrai
3. Les Haïtiens vivent rarement dans les grandes villes.
   Faux
4. On mange au festival «Big Night in Little Haiti».
   Vrai
5. On fête le Mardi Gras en avril.
   Faux

6. Dans le sud des États-Unis, on trouve des francophones.
   Vrai
7. La France a influencé les lois de la Louisiane.
   Vrai
8. La plupart des (*most*) Haïtiens habitent dans l'État de New York.
   Faux
9. Il y a plus d'Haïtiens au New Jersey qu'au Massachusetts.
   Vrai
10. Les habitants de la Louisiane ne sont pas fiers de leur origine.
    Faux

10 *dix*

LE FRANÇAIS QUOTIDIEN

Mots et expressions venus du français

Au contraire	*On the contrary*
Bon appétit!	*Enjoy your meal!*
C'est la vie!	*That's life!*
Crème de la crème	*Cream of the crop*
Déjà vu	*"Already seen"*
Encore	*Again*
Par excellence	*By excellence*
Souvenir	*Memory, keepsake*
Voilà!	*There it is!*

LE MONDE FRANCOPHONE

Les villes avec des noms français

Terre Haute, dans l'Indiana, a reçu° son nom d'explorateurs français au dix-huitième siècle°. La terre ressemblait° à un plateau, à côté du fleuve° Wabash.

Des Moines, dans l'Iowa, a un nom français, mais on n'est pas certain de l'origine de ce° nom. Beaucoup pensent que la ville a été° nommée d'après les moines° qui y vivaient°. D'autres pensent que le nom vient° du nom indigène de la rivière.

Detroit, dans le Michigan, a été fondée par un explorateur français, Antoine de la Mothe en 1701. Le nom vient de la phrase «détroit° du Lac Érie».

a reçu *received* **siècle** *century* **ressemblait** *looked like* **fleuve** *river* **ce** *this* **a été** *was* **les moines** *monks* **y vivaient** *lived there* **vient** *comes* **détroit** *strait*

PORTRAIT

Haïti

AP® **Theme:** Global Challenges
Context: Environmental Issues

Haïti est un pays francophone des Caraïbes, qui partage une île avec la République dominicaine. Le français est une des langues officielles du pays et le créole, l'autre langue officielle, a aussi des origines françaises. Au début°, Haïti était° une colonie et la majorité de ses habitants étaient° des esclaves°. Inspirés par la Révolution française, les esclaves se révoltent en 1791 et Haïti devient° indépendant en 1804. Toussaint L'Ouverture est un grand héros de cette révolution. Aujourd'hui, le pays a plus de dix millions d'habitants. Il est dévasté en 2010 par un grand tremblement de terre° et en 2016, par un ouragan°. Les Haïtiens essaient de reconstruire°.

Au début *At the beginning* **était** *was* **étaient** *were* **esclaves** *slaves* **devient** *becomes* **tremblement de terre** *earthquake* **ouragan** *hurricane* **reconstruire** *rebuild*

AP® **Theme:** Contemporary Life
Context: Travel

Sur Internet

Qui sont les Haïtiens? Qu'est-ce qu'on peut faire (*can one do*) en Haïti?

Go to **vhlcentral.com** to find more cultural information related to this **Culture** section.

---

2 **Haïti** Complete the statements with the correct information.

1. Le pays d'Haïti se trouve (*is located*) dans ___les Caraïbes___ .

2. Il y a deux langues officielles, ___le français___ et ___le créole___ .

3. ___La Révolution française___ a inspiré (*inspired*) la révolte haïtienne.

4. Un des héros de la révolte haïtienne s'appelle ___Toussaint L'Ouverture___

5. Haïti a plus de ___dix millions___ d'habitants.

3 **Comment sont-ils?** Review the information and photos about Haiti and the other French-speaking communities in the United States. With a partner, take turns describing the people. What do they like? What do you think their personalities are like based on their interests and activities? Answers will vary.

A C T I V I T É S

Le français quotidien
- Model the pronunciation of each expression and have students repeat.
- Have students brainstorm social situations in which people use the French expressions in the box.
- Allow students to practice with a partner by asking/answering questions using the French phrases.

Portrait Before reading, ask students why they think that Haiti is a French-speaking nation. Tell them to try to find the answer to that question in the reading. Ask students if they can name other French-speaking islands in the Caribbean Sea (Guadeloupe, Martinique).

Le monde francophone Before reading, display or project a map of the United States and ask students to locate and name cities with French names. Ask them to hypothesize on possible reasons why these cities have French names.

Sur Internet Point out to students that they will find supporting activities and information at **vhlcentral.com**.

2 **Suggestion** Have students check their answers with a partner.

3 **Suggestion** Before beginning this activity, ask students to jot down a list of what they have learned about Haiti and the Haitian people. They should use this list as they work with a partner to describe the Haitian people.

21ˢᵗ Century Skills

Global Awareness
Students will gain perspectives on the Francophone world to develop respect and openness toward others and to interact appropriately and effectively with citizens of Francophone cultures.

TEACHING OPTIONS

Using Games Divide the class into two teams. Create questions related to the information on pages 10–11. Each time, a different student must be the spokesperson to provide the answer to your questions. Give a point for each correct answer. If a team answers incorrectly, the other team has an opportunity to give the correct answer to win the point. The team with the most points at the end wins.

EXPANSION

Small Groups Have students work in groups of three or four. Tell them to create an informal conversation using the expressions in **Le français quotidien** using appropriate gestures. If needed, allow students to research other French phrases. Have a few groups act out their conversations for the class.

Section Goals

In this section, students will review:
- forms, agreement, and position of adjectives
- high-frequency descriptive adjectives and some irregular adjectives
- possessive adjectives
- how to express possession and relationships with **de**

Suggestions

- Present the meanings of the adjectives by showing photos of people and describing them aloud. Use all adjective forms in your descriptions. Then go over bullet 1.
- Point out that the endings of adjectives patterned after **beau, bon, heureux,** and **naïf** are predictable. Students can apply these patterns. Ex: **affreux, affreuse, affreux, affreuses.**
- Go over bullet 2 and the **Boîte à outils**. Teach students **BAGS** (beauty, age, goodness, size) to help them remember which adjectives generally precede the nouns they modify. Then have students complete the **Vérifiez** activity.
- Review the concept of possessive adjectives.
- List the possessive adjectives on the board. Use each with a noun to illustrate agreement. Also point out that **mon, ton,** and **son** are used before feminine singular nouns beginning with a vowel sound or silent **h**.
- To review possession with **de**, write the following phrases in a list on the board: **l'ami de Monique, l'ami d'Alain, l'ami du professeur, les amis des professeurs.** Explain the use of the contractions **d', du (de + le),** and **des (de + les).**

Essayez! Have students create sentences using the adjectives provided in the activity. Example: **Mon frère n'est pas roux.**

3.1

Boîte à outils

Use **de taille moyenne** to describe someone or something of medium size.

Boîte à outils

These adjectives have irregular masculine forms before a vowel sound: **beau (bel), nouveau (nouvel), vieux (vieil).**

Boîte à outils

The plural indefinite article **des** changes to **de** before an adjective followed by a noun.

J'habite avec de bons amis.
I live with good friends.

Vérifiez

3.2

Boîte à outils

Use **mon, ton,** and **son** before feminine singular nouns that begin with a vowel sound.

Boîte à outils

In French, use **de (d')** + *noun* to express possession.

le petit ami de ma soeur
la tante d'Hélène

Remember that **de + le** changes to **du** and **de + les** changes to **des.**

Descriptive adjectives vhlcentral

- Most adjectives used to describe physical characteristics agree in gender and number with the noun they modify.

Adjectives of physical description			
blond(e)	*blond*	joli(e)	*pretty*
brun(e)	*dark (hair)*	laid(e)	*ugly*
court(e)	*short*	petit(e)	*small, short (stature)*
grand(e)	*tall, big*	vert(e)	*green*

Some irregular adjectives				
masculine singular	feminine singular	masculine plural	feminine plural	
beau	belle	beaux	belles	*beautiful; handsome*
bon	bonne	bons	bonnes	*good; kind*
gros	grosse	gros	grosses	*fat*
heureux	heureuse	heureux	heureuses	*happy*
long	longue	longs	longues	*long*
naïf	naïve	naïfs	naïves	*naive*
vieux	vieille	vieux	vieilles	*old*

- Most adjectives are placed after the nouns they modify but the following adjectives are placed before the nouns they modify: **beau, bon, grand, gros, jeune, joli, long, nouveau, petit, vieux, mauvais, pauvre, vrai, vieux.**

une **grande** famille   un **vieux** copain

Possessive adjectives

Possessive adjectives			
masculine singular	feminine singular	plural	
mon	ma	mes	*my*
ton	ta	tes	*your (fam. and sing.)*
son	sa	ses	*his, her, its*
notre	notre	nos	*our*
votre	votre	vos	*your (form. or pl.)*
leur	leur	leurs	*their*

Essayez! Show possession using the cues in parentheses. Make any necessary changes.

MODÈLE

(my) appartement/vieux
mon vieil appartement

1. (our) cousines/joli
   nos jolies cousines
2. (his) voisin/anglais
   son voisin anglais
3. (their) tante/jaloux
   leur tante jalouse
4. (her) calculatrice/nouveau
   sa nouvelle calculatrice
5. (your, *form.*) montre/bleu
   votre montre bleue
6. (my) femme/roux
   ma femme rousse
7. (her) chat/gros
   son gros chat
8. (his) chien/noir
   son chien noir
9. (your, *fam.*) amis/jeune
   tes jeunes amis
10. (their) cheveux/court
    leurs cheveux courts

EXPANSION

Dictée inversée Have pairs of students write sentences using adjectives such as **jeune, grand, joli,** and **petit.** When they have finished, ask volunteers to dictate their sentences to you to write on the board. After you have written a sentence and corrected any errors, ask volunteers to suggest a sentence that uses the antonym of the adjective.

TEACHING OPTIONS

Our School Give small groups three minutes to brainstorm how many words they can associate with the phrases **notre lycée** and **notre cours de français.** Have them model their responses on **Dans notre cours, nous avons un(e)/des** _____ and **Notre lycée est** _____. Have the groups share their associations with the rest of the class.

3.3 Numbers 61–100

Numbers 61–100			
61–69	**70–79**	**80–89**	**90–100**
61 soixante et un	70 soixante-dix	80 quatre-vingts	90 quatre-vingt-dix
62 soixante-deux	71 soixante et onze	81 quatre-vingt-un	91 quatre-vingt-onze
63 soixante-trois	72 soixante-douze	82 quatre-vingt-deux	92 quatre-vingt-douze
64 soixante-quatre	73 soixante-treize	83 quatre-vingt-trois	93 quatre-vingt-treize
65 soixante-cinq	74 soixante-quatorze	84 quatre-vingt-quatre	94 quatre-vingt-quatorze
66 soixante-six	75 soixante-quinze	85 quatre-vingt-cinq	95 quatre-vingt-quinze
67 soixante-sept	76 soixante-seize	86 quatre-vingt-six	96 quatre-vingt-seize
68 soixante-huit	77 soixante-dix-sept	87 quatre-vingt-sept	97 quatre-vingt-dix-sept
69 soixante-neuf	78 soixante-dix-huit	88 quatre-vingt-huit	98 quatre-vingt-dix-huit
	79 soixante-dix-neuf	89 quatre-vingt-neuf	99 quatre-vingt-dix-neuf
			100 cent

Boîte à outils

Numbers that end in the digit **1** are not usually hyphenated.

They use the conjunction **et** instead.

trente et un

soixante et un

Note that **81** and **91** are exceptions:

quatre-vingt-un

quatre-vingt-onze

3.4 Prepositions of location and disjunctive pronouns

Prepositions of location			
à côté de	*next to*	en face de	*facing, across from*
à droite de	*to the right of*	entre	*between*
à gauche de	*to the left of*	loin de	*far from*
dans	*in*	près de	*close to, near*
derrière	*behind*	sous	*under*
devant	*in front of*	sur	*on*
en	*in*		

Boîte à outils

Use the preposition **chez** to express the idea of *at someone's house or at/to a professional's office or business.*

Disjunctive pronouns

- Use disjunctive pronouns instead of subject pronouns after a preposition.

Disjunctive pronouns			
singular		**plural**	
je ⟶ moi		nous ⟶ nous	
tu ⟶ toi		vous ⟶ vous	
il ⟶ lui		ils ⟶ eux	
elle ⟶ elle		elles ⟶ elles	

Vérifiez

Essayez! Fill in the blanks with the correct words in parentheses.

1. Il y a __soixante-douze__ (72) tables dans la cantine.
2. Elle a __quatre-vingts__ (80) euros.
3. Mon grand-père a __soixante et un__ (61) ans.
4. Je donne __cent__ (100) euros à ma sœur.
5. La librairie est __à côté de__ (*next to*) l'université.
6. Votre ordinateur est __sur__ (*on*) la table.
7. Tu rentres __chez__ (*at the house of*) toi ce soir?
8. Ils travaillent __à gauche d'__ (*to the left of*) eux.

Section Goals

In this section, students will review:
- the numbers 61–100
- prepositions of location
- disjunctive pronouns

Suggestions
- Write numbers on the board. Have students say each number in French as you point to it.
- Explain that prepositions of location typically indicate where one thing or person is in relation to another. Model the pronunciation of the prepositions and have students repeat.
- Remind students that they may need to use the contractions **du** and **des**.
- Take a book or other object and place it in various locations. Ask individual students about its location. Example: **Est-ce qu'il est derrière le bureau?** Work through various locations, eliciting all prepositions of location.
- Write the following in a column on the board and explain each usage of **chez**: **chez** + *person's name or person* (**chez Rachid, chez des amis**); **chez** + *professional's office or business* (**chez le docteur**); and **chez** + *disjunctive pronoun* (**chez toi**).
- Model the pronunciation of the disjunctive pronouns. Explain that these pronouns are used in prepositional phrases. Example: **Je suis en face de toi**. Ask volunteers for examples. Have students complete the **Essayez!** and **Vérifiez** activities.

Essayez! Have students write three more fill-in-the-blank sentences describing where certain objects are located. Then tell them to exchange papers with a classmate and complete the sentences.

DIFFERENTIATION

For Kinesthetic Learners Assign ten students a number from 0–100 and line them up in front of the class. As you call out a number at random, that student should take a step forward. When two students have stepped forward, ask them to repeat their numbers. Then ask volunteers to add or subtract the two numbers given. Make sure the resulting sum is not greater than 100.

EXPANSION

Using Video Show the video episode for **D'accord! 1A Unité 3 Leçon 3B** to give students more input containing prepositions and disjunctive pronouns. Stop the video where appropriate to discuss how the prepositions of location and disjunctive pronouns were used. Ask comprehension questions.

Section Goals

In this section, students will review:
- the verb **aller**
- the **futur proche** with **aller**
- the preposition **à**
- interrogative words

Suggestions

- Write the forms of **aller** on the board and model the pronunciation. Present the **Boîte à outils**.
- Ask individual students questions about their future plans. Examples: **Allez-vous chez vos grands-parents ce week-end? Allez-vous manger avec des copains samedi midi?**
- Bring in pictures of people dressed for different activities. Describe where they are going. Example: Showing a picture of a swimmer, say: **Il/Elle va à la piscine**. Then explain the contractions **à + le = au** and **à + les = aux**.
- Model the prepositions with places by using them in sentences.
- Have students identify the interrogative words they know. List them on the board. Go over how to form questions using **est-ce que**, inversion, and with the interrogative word following the verb. Examples: **Comment est-ce que tu vas au lycée? Comment vas-tu au lycée? Tu vas au lycée comment?**
- Point out that a preposition usually precedes **quoi?** or the word appears at the end of an informal question. Examples: **De quoi parlez-vous? Tu manges quoi?**
- Point out that **qui** can be the subject or the object of a question: **Qui est là? Qui regardes-tu?**
- Explain that **quel(le)(s)?** is always linked to a noun and used either directly before a noun or before the verb **être** followed by a noun. Examples: **Quel est ton cours préféré? Quel cours aimes-tu?**

Essayez! Have one student read the question aloud, then call on another student to respond.

4.1

The verb *aller* vhlcentral

aller			
je vais	*I go*	nous allons	*we go*
tu vas	*you go*	vous allez	*you go*
il/elle/on va	*he/she/it/one goes*	ils/elles vont	*they go*

Boîte à outils

The verb **aller** can be used with an infinitive to tell what is going to happen.

Je vais nager.
I am going to swim.

The preposition *à*

- The preposition à contracts with the definite articles **le** and **les**. It does not contract with **la** or **l'**.

à + le ▸ au

Nous allons **au** magasin.
We're going to the store.

Je rentre **à la** maison.
I'm going back home.

à + les ▸ aux

Ils parlent **aux** profs.
They're talking to the teachers.

Il va **à l'**épicerie.
He's going to the grocery store.

Boîte à outils

When learning a place name in French, learn the preposition that accompanies it.

Prepositions with place names			
à la maison	*at home*	dans la maison	*inside the house*
à Paris	*in Paris*	dans Paris	*within Paris*
en ville	*in town*	dans la ville	*within the town*
sur la place	*in the square*	à/sur la terrasse	*on the terrace*

4.2

Interrogative words

Interrogative words			
à quelle heure?	*at what time?*	quand?	*when?*
combien (de)?	*how many?; how much?*	que/qu'...?	*what?*
		quel(le)(s)?	*which?; what?*
comment?	*how?; what?*	(à/avec/pour)	*(to/with/for)*
où?	*where?*	qui?	*who(m)?*
pourquoi?	*why?*	quoi?	*what?*

Boîte à outils

Quel(le)(s) agrees in gender and number with the noun it modifies.

The interrogative adjective *quel(le)(s)*			
	singular		**plural**
masculine	Quel hôpital? / *Which hospital?*	Quels restaurants? / *Which restaurants?*	
feminine	Quelle place? / *Which public square?*	Quelles montagnes? / *Which mountains?*	

Essayez! Fill in the blank with the correct form of the verb **aller**. Write the question for each of the responses.

1. Je ___vais___ très bien, merci!
   Comment vas-tu?

2. Nous ___allons___ à la piscine demain.
   Où allez-vous demain?/Quand allez-vous à la piscine?

3. Il ___va___ en ville à midi.
   À quelle heure va-t-il en ville?/Où va-t-il à midi?

4. Ils ___vont___ au restaurant parce qu'ils ont faim.
   Pourquoi vont-ils au restaurant?

---

14 quatorze

Rapid Drill Do a quick substitution drill to practice **aller**. Write a sentence on the board and have students read it aloud. Then say a new subject and have students repeat the sentence, substituting the new subject. Examples: **1. Tu vas à l'hôpital. (nous, mon frère, vous, mes parents, je) 2. Il va aller au kiosque. (je, Claudine, nous, tu, les enfants, vous)**

For Visual Learners Bring in pictures or magazine photos of people doing various activities. Have students, as a class, create as many questions as they can about the pictures. Also, call on individuals to answer each question.

4.3

The verbs *prendre* and *boire*; partitives

prendre			
je prends	*I take*	nous prenons	*we take*
tu prends	*you take*	vous prenez	*you take*
il/elle/on prend	*he/she/it takes*	ils/elles prennent	*they take*

- The verbs **apprendre** and **comprendre** follow the same pattern as **prendre**.

boire			
je bois	*I drink*	nous buvons	*we drink*
tu bois	*you drink*	vous buvez	*you drink*
il/elle/on boit	*he/she/it drinks*	ils/elles boivent	*they drink*

Partitives

- Partitive articles are used with non-count nouns to express *some* or *any*.

	Singular	Singular before vowel sound	Negative sentence
Masculine	du	de l'	de (d')
Feminine	de la	de l'	de (d')

du lait — *some milk* **de la** soupe — *some soup* **de l'**eau — *some water* pas **de** café — *not any coffee*

- Use the definite article **des**, which also means *some*, with plural nouns you can count: **des** bananes (*some bananas*).

4.4

Regular *-ir* verbs

- To conjugate regular -ir verbs in the present tense, drop the -ir and add the appropriate endings.

finir (to finish)	
je finis	nous finissons
tu finis	vous finissez
il/elle/on finit	ils/elles finissent

Boîte à outils

Like definite articles, partitive articles become **de (d')** in negative statements.

Il n'y a pas de pain.
There isn't any bread.

Essayez! Fill in the first blank with the correct form of the verb in parentheses. Fill in the second blank with the correct partitive article.

1. Nous __buvons__ (boire) __du__ thé.
2. Est-ce que vous __choisissez__ (choisir) __de la__ soupe ou du fromage?
3. Je __prends__ (prendre) toujours __des__ frites.
4. Marc __boit__ (boire) __du__ jus d'orange.
5. Tes parents __prennent__ (prendre) __du__ jambon.
6. Vous __finissez__ (finir) avec __du__ café?
7. Tu __choisis__ (choisir) __de la__ limonade ou du chocolat chaud?
8. Ma nièce __prend__ (prendre) __de l'__ eau minérale.

quinze **15**

---

1 Suggestion To check students' work, have volunteers write their sentences on the board and read them aloud.

1 Expansion For additional practice, change the adjective(s) and have students restate or write the sentences. Examples:
1. bon (Elle a de bons amis.)
2. beau (Elle habite dans un bel appartement.) 3. agréable (Son mari a un travail agréable.)
4. bon (Ses filles sont de bonnes étudiantes.) 5. indépendant/élégant (Madame Bonheur est indépendante et élégante.)
6. fier (Son mari est un homme fier.) 7. poli (Elle a des collègues polis.) 8. joli/intelligent (Sa secrétaire est une jolie fille intelligente.) 9. beau (Elle a de beaux chiens.) 10. gentil (Ses voisins sont gentils.)

2 Suggestion Have students work in pairs. Tell them to take turns identifying the owners of the items.

2 Expansion To reinforce the relationship between possessive adjectives and possession with **de**, have students restate the answers using **son, sa,** or **ses**. Example: **C'est sa télévision.**

3 Suggestion Ask the problems in the activity orally. Have students write the answers on their own paper by writing out the words for the numbers.

3 Expansion Have each student write five more addition or subtraction problems. Then have students work in pairs and take turns reading their problems aloud while the other person says the answer.

4 Suggestion Have students complete this activity before they do Activity 7 on p. 17.

4 Expansion Have students write two more fill-in-the-blank sentences. Tell them to exchange papers with a partner and complete the sentences.

1 Une femme heureuse Madame Bonheur has a happy life. Unscramble these sentences to find out why. Make any necessary changes.

MODÈLE

avoir/beau/Madame Bonheur/trois enfants
Madame Bonheur a trois beaux enfants.

1. des amis/elle/sympathique/avoir
   Elle a des amis sympathiques

2. nouveau/habiter/dans un appartement/elle
   Elle habite dans un nouvel appartement.

3. son mari/bon/un travail/avoir
   Son mari a un bon travail.

4. être/sérieux/ses filles/des étudiantes
   Ses filles sont des étudiantes sérieuses.

5. de son succès/fier/être/Madame Bonheur
   Madame Bonheur est fière de son succès.

6. un homme/beau/son mari/être
   Son mari est un bel homme.

7. des collègues/amusant/elle/avoir
   Elle a des collègues amusants.

8. intellectuel/être/une fille/sa secrétaire
   Sa secrétaire est une fille intellectuelle.

9. avoir/bon/des chiens/elle
   Elle a de bons chiens.

10. ses voisins/poli/être
    Ses voisins sont polis.

2 Identifiez Identify the owner of each object. Use the cues in parentheses to help you.

MODÈLE

(our) neveu
Ce sont les cahiers de notre neveu.

1. (my) frère
C'est la télévision de mon frère.

4. (their) belle-sœur
Ce sont les stylos de leur belle-sœur.

2. (his) cousine
C'est l'ordinateur de sa cousine.

5. (your) tante
C'est l'université de ta/votre tante.

3. (our) voisins
C'est la calculatrice de nos voisins.

6. (his) professeur
Ce sont les dictionnaires de son professeur.

3 Les maths Write out the math problems and their answers in words.

MODÈLE

65 + 3 = *soixante-huit*
Soixante-cinq plus trois font (equals) soixante-huit.

1. 80 + 14 = _Quatre-vingts plus quatorze font quatre-vingt-quatorze._
2. 62 + 10 = _Soixante-deux plus dix font soixante-douze._
3. 96 + 3 = _Quatre-vingt-seize plus trois font quatre-vingt-dix-neuf._
4. 76 + 24 = _Soixante-seize plus vingt-quatre font cent._
5. 70 + 11 = _Soixante-dix plus onze font quatre-vingt-un._
6. 38 + 60 = _Trente-huit plus soixante font quatre-vingt-dix-huit._
7. 78 + 6 = _Soixante-dix-huit plus six font quatre-vingt-quatre._
8. 32 + 43 = _Trente-deux plus quarante-trois font soixante-quinze._
9. 50 + 41 = _Cinquante plus quarante-et-un font quatre-vingt-onze._
10. 88 + 5 = _Quatre-vingt-huit plus cinq font quatre-vingt-treize._

4 Au café Indiquez l'article correct.

MODÈLE

Prenez-vous _du/un_ thé glacé?

1. Avez-vous __du__ lait froid?
2. Je voudrais __une__ baguette, s'il vous plaît.
3. Elle prend __un__ croissant.
4. Nous ne prenons pas __de__ sucre avec le café.
5. Thérèse ne laisse pas __de__ pourboire.
6. Vous mangez __des__ frites.
7. Zeina boit __une__ boisson gazeuse.
8. Voici _de l'/l'/une_ eau minérale.
9. Nous mangeons __du__ pain.
10. Je ne prends pas __de__ fromage.

5 **Vrai ou faux** Look at the illustration. Determine if the statements are **vrai** (true) or **faux** (false). Correct the false statements.

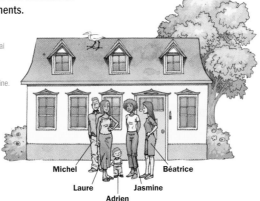

1. Nous sommes devant la maison de notre tante.   Vrai
2. Michel est loin de Laure.   Faux; Michel est près de Laure.
3. Adrien est en face de Laure et Jasmine.
   Faux; Adrien est entre Laure et Jasmine.
4. Béatrice est près de Jasmine.   Vrai
5. Jasmine est à gauche de Béatrice.   Vrai
6. Michel est devant Laure.   Faux; Michel est derrière Laure.
7. Un oiseau est sur la maison.   Vrai
8. Laure est à droite d'Adrien.
   Faux; Laure est à gauche d'Adrien.

Michel   Béatrice
Laure   Jasmine
Adrien

6 **Demain** Say that these people are going to be doing the following activities tomorrow. Then, determine what question was asked for that response.

MODÈLE

Je téléphone à ma copine.
Je vais téléphoner à ma copine.
À qui vas-tu téléphoner?

1. Le professeur commence à parler à neuf heures.   Le professeur va commencer à parler à neuf heures.
   À quelle heure le professeur va-t-il commencer à parler?
2. Je vais au café.   Je vais aller au café. Où vas-tu aller?
3. Elle prend un croissant.   Elle va prendre un croissant. Que va-t-elle prendre?
4. Nous étudions parce qu'il y a un examen.   Nous allons étudier parce qu'il y a un examen. Pourquoi allez-vous étudier?
5. Il voyage en France en été (*during the summer*).   Il va voyager en France en été. Quand va-t-il voyager en France?/Où va-t-il voyager en été?
6. Ils mangent soixante éclairs.   Ils vont manger soixante éclairs. Combien d'éclairs vont-ils manger?

7 **Au restaurant** You are at a restaurant with your family. Tell what everyone is having or drinking based on the clues. Use **prendre** with food and **boire** with beverages. Don't forget to add the appropriate article.

MODÈLE

Ta mère: pain
Ma mère prend du pain.

1. Tes grands-parents: soupe   Mes grands-parents prennent de la soupe.
2. Ton frère aîné: jus d'orange   Mon frère aîné boit du jus d'orange.
3. Toi: limonade   Moi, je bois de la limonade.
4. Ta sœur et toi: jambon   Ma sœur et moi, nous prenons du jambon.
5. Ton oncle: fromage   Mon oncle prend du fromage.
6. Tes nièces: eau minérale   Mes nièces boivent de l'eau minérale.
7. Ta tante: éclairs   Ma tante prend des éclairs.

8 **Complétez** Complete the sentences with the correct form of one of the verbs in the box. Use each verb once.

choisir	maigrir
finir	obéir
grandir	rougir
grossir	vieillir

1. Vous ___choisissez___ l'endroit où nous allons déjeuner?
2. Je ___rougis___ quand j'ai honte.
3. Mes cousins ___grandissent___ encore. Ils sont déjà (*already*) très grands.
4. Paul ne mange pas assez et il ___maigrit___ .
5. Tu ___obéis___ aux profs.
6. Nous ___finissons___ nos études cette année.
7. On ___grossit___ quand on mange beaucoup.
8. Mon grand-père n'est pas jeune. Il ___vieillit___ .

dix-sept **17**

Interpersonal Speaking To practice plural possessive adjectives, have pairs describe the family in a picture you provide from the point of view of two of the people in the photo. Encourage them to include descriptive adjectives and be creative in their sentences. Examples: **Juliette et Marc sont nos enfants. Juliette est blonde, mais Marc est brun.**

EXPANSION

Writing Practice Have students write fill-in-the-blank or dehydrated sentences for each of the **-ir** verbs. Then tell them to exchange papers with a partner and complete the activity. Remind students to verify their answers.

5 Suggestion Before students begin the activity, have them identify the people, places, and other objects in the drawing. Example: **Il y a un oiseau**.

5 Expansion Have students create additional sentences about the location of the people or objects in the drawing. To practice negation, have students describe where the people and other objects are not located. Example: **La famille n'est pas devant la bibliothèque.**

6 Suggestion Before beginning the activity, point out that there is more than one way to form some of the questions. Have students work in pairs. Tell them to take turns asking and answering the questions.

6 Expansion For additional practice, give students these items. **7. Nous passons chez Martine. (Nous allons passer chez Martine./Où allez-vous passer?) 8. André travaille le matin. (André va travailler le matin./Quand André va-t-il travailler?) 9. Je dîne avec un ami. (Je vais dîner avec un ami./Avec qui vas-tu dîner?)**

7 Suggestion You may want to point out that it is sometimes possible to use either a partitive or an indefinite article. The choice depends on whether the speaker interprets the noun as count (e.g., a glass of iced tea, a bottle of mineral water) or noncount (e.g., some iced tea, some mineral water).

7 Expansion Have students create questions using the prompts, then call on other individuals to answer them. Example: **1. Qu'est-ce que tes grands-parents prennent?**

8 Suggestion Have volunteers read the words in the list aloud. Tell students to read all eight items before attempting to start filling in the blanks.

8 Expansion Have students create additional sentences using these verbs with different subjects.

1 **Suggestion** To practice listening skills, tell students to cover the phone numbers with one hand and write the phone numbers down as their partner says them.

1 **Expansion** Have students created a chart similar to this of five personal phone numbers that include family members, friends, and places. Exchange papers with a partner. The partner will read one of the student's phone numbers and the student must determine whose phone number it is.

2 **Expansion** Have students make a pie chart or bar graph that shows the percentages of affirmative answers to each question. Call on volunteers to present their graphs to the class and to explain them in French.

21st Century Skills

Technology Literacy
Ask students to prepare a digital presentation to show the results of the poll that was taken in **Activité 2**.

3 **Suggestion** Before beginning this activity, describe someone in the classroom. Have students determine who is being described.

3 **Partner Chat** You can also assign Activity 3 on vhlcentral.com. Students work in pairs to record the activity online. The pair's recorded conversation will appear in your gradebook.

3 **Expansion** After completing the activity, have students take turns describing classmates and include where they are located in the classroom.

4 **Suggestion** Model the activity with a volunteer by asking questions about **le café**. Examples: **Quand est-ce que tu vas à cet endroit? (Je vais à cet endroit après les cours.) Pourquoi vas-tu à cet endroit? (Je vais à cet endroit pour boire et manger.) Tu vas au café? (Oui.)** Tell students to jot down notes. Encourage them to add other places to the list.

1 **C'est quel département?** With a partner, take turns reading the phone number for one of the course departments. Your partner will determine for which department you are providing the phone number. *Answers will vary.*

MODÈLE

Élève 1: *Le numéro de téléphone, c'est le zéro quatre, soixante-seize, soixante-huit, quatre-vingt-seize, quatre-vingt-un.*
Élève 2: *C'est le département des Sciences politiques.*

Département	Numéro de téléphone
Architecture	04.76.65.74.92
Biologie	04.76.72.63.85
Chimie	04.76.84.79.64
Littérature anglaise	04.76.99.90.82
Mathématiques	04.76.86.66.93
Philosophie	04.76.75.99.80
Psychologie	04.76.61.88.91
Sciences politiques	04.76.68.96.81
Sociologie	04.76.70.83.97

2 **Les pourcentages** Poll your classmates to find out if they have the following family members. Use the cues provided. Tally your classmates' responses, then calculate the percentages for each answer. (To figure out percentages, divide the number of affirmative or negative responses by the number of people in your class.) *Answers will vary.*

MODÈLE

un chien: gros
Tu as un gros chien?
Soixante-seize pour cent des élèves ont un gros chien.
Vingt-quatre pour cent des élèves n'ont pas de gros chien.

1. un chien: gros
2. un chat: noir
3. des sœurs: ainé
4. un frère: cadet
5. une cousine: de taille moyenne
6. des grands-parents: drôle
7. un oncle: antipathique
8. une tante: beau

3 **Les acteurs et les actrices** With a partner, take turns describing a person in the illustration. Be sure to include where the person you are describing is located. Your partner will determine which person you are describing. *Answers will vary.*

MODÈLE

Élève 1: *C'est une femme. Elle est rousse et elle a les cheveux courts. Elle est à droite de Patrick.*
Élève 2: *Je pense que c'est Émilie.*

Julie Annick Michelle Patrick Laurent Émilie Stéphane Robert

4 **Devinez** Working in groups of four, each person will choose a location from column one below. Do not tell your group members which location you have chosen. Each group member must ask you a question using different question words from the second column. The first person to guess your location wins a point. *Answers will vary.*

le centre commercial	quand
le cinéma	avec qui
le gymnase	pourquoi
le marché	comment
le musée	à quelle heure
le parc	que/qu'
la piscine	combien (de)
le restaurant	quel(le)(s)

TEACHING OPTIONS

Brainstorming Have students brainstorm and make a list of adjectives in French that describe their ideal friend (**Mon copain idéal/Ma copine idéale**). Tell them to rank each adjective in terms of its importance to them. Then take a quick class survey to find out what the most important and least important qualities are in the ideal friend. Tally the results on the board.

EXPANSION

Categories List various categories of things on the board, such as classes, foods, and beverages, and have students discuss their preferences using the verb **choisir**. Example: **Boissons: je choisis un jus d'orange**. Then have them guess other people's preferences in the same categories.

5 Une lettre Read the following letter from Céline. After reading the letter closely, write five questions based on the letter using different question words. Pair up with another student. Ask and answer each other's questions. For every question you answer correctly, you win a point. For every question you answer incorrectly, your partner wins a point. Record your partner's responses on your paper. Answers will vary.

> Bonjour. Je m'appelle Céline. J'ai 17 ans. Je suis grande, mince et sportive. J'habite à Grenoble dans une maison agréable. Je suis en première. J'adore la montagne.
>
> Tous les week-ends, je vais skier à Chamrousse avec mes trois amis Alain, Catherine et Pascal. Nous skions de midi à cinq heures. À six heures, nous prenons un chocolat chaud à la terrasse d'un café ou nous allons manger des crêpes dans un restaurant. Nous allons au cinéma tous ensemble.

6 Interview Interview a classmate to find out his or her responses. Then in groups of four, tell the rest of the group about your partner. Answers will vary.

MODÈLE
Élève 1: Est-ce que tu rougis facilement?
Élève 2: Pas moi. Je ne rougis pas facilement.
Élève 1: (to the group) Il ne rougit pas facilement.

1. rougir facilement
2. réagir lentement (slowly)
3. obéir toujours aux professeurs
4. finir tôt ses devoirs
5. choisir toujours bien sa nourriture (food)
6. réussir aux examens de français

7 Prenez ou buvez? With a partner, compare your drinking and eating habits using each of the following prompts. Create a graphic organizer showing the similarities and differences between your partner and you. Be sure to use partitive articles in your answers. Answers will vary.

MODÈLE
Élève 1: Je prends du fromage au restaurant. Qu'est-ce que tu prends?
Élève 2: Moi, je prends du pain.

1. prendre au restaurant
2. boire au cinéma
3. boire chez toi
4. prendre le matin
5. boire quand tu as soif
6. prendre quand tu as faim

dix-neuf **19**

5 Suggestion Circulate among students, lending help where necessary. You might want to have each student check the answers in the book after each question is answered.

5 Expansion Have students write their own letters to Céline, using Céline's letter as a model.

6 Suggestion Remind students to ask and answer using complete sentences. Follow up with questions about what students found out in the interviews.

6 Expansion Have each student write one or two paragraphs comparing himself/herself with his/her partner. Encourage students to use the **nous** form for similarities.

7 Suggestion Have students create two additional prompts with **prendre** and **boire** to ask their partner.

7 Expansion Have students write down how they think you would answer each question. Allow volunteers to ask you each question. As you answer, students tally how many times they guessed correctly.

EXPANSION
Interviewing To practice **votre** and **vos**, have students ask you questions about your family. Examples: **Comment s'appellent vos parents? Est-ce que vous avez des enfants? Comment s'appellent-ils? Est-ce que vous avez des neveux ou des nièces? Comment s'appellent-ils?**

DIFFERENTIATION
For Kinesthetic Learners Have one student start with a small beanbag or rubber ball. You call out another student identified only by his or her location with reference to other students. Example: **C'est la personne derrière.** The student with the beanbag or ball has to throw it to the student identified. The latter student must then throw the object to the next person you identify.

Teacher's side notes (left column)

8 Suggestion Review cognates that students may use to help fill in the agenda. Remind students to only include verbs for activities that they have learned.

8 Expansion Have students complete this activity in groups of 3. Provide the scenario that students have a free day in Paris or some other Francophone location. Together, the group should decide what they will do. After completing the agenda, have each group discuss their plans with another group. Encourage students to use **on** or **nous** in their discussions.

9 Suggestion Before completing this activity, model for students what is expected. Using the picture provided in the activity, describe each person. Include the same elements that students are expected to use in the activity. Ask questions to see if students can determine who is being described.

9 Expansion After completing the activity, have students change partners and describe the former partner's family to a new person. Remind them to use the correct subject pronouns and possessive adjectives when describing. Example: **Sa belle-mère est brune et petite.**

10 Expansion Have students create their own café menu and use it to act out dialogues.

Main content

8 Ma journée Fill out the agenda for October 28. Write an activity that you will do for each time listed. Then, with a partner, tell what you are doing at different times throughout the day. Your partner will guess where you are going or what you are doing based on what you tell him/her. Answers will vary.

MODÈLE

Élève 1: À cinq heures et demie, j'étudie.
Élève 2: Si tu étudies, tu vas à la bibliothèque.

28 OCTOBRE

8H00 *jogging*	14H00
8H30	14H30
9H00	15H00
9H30	15H30
10H00	16H00
10H30	16H30
11H00	17H00
11H30	17H30 *étudier*
12H00	18H00
12H30	18H30
13H00 *bibliothèque*	19H00 *téléphoner à papa*
13H30	19H30 *Sophie:*

9 Le portrait Write a description of you and your family or a fictional family. Include name, age, family relationship, physical description, activities each person does, and location in a family portrait. Be sure to include at least five different family members and yourself. When you are finished, your partner will draw your family portrait based on your written description. Answers will vary.

10 Au café In groups of three, pretend that you are at a café together. Take turns playing the part of the server and two customers. The server will ask what you each are having/drinking. Then he/she will tally your order and give you the price. Act out one of your dialogues for another group. Answers will vary.

MODÈLE

Élève 1: Qu'est-ce que vous prenez?
Élève 2: Moi, je prends une salade verte.
Élève 3: Des frites, s'il vous plaît.
Élève 1: Qu'est-ce que vous buvez?
Élève 2: Un café, s'il vous plaît.
Élève 3: Et moi, je bois de l'eau minérale non gazeuse.
Élève 1: Ça coûte (*That costs*) dix-sept euros trente.

MENU

PETIT-DÉJEUNER° FRANÇAIS — 12,00€
Café, thé, chocolat chaud ou lait
Pain, beurre et confiture°
Orange pressée

VIENNOISERIES° — 3,00€
Croissant, pain au chocolat, brioche°, pain aux raisins

SANDWICHS ET SALADES
Sandwich (jambon ou fromage; baguette ou pain de campagne) — 7,50€
Croque-monsieur° — 8,80€
Salade verte° — 6,20€

BOISSONS CHAUDES
Café/Déca — 3,80€
Grand crème — 5,50€
Chocolat chaud — 5,80€
Thé — 5,50€
Lait chaud — 4,80€

PETIT-DÉJEUNER ANGLAIS — 15,00€
Café, thé, chocolat chaud ou lait
Œufs° (au plat° ou brouillés°), bacon, toasts
Orange pressée

DESSERTS
Tarte aux fruits — 7,50€
Banana split — 6,40€

AUTRES SÉLECTIONS CHAUDES
Frites — 4,30€
Soupe à l'oignon — 8,00€
Omelette au fromage — 8,50€
Omelette au jambon — 8,50€

BOISSONS FROIDES
Eau minérale non gazeuse — 3,00€
Eau minérale gazeuse — 3,50€
Jus de fruits (orange...) — 5,80€

Petit-déjeuner *Breakfast* **confiture** *jam* **Viennoiseries** *Breakfast pastries* **brioche** *a light, slightly-sweet bread* **Croque-monsieur** *Grilled sandwich with cheese and ham* **verte** *green* **Œufs** *Eggs* **au plat** *fried* **brouillés** *scrambled*

20 *vingt*

TEACHING OPTIONS

Picture It Provide students with sentences on the topics of each activity. Tell students to write these sentences on separate cards. On the back, students should draw a picture representing the sentence. They should pair up with another student and take turns guessing which sentence is represented in the drawing. Have students then use the pictures in different orders to create a written story of what is taking place.

DIFFERENTIATION

Sentence Stems For students that need more assistance, provide those students with sentence stems to help write their family description for **Le portrait**. The sentence stems should be the first part of the sentence or the last part of the sentence. Include clues to help students know where to include information. Examples: **Ma cousine aime (*list an activity*). (*Family member*) est grand et brun. Je suis (*preposition of location*)....**

Les loisirs

Unité 5

Unit Goals

Leçon 5A

In this lesson, students will learn:
- terms for sports and leisure activities
- adverbs of frequency
- about intonation
- about **le football**
- more about sports and leisure activities through specially shot video footage
- the verb **faire**
- expressions with **faire**
- the expression **il faut**
- irregular **-ir** verbs
- about the UNSS and sports in France

Leçon 5B

In this lesson, students will learn:
- terms for seasons and months
- weather expressions
- to tell the date
- differences between open and closed vowels
- about public gardens and parks in the Francophone world
- the numbers 101 and higher
- **-er** verbs with spelling changes
- to listen for key words in oral communication

Savoir-faire

In this section, students will learn:
- cultural and historical information about West Africa and Central Africa
- to skim a text
- to use a French-English dictionary

21st Century Skills

Initiative and Self-Direction
Students can monitor their progress online using the activities and assessments on vhlcentral.com.

Pour commencer
- **C'est une joueuse/une athlète.**
- **Elle pratique le football.**
- **Oui, je pense qu'elle aime le sport.**
- Answers will vary

Section Goals

In this section, students will learn and practice vocabulary related to:
• sports and leisure activities
• adverbs of frequency

Key Standards
1.1, 1.2, 4.1

Suggestions

• Have students look over the new vocabulary, covering the translations. Guide them to notice the numerous cognates for sports terms. See how many words students know without looking at the English.

• Use the digital image for this page to describe what people are doing. Examples: **Ils jouent au football. Elles jouent au tennis.** Encourage students to add their remarks.

• Teach students the expression **aider quelqu'un à... (étudier, bricoler, travailler)**. Pointing to the person toward the right helping his injured friend, say: **Il aide son copain à marcher.**

• Point out the differences between the words **un jeu, jouer, un joueur,** and **une joueuse**.

• Ask students closed-ended questions about their favorite activities: **Vous préférez jouer au tennis ou aller à la pêche? Aller à un spectacle ou jouer au golf?**

• Call out sports and other activities from this section and have students classify them as either **un sport** or **un loisir.** List them on the board in two columns.

You will learn how to...
▪talk about activities
▪tell how often and how well you do things

◁)) **vhl**central

Le temps libre

Vocabulaire	
aller à la pêche	to go fishing
bricoler	to tinker; to do odd jobs
désirer	to want
jouer (à/de)	to play
pratiquer	to play regularly, to practice
skier	to ski
le baseball	baseball
le cinéma	movies
le foot(ball)	soccer
le football américain	football
le golf	golf
un jeu	game
un loisir	leisure activity
un passe-temps	pastime, hobby
un spectacle	show
un stade	stadium
le temps libre	free time
le volley(-ball)	volleyball
une/deux fois	one/two time(s)
par jour, semaine, mois, an, etc.	per day, week, month, year, etc.
déjà	already
encore	again, still
jamais	never
longtemps	long time
maintenant	now
parfois	sometimes
rarement	rarely
souvent	often

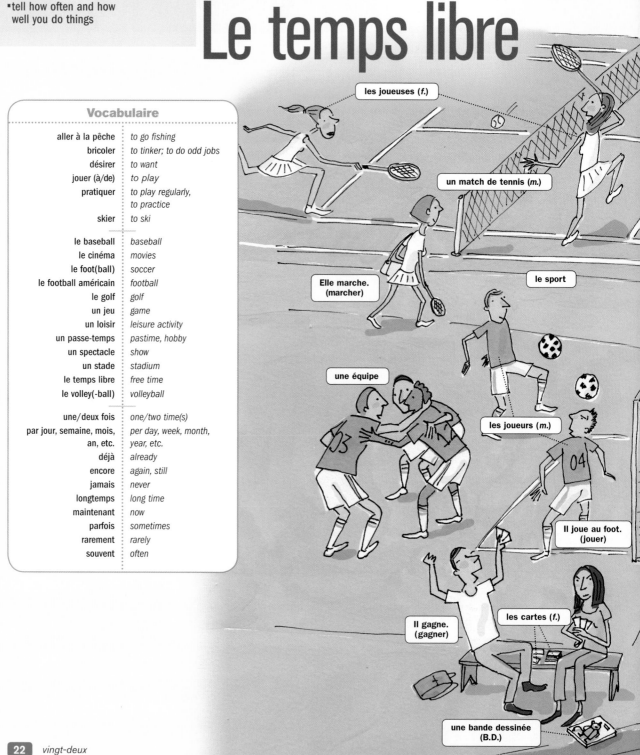

les joueuses (f.)

un match de tennis (m.)

Elle marche. (marcher)

le sport

une équipe

les joueurs (m.)

Il joue au foot. (jouer)

Il gagne. (gagner)

les cartes (f.)

une bande dessinée (B.D.)

22 *vingt-deux*

Mise en pratique

Attention!

Use **jouer à** with games and sports.

Elle joue aux cartes/au baseball.
She plays cards/baseball.

Use **jouer de** with musical instruments.

Vous jouez de la guitare/du piano.
You play the guitar/piano.

le basket(-ball)

Il aide le joueur.
(aider)

Il chante.
(chanter)

Il indique.
(indiquer)

les échecs (m.)

1 Remplissez Choisissez dans la liste le mot qui convient (*the word that fits*) pour compléter les phrases. N'oubliez pas de conjuguer les verbes.

aider	jeu	pratiquer
bande dessinée	jouer	skier
bricoler	marcher	sport
équipe		

1. Notre ___équipe___ joue un match cet après-midi.
2. Le solitaire est un ___jeu___ de cartes.
3. Mon livre préféré, c'est une ___bande dessinée___ de Tintin, *Le sceptre d'Ottokar*.
4. J'aime ___jouer___ aux cartes avec ma grand-mère.
5. Pour devenir (*To become*) champion de volley, je ___pratique___ tous les jours.
6. Le dimanche, nous ___marchons___ beaucoup, environ (*about*) cinq kilomètres.
7. Mon ___sport___ préféré, c'est le foot.
8. Mon père ___aide___ mon frère à préparer son match de tennis.
9. J'aime bien ___skier___ dans le Colorado.
10. Il faut réparer la table, mais je n'aime pas ___bricoler___.

2 Écoutez Écoutez Sabine et Marc parler de leurs passe-temps préférés. Dans le tableau suivant, écrivez un **S** pour Sabine et un **M** pour Marc pour indiquer s'ils pratiquent ces activités **souvent**, **parfois**, **rarement** ou **jamais**. Attention, une activité n'est pas utilisée.

Activités	Souvent	Parfois	Rarement	Jamais
1. le golf				M
2. le tennis	M	S		
3. les cartes				
4. le basket	S	M		
5. le spectacle	M		S	
6. le cinéma	M, S			
7. chanter	S			
8. aller à la pêche			M	S

3 Les loisirs Utilisez un élément de chaque colonne pour former huit phrases au sujet des loisirs de ces personnes. N'oubliez pas les accords (*agreements*). Answers will vary.

Personnes	Activités	Fréquence
Je	jouer aux échecs	maintenant
Ma sœur	chanter	parfois
Mes parents	jouer au tennis	rarement
Christian	gagner le match	souvent
Sandrine et Cédric	skier	déjà
Les élèves	regarder un spectacle	une fois par semaine
Élise	jouer au basket	une fois par mois
Mon ami(e)	aller à la pêche	encore

vingt-trois **23**

1 Suggestions
• To review **-er** verb forms, conjugate on the board one of the verbs from the list.
• Tell students to use each item in the word box only once.

2 Script SABINE: Bonjour, Marc, comment ça va?
MARC: Pas mal. Et toi?
S: Très bien, merci. Est-ce que tu joues au golf?
M: Non, jamais. Je n'aime pas ce sport. Je préfère jouer au tennis. En général, je joue au tennis trois fois par semaine. Et toi?
S: Moi? Jouer au tennis? Oui, parfois, mais j'aime mieux le basket. C'est un sport que je pratique souvent.
M: Ah le basket, je n'aime pas tellement. Je joue parfois avec des amis, mais ce n'est pas mon sport préféré. Le soir, j'aime bien aller au spectacle ou au cinéma. Et toi, qu'est-ce que tu aimes faire le soir?
S: Oh, je vais rarement au spectacle mais j'adore aller au cinéma. J'y vais très souvent.
M: C'est quoi, ton passe-temps préféré?
S: Mon passe-temps préféré, c'est le chant. J'aime chanter tous les jours.
M: Moi, j'adore aller à la pêche quand j'ai du temps libre, mais ce n'est que très rarement.
S: La pêche? Oh, moi, jamais. Je trouve ça ennuyeux.
Teacher Resources DVD

2 Expansion Have students tell a partner how often they, themselves, do these activities.

3 Suggestion Ask volunteers to write one of their sentences on the board, making sure to have one example sentence for each of the verbs listed in this activity.

3 Expansion Ask students how frequently they do each of the activities listed. Encourage them to use as many different adverbial expressions as possible.

EXPANSION

Making Associations Call out names of famous athletes and have students say: **Ils jouent au** ___sport___. Examples: Brittany Lang, Arnold Palmer (**golf**), David Beckham, Zinédine Zidane (**football**), Serena Williams, Roger Federer (**tennis**), Antonio Brown, Luke Kuechly (**football américain**), Tony Parker, Kawhi Leonard (**basket-ball**), and Babe Ruth, Mark McGwire (**baseball**).

TEACHING OPTIONS

Using Games Write each of the words or expressions in **Activité 3** on an index card. Label three boxes **Personnes**, **Activités**, and **Fréquence**. Then place the cards in their respective boxes. Divide the class into two teams. Students take turns drawing one card from each box. Each player has five seconds to form a sentence using all of the words on the three cards. If they do not make a mistake, they score a point for their team.

Communication

4 Suggestion Follow up this activity by asking students about their partners' favorite sports and activities. Examples: **Est-ce que ____ est sportif/sportive? Quel sport pratique-t-il/elle? Combien de fois par mois est-ce que ____ va au cinéma?**

4 Expansion Have students conduct an informal survey by circulating around the room and asking these questions to five other students. Tell them to write down all of the responses for each question. As a class, share and compare students' findings.

4 Virtual Chat You can also assign Activity 4 on vhlcentral.com. Students record individual responses that appear in your gradebook.

5 Suggestion Have two volunteers read the **modèle** aloud. Then distribute the **Feuilles d'activités** from the Activity Pack.

5 Expansion Tally the results of the survey to determine the most and least popular activities among your students.

6 Partner Chat You can also assign Activity 6 on vhlcentral.com. Students work in pairs to record the activity online. The pair's recorded conversation will appear in your gradebook.

7 Interpersonal Writing: Strategy Have students exchange letters with a classmate. Remind them to begin the letter with **Chère** if they are writing to a woman.

Successful Language Learning Suggest that students use mnemonic devices to memorize vocabulary. Examples: Use alliteration for interrogative words like **qui**, **quand**, and **quoi**. Group words in categories, such as team sports (**football, basket-ball, volley-ball**) versus those that are usually played one-on-one (**échecs, cartes, tennis**). Learn word "families," such as **un jeu, jouer, un joueur**, and **une joueuse**.

24 Unit 5 • Lesson 5A

---

4 **Répondez** Avec un(e) partenaire, posez les questions et répondez à tour de rôle. Answers will vary.

1. Quel est votre loisir préféré?
2. Quel est votre sport préféré à la télévision?
3. Êtes-vous sportif/sportive? Si oui, quel sport pratiquez-vous?
4. Qu'est-ce que vous désirez faire (*to do*) ce week-end?
5. Combien de fois par mois allez-vous au cinéma?
6. Que faites-vous (*do you do*) quand vous avez du temps libre?
7. Est-ce que vous aidez quelqu'un? Qui? À faire quoi? Comment?
8. Quel est votre jeu de société (*board game*) préféré? Pourquoi?

5 **Sondage** Votre professeur va vous donner une feuille d'activités. Circulez dans la classe et demandez à vos camarades s'ils pratiquent les activités sur la feuille et si oui (*if so*), à quelle fréquence. Quelle est l'activité la plus pratiquée (*the most practiced*) de la classe? Answers will vary.

MODÈLE

aller à la pêche

Élève 1: Est-ce que tu vas à la pêche?
Élève 2: Oui, je vais parfois à la pêche.

Activités	Noms	Fréquence
1. aller à la pêche	François	parfois
2. jouer au tennis		
3. jouer au foot		
4. skier		

6 **Conversez** Avec un(e) partenaire, écrivez une conversation au sujet de vos loisirs. Utilisez les mots intérrogatifs dans la liste et le vocabulaire de la leçon. Présentez votre travail à la classe. Answers will vary.

MODÈLE

Élève 1: Que fais-tu (*do you do*) comme sport?
Élève 2: Je joue au volley.
Élève 1: Tu joues souvent?
Élève 2: Oui, trois fois par semaine, avec mon amie Julie. C'est un sport que j'adore. Et toi, quel est ton passe-temps préféré?

Avec qui?	Pourquoi?
Combien de fois par...?	Quand?
Comment?	Quel(le)(s)?
Où?	Quoi?

7 **La lettre** Écrivez une lettre à un(e) ami(e) au sujet de vos loisirs. Dites ce que vous faites (*do*), quand, avec qui et à quelle fréquence.

Cher Marc,

Pendant (*During*) mon temps libre, j'aime bien jouer au basket et au tennis. J'aime gagner, mais ça n'arrive pas souvent! Je joue au tennis avec mes amis deux fois par semaine, le mardi et le vendredi, et au basket le samedi. J'adore les films et je vais souvent au cinéma avec ma sœur ou mes amis. Le soir...

EXPANSION

Making Comparisons Give students five minutes to jot down a description of their typical weekend, including what they do, where they go, and with whom they spend time. Circulate among the class to help with unfamiliar vocabulary. Then have volunteers share their information with the rest of the class. The class decides whether or not each volunteer represents a "typical" student.

TEACHING OPTIONS

Using Games Play a game of **Dix questions**. Ask a volunteer to think of a sport, activity, person, or place from the vocabulary drawing or list. Other students get one chance to ask a yes/no question and make a guess until someone guesses the word. Limit attempts to 10 questions per word. You may want to write some phrases on the board to cue students' questions.

Les sons et les lettres 🔊 vhlcentral

Intonation

In short, declarative sentences, the pitch of your voice, or intonation, falls on the final word or syllable.

Nathalie est française.　　　　**Hector joue au football.**

In longer, declarative sentences, intonation rises, then falls.

À trois heures et demie, j'ai sciences politiques.

In sentences containing lists, intonation rises for each item in the list and falls on the last syllable of the last one.

Martine est jeune, blonde et jolie.

In long, declarative sentences, such as those containing clauses, intonation may rise several times, falling on the final syllable.

Le samedi, à dix heures du matin, je vais au centre commercial.

Questions that require a yes or no answer have rising intonation. Information questions have falling intonation.

C'est ta mère?　　　　**Est-ce qu'elle joue au tennis?**

Quelle heure est-il?　　　　**Quand est-ce que tu arrives?**

Prononcez Répétez les phrases suivantes à voix haute.

1. J'ai dix-neuf ans.
2. Tu fais du sport?
3. Quel jour sommes-nous?
4. Sandrine n'habite pas à Paris.
5. Quand est-ce que Marc arrive?
6. Charlotte est sérieuse et intellectuelle.

Articulez Répétez les dialogues à voix haute.

1. —Qu'est-ce que c'est?
   —C'est un ordinateur.
2. —Tu es américaine?
   —Non, je suis canadienne.
3. —Qu'est-ce que Christine étudie?
   —Elle étudie l'anglais et l'espagnol.
4. —Où est le musée?
   —Il est en face de l'église.

Dictons Répétez les dictons à voix haute.

> Petit à petit,
> l'oiseau fait
> son nid.[2]

> Si le renard
> court, le poulet a
> des ailes.[1]

[1] Though the fox runs, the chicken has wings.
[2] Little by little, a bird builds its nest.

vingt-cinq **25**

Section Goals

In this section, students will learn about using intonation.

Key Standards

4.1

Suggestions

- Model the intonation of each example sentence and have students repeat it after you.
- Remind students that information questions contain question words: **qui, qu'est-ce que, quand, comment, pourquoi**, etc. Remind students that the question word is not always the first word of the sentence. Examples: **À qui parles-tu? Ils arrivent quand?**
- Contrast the intonation of various types of declarative sentences (short, long, and those containing lists).
- Point out that the sentences without question words in the **Prononcez** activity (all except items 3 and 5) can be changed from a question to a statement and vice-versa simply by changing the intonation.

Dictons

- Ask students if they can think of sayings in English that are similar to **«Petit à petit, l'oiseau fait son nid.»** (*Slow and steady wins the race.*)
- Have students discuss the meaning of **«Si le renard court, le poulet a des ailes.»**

⭐ **TELL Connection**

Learning Tools 3 *Why:* Provide students with a variety of authentic input to gain insight into cultural perspectives and practices. *What:* Proverbs are one of the authentic perspective elements in each unit, joining media, readings, internet searches, and extended listening.

EXPANSION

Intonation Here are some sentences to use for additional practice with intonation: **1. Il a deux frères? 2. Il a deux frères. 3. Combien de frères est-ce qu'il a? 4. Vous jouez au tennis? 5. Vous jouez au tennis. 6. Avec qui est-ce que vous jouez au tennis?** Make sure students hear the difference between declarative and interrogative statements.

TEACHING OPTIONS

Using Games Divide the class into small groups. Pronounce ten phrases based on those in the examples and in **Prononcez**. Have students silently pass one piece of paper, numbered 1–10, around their group. Members of each group take turns recording whether the statements are declarative or interrogative. Collect the papers, one per group, when you finish saying the phrases. The group with the most correct answers wins.

Au parc   vhlcentral

AP® Theme: Contemporary Life
Context: Leisure and Sports

PERSONNAGES

David

Rachid

Sandrine

Stéphane

DAVID Oh là là... On fait du sport aujourd'hui!
RACHID C'est normal! On est dimanche. Tous les week-ends à Aix, on fait du vélo, on joue au foot...
SANDRINE Oh, quelle belle journée! Faisons une promenade!
DAVID D'accord.

DAVID Moi, le week-end, je sors souvent. Mon passe-temps favori, c'est de dessiner la nature et les belles femmes. Mais Rachid, lui, c'est un grand sportif.
RACHID Oui, je joue au foot très souvent et j'adore.

RACHID Tiens, Stéphane! Déjà? Il est en avance.
SANDRINE Salut.
STÉPHANE Salut. Ça va?
DAVID Ça va.
STÉPHANE Salut.
RACHID Salut.

STÉPHANE Pfft! Je n'aime pas l'histoire-géo.
RACHID Mais, qu'est-ce que tu aimes alors, à part le foot?
STÉPHANE Moi? J'aime presque tous les sports. Je fais du ski, de la planche à voile, du vélo... et j'adore nager.
RACHID Oui, mais tu sais, le sport ne joue pas un grand rôle au bac.

RACHID Et puis, les études, c'est comme le sport. Pour être bon, il faut travailler!
STÉPHANE Ouais, ouais.
RACHID Allez, commençons. En quelle année Napoléon a-t-il...

SANDRINE Dis-moi David, c'est comment chez toi, aux États-Unis? Quels sont les sports favoris des Américains?
DAVID Euh... chez moi? Beaucoup pratiquent le baseball ou le basket et surtout, on adore regarder le football américain. Mais toi, Sandrine, qu'est-ce que tu fais de tes loisirs? Tu aimes le sport? Tu sors?

ACTIVITÉS

1 **Les événements** Mettez ces (these) événements dans l'ordre chronologique.

- _10_ a. David dessine un portrait de Sandrine.
- _6_ b. Stéphane se plaint (complains) de ses cours.
- _4_ c. Rachid parle du match de foot.
- _9_ d. David complimente Sandrine.
- _2_ e. David mentionne une activité que Rachid aime faire.
- _7_ f. Sandrine est curieuse de savoir (to know) quels sont les sports favoris des Américains.
- _5_ g. Stéphane dit (says) qu'il ne sait (knows) pas s'il va gagner son prochain match.
- _3_ h. Stéphane arrive.
- _1_ i. David parle de son passe-temps favori.
- _8_ j. Sandrine parle de sa passion.

26   *vingt-six*

Les amis parlent de leurs loisirs.

RACHID Alors, Stéphane, tu crois que tu vas gagner ton prochain match?
STÉPHANE Hmm, ce n'est pas garanti! L'équipe de Marseille est très forte.
RACHID C'est vrai, mais tu es très motivé, n'est-ce pas?
STÉPHANE Bien sûr.

RACHID Et, pour les études, tu es motivé? Qu'est-ce que vous faites en histoire-géo en ce moment?
STÉPHANE Oh, on étudie Napoléon.
RACHID C'est intéressant! Les cent jours, la bataille de Waterloo...

SANDRINE Bof, je n'aime pas tellement le sport, mais j'aime bien sortir le week-end. Je vais au cinéma ou à des concerts avec mes amis. Ma vraie passion, c'est la musique. Je désire être chanteuse professionnelle.

DAVID Mais tu es déjà une chanteuse extraordinaire! Eh! J'ai une idée. Je peux faire un portrait de toi?
SANDRINE De moi? Vraiment? Oui, si tu insistes!

Expressions utiles

Talking about your activities

- **Qu'est-ce que tu fais de tes loisirs? Tu sors?**
  What do you do in your free time? Do you go out?
- **Le week-end, je sors souvent.**
  On weekends I often go out.
- **J'aime bien sortir.**
  I like to go out.
- **Tous les week-ends, on/tout le monde fait du sport.**
  Every weekend, people play/everyone plays sports.
- **Qu'est-ce que tu aimes alors, à part le foot?**
  What else do you like then, besides soccer?
- **J'aime presque tous les sports.**
  I like almost all sports.
- **Je peux faire un portrait de toi?**
  Can/May I do a portrait of you?
- **Qu'est-ce que vous faites en histoire-géo en ce moment?**
  What are you doing in history-geography at this moment?
- **Les études, c'est comme le sport. Pour être bon, il faut travailler!**
  Studies are like sports. To be good, you have to work!
- **Faisons une promenade!**
  Let's take a walk!

Additional vocabulary

- **Dis-moi.**
  Tell me.
- **Tu sais.**
  You know.
- **Ce n'est pas garanti!**
  It's not guaranteed!
- **Vraiment?**
  Really?
- **Bien sûr.**
  Of course.
- **Tiens.**
  Hey, look./Here you are.

2 Questions Choisissez la traduction (*translation*) qui convient pour chaque activité. Essayez de ne pas utiliser de dictionnaire. Combien de traductions y a-t-il pour le verbe **faire**?

c	1. faire du ski	a. to play sports
d	2. faire une promenade	b. to go biking
b	3. faire du vélo	c. to ski
a	4. faire du sport	d. to take a walk

3 À vous! David et Rachid parlent de faire des projets (*plans*) pour le week-end, mais les loisirs qu'ils aiment sont très différents. Ils discutent de leurs préférences et finalement choisissent une activité qu'ils vont pratiquer ensemble (*together*). Avec un(e) partenaire, écrivez la conversation et jouez la scène devant la classe.

ACTIVITÉS

Expressions utiles
- Draw attention to the forms of the verb **faire** and irregular **-ir** verbs in the captions, in the **Expressions utiles** box, and as they occur in your conversation with students. Tell students that this material will be presented in **Structures**.
- Respond briefly to questions about **faire** and irregular **-ir** verbs. Reinforce correct forms, but do not expect students to produce them consistently at this time.
- Work through the **Expressions utiles** by asking students about their activities. As you do, respond to the content of their responses and ask other students questions about their classmates' answers. Example: **Qu'est-ce que vous faites de vos loisirs? Vous sortez?**
- Remind students that the **nous** form of a verb can be used to say *Let's...* Example: **Faisons une promenade!** = *Let's take a walk!*

1 Suggestion Form several groups of eight students. Write each of these sentences on individual strips of paper and distribute them among the students in each group. Make a set of sentences for each group. Have students read their sentences aloud in the correct order.

1 Expansion Have students make sentences to fill in parts of the story not mentioned in this activity.

2 Suggestion Remind students that **faire** has several English translations.

3 Suggestion Remind students of expressions like **On...?** for suggesting activities and **D'accord** and **Non, je préfère...** for accepting or rejecting suggestions. As students write their scenes, circulate around the room to help with unfamiliar vocabulary and expressions.

EXPANSION

Mini-conversations Have pairs of students create two-line mini-conversations using as many **Expressions utiles** as they can. Example: —**Qu'est-ce que tu aimes alors, à part le foot?** —**J'aime presque tous les sports.**
Then have them use the vocabulary in this section to talk about their own activities and those of their friends and family.

PRE-AP®

Interpersonal Speaking Ask volunteers to ad-lib the **Roman-photo** episode for the class. Assure them that it is not necessary to memorize the episode or to stick strictly to its content. They should try to get the general meaning across with the vocabulary and expressions they know. Encourage creativity. Give them time to prepare. You may want to assign this as homework and do it the next class period as a review activity.

27

vhlcentral | *Flash culture*   CULTURE À LA LOUPE

Le football

Le football est le sport le plus° populaire dans la majorité des pays° francophones. Tous les quatre ans°, des centaines de milliers de° fans, ou «supporters», regardent la Coupe du Monde°: le championnat de foot(ball) le plus important du monde. En 1998 (mille neuf cent quatre-vingt-dix-huit), l'équipe de France gagne la Coupe du Monde, en 2006 (deux mille six), elle perd en finale contre l'Italie et en 2016 (deux mille seize), contre le Portugal.

Le Cameroun a aussi une grande équipe de football. «Les Lions Indomptables°» gagnent la médaille d'or° aux Jeux Olympiques de Sydney en 2000. En 2007, l'équipe camerounaise est la première équipe africaine à être dans le classement mondial° de la FIFA (Fédération Internationale de Football Association). Certains «Lions» jouent dans les clubs français et européens.

En France, il y a deux ligues professionnelles de vingt équipes chacune°. Ça fait° quarante équipes professionnelles de football pour un pays plus petit que° le Texas! Certaines équipes, comme le Paris Saint-Germain («le PSG») ou l'Olympique de Marseille («l'OM»), ont beaucoup de supporters.

Les Français, comme les Camerounais, adorent regarder le football, mais ils sont aussi des joueurs très sérieux: aujourd'hui en France, il y a plus de 17.000 (dix-sept mille) clubs amateurs de football et plus de deux millions de joueurs.

Nombre° de membres des fédérations sportives en France

Football	2.002.400
Tennis	1.103.500
Judo-jujitsu	634.900
Basket-ball	536.900
Rugby	447.500
Golf	414.200
Natation°	304.000
Ski	136.100
Vélo°	119.200
Danse	84.000

SOURCE: Ministère de la Jeunesse et des Sports

le plus the most **pays** countries **Tous les quatre ans** Every four years **centaines de milliers de** hundreds of thousands of **Coupe du Monde** World Cup **Indomptables** Untamable **or** gold **classement mondial** world ranking **chacune** each **Ça fait** That makes **un pays plus petit que** a country smaller than **Nombre** Number **Natation** Swimming **Vélo** Cycling

A C T I V I T É S

1 **Vrai ou faux?** Indiquez si ces phrases sont **vraies** ou **fausses**.

1. Le football est le sport le plus populaire en France. *Vrai.*
2. La Coupe du Monde a lieu (*takes place*) tous les deux ans. *Faux.*
3. En 1998, l'équipe de France gagne la Coupe du Monde. *Vrai.*
4. Le Cameroun gagne une médaille de football aux Jeux Olympiques de Sydney. *Vrai.*
5. L'équipe du Cameroun est la première équipe africaine à être au classement mondial de la FIFA. *Vrai.*

6. Certains «Lions Indomptables» jouent dans des clubs français et européens. *Vrai.*
7. En France, il y a vingt équipes professionnelles de football. *Faux.*
8. L'Olympique de Marseille est un célèbre stade de football. *Faux.*
9. Les Français aiment jouer au football. *Vrai.*
10. Les Français n'aiment pas du tout les sports individuels. *Faux.*

LE FRANÇAIS QUOTIDIEN

Le sport

arbitre (*m./f.*)	referee
ballon (*m.*)	ball
coup de sifflet (*m.*)	whistle
entraîneur/-euse	coach
maillot (*m.*)	jersey
terrain (*m.*)	playing field
hors-jeu	off-side
marquer	to score

LE MONDE FRANCOPHONE

Des champions

Voici quelques champions olympiques récents.

Algérie Taoufik Makhloufi, athlétisme°, argent°, Rio de Janeiro, 2016

Burundi Francine Niyonsaba, athlétisme, argent, Rio de Janeiro, 2016

Cameroun Françoise Mbango Etone, athlétisme, or°, Pékin, 2008

Canada Alexandre Bilodeau, ski acrobatique, or, Sochi, 2014

France Teddy Riner, judo, or, Rio de Janeiro, 2016

Maroc Mohammed Rabii, boxe, bronze, Rio de Janeiro, 2016

Suisse Dominique Gisin, ski alpin, or, Sochi, 2014

Tunisie Oussama Mellouli, natation, or, Londres, 2012

athlétisme *track and field* **argent** *silver* **or** *gold*

PORTRAIT

AP® **Theme:** Contemporary Life
Context: Leisure and Sports

Zinédine Zidane et Laura Flessel

Zinédine Zidane, ou «Zizou», est un footballeur français. Né° à Marseille de parents algériens, il joue dans différentes équipes françaises. Nommé trois fois «Joueur de l'année» par la FIFA (la Fédération Internationale de Football Association), il gagne la Coupe du Monde avec l'équipe de France en 1998 (mille neuf cent quatre-vingt-dix-huit). Il est aujourd'hui entraîneur du Real Madrid, en Espagne°.

Née à la Guadeloupe, Laura Flessel commence l'escrime à l'âge de sept ans. Après plusieurs titres° de championne de Guadeloupe, elle va en France pour continuer sa carrière. En 1991, à 20 ans, elle est championne de France et cinq ans plus tard, elle est double championne olympique à Atlanta en 1996. En 2007 (deux mille sept), elle gagne aussi la médaille d'or aux Championnats d'Europe en individuel. Et en 2017, elle devient ministre des Sports du gouvernement français.

Né *Born* **Espagne** *Spain* **plusieurs titres** *several titles* **porte-drapeau** *flag bearer*

Sur Internet

AP® **Theme:** Contemporary Life
Context: Leisure and Sports

Qu'est-ce que le «free-running»?

Go to **vhlcentral.com** to find more information related to this **Culture** section and to watch the corresponding **Flash culture** video.

---

2 Zinédine ou Laura? Indiquez de qui on parle.

1. ___Zinédine___ est de France métropolitaine.
2. ___Laura___ est née à la Guadeloupe.
3. ___Zinédine___ gagne la Coupe du Monde pour la France en 1998.
4. ___Laura___ est championne de France en 1991.
5. ___Laura___ est double championne olympique en 1996.
6. ___Zinédine___ a été trois fois joueur de l'année.

3 Une interview
Avec un(e) partenaire, préparez une interview entre un(e) journaliste et un(e) athlète que vous aimez. Jouez la scène devant la classe. Est-ce que vos camarades peuvent deviner (*can guess*) le nom de l'athlète?

ACTIVITÉS

EXPANSION

Des champions Look at the maps of the world in the beginning of the book to remind students where Francophone countries featured in **Le monde francophone** are located. Ask students to pick one of the athletes from this list to research for homework. They should come to the next class with five French sentences about that athlete's life and career. You may want to have students bring an image from the Internet of the athlete they chose to research. Collect the photos and gather different images of the same athlete. Have students who researched the same champion work together as a group to present that athlete while the rest of the class looks at the images they found.

Le français quotidien You might extend this list to include **le poteau de but** (*goalpost*), **le coup d'envoi** (*kickoff*), **un penalty** (*penalty kick*), and **une faute** (*foul*).

Portrait Zinédine Zidane became the most expensive player in the history of soccer when Real Madrid acquired him for the equivalent of about $66 million American dollars. «Zizou» also made history as Christian Dior's first male model. Laura Flessel is a left-handed fencer called «**la Guêpe**» (*Wasp*) because of her competitive and dangerous attack.

Le monde francophone Model the pronunciation of names and places in this box. Then ask students if they know of any other athletes from the Francophone world.

2 Expansion Continue the activity with additional fill-in-the-blank statements such as these.
7. ____ est entraîneur pour une équipe espagnole. (Zinédine)
8. ____ est le porte-drapeau aux Jeux Olympiques de 2012. (Laura)

3 Expansion Have students prepare five sentences in the first person for homework, describing themselves as a well-known athlete. Ask students to introduce themselves to the class. The class tries to guess the presenter's identity.

Flash culture Tell students that they will learn more about sports and leisure activities by watching a video narrated by Csilla. Show the video, and then have students close their eyes and describe from memory what they saw. Write their descriptions on the board. You can also use the activities in the video manual in class to reinforce this **Flash culture** or assign them as homework.

21ˢᵗ Century Skills

Information and Media Literacy: Sur Internet Students access and critically evaluate information from the Internet.

5A.1

The verb *faire* and expression *il faut*   **vhl**central

Point de départ Like other commonly used verbs, the verb **faire** (*to do, to make*) is irregular in the present tense.

faire (to do, to make)	
je fais	nous faisons
tu fais	vous faites
il/elle/on fait	ils/elles font

Il ne **fait** pas ses devoirs.
He doesn't do his homework.

Tes parents **font**-ils quelque chose vendredi?
Are your parents doing anything Friday?

Qu'est-ce que vous **faites** ce soir?
What are you doing this evening?

Nous **faisons** une sculpture dans mon cours d'art.
We're making a sculpture in my art class.

On fait du sport aujourd'hui!

Qu'est-ce que vous faites en histoire-géo?

- Use the verb **faire** in these idiomatic expressions. Note that it does not always translate into English as *to do* or *to make*.

Expressions with *faire*			
faire de l'aérobic	to do aerobics	faire de la planche à voile	to go wind-surfing
faire attention (à)	to pay attention (to)	faire une promenade	to go for a walk
faire du camping	to go camping		
faire du cheval	to go horseback riding	faire une randonnée	to go for a hike
faire la connaissance de...	to meet (someone) for the first time	faire du ski	to go skiing
faire la cuisine	to cook	faire du sport	to play sports
faire de la gym	to work out	faire un tour (en voiture)	to go for a walk (drive)
faire du jogging	to go jogging	faire du vélo	to go bike riding

Tu **fais** souvent **du sport**?
Do you play sports often?

Elles **font du camping**.
They go camping.

Je **fais de la gym**.
I'm working out.

Nous **faisons attention** en classe.
We pay attention in class.

Yves **fait la cuisine**.
Yves is cooking.

Faites-vous **une promenade**?
Are you going for a walk?

- Make sure to learn the correct article with each **faire** expression that calls for one. For **faire** expressions requiring a partitive or indefinite article (**un, une, du, de la**), the article is replaced with **de** when the expression is negated.

Elles font **de la** gym trois fois par semaine.
They work out three times a week.

Elles ne font pas **de** gym le dimanche.
They don't work out on Sundays.

Fais-tu **du** ski?
Do you ski?

Non, je ne fais pas **de** ski.
No, I don't ski.

- Use **faire la connaissance de** before someone's name or another noun that identifies a person you do not know.

Je vais enfin **faire la connaissance de Martin**.
I'm finally going to meet Martin.

Je vais **faire la connaissance des joueurs**.
I'm going to meet the players.

Vérifiez

The expression *il faut*

Pour être bon, il faut travailler!

Il ne faut pas regarder la télé.

Boîte à outils

The infinitive of **faut** is **falloir**. **Falloir** is an irregular impersonal verb, which means that it only has one conjugated form in every tense: the third person singular. The verbs **pleuvoir** (*to rain*) and **neiger** (*to snow*), which you will learn in **Leçon 5B**, work the same way.

- When followed by a verb in the infinitive, the expression **il faut...** means *it is necessary to...* or *one must...*

Il faut faire attention en cours de maths.
It is necessary to pay attention in math class.

Il ne faut pas manger après dix heures.
One must not eat after 10 o'clock.

Faut-il laisser un pourboire?
Is it necessary to leave a tip?

Il faut gagner le match!
We must win the game!

Vérifiez

Essayez! Complétez chaque phrase avec la forme correcte du verbe **faire** au présent.

1. Tu __*fais*__ tes devoirs le samedi?
2. Vous ne __faites__ pas attention au professeur.
3. Nous __faisons__ du camping.
4. Ils __font__ du jogging.
5. On __fait__ une promenade au parc.
6. Il __fait__ du ski en montagne.
7. Je __fais__ de l'aérobic.
8. Elles __font__ un tour en voiture.
9. Est-ce que vous __faites__ la cuisine?
10. Nous ne __faisons__ pas de sport.
11. Je ne __fais__ pas de planche à voile.
12. Irène et Sandrine __font__ une randonnée avec leurs copines.

trente et un **31**

Suggestions: Scaffolding
- Go over the first two bullets on this page. Then ask students if they do the various activities, when, how often, with whom, and where. Examples: **Faites-vous du vélo? Quand/Combien de fois par semaine/Avec qui/Où faites-vous du vélo?** Check comprehension of other students by asking questions, such as: **Quand Laura fait-elle du vélo?**
- Have students complete the first **Vérifiez** activity.
- Explain that **il faut** is a very common expression in French even though its English translations are not as widely used in everyday language.
- Consider explaining to students that the negative form of the expression, **il ne faut pas**, is most often used to mean *one must not* rather than *it is not necessary*.
- Have students complete the second **Vérifiez** activity.

Essayez!
- Draw students' attention to the use of **de** in items 10 and 11.
- Have students check each other's answers.

TEACHING OPTIONS

Game Divide the class into two teams. Pick one team member at a time to go to the board, alternating between teams. Give a subject pronoun that the team member must write and say aloud with the correct form of **faire**. Example: **vous (vous faites)**. Give a point for each correct answer. The game ends when all students have had a chance to go to the board. The team with the most points at the end of the game wins.

EXPANSION

Extra Practice Have students study the captions from **Roman-photo**. In small groups, tell them to think of additional phrases containing **faire** expressions and **il faut** that the characters would likely say. Write the main characters' names on the board in a row and have volunteers put their ideas underneath. Ask what can be concluded about each character. Example: **Rachid donne beaucoup de conseils.**

Mise en pratique

1 **Chassez l'intrus** Quelle activité ne fait pas partie du groupe?

1. a. faire du jogging   b. faire une randonnée   c. faire de la planche à voile
2. a. faire du vélo   b. faire du camping   c. faire du cheval
3. a. faire une promenade   b. faire la cuisine   c. faire un tour
4. a. faire du sport   b. faire de la gym   c. faire la connaissance
5. a. faire ses devoirs   b. faire du ski   c. faire du camping
6. a. faire la cuisine   b. faire du sport   c. faire de l'aérobic

2 **Que font-ils?** Regardez les dessins. Que font les personnages?

▶ **MODÈLE**

Julien fait du jogging.

Julien

1. Je
Je fais du cheval.

2. tu
Tu fais de la planche à voile.

3. Anne
Anne fait de l'aérobic.

4. Louis et Paul
Louis et Paul font du camping.

5. Vous
Vous faites la cuisine.

6. Denis
Denis fait du ski.

7. Nous
Nous faisons une randonnée.

8. Elles
Elles font du vélo.

3 **La paire** Faites correspondre (*Match*) les éléments des deux colonnes et rajoutez (*add*) la forme correcte du verbe **faire**.

1. Elle aime courir (*to run*), alors elle… e. fait du jogging.
2. Ils adorent les animaux. Ils… d. font du cheval.
3. Quand j'ai faim, je… b. fais la cuisine.
4. L'hiver, vous… g. faites du ski.
5. Pour marcher, nous… f. faisons une promenade.
6. Tiger Woods… a. fait du golf.

a. du golf.
b. la cuisine.
c. les devoirs.
d. du cheval.
e. du jogging.
f. une promenade.
g. du ski.
h. de l'aérobic.

Communication

4 Ce week-end Que faites-vous ce week-end? Avec un(e) partenaire, posez les questions à tour de rôle. *Answers will vary.*

MODÈLE

tu / jogging
Élève 1: *Est-ce que tu fais du jogging ce week-end?*
Élève 2: *Non, je ne fais pas de jogging. Je fais du cheval.*

1. tu / le vélo *Est-ce que tu fais du vélo ce week-end?*

2. tes amis / la cuisine *Est-ce que tes amis font la cuisine ce week-end?*

3. ton/ta meilleur(e) ami(e) et toi, vous / le jogging *Est-ce que ton/ta meilleur(e) ami(e) et toi, vous faites du jogging ce week-end?*

4. toi et moi, nous / une randonnée *Est-ce que toi et moi, nous faisons une randonnée ce week-end?*

5. tu / la gym *Est-ce que tu fais de la gym ce week-end?*

6. ton/ta camarade de classe / le sport *Est-ce que ton/ta camarade de classe fait du sport ce week-end?*

7. on / faire de la planche à voile *Est-ce qu'on fait de la planche à voile ce week-end?*

8. tes parents et toi, vous / un tour au parc *Est-ce que tes parents et toi, vous faites un tour au parc ce week-end?*

5 De bons conseils À tour de rôle, posez des questions à votre partenaire qui va vous donner de bon conseils (*advice*). Utilisez les éléments de la liste dans vos questions. Ensuite, présentez vos idées à la classe. *Answers will vary.*

MODÈLE

Élève 1: *Qu'est-ce qu'il faut faire pour avoir de bonnes notes?*
Élève 2: *Il faut étudier jour et nuit.*

être en pleine forme (*great shape*)	avoir de bonnes notes
avoir de l'argent	gagner une course (*race*)
avoir beaucoup d'amis	bien manger
être champion de ski	réussir aux examens

6 Les sportifs Votre professeur va vous donner une feuille d'activités. Faites une enquête sur le nombre d'élèves qui pratiquent certains sports et activités dans votre classe. Présentez les résultats à la classe. *Answers will vary.*

MODÈLE

Élève 1: *Est-ce que tu fais du jogging?*
Élève 2: *Oui, je fais du jogging.*

Sport	Nom
1. jogging	Carole
2. vélo	
3. planche à voile	
4. cuisine	
5. camping	
6. cheval	
7. aérobic	
8. ski	

4 Expansion Have students come up with four more activities using expressions with **faire** that they would like to ask their partner about. Encourage students to include adverbs or other logical additions in their answers.

5 Expansion Write **Qu'est-ce qu'il faut faire pour...** on the board followed by a few of the most talked about expressions from the box. Have volunteers write their ideas under each expression, forming columns of categories. Accept several answers for each. Ask: **Êtes-vous d'accord? Pourquoi?**

5 Partner Chat You can also assign Activity 5 on vhlcentral.com. Students work in pairs to record the activity online. The pair's recorded conversation will appear in your gradebook.

5 Suggestion Consider asking students to give advice about what *not* to do using the expression **il ne faut pas**.

6 Suggestions
- Read the **modèle** aloud with a volunteer. Then distribute the **Feuilles d'activités** found in the Activity Pack on vhlcentral.com.
- Have students say how popular these activities are among classmates. Tell them to be prepared to justify their statements by citing how many students participate in each. Example: **Faire du jogging, c'est très populaire. Quinze élèves de notre classe font du jogging.**

Activity Pack For additional activities, go to the **Activity Pack** in the **Resources** section of vhlcentral.com.

33

5A.2 Irregular *-ir* verbs vhlcentral

Point de départ You already know how to conjugate regular -ir verbs. However, some of the most commonly used -ir verbs are irregular in their conjugation.

• **Sortir** is used to express leaving a room or a building. It also expresses the idea of going out, as with friends or on a date.

sortir	
je sors	nous sortons
tu sors	vous sortez
il/elle/on sort	ils/elles sortent

Tu **sors** souvent avec tes copains?
Do you go out often with your friends?

Quand **sortez**-vous?
When are you going out?

Mon frère n'aime pas **sortir** avec Chloé.
My brother doesn't like to go out with Chloé.

Mes parents ne **sortent** pas lundi.
My parents aren't going out Monday.

• Use the preposition **de** after **sortir** when the place someone is leaving is mentioned.

L'élève **sort de** la salle de classe.
The student is leaving the classroom.

Nous **sortons du** restaurant vers vingt heures.
We're leaving the restaurant around 8:00 p.m.

Le week-end, je sors souvent.

Ils partent pour la fac.

Boîte à outils

The verb **quitter** is used to say that someone is leaving a place or another person:
Tu quittes Montréal?
Are you leaving Montreal?

• **Partir** is generally used to say someone is leaving a large place such as a city, country, or region. Often, a form of **partir** is accompanied by the preposition **pour** and the name of a destination.

partir	
je pars	nous partons
tu pars	vous partez
il/elle/on part	ils/elles partent

À quelle heure **partez**-vous?
At what time are you leaving?

Nous **partons** à midi.
We're leaving at noon.

Je **pars pour** l'Algérie.
I'm leaving for Algeria.

Ils **partent pour** Genève demain.
They're leaving for Geneva tomorrow.

Other irregular -ir verbs

	dormir *(to sleep)*	servir *(to serve)*	sentir *(to feel)*	courir *(to run)*
je	dors	sers	sens	cours
tu	dors	sers	sens	cours
il/elle/on	dort	sert	sent	court
nous	dormons	servons	sentons	courons
vous	dormez	servez	sentez	courez
ils/elles	dorment	servent	sentent	courent

Rachid dort.

Nous courons.

Elles **dorment** jusqu'à midi.
They sleep until noon.

Je **sers** du fromage à la fête.
I'm serving cheese at the party.

Vous **courez** vite!
You run fast!

Nous **servons** du thé glacé.
We are serving iced tea.

• **Sentir** can mean *to feel, to smell,* or *to sense.*

Je **sens** que l'examen va être difficile.
I sense that the exam is going to be difficult.

Ça **sent** bon!
That smells good!

Vous **sentez** le parfum?
Do you smell the perfume?

Ils **sentent** sa présence.
They feel his presence.

Essayez!   Complétez les phrases avec la forme correcte du verbe.

1. Nous __sortons__ (sortir) vers neuf heures.
2. Je __sers__ (servir) des boissons gazeuses aux invités.
3. Tu __pars__ (partir) quand pour le Canada?
4. Nous ne __dormons__ (dormir) pas en cours.
5. Ils __courent__ (courir) tous les week-ends.
6. Tu fais la cuisine? Ça __sent__ (sentir) bon.
7. Vous __sortez__ (sortir) avec des copains ce soir.
8. Elle __part__ (partir) pour Dijon ce week-end.

trente-cinq **35**

Mise en pratique

1 **Choisissez** Monique et ses amis aiment bien sortir. Choisissez la forme correcte des verbes **partir** ou **sortir** pour compléter la description de leurs activités.

1. Samedi soir, je ___sors___ avec mes copains.
2. Mes copines Magali et Anissa ___partent___ pour New York.
3. Nous ___sortons___ du cinéma.
4. Nicolas ___part___ pour Dakar vers dix heures du soir.
5. À midi, vous ___partez___ pour l'aéroport.
6. Je ___pars___ pour le Maroc dans une semaine.
7. Tu ___sors/pars___ avec ton ami ce week-end.
8. Olivier et Bernard ___sortent___ tard du bureau.
9. Lucien et moi, nous ___partons___ pour l'Algérie.
10. Thomas ___sort___ du stade à deux heures de l'après-midi.

2 **Votre temps libre** Utilisez les éléments des colonnes pour décrire (*describe*) le temps libre de votre famille et de vos amis. Answers will vary.

A	B	C
je	(ne pas) courir	jusqu'à (*until*) midi
mon frère	(ne pas) dormir	tous les week-ends
ma sœur	(ne pas) partir	tous les jours
mes parents	(ne pas) sortir	souvent
mes cousins		rarement
mon meilleur ami		jamais
ma meilleure amie		une (deux, etc.) fois
mes copains		par jour/ semaine
?		

3 **Descriptions** Complétez les phrases avec la forme correcte d'un verbe en **-ir**.

1. Véronique / _____ / tard   Véronique dort tard.

2. je / _____ / sandwichs   Je sers des sandwichs.

3. les enfants / _____ / le chocolat chaud   Les enfants sentent le chocolat chaud.

4. nous / _____ / souvent   Nous courons souvent.

5. tu / _____ / de l'hôpital   Tu sors de l'hôpital.

Communication

4 **La question** Vincent parle au téléphone avec sa mère. Vous entendez (*hear*) ses
réponses, mais pas les questions. À tour de rôle, reconstruisez leur conversation. Answers will vary.

MODÈLE

<u>Comment vas-tu?</u> Ça va bien, merci.

1. _____ Oui, je sors ce soir.
2. _____ Je sors avec Marc et Audrey.
3. _____ Nous partons à six heures.
4. _____ Oui, nous allons jouer au tennis.
5. _____ Après, nous allons au restaurant.
6. _____ Nous sortons du restaurant à neuf heures.
7. _____ Marc et Audrey partent pour Nice le week-end prochain.
8. _____ Non. Moi, je pars dans deux semaines.

5 **Indiscrétions** Votre partenaire est curieux/curieuse et désire savoir (*to know*)
ce que vous faites chez vous. Répondez à ses questions. Answers will vary.

1. Jusqu'à (*Until*) quelle heure dors-tu le week-end?
2. Dors-tu après les cours? Pourquoi?
3. À quelle heure sors-tu le samedi soir?
4. Avec qui sors-tu le samedi soir?
5. Est-ce que tu sors souvent avec des copains pendant la semaine?
6. Que sers-tu quand tu as des copains à la maison?
7. Pars-tu bientôt en vacances (*vacation*)? Où?

6 **Dispute** Laëtitia est très active. Son petit ami Bertrand ne sort pas beaucoup, alors
ils ont souvent des disputes. Avec un(e) partenaire, jouez les deux rôles. Utilisez les
mots et les expressions de la liste. Answers will vary.

dormir	partir
faire des	un passe-temps
promenades	sentir
faire un tour	sortir
(en voiture)	rarement
par semaine	souvent

4 Expansion Ask students
to imagine they are on the
telephone and a classmate can
overhear them. Have students
write three answers to say in
front of a partner who will guess
the questions. Example: **Non,
maman, on ne sort pas trop
souvent. Je fais mes devoirs
tous les soirs. (Tu ne sors pas
trop souvent avec tes copains?)**

5 Suggestion Remind students
to answer in complete sentences.

5 Virtual Chat You can
also assign Activity 5 on
vhlcentral.com. Students record
individual responses that appear
in your gradebook.

6 Suggestion Have a couple
of volunteer pairs act out their
conversations for the class.

Activity Pack For additional
activities, go to the **Activity Pack**
in the **Resources** section of
vhlcentral.com.

TEACHING OPTIONS

Game Divide the class into two teams. Announce an infinitive
and a subject pronoun. Example: **dormir**; **elle**. At the board,
have the first member of Team A say and write down the given
subject and the conjugated form of the verb. If the team member
answers correctly, Team A gets one point. If not, give the first
member of Team B the same example. The team with the most
points at the end of the game wins.

EXPANSION

Small Groups Have small groups of students create a short
story in the present tense or a conversation in which they
logically mention as many verb forms as possible of **sortir**,
partir, **dormir**, **servir**, **sentir**, and **courir**. If the class is
advanced, add **mentir**. Call on groups to tell their story to
the class or act out their conversation. Have students vote
on the best story or conversation.

Révision

1 Suggestion After collaborating on their efforts, ask groups how many activities they described. Have the group with most sentences share them with the class.

2 Suggestion Remind students that adverbs like **rarement**, **souvent**, and **toujours** should be placed immediately after the verb, not at the end of a sentence or anywhere else as one can say in English. Example: **Je fais rarement du cheval.** They should never say: **je fais du cheval rarement** or **je rarement fais du cheval**.

3 Suggestion Have students say what their partners are going to do on vacation, when, where, and with whom.

21st Century Skills

Collaboration
If you have access to students in a Francophone country, ask them to write a short paragraph about their usual vacation pastimes and share it with your class. Ask your students to make comparisons with their own leisure activities.

4 Suggestion Call on two volunteers to do the **modèle**.

4 Expansion Have students continue the activity with additional places, such as **au lycée**, **à la cantine**, **au centre-ville**, etc.

5 Suggestion Tell students to use as many irregular **-ir** verbs and **faire** expressions as possible.

6 Suggestion Divide the class into pairs and distribute the Info Gap Handouts from the Activity Pack. Give students ten minutes to complete the activity.

---

1 Au parc C'est dimanche. Avec un(e) partenaire, décrivez les activités de tous les personnages. Comparez vos observations avec les observations d'un autre groupe pour compléter votre description. Answers will vary.

2 Mes habitudes Avec un(e) partenaire, parlez de vos habitudes de la semaine. Que faites-vous régulièrement? Utilisez tous les mots de la liste. Answers will vary.

MODÈLE
Élève 1: Je fais parfois de la gym le lundi. Et toi?
Élève 2: Moi, je fais parfois la cuisine le lundi.

parfois le lundi	souvent à midi
le mercredi à midi	toujours le vendredi
le jeudi soir	tous les jours
le vendredi matin	trois fois par semaine
rarement le matin	une fois par semaine

3 Mes vacances Parlez de vos prochaines vacances (*vacation*) avec un(e) partenaire. Mentionnez cinq de vos passe-temps habituels en vacances et cinq nouvelles activités que vous allez essayer (*to try*). Comparez votre liste avec la liste de votre partenaire, puis présentez les réponses à la classe. Answers will vary.

4 Que faire ici? Avec un(e) partenaire, trouvez au minimum quatre choses à faire dans chaque (*each*) endroit. Quel endroit préférez-vous et pourquoi? Parlez de vos préférences avec la classe. Answers will vary.

MODÈLE
Élève 1: À la campagne, on fait des randonnées à cheval.
Élève 2: Oui, et il faut marcher.

1. à la campagne

3. au parc

2. à la plage

4. au gymnase

5 Le conseiller Un(e) conseiller/conseillère au lycée suggère des stratégies à un(e) élève pour l'aider (*help him or her*) à préparer les examens. Avec un(e) partenaire, jouez les deux rôles. Answers will vary.

MODÈLE
Élève 1: Qu'est-ce qu'il faut faire pour réussir les examens?
Élève 2: Il faut faire tous les devoirs.

6 Quelles activités? Votre professeur va vous donner, à vous et à votre partenaire, deux feuilles d'activités différentes pour le week-end. À tour de rôle, interviewez votre partenaire pour compléter les feuilles. Attention! Ne regardez pas la feuille de votre partenaire. Answers will vary.

MODÈLE
Élève 1: Est-ce que tu fais une randonnée dimanche après-midi?
Élève 2: Oui, je fais une randonnée dimanche après-midi.

Mini-dictée Ask students to write five sentences individually, at least two with **faire**, at least one with **il faut**, and at least three with different irregular **-ir** verbs. Tell them to try to include more than one requirement in each sentence. Have students dictate their sentences to their partner. After both students in each pair have finished dictating their sentences, have them exchange papers for correction.

Interpersonal Speaking Have students take turns telling their partners about a memorable vacation experience, who they were with, what they did, etc. Encourage students to express themselves using as much variety as possible in terms of vocabulary and grammar structures. Have students take notes as their partner narrates to reveal to the class later what was said.

vhlcentral

AP® **Theme:** Contemporary Life
Context: Leisure and Sports

Préparation Répondez aux questions. Answers will vary.

1. Qu'est-ce que vous aimez faire pendant votre temps libre?
2. Quel est le rôle du sport dans votre vie?

Jeux régionaux de la jeunesse à Troyes

En France, les associations sportives offrent des activités physiques aux collégiens et lycéens, surtout le mercredi, parce que beaucoup d'écoles sont fermées° l'après-midi. L'UNSS, ou l'Union nationale du sport scolaire, dont le but° est de mettre en avant° la valeur éducative du sport, est ouverte° à tous les élèves français. Au travers de ses° compétitions locales, régionales et nationales, le comité régional olympique et sportif et l'UNSS offrent aux jeunes la possibilité de découvrir° des sports qu'ils n'ont pas l'habitude de° pratiquer dans leurs associations sportives. Les jeunes athlètes peuvent se découvrir de nouvelles passions sportives, et les organisateurs peuvent détecter de jeunes talents pour l'avenir°, de futurs sportifs qui pourraient° un jour aller aux Jeux olympiques.

une vingtaine *around twenty* fermées *closed* dont le but *whose goal* mettre en avant *showcase* ouverte *open* Au travers de ses *Through its* découvrir *discover* n'ont pas l'habitude de *don't usually* avenir *future* pourraient *could*

Compréhension Répondez aux questions.

1. Combien d'élèves participent aux jeux de Troyes?
   plus de mille
2. Quels sports sont mentionnés?
   le football, l'athlétisme, le golfe, le judo et l'aviron
3. Avec quelle fréquence les jeux de Troyes ont-ils lieu (*take place*)? tous les deux ans

Conversation En petits groupes, discutez des questions suivantes. Answers will vary.

1. Quel est le rôle du sport dans la vie des jeunes? De quelle manière (*How*) les activités physiques sont-elles importantes pour eux?
2. Quel est le rôle du gouvernement (régional ou national) dans les sports et compétitions dans votre pays? De quelle manière le rôle du gouvernement est-il différent en France?

Reportage de Canal 32

...une vingtaine° de ligues sportives étaient présentes...

Vocabulaire utile

l'athlétisme (*m.*)	track and field
l'aviron (*m.*)	rowing, crew
conquis(e)	won over
le mot d'ordre	key word
le plaisir	pleasure, enjoyment
le vivier	recruiting ground

Application En petits groupes, faites des recherches sur une association ou compétition sportive destinée aux jeunes dans votre région ou pays. Quels sports et activités sont offerts? Est-ce que la participation est gratuite (*free*)? Présentez vos recherches à la classe.

trente-neuf **39**

Section Goals

In this section, students will:
• read about the UNSS and sports in France
• watch a report about the UNSS games in Troyes
• complete activities based on the video and reading

Key Standards

1.1, 1.2, 1.3, 2.2, 3.2, 4.1, 5.2

Préparation Ask students when and where they play individual and team sports.

Jeux régionaux de la jeunesse à Troyes Ask students these comprehension questions: **Comment les jeunes Français commencent-ils un sport? (avec des associations sportives) Qu'est-ce que l'UNSS offre aux jeunes? (la possibilité de pratiquer des sports variés et de participer aux compétitions)**

PRE-AP®

Audiovisual Interpretive Communication
Tell students to use what they already know about sports and competitions to help them understand the video. Have them note what is familiar and any questions they have. Then discuss with the class.

Conversation Ask students if they find it unusual to not have sports at school. Point out that cultural practices of one culture may seem strange to people from other cultures.

Application Ask students to make a chart or graph to summarize the similarities and differences between their findings and the information in the video.

EXPANSION

Presentational Writing with Cultural Comparison Have students research youth athletic organizations and associations in other parts of the francophone world. How do they compare to those in France? What resources do they have or lack? Finally, how do these approaches compare to their own experiences? Have students write a paragraph answering these questions.

EXPANSION

Recycling Ask students to watch the segment of the **Zapping** video in **Unité 2** that focuses on sports (4:38–5:39). Ask them how Arthur's experience with sports compares to what they learned here. You may also ask them to reflect on how their comprehension has improved since the first time they saw this video.

You will learn how to...
- talk about seasons and the date
- discuss the weather

◁)) **vhl**central

Quel temps fait-il?

Il neige. (neiger)

Il fait froid.

L'hiver (*m.*): décembre, janvier, février

Vocabulaire

Il fait 18 degrés.	*It is 18 degrees.*
Il fait beau.	*The weather is nice.*
Il fait bon.	*The weather is good/warm.*
Il fait mauvais.	*The weather is bad.*
Il fait un temps épouvantable.	*The weather is dreadful.*
Le temps est orageux.	*It is stormy.*
Quel temps fait-il?	*What is the weather like?*
Quelle température fait-il?	*What is the temperature?*
une saison	*season*
en automne	*in the fall*
en été	*in the summer*
en hiver	*in the winter*
au printemps	*in the spring*
Quelle est la date?	*What's the date?*
C'est le 1ᵉʳ (premier) octobre.	*It's the first of October.*
C'est quand votre/ton anniversaire?	*When is your birthday?*
C'est le 2 mai.	*It's the second of May.*
C'est quand l'anniversaire de Paul?	*When is Paul's birthday?*
C'est le 15 mars.	*It's March 15ᵗʰ.*
un anniversaire	*birthday*

Il fait (du) soleil.

Bal du 14 juillet

Quelle est la date d'aujourd'hui? C'est le 14 juillet.

Il fait chaud.

L'été (*m.*): juin, juillet, août

40 *quarante*

Attention!

In France and in most of the Francophone world, temperature is given in Celsius. Convert from Celsius to Fahrenheit with this formula: F = (C x 1.8) + 32. Convert from Fahrenheit to Celsius with this formula: C = (F – 32) x 0.56.
11°C = 52°F   78°F = 26°C

Il pleut. (pleuvoir)

un parapluie

un imperméable

Le printemps (m.): mars, avril, mai

Il fait frais.

Le temps est nuageux.

13°C

Il fait du vent.

L'automne (m.): septembre, octobre, novembre

Mise en pratique

1 **Les fêtes et les jours fériés** Indiquez la date et la saison de chaque fête et jour férié (*holiday*).

	Date	Saison
1. la fête nationale française	le 14 juillet	l'été
2. l'indépendance des États-Unis	le 4 juillet	l'été
3. Poisson d'avril (*April Fool's Day*)	le 1ᵉʳ avril	le printemps
4. Noël	le 25 décembre	l'hiver
5. la Saint-Valentin	le 14 février	l'hiver
6. le Nouvel An	le 1ᵉʳ janvier	l'hiver
7. Halloween	le 31 octobre	l'automne
8. l'anniversaire de Washington	le 22 février	l'hiver

2 **Quel temps fait-il?** Répondez aux questions par des phrases complètes. *Answers will vary.*

1. Quel temps fait-il en été?
2. Quel temps fait-il en automne?
3. Quel temps fait-il au printemps?
4. Quel temps fait-il en hiver?
5. Où est-ce qu'il neige?
6. Quel est votre mois préféré de l'année? Pourquoi?
7. Quand est-ce qu'il pleut où vous habitez?
8. Quand est-ce que le temps est orageux où vous habitez?

janvier

octobre

mai

décembre

3 **Écoutez** Écoutez le bulletin météorologique et répondez aux questions suivantes.

	Vrai	Faux
1. C'est l'été.	☐	☑
2. Le printemps commence le 21 mars.	☑	☐
3. Il fait 11 degrés vendredi.	☑	☐
4. Il fait du vent vendredi.	☐	☑
5. Il faut utiliser le parapluie et l'imperméable vendredi.	☐	☑
6. Il va faire soleil samedi.	☐	☑
7. Il ne va pas faire chaud samedi.	☑	☐
8. Il va faire un temps épouvantable dimanche.	☑	☐

quarante et un **41**

Le calendrier républicain During the French Revolution, the official calendar was changed. The New Year began on September 22 (the autumnal equinox), and the year was divided into 30-day months named as follows: **Vendémiaire** (*Vintage*), **Brumaire** (*Mist*), **Frimaire** (*Frost*), **Nivôse** (*Snow*), **Pluviôse** (*Rain*), **Ventôse** (*Wind*), **Germinal** (*Seed time*), **Floréal** (*Flower*), **Prairial** (*Meadow*), **Messidor** (*Harvest*), **Thermidor** (*Heat*), and **Fructidor** (*Fruits*).

TEACHING OPTIONS

Using Games Have students take turns guessing another student's birthday. He or she responds by saying **avant** or **après** until someone guesses correctly. The class then tries to guess the winning student's birthday. Play several rounds of this game to give all students as many opportunities as possible to guess.

1 Suggestions
• Remind students to give the date in the correct order (day before month) and to include **le** before the day.
• Point out that the day always precedes the month in French when the date is written with numbers. Examples: **14 avril 2011, 14/04/2011**

1 Expansion Using this year's calendar, have students find the dates of these holidays. **9. la fête du travail aux États-Unis 10.** *Thanksgiving* **11.** *Easter (*Pâques*)* **12.** *Memorial Day* You may ask students to look up dates of other secular celebrations or religious holidays from various faiths. Answers will vary from year to year.

2 Suggestions
• Have students work in pairs or small groups to answer these questions.
• Tell students they may also encounter the phrase **à l'automne**, meaning *in the fall*. For other seasons, make sure they know to use **en** before those starting with a vowel sound and **au** with **printemps**, as it starts with a consonant.

3 Script Aujourd'hui, vendredi 21 mars, nous commençons le printemps avec une température de 11 degrés; il n'y a pas de vent, mais il y a quelques nuages. Votre météo du week-end: samedi, il ne va pas faire soleil; il va faire frais avec une température de 13 degrés; dimanche, encore 13 degrés, mais il va faire un temps épouvantable; il va pleuvoir toute la journée, alors, n'oubliez pas votre parapluie et votre imperméable! *Teacher Resources DVD*

3 Suggestion You may wish to pause the audio after the weather for each day is given to allow students time to answer corresponding questions.

 TELL Connection

Environment 1 *Why:* Students come from diverse backgrounds. *What:* Involve students in describing weather and holidays based on their own personal experience.

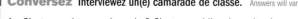

Communication

4 **Conversez** Interviewez un(e) camarade de classe. Answers will vary.

1. C'est quand ton anniversaire? C'est quand l'anniversaire de ton père? Et de ta mère?
2. En quelle saison est ton anniversaire? Quel temps fait-il?
3. Quelle est ta saison préférée? Pourquoi? Quelles activités aimes-tu pratiquer?
4. En quelles saisons utilises-tu un parapluie et un imperméable? Pourquoi?
5. À quel moment de l'année es-tu en vacances? Précise les mois. Pendant (*During*) quels mois de l'année préfères-tu voyager? Pourquoi?
6. À quelle période de l'année étudies-tu? Précise les mois.
7. Quelle saison détestes-tu? Pourquoi?
8. Quand est l'anniversaire de mariage de tes parents?

5 **Une lettre** Vous avez un(e) correspondant(e) (*pen pal*) en France qui va vous rendre visite (*to visit you*). Écrivez (*Write*) une lettre à votre ami(e) où vous décrivez (*describe*) le temps qu'il fait à chaque saison et les activités que vous pouvez (*can*) faire. Comparez votre lettre avec la lettre d'un(e) camarade de classe. Answers will vary.

> Cher Thomas,
>
> Ici à Boston, il fait très froid en hiver et il neige souvent. Est-ce que tu aimes la neige? Moi, j'adore parce que je fais du ski tous les week-ends.
>
> Et toi, tu fais du ski? ...

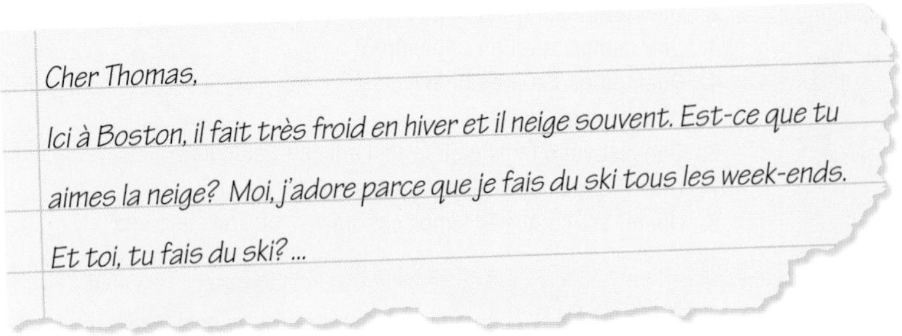

6 **Quel temps fait-il en France?** Votre professeur va vous donner, à vous et à votre partenaire, deux feuilles d'activités différentes. Travaillez ensemble pour compléter les feuilles. Attention! Ne regardez pas la feuille de votre partenaire.

MODÈLE
Élève 1: *Quel temps fait-il à Paris?*
Élève 2: *À Paris, le temps est nuageux et la température est de dix degrés.*

7 **La météo** Préparez avec un(e) camarade de classe une présentation où vous: Answers will vary.

- mentionnez le jour, la date et la saison.
- présentez la météo d'une ville francophone.
- présentez les prévisions météo (*weather forecasts*) pour le reste de la semaine.
- préparez une affiche pour illustrer votre présentation.

La météo d'Haïti en juillet — Port-au-Prince

samedi 23	dimanche 24	lundi 25
27°C	35°C	37°C
☀	⛅	⛈
soleil	nuageux	orageux

Aujourd'hui samedi, c'est le 23 juillet. C'est l'été. Il va faire soleil...

Sidebar (left column):

4 Suggestion Have students share what they've learned about their partners with the rest of the class.

4 Virtual Chat You can also assign Activity 4 on vhlcentral.com. Students record individual responses that appear in your gradebook.

5 Suggestion Encourage students to use a wide variety of expressions for seasons and activities. Have them exchange papers for peer editing.

 21st Century Skills

Collaboration
If you have access to students in a Francophone country, ask them to write a letter (or an e-mail) as described in Activity 5. Then have the two classes exchange their letters (or e-mails).

 PRE-AP®

5 Interpersonal Writing Students initiate and sustain interaction during written interpersonal communication in a variety of media.

6 Suggestion Divide the class into pairs and distribute the Info Gap Handouts from the Activity Pack. Give students ten minutes to complete the activity.

7 Partner Chat You can also assign Activity 7 on vhlcentral.com. Students work in pairs to record the activity online. The pair's recorded conversation will appear in your gradebook.

7 Expansion Assign a different Francophone location to each pair of students and have them research its weather forecast on the Internet.

Successful Language Learning Tell students that when looking at materials intended for native speakers like weather forecasts, they should pay attention to visual cues and use their background knowledge about the subject to help them understand. They should try to anticipate vocabulary they might see, look for familiar looking words, and make intelligent guesses.

42 Unit 5 • Lesson 5B

DIFFERENTIATION

For Kinesthetic Learners Write **C'est quand votre anniversaire?** on the board or on a transparency. Make a "human calendar" using students to represent various days. Have them form 12 rows (one for each month) and put themselves in order according to their birthdays by asking and answering the question. Give the person with the first birthday in each month a sign for that month. Call out each month and have students give their birthdays in order.

EXPANSION

Guessing Dates Have students form groups of two to four. Hand out cards with the name of a holiday or other annual event. Instruct each group to hide their card from other groups. Groups come up with three sentences to describe the holiday or occasion without mentioning its name. They can mention the season. The other groups must first guess the month and day on which the event takes place, then name the event itself.

Les sons et les lettres 🔊 **vhl**central

Open vs. closed vowels: Part 1

You have already learned that **é** is pronounced like the vowel *a* in the English word *cake*. This is a closed **e** sound.

étudiant	agr**é**able	nationalit**é**	enchant**é**

The letter combinations **–er** and **–ez** at the end of a word are pronounced the same way, as is the vowel sound in single-syllable words ending in **–es**.

travaill**er**	av**ez**	m**es**	l**es**

The vowels spelled **è** and **ê** are pronounced like the vowel in the English word *pet*, as is an **e** followed by a double consonant. These are open **e** sounds.

rép**è**te	prem**i**ère	p**ê**che	ital**ie**nne

The vowel sound in *pet* may also be spelled **et**, **ai**, or **ei**.

secr**et**	fr**a**nç**ai**s	f**ai**t	s**ei**ze

Compare these pairs of words. To make the vowel sound in *cake*, your mouth should be slightly more closed than when you make the vowel sound in *pet*.

m**es** m**ais**	c**es** c**e**tte	th**é**âtre th**è**me

Prononcez Répétez les mots suivants à voix haute.

1. thé
2. lait
3. belle
4. été
5. neige
6. aider
7. degrés
8. anglais
9. cassette
10. discret
11. treize
12. mauvais

Articulez Répétez les phrases suivantes à voix haute.

1. Hélène est très discrète.
2. Céleste achète un vélo laid.
3. Il neige souvent en février et en décembre.
4. Désirée est canadienne; elle n'est pas française.

Dictons Répétez les dictons à voix haute.

Qui sème le vent récolte la tempête.[2]

Péché avoué est à demi pardonné.[1]

[1] An offense admitted is half pardoned.
[2] You reap what you sow. (lit. He who sows the wind reaps a storm.)

Section Goals

In this section, students will learn about open and closed vowels.

Key Standards
4.1

Suggestions

• Model the pronunciation of these open and closed vowel sounds and have students watch the shape of your mouth, then repeat each sound after you. Then pronounce each of the example words and have students repeat them.

• Mention words and expressions from the **Vocabulaire** on page 40 that contain the open and closed vowels presented on this page. Alternately, ask students to recall such vocabulary. Then have them repeat after you. Examples: **février**, **Il fait frais**, etc. See if a volunteer is able to recall any expression from previous lessons. Examples: **seize**, **vélo**, **aérobic**.

• Dictate five familiar words containing the open and closed vowels presented on this page, repeating each one at least two times. Then write them on the board or on a transparency and have students check and correct their spelling.

• Remind students that **ai** and **ei** are nasalized when followed by **m** or **n**. Compare the following words: **français** / **faim**, **seize** / **hein**.

• Point out that, unlike English, there is no diphthong or glide in these vowel sounds. To illustrate this, contrast the pronunciation of the English word *may* with that of the French word **mai**.

EXPANSION

Extra Practice Here are some sentences to use for additional practice with these open and closed vowel sounds. 1. Il fait soleil. 2. En janvier, il neige et il fait mauvais. 3. Toute la journée, j'aide ma mère. 4. Didier est français, mais Hélène est belge.

EXPANSION

Using Games Have a spelling bee using words that contain the two open and closed vowel sounds featured on this page. Pronounce each word, use it in a sentence, and then say the individual word again. Tell students that they must spell the words in French and include all diacritical marks.

43

Section Goals

In this section, students will learn functional phrases for talking about seasons, the weather, and birthdays through comprehensible input.

Key Standards

1.2, 2.1, 2.2, 4.1, 4.2

Video Recap: Leçon 5A
Before doing this **Roman-photo**, review the previous one with this activity.
1. Où sont les jeunes dans cet épisode? (Ils sont au parc.)
2. Que font Rachid et Stéphane? (Ils jouent au football.)
3. Qu'est-ce que Stéphane étudie? (l'histoire-géo, Napoléon)
4. Qu'est-ce que Sandrine aime faire de ses loisirs? (aller au cinéma ou à des concerts)

Video Synopsis Rachid and Stéphane are in the park playing soccer. They talk about the weather. Meanwhile, David is sketching Sandrine at his apartment. They talk about the weather in Washington and things they like to do. Sandrine tells David that Stéphane's 18th birthday is next Saturday and invites him to the surprise party. Rachid arrives home and admires the portrait. Sandrine offers to make them all dinner.

Suggestions
• Ask students to predict what the episode will be about.
• Have students make a list of vocabulary they expect to see in an episode about weather and seasons.
• Ask students to read the **Roman-photo** conversation in groups of four. Ask one or two groups to present their dramatic readings to the class.
• Quickly review the predictions and confirm the correct ones.

Quel temps! vhlcentral

PERSONNAGES

David

Rachid

Sandrine

Stéphane

Au parc...
RACHID Napoléon établit le Premier Empire en quelle année?
STÉPHANE Euh... mille huit cent quatre?
RACHID Exact! On est au mois de novembre et il fait toujours chaud.
STÉPHANE Oui, il fait bon!... dix-neuf, dix-huit degrés!

RACHID Et on a chaud aussi parce qu'on court.
STÉPHANE Bon, allez, je rentre faire mes devoirs d'histoire-géo.
RACHID Et moi, je rentre boire une grande bouteille d'eau.

RACHID À demain, Stéph! Et n'oublie pas: le cours du jeudi avec ton professeur, Monsieur Rachid Kahlid, commence à dix-huit heures, pas à dix-huit heures vingt!
STÉPHANE Pas de problème! Merci et à demain!

SANDRINE Et puis, en juillet, le Tour de France commence. J'aime bien le regarder à la télévision. Et après, c'est mon anniversaire, le 20. Cette année, je fête mes vingt et un ans. Tous les ans, pour célébrer mon anniversaire, j'invite mes amis et je prépare une super soirée. J'adore faire la cuisine, c'est une vraie passion!
DAVID Ah, oui?

SANDRINE En parlant d'anniversaire, Stéphane célèbre ses dix-huit ans samedi prochain. C'est un anniversaire important. ...On organise une surprise. Tu es invité!
DAVID Hmm, c'est très gentil, mais... Tu essaies de ne pas parler deux minutes, s'il te plaît? Parfait!

SANDRINE Pascal! Qu'est-ce que tu fais aujourd'hui? Il fait beau à Paris?
DAVID Encore un peu de patience! Allez, encore dix secondes... Voilà!

A C T I V I T É S

1 **Qui?** Identifiez les personnages pour chaque phrase. Écrivez **D** pour David, **R** pour Rachid, **S** pour Sandrine et **St** pour Stéphane

1. Cette personne aime faire la cuisine. S
2. Cette personne sort quand il fait froid. D
3. Cette personne aime le Tour de France. S
4. Cette personne n'aime pas la pluie. S

5. Cette personne va boire de l'eau. R
6. Ces personnes ont rendez-vous tous les jeudis. R, St
7. Cette personne fête son anniversaire en janvier. D
8. Ces personnes célèbrent un joli portrait. D, R, S
9. Cette personne fête ses dix-huit ans samedi prochain. St
10. Cette personne prépare des crêpes pour le dîner. S

TEACHING OPTIONS

Quel temps! Before showing the video, show students individual photos illustrating various weather conditions and have them write their own captions.
Ask volunteers to write their captions on the board.

TEACHING OPTIONS

Regarder la vidéo Download and print the videoscript found on vhlcentral.com, and white out months, seasons, weather-related expressions, and other new vocabulary items. Distribute the scripts for pairs or groups to complete as cloze paragraphs as they watch the video.

Les anniversaires à travers (*through*) les saisons

À l'appartement de David et de Rachid...

SANDRINE C'est quand, ton anniversaire?

DAVID Qui, moi? Oh, c'est le quinze janvier.

SANDRINE Il neige en janvier, à Washington?

DAVID Parfois... et il pleut souvent à l'automne et en hiver.

SANDRINE Je déteste la pluie. C'est pénible. Qu'est-ce que tu aimes faire quand il pleut, toi?

DAVID Oh, beaucoup de choses! Dessiner, écouter de la musique. J'aime tellement la nature, je sors même quand il fait très froid.

SANDRINE Moi, je préfère l'été. Il fait chaud. On fait des promenades.

RACHID Oh là là, j'ai soif! Mais... qu'est-ce que vous faites, tous les deux?

DAVID Oh, rien! Je fais juste un portrait de Sandrine.

RACHID Bravo, c'est pas mal du tout! Hmm, mais quelque chose ne va pas, David. Sandrine n'a pas de téléphone dans la main!

SANDRINE Oh, Rachid, ça suffit! C'est vrai, tu as vraiment du talent, David. Pourquoi ne pas célébrer mon joli portrait? Vous avez faim, les garçons?

RACHID ET DAVID Oui!

SANDRINE Je prépare le dîner. Vous aimez les crêpes ou vous préférez une omelette?

RACHID ET DAVID Des crêpes... Miam!

Expressions utiles

Talking about birthdays

- **Cette année, je fête mes vingt et un ans.**
  This year, I celebrate my twenty-first birthday.

- **Pour célébrer mon anniversaire, je prépare une super soirée.**
  To celebrate my birthday, I plan a great party.

- **Stéphane célèbre ses dix-huit ans samedi prochain.**
  Stéphane celebrates his eighteenth birthday next Saturday.

- **On organise une surprise.**
  We are planning a surprise.

Talking about hopes and preferences

- **Tu essaies de ne pas parler deux minutes, s'il te plaît?**
  Could you try not to talk for two minutes, please?

- **J'aime tellement la nature, je sors même quand il fait très froid.**
  I like nature so much, I go out even when it's very cold.

- **Moi, je préfère l'été.**
  Me, I prefer summer.

- **Vous aimez les crêpes ou vous préférez une omelette?**
  Do you like crêpes or do you prefer an omelette?

Additional vocabulary

- **encore un peu**
  a little more
- **Quelque chose ne va pas.**
  Something's not right/working.
- **Allez.**
  Come on.
- **main**
  hand
- **Ça suffit!**
  That's enough!
- **Miam!**
  Yum!

---

2 **Faux!** Toutes ces phrases contiennent une information qui est fausse. Corrigez chaque phrase. Answers will vary. Suggested answers below.

1. Stéphane a dix-huit ans. Stéphane a dix-sept ans.

2. David et Rachid préfèrent une omelette. Ils préfèrent des crêpes.

3. Il fait froid et il pleut. Il fait beau/bon.

4. On n'organise rien (*anything*) pour l'anniversaire de Stéphane. On organise une surprise pour l'anniversaire de Stéphane.

5. L'anniversaire de Stéphane est au printemps. L'anniversaire de Stéphane est en automne.

6. Rachid et Stéphane ont froid. Ils ont chaud.

3 **Conversez** Parlez avec vos camarades de classe pour découvrir (*find out*) qui a l'anniversaire le plus proche du vôtre (*closest to yours*). Qui est-ce? Quand est son anniversaire? En quelle saison? Quel mois? En général, quel temps fait-il le jour de son anniversaire?

A C T I V I T É S

Expressions utiles

- Draw attention to numbers 101 and higher and spelling-change **-er** verbs in the video-still captions, in the **Expressions utiles** box, and as they occur in your conversation with students.
- Have students scan the video-still captions and the **Expressions utiles** box for expressions related to hopes and preferences.
- Ask students about their own preferences. You might ask questions like: **Vous préférez l'été ou l'hiver? l'automne ou le printemps? janvier ou juillet? regarder la télé ou aller au cinéma?** For a more challenging activity, follow up by asking **Pourquoi?**

1 Expansion
- Continue the activity with more statements like these. **11. Cette personne fête son anniversaire samedi prochain. (St) 12. Cette personne parle souvent au téléphone. (S) 13. Cette personne aime écouter de la musique. (D)**
- Assign one of the four main characters in this episode to a small group. Each group should write a brief description of their character's likes, dislikes, and preferences.

2 Suggestion Have students correct false statements on the board.

2 Expansion Give these additional false items for extra practice. **7. Sandrine n'aime pas parler au téléphone (Elle aime beaucoup parler au téléphone.) 8. Stéphane et Rachid étudient la psychologie aujourd'hui. (Ils étudient l'histoire-géo.) 9. Sandrine n'aime pas regarder la télé. (Elle aime bien regarder la télé.) 10. Sur son portrait, Sandrine a un téléphone dans la main. (Elle n'a pas de téléphone dans la main.)**

3 Suggestion Brainstorm questions students might ask to find the person whose birthday is closest to their own. Once they have found that person, ask volunteers to tell the class what they learned about their partner.

Interpersonal Speaking Ask volunteers to ad-lib the episode for the class. Assure them that it is not necessary to memorize the episode or to stick strictly to its content. They should try to get the general meaning across with the vocabulary and expressions they know, and they should feel free to be creative. Give them time to prepare. You may want to assign this as homework and do it the next class period as a review activity.

TEACHING OPTIONS

Using Games Play a memory game. The first player tells his or her birthday. The next player repeats what the first said, then adds his or her birthday. The third player must state the first two birthdays, then his or her own. Continue until someone makes an error. Replay the game until everyone has had a turn. Or, form teams and alternate sides. If a player makes a mistake, that team gets a strike. After three strikes, the game is over.

45

AP® Theme: Beauty and Aesthetics
Context: Contributions to World Artistic Heritage, Ideals of Beauty

vhlcentral CULTURE À LA LOUPE

Les jardins publics français

Dans toutes les villes françaises, la plupart° du temps au centre-ville, on trouve des jardins° publics. Les jardins à la française ou jardins classiques sont très célèbres° depuis° le 17ᵉ (dix-septième) siècle°. Les jardins de Versailles, créés° pour Louis XIV, le roi° Soleil, vont être copiés par toutes les cours° d'Europe. Dans le jardin à la française, l'ordre et la symétrie dominent: Il faut dompter° la nature «sauvage». La perspective et l'harmonie donnent une notion de grandeur absolue. De façon° très symbolique, la géométrie présente un monde° ordré où le contrôle règne°. Il y a beaucoup de châteaux qui ont de très beaux jardins.

À Paris, le jardin des Tuileries et le jardin du Luxembourg sont deux jardins publics de style classique. Il y a des parterres de fleurs° extraordinaires avec de savants° agencements° de couleurs. Dans les deux jardins, il n'y a pas de bancs° mais des chaises, où on peut° se reposer tranquillement à l'endroit de son choix, sous un arbre° ou près d'un bassin°. Il y a aussi deux grands parcs à côté de Paris: le bois° de Vincennes, qui a un zoo, et le bois de Boulogne, qui a un parc d'attractions° pour les enfants.

En général, les villes de France sont très fleuries°. Il y a même° des concours° pour la ville la plus° fleurie. Le concours des villes et villages fleuris a lieu° depuis 1959. Il est organisé pour promouvoir° le développement des espaces verts dans les villes.

Coup de main

In France and in most other countries, units of measurement are different than those used in the United States.

1 hectare = 2.47 acres

1 kilomètre = 0.62 mile

1 mètre = approximately 1 yard (3 feet)

Le bois de Vincennes et le bois de Boulogne

VINCENNES	BOULOGNE
• une superficie° totale de 995 hectares	• une superficie totale de 863 hectares
• un zoo de 15 hectares	• un jardin d'acclimation°
• 19 km de sentiers pour les promenades à cheval et à vélo	• 95 km d'allées
• 32 km d'allées pour le jogging	• une cascade° de 10 mètres de large° et 14 mètres de haut°
• la Ferme° de Paris, une ferme de 5 hectares	• deux hippodromes°

la plupart *most* **jardins** *gardens, parks* **célèbres** *famous* **depuis** *since* **siècle** *century* **créés** *created* **roi** *king* **cours** *courts* **dompter** *to tame* **façon** *way* **monde** *world* **règne** *reigns* **parterres de fleurs** *flower beds* **savants** *clever* **agencements** *schemes* **bancs** *benches* **peut** *can* **arbre** *tree* **bassin** *fountain, pond* **bois** *forest, wooded park* **parc d'attractions** *amusement park* **fleuries** *decorated with flowers* **même** *even* **concours** *competitions* **la plus** *the most* **a lieu** *takes place* **promouvoir** *to promote* **superficie** *area* **Ferme** *Farm* **jardin d'acclimation** *playground/amusement park* **cascade** *waterfall* **de large** *wide* **de haut** *high* **hippodromes** *horse racetracks*

A C T I V I T É S

1 Répondez Répondez aux questions.

1. Où trouve-t-on, en général, des jardins publics?
   Au centre-ville.
2. Les jardins de Versailles sont créés pour quel roi?
   Louis XIV.
3. Qu'est-ce qui domine dans le jardin à la française?
   L'ordre et la symétrie.
4. Quelle est la fonction de la perspective et de l'harmonie?
   Donner une notion de grandeur absolue.
5. Qu'est-ce qu'il y a dans le jardin des Tuileries?
   Des parterres de fleurs, de savants agencements de couleurs et des chaises.

6. Qu'est-ce qu'il y a au jardin du Luxembourg pour se reposer (*to rest*)?
   Des chaises.
7. Quels deux grands parcs y a-t-il à côté de Paris?
   Le bois de Vincennes et le bois de Boulogne.
8. Que peut-on (*can one*) faire au bois de Vincennes?
   Aller au zoo.
9. Comment les villes françaises sont-elles en général?
   Très fleuries.
10. Pourquoi les concours de villes et villages fleuris sont-ils organisés?
    Pour promouvoir le développement des espaces verts dans les villes.

46 *quarante-six*

EXPANSION

Les jardins publics français Explain the longstanding reputations of **le bois de Vincennes** and **le bois de Boulogne**. **Le bois de Vincennes** was a working-class destination. **Le bois de Boulogne** was a place where the well-heeled hoped to be seen. **Marie-Antoinette** lived in **le château de Bagatelle**, which she commissioned at the western end of **le bois de Boulogne**.

There is no longer a socio-economic status attached to either of these green spaces, but many Parisians are familiar with their reputations.

LE FRANÇAIS QUOTIDIEN

Ça bouge° aux parcs!

flâner	to stroll, wander
faire de la luge	to sled
faire de la raquette	to snowshoe
faire du cerf-volant	to fly a kite
faire du patin à glace	to ice-skate
faire une balade	to go for a walk
jouer à la pétanque	to play **pétanque**
	(a lawn bowling game)
promener son chien	to walk one's dog
pique-niquer	to picnic

Ça bouge *Things are moving*

LE MONDE FRANCOPHONE

Des parcs publics

Voici quelques parcs publics du monde francophone.

Bruxelles, Belgique
le bois de la Cambre 123 hectares, un lac° avec une île° au centre

Casablanca, Maroc
le parc de la Ligue Arabe des palmiers°, un parc d'attractions pour enfants, des cafés et restaurants

Québec, Canada
le parc des Champs de Batailles («Plaines d'Abraham») 107 hectares, 6.000 arbres°

Tunis, Tunisie
le parc du Belvédère 110 hectares, un zoo de 13 hectares, 230.000 arbres (80 espèces° différentes), situé° sur une colline°

lac *lake* **île** *island* **palmiers** *palm trees* **arbres** *trees* **espèces** *species* **situé** *located* **colline** *hill*

Les Français et le vélo

Tous les étés, la course° cycliste du Tour de France attire° un grand nombre de spectateurs, Français et étrangers, surtout lors de° son arrivée sur les Champs-Élysées, à Paris. C'est le grand événement° sportif de l'année pour les amoureux du cyclisme. Les Français adorent aussi faire du vélo pendant° leur temps libre. Beaucoup de clubs organisent des randonnées en vélo de course° le week-end. Pour les personnes qui préfèrent le vélo tout terrain (VTT)°, il y a des sentiers° adaptés dans les parcs régionaux et nationaux. Certaines agences de voyages proposent aussi des vacances «vélo» en France ou à l'étranger°.

course *race* **attire** *attracts* **lors de** *at the time of* **événement** *event* **pendant** *during* **vélo de course** *road bike* **vélo tout terrain (VTT)** *mountain biking* **sentiers** *paths* **à l'étranger** *abroad*

le Tour de France sur les Champs-Élysées

Sur Internet

Qu'est-ce que Jacques Anquetil, Eddy Merckx et Bernard Hinault ont en commun?

Go to **vhlcentral.com** to find more information related to this **Culture** section.

---

2 **Vrai ou faux?** Indiquez si les phrases sont **vraies** ou **fausses**.

1. Les Français ne font pas de vélo. Faux.
2. Les membres de clubs de vélo font des promenades le week-end. Vrai.
3. Les agences de voyages offrent des vacances «vélo». Vrai.
4. On utilise un VTT quand on fait du vélo sur la route. Faux.
5. Le Tour de France arrive sur les Champs-Élysées à Paris. Vrai.

3 **Les parcs publics** Comment sont les parcs publics dans votre région? Avec un(e) partenaire, choisissez un parc et utilisez les expressions du **français quotidien** pour le décrire (*describe it*) à vos camarades de classe. Qu'est-ce qu'on trouve dans le parc? Quelles activités fait-on dans le parc? Vos camarades peuvent-ils deviner (*can they guess*) de quel parc vous parlez?

A C T I V I T É S

quarante-sept **47**

Le français quotidien Go through the terms and ask students if they do the activities. Example: **Faites-vous de la luge en hiver? Qui promène son chien dans un parc?** Tell students that almost every park in France has a **pétanque** area as it is a very popular game among all ages.

Portrait
- Ask students what they know about the **Tour de France**.
- The importance of the bicycle has increased in France as a response to environmental issues. Cities like Paris, Lyon, Nantes, and Aix-en-Provence have created systems of **vélopartage**, large-scale bike renting whereby people take and leave a "citybike" whenever they want. Also, many municipalities have increased the number of bike paths (**pistes cyclables**).

Le monde francophone
- Look at the Francophone world map in the front matter to remind students where these countries are located.
- Practice pronunciation with the descriptions of these parks.

2 **Expansion** Continue the activity with more true/false statements like these.
6. Le Tour de France est une grande course cycliste. (Vrai.)
7. Le Tour de France est au printemps. (Faux, en été)
8. Les Français et les étrangers sont spectateurs du Tour de France. (Vrai.)

3 **Expansion** Suggest that students give an audio-visual presentation of the park they have chosen.

Presentational Writing Practice Have students write a short blog post from the point of view of someone following the Tour de France. Encourage them to go online to find out more about the route, stages, and classifications.

21st Century Skills

Information and Media Literacy: Sur Internet Students access and critically evaluate information from the Internet.

EXPANSION

Des parcs publics Assign a Francophone country to several students in class. Have everyone do individual research on gardens or a park in the country he or she has been assigned. Students should be prepared to present their findings about the park in at least three clear sentences in French and an image from the Internet, if possible.

EXPANSION

Les Français et le vélo Bring in an example of Francophone music or film about cycling. For example, play the song **Mon vélo est blanc** by Anne Sylvestre. Screen part of the Belgian film **Le vélo de Ghislain Lambert**. There are also scenes with Charlotte Gainsbourg riding a bicycle in **La petite voleuse**.

Section Goals

In this section, students will learn:
• numbers 101 and higher
• mathematical terms

Key Standards

4.1, 5.1

Suggestions: Scaffolding

• Review numbers 0–100. Write a number on the board and have students state what it is. Then ask questions that call for a number in the answer. Examples: **Combien d'élèves y a-t-il dans la classe? Quel âge avez-vous? Quel âge a votre grand-mère? Anne a trois crayons. J'ai quatre boîtes de vingt crayons. Combien de crayons avons-nous? (quatre-vingt-trois)**

• Write on the board: **quatre cents élèves, neuf cents personnes, deux mille livres, onze millions de voyageurs**. Help students deduce the meanings of the numbers.

• Model pronunciation of example numbers. Write other three-to seven-digit numbers on the board and have students read them.

• Go over the example sentences containing **cent**, **mille**, and **million** and the rules for agreement.

• Point out that a space may be used instead of a period to indicate thousands and millions.

• Go over the bullet points about writing the year. Write several years on the board and have students read them aloud and write them out.

5B.1 Numbers 101 and higher **vhl**central

Numbers 101 and higher			
101	cent un	800	huit cents
125	cent vingt-cinq	900	neuf cents
198	cent quatre-vingt-dix-huit	1.000	mille
200	deux cents	1.100	mille cent
245	deux cent quarante-cinq	2.000	deux mille
300	trois cents	5.000	cinq mille
400	quatre cents	100.000	cent mille
500	cinq cents	550.000	cinq cent cinquante mille
600	six cents	1.000.000	un million
700	sept cents	8.000.000	huit millions

• Note that French uses a period, rather than a comma, to indicate thousands and millions.

Agreement with *cent*, *mille*, and *million*

• The word **cent**, when used in multiples of one hundred, takes a final **-s**. However, if followed by another number, **cent** drops the **-s**.

> J'ai **quatre cents** bandes dessinées.
> *I have 400 comic books.*
>
> *but*
>
> Cette bibliothèque a **neuf cent vingt** livres.
> *This library has 920 books.*

> Il y a **cinq cents** animaux dans le zoo.
> *There are 500 animals in the zoo.*
>
> *but*
>
> Nous allons inviter **trois cent trente-huit** personnes.
> *We're going to invite 338 people.*

• The word **mille** is invariable. It never takes an **-s**.

> **Mille** personnes habitent le village.
> *One thousand people live in the village.*
>
> **Onze mille** étudiants sont inscrits.
> *Eleven thousand students are registered.*

• The word **million** takes an **s** when used in multiples of one million. **Million** and **millions** are followed by **de/d'** when used before a noun.

> **Un million de personnes** sont ici.
> *One million people are here.*
>
> Il y a **seize millions d'habitants** dans la capitale.
> *There are 16,000,000 inhabitants in the capital.*

Writing out years

• When writing out years, the word **mille** is often shortened to **mil**.

> **mil** huit cent soixante-cinq
> *eighteen (hundred) sixty-five*

• In French, years before 2000 may be written out in two ways. Notice that in English, the word *hundred* can be omitted, but in French, the word **cent** is required.

> **mil neuf cent treize**
> *one thousand nine hundred (and) thirteen*
>
> *or*
>
> **dix-neuf cent treize**
> *nineteen (hundred) thirteen*

À noter

Cent and **mille** do *not* take the number **un** before them to mean *one hundred* and *one thousand*.

EXPANSION

Extra Practice Ask students to work in pairs. One student thinks of a number between 100 and 1000 and writes it down without showing it to his/her partner, who should guess what the number is. The first student uses the expressions **plus** and **moins** to help the other guess the number.

TEACHING OPTIONS

Game Ask for two volunteers and station them at opposite ends of the board so neither one can see what the other is writing. Say a number for them to write on the board. If both students are correct, continue to give numbers until one writes an incorrect number. The winner continues on to play against another student.

Mathematical terms

- You can talk about mathematical operations both formally and informally.

Mathematical terms

	informal	formal
plus	et	plus
minus	moins	moins
multiplied by	fois	multiplié par
divided by	sur	divisé par
equals	font	égale

À noter

Activities in **D'accord!** primarily use informal mathematical terms.

110 et 205 font 315
110 + 205 = 315

110 plus 205 égale 315
110 + 205 = 315

60 fois 3 font 180
60 × 3 = 180

60 multiplié par 3 égale 180
60 × 3 = 180

999 sur 9 font 111
999 ÷ 9 = 111

999 divisé par 9 égale 111
999 ÷ 9 = 111

- In French, a comma (**une virgule**) is used instead of a decimal point and a period (**un point**) is used instead of a comma to indicate thousands and millions.

5.419,32   **cinq mille quatre cent dix-neuf virgule trente-deux**
5,419.32   *five thousand four hundred nineteen point thirty-two*

- The expression **pour cent** (*percent*) is two words, not one.

Le magasin offre une réduction de cinquante **pour cent**.
The store is offering a fifty percent discount.

Vérifiez

Essayez!

Écrivez les nombres en toutes lettres. (*Write out the numbers.*)

1. 10.000 _dix mille_
2. 620 six cent vingt
3. 365 trois cent soixante-cinq
4. 42.000 quarante-deux mille
5. 1.392.000 un million trois cent quatre-vingt-douze mille
6. 171 cent soixante et onze
7. 200.000.000 deux cents millions
8. 480 quatre cent quatre-vingts
9. 1.789 mille sept cent quatre-vingt-neuf
10. 400 quatre cents
11. 8.000.000 huit millions
12. 5.053 cinq mille cinquante-trois

Suggestion: Scaffolding

- Write the numerical version of the math problems on the board. Read them to students using the informal set of mathematical terms. Tell students these are the terms they will see used in **D'accord!**. Then read the problems again using the formal terms.
- You may also want to teach your students these mathematical terms:
  la différence *difference*
  le produit *product*
  le quotient *quotient*
  la somme *sum*
- Present the last two bullets. Then write several math problems on the board. Have students read and solve them. Have students complete the Extra Practice activity, p. 49.
- Assign the **Vérifiez** activity.

Successful Language Learning Tell students that to count from 101–199, they should say **cent** followed by 1–99. So, 101: **cent un**, 102: **cent deux**, 103: **cent trois**, and so forth up to 199: **cent quatre-vingt-dix-neuf**. Tell them to use the same strategy after **deux cents**, **trois cents**, etc.

Essayez! Have students write four more numbers and exchange papers with a classmate, who will write out the numbers. If students struggle to complete the activity, have them watch the Grammar Tutorial.

TELL Connection

Performance & Feedback 2
Why: Immediate and practical performance feedback facilitates learning and builds confidence in self-diagnostics and remediation. *What:* Use the presentation of mathematical equations to provide students with real-world and practical-application use of numbers. Add to the ones here and on vhlcentral.com to provide regular, periodic practice of this important cross-disciplinary skill.

TEACHING OPTIONS

Extra Practice Have small groups of students work together to create a worksheet consisting of five math word problems for their classmates to complete. Have students take turns reading problems to the class or one of the other small groups, who, in turn, will solve the problems. Have groups include an answer key with their worksheets.

DIFFERENTIATION

For Kinesthetic Learners Divide the class into groups of ten. Give a flashcard with a number from 0–9 to each person in each group. If one group is smaller, distribute extra numbers to group members, as needed, so some students have more than one card. Call out a three- to nine-digit number in which none of the digits is repeated. Students arrange themselves, showing their flashcard(s) to reflect the number. Repeat with other numbers.

49

1 Suggestion For listening comprehension, have students read numbers from the activity to a partner.

1 Expansion Give students these addresses in regions **Centre** and **Pays de la Loire**. Model how to pronounce the postal codes. Example: 45000: **quarante-cinq mille**. **(1) Préfecture de la Région Centre et du Loiret: 181, rue de Bourgogne - 45042 ORLÉANS (2) Espace Région Centre de Tours: 1, rue des Ursulines - 37000 TOURS (3) Auberge de Jeunesse: 23, Avenue Neigre - 28000 CHARTRES (4) Médiathèque Louis Aragon: 54, rue du Port - 72015 LE MANS**

2 Suggestions
• Call on pairs of students to say some of the calculations aloud.
• Give additional math problems if more practice is needed.

2 Expansion Have pairs convert a **calcul** into a word problem. Example: **J'ai deux cents dollars. Ma sœur a trois cents dollars. Combien de dollars avons-nous?**

3 Suggestions
• Model how to complete the activity by doing item one with the class.
• Divide the class into eight groups. Assign each group one of the cultural events to research. Then have each group present what they learned to the class. Suggest that students use different forms of media in their presentations.

Mise en pratique

1 Quelle adresse? Écrivez les adresses.

MODÈLE

cent deux, rue Lafayette
102, rue Lafayette

1. deux cent cinquante-deux, rue de Bretagne ___252, rue de Bretagne___
2. quatre cents, avenue Malbon ___400, avenue Malbon___
3. cent soixante-dix-sept, rue Jeanne d'Arc ___177, rue Jeanne d'Arc___
4. cinq cent quarante-six, boulevard St.-Marc ___546, boulevard St. Marc___
5. six cent quatre-vingt-huit, avenue des Gaulois ___688, avenue des Gaulois___
6. trois cent quatre-vingt-douze, boulevard Micheline ___392, boulevard Micheline___
7. cent vingt-cinq, rue des Pierres ___125, rue des Pierres___
8. trois cent quatre, avenue St.-Germain ___304, avenue St. Germain___

2 Les maths Faites les additions et écrivez les réponses.

MODÈLE

200 + 300 =
Deux cents plus trois cents font cinq cents.

1. 5.000 + 3.000 = ___Cinq mille plus trois mille font huit mille.___
2. 650 + 750 = ___Six cent cinquante plus sept cent cinquante font mille quatre cents.___
3. 2.000.000 + 3.000.000 = ___Deux millions plus trois millions font cinq millions.___
4. 4.400 + 3.600 = ___Quatre mille quatre cents plus trois mille six cents font huit mille.___
5. 155 + 310 = ___Cent cinquante-cinq plus trois cent dix font quatre cent soixante-cinq.___
6. 7.000 + 3.000 = ___Sept mille plus trois mille font dix mille.___
7. 9.000.000 + 2.000.000 = ___Neuf millions plus deux millions font onze millions.___
8. 1.250 + 2.250 = ___Mille deux cent cinquante plus deux mille deux cent cinquante font trois mille cinq cents.___

3 Quand? Regardez les dates et dites quand ces événements culturels ont lieu (*take place*).

1. Le jardinier Le Nôtre commence les jardins de Versailles. Il commence les jardins de Versailles en mille six cent soixante et un.
2. Le premier vol d'une Montgolfière, un ballon à air chaud, a lieu. Le premier vol d'une montgolfière, un ballon à air chaud, a lieu en mille sept cent quatre-vingt-trois.
3. Avec l'invention du Cinématographe, le cinéma est né (*born*). Avec l'invention du Cinématographe, le cinéma est né en mille huit cent quatre-vingt-quinze.
4. Le premier Tour de France a lieu. Le premier Tour de France a lieu en mille neuf cent trois.
5. Antoine de Saint-Exupéry publie *Le Petit Prince*. Antoine de Saint-Exupéry publie *Le Petit Prince* en mille neuf cent quarante-trois.
6. On invente le Minitel, un précurseur de l'Internet. On invente le Minitel, un précurseur de l'Internet, en mille neuf cent quatre-vingts.
7. Le film français, *The Artist*, gagne quatre Oscars. Le film français, The Artist, gagne quatre Oscars en deux mille douze.
8. Disneyland Paris fête ses 25 ans. Disneyland Paris fête ses 25 ans en deux mille dix-sept.

Communication

4 **Combien d'habitants?** À tour de rôle, demandez à votre partenaire combien d'habitants il y a dans chaque ville d'après (*according to*) les statistiques.

MODÈLE

Dijon: 153.003
Élève 1: *Combien d'habitants y a-t-il à Dijon?*
Élève 2: *Il y a cent cinquante-trois mille trois habitants.*

1. Toulouse: 466.219 __Il y a quatre cent soixante-six mille deux cent dix-neuf habitants.__
2. Abidjan: 6.783.906 __Il y a six millions sept cent quatre-vingt-trois mille neuf cent six habitants.__
3. Lyon: 509.233 __Il y a cinq cent neuf mille deux cent trente-trois habitants.__
4. Québec: 516.620 __Il y a cinq cent seize mille six cent vingt habitants.__
5. Marseille: 864.323 __Il y a huit cent soixante-quatre mille trois cent vingt-trois habitants.__
6. Papeete: 26.244 __Il y a vingt-six mille deux cent quarante-quatre habitants.__
7. Dakar: 2.682.158 __Il y a deux millions six cent quatre-vingt-deux mille cent cinquante-huit habitants.__
8. Nice: 346.251 __Il y a trois cent quarante-six mille deux cent cinquante et un habitants.__

5 **Combien ça coûte?** Vous regardez un catalogue avec un(e) ami(e). À tour de rôle, demandez à votre partenaire le prix des choses.

▶ **MODÈLE**

Élève 1: *Combien coûte l'ordinateur?*
Élève 2: *Il coûte mille huit cents euros.*

1. É1: ... la montre?
   É2: Elle ... quatre cent trente-deux ...
2. É1: ... les dictionnaires?
   É2: Ils ... cent seize ...
3. É1: ... le sac à dos?
   É2: Il ... cent dix-huit ...
4. É1: ... le vélo?
   É2: Il ... six cent soixante-quinze ...

6 **Dépensez de l'argent** Vous et votre partenaire avez 100.000€. Décidez quels articles de la liste vous allez prendre. Expliquez vos choix à la classe. Answers will vary.

MODÈLE

Élève 1: *On prend un rendez-vous avec Brad Pitt parce que c'est mon acteur favori.*
Élève 2: *Alors, nous avons encore (still) 50.000 euros. Prenons les 5 jours à Paris pour pratiquer le français.*

un ordinateur... 2.000€	des vacances à Tahiti... 7.000€
un rendez-vous avec Brad Pitt... 50.000€	un vélo... 1.000€
un rendez-vous avec Rihanna... 50.000€	une voiture de luxe... 80.000€
5 jours à Paris... 8.500€	un dîner avec Justin Bieber... 45.000€
un séjour ski en Suisse... 4.200€	un jour de shopping... 10.000€
une montre 6.800€	un bateau (*boat*)... 52.000€

---

4 **Expansion** Write on the board some well-known American cities and the city or town where your school is located. Ask students: **Combien d'habitants...?** Have them guess the number. Then write the accurate number next to each city. Have students come to the board to write out the populations in French.

5 & 6 **Suggestions**
• Before beginning each activity, make sure students know the vocabulary.
• Do the **modèles** with a volunteer to make sure students understand the activities.

6 **Partner Chat** You can also assign Activity 6 on vhlcentral.com. Students work in pairs to record the activity online. The pair's recorded conversation will appear in your gradebook.

Activity Pack For additional activities, go to the **Activity Pack** in the **Resources** section of vhlcentral.com.

TEACHING OPTIONS

Game Ask students to stand up to create a number chain. The first student states the number 25. The next student says 50. Students continue the chain, using multiples of 25. If a student misses the next number in sequence, he or she must sit down. Continue play until only one student is left standing. If a challenge is required to break a tie, play the game with multiples of 30.

TEACHING OPTIONS

Extra Practice Ask students to make a list of nine items containing the following: a variety of plural and singular nouns, three numerals in the hundreds, three in the thousands, and three in the millions. Once lists are completed, have students exchange them and read the items off their partners' lists aloud. Partners should listen for the correct number and any agreement errors.

5B.2 Spelling-change -er verbs vhlcentral

Point de départ Some -er verbs with regular endings have spelling changes in the verb stem.

- For many infinitives with an unaccented **e** in the next-to-last syllable, the **e** changes to **è** in all forms but **nous** and **vous**.

acheter (to buy)	
j'achète	nous achetons
tu achètes	vous achetez
il/elle/on achète	ils/elles achètent

Où est-ce que tu **achètes** des skis?
Where do you buy skis?

Ils **achètent** beaucoup sur Internet.
They buy a lot on the Internet.

Achetez-vous une nouvelle maison?
Are you buying a new house?

Je n'**achète** pas de lait.
I'm not buying any milk.

- For infinitives with an **é** in the next-to-last syllable, the **é** changes to **è** in all forms but **nous** and **vous**.

espérer (to hope)	
j'espère	nous espérons
tu espères	vous espérez
il/elle/on espère	ils/elles espèrent

Elle **espère** arriver tôt aujourd'hui.
She hopes to arrive early today.

Nos profs **espèrent** avoir de bons élèves en classe.
Our teachers hope to have good students in class.

Espérez-vous faire la connaissance de Joël?
Are you hoping to meet Joël?

J'**espère** avoir de bonnes notes.
I hope I get good grades.

- For infinitives ending in **-yer**, the **y** changes to **i** in all forms except **nous** and **vous**.

envoyer (to send)	
j'envoie	nous envoyons
tu envoies	vous envoyez
il/elle/on envoie	ils/elles envoient

J'**envoie** une lettre.
I'm sending a letter.

Tes amis **envoient** beaucoup d'e-mails.
Your friends send lots of e-mails.

Nous **envoyons** des bandes dessinées aux enfants.
We're sending the kids comic books.

Salima **envoie** un message à ses parents.
Salima is sending a message to her parents.

Elle achète quelque chose.

Ils répètent.

- The change of **y** to **i** is optional in verbs whose infinitives end in **-ayer**.

Comment est-ce que tu **payes**?
How do you pay?

Je **paie** avec une carte de crédit.
I pay with a credit card.

Other spelling change -er verbs

like espérer		like acheter	
célébrer	to celebrate	amener	to bring (someone)
considérer	to consider	emmener	to take (someone)
posséder	to possess, to own		**like envoyer**
préférer	to prefer	employer	to use, to employ
protéger	to protect	essayer (de + [inf.])	to try (to)
répéter	to repeat; to rehearse	nettoyer	to clean
		payer	to pay

Je préfère l'été. Il fait chaud.

Tu essaies de ne pas parler?

- Note that the **nous** and **vous** forms of the verbs presented in this section have no spelling changes.

Vous **achetez** des sandwichs aussi.
You're buying sandwiches, too.

Nous **espérons** partir à huit heures.
We hope to leave at 8 o'clock.

Nous **envoyons** les enfants à l'école.
We're sending the children to school.

Vous **payez** avec une carte de crédit.
You pay with a credit card.

Essayez! Complétez les phrases avec la forme correcte du verbe.

1. Les bibliothèques _emploient_ (employer) beaucoup d'étudiants.
2. Vous _répétez_ (répéter) les phrases en français.
3. Nous _payons_ (payer) assez pour les livres.
4. Mon frère ne _nettoie_ (nettoyer) pas son bureau.
5. Est-ce que tu _espères_ (espérer) gagner?
6. Vous _essayez_ (essayer) parfois d'arriver à l'heure.
7. Tu _préfères_ (préférer) prendre du thé ou du café?
8. Elle _emmène_ (emmener) sa mère au cinéma.
9. On _célèbre_ (célébrer) une occasion spéciale.
10. Les parents _protègent_ (protéger) leurs enfants?

Mise en pratique

1 Passe-temps Chaque membre de la famille Desrosiers a son passe-temps préféré. Utilisez les éléments pour dire comment ils préparent leur week-end.

MODÈLE

Tante Manon fait une randonnée. (acheter / sandwichs)
Elle achète des sandwichs.

1. Nous faisons du vélo. (essayer / vélo) Nous essayons le vélo.
2. Christiane aime chanter. (répéter) Elle répète.
3. Les filles jouent au foot. (espérer / gagner) Elles espèrent gagner.
4. Vous allez à la pêche. (emmener / enfants) Vous emmenez les enfants.
5. Papa fait un tour en voiture. (nettoyer / voiture) Il nettoie la voiture.
6. Mes frères font du camping. (préférer / partir tôt) Ils préfèrent partir tôt.
7. Ma petite sœur va à la piscine. (essayer de / plonger (*to dive*)) Elle essaie de plonger.
8. Mon grand-père aime la montagne. (préférer / faire une randonnée) Il préfère faire une randonnée.
9. J'adore les chevaux. (espérer / faire du cheval) J'espère faire du cheval.
10. Mes parents vont faire un dessert. (acheter / fruits) Ils achètent des fruits.

2 Que font-ils? Dites ce que font les personnages. Answers will vary.

▶ **MODÈLE**
Il achète une baguette.

acheter

1. envoyer   2. payer   3. répéter   4. nettoyer

3 Invitation au cinéma Avec un(e) partenaire, jouez les rôles de Halouk et de Thomas. Ensuite, présentez la scène à la classe.

THOMAS J'ai envie d'aller au cinéma.

HALOUK Bonne idée. Nous (1) _____emmenons_____ (emmener, protéger) Véronique avec nous?

THOMAS J' (2) _____espère_____ (acheter, espérer) qu'elle a du temps libre.

HALOUK Peut-être, mais j' (3) _____envoie_____ (envoyer, payer) des e-mails tous les jours et elle ne répond pas.

THOMAS Parce que son ordinateur ne fonctionne pas. Elle (4) _____préfère_____ (essayer, préférer) parler au téléphone.

HALOUK D'accord. Alors toi, tu (5) _____achètes_____ (acheter, répéter) les tickets et moi, je vais chercher Véronique.

Communication

4 **Questions** À tour de rôle, posez des questions à un(e) partenaire. *Answers will vary.*

1. Qu'est-ce que tu achètes pour la fête des mères?
2. Qu'est-ce que tu achètes tous les mois?
3. Comment célèbres-tu l'anniversaire de ton/ta meilleur(e) ami(e)?
4. Est-ce que toi et ton/ta camarade de classe partagez vos livres?
5. Est-ce que tu possèdes un vélo?
6. Qui nettoie ta chambre?
7. À qui est-ce que tu envoies des e-mails?
8. Qu'est-ce que tu espères faire cet été?
9. Qu'est-ce que tu préfères faire le vendredi soir?
10. Quand tu vas au cinéma, est-ce que tu emmènes quelqu'un? Qui?
11. Est-ce que ta famille célèbre une occasion spéciale cet (*this*) été? Quand?
12. Aimes-tu essayer de nouveaux plats de cuisine (*food dishes*)?

5 **Réponses affirmatives** Votre professeur va vous donner une feuille d'activités. Trouvez au moins deux camarades de classe qui répondent oui à chaque question. Et si vous aussi, vous répondez oui aux questions, écrivez votre nom. *Answers will vary.*

MODÈLE

Élève 1: *Est-ce que tu achètes tes livres sur Internet?*
Élève 2: *Oui, j'achète mes livres sur Internet.*

Questions	Noms
1. acheter ses livres sur Internet	Virginie, Éric
2. posséder un ordinateur	
3. envoyer des lettres à ses grands-parents	
4. célébrer une occasion spéciale demain	

6 **E-mail à l'oncle Marcel** Xavier va écrire un e-mail à son oncle pour raconter (*to tell*) ses activités de la semaine prochaine. Il prépare une liste des choses qu'il veut dire (*wants to say*). Avec un(e) partenaire, écrivez son e-mail. *Answers will vary.*

- lundi: emmener maman chez le médecin
- mercredi: envoyer notes à Anne
- jeudi: répéter rôle Roméo et Juliette
- vendredi: célébrer anniversaire papa
- vendredi: essayer faire gym
- samedi: parents acheter voiture

---

4 Expansion Have students write two more questions containing spelling-change **-er** verbs that they would like to ask their partner.

4 Virtual Chat You can also assign Activity 4 on vhlcentral.com. Students record individual responses that appear in your gradebook.

5 Suggestion Call on two volunteers to read the **modèle** aloud. Then distribute the **Feuilles d'activités** found in the Activity Pack on vhlcentral.com.

6 Expansion Have students think of a family member or friend to whom they would likely write an e-mail. Tell them to first list at least five ideas using as many spelling-change **-er** verbs as possible. Then have them write an e-mail of at least five sentences.

Activity Pack For additional activities, go to the **Activity Pack** in the **Resources** section of vhlcentral.com.

DIFFERENTIATION

For Auditory Learners Ask students to write a short paragraph using as many spelling-change **-er** verbs as possible. In pairs, have students dictate their paragraph to each other. Tell them to check each other's work for accuracy.

TEACHING OPTIONS

Small Groups Have small groups write dehydrated sentences with only subjects and infinitives. Examples: **1. tu / amener / ???** **2. Sylvie et Véronique / espérer / ???** Tell groups to switch with another group, who will form a complete sentence by conjugating the verb and inventing an appropriate ending. Ask for volunteers to write one of their group's sentences on the board.

55

Révision

1 Expansion Have students write a story about their preferred sport modeled on the paragraph in this activity.

2 Suggestion Have pairs get together to form groups of four to review each others' sentences. Have students explain any corrections or suggested changes.

3 Suggestion Encourage students to choose places from the French-speaking world that they have learned about in **Culture** and **Panorama** sections.

3 Expansion Have students create more questions based on those in the activity to ask their partner. Guide the class to ask about where the partner hopes or prefers to go for various vacations throughout the year. Students may combine reusing weather conditions described in the box and using additional weather descriptions.

4 Suggestion Go over the model with students. Point out there is only one commission price per purchase, even if the trip is purchased for two people.

5 Suggestion Ask for volunteers to do the **modèle** and auction off a few more items to set further examples.

6 Suggestions
- Divide the class into pairs and distribute the Info Gap Handouts from the Activity Pack. Give students ten minutes to complete the activity.
- Act out the **modèle** with a student volunteer playing the role of **Élève 2**.

---

1 Le basket Avec un(e) partenaire, utilisez les verbes de la liste pour compléter le paragraphe.

acheter	considérer	envoyer	essayer	préférer
amener	employer	espérer	payer	répéter

Je m'appelle Stéphanie et je joue au basket. Je/J' (1) __amène__ toujours (*always*) mes parents avec moi aux matchs le samedi. Ils (2) __considèrent__ que les filles sont de très bonnes joueuses. Mes parents font aussi du sport. Ma mère fait du vélo et mon père (3) __espère__ gagner son prochain match de foot! Le vendredi matin, je/j' (4) __envoie__ un e-mail à ma mère pour lui rappeler (*remind her of*) le match. Mais elle n'oublie jamais! Ils ne/n' (5) __achètent__ pas de tickets pour les matchs, parce que les parents des joueurs ne/n' (6) __paient__ pas. Nous (7) __essayons__ toujours d'arriver une demi-heure avant le match, parce que maman et papa (8) __préfèrent, espèrent__ s'asseoir (*to sit*) tout près du terrain (*court*). Ils sont tellement fiers!

2 Que font-ils? Avec un(e) partenaire, parlez des activités des personnages et écrivez une phrase par illustration. Answers will vary.

1. _____ 2. _____ 3. _____

4. _____ 5. _____ 6. _____

3 Où partir? Avec un(e) partenaire, choisissez cinq endroits intéressants à visiter où il fait le temps indiqué sur la liste. Ensuite, répondez aux questions. Answers will vary.

Il fait chaud.	Il fait soleil.	Il fait du vent.	Il neige.	Il pleut.

1. Où essayez-vous d'aller cet été? Pourquoi?
2. Où préférez-vous partir cet hiver? Pourquoi?
3. Quelle est la première destination que vous espérez visiter? La dernière? Pourquoi?
4. Qui emmenez-vous avec vous? Pourquoi?

4 Quelle générosité! Imaginez que vous pouvez (*can*) payer un voyage aux membres de votre famille et à vos amis. À tour de rôle, choisissez un voyage et donnez à votre partenaire la liste des personnes qui partent. Votre partenaire va vous donner le prix à payer. Answers will vary.

MODÈLE

Élève 1: J'achète un voyage de dix jours dans les Pays de la Loire à ma cousine Pauline et à mon frère Alexandre.
Élève 2: D'accord. Tu paies deux mille cinq cent soixante-deux euros.

Voyages	Prix par personne	Commission
Dix jours dans les Pays de la Loire .... 1.250€		62€
Deux semaines de camping .... 660€		35€
Sept jours au soleil en hiver .... 2.100€		78€
Trois jours à Paris en avril........................... 500€		55€
Trois mois en Europe en été .... 10.400€		47€
Un week-end à Nice en septembre.............. 350€		80€
Une semaine à la montagne en juin............ 990€		66€
Une semaine à la neige .... 1.800€		73€

5 La vente aux enchères Par groupes de quatre, organisez une vente aux enchères (*auction*) pour vendre les affaires (*things*) du professeur. À tour de rôle, un(e) élève joue le rôle du vendeur/de la vendeuse et les autres élèves jouent le rôle des enchérisseurs (*bidders*). Vous avez 5.000 euros et toutes les enchères (*bids*) commencent à cent euros. Answers will vary.

MODÈLE

Élève 1: J'ai le cahier du professeur. Qui paie cent euros?
Élève 2: Moi, je paie cent euros.
Élève 1: Qui paie cent cinquante euros?

6 À la bibliothèque Votre professeur va vous donner, à vous et à votre partenaire, deux feuilles d'activités différentes. Posez-vous des questions pour compléter les feuilles. Attention! Ne regardez pas la feuille de votre partenaire. Answers will vary.

MODÈLE

Élève 1: Est-ce que tu as le livre «Candide»?
Élève 2: Oui, son numéro de référence est P, Q, deux cent soixante-six, cent quarante-sept, cent dix.

Interpersonal Speaking Have students write a conversation between two friends. One tries to convince the other to go out. The other makes excuses to not go. Students should include as many spelling-change -er verbs and weather expressions as possible. Example: **Élève 1: Faisons une randonnée! Élève 2: Mais je nettoie ma chambre. Élève 1: Mais il fait beau. Élève 2: Il va pleuvoir plus tard.**

Using Lists Ask students to imagine they are going on an extended trip. Have them make a list of at least five things they are to do (buy things, take someone somewhere, send mail, etc.) before leaving. Examples: **Je vais acheter un nouveau parapluie. J'espère envoyer une carte d'anniversaire.**

À l'écoute vhlcentral

STRATÉGIE

Listening for key words

By listening for key words (**mots-clés**) or phrases, you can identify the subject and main ideas of what you hear, as well as some of the details.

🔊 To practice this strategy, you will listen to a short paragraph. Jot down the key words that help you identify the subject of the paragraph and its main ideas.

Préparation

Regardez l'image. Où trouve-t-on ce type d'image? Manque-t-il des éléments (*Is anything missing*) sur cette carte? Faites une liste de mots-clés qui vont vous aider à trouver ces informations quand vous allez écouter la météo (*the forecast*).

🔊 À vous d'écouter

Écoutez la météo. Puis, écoutez une deuxième fois et complétez le tableau. Écrivez un **X** pour indiquer le temps qu'il fait dans chaque ville et notez la température.

Ville	☀️	🌤️	☁️	🌧️	🌬️	❄️	Température
Paris			X				8°C
Lille				X			6°C
Strasbourg						X	5°C
Brest			X				10°C
Lyon				X			9°C
Bordeaux		X					11°C
Toulouse	X						12°C
Marseille			X				12°C
Nice					X		13°C

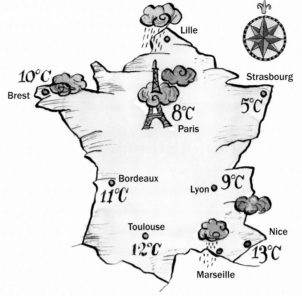

Compréhension

Probable ou improbable? Indiquez si ces (*these*) phrases sont probables ou improbables, d'après la météo d'aujourd'hui.

	Probable	Improbable
MODÈLE		
Ève va nager à Strasbourg.		✓
1. Lucie fait du vélo à Lille.		✓
2. Il fait froid à Strasbourg.	✓	
3. Émilien joue aux cartes à la maison à Lyon.	✓	
4. À Lyon, on a besoin d'un imperméable.		✓
5. Jérome et Yves jouent au golf à Bordeaux.	✓	
6. Il fait un temps épouvantable à Toulouse.		✓
7. Il va neiger à Marseille.		✓
8. Nous allons nager à Nice cet après-midi.		✓

Quelle ville choisir? Imaginez qu'aujourd'hui vous êtes en France. Décidez dans quelle ville vous avez envie de passer la journée. Pourquoi? Décrivez le temps qu'il fait et citez des activités que vous allez peut-être faire.

MODÈLE

J'ai envie d'aller à Strasbourg parce que j'aime l'hiver et la neige. Aujourd'hui, il fait froid et il neige. Je vais faire une promenade en ville et après, je vais boire un chocolat chaud au café.

Nice, et il y a beaucoup de vent. Bonne journée!
Teacher Resources DVD

Section Goals

In this section, students will:
• learn to listen for key words
• listen to a short paragraph and note the key words
• answer questions based on the content of a recorded weather forecast

Key Standards
1.2, 2.1

21ˢᵗ Century Skills

Critical Thinking and Problem Solving
Students practice aural comprehension as a tool to negotiate meaning in French.

Stratégie
Script Qu'est-ce que je fais quand j'ai du temps libre? Eh bien, l'hiver, j'aime faire du ski. Au printemps et en automne, quand il fait bon, je fais du vélo et du cheval. Et l'été, je fais de la planche à voile.
Teacher Resources DVD

Préparation Have students look at the map and describe what they see. Guide them to think about expressions that are commonly mentioned during a weather forecast. Ask them to brainstorm and write a list of as much weather-related vocabulary as they can in five minutes.

À vous d'écouter
Script Mesdames, Mesdemoiselles, Messieurs, bonjour et bienvenue sur Radio Satellite. Il est 10h00 et voici la météo. Aujourd'hui, sur la capitale, des nuages toute la journée. Eh oui, il fait frais à Paris ce matin, avec une température maximale de huit degrés. À Lille, on va avoir un temps épouvantable. Il fait froid avec six degrés seulement et il va pleuvoir tout l'après-midi et toute la soirée. À Strasbourg, il fait cinq degrés et il neige encore. Il fait assez frais à Brest, avec dix degrés et beaucoup de nuages. À Lyon, il fait neuf degrés aussi avec un temps très orageux, alors ne sortez pas sans votre parapluie! À Bordeaux, il fait bon, onze degrés et quelques nuages. Toulouse va avoir du soleil toute la journée et il va faire douze degrés. À Marseille, la température est de douze degrés maintenant, mais il va pleuvoir dans l'après-midi. Sur la Côte d'Azur, il fait treize degrés à

Section Goals

In this section, students will learn historical and cultural information about West Africa and Central Africa.

Key Standards
2.2, 3.1, 3.2, 5.1

21st Century Skills

Global Awareness
Students will gain perspectives on the Francophone world to develop respect and openness to other cultures.

Carte de l'Afrique de l'Ouest et de l'Afrique centrale
• Have students look at the map for this page. Ask volunteers to read the names of countries and cities aloud. Model pronunciation as necessary.
• Point out the photos of Abidjan, the administrative and commercial center of **la Côte d'Ivoire**, and Kinshasa. Abidjan is a major port city, but Kinshasa is an inland city connected by rail to the Atlantic.

La région en chiffres
• For the countries of French-speaking West and Central Africa, French is often the language of administration, education, and international communication. It is an official language and may share official status with English, Arabic, and local languages.
• Rwanda has three official languages, and Cameroon recognizes two official and 24 unofficial languages.

Incroyable mais vrai! UNESCO and other international organizations are working to protect the hippos in Virunga National Park from poaching and oil prospecting.

Savoir-faire

vhlcentral

Panorama

L'Afrique de l'Ouest

La région en chiffres

▶ Bénin: *(10.880.000 habitants), Porto Novo*
▶ Burkina-Faso: *(18.106.000), Ouagadougou*
▶ Côte d'Ivoire: *(22.702.000), Yamoussoukro*
▶ Guinée: *(12.609.000), Conakry*
▶ Mali: *(17.600.000), Bamako*
▶ Mauritanie: *(4.068.000), Nouakchott*
▶ Niger: *(19.899.000), Niamey*
▶ Sénégal: *(15.129.000), Dakar*
▶ Togo: *(7.305.000), Lomé*
SOURCE: Population Division, UN Secretariat

L'Afrique centrale

La région en chiffres

▶ Burundi: *(11.179.000), Bujumbura*
▶ Cameroun: *(23.344.000), Yaoundé*
▶ Congo: *(4.620.000), Brazzaville*
▶ Gabon: *(1.725.000), Libreville*
▶ République centrafricaine: *(4.900.000), Bangui*
▶ République démocratique du Congo (R.D.C.): *(77.267.000), Kinshasa*
▶ Rwanda: *(11.610.000), Kigali*
▶ Tchad: *(14.037.000), N'Djamena*

Personnes célèbres

▶ Sonia Rolland, *Rwanda, actrice et réalisatrice (1981–)*

▶ Djimon Hounsou, *Bénin, acteur (1964–)*

▶ Françoise Mbango-Etone, *Cameroun, athlète olympique (1976–)*

Terre *Earth* **plus ancien** *oldest* **En plus de** *On top of* **abrite** *houses* **paysages** *landscapes* **les plus actifs** *the most active*

 58 cinquante-huit

un marché en Afrique

LA TUNISIE
LE MAROC
L'ALGÉRIE
LA LIBYE
LE SAHARA OCCIDENTAL
LE SAHARA
LA MAURITANIE
Nouakchott
LE MALI
LE NIGER
LE TCHAD
LE SOUDAN
LE SÉNÉGAL
Dakar
LA GAMBIE
LE BURKINA-FASO
Niamey
Ouagadougou
Bamako
N'Djamena
LA GUINÉE
Conakry
LA GUINÉE-BISSAU
LE GHANA
LE BÉNIN
LE NIGÉRIA
LA RÉPUBLIQUE CENTRAFRICAINE
LE SOUDAN DU SUD
LA SIERRA LEONE
Yamoussoukro
Lomé
Porto Novo
LE CAMEROUN
LE TOGO
Yaoundé
Bangui
LA CÔTE D'IVOIRE
LE LIBÉRIA
LE GOLFE DE GUINÉE
L'OUGANDA
Libreville
LE RWANDA
Kigali
LA GUINÉE ÉQUATORIALE
LE GABON
LE CONGO
Bujumbura
L'OCÉAN ATLANTIQUE
Brazzaville
Kinshasa
LA RÉPUBLIQUE DÉMOCRATIQUE DU CONGO
LA TANZANIE
LE BURUNDI
L'ANGOLA
LA ZAMBIE

la ville d'Abidjan

la place des Artistes à Kinshasa

Pays francophones
0   500 miles
0   500 kilomètres

Incroyable mais vrai!

Où se trouve le paradis des hippopotames sur Terre°? Dans les rivières du plus ancien° parc d'Afrique, le parc national des Virunga, en République démocratique du Congo. En plus de° ses 20.000 hippopotames, le parc abrite° une biodiversité exceptionnelle due à la variété de ses paysages°, dominés par les deux volcans les plus actifs° du continent.

EXPANSION

Personnes célèbres Sonia Rolland has worked as a model and television actress in France, but is best known for being the first Miss France of mixed race (2000) and for founding Maïsha Africa, an association that helps orphans in Africa.
Djimon Hounsou immigrated to France at the age of 13, where he was discovered and made a fashion model by Thierry Mugler.

He has starred in major American and French films. He is also the first African male to be nominated for an Academy Award for his role in the movie *In America*. **Françoise Mbango-Etone** competes in the triple jump. She has won world championships, and she won an Olympic gold medal in 2004 and in 2008. She is the first Cameroonian athlete to win an Olympic medal.

Les gens
AP® Theme: Global Challenges
Context: Human Rights

Bineta Diop, la «vice-présidente» des femmes (Sénégal) (1950–)

Bineta Diop a appris de sa mère, Maréma Lo, une féministe pour le parti de Léopold Sédar Senghor au Sénégal, l'importance de la cause féminine, et elle dédie sa vie professionnelle à cette cause. En 1996, elle fonde une ONG° à Genève, Femmes Africa Solidarité, pour essayer d'encourager la solidarité entre femmes. Avec l'aide d'importantes avocates africaines, elle crée aussi un protocole pour les droits° de la femme qui naîtra° au Mozambique en 2003. Depuis janvier 2014, elle est l'envoyée spéciale pour les femmes, la paix et la sécurité à la Commission de l'Union Africaine, l'organisation principale des pays d'Afrique. Pas étonnant donc que le magazine *Times* la° nomme en 2011 l'une des cent personnalités les plus influentes au monde°!

La musique
AP® Theme: Beauty and Aesthetics
Context: Music

Le reggae ivoirien

La Côte d'Ivoire est un des pays d'Afrique où le reggae africain est le plus développé. Ce type de reggae se distingue du reggae jamaïcain par les instruments de musique utilisés et les thèmes abordés°. En fait, les artistes ivoiriens incorporent souvent des instruments traditionnels d'Afrique de l'Ouest et les thèmes sont souvent très politiques. Alpha Blondy, par exemple, est le plus célèbre des chanteurs ivoiriens de reggae et fait souvent des commentaires sociopolitiques. Le chanteur Tiken Jah Fakoly critique la politique occidentale et les gouvernants africains, et Ismaël Isaac dénonce les ventes d'armes° dans le monde. Le reggae ivoirien est chanté en français, en anglais et dans les langues africaines.

Alpha Blondy

Les lieux
AP® Theme: Global Challenges
Context: Environmental Issues

Les parcs nationaux du Cameroun

Avec la forêt, la savane et la montagne dans ses réserves et parcs nationaux, le Cameroun présente une des faunes et flores les plus riches et variées d'Afrique. Deux cent quarante empreintes° de dinosaures sont fossilisées au site de dinosaures de Manangia, dans la province du Nord. Les différentes réserves du pays abritent°, entre autres, éléphants, gorilles, chimpanzés, antilopes et plusieurs centaines d'espèces de reptiles, d'oiseaux et de poissons. Le parc national Korup est une des plus anciennes forêts tropicales du monde. Il est connu surtout récemment pour une liane°, découverte là-bas, qui pourrait avoir un effet sur la guérison° de certains cancers et du VIH°.

Les traditions
AP® Theme: Beauty and Aesthetics   Context: Visual Arts

Les masques du Gabon

Les masques gabonais exposés° aujourd'hui dans les musées européens ont inspiré de grands artistes du vingtième siècle, comme Matisse et Picasso. Pourtant, ces masques ne sont pas à l'origine de simples décorations ou objets d'art. Ce sont des objets rituels, utilisés par les différents groupes ethniques et sociétés initiatiques du Gabon. Chaque° société produit ses propres° masques; ils ont donc des formes très variées. Les masques sont le plus souvent° portés par les hommes, dans des cérémonies et rituels de groupe. Leurs matériaux et apparences sont très symboliques. Ils sont surtout faits de bois°, mais aussi de plumes°, de raphia° ou de peaux°, et ils ont des formes anthropomorphiques, zoomorphiques ou abstraites.

⁺ᵅ⁺ Qu'est-ce que vous avez compris? Répondez aux questions.

1. Qui est Francoise Mbango-Etone?
   C'est une athlète olympique de Cameroun.
2. Où est le paradis des hippopotames sur Terre?
   Il est dans le parc des Virunga, en République démocratique du Congo.
3. À quoi Bineta Diop dédie-t-elle sa vie professionnelle?
   Elle dédie sa vie professionnelle à la cause féminine.
4. Que fait Bineta Diop depuis 2014?
   Elle est l'envoyée spéciale pour les femmes, la paix et la sécurité à la Commission de l'Union Africaine.
5. Qu'est-ce qui distingue le reggae de Côte d'Ivoire du reggae jamaicain?
   Les instruments de musique et les thèmes des chansons.

6. Dans quelle langue est-ce qu'on chante le reggae en Côte d'Ivoire?
   On chante le reggae en français, en anglais et dans les langues africaines.
7. Qu'a-t-on trouvé sur le site de Manangia?
   On a trouvé des empreintes de dinosaures.
8. Où trouve-t-on une importante plante médicinale?
   On trouve cette plante dans le parc national Korup.
9. Quels artistes ont été inspirés par les masques du Gabon?
   Picasso et Matisse ont été inspirés par ces masques.
10. Pour quelles occasions porte-on les masques du Gabon?
    On porte les masques dans des cérémonies et rituels de groupe.

⁺ᵅ⁺ Sur Internet

1. Cherchez plus d'information sur le parc national Korup. Pourquoi sa biodiversité est-elle considérée comme une des plus riches de l'Afrique?

2. Écoutez des chansons (*songs*) de reggae ivoirien. Quels sont leurs thèmes?

3. Trouvez des exemples de masques du Gabon. Aimez-vous leurs styles? Pourquoi ou pourquoi pas?

ONG *NGO* **droits** *rights* **naîtra** *will be born* **la** *her*
personnalités les plus influentes au monde *most influential personalities in the world* **abordés** *dealt with*
ventes d'armes *weapons sales* **empreintes** *footprints*
abritent *provide a habitat for, shelter* **liane** *vine* **guérison** *cure*
VIH *HIV* **exposés** *exhibited* **Chaque** *Each* **propres** *own*
le plus souvent *most often* **bois** *wood* **plumes** *feathers*
raphia *raffia* **peaux** *skins*

cinquante-neuf **59**

Bineta Diop

- As a special envoy, Bineta Diop works to protect women and children in conflict situations, to involve women in peace processes, and prevent armed conflict.
- Explain that an NGO (non-governmental organization) is a non-profit, voluntary group that performs a service or humanitarian function.

Le reggae ivoirien Traditional African musical instruments include talking drums, djembe, balafone, kora, bolon, daro, and the gourd rattle. Have students find examples of these online.

Les parcs nationaux du Cameroun Ask students: **Quelles espèces d'animaux peut-on voir dans les réserves du Cameroun? (éléphants, gorilles, chimpanzés, antilopes, reptiles, oiseaux et poissons)**

Les masques du Gabon The Gabonese use masks in rituals to praise their ancestors and mark important life events. They also use them to show cultural identity, for protection, and to promote fertility. Discuss with students how masks are used in their culture(s): **Pour quelles occasions utilse-t-on des masques? Pourquoi utilise-t-on les masques?**

21ˢᵗ Century Skills

Information and Media Literacy
Go to vhlcentral.com to complete the Sur Internet activity associated with **Panorama** for additional practice accessing and using culturally authentic sources.

EXPANSION

Léopold Sédar Senghor Léopold Sédar Senghor (1906–2001) was a poet and polititian. He led his native Senegal in its fight for independence and became the country's first president in 1960. He is also a founding father of a literary movement called **la Négritude**. This African and Caribbean movement called on writers to cast aside colonial influence to embrace their own cultural heritage, traditions, history and belief and use them in the modern world. Examples of this can be seen in poems where the traditional values of closeness to nature and constant contact with ancestors are featured. Have students read one of Senghor's poems online and report on the themes and values highlighted in the poem.

Section Goals

In this section, students will:
• learn to skim a text
• read a weekly city guide about Montreal

Key Standards

1.2, 2.1, 3.2, 5.2

 PRE-AP®

Interpretive Reading:
Stratégie Tell students that they can often predict the content of an unfamiliar document in French by skimming it and looking for recognizable format elements.

Examinez le texte Have students skim the text at the top of this calendar of events in and around Montreal. Point out the cognates **arts**, **culture**, **festival**, **musique classique**, and **manifestations culturelles**. Ask them to predict what type of document it is (city guide/calendar of events in a newspaper/weekly). Then ask students to scan the rest of the calendar of events.

Catégories Before students do this activity, ask them to think of three words or expressions that fit each of the three given categories (**les loisirs culturels**, **les activités sportives**, **les activités de plein air**) in English.

Trouvez Go over answers with the whole class by pointing out where in the text each piece of information is found. Expand the activity by having students write additional entries for the calendar of events that include information for the unchecked items (**où manger cette semaine, le temps qu'il va faire cette semaine, des prix d'entrée, des adresses**).

Language Note Point out that French-speaking Canadians say **la fin de semaine** instead of **le week-end**.

Lecture vhlcentral

Avant la lecture

STRATÉGIE

Skimming

Skimming involves quickly reading through a document to absorb its general meaning. This allows you to understand the main ideas without having to read word for word. When you skim a text, look at its title and subtitles and read the first sentence of each paragraph.

Examinez le texte

Regardez rapidement le texte. Quel est le titre (*title*) du texte? En combien de parties le texte est-il divisé? Quels sont les titres des parties? Maintenant, regardez les photos. Quel est le sujet de l'article?

Catégories

Dans le texte, trouvez trois mots ou expressions qui représentent chaque catégorie. Answers will vary. Suggested answers below.

les loisirs culturels

| musique classique | cinéma africain | musée des Beaux-Arts |

les activités sportives

| golf | ski | tennis |

les activités de plein air (*outdoor*)

| camping | randonnées | équitation |

Trouvez

Regardez le document. Indiquez si vous trouvez ces informations.

_____ 1. où manger cette semaine
_____ 2. le temps qu'il va faire cette semaine
✓ 3. où aller à la pêche
_____ 4. des prix d'entrée (*entrance*)
✓ 5. des numéros de téléphone
✓ 6. des sports
✓ 7. des spectacles
_____ 8. des adresses

CETTE SEMAINE À MONTRÉAL ET DANS LA RÉGION

ARTS ET CULTURE 🔊

Festivals et autres manifestations culturelles à explorer:

• Festival de musique classique, samedi de 16h00 à 22h00, à la Salle de concerts Richelieu, à Montréal
• Festival du cinéma africain, dans tous les cinémas de Montréal
• Journée de la bande dessinée, samedi toute la journée, à la Librairie Rochefort, à Montréal
• Festival de reggae, dimanche tout l'après-midi, à l'Espace Lemay, à Montréal

Spectacle à voir°

• *La Cantatrice chauve*, pièce° d'Eugène Ionesco, samedi et dimanche à 20h00, au Théâtre du Chat Bleu, à Montréal

À ne pas oublier°

• Le musée des Beaux-Arts de Montréal, avec sa collection de plus de° 30.000 objets d'art du monde entier°

DIFFERENTIATION

For Kinesthetic Learners Write activities from the calendar of events (**aller à la pêche, jouer au baseball, faire de l'équitation,** etc.) on slips of paper. Divide the class into two teams. Have a member of one team draw a paper. That team member mimes the chosen activity. The other team guesses what it is. Give points for correct answers. The team with the most points wins.

EXPANSION

Reading Aloud Have groups of three students work together to read aloud each section of the calendar of events (**Arts et culture, Sports et jeux, Exploration**). Each student will then write two questions about the section that he or she read. After they have finished, ask groups to exchange their questions with another group. Have groups read the questions to the class and ask volunteers to answer them.

SPORTS ET JEUX

- L'Académie de golf de Montréal organise un grand tournoi° le mois prochain. Pour plus d'informations, contactez le (514) 846-1225.
- Tous les dimanches, le Club d'échecs de Montréal organise des tournois d'échecs en plein air° dans le parc Champellier. Pour plus d'informations, appelez le (514) 846-1085.
- Skiez! Passez la fin de semaine dans les Laurentides° ou dans les Cantons-de-l'Est!
- Et pour la famille sportive: essayez le parc Lafontaine, un centre d'amusement pour tous qui offre: volley-ball, tennis, football et baseball.

PASSIONNÉ° DE PÊCHE?
N'OUBLIEZ PAS LES NOMBREUX
LACS° OÙ LA PÊCHE EST AUTORISÉE.

EXPLORATION

Redécouvrez la nature grâce à° ces activités à ne pas manquer°:

Visite du parc national de la Jacques-Cartier°
- Camping
- Promenades et randonnées
- Observation de la faune et de la flore

Région des Laurentides et Gaspésie°
- Équitation°
- Randonnées à cheval de 2 à 5 jours en camping

voir *see* **pièce (de théâtre)** *play* **À ne pas oublier** *Not to be forgotten* **plus de** *more than* **du monde entier** *from around the world* **tournoi** *tournament* **en plein air** *outdoor* **Laurentides** *region of eastern Quebec* **Passionné** *Enthusiast* **lacs** *lakes* **grâce à** *thanks to* **à ne pas manquer** *not to be missed* **la Jacques-Cartier** *the Jacques-Cartier river in Quebec* **Gaspésie** *peninsula of Quebec* **Équitation** *Horseback riding*

Après la lecture

Répondez Répondez aux questions avec des phrases complètes.

1. Citez deux activités sportives qu'on peut pratiquer à l'extérieur.
   Answers will vary.

2. À quel jeu est-ce qu'on joue dans le parc Champellier?
   On joue aux échecs dans le parc Champellier.

3. Où va peut-être aller un passionné de lecture et de dessin?
   Un passionné de lecture et de dessin va peut-être aller à la Journée de la bande dessinée.

4. Où pratique-t-on des sports d'équipe?
   On pratique des sports d'équipe au parc Lafontaine.

5. Où y a-t-il de la neige au Québec en cette saison?
   Il y a de la neige dans les Laurentides et dans les Cantons-de-l'Est.

6. Si on aime beaucoup la musique, où peut-on aller?
   On peut aller au Festival de musique classique ou au Festival de reggae.

Suggestions Lucille passe une année dans un lycée du Québec. Ce week-end, elle invite sa famille à explorer la région. Choisissez une activité à faire ou un lieu à visiter que chaque membre de sa famille va aimer.

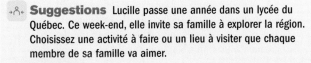

La sœur cadette de Lucille adore le ski.
Elle va aimer les Laurentides et les Cantons-de-l'Est.

1. La mère de Lucille est artiste.
   Elle va aimer le musée des Beaux-Arts de Montréal.

2. Le frère de Lucille joue au volley-ball à l'université.
   Il va aimer le parc Lafontaine.

3. La sœur aînée de Lucille a envie de voir un film sénégalais.
   Elle va aimer le Festival du cinéma africain.

4. Le grand-père de Lucille joue souvent aux échecs.
   Il va aimer les tournois d'échecs en plein air dans le parc Champellier.

5. La grand-mère de Lucille est fan de théâtre.
   Elle va aimer *La Cantatrice chauve* au Théâtre du Chat Bleu.

6. Le père de Lucille adore la nature et les animaux, mais il n'est pas très sportif.
   Answers will vary. Possible answer: Il va aimer les promenades dans le parc national de la Jacques-Cartier.

Une invitation Vous allez passer le week-end au Québec. Qu'est-ce que vous allez faire? Par groupes de quatre, discutez des activités qui vous intéressent (*that interest you*) et essayez de trouver trois ou quatre activités que vous avez en commun. Attention! Il va peut-être pleuvoir ce week-end, alors ne choisissez pas (*don't choose*) uniquement des activités de plein air!

Répondez Present these as items 7–10. **7. Où peut-on voir des films africains? (On peut voir des films africains dans tous les cinémas de Montréal.) 8. Combien d'objets d'art y a-t-il au musée des Beaux-Arts de Montréal? (Il y a plus de 30.000 objets d'art.) 9. Quels sports pratique-t-on au parc Lafontaine? (On propose le volley-ball, le tennis, le football et le baseball.) 10. Si on aime beaucoup les animaux et les fleurs, où peut-on aller? (On peut aller au parc national de la Jacques-Cartier.)**

Suggestions Ask students to write about three more members of Lucille's family. They should model their sentences after the ones in the activity, saying what each person enjoys doing. Then have students read their sentences to a partner. The partner will come up with a suggested activity or place to visit that will suit each person.

Une invitation Give students a couple of minutes to review the **Vocabulaire** on page 22, **Expressions utiles** on page 27, and Expressions with **faire** on page 30. Add activities, such as **faire du surf des neiges, prendre des photos, faire des arts martiaux**, and **faire du skateboard**.

Expansion Have one or two groups act out their conversation from **Une invitation** for the rest of the class. Before the groups begin, have the listeners in the class write a list of ten activities that they think will be mentioned in each of the presentations. As students listen, have them check off on their list the activities they hear.

21st Century Skills

Creativity and Innovation Ask students to prepare a presentation on the ideal weekend in a city like Montreal, inspired by the information on these two pages.

EXPANSION

True-False Statements Give students true or false statements about the **Lecture**. Example: **On peut faire des randonnées à cheval au parc national de la Jacques-Cartier. (Faux. On peut faire des randonnées à cheval en Région des Laurentides et Gaspésie.)**

TEACHING OPTIONS

Writing Practice Ask students to go through the selection and locate all of the activities that require the usage of **faire**. (Encourage them to use their dictionaries, if necessary.) Then have them write sentences saying whether or not they like doing those activities. Example: **Activités avec faire: faire du vélo, faire de l'équitation, etc. J'aime faire du vélo. Je n'aime pas faire d'équitation.**

Section Goals

In this section, students will:
- learn to use a French-English dictionary
- write a brochure including weather-related information and seasonal activities

Key Standards

1.3, 3.1, 5.1

Stratégie Explain to students that when they look up a translation of an English word in a French-English dictionary, they will frequently find more than one translation. They must decide which one best fits the context. Discuss the meanings of *racket* that might be found in an entry in a French-English dictionary and the usefulness of the explanatory notes and abbreviations found in dictionary entries.

Thème Remind students of some of the common graphic features used in brochures: headings, times and places, brief descriptions of events, and prices.

21st Century Skills

Leadership and Responsibility
Ask students to work with their local recreation center to create a French-language brochure for French-speaking visitors to their community.

Écriture

STRATÉGIE

Using a dictionary

A common mistake made by beginning language learners is to use the dictionary as the ultimate resource for reading, writing, and speaking. While it is true that the dictionary is a useful tool that can provide valuable information about vocabulary, using the dictionary correctly requires that you understand the elements of each entry.

If you glance at a French-English dictionary, you will notice that the format is similar to that of an English dictionary. The word is listed first, usually followed by its pronunciation. Then come the definitions, organized by parts of speech. Sometimes, the most frequently used meanings are listed first.

To find the best word for your needs, you should refer to the abbreviations and the explanatory notes that appear next to the entries. For example, imagine that you are writing about your pastimes. You want to write *I want to buy a new racket for my match tomorrow*, but you don't know the French word for *racket*.

In the dictionary, you might find an entry like this one:

> **racket** n 1. boucan; 2. raquette (sport)

The abbreviation key at the front of the dictionary says that *n* corresponds to **nom** (*noun*). Then, the first word you see is **boucan**. The definition of **boucan** is *noise or racket,* so **boucan** is probably not the word you want. The second word is **raquette**, followed by the word *sport*, which indicates that it is related to **sports**. This detail indicates that the word **raquette** is the best choice for your needs.

Thème

Écrire une brochure

Avant l'écriture

1. Choisissez le sujet de votre brochure:

   A. Vous travaillez à la Chambre de Commerce de votre région. Elle vous demande de créer (*asks you to create*) une petite brochure sur le temps qu'il fait dans votre région aux différentes saisons de l'année pour des hommes et femmes d'affaires francophones en visite. Pour chaque saison, décrivez le temps, les endroits qu'il faut visiter pendant cette (*during that*) saison et les activités culturelles et sportives à faire.

   B. Vous avez une réunion familiale pour décider où aller en vacances cette année. Choisissez un lieu de vacances où vous avez envie d'aller et créez une brochure pour montrer à votre famille pourquoi il faut y aller (*go there*). Décrivez la météo (*the weather*) de l'endroit et indiquez les différentes activités culturelles et sportives qu'on peut y faire.

   C. Vous passez un semestre dans le pays francophone de votre choix (*of your choice*). Deux élèves de votre cours de français ont aussi envie de visiter ce pays. Créez une petite brochure pour partager vos impressions du pays. Présentez le pays, donnez des informations sur le temps et décrivez vos activités préférées dans ce pays.

EXPANSION

Avant l'écriture Reinforce to students that when they look up a word in a French-English dictionary, not all of the translations listed will have the same meaning. Tell them that a good way to check a possible translation of an English word is to look up the French word and see how it is translated back into English.

Discuss the three topics students may wish to write about. Introduce terms such as **comité**, **guide d'orientation**, and **chambre de commerce**. Evaluate the level of formality of each of the brochures described. (The chamber of commerce brochure will be more formal than the family and student brochures.) Remind students to keep this in mind when they create their brochures.

2. Choisissez le sujet de votre brochure et pensez au vocabulaire utile à son écriture. Utilisez le tableau (*chart*) pour noter tous les mots (*words*) en français qui vous viennent à l'esprit (*you can think of*). Ensuite (*Next*), regardez le tableau. Avez-vous besoin d'autres mots? Ajoutez-les (*Add them*) en anglais.

3. Cherchez les mots en anglais dans le dictionnaire. N'oubliez pas d'utiliser la procédure de **Stratégie**. Ajoutez les mots au tableau.

Mots en français (de moi)	Mots en anglais	Équivalent français des mots en anglais

Écriture

Utilisez le vocabulaire du tableau pour créer votre brochure. N'oubliez pas de penser à un titre (*title*). Ensuite, créez des sections et donnez-leur (*them*) aussi un titre, comme **Printemps, Été, ...; Ville, Campagne (Countryside), ...; France, Tunisie, ...** Vous pouvez (*can*) utiliser des photos pour illustrer.

Après l'écriture

1. Échangez votre brochure avec celle (*the one*) d'un(e) partenaire. Répondez à ces questions pour commenter son travail.

- Votre partenaire a-t-il/elle couvert (*did cover*) le sujet?

- A-t-il/elle donné (*did give*) un titre à la brochure et aux sections?

- S'il (*If there*) y a des photos, illustrent-elles le texte?

- Votre partenaire a-t-il/elle utilisé (*did use*) le vocabulaire approprié?

- A-t-il/elle correctement conjugué (*did conjugate*) les verbes?

2. Corrigez votre brochure d'après (*according to*) les commentaires de votre partenaire. Relisez votre travail pour éliminer ces problèmes:

- des fautes (*errors*) d'orthographe

- des fautes de ponctuation

- des fautes de conjugaison

- des fautes d'accord (*agreement*) des adjectifs

- un mauvais emploi (*use*) de la grammaire

Key Standards

4.1

Suggestion Tell students that an easy way to study from **Vocabulaire** is to cover up the French half of each section, leaving only the English equivalents exposed. They can then quiz themselves on the French items. To focus on the English equivalents of the French entries, they simply reverse this process.

 21ˢᵗ Century Skills

Creativity and Innovation
Ask students to prepare a list of three products or perspectives they learned about in this unit to share with the class. Consider asking them to focus on the **Culture** and **Panorama** sections.

 21ˢᵗ Century Skills

Leadership and Responsibility: Extension Project
If you have access to students in a Francophone country, have students decide on three questions they want to ask the partner class related to this unit's topic. Based on the responses they receive, work as a class to explain to the partner class one aspect of their responses that surprised the class and why.

Leçon 5A

Activités sportives et loisirs

aider	to help
aller à la pêche	to go fishing
bricoler	to tinker; to do odd jobs
chanter	to sing
désirer	to want; to desire
gagner	to win
indiquer	to indicate
jouer (à/de)	to play
marcher	to walk (person); to work (thing)
pratiquer	to practice; to play (a sport)
skier	to ski
une bande dessinée (B.D.)	comic strip
le baseball	baseball
le basket(-ball)	basketball
les cartes (f.)	cards
le cinéma	movies
les échecs (m.)	chess
une équipe	team
le foot(ball)	soccer
le football américain	football
le golf	golf
un jeu	game
un joueur/une joueuse	player
un loisir	leisure activity
un match	game
un passe-temps	pastime, hobby
un spectacle	show
le sport	sport
un stade	stadium
le temps libre	free time
le tennis	tennis
le volley(-ball)	volleyball

La fréquence

une/deux fois	one/two time(s)
par jour, semaine, mois, an, etc.	per day, week, month, year, etc.
déjà	already
encore	again; still
jamais	never
longtemps	a long time
maintenant	now
parfois	sometimes
rarement	rarely
souvent	often

Expressions utiles

See p. 27.

faire

faire	to do, to make
je fais, tu fais, il/elle/on fait, nous faisons, vous faites, ils/elles font	

Expressions with *faire*

faire de l'aérobic	to do aerobics
faire attention (à)	to pay attention (to)
faire du camping	to go camping
faire du cheval	to go horseback riding
faire la connaissance de...	to meet (someone) for the first time
faire la cuisine	to cook
faire de la gym	to work out
faire du jogging	to go jogging
faire de la planche à voile	to go windsurfing
faire une promenade	to go for a walk
faire une randonnée	to go for a hike
faire du ski	to go skiing
faire du sport	to play sports
faire un tour (en voiture)	to go for a walk (drive)
faire du vélo	to go bike riding

Il faut...

il faut...	it is necessary to...; one must...

Verbes irréguliers en *-ir*

courir	to run
dormir	to sleep
partir	to leave
sentir	to feel; to smell; to sense
servir	to serve
sortir	to go out, to leave

Leçon 5B

Le temps qu'il fait

Il fait 18 degrés.	It is 18 degrees.
Il fait beau.	The weather is nice.
Il fait bon.	The weather is good/warm.
Il fait chaud.	It is hot (out).
Il fait (du) soleil.	It is sunny.
Il fait du vent.	It is windy.
Il fait frais.	It is cool.
Il fait froid.	It is cold.
Il fait mauvais.	The weather is bad.
Il fait un temps épouvantable.	The weather is dreadful.
Il neige. (neiger)	It is snowing. (to snow)
Il pleut. (pleuvoir)	It is raining. (to rain)
Le temps est nuageux.	It is cloudy.
Le temps est orageux.	It is stormy.
Quel temps fait-il?	What is the weather like?
Quelle température fait-il?	What is the temperature?
un imperméable	rain jacket
un parapluie	umbrela

Les saisons, les mois, les dates

une saison	season
l'automne (m.)/à l'automne	fall/in the fall
l'été (m.)/en été	summer/in the summer
l'hiver (m.)/en hiver	winter/in the winter
le printemps (m.)/ au printemps	spring/in the spring
janvier	January
février	February
mars	March
avril	April
mai	May
juin	June
juillet	July
août	August
septembre	September
octobre	October
novembre	November
décembre	December
Quelle est la date?	What's the date?
C'est le 1er (premier) octobre.	It's the first of October.
C'est quand votre/ ton anniversaire?	When is your birthday?
C'est le 2 mai.	It's the second of May.
C'est quand l'anniversaire de Paul?	When is Paul's birthday?
C'est le 15 mars.	It's March 15th.
un anniversaire	birthday

Expressions utiles

See p. 45.

Numbers 101 and higher

See p. 48.

Mathematical terms

et	plus
divisé par	divided by
égale	equals
fois	times
font	equals
moins	minus
multiplié par	multiplied by
plus	plus
sur	divided by

Verbes

acheter	to buy
amener	to bring (someone)
célébrer	to celebrate
considérer	to consider
emmener	to take (someone)
employer	to use
envoyer	to send
espérer	to hope
essayer (de + *inf.*)	to try (to)
nettoyer	to clean
payer	to pay
posséder	to possess, to own
préférer	to prefer
protéger	to protect
répéter	to repeat; to rehearse

Les fêtes

Unité 6

Pour commencer
- Combien de personnes y a-t-il sur la photo? Quel âge ont-ils, à votre avis?
- Qu'est-ce qu'ils fêtent aujourd'hui?
- Qu'est-ce qu'ils vont manger, du fromage ou un dessert?
- Et vous, organisez-vous souvent des fêtes? Pour quelles occasions?

Unit Goals

Leçon 6A

In this lesson, students will learn:
- terms for parties and celebrations
- terms for the stages of life
- more differences between open and closed vowels
- about **carnaval** and France's Bastille Day
- more about festivals and holiday celebrations through specially shot video footage
- demonstrative adjectives
- the **passé composé** with **avoir**
- some irregular past participles
- about a Christmas market in Paris

Leçon 6B

In this lesson, students will learn:
- terms for clothing, shopping, and colors
- more about open and closed vowels
- about fashion in France
- indirect object pronouns
- more uses of disjunctive pronouns
- the present tense and **passé composé** of regular and irregular **-re** verbs
- to listen for linguistic cues in oral communication

Savoir-faire

In this section, students will learn:
- cultural, geographical, and historical information about Algeria, Morocco, and Tunisia
- to recognize word families
- how to report an interview

> **21st Century Skills**
>
> **Initiative and Self-Direction**
> Students can monitor their progress online using the activities and assessments on vhlcentral.com.

Pour commencer
- Il y a trois personnes. Ils ont peut-être quinze ou seize ans.
- Ils fêtent l'anniversaire de la fille.
- Ils vont manger un dessert.
- Answers will vary.

SUPPORT FOR BACKWARD DESIGN

Unité 6 **Essential Questions**
1. How do people talk about celebrating life events?
2. How do people talk about shopping and describe clothing?
3. How do people talk about events in the past?

Unité 6 **Integrated Performance Assessment**
Before teaching the chapter, review the Integrated Performance Assessment (IPA) and its accompanying scoring rubric provided in the Testing Program. Use the IPA to assess students' progress toward proficiency targets at the end of the chapter.
IPA Context: You recently met a new acquaintance from Quebec who just moved to your town. Your new friend wants to know about the most important or fun celebration in your area. With a partner, you record a short video to describe this celebration to your new friend and compare it to a popular celebration in Quebec.

FORUMS

Forums on vhlcentral.com allow you and your students to record and share audio messages. Use Forums for presentations, oral assessments, discussions, directions, etc.

Section Goals

In this section, students will learn and practice vocabulary related to:
• parties and celebrations
• stages of life and interpersonal relationships

Key Standards

1.1, 1.2, 4.1

Suggestions

• Have students look over the new vocabulary and identify the cognates. Examples: **organiser**, **fiancé(e)**, **mariage**, and **divorce**.

• Describe what people are doing in the drawing using the digital image for this page. Follow up with simple questions based on your narrative.

• Point out the banner and the cake in the illustration. Ask students what **Bon anniversaire** and **Joyeux anniversaire** mean. (*Happy birthday*)

• Point out the similarities and differences between these related words: **aimer**, **ami(e)**, **l'amitié**, **un amour**, **amoureux**, and **amoureuse**.

 **TELL Connection**

Environment 4 *Why:* A culture-rich environment supports language use. *What:* Support the unit theme by having students help create **décor** for a party; you may need to give students additional terms in French to support class discussion of the **décor** they create.

You will learn how to...
• talk about celebrations
• talk about the stages of life

🔊 **vhl**central

Surprise!

Vocabulaire

faire une surprise (à quelqu'un)	to surprise (someone)
fêter	to celebrate
organiser une fête	to organize a party
une fête	party; celebration
un jour férié	holiday
l'amitié	friendship
l'amour	love
le bonheur	happiness
un(e) fiancé(e)	fiancé
des jeunes mariés (m.)	newlyweds
un rendez-vous	date; appointment
l'adolescence (f.)	adolescence
l'âge adulte (m.)	adulthood
un divorce	divorce
l'enfance (f.)	childhood
une étape	stage
la jeunesse	youth
un mariage	marriage; wedding
la mort	death
la naissance	birth
la vie	life
la vieillesse	old age
prendre sa retraite	to retire
tomber amoureux/amoureuse	to fall in love
ensemble	together

les invitées (f.)
les invités (m.)
l'hôte (m.)
l'hôtesse (f.)
le gâteau
la glace
les biscuits (m.)
les bonbons (m.)
les desserts (m.)
les glaçons (m.)

EXPANSION

Les fêtes Point out that, in addition to celebrating birthdays, many people in French-speaking cultures celebrate **la fête**, or saint's day, which is based upon their given name. Bring in a French calendar that has the names of **fêtes** and have students find their own saint's day. You may need to help students find the name that most closely resembles their own.

EXPANSION

Writing Practice Have students write three fill-in-the-blank sentences based on the drawing above, using the new vocabulary. Then have each student exchange papers with a classmate and complete the sentences. Remind them to verify their answers.

Mise en pratique

BON ANNIVERSAIRE, MARC!

la surprise

le couple

le cadeau

1 Chassez l'intrus Indiquez le mot ou l'expression qui n'appartient pas (*doesn't belong*) à la liste.

1. l'amour, tomber amoureux, un fiancé, un divorce
2. un mariage, un couple, un jour férié, une fiancée
3. un biscuit, un glaçon, un dessert, un gâteau
4. la retraite, l'amitié, le bonheur, l'amour
5. la vieillesse, la naissance, l'enfance, la jeunesse
6. faire la fête, un hôte, des invités, une étape
7. fêter, un cadeau, la vie, une surprise
8. la glace, l'âge adulte, la mort, l'adolescence

2 Écoutez Écoutez la conversation entre Anne et Nathalie. Indiquez si les affirmations sont **vraies** ou **fausses**.

	Vrai	Faux
1. Jean-Marc va prendre sa retraite dans six mois.	☐	☑
2. Nathalie a l'idée d'organiser une fête pour Jean-Marc.	☐	☑
3. Anne va acheter un gâteau.	☑	☐
4. Nathalie va apporter de la glace.	☐	☑
5. La fête est une surprise.	☑	☐
6. Nathalie va envoyer les invitations par e-mail.	☑	☐
7. La fête va avoir lieu (*take place*) dans le bureau d'Anne.	☐	☑
8. La maison d'Anne n'est pas belle.	☐	☑
9. Tout le monde va donner des idées pour le cadeau.	☑	☐
10. Les invités vont acheter le cadeau.	☐	☑

3 Associez Faites correspondre les mots et expressions de la colonne de gauche avec les définitions de la colonne de droite. Notez que tous les éléments ne sont pas utilisés. Ensuite (*Then*), avec un(e) partenaire, donnez votre propre définition de quatre expressions de la première colonne. Votre partenaire doit deviner (*must guess*) de quoi vous parlez.

b 1. la naissance
n/a 2. l'enfance
c 3. l'adolescence
n/a 4. l'âge adulte
e 5. tomber amoureux
a 6. un jour férié
g 7. le mariage
f 8. le divorce
h 9. prendre sa retraite
d 10. la mort

a. C'est une date importante, comme le 4 juillet aux États-Unis.
b. C'est la fin de l'étape prénatale.
c. C'est l'étape de la vie pendant laquelle (*during which*) on va au lycée.
d. C'est un événement très triste.
e. C'est soudain (*suddenly*) aimer une personne.
f. C'est le futur probable d'un couple qui se dispute (*fights*) tout le temps.
g. C'est un jour de bonheur et de célébration de l'amour.
h. C'est quand une personne décide de ne plus travailler.

For Visual Learners Write vocabulary words on index cards. On another set of cards, draw or paste pictures to match or demonstrate each term. Tape them face down on the board in random order. Divide the class into two teams. Then play a game of concentration, matching words with pictures. When a player has a match, his/her team collects those cards. When all the cards have been matched, the team with the most cards wins.

Opposites Say vocabulary words aloud and have students write or say opposite terms. Examples: **la jeunesse (la vieillesse), le divorce (le mariage), la naissance (la mort), séparé (ensemble),** and **enfant (adulte).**

---

1 Expansion Have students create one or two additional items using at least three of the new vocabulary words in each one. Collect their papers and write some of the items on the board.

2 Script ANNE: Nathalie, je vais organiser une fête pour Jean-Marc. Il va prendre sa retraite dans un mois. Ça va être une surprise. Je vais acheter un gâteau.
NATHALIE: Oh, et moi, qu'est-ce que je fais pour aider, Anne? J'apporte des biscuits?
A: Oui, c'est une bonne idée. Il faut aussi trouver un cadeau original.
N: D'accord, mais je vais avoir besoin d'un peu de temps pour y penser.
A: Qu'est-ce qu'on fait pour les invités?
N: Pour faire une vraie surprise à Jean-Marc, il faut être discrètes. Je propose d'envoyer un e-mail à tout le monde. En plus, comme ça, c'est rapide.
A: Et qu'est-ce qu'on fait pour la décoration?
N: Pourquoi ne pas fêter sa retraite chez toi? Ta maison est belle, et on n'a pas besoin de beaucoup de décoration.
A: Oui, pourquoi pas! Maintenant, il ne reste plus qu'à trouver un cadeau. Pourquoi est-ce qu'on ne demande pas aux autres de donner des idées par e-mail?
N: Oui, et quel beau cadeau pour Jean-Marc si tout le monde participe et donne un peu d'argent!
Teacher Resources DVD

2 Suggestion Play the conversation again, stopping at the end of each sentence that contains the answer to one of these items. Have students verify true statements and correct the false ones.

3 Suggestion Have volunteers share their definitions with the class.

67

Communication

4 Le mot juste Complétez les phrases par le mot illustré. Faites les accords nécessaires. Ensuite (*Then*), avec deux personnes, créez (*create*) une phrase pour laquelle (*for which*) vous illustrez trois mots de **CONTEXTES**. Échangez votre phrase avec celle d'un autre groupe et résolvez le rébus (*puzzle*).

1. Caroline est une amie d' ___enfance___ . Je vais lui faire une ___surprise___ samedi.

   C'est son anniversaire.

2. Marc et Sophie sont inséparables. Ils sont toujours ___ensemble___ . C'est le bonheur et

   le grand ___amour___ .

3. Les ___invités___ aiment beaucoup les desserts: un ___gâteau___ au chocolat

   et des ___bonbons___ .

4. Les (jeunes) mariés ont beaucoup de ___cadeaux___ .

5. La ___naissance___ de ma sœur est un grand ___bonheur___ pour mes parents.

5 Sept différences Votre professeur va vous donner, à vous et à votre partenaire, deux feuilles d'activités différentes. À tour de rôle, posez-vous des questions pour trouver les sept différences entre les illustrations de l'anniversaire des jumeaux (*twins*) Boniface. Attention! Ne regardez pas la feuille de votre partenaire.

MODÈLE

Élève 1: *Sur mon image, il y a trois cadeaux. Combien de cadeaux y a-t-il sur ton image?*
Élève 2: *Sur mon image, il y a quatre cadeaux.*

6 C'est la fête! Vous avez envie d'organiser une fête! Avec un(e) partenaire, écrivez une conversation au sujet de la préparation de cette fête. N'oubliez pas de répondre aux questions suivantes. Ensuite (*Then*), jouez (*act out*) votre dialogue devant la classe. Answers will vary.

1. Quand allez-vous organiser la fête?
2. Qui vont être les invités?
3. Où la fête va-t-elle avoir lieu (*take place*)?
4. Qu'allez-vous manger? Qu'allez-vous boire?
5. Qui va apporter quoi?
6. Qui est responsable de la musique? De la décoration?
7. Qu'allez-vous faire pendant (*during*) la fête?
8. Qui va nettoyer après la fête?

Les sons et les lettres 🔊 vhlcentral

Open vs. closed vowels: Part 2

The letter combinations **au** and **eau** are pronounced like the vowel sound in the English word *coat*, but without the glide heard in English. These are closed **o** sounds.

chaud	aussi	beaucoup	tableau

When the letter **o** is followed by a consonant sound, it is usually pronounced like the vowel in the English word *raw*. This is an open **o** sound.

homme	téléphone	ordinateur	orange

When the letter **o** occurs as the last sound of a word or is followed by a *z* sound, such as a single **s** between two vowels, it is usually pronounced with the closed **o** sound.

trop	héros	rose	chose

When the letter **o** has an **accent circonflexe**, it is usually pronounced with the closed **o** sound.

drôle	bientôt	pôle	côté

Prononcez Répétez les mots suivants à voix haute.

1. rôle
2. porte
3. dos
4. chaud
5. prose
6. gros
7. oiseau
8. encore
9. mauvais
10. nouveau
11. restaurant
12. bibliothèque

Articulez Répétez les phrases suivantes à voix haute.

1. En automne, on n'a pas trop chaud.
2. Aurélie a une bonne note en biologie.
3. Votre colocataire est d'origine japonaise?
4. Sophie aime beaucoup l'informatique et la psychologie.
5. Nos copains mangent au restaurant marocain aujourd'hui.
6. Comme cadeau, Robert et Corinne vont préparer un gâteau.

Dictons Répétez les dictons à voix haute.

La fortune vient en dormant.[2]

Tout nouveau, tout beau.[1]

[1] Shiny and new.
[2] Fortune comes while you sleep.

Section Goals
In this section, students will learn more about open and closed vowels.

Key Standards
4.1

Suggestions
• Model the pronunciation of each open and closed vowel sound. Have students watch the shape of your mouth, then repeat the sound after you. Pronounce each of the example words and have students repeat them.
• Remind students that **o** is sometimes nasalized when followed by a single **m** or **n**. Compare the following words: **bon, nom,** and **bonne, homme**.
• Ask students to provide more examples of words from this lesson or previous lessons with these vowel sounds. Examples: **cadeau, gâteau, hôte, octobre,** and **beau**.
• Dictate five familiar words containing the open and closed vowels presented here, repeating each one at least two times. Then write them on the board or on a transparency and have students check their spelling.

Dictons Ask students if they can think of sayings in English that are similar to **«La fortune vient en dormant.»** (*Good things come to those who wait. Patience is a virtue.*)

EXPANSION

Mini-dictée Use these sentences with open and closed vowel sounds for additional practice or dictation. **1. Octobre est en automne. 2. Est-ce qu'il fait mauvais aujourd'hui? 3. En août, il fait beau, mais il fait chaud. 4. Aurélie est aussi drôle que Paul.**

EXPANSION

Tongue Twister Teach students this French tongue-twister that contains a variety of vowel sounds. **Paul se pèle au pôle dans sa pile de pulls et polos pâles. Pas plus d'appel de la poule à l'Opel que d'opale dans la pelle à Paul.**

69

Les cadeaux vhlcentral

AP® Theme: Contemporary Life
Context: Holidays and Celebrations

PERSONNAGES

Amina

Astrid

Rachid

Sandrine

Valérie

Vendeuse

À l'appartement de Sandrine...
SANDRINE Allô, Pascal? Tu m'as téléphoné? Écoute, je suis très occupée, là. Je prépare un gâteau d'anniversaire pour Stéphane... Il a dix-huit ans aujourd'hui... On organise une fête surprise au P'tit Bistrot.

SANDRINE J'ai fait une mousse au chocolat, comme pour ton anniversaire. Stéphane adore ça! J'ai aussi préparé des biscuits que David aime bien.

SANDRINE Quoi? David!... Mais non, il n'est pas marié. C'est un bon copain, c'est tout!... Désolée, je n'ai pas le temps de discuter. À bientôt.

RACHID Écoute, Astrid. Il faut trouver un cadeau... un *vrai* cadeau d'anniversaire.
ASTRID Excusez-moi, Madame. Combien coûte cette montre, s'il vous plaît?
VENDEUSE Quarante euros.
ASTRID Que penses-tu de cette montre, Rachid?
RACHID Bonne idée.

VENDEUSE Je fais un paquet cadeau?
ASTRID Oui, merci.
RACHID Eh, Astrid, il faut y aller!
VENDEUSE Et voilà dix euros. Merci, Mademoiselle, bonne fin de journée.

Au café...
VALÉRIE Ah, vous voilà! Astrid, aide-nous avec les décorations, s'il te plaît. La fête commence à six heures. Sandrine a tout préparé.
ASTRID Quelle heure est-il? Zut, déjà? En tout cas, on a trouvé des cadeaux.
RACHID Je vais chercher Stéphane.

A C T I V I T É S

1 **Vrai ou faux?** Indiquez si ces (*these*) affirmations sont vraies ou fausses.

1. Sandrine prépare un gâteau d'anniversaire pour Stéphane. Vrai.

2. Sandrine est désolée parce qu'elle n'a pas le temps de discuter avec Rachid. Faux.

3. Pour aider Sandrine, Valérie va apporter les desserts. Vrai.

4. Rachid ne comprend pas la blague. Vrai.

5. Rachid et Astrid trouvent un cadeau pour Valérie. Faux.

6. Rachid n'aime pas l'idée de la montre pour Stéphane. Faux.

7. La fête d'anniversaire pour Stéphane commence à huit heures. Faux.

8. Sandrine va chercher Stéphane. Faux.

9. Amina a apporté de la glace au chocolat. Vrai.

10. Les parents d'Amina vont passer l'été en France. Vrai.

Tout le monde prépare la surprise pour Stéphane.

VALÉRIE Oh là là! Tu as fait tout ça pour Stéphane?!
SANDRINE Oh, ce n'est pas grand-chose.
VALÉRIE Tu es un ange! Stéphane va bientôt arriver. Je t'aide à apporter ces desserts?
SANDRINE Oh, merci, c'est gentil.

Dans un magasin...

ASTRID Eh Rachid, j'ai eu une idée géniale... Des cadeaux parfaits pour Stéphane. Regarde! Ce matin, j'ai acheté cette calculatrice et ces livres.
RACHID Mais enfin, Astrid, Stéphane n'aime pas les livres.
ASTRID Oh, Rachid, tu ne comprends rien. C'est une blague.

AMINA Bonjour! Désolée, je suis en retard!
VALÉRIE Ce n'est pas grave. Tu es toute belle ce soir!

AMINA Vous trouvez? J'ai acheté ce cadeau pour Stéphane. Et j'ai apporté de la glace au chocolat aussi.
VALÉRIE Oh, merci! Il faut aider Astrid avec les décorations.
ASTRID Salut, Amina. Ça va?
AMINA Oui, super. Mes parents ont téléphoné du Sénégal ce matin! Ils vont passer l'été ici. C'est le bonheur!

Expressions utiles

Talking about celebrations
- **J'ai fait une mousse au chocolat, comme pour ton anniversaire.**
  I made a chocolate mousse, (just) like for your birthday.
- **J'ai aussi préparé des biscuits que David aime bien.**
  I have also prepared some cookies that David likes.
- **Je fais un paquet cadeau?**
  Shall I wrap the present?
- **En tout cas, on a trouvé des cadeaux.**
  In any case, we have found some presents.
- **Et j'ai apporté de la glace au chocolat.**
  And I brought some chocolate ice cream.

Talking about the past
- **Tu m'as téléphoné?**
  Did you call me?
- **Tu as fait tout ça pour Stéphane?!**
  You did all that for Stéphane?!
- **J'ai eu une idée géniale.**
  I had a great idea.
- **Sandrine a tout préparé.**
  Sandrine prepared everything.

Pointing out things
- **Je t'aide à apporter ces desserts?**
  Can I help you to carry these desserts?
- **J'ai acheté cette calculatrice et ces livres.**
  I bought this calculator and these books.
- **J'ai acheté ce cadeau pour Stéphane.**
  I bought this present for Stéphane.

Additional vocabulary
- **Ce n'est pas grave.** *It's okay./No problem.*
- **Tu ne comprends rien.** *You don't understand a thing.*
- **désolé(e)** *sorry*
- **discuter** *to talk*
- **zut** *darn*

---

2 Le bon mot Choisissez le bon mot entre *ce (m.)*, *cette (f.)* et *ces (pl.)* pour compléter les phrases. Attention, les phrases ne sont pas identiques aux dialogues!

1. Je t'aide à apporter _ce_ gâteau?
2. Ce matin, j'ai acheté _ces_ calculatrices et _ce_ livre.
3. Rachid ne comprend pas _cette_ blague.
4. Combien coûtent _ces_ montres?
5. À quelle heure commence _cette_ classe?

3 Imaginez Avec un(e) partenaire, imaginez qu'Amina soit (*is*) dans un grand magasin et qu'elle téléphone à Valérie pour l'aider à choisir le cadeau idéal pour Stéphane. Amina propose plusieurs possibilités de cadeaux et Valérie donne son avis (*opinion*) sur chacune d'entre elles (*each of them*).

Expressions utiles
- Model the pronunciation of the **Expressions utiles** and have students repeat them.
- As you work through the list, point out forms of the **passé composé** and demonstrative adjectives. Tell students that these grammar structures will be formally presented in the **Structures** section.
- Respond briefly to questions about the **passé composé** and demonstrative adjectives. Reinforce correct forms, but do not expect students to produce them consistently at this time.
- Say some of the **Expressions utiles** and have students react to them. Examples: 1. J'ai eu une idée géniale! (Ah oui? Quelle est votre idée?) 2. Sandrine a tout préparé. (Oh, c'est gentil!)

1 Expansion Have students correct the false sentences: 2. Elle n'a pas le temps de discuter avec Pascal. 5. Ils trouvent un cadeau pour Stéphane. 6. Rachid aime l'idée de la montre pour Stéphane. 7. Elle commence à six heures. 8. Rachid va chercher Stéphane.

2 Suggestion Before beginning the activity, point out the gender of each demonstrative adjective given. Tell students that demonstrative adjectives must agree with the noun they modify.

2 Expansion For additional practice, give students these items. 6. Je t'aide à apporter ____ desserts? (ces) 7. Tu es très belle ____ soir. (ce) 8. Mes parents ont téléphoné du Sénégal ____ matin. (ce)

3 Suggestion If time is limited, assign students the roles of Valérie or Amina and tell them to prepare for homework a list of possible questions or responses according to their role. Then allow partners a few minutes to work together before presenting their conversations.

A C T I V I T É S

EXPANSION

Les cadeaux Point out the question **Je fais un paquet cadeau?** Explain that many stores gift wrap items free of charge, especially small items. The wrapping is often a simple sack sealed with a small ribbon and a sticker, which usually bears the name of the store.

EXPANSION

L'étiquette Point out some basic etiquette regarding gifts in France. For example, if invited to eat at someone's house, one should not bring a dish to eat because the host or hostess most certainly will have planned the entire menu. Instead, choose candy or flowers.

AP® Theme: Contemporary Life
Context: Holidays and Celebrations

 vhlcentral | *Flash culture*

CULTURE À LA LOUPE

Le carnaval

le roi du carnaval de Nice

Tous les ans, beaucoup de pays° et de régions francophones célèbrent le carnaval. Cette tradition est l'occasion de fêter la fin° de l'hiver et l'arrivée° du printemps. En général, la période de fête commence la semaine avant le Carême° et finit le jour du Mardi gras. Le carnaval demande très souvent des mois de préparation. La ville organise des défilés° de musique, de masques, de costumes et de chars fleuris°. La fête finit souvent par la crémation du roi° Carnaval, personnage de papier qui représente le carnaval et l'hiver.

Certaines villes et certaines régions sont réputées° pour leur carnaval: Nice, en France, la ville de Québec, au Canada, La Nouvelle-Orléans, aux États-Unis, et la Martinique. Chaque ville a ses traditions particulières. La ville de Nice, lieu du plus grand° carnaval français, organise une grande bataille de fleurs° où des jeunes, sur des chars, envoient des fleurs aux spectateurs. À Québec, le climat intense transforme le carnaval en une célébration de l'hiver. Le symbole officiel de la fête est le «Bonhomme» (de neige°) et les gens font du ski, de la pêche sous la glace° ou des courses de traîneaux à chiens°. À la Martinique, le carnaval continue jusqu'au° mercredi des Cendres°, à minuit: les gens, tout en noir et blanc°, regardent la crémation de Vaval, le roi Carnaval. Le carnaval de La Nouvelle-Orléans est célébré avec de nombreux bals° et défilés costumés. Ses couleurs officielles sont l'or°, le vert° et le violet.

Le carnaval en détail	
Martinique	Chaque ville choisit une reine°.
Nice	La première bataille de fleurs a eu lieu° en 1876. Chaque année, on envoie entre 80.000 et 100.000 fleurs aux spectateurs.
La Nouvelle-Orléans	Il y a plus de 70 défilés pendant° le carnaval.
la ville de Québec	Le premier carnaval a eu lieu en 1894.

pays *countries* **fin** *end* **arrivée** *arrival* **Carême** *Lent* **défilés** *parades*
chars fleuris *floats decorated with flowers* **roi** *king* **réputées** *famous*
plus grand *largest* **bataille de fleurs** *flower battle* **«Bonhomme» (de neige)** *snowman*
pêche sous la glace *ice-fishing* **courses de traîneaux à chiens** *dogsled races*
jusqu'au *until* **mercredi des Cendres** *Ash Wednesday* **noir et blanc** *black and white*
bals *balls (dances)* **or** *gold* **vert** *green* **reine** *queen* **a eu lieu** *took place* **pendant** *during*

---

1 Compréhension Répondez aux questions.

1. En général, quel est le dernier jour du carnaval?
   le Mardi gras
2. Dans quelle ville des États-Unis est-ce qu'on célèbre le carnaval?
   La Nouvelle-Orléans
3. Où a lieu le plus grand (*largest*) carnaval français?
   à Nice
4. Qu'est-ce que les jeunes envoient aux spectateurs du carnaval de Nice?
   des fleurs
5. Quel est le symbole officiel du carnaval de Québec?
   le «Bonhomme»
6. Que fait-on pendant (*during*) le carnaval de Québec?
   On pratique des activités d'hiver.
7. Quand est-ce que le carnaval de la Martinique finit?
   le mercredi des Cendres
8. Comment s'appelle le roi du carnaval à la Martinique?
   Vaval
9. Comment est-ce qu'on célèbre le carnaval à La Nouvelle-Orléans?
   avec des bals et des défilés
10. Quelles sont les couleurs officielles du carnaval de La Nouvelle-Orléans?
    l'or, le vert et le violet

Section Goals

In this section, students will:
- learn about **carnaval**
- learn to express congratulations and best wishes
- learn about festivals and holidays in various Francophone regions
- read about Bastille Day
- view authentic video footage

Key Standards
2.1, 2.2, 3.1, 3.2, 4.2

21st Century Skills

Global Awareness
Students will gain perspectives on the Francophone world to develop respect and openness toward others and to interact appropriately and effectively with citizens of Francophone cultures.

Culture à la loupe

Avant la lecture Ask if anyone has attended **carnaval** or **Mardi gras** or seen TV news clips of these celebrations. Then ask students to share what they know about these celebrations.

Lecture
- The word **carnaval** is from the Italian *carnevale*, an alteration of the medieval Latin *carnelevare*, meaning *removal of meat*.
- Point out that the plural of **carnaval** is **carnavals**.

Après la lecture Ask students: Où désirez-vous assister à une célébration: à Nice, à La Nouvelle-Orléans, à Québec ou à la Martinique? Pourquoi?

1 Expansion For additional practice, give students these items. **11. Qu'est-ce qu'on fête pendant le carnaval?** (la fin de l'hiver et l'arrivée du printemps) **12. Où est-ce qu'il fait très froid pendant** (*during*) **le carnaval?** (à Québec) **13. Combien de défilés y a-t-il pendant le carnaval de La Nouvelle-Orléans?** (plus de 70).

PRE-AP®

Presentational Speaking Have students work in groups of three. They should choose a country, research its **carnaval**, and create an Internet home page for next year's **carnaval** in that country. Tell them that the home page should include the dates, a list of events with short descriptions, and any other important or interesting information. Have students present their home pages to the class.

PRE-AP®

Interpersonal Speaking Working in pairs, have students write a conversation between two people who are trying to decide if they should go to the **carnaval** in Nice or in Quebec City. After they have finished, have volunteers act out their conversations for the class.

LE FRANÇAIS QUOTIDIEN

Les vœux

À votre santé!	To your health!
Bonne année!	Happy New Year!
Bravo! Félicitations!	Bravo! Congratulations!
Joyeuses fêtes!	Have a good holiday!
Meilleurs vœux!	Best wishes!
Santé!	Cheers!
Tous mes vœux de bonheur!	All the best!

AP® Theme: Contemporary Life   Context: Holidays and Celebrations

LE MONDE FRANCOPHONE

Fêtes et festivals

Voici d'autres fêtes et festivals francophones.

En Côte d'Ivoire
La fête des Ignames (plusieurs dates) On célèbre la fin° de la récolte° des ignames°, une ressource très importante pour les Ivoiriens.

Au Maroc
La fête du Trône (le 30 juillet) Tout le pays honore le roi° avec des parades et des spectacles.

À la Martinique/À la Guadeloupe
La fête des Cuisinières (en août) Les femmes défilent° en costumes traditionnels et présentent des spécialités locales qu'elles ont préparées pour la fête.

Dans de nombreux pays
L'Aïd el-Fitr C'est la fête musulmane° de la rupture du jeûne° à la fin du Ramadan.

fin *end* récolte *harvest* ignames *yams* roi *king* défilent *parade* musulmane *Muslim* jeûne *fast*

PORTRAIT

Le 14 juillet

AP® Theme: Contemporary Life
Context: Holidays and Celebrations

Le 14 juillet 1789, sous le règne° de Louis XVI, les Français se sont rebellés contre° la monarchie et ont pris° la Bastille, une forteresse utilisée comme prison. Cette date est très importante dans l'histoire de France parce qu'elle représente le début de la Révolution. Le 14 juillet symbolise la fondation de la République française et a donc° été sélectionné comme date de la Fête nationale. Tous les ans, il y a un grand défilé° militaire sur les Champs-Élysées, la plus grande° avenue parisienne. Partout° en France, les gens assistent à des défilés et à des fêtes dans les rues°. Le soir, il y a de nombreux bals populaires° où les Français dansent et célèbrent cette date historique. Le soir, on assiste aux feux d'artifices° traditionnels.

règne *reign* se sont rebellés contre *rebelled against* ont pris *stormed* donc *therefore* défilé *parade* la plus grande *the largest* Partout *Everywhere* rues *streets* bals populaires *public dances* feux d'artifices *fireworks*

 Sur Internet

Qu'est-ce que c'est, la fête des Rois?

Go to **vhlcentral.com** to find more information related to this **Culture** section and to watch the corresponding **Flash culture** video.

---

2 **Les fêtes** Complétez les phrases.

1. Le 14 juillet 1789 est la date __du début de la Révolution française__
2. Aujourd'hui, le 14 juillet est la __Fête nationale de la République française__
3. En France, le soir du 14 juillet, il y a __des bals populaires et des feux d'artifices__
4. À plusieurs dates, les Ivoiriens fêtent __la fin de la récolte des ignames__
5. Au Maroc, il y a un festival au mois de __juillet__
6. Dans les pays musulmans, l'Aïd el-Fitr célèbre __la fin du Ramadan__

3 **Faisons la fête ensemble!** Vous êtes en vacances dans un pays francophone et vous invitez un(e) ami(e) à aller à une fête ou à un festival francophone avec vous. Expliquez à votre partenaire ce que vous allez faire. Votre partenaire va vous poser des questions.

ACTIVITÉS

Le français quotidien
- Point out that the expression **«Tous mes vœux de bonheur!»** is used primarily at weddings. You might also teach the expression **Bonne chance!** (*Good luck!*)
- Have students identify whether they would use these expressions at **une fête d'anniversaire, une réception de mariage**, or **un anniversaire de mariage**.

Portrait If possible, bring in a photo of the Bastille. Then have students look at a map of Paris. Point out that the military parade begins at **Charles de Gaulle-Étoile** and ends at the **Place de la Concorde**. During the French Revolution, the **Place de la Concorde** was known as the **Place de la Révolution** because so many executions took place there, including the execution of Louis XVI on January 21, 1793.

Le monde francophone Point out that Ramadan, celebrated during the ninth month of the Islamic lunar year, is a special time during which Muslims fast and focus on prayer, purification, and charitable acts.

2 **Expansion** For additional practice, give students these items. 7. **La Bastille était** (*was*) **une forteresse utilisée comme ____ avant la Révolution.** (prison) 8. **Le défilé militaire pour le 14 juillet a lieu sur ____.** (les Champs-Élysées)

3 **Suggestion** Before beginning the activity, have students choose a holiday or festival to discuss.

Flash culture Tell students that they will learn more about French festivals and holiday celebrations by watching a variety of real-life images narrated by Benjamin. Show the video segment, and then have students jot down at least three examples of things they saw. You can also use the activities in the video manual in class to reinforce this **Flash culture** or assign them as homework.

EXPANSION

Cultural Comparison First, ask students: **Quel jour férié aux États-Unis correspond au 14 juillet en France?** (la fête de l'indépendance américaine, le 4 juillet) Then have them work in small groups and compare the two holidays. Tell them to make a list of the similarities (**Similitudes**) and differences (**Différences**) in French. Have groups read their lists to the class.

EXPANSION

Le 14 juillet Explain that a Bastille Day celebration would not be complete without a rendering of France's national anthem, *La Marseillaise*, composed by Claude-Joseph Rouget de Lisle in 1792. Bring the lyrics and a recording of the song for students to listen to. Alternatively, you can have students go to **www.marseillaise.org** to hear the song or read the lyrics.

73

6A.1   Demonstrative adjectives   vhlcentral

Point de départ   To identify or point out a noun with the French equivalent of *this/these* or *that/those*, use a demonstrative adjective before the noun. In French, the form of the demonstrative adjective depends on the gender and number of the noun that it goes with.

Demonstrative adjectives			
	singular		**plural**
	Before consonant	Before vowel sound	
masculine	**ce** café	**cet** éclair	**ces** cafés, **ces** éclairs
feminine	**cette** surprise	**cette** amie	**ces** surprises, **ces** amies

Ce copain organise une fête.
That friend is planning a party.

Cet hôpital est trop loin du centre-ville.
That hospital is too far from downtown.

Cette glace est excellente.
This ice cream is excellent.

Je préfère **ces** cadeaux.
I prefer those gifts.

Combien coûte cette montre?

J'ai ce cadeau pour Stéphane.

• Note that the forms of **ce** can refer to a noun that is near (*this/these*) or far (*that/those*). The meaning will usually be clear from context.

Ce dessert est délicieux.
This dessert is delicious.

Joël préfère **cet** éclair.
Joël prefers that éclair.

Ils vont aimer **cette** surprise.
They're going to like this surprise.

Ces glaçons sont pour la limonade.
Those ice cubes are for the lemon soda.

La maison Julien

Pour toutes ces occasions...

pour célébrer tout ce bonheur...

nous pensons à tous les détails.

- To make it especially clear that you're referring to something near versus something far, add -**ci** or -**là**, respectively, to the noun following the demonstrative adjective.

ce couple-**ci**
this couple (here)

ces biscuits-**ci**
these cookies (here)

cette invitée-**là**
that guest (there)

ces fêtes-**là**
those parties (there)

- Use -**ci** and -**là** in the same sentence to contrast similar items.

On prend **cette glace-ci**, pas **cette glace-là**.
We'll have this ice cream, not that ice cream.

Tu achètes **ce fromage-ci** ou **ce fromage-là**?
Are you buying this cheese or that cheese?

J'aime **ce** cadeau-**ci** mais je préfère **ce** cadeau-**là**.
I like this gift, but I prefer that gift.

Nous achetons **ces** bonbons-ci et Isabelle achète **ce** gâteau-**là**.
We're buying these candies, and Isabelle is buying that cake.

J'aime bien **cette robe-ci**.
I like this dress.

Je n'aime pas **ces chaussures-là**.
I don't like those shoes.

Essayez!   Complétez les phrases avec la forme correcte de l'adjectif démonstratif.

1. ___Cette___ glace au chocolat est très bonne!
2. Qu'est-ce que tu penses de ___ce___ cadeau?
3. ___Cet___ homme-là est l'hôte de la fête.
4. Tu préfères ___ces___ biscuits-ci ou ___ces___ biscuits-là?
5. Vous aimez mieux ___ce___ dessert-ci ou ___ce___ dessert-là?
6. ___Cette___ année-ci, on va fêter l'anniversaire de mariage de nos parents en famille.
7. Tu achètes ___cet___ éclair-là.
8. Vous achetez ___cette___ montre?
9. ___Cette___ surprise va être géniale!
10. ___Cet___ invité-là est antipathique.
11. Ma mère fait ___ces___ gâteaux pour mon anniversaire.
12. ___Cette___ robe coûte 100 euros.
13. ___Cet___ exercice est très difficile pour les enfants.

Suggestions: Scaffolding
- Present the concepts -**ci** and -**là** on this page. Then place a short pencil close to you and a long pencil far away. Say: **Ce crayon-ci est court. Ce crayon-là est long.** Continue with other objects until students grasp the concept.
- Hold up photos of two objects or point to two objects in the class and ask the class which they prefer: **Aimez-vous ces bonbons-ci ou ces bonbons-là?** Have students point and respond: **J'aime ces bonbons-là.** Continue with other objects.

Essayez!
- For those students who struggled to complete **Essayez!**, suggest that they watch the Grammar Tutorial.
- Have students create new sentences orally by changing the singular nouns to the plural or vice versa in items 1–5.

EXPANSION

Video Show the video episode again and have students listen for the demonstrative adjectives. Tell them to write down each demonstrative adjective they hear and the noun it modifies. Then, have students check the Videoscript to see if they were correct.

TEACHING OPTIONS

Oral Practice Have students turn to **Contextes** on pages 66–67. Working in pairs, tell them to make comments about the people and items in the illustration using demonstrative adjectives. Examples: **Ces desserts-là ont l'air délicieux, n'est-ce pas? Oui, mais je préfère ce gâteau-ci.** Use the digital image for this page when giving examples.

1 Suggestion Tell students to underline the nouns that will correspond to the demonstrative adjectives and identify their number and gender before they write the demonstrative adjective.

2 Suggestion Before beginning the activity, have students identify in French the items pictured.

3 Expansion For additional practice, give students these items. **9. Ces desserts sont excellents. 10. Ces boissons sont très froides. 11. J'ai besoin de ce glaçon.**

Mise en pratique

1 Monsieur Parfait Juste avant la fête, l'hôte fait le tour de la salle et donne son opinion. Complétez ce texte avec **ce, cette** ou **ces**.

Mmm! (1) _____Cette_____ glace est parfaite. Ah! (2) _____Ces_____ gâteaux sont magnifiques,
(3) _____ces_____ biscuits sont délicieux et j'adore (4) _____ces_____ chocolats. Bah!
(5) _____Ces_____ bonbons sont originaux, mais pas très bons. Ouvrez (*Open*) (6) _____cette_____ bouteille.
(7) _____Ce_____ café sur (8) _____cette_____ table sent très bon. (9) _____Cette_____ plante a besoin d'eau.
(10) _____Ce_____ tableau n'est pas droit (*straight*)! Oh là là! Arrangez (11) _____ces_____ chaises autour de
(*around*) (12) _____ces_____ trois tables!

2 Magazine Vous regardez un vieux magazine. Complétez les phrases.

> **MODÈLE**
>
> *Ce cheval* est très grand.

1. _Ce gâteau_ au chocolat et _cette glace_ sont délicieux.

2. _Cette fille_ aime beaucoup _ces bonbons_.

3. _Ces jeunes mariés_ sont très heureux.

4. _Cet homme_ va prendre sa retraite.

5. _Ce couple_ n'est plus (*no longer*) ensemble.

6. _Ces enfants_ adorent le chocolat chaud!

7. _Ce garçon_ est très méchant.

8. _Cette plage_ est absolument super!

3 Remplacez Remplacez les noms au singulier par des noms au pluriel et vice versa. Faites tous les autres changements nécessaires.

> **MODÈLE**
>
> J'aime mieux ce dessert.
> *J'aime mieux ces desserts.*

1. Ces glaces au chocolat sont délicieuses. Cette glace au chocolat est délicieuse.

2. Ce gâteau est énorme. Ces gâteaux sont énormes.

3. Ces biscuits ne sont pas bons. Ce biscuit n'est pas bon.

4. Ces invitées sont gentilles. Cette invitée est gentille.

5. Ces hôtes parlent japonais. Cet hôte parle japonais.

6. Cette fille est allemande. Ces filles sont allemandes.

7. Maman achète ces imperméables pour Julie. Maman achète cet imperméable pour Julie.

8. Ces bonbons sont délicieux. Ce bonbon est délicieux.

EXPANSION

Extra Practice Allow your students to give their opinions of their own classroom (in the same way Monsieur Parfait does in Activity 2 on this page). First they should write their opinions using demonstrative adjectives and then they will read them out loud to the class pointing out the objects they are referring to. Example: **Ce tableau ici est joli. Cette carte-là est très vieille.**

DIFFERENTIATION

For Visual Learners Bring in magazine photos or illustrations showing people, animals, and objects and distribute them among small groups. Each group should prepare to describe their images to the class using demonstrative adjectives. Example: **Cette femme, ici, est grande. Ce cheval est beau.**

Communication

4 **Comparez** Avec un(e) partenaire, regardez les illustrations. À tour de rôle, comparez les personnages et les objets. Answers will vary.

MODÈLE

Élève 1: *Comment sont ces hommes?*
Élève 2: *Cet homme-ci est petit et cet homme-là est grand.*

1.　　　　　2.　　　　　3.　　　　　4.

5 **Préférences** Demandez à votre partenaire ses préférences, puis donnez votre opinion. Employez des adjectifs démonstratifs et présentez vos réponses à la classe. Answers will vary.

MODÈLE

Élève 1: *Quel film est-ce que tu aimes?*
Élève 2: *J'aime bien* Star Wars.
Élève 1: *Moi, je n'aime pas du tout ce vieux film.*

acteur/actrice	passe-temps
chanteur/chanteuse	restaurant
dessert	saison
film	sport
magasin	ville
?	?

6 **Invitation** Nathalie est au supermarché avec sa soeur. Elles organisent une fête, mais elles ne sont pas d'accord sur ce qu'elles vont acheter. Avec un(e) partenaire, jouez les rôles. Answers will vary.

MODÈLE

Élève 1: *On achète cette glace-ci?*
Élève 2: *Je n'aime pas cette glace-ci. Je préfère cette glace-là!*
Élève 1: *Mais cette glace-là coûte dix euros!*
Élève 2: *D'accord! On prend cette glace-ci.*

7 **Quelle fête!** Vous êtes à la fête d'un(e) voisin(e) et il y a des personnes célèbres (*famous*). Avec un(e) partenaire, faites une liste des célébrités présentes et puis parlez d'elles. Employez des adjectifs démonstratifs. Answers will vary.

MODÈLE

Élève 1: *Qui est cet homme-ci?*
Élève 2: *Ça, c'est Justin Timberlake. Il est sympa, mais cet homme-là est vraiment génial.*
Élève 1: *Oui, c'est...*

4 Suggestion Have two volunteers read the **modèle** aloud. Remind students to take turns asking and answering the questions.

4 Virtual Chat You can also assign Activity 4 on vhlcentral.com. Students record individual responses that appear in your gradebook.

5 Suggestion Have two volunteers read the **modèle** aloud. Tell students to add at least two items of their own to the list.

6 Suggestion Before beginning the activity, have students brainstorm items they might buy for the party and write them on the board.

Activity Pack For additional activities, go to the Activity Pack in the Resources section of vhlcentral.com.

Section Goals

In this section, students will learn:
• the **passé composé** with **avoir**
• some irregular past participles

Key Standards

4.1, 5.1

Suggestions: Scaffolding

• Quickly review the present tense of **avoir**. Then brainstorm with the class a list of **-er** and **-ir** verbs they have learned. Include **-er** verbs with spelling changes.
• Introduce the **passé composé** by describing what you did yesterday. Include adverbs commonly used to indicate past actions, such as **hier** and **hier soir**. Examples: **Hier, j'ai enseigné deux cours de français. Hier soir, j'ai téléphoné à un(e) ami(e) et j'ai écouté de la musique.** Each time you say a **passé composé** form write it on the board.
• Go over **Point de départ** and the first four bullet points. Do a rapid drill to practice conjugations of **-er** verbs.
• Present the last two points on p. 78. Write the **passé composé** conjugations for **finir** on the board. Read them aloud and have students repeat. Have students provide past participles for the **-ir** verbs they brainstormed earlier that are conjugated with **avoir**. Do a rapid drill to practice conjugations of **-ir** verbs.
• Have students complete the **Vérifiez** activity.

6A.2

The *passé composé* with *avoir* vhlcentral

Point de départ French uses two main tenses to talk about past events: the **passé composé** and the **imparfait**. In this lesson, you will learn how to use the **passé composé** to express actions that began and ended in the past.

• The **passé composé** has three possible translations in English and is composed of two parts: the *auxiliary verb* (present tense of **avoir** or **être**) and the *past participle* of the main verb. Most verbs in French take **avoir** as the auxiliary verb in the **passé composé**.

AUXILIARY PAST
VERB PARTICIPLE
Nous **avons fêté**.
We celebrated.
We have celebrated.
We did celebrate.

• The past participle of a regular **-er** verb is formed by replacing the **-er** ending of the infinitive with **-é**.

infinitive	past participle
fêt**er**	fêt**é**
oubli**er**	oubli**é**
cherch**er**	cherch**é**

• Most regular **-er** verbs are conjugated in the **passé composé** as shown below for the verb **parler**.

parler au passé composé

j'ai parlé	nous avons parlé
tu as parlé	vous avez parlé
il/elle/on a parlé	ils/elles ont parlé

• The past participles of **-er** verbs with spelling changes in the present tense do not have spelling changes in the **passé composé**.

Laurent a **acheté** le cadeau.
Laurent bought a gift.

Vous avez **envoyé** des bonbons.
You sent the candies.

• The past participle of most regular and irregular **-ir** verbs is formed by replacing the **-ir** ending with **i**. These include such verbs as **choisir**, **finir**, **grandir**, **obéir**, and **réussir** as well as **dormir**, **servir**, and **sentir**.

Nous avons **fini** le gâteau.
We finished the cake.

Sylvie a **dormi** jusqu'à dix heures.
Sylvie slept until 10 o'clock.

• The adverbs **hier** (*yesterday*) and **avant-hier** (*the day before yesterday*) are used often with the **passé composé**.

Hier, Marie **a retrouvé** ses amis au stade.
Marie met her friends at the stadium yesterday.

Ses parents **ont téléphoné** avant-hier.
Her parents called the day before yesterday.

🏃 **Boîte à outils**

The **passé composé** has three English equivalents. Example: **Nous avons parlé.** = *We spoke. We have spoken. We did speak.*

👌 **Vérifiez**

EXPANSION

Rapid Drill As a rapid-response drill, call out subject pronouns and have students respond with the correct form of **avoir**. Examples: **tu (as)** and **vous (avez)**. Then reverse the drill; say the forms of **avoir** and have students give the subject pronouns.

EXPANSION

Extra Practice Ask students to make a list of things they did yesterday using the **passé composé**. Encourage them to memorize their lists. Call out one student to tell the whole class what he or she did and another one to write the sentences on the board in the third person singular. Example: **Élève 1** says **J'ai fait mes devoirs. Élève 2** writes **Elle a fait ses devoirs.**

- The past participles of many common verbs are irregular. You will need to memorize them.

Some irregular past participles

apprendre	appris	être	été
avoir	eu	faire	fait
boire	bu	pleuvoir	plu
comprendre	compris	prendre	pris
courir	couru	surprendre	surpris

Nous avons **bu** de la limonade.
We drank lemonade.

Ils ont **été** très en retard.
They were very late.

- The **passé composé** of **il faut** is **il a fallu**; that of **il y a** is **il y a eu**.

Il a fallu passer par le supermarché.
It was necessary to stop by the supermarket.

Il y a eu deux fêtes hier soir.
There were two parties last night.

Negation and asking questions with the *passé composé*

- To make a verb negative in the **passé composé**, place **ne/n'** and **pas** around the conjugated form of **avoir**.

On **n'**a **pas** fêté mon anniversaire.
We didn't celebrate my birthday.

Elles **n'**ont **pas** servi de biscuits hier.
They didn't serve any cookies yesterday.

- There are three ways to ask yes or no questions in the **passé composé**: simply add a question mark and use rising intonation, add **est-ce que** in front of the subject, or invert the subject pronoun and the conjugated form of **avoir**. For the subject pronouns **il(s)**, **elle(s)**, and **on**, you will need to insert a **t** between the conjugated from of **avoir** and the subject pronoun.

Elles ont acheté du fromage hier?
Did they buy the cheese yesterday?

Est-ce que tu as mangé les biscuits?
Did you eat the cookies?

Avez-vous fêté votre anniversaire?
Did you celebrate your birthday?

Luc **a-t-il** aimé son cadeau?
Did Luc like his gift?

Boîte à outils

Some verbs, like **aller**, **sortir**, and **tomber**, use **être** instead of **avoir** to form the **passé composé**. You will learn more about these verbs in **Leçon 7A**.

Vérifiez

Essayez! Indiquez les formes du passé composé des verbes.

1. j' ___ai commencé, je n'ai pas servi___ (commencer, ne pas servir)
2. tu _____ (donner, finir) tu as donné, tu as fini
3. on _____ (parler, ne pas dormir) on a parlé, on n'a pas dormi
4. nous _____ (adorer, choisir) nous avons adoré, nous avons choisi
5. vous _____ (ne pas employer, grossir) vous n'avez pas employé, vous avez grossi
6. elles _____ (espérer, sentir) elles ont espéré, elles ont senti
7. je _____ (avoir, ne pas faire) j'ai été, je n'ai pas fait
8. tu _____ (être, boire) tu as été, tu as bu
9. il _____ (ne pas comprendre, courir) il n'a pas compris, il a couru

Reformulez ces phrases en questions.

1. Tu as payé 10 euros pour le gâteau. _Est-ce que tu as payé 10 euros pour le gâteau? As-tu payé 10 euros pour le gâteau?_
2. Il a oublié les boissons. _Est-ce qu'il a oublié les boissons? A-t-il oublié les boissons?_
3. Vous avez grossi. _Est-ce que vous avez grossi? Avez-vous grossi?_

79

1 Suggestion Before beginning the activity, review the past participles of the verbs in parentheses.

1 Expansion Ask follow-up questions about Laurent's weekend. Examples: **1. Qu'est-ce qu'ils ont mangé? 2. Qui a acheté une montre? 3. Qui a pris une glace à la terrasse d'un café? 4. Qu'est-ce que ses parents ont célébré? 5. Quand est-ce que Laurent et sa famille ont eu sommeil?**

2 Suggestion To check answers, have one student ask the question and call on another student to answer it. This activity can also be done in pairs.

3 Expansion For additional practice, give students these items. **9. parler à ses parents (Stéphane) 10. boire du café (toi et ton copain)**

3 Suggestion Before beginning this activity, call on volunteers to give the past participles of verbs listed.

Mise en pratique

1 **Qu'est-ce qu'ils ont fait?** Laurent parle de son week-end en ville avec sa famille. Complétez ses phrases avec le **passé composé** du verbe correct.

1. Nous ___avons mangé___ (nager, manger) des escargots.
2. Papa ___a acheté___ (acheter, apprendre) une nouvelle montre.
3. J' ___ai pris___ (prendre, oublier) une glace à la terrasse d'un café.
4. Vous ___avez essayé___ (enseigner, essayer) un nouveau restaurant.
5. Mes parents ___ont célébré___ (dessiner, célébrer) leur anniversaire de mariage.
6. Ils ___ont fait___ (fréquenter, faire) une promenade.
7. Ma sœur ___a bu___ (boire, nettoyer) un chocolat chaud.
8. Le soir, nous ___avons eu___ (écouter, avoir) sommeil.

2 **Pas encore** Un copain pose des questions pénibles. Écrivez ses questions puis donnez des réponses négatives.

MODÈLE

inviter vos amis (vous)
Vous avez déjà invité vos amis? Non, nous n'avons pas encore invité nos amis.

1. écouter mon CD (tu) — Tu as déjà écouté mon CD? Non, je n'ai pas encore écouté ton CD.
2. faire ses devoirs (Matthieu) — Matthieu a déjà fait ses devoirs? Non, il n'a pas encore fait ses devoirs.
3. courir dans le parc (elles) — Elles ont déjà couru dans le parc? Non, elles n'ont pas encore couru dans le parc.
4. parler aux profs (tu) — Tu as déjà parlé aux profs? Non, je n'ai pas encore parlé aux profs.
5. apprendre les verbes irréguliers (André) — André a déjà appris les verbes irréguliers? Non, il n'a pas encore appris les verbes irréguliers.
6. être à la piscine (Marie et Lise) — Marie et Lise ont déjà été à la piscine? Non, elles n'ont pas encore été à la piscine.
7. emmener Yassim au cinéma (vous) — Vous avez déjà emmené Yassim au cinéma? Non, nous n'avons pas encore emmené Yassim au cinéma.
8. avoir le temps d'étudier (tu) — Tu as déjà eu le temps d'étudier? Non, je n'ai pas encore eu le temps d'étudier.

3 **La semaine** Assemblez les éléments des colonnes pour expliquer ce que (*what*) tout le monde (*everyone*) a fait cette semaine. Answers will vary.

A	B	C
je	acheter	bonbons
Luc	apprendre	café
mon prof	boire	cartes
Sylvie	enseigner	l'espagnol
mes parents	étudier	famille
mes copains et moi	faire	foot
tu	jouer	glace
vous	manger	jogging
?	parler	les maths
	prendre	promenade
	regarder	vélo
	?	?

Coup de main

Adverbs, such as **déjà**, **encore**, **bien**, **mal**, and **beaucoup** are placed between the auxiliary verb or **pas** and the past participle.

Tu as *déjà* mangé?
(*Have you already eaten?*)

Non, je n'ai pas *encore* mangé.
(*No, I haven't eaten yet.*)

EXPANSION

Interviews Ask student pairs to prepare an interview about what they did yesterday. Encourage them to ask follow-up questions if possible, and to use affirmative and negative responses. Ask a few pairs to present their interviews to the class. Ex: **Élève 1: Qu'est-ce que tu as fait hier soir? Élève 2: J'ai fait mes devoirs de maths. Élève 1: Tu as déjà fait les devoirs d'anglais? Élève 2: Non, je n'ai pas encore fait les devoirs d'anglais.**

EXPANSION

Small Groups Have students work in small groups and talk about what they have already done/haven't done yet this school year. Encourage them to find similarities and differences among them. Once they have spoken for a few minutes, ask them to stop and share their responses with the whole class. Ex: **J'ai déjà acheté un nouvel ordinateur. Anne et moi, nous avons déjà visité le musée.**

Communication

4 L'été dernier Vous avez passé l'été dernier avec deux amis, mais vos souvenirs (*memories*) diffèrent. Par groupes de trois, utilisez les expressions de la liste et imaginez le dialogue.

Answers will vary.

MODÈLE

Élève 1: *Nous avons fait du cheval tous les matins.*
Élève 2: *Mais non! Moi, j'ai fait du cheval. Vous deux, vous avez fait du jogging.*
Élève 3: *Je n'ai pas fait de jogging. J'ai dormi!*

acheter	essayer	faire une promenade
courir	faire du cheval	jouer au foot
dormir	faire du jogging	jouer aux cartes
emmener	faire la fête	manger

5 Vendredi soir Vous et votre partenaire avez assisté à une fête vendredi soir. Parlez de la fête à tour de rôle. Qu'est-ce que les invités ont fait? Quelle a été l'occasion? Answers will vary.

6 Qu'est-ce que tu as fait? Avec un(e) partenaire, posez-vous les questions à tour de rôle. Ensuite, présentez vos réponses à la classe. Answers will vary.

1. As-tu fait la fête samedi dernier? Où? Avec qui?
2. Est-ce que tu as célébré une occasion importante cette année? Quelle occasion?
3. As-tu organisé une fête? Pour qui?
4. Qui est-ce que tu as invité à ta dernière fête?
5. Qu'est-ce que tu as fait pour fêter ton dernier anniversaire?
6. Est-ce que tu as préparé quelque chose à manger pour une fête ou un dîner? Quoi?

7 Ma fête Votre partenaire a organisé une fête le week-end dernier. Posez sept questions pour avoir plus de détails sur la fête. Ensuite, alternez les rôles. Answers will vary.

MODÈLE

Élève 1: *Pour qui est-ce que tu as organisé la fête samedi dernier?*
Élève 2: *Pour ma sœur.*

quatre-vingt-un **81**

4 Suggestion Have three volunteers read the **modèle** aloud. Encourage students to be creative.

5 Suggestion Before beginning the activity, have students describe what people are doing in the present tense.

6 Suggestion Tell students to jot down notes on their partner's responses and to add two of their own questions to the list.

6 Virtual Chat You can also assign Activity 6 on vhlcentral.com. Students record individual responses that appear in your gradebook.

7 Suggestion Have students brainstorm a list of questions before they begin the activity.

Activity Pack For additional activities, go to the Activity Pack in the Resources section of vhlcentral.com.

DIFFERENTIATION

For Kinesthetic Learners Working in groups of three, have students write three sentences in the **passé composé**, each with a different verb. After they have finished, have each group mime its sentences for the class. When someone guesses the mimed action, the group writes the sentence on the board.

EXPANSION

Extra Practice ←♟→ For homework, have students write a paragraph about what they did yesterday or last weekend. Then, in class, have them exchange papers with a classmate and peer edit each other's work.

Révision

Key Standards
1.1

1 Suggestion Before beginning this activity, give students a few minutes to jot down some notes about the previous Thanksgiving.

1 Partner Chat You can also assign Activity 1 on vhlcentral.com. Students work in pairs to record the activity online. The pair's recorded conversation will appear in your gradebook.

2 Expansion Have a few volunteers report the common activities they and their partner did.

3 Suggestion Before beginning the activity, have students identify the items on the table.

3 Partner Chat You can also assign Activity 1 on vhlcentral.com. Students work in pairs to record the activity online. The pair's recorded conversation will appear in your gradebook.

4 Suggestion Distribute the **Feuilles d'activités** from the Activity Pack.

5 Suggestion Tell students that they can talk about a real or imaginary dinner. Encourage students to be creative.

5 Partner Chat You can also assign Activity 5 on vhlcentral.com. Students work in pairs to record the activity online. The pair's recorded conversation will appear in your gradebook.

6 Suggestion Divide the class into pairs and distribute the Info Gap Handouts from the Activity Pack. Give students ten minutes to complete the activity.

---

1 L'année dernière et cette année Décrivez vos dernières fêtes de Thanksgiving à votre partenaire. Utilisez les verbes de la liste. Parlez aussi des projets (*plans*) de votre famille pour le prochain Thanksgiving. Answers will vary.

MODÈLE

Élève 1: *L'année dernière, nous avons fêté Thanksgiving chez mes grands-parents. Cette année, nous allons manger au restaurant.*

Élève 2: *Moi, j'ai fait la fête avec toute la famille l'année dernière. Cette année, nous allons visiter New York avec ma tante.*

aller	donner	fêter	préparer
acheter	dormir	manger	regarder
boire	faire	prendre	téléphoner

2 Ce musée, cette ville Faites une liste de cinq lieux (villes, musées, restaurants, etc.) que vous avez visités. Avec un(e) partenaire, comparez vos listes. Utilisez des adjectifs démonstratifs dans vos phrases. Answers will vary.

MODÈLE

Élève 1: *Ah, tu as visité Bruxelles. Moi aussi, j'ai visité cette ville. Elle est belle.*

Élève 2: *Tu as mangé au restaurant La Douce France. Je n'aime pas du tout ce restaurant!*

3 La fête Vous et votre partenaire avez préparé une fête avec vos amis. Vous avez acheté des cadeaux, des boissons et des snacks. À tour de rôle, parlez de ce qu'il y a sur l'illustration. Answers will vary.

MODÈLE

Élève 1: *J'aime bien ces biscuits-là.*

Élève 2: *Moi, j'ai apporté cette glace-ci.*

4 Enquête Qu'est-ce que vos camarades ont fait de différent dans leur vie? Votre professeur va vous donner une feuille d'activités. Parlez à vos camarades pour trouver une personne différente pour chaque expérience, puis écrivez son nom. Answers will vary.

MODÈLE

Élève 1: *As-tu déjà parlé à une actrice?*

Élève 2: *Oui! Une fois, j'ai parlé à Jennifer Lawrence!*

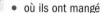

Expérience	Noms
1. parler à un(e) acteur/actrice	Julien
2. passer une nuit entière sans dormir	
3. dépenser plus de $100 pour de la musique en une fois	
4. faire la fête un lundi soir	
5. courir cinq kilomètres ou plus	
6. faire une surprise à un(e) ami(e) pour son anniversaire	

5 Conversez Avec un(e) partenaire, imaginez une conversation entre deux ami(e)s qui ont mangé dans un restaurant le week-end dernier. À tour de rôle, racontez: Answers will vary.

- où ils ont mangé
- les thèmes de la conversation
- qui a parlé de quoi
- qui a payé
- la date du prochain dîner

6 Magali fait la fête Votre professeur va vous donner, à vous et à votre partenaire, deux feuilles d'activités différentes. Attention! Ne regardez pas la feuille de votre partenaire. Answers will vary.

MODÈLE

Élève 1: *Magali a parlé avec un homme. Cet homme n'a pas l'air intéressant du tout!*

Élève 2: *Après, ...*

TEACHING OPTIONS

Narration Have students create a continuous narration about a person who had a very bad day. Begin the story by saying: **Hier, Robert a passé une très mauvaise journée.** Call on one student to continue the story by telling how Robert began his day. The second person tells what happened next. Students continue adding sentences until only one student remains. He or she must conclude the story.

EXPANSION

Using Lists Have students make a "to do" list (**à faire...**) at the beginning of their day. Then, tell students to review their list at the end of the day and write down which activities they completed and which ones they didn't complete. Example: **acheter des crayons: Non, je n'ai pas acheté de crayons.**

vhlcentral

AP® **Theme:** Contemporary Life
Context: Holidays and Celebrations

Préparation Répondez aux questions suivantes. Answers will vary.

1. Quelles fêtes célébrez-vous? Quelles fêtes sont les plus (*the most*) importantes dans votre famille ou votre communauté?

2. Comment sont ces célébrations? Décrivez les repas, la musique, les activités, les décorations et les vêtements qu'on porte.

Les marchés de Noël

Les marchés de Noël ont commencé en Europe centrale, dans des pays comme l'Allemagne, l'Autriche et la Suisse. En France on ne les trouvait qu'°en Alsace. Mais depuis° quelques années, ces marchés sont arrivés° dans d'autres régions ou villes, et en particulier, à Paris.

La ville a plusieurs marchés de Noël pendant les fêtes, mais celui° des Champs-Élysées est situé sur l'avenue la plus célèbre° de la capitale. Ses nombreux petits chalets° vendent toutes sortes de produits et de sa grande roue°, on a une belle vue panoramique de l'avenue.

artisanal *handcrafted* **ne les trouvait qu'** *only found them* **depuis** *since* **sont arrivés** *arrived* **celui** *the one* **la plus célèbre** *the most famous* **chalets** *cabins* **grande roue** *Ferris wheel*

Compréhension Répondez aux questions. Answers will vary. / Sample answers shown.

1. Quels éléments dans la vidéo indiquent qu'on fête Noël?
le Père Noël, les cadeaux, les gateaux, les bonbons, les décorations, le temps (l'hiver), la neige
2. Quelles activités sont mentionnées ou filmées dans la vidéo?
le patinage, acheter des cadeaux, manger, monter dans la grande roue, faire de la photo
3. Qu'est-ce qu'on achète sur le marché de Noël des Champs-Élysées? du pain d'épices, un sapin, de la nourriture

Conversation En petits groupes, répondez aux questions.
Answers will vary.

1. Partagez vos réponses aux questions de **Préparation**. En quoi ces célébrations se ressemblent-elles? Comment sont-elles différentes?

2. Quels éléments du marché de Noël de la vidéo ressemblent-ils aux éléments d'une fête célébrée dans votre communauté? Décrivez les points communs et les différences.

Reportage de ResoNews

C'est du pain d'épices artisanal°.

Vocabulaire utile

le pain d'épices	gingerbread
de la présence	people (in attendance)
faible	weak, underwhelming
un conseil	piece of advice
un sapin de Noël	Christmas tree
un bilan	assessment
mitigé	mixed
la féerie	wonder

Application Préparez une présentation écrite ou orale dans laquelle (*in which*) vous décrivez et illustrez les activités, les objets et d'autres éléments d'une fête importante dans votre communauté ou votre tradition.

Section Goals

In this section, students will:
• read about Christmas markets
• watch a video about the Christmas market on the Champs-Élysées in Paris
• discuss different aspects of holidays

Key Standards
1.1, 1.2, 1.3, 2.1, 2.2, 3.2, 4.2, 5.2

Préparation Before beginning this activity, discuss with students the ways holiday experiences vary from person to person.

Les marchés de Noel Have students locate on a map the countries and regions mentioned in the reading. Ask: What do they think these areas have in common? Have students predict what they expect to see in the video based on the reading and photo.

Video Play the video once without sound and have students note the objects and activities they see. Play the video again with sound and have them listen for cognates and vocabulary from the chapter.

Conversation Have groups note their ideas in a chart to better compare information. Then have groups share their findings to create a class chart. What patterns do they see? Why do they think these patterns exist?

TELL Connection

Collaboration 3 *Why:* Communities support student engagement by respecting heritage. *What:* Research students' heritage background with administration; engage heritage students to share cultural products, practices, and perspectives on the topic.

quatre-vingt-trois **83**

You will learn how to...
▪ describe clothing
▪ offer and accept gifts

🔊 **vhl**central

Très chic!

Vocabulaire

aller avec	*to go with*
un anorak	*ski jacket, parka*
une chaussette	*sock*
une chemise (à manches courtes/longues)	*shirt (short-/long-sleeved)*
un chemisier	*blouse*
un gant	*glove*
un jean	*jeans*
une jupe	*skirt*
un manteau	*coat*
un pantalon	*pants*
un pull	*sweater*
un sous-vêtement	*underwear*
une taille	*clothing size*
un tailleur	*(woman's) suit; tailor*
un tee-shirt	*tee shirt*
un vendeur/une vendeuse	*salesman/saleswoman*
des vêtements (*m.*)	*clothing*
De quelle couleur...?	*In what color...?*
des soldes (*m.*)	*sales*
chaque	*each*
large	*loose; big*
serré(e)	*tight*

Mise en pratique

Attention!

Note that the adjectives **orange** and **marron** are invariable; they do not vary in gender or number to match the noun they modify.

J'aime l'anorak orange.

Il porte des chaussures marron.

1 **Les vêtements** Choisissez le mot qui ne va pas avec les autres.

1. des baskets, une cravate, une chaussure
2. un jean, un pantalon, une jupe
3. un tailleur, un costume, un short
4. des lunettes, un chemisier, une chemise
5. un tee-shirt, un pull, un anorak
6. une casquette, une ceinture, un chapeau
7. un sous-vêtement, une chaussette, un sac à main
8. une jupe, une robe, une écharpe

2 **Écoutez** Guillaume prépare ses vacances d'hiver (*winter vacation*). Indiquez quels vêtements il va acheter pour son voyage.

		Oui	Non
1.	des baskets	☑	☐
2.	un maillot de bain	☐	☑
3.	des chemises	☐	☑
4.	un pantalon noir	☑	☐
5.	un manteau	☑	☐
6.	un anorak	☐	☑
7.	un jean	☑	☐
8.	un short	☐	☑
9.	un pull	☐	☑
10.	une robe	☐	☑

Guillaume

des lunettes (de soleil) (f.)

une casquette

une écharpe

un blouson

bon marché

3 **De quelle couleur?** Indiquez de quelle(s) couleur(s) sont ces choses.

MODÈLE

l'océan
Il est bleu.
la statue de la Liberté
Elle est verte.

1. le drapeau français   Il est bleu, blanc et rouge.
2. les dollars américains   Ils sont verts.
3. les pommes (*apples*)   Answers will vary. Elles sont rouges, vertes ou jaunes.
4. le soleil   Il est jaune.
5. la nuit   Elle est noire.
6. le zèbre   Il est blanc et noir.
7. la neige   Elle est blanche.
8. les oranges   Elles sont orange.
9. le café   Il est marron ou noir.
10. les bananes   Elles sont jaunes.

quatre-vingt-cinq   **85**

Communication

4 Qu'est-ce qu'ils portent? Avec un(e) camarade de classe, regardez les images et à tour de rôle, décrivez ce que les personnages portent. Answers will vary.

MODÈLE

Elle porte un maillot de bain rouge.

1.　　　　2.　　　　3.　　　　4.

5 On fait du shopping Avec deux partenaires, préparez une conversation. Deux client(e)s et un vendeur/une vendeuse sont dans un grand magasin. Les client(e)s sont invité(e)s à un événement (*event*) très chic, mais ils ou elles n'ont pas envie de dépenser beaucoup d'argent. Answers will vary.

Client(e)s

- Décrivez l'événement auquel (*to which*) vous êtes invité(e)s.
- Parlez des vêtements que vous cherchez, de vos couleurs préférées, de votre taille. Trouvez-vous le vêtement trop large, trop serré, etc.?
- Demandez les prix et dites si vous trouvez que c'est cher, bon marché, etc.

Vendeur/Vendeuse

- Demandez les tailles, préférences, etc. des client(e)s.
- Répondez à toutes les questions de vos client(e)s.
- Suggérez des vêtements appropriés.

Coup de main

To compare French and American sizes, see the chart on p. 90.

6 Conversez Interviewez un(e) camarade de classe. Answers will vary.

1. Qu'est-ce que tu portes l'hiver? Et l'été?
2. Qu'est-ce que tu portes pour aller au lycée?
3. Qu'est-ce que tu portes pour aller à la plage (*beach*)?
4. Qu'est-ce que tu portes pour faire une randonnée?
5. Qu'est-ce que tu portes pour aller en ville?
6. Qu'est-ce que tu portes quand il pleut?
7. Quelle est ta couleur préférée? Pourquoi?
8. Qu'est-ce que tu portes pour aller dans un restaurant très élégant?
9. Où est-ce que tu achètes tes vêtements? Pourquoi?
10. Est-ce que tu prêtes (*lend*) tes vêtements à tes ami(e)s?

7 Défilé de mode Votre classe a organisé un défilé de mode (*fashion show*). Votre partenaire est mannequin (*model*) et vous représentez la marque (*brand*) de vêtements. Pendant que votre partenaire défile, vous décrivez à la classe les vêtements qu'il ou elle porte. Après, échangez les rôles. Answers will vary.

MODÈLE

Et voici la charmante Julie, qui porte les modèles de la dernière collection H&M®: une chemise à manches courtes et un pantalon noir, ensemble idéal pour sortir le soir. Ses chaussures blanches vont parfaitement avec l'ensemble. Cette collection H&M est très à la mode et très bon marché.

Les sons et les lettres 🔊 vhlcentral

Open vs. closed vowels: Part 3

The letter combination **eu** can be pronounced two different ways, open and closed. Compare the pronunciation of the vowel sounds in these words.

cheveux	**neveu**	**heure**	**meilleur**

When **eu** is followed by a pronounced consonant, it has an open sound. The open **eu** sound does not exist in English. To pronounce it, say **è** with your lips only slightly rounded.

peur	**jeune**	**chanteur**	**beurre**

The letter combination **œu** is usually pronounced with an open **eu** sound.

sœur	**bœuf**	**œuf**	**chœur**

When **eu** is the last sound of a syllable, it has a closed vowel sound, similar to the vowel sound in the English word *full*. While this exact sound does not exist in English, you can make the closed **eu** sound by saying **é** with your lips rounded.

deux	**bleu**	**peu**	**mieux**

When **eu** is followed by a *z* sound, such as a single **s** between two vowels, it is usually pronounced with the closed **eu** sound.

chanteuse	**généreuse**	**sérieuse**	**curieuse**

Prononcez Répétez les mots suivants à voix haute.

1. leur
2. veuve
3. neuf
4. vieux
5. curieux
6. acteur
7. monsieur
8. coiffeuse
9. ordinateur
10. tailleur
11. vendeuse
12. couleur

Articulez Répétez les phrases suivantes à voix haute.

1. Le professeur Heudier a soixante-deux ans.
2. Est-ce que Matthieu est jeune ou vieux?
3. Monsieur Eustache est un chanteur fabuleux.
4. Eugène a les yeux bleus et les cheveux bruns.

Dictons Répétez les dictons à voix haute.

Qui vole un œuf, vole un bœuf.[1]

Les conseilleurs ne sont pas les payeurs.[2]

[1] He who steals an egg would steal an ox.
[2] Those who give advice are not the ones who pay the price.

Section Goals

In this section, students will learn about additional open and closed vowel sounds.

Key Standards

4.1

Suggestions

• Model the pronunciation of each open and closed vowel sound. Have students watch the shape of your mouth, then repeat each sound after you. Pronounce each of the example words and have students repeat them.

• Point out that the final r in **monsieur** is not pronounced, unlike in other words, such as **ordinateur** and **acteur**.

• Point out that the letters **o** and **e** together are usually written as the single character **œ**.

• Ask students to provide more examples of words from this lesson or previous lessons with these vowel sounds. Examples: **tailleur, vendeuse, ordinateur, feuille,** and **chanteuse**.

• Dictate five familiar words containing the open and closed vowels presented in this section to the class, repeating each one at least two times. Then write them on the board or on a transparency and have students check their spelling.

Dictons Ask students to explain the two sayings in their own words.

⭐ **TELL Connection**

Learning Tools 4 *Why:* Tracking and documenting student performance allows you to demonstrate their growth and encourage them to furhter growth. *What:* Use vhlcentral.com recording activities to benchmark student accuracy in replicating French words, phrases, and sentences. Use the teacher's and students' grading detail area to compare earlier recordings to later ones to mark growth.

EXPANSION

Mini-dictée Use these sentences with open and closed vowel sounds for additional practice or dictation. **1. Elle a deux ordinateurs neufs. 2. Ma sœur est jeune et sérieuse. 3. J'aime mieux être coiffeur ou ingénieur. 4. Tu veux ce vieux tailleur?**

EXPANSION

Tongue Twisters Teach students these French tongue-twisters that contain the open and closed vowel sounds on this page. **Pépé paie peu, mémé m'émeut. Je veux un feutre bleu.**

L'anniversaire vhlcentral

AP® Theme: Contemporary Life
Context: Holidays and Celebrations

PERSONNAGES

Amina

Astrid

Rachid

Sandrine

Stéphane

Valérie

Au café...

VALÉRIE, SANDRINE, AMINA, ASTRID ET RACHID Surprise! Joyeux anniversaire, Stéphane!
STÉPHANE Alors là, je suis agréablement surpris!
VALÉRIE Bon anniversaire, mon chéri!
SANDRINE On a organisé cette surprise ensemble...

VALÉRIE Pas du tout! C'est Sandrine qui a presque tout préparé.
SANDRINE Oh, je n'ai fait que les desserts et ton gâteau d'anniversaire.
STÉPHANE Tu es un ange.
RACHID Bon anniversaire, Stéphane. Tu sais, à ton âge, il ne faut pas perdre son temps. Alors cette année, tu travailles sérieusement, c'est promis?
STÉPHANE Oui, oui.

AMINA Rachid a raison. Dix-huit ans, c'est une étape importante dans la vie! Il faut fêter ça.
ASTRID Joyeux anniversaire, Stéphane.
STÉPHANE Oh, et en plus, vous m'avez apporté des cadeaux!

AMINA Oui. J'ai tout fait moi-même: ce tee-shirt, cette jupe et j'ai acheté ces chaussures.
SANDRINE Tu es une véritable artiste, Amina! Ta jupe est très originale! J'adore!
AMINA J'ai une idée. Tu me prêtes ta robe grise samedi et je te prête ma jupe. D'accord?
SANDRINE Bonne idée!

STÉPHANE Eh! C'est super cool, ce blouson en cuir noir. Avec des gants en plus! Merci, maman!
AMINA Ces gants vont très bien avec le blouson! Très à la mode!
STÉPHANE Tu trouves?

RACHID Tiens, Stéphane.
STÉPHANE Mais qu'est-ce que c'est? Des livres?
RACHID Oui, la littérature, c'est important pour la culture générale.
VALÉRIE Tu as raison, Rachid.
STÉPHANE Euh oui... euh... c'est gentil... euh... merci, Rachid.

A C T I V I T É S

1 **Vrai ou faux?** Indiquez si ces affirmations sont **vraies** ou **fausses**.

1. David ne veut pas (*doesn't want*) aller à la fête.
   Faux.
2. Sandrine porte une jupe bleue.
   Faux.
3. Amina a fait sa jupe elle-même (*herself*).
   Vrai.
4. Le tee-shirt d'Amina est en soie.
   Vrai.
5. Valérie donne un blouson en cuir et une ceinture à Stéphane.
   Faux.

6. Sandrine n'aime pas partager ses vêtements.
   Faux.
7. Pour Amina, 18 ans, c'est une étape importante.
   Vrai.
8. Sandrine n'a rien fait (*didn't do anything*) pour la fête.
   Faux.
9. Rachid donne des livres de littérature à Stéphane.
   Vrai.
10. Stéphane pense que ses amis sont drôles.
   Faux.

Les amis fêtent l'anniversaire de Stéphane.

SANDRINE Ah au fait, David est désolé de ne pas être là. Ce week-end, il visite Paris avec ses parents. Mais il pense à toi.
STÉPHANE Je comprends tout à fait. Les parents de David sont de Washington, n'est-ce pas?
SANDRINE Oui, c'est ça.

AMINA Merci, Sandrine. Je trouve que tu es très élégante dans cette robe grise! La couleur te va très bien.
SANDRINE Vraiment? Et toi, tu es très chic. C'est du coton?
AMINA Non, de la soie.
SANDRINE Cet ensemble, c'est une de tes créations, n'est-ce pas?

STÉPHANE Une calculatrice rose... pour moi?
ASTRID Oui, c'est pour t'aider à répondre à toutes les questions en maths, et avec le sourire.
STÉPHANE Euh, merci beaucoup! C'est très... utile.
ASTRID Attends! Il y a encore un cadeau pour toi...

STÉPHANE Ouah, cette montre est géniale, merci!
ASTRID Tu as aimé notre petite blague? Nous, on a bien ri.
RACHID Eh Stéphane! Tu as vraiment aimé tes livres et ta calculatrice?
STÉPHANE Ouais, vous deux, ce que vous êtes drôles.

Expressions utiles

Talking about your clothes

- **Et toi, tu es très chic. C'est du coton/ de la soie?**
  And you, you are very chic. Is it cotton/silk?
- **J'ai tout fait moi-même.**
  I did/made everything myself.
- **La couleur te va très bien.**
  The color suits you well.
- **Tu es une véritable artiste! Ta jupe est très originale!**
  You are a true artist! Your skirt is very original!
- **Tu me prêtes ta robe grise samedi et je te prête ma jupe.**
  You lend me your gray dress Saturday and I'll lend you my skirt.
- **C'est super cool, ce blouson en cuir/laine/ velours noir(e). Avec des gants en plus!**
  It's really cool, this black leather/wool/velvet jacket. With gloves as well!

Additional vocabulary

- **Vous m'avez apporté des cadeaux!**
  You brought me gifts!
- **Tu sais, à ton âge, il ne faut pas perdre son temps.**
  You know, at your age, one should not waste time.
- **C'est pour t'aider à répondre à toutes les questions en maths, et avec le sourire.**
  It's to help you answer all the questions in math, with a smile.
- **agréablement surpris(e)**
  pleasantly surprised
- **véritable**
  true, genuine
- **C'est promis?**
  Promise?
- **Pour moi?**
  For me?
- **Il pense à toi.**
  He's thinking of you.
- **Attends!**
  Wait!
- **tout à fait**
  absolutely
- **On a bien ri.**
  We had a good laugh.
- **Vraiment?**
  Really?

---

2 **Identifiez** Indiquez qui a dit (*said*) ces phrases: Amina (**A**), Astrid (**As**), Rachid (**R**), Sandrine (**S**), Stéphane (**St**) ou Valérie (**V**).

__S__ 1. Tu es une véritable artiste.
__As__ 2. On a bien ri.
__A__ 3. Très à la mode.
__St__ 4. Je comprends tout à fait.
__V__ 5. C'est Sandrine qui a presque tout préparé.
__R__ 6. C'est promis?

3 **À vous!** Ce sont les soldes. Sandrine, David et Amina vont dans un magasin pour acheter des vêtements. Ils essaient différentes choses, donnent leur avis (*opinion*) et parlent de leurs préférences, des prix et des matières (*fabrics*). Avec un(e) partenaire, écrivez la conversation et jouez la scène devant la classe.

A C T I V I T É S

Expressions utiles (teacher notes)

- Model the pronunciation of the **Expressions utiles** and have students repeat them.
- As you work through the list, point out expressions with indirect object pronouns, disjunctive pronouns, and -**re** verbs. Tell students that these grammar structures will be formally presented in **Structures**.
- Respond briefly to questions about indirect object pronouns and -**re** verbs. Reinforce correct forms, but do not expect students to produce them consistently at this time.
- Point out that the pronouns **tu**, **te**, and **toi** all mean *you*, but they cannot be used interchangeably because they are different parts of speech.
- To practice different fabrics and other materials, ask students yes/no and either/or questions about their clothing. Examples: ____, **votre chemisier, c'est du coton ou de la soie?** ____, **votre blouson, c'est du cuir ou de la laine? Avez-vous des gants en cuir noir?**

1 Expansion Have students write corrections for false statements on the board.

1 Expansion For additional practice, give students these items. **11. Stéphane n'est pas content de la fête. (Faux.) 12. David est à Paris avec ses parents. (Vrai.) 13. Sandrine aime bien la jupe d'Amina. (Vrai.) 14. Stéphane n'aime pas la montre. (Faux.)**

2 Expansion In addition to identifying the speaker, have students give the name of the person to whom each one is speaking. **1. Amina 2. Stéphane 3. Stéphane 4. Sandrine 5. Stéphane 6. Stéphane**

3 Suggestion Tell students to use an idea map or outline to plan their conversation before they begin to write it.

TEACHING OPTIONS

Using Games Divide the class into two teams. Give one team member a card with the name of an item of clothing or an accessory. This person has 30 seconds to draw the item and one player on his or her team has to guess what it is. Give a point for each correct answer. If a player cannot guess the item within the time limit, the next player on the opposing team may "steal" the point.

EXPANSION

Magazines Bring in photos from French fashion magazines or catalogues, such as *3 Suisses* or *La Redoute*, and have students give their opinions about the clothing and accessories.

AP® **Theme:** Beauty and Aesthetics
Context: Ideals of Beauty

Section Goals

In this section, students will:
- learn about fashion in France and where to buy clothes
- learn terms related to fashion
- read about traditional clothing and fabrics in some Francophone regions
- read about Coco Chanel

Key Standards
2.1, 2.2, 3.1, 3.2, 4.2

 21st Century Skills

Global Awareness
Students will gain perspectives on the Francophone world to develop respect and openness toward others and to interact appropriately and effectively with citizens of Francophone cultures.

Culture à la loupe
Avant la lecture Have students read the title, look at the photo, and predict what this reading is about. Then ask them to share any information they know about fashion in France.

Lecture
- Point out the **Coup de main** and have students compare the clothing sizes. Example: **Si une femme porte la taille 8 aux États-Unis, quelle taille porte-t-elle en France? (38)**
- Explain that a **hypermarché** is similar to a Wal-Mart or Target in the United States.

Après la lecture Ask students: **Où les Français achètent-ils leurs vêtements? (dans les boutiques indépendantes, dans les chaînes françaises et américaines, dans les hypermarchés et dans les centres commerciaux)**

1 Suggestion Have students work in pairs to correct the false statements. Discuss them with the class.

---

vhlcentral

CULTURE À LA LOUPE

La mode en France

Pour la majorité des Français, la mode est un moyen° d'expression. Les jeunes adorent les marques°, surtout les marques américaines. Avoir un *hoody* de style américain est considéré comme à la mode. C'est pareil° pour les chaussures. Bien sûr, les styles varient beaucoup. Il y a le style BCBG (bon chic bon genre), par exemple, plus classique avec la prédominance de la couleur bleu marine°. Il y a aussi le style «baba cool», c'est-à-dire° *hippie*.

Les marques coûtent cher, mais en France il y a encore beaucoup de boutiques indépendantes où les vêtements sont bon marché. Souvent les vendeurs et les vendeuses sont aussi propriétaires° du magasin. Ils encouragent plus les clients à acheter. Mais il y a aussi beaucoup de chaînes françaises comme Lacoste, Promod et Camaïeu. Et les chaînes américaines sont de plus en plus présentes dans les villes. Les Français achètent aussi des vêtements dans les hypermarchés°, comme Monoprix, Auchan ou Carrefour, et dans les centres commerciaux.

L'anthropologue américain Lawrence Wylie a écrit° sur les différences entre les vêtements français et américains. Les Américains portent des vêtements plus amples et plus confortables. Pour les Français, l'aspect esthétique est plus important que le confort. Les femmes mettent des baskets uniquement pour faire du sport. Les costumes français sont plus serrés et plus près du corps° et les épaules° sont en général plus étroites°.

Coup de main

Comparaison des tailles°

FEMMES						
France	32	34	36	38	40	42
USA	2	4	6	8	10	12

HOMMES (PANTALONS)						
France	36	38	40	42	44	46
USA	26	28	30	32	34	36

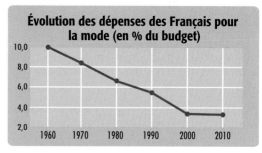

Évolution des dépenses des Français pour la mode (en % du budget)

La mode *Fashion* **moyen** *means* **marques** *brand names* **pareil** *the same* **marine** *navy* **c'est-à-dire** *in other words* **propriétaires** *owners* **hypermarchés** *large supermarkets* **a écrit** *wrote* **corps** *body* **épaules** *shoulders* **étroites** *narrow* **tailles** *sizes*

A C T I V I T É S

1 Vrai ou faux? Indiquez si les phrases sont **vraies** ou **fausses**.

1. Pour beaucoup de Français, la mode est un moyen d'expression. Vrai.
2. Un *hoody* de style américain est considéré comme du mauvais goût (*taste*) par les jeunes. Faux.
3. La couleur bleu marine prédomine dans le style BCBG. Vrai.
4. En France les boutiques indépendantes sont rares. Faux.

5. Les vendeurs et les vendeuses des boutiques indépendantes sont souvent aussi propriétaires. Vrai.
6. Lacoste, Promod et Camaïeu sont des chaînes françaises. Vrai.
7. Il est possible d'acheter des vêtements dans les hypermarchés. Vrai.
8. Lawrence Wylie a écrit sur la mode italienne. Faux.
9. Les Français portent des vêtements plus amples et plus confortables. Faux.
10. Les costumes français sont très larges. Faux.

EXPANSION

Cultural Comparison Have students work in groups of three and compare where French people and Americans shop for clothing. Tell them to list the similarities and differences in a two-column chart under the headings **Similitudes** and **Différences**. After they complete their charts, have two groups get together and compare their lists.

DIFFERENTIATION

For Visual Learners First, ask students what information the graph **Évolution des dépenses des Français pour la mode** shows. (The percentage of total budget that the French spent on fashion from 1960–2010.) Then ask: **Quel pourcentage de leur budget les Français ont-ils dépensé pour la mode en 1960? (10,0%) Et en 1980, ils ont dépensé plus ou moins? (moins).**

LE FRANÇAIS QUOTIDIEN

Les vêtements et la mode

fringues (*f.*)	clothes
look (*m.*)	style
vintage (*m.*)	vintage clothing
BCBG (bon chic bon genre)	chic and preppy
ringard(e)	out-of-style
être bien/ mal sapé(e)	to be well/ badly dressed
être sur son 31	to be well dressed

LE MONDE FRANCOPHONE

Vêtements et tissus

Voici quelques vêtements et tissus° traditionnels du monde francophone.

En Afrique centrale et de l'Ouest
Le boubou tunique plus ou moins° longue et souvent très colorée
Les batiks tissus traditionnels très colorés

En Afrique du Nord
La djellaba longue tunique à capuche°
Le kaftan sorte de djellaba portée à la maison

À la Martinique
Le madras tissu typique aux couleurs vives

À Tahiti
Le paréo morceau° de tissu attaché au-dessus de la poitrine° ou à la taille°

tissus *fabrics* **plus ou moins** *more or less* **à capuche** *hooded*
morceau *piece* **poitrine** *chest* **taille** *waist*

PORTRAIT

AP® Theme: Beauty and Aesthetics Context: Ideals of Beauty

Coco Chanel, styliste° parisienne

«La mode se démode°, le style jamais.»
—*Coco Chanel*

Coco Chanel (1883–1971) est considérée comme l'icône du parfum et de la mode du vingtième siècle°. Dans les années 1910, elle a l'idée audacieuse° d'intégrer la mode «à la garçonne» dans ses créations: les lignes féminines empruntent aux° éléments de la mode masculine. C'est la naissance du fameux tailleur Chanel. Pour «Mademoiselle Chanel», l'important dans la mode, c'est que les vêtements permettent de bouger°; ils doivent° être simples et confortables. Son invention de «la petite robe noire» illustre l'esprit° classique et élégant de ses collections. De nombreuses célébrités ont immortalisé le nom de Chanel: Jacqueline Kennedy avec le tailleur et Marilyn Monroe avec le parfum No. 5, par exemple.

styliste *designer* **vingtième siècle** *twentieth century*
idée audacieuse *daring idea* **empruntent aux** *borrow from*
bouger *move* **doivent** *have to* **esprit** *spirit*

AP® Theme: Beauty and Aesthetics Context: Ideals of Beauty

Sur Internet

Combien de couturiers présentent leurs collections dans les défilés de mode, à Paris, chaque hiver?

Go to **vhlcentral.com** to find more information related to this **Culture** section.

---

2 **Coco Chanel** Complétez les phrases.

1. Coco Chanel était (*was*) ___styliste de mode___
2. Le style Chanel est inspiré de ___la mode masculine___.
3. Les vêtements Chanel sont ___simples et confortables___.
4. Jacqueline Kennedy portait souvent des ___tailleurs___ Chanel.
5. D'après «Mademoiselle Chanel», il est très important de pouvoir (*to be able to*) ___bouger___ dans ses vêtements.
6. C'est Coco Chanel qui a inventé ___la petite robe noire___.

3 **Le «relookage»** Vous êtes conseiller/conseillère en image (*image counselors*), spécialisé(e) dans le «relookage». Votre nouveau (nouvelle) client(e), une célébrité, vous demande de l'aider à sélectionner un nouveau style. Discutez de ce nouveau look avec un(e) partenaire.

A C T I V I T É S

Le français quotidien
• Model the pronunciation of each term and have students repeat it.
• Ask students to give some examples of vintage clothing.
• Have volunteers create sentences using these words.

Portrait
• Have students look at the photo of Coco Chanel and describe her appearance and clothing.
• Tell students that **la petite robe noire** is a simple black evening dress that many consider to be an essential item in a woman's wardrobe.

Le monde francophone
• Bring in photos from magazines or the Internet of people wearing these types of clothing and fabrics to show the class.
• Ask a few content questions based on the reading. Examples: **1. Comment s'appelle la tunique que les gens portent en Afrique centrale? (le boubou) 2. On porte le kaftan en ville ou à la maison? (à la maison) 3. À la Martinique, on porte des vêtements faits de batik ou de madras? (des vêtements faits de madras) 4. Où porte-t-on le kaftan? (en Afrique du Nord)**

2 **Expansion** For additional practice, give students these items. **7. Les collections de Chanel sont classiques et ____. (élégantes) 8. Marilyn Monroe a immortalisé ____ de Chanel. (le parfum No. 5)**

3 **Suggestions** Have students write their descriptions and read them aloud for the class.

 **21ˢᵗ Century Skills**

Information and Media Literacy: Sur Internet Students access and critically evaluate information from the Internet.

EXPANSION

Vêtements et tissus Have students create five true/false statements based on the content in **Le monde francophone**. Then have students get together with a classmate and take turns reading their statements and responding **vrai** or **faux**.

EXPANSION

Les couturiers Have students research one of the **couturiers** from the **Sur Internet** activity and write a short paragraph about the person. Tell them to include information about the person's accomplishments, type(s) of clothing he or she designs, where it is sold, and any other important details.

Section Goals

In this section, students will learn:
• indirect object pronouns
• some additional uses of disjunctive pronouns

Key Standards

4.1, 5.1

Note Direct object pronouns are presented after indirect object pronouns in **Leçon 7A** so that students will already be familiar with the forms the two types of object pronouns share in common (**me, te, nous, vous**). They therefore will be able to focus on the new third-person forms (**le, la, l', les**). Moreover, past participle agreement with preceding direct object pronouns is a difficult concept for many students and could pose a distraction while they are still learning about the **passé composé**.

Suggestions: Scaffolding

• Present **Point de départ**. Then write on the board: **Valérie achète un blouson à Stéphane.** Ask students to indicate the indirect object of the verb. (**Stéphane**) Point out that **un blouson** is the direct object of the verb.
• Present the indirect object pronouns and their placement rules, using the bullet points on p. 92. Point out in the presentation examples how the indirect object pronoun in French precedes the verb while in English it follows the verb. Then do the Expansion: Extra Practice activities.
• Practice asking questions by having students convert the examples on p. 92 into questions using **est-ce que** and inversion.

6B.1 ## Indirect object pronouns **vhl**central

Point de départ An indirect object expresses *to whom* or *for whom* an action is done. It is always a person or animal and preceded by the preposition **à** in French. In the example below, the indirect object answers this question: **À qui parle Gisèle?** (*To whom does Gisèle speak?*)

SUBJECT	VERB	INDIRECT OBJECT NOUN
Gisèle	**parle**	**à sa mère.**
Gisèle	*speaks*	*to her mother.*

• Indirect object pronouns replace indirect object nouns and the prepositions that precede them.

Indirect object pronouns

me	*to/for me*	nous	*to/for us*
te	*to/for you*	vous	*to/for you*
lui	*to/for him/her*	leur	*to/for them*

Gisèle parle **à sa mère**.
Gisèle speaks to her mother.

J'envoie des cadeaux **à mes nièces**.
I send gifts to my nieces.

Gisèle **lui** parle.
Gisèle speaks to her.

Je **leur** envoie des cadeaux.
I send them gifts.

Vous m'avez apporté des cadeaux!

Je te prête ma jupe. D'accord?

Boîte à outils

When asking a question using inversion, follow the same rules outlined on this page for the placement of the indirect object pronoun.

Lui parles-tu?

Lui as-tu parlé?

Vas-tu lui parler?

• The indirect object pronoun usually precedes the conjugated verb.

Antoine, je **te** parle.
Antoine, I'm talking to you.

Notre père **nous** a envoyé un e-mail.
Our father sent us an e-mail.

• In a negative statement, place the indirect object pronoun between **ne** and the conjugated verb.

Antoine, je ne **te** parle pas de ça.
Antoine, I'm not talking to you about that.

Notre père ne **nous** a pas envoyé d'e-mail.
Our father didn't send us an e-mail.

• When an infinitive follows a conjugated verb, the indirect object pronoun precedes the infinitive.

Nous allons **lui** donner une cravate.
We're going to give him a tie.

Il ne va pas **vous** prêter le costume.
He's not going to lend you the suit.

• In the **passé composé**, the indirect object pronoun comes before the auxiliary verb **avoir**.

Tu **lui** as parlé?
Did you speak to her?

Non, je ne **lui** ai pas parlé.
No, I didn't speak to her.

EXPANSION

Extra Practice Write the indirect object pronouns on the board. Show students some photos and say: **Je vous montre mes photos.** Give a student an object, such as a book, and say: **Je vous prête mon livre.** Continue the same procedure with the remaining indirect object pronouns.

EXPANSION

Extra Practice Write sentences with indirect objects on the board. Examples: **Anne-Laure ne te donne pas de biscuits. Pierre ne me parle pas. Loïc prête de l'argent à Louise. Marie nous pose une question. Je téléphone à mes amis.** Have students come to the board and circle the indirect objects.

- The indirect object pronouns **me** and **te** become **m'** and **t'** before a verb beginning with a vowel sound.

Ton petit ami **t'**envoie des e-mails.
Your boyfriend sends you e-mails.

Isabelle **m'**a prêté son sac à main.
Isabelle lent me her handbag.

M'a-t-il acheté ce pull?
Did he buy me this sweater?

Elles ne **t'**ont pas téléphoné hier?
Didn't they call you yesterday?

Verbs used with indirect object pronouns

demander à	to ask, to request	parler à	to speak/talk to
donner à	to give to	poser une question à	to pose/ask a question (to)
envoyer à	to send to	prêter à	to lend to
montrer à	to show to	téléphoner à	to phone, to call

Disjunctive pronouns

- Disjunctive pronouns can be used alone or in phrases without a verb.

Qui prend du café?
Who's having coffee?

Moi!
Me!

Eux aussi?
Them, too?

- Disjunctive pronouns emphasize the person to whom they refer.

Moi, je porte souvent une casquette.
Me, I often wear a cap.

Mon frère, **lui**, il déteste les casquettes.
My brother, he hates caps.

- To say *myself, ourselves*, etc., add **-même(s)** after the disjunctive pronoun.

Tu fais ça **toi-même**?
Are you doing that yourself?

Ils organisent la fête **eux-mêmes**.
They're planning the party themselves.

- Some French verbs and expressions use a stressed pronoun instead of an indirect object pronoun to replace people or animals that follow the preposition **à**. One such expression is **penser à**.

Il **pense** souvent à ses grands-parents, n'est-ce pas?
He often thinks about his grandparents, doesn't he?

DISJUNCTIVE PRONOUN
Oui, il **pense** souvent à eux.
Yes, he often thinks about them.

∽ Vérifiez

🏃 Boîte à outils

The following are disjunctive pronouns, which can be used alone or after a preposition:

moi *me*		**nous** *us*	
toi *you*		**vous** *you*	
lui *him*		**eux** *them*	
elle *her*		**elles** *them*	

∽ Vérifiez

Essayez!

Complétez les phrases avec le pronom d'objet indirect approprié.

1. Tu _____*nous*_____ montres tes photos? (*us*)
2. Luc, je _____*te*_____ donne ma nouvelle adresse. (*you, fam.*)
3. Vous _____*me*_____ posez de bonnes questions. (*me*)
4. Nous _____*leur*_____ avons demandé. (*them*)
5. On _____*vous*_____ achète une nouvelle robe. (*you, form.*)
6. Ses parents _____*lui*_____ ont acheté un tailleur. (*her*)
7. Je vais _____*lui*_____ téléphoner à dix heures. (*him*)
8. Elle va _____*me*_____ prêter sa jupe. (*me*)
9. Je _____*vous*_____ envoie des vêtements. (*you, plural*)
10. Est-ce que tu _____*leur*_____ as apporté ces chaussures? (*them*)
11. Il ne _____*te*_____ donne pas son anorak? (*you, fam.*)
12. Nous ne _____*leur*_____ parlons pas! (*them*)

Suggestions: Scaffolding

- Present elision rules with **me** and **te**, and verbs that use indirect objects. Have students complete **Vérifiez**.
- Go over the disjunctive pronouns. Explain the use of **-même(s)** and provide a few examples. Then have students create some sentences with the disjunctive pronouns.
- Tell students that there are relatively few expressions followed by **à** plus a person or animal that use the disjunctive pronoun instead of the indirect object pronoun. Encourage students to keep a running list as they come across them.
- Have students complete the **Vérifiez** activity.
- Have students complete **Essayez!**, then follow the suggestion below. For students who still struggle to grasp the concepts, have them watch the Grammar Tutorial and repeat the **Vérifiez** and **Essayez!** activities.

Essayez! Have students restate items 1, 2, 4, 5, 6, 9, 10, 11 and 12 using the **futur proche**. Example:
1. Tu vas nous montrer tes photos?

TEACHING OPTIONS

Extra Practice Have students write six sentences containing indirect objects on a sheet of paper. Ask them to exchange sheets with another student, who should rewrite the sentences replacing the indirect objects with pronouns. Ask volunteers to go to the board and write the two versions (with/without pronouns) of some of their sentences.

EXPANSION

Small Groups Working in groups of three, the first student lends an object to the second and says: **Je te prête mon/ma…**. The second student responds: **Tu me prêtes ton/ta…**. The third student says: **Marc lui prête son/sa…**. Groups repeat the process until everyone has begun the chain twice. To practice plural pronouns, have two groups get together. Then two students lend something to two other students.

1 Expansion Have students write four more sentences with indirect objects (not pronouns). Tell them to exchange papers with a classmate and rewrite the sentences, replacing the indirect object with the corresponding indirect object pronoun.

2 Suggestion To check students' answers, have volunteers read different roles aloud.

3 Suggestion Remind students that the **lui** in the model is a disjunctive pronoun used for emphasis.

3 Expansion Have students convert three of their statements into questions for their partner, using **Qui...?** or **À qui...?**
Example: **Qui te prête sa voiture?**

Mise en pratique

1 Complétez Corinne fait du shopping avec sa copine Célia. Trouvez le bon pronom d'objet indirect ou disjonctif pour compléter ses phrases.

1. Je ___leur___ achète des baskets. (à mes cousins)
2. Je ___te___ prends une ceinture. (à toi, Célia)
3. Nous ___lui___ achetons une jupe. (à notre copine Christelle)
4. Célia ___nous___ prend des lunettes de soleil. (à ma mère et à moi)
5. Je ___vous___ achète des gants. (à ta mère et à toi, Célia)
6. Célia ___m'___ achète un pantalon. (à moi)
7. Et, c'est l'annversère de Magalie demain. Tu penses à ___elle___, j'espère! (à Magalie)

2 Dialogues Complétez les dialogues.

1. **M. SAUNIER** Tu m'as posé une question, chérie?
   MME SAUNIER Oui. Je ___t'___ ai demandé l'heure.
2. **CLIENT** Je cherche un beau pull.
   VENDEUSE Je vais ___vous___ montrer ce pull noir.
3. **VALÉRIE** Tu as l'air triste. Tu penses à ton petit ami?
   MÉGHANE Oui, je pense à ___lui___.
4. **PROF 1** Mes étudiants ont passé l'examen.
   PROF 2 Tu ___leur___ envoies les résultats?
5. **MÈRE** Qu'est-ce que vous allez faire?
   ENFANTS On va aller au cinéma. Tu ___nous___ donnes de l'argent?
6. **PIERRE** Tu ___me___ téléphones ce soir?
   CHARLOTTE D'accord. Je te téléphone.
7. **GÉRARD** Christophe a oublié son pull. Il a froid!
   VALENTIN Je ___lui___ prête mon blouson.
8. **MÈRE** Tu ne penses pas à Théo et Sophie?
   PÈRE Mais si, je pense souvent à ___eux___.

3 Assemblez Avec un(e) partenaire, assemblez les éléments pour comparer vos familles et vos amis. Answers will vary.

MODÈLE

Élève 1: *Mon père me prête souvent ses pulls.*
Élève 2: *Mon père, lui, il nous prête de l'argent.*

A	B	C
je	acheter	argent
tu	apporter	biscuits
mon père	envoyer	cadeaux
ma mère	expliquer	devoirs
mon frère	faire	e-mails
ma sœur	montrer	problèmes
mon/ma	parler	vêtements
meilleur(e) ami(e)	payer	vélo
mes copains	prêter	?
?	?	

EXPANSION

Oral Practice Ask students to write a paragraph about things they do for family members and friends. Ex: **Je prête mes chaussures à mon frère.** Have them share their paragraphs with a classmate who will tell the class what he/she learned about his/her partner. Ex: **Il prête ses chaussures à son frère. Il lui prête ses chaussures**.
Game Give each student an envelope and a sheet of paper. Ask

TEACHING OPTIONS

them to write a sentence using an indirect object pronoun, cut the paper into strips (one word per strip), shuffle them, and place them in the envelope. Then have students pass their envelopes to the person sitting behind them. Ask them to unscramble the sentence and write it down, before placing the shuffled strips back into the envelope and passing it on. After three minutes, the row with the most correctly deciphered sentences wins.

Communication

4 Qu'allez-vous faire? Avec un(e) partenaire, dites ce que vous allez faire dans ces situations. Employez les verbes de la liste et présentez vos réponses à la classe. Answers will vary.

MODÈLE

Un ami a soif.
On va lui donner de l'eau.

acheter	montrer
apporter	parler
demander	poser des questions
donner	préparer
envoyer	prêter
faire	téléphoner

1. Une personne âgée a froid.
2. Des touristes sont perdus (*lost*).
3. Un homme est sans abri (*homeless*).
4. Votre tante est à l'hôpital.
5. Vos cousins vous invitent à manger chez eux.
6. Votre chien a faim.
7. Un(e) ami(e) fête son anniversaire.
8. Votre meilleur(e) (*best*) ami(e) a des problèmes.
9. Vous ne comprenez pas le prof.
10. Vos parents voyagent en France pendant (*for*) un mois.

5 Les cadeaux de l'année dernière Par groupes de trois, parlez des cadeaux que vous avez achetés à votre famille et à vos amis l'année dernière. Que vous ont-ils acheté? Présentez vos réponses à la classe. Answers will vary.

MODÈLE

Élève 1: *Qu'est-ce que tu as acheté à ta mère?*
Élève 2: *Je lui ai acheté un ordinateur.*
Élève 3: *Ma copine Dominique m'a donné une montre.*

6 Au grand magasin Par groupes de trois, jouez les rôles de deux client(e)s et d'un(e) vendeur/vendeuse. Les client(e)s cherchent des vêtements pour faire des cadeaux. Ils parlent de ce qu'ils (*what they*) cherchent et le/la vendeur/vendeuse leur fait des suggestions.

Answers will vary.

---

4 Suggestion Have pairs write their suggestions. Encourage them to come up with multiple responses for each item.

4 Virtual Chat You can also assign Activity 4 on vhlcentral.com. Students record individual responses that appear in your gradebook.

5 Suggestion Before students begin the activity, have them make a list of gifts they gave to family members and friends, and vice versa. Then have three volunteers read the **modèle** aloud.

6 Suggestions
• Before beginning the activity, have students describe what is happening in the photo.
• Videotape the scenes in class or have students videotape themselves outside of class. Show the videos so students can critique their role-plays.

Activity Pack For additional activities, go to the Activity Pack in the Resources section of vhlcentral.com.

EXPANSION

Video Have students read along as you show the video episode again. Tell them to note each time an indirect object pronoun or a disjunctive pronoun is used. After the video, ask them to read the sentences they identified and to say to whom each pronoun refers.

EXPANSION

Pairs Have students work in pairs. Tell them to write five questions they would like to ask their partner that require an indirect object pronoun in the answer. They should then take turns asking and answering each other's questions.

Section Goals

In this section, students will learn:
• regular **-re** verbs
• irregular **-re** verbs

Key Standards
4.1, 5.1

Suggestions: Scaffolding

• Present **Point de départ** and the first three bullets. Have students find the pattern for forming **-re** verbs.

• Model the pronunciation of the **-re** verbs and have students repeat. Go through all forms for each verb. Do the Extra Practice on TE p. 96.

• Talk about yourself and ask students follow-up questions. Examples: **Je réponds à tous mes e-mails. Et vous, répondez-vous à tous vos e-mails? Je rends visite à ma grand-mère le week-end. Rendez-vous visite à vos grands-parents le week-end?**

• Explain that the past participles of regular **-re** verbs add **-u** to the stem. Example: **attendre: attendu.** Then say the verbs listed and have students respond with the corresponding past participles.

• Repeat questions used earlier in the **passé composé.** Examples: **J'ai répondu à tous mes e-mails hier. Et vous, avez-vous répondu à tous vos e-mails hier? J'ai rendu visite à ma grand-mère le week-end dernier. Avez-vous rendu visite à vos grands-parents le week-end dernier?**

• Have students complete the **Vérifiez** activity.

6B.2

Regular and irregular -re verbs vhlcentral

Point de départ You've already learned the present tense and **passé composé** forms for infinitives that end in **-er** and **-ir**. Now you will learn the forms for a family of verbs that end in **-re**.

• Many **-re** verbs, such as **attendre** (*to wait*), follow a regular pattern of conjugation, as shown below.

attendre	
j'attends	nous attendons
tu attends	vous attendez
il/elle/on attend	ils/elles attendent

Tu **attends** devant le café?
Are you waiting in front of the café?

Nous **attendons** dans le magasin.
We're waiting in the store.

Où **attendez**-vous?
Where are you waiting?

Il faut **attendre** dans la bibliothèque.
You have to wait in the library.

• The verb **attendre** means *to wait* or *to wait for*. Unlike English, it does not require a preposition.

Marc **attend le bus**.
Marc is waiting for the bus.

Ils **attendent Robert**.
They're waiting for Robert.

Il **attend** ses parents à l'école.
He's waiting for his parents at school.

J'**attends** les soldes.
I'm waiting for a sale.

Other regular -re verbs			
descendre	to go down; to take down	rendre (à)	to give back, to return (to)
entendre	to hear	rendre visite (à)	to visit someone
perdre (son temps)	to lose; to waste (one's time)	répondre (à)	to answer, to respond (to)
		vendre	to sell

• **Rendre visite à** means *to visit a person*, while **visiter** means *to visit a place*.

Tu **rends visite à ta grand-mère** le lundi.
You visit your grandmother on Mondays.

Cécile va **visiter le musée** aujourd'hui.
Cécile is going to visit the museum today.

Vous **rendez visite à vos cousins**?
Are you visiting your cousins?

Nous **visitons Rome** ce week-end.
We are visiting Rome this weekend.

• To form the past participle of regular **-re** verbs, drop the **-re** from the infinitive and add **-u**.

Les étudiants ont **vendu** leurs livres.
The students sold their books.

Il a **entendu** arriver la voiture de sa femme.
He heard his wife's car arrive.

J'ai **répondu** à ton e-mail.
I answered your e-mail.

Nous avons **perdu** patience.
We lost patience.

Vérifiez

For Kinesthetic Learners Make statements with regular and irregular **-re** verbs, and have students act them out. Ex: **J'attends le bus.** (Students imitate waiting for the bus.) **Je conduis une voiture.** (They imitate driving a car.) **Extra Practice** Divide the class into teams of three. Each team has a piece of paper. Call out an infinitive and a person. Ex: **traduire / première personne du pluriel.** Each team has

to compose a sentence, with each member writing one part. The first team member thinks of an appropriate subject or proper name and writes it down (Ex: **Ellene et moi**). The second writes the correct form of the verb (Ex: **traduisons**). The third completes the sentence in a logical way (Ex: **un livre**). The first team to write a logical and correct sentence wins. Team members should rotate positions each time a new verb is given.

- Some verbs whose infinitives end in **-re** are irregular.

Irregular -re verbs

	conduire (to drive)	**mettre** (to put (on))	**rire** (to laugh)
je	conduis	mets	ris
tu	conduis	mets	ris
il/elle/on	conduit	met	rit
nous	conduisons	mettons	rions
vous	conduisez	mettez	riez
ils/elles	conduisent	mettent	rient

Je **conduis** la voiture.
I'm driving the car.

Thérèse **met** ses gants.
Thérèse puts on her gloves.

Elles **rient** pendant le spectacle.
They laugh during the show.

Other irregular -re verbs

like *conduire*		like *mettre*	
construire	to build, to construct	permettre	to allow
détruire	to destroy	promettre	to promise
produire	to produce		
réduire	to reduce		like *rire*
traduire	to translate	sourire	to smile

- The past participle of the verb **mettre** is **mis**. Verbs derived from **mettre** (**permettre**, **promettre**) follow the same pattern: **permis**, **promis**.

    Où est-ce que tu **as mis** mes livres?
    Where did you put my books?

    Je lui **ai promis** de faire la cuisine.
    I promised her that I'd cook.

- The past participle of **conduire** is **conduit**. Verbs like **conduire** follow the same pattern: **construire → construit**; **détruire → détruit**; **produire → produit**; **traduire → traduit**.

- The past participle of **rire** is **ri**. The past participle of **sourire** is **souri**.

- Like for the other verb groups, use present tense verb forms to give commands.

    Conduis moins vite!
    Drive more slowly!

    Souriez!
    Smile!

    Mets ta jupe noire!
    Wear your black skirt!

 Boîte à outils

The French verbs **permettre** and **promettre** are followed by the preposition **à** and an indirect object to mean *to allow someone* or *to promise someone*: **permettre à quelqu'un** and **promettre à quelqu'un**.

***Leur* avez-vous permis de commencer à dix heures?**
Did you allow them to start at 10 o'clock?

Je *te* promets de ne pas partir.
I promise you I won't leave.

🔗 **Vérifiez**

Essayez!

Complétez les phrases avec la forme correcte du présent du verbe.

1. Ils __attendent__ (attendre) l'arrivée du train.
2. Nous __répondons__ (répondre) aux questions du professeur.
3. Je __souris__ (sourire) quand je suis heureuse.
4. Si on __construit__ (construire) trop, on __détruit__ (détruire) la nature.
5. Quand il fait froid, vous __mettez__ (mettre) un pull.
6. Est-ce que les élèves __entendent__ (entendre) le professeur?
7. Keiko __conduit__ (conduire) sa voiture ce week-end.
8. Si le sandwich n'est pas bon, je __mets__ (mettre) du sel (salt).

Suggestions: Scaffolding

- Introduce the irregular **-re** verbs using TPR. Have students repeat the infinitives after you. Then, have students find the verb stems and patterns in each verb in the chart on p. 97. Point out the two different stems for **conduire (condui-, conduis-)** and **mettre (met, mett-)**. Explain that affirmative command forms are the same as the present tense.
- Do the Extra Practice on TE p. 97 for the present tense.
- Present the past participles of irregular **-re** verbs. Say the verbs listed and have students respond with the corresponding past participles.
- Explain that the verbs **permettre** and **promettre** are often followed by **de** + *an infinitive*. Write these examples on the board: **Je te promets d'arriver à 10 heures. Mes parents ne me permettent pas de sortir lundi soir.**
- Talk about yourself and ask students questions using the irregular verbs in the present tense and **passé composé**. Example: **D'habitude, je mets un pantalon. Aujourd'hui, j'ai mis une jupe/un costume. Et vous, que mettez-vous, en général?** Have students complete the **Vérifiez** activity.
- Have students review the Grammar Tutorial, and then complete **Essayez!**

Essayez! For additional practice, change the subjects of the sentences and have students restate them.

EXPANSION

Extra Practice Do a rapid-response drill. Write an infinitive from the list of **-re** verbs on the board. Call out subject pronouns and/or names, and have students respond with the correct verb form. Then repeat the drill, having students respond with the correct forms of the **passé composé**.

EXPANSION

Pairs Have students make a list of five things their parents allow them to do and five things their parents don't allow them to do. Then have them get together in pairs and compare their lists. Have volunteers report to the class the items they have in common. Example: **Mes parents ne me permettent pas de mettre des vêtements trop serrés. Ils me permettent parfois de sortir avec des amis.**

Mise en pratique

1 Qui fait quoi? Quelles phrases vont avec les illustrations?

1.   2.   3.   4.

_3_ a. Martin attend ses copains.

_4_ b. Nous rendons visite à notre grand-mère.

_1_ c. Vous vendez de jolis vêtements.

_2_ d. Je ris en regardant un film.

2 Les clients difficiles Henri et Gilbert travaillent pour un grand magasin. Complétez leur conversation.

GILBERT Tu n'as pas encore mangé?

HENRI Non, j' (1) ___attends___ (attendre) Jean-Michel.

GILBERT Il ne (2) ___descend___ (descendre) pas tout de suite. Il (3) ___perd___ (perdre) son temps avec un client difficile. Il (4) ___met___ (mettre) des cravates, des costumes, des chaussures...

HENRI Nous ne (5) ___vendons___ (vendre) pas souvent à des clients comme ça.

GILBERT C'est vrai. Ils (6) ___promettent___ (promettre) d'acheter quelque chose, puis ils partent les mains vides (*empty*).

3 Au centre commercial Daniel et ses copains ont passé (*spent*) la journée au centre commercial hier. Utilisez le passé composé et les éléments donnés pour faire des phrases complètes. Ajoutez d'autres éléments nécessaires. Answers will vary.

1. Mon frère et moi / conduire / centre commercial Mon frère et moi, nous avons conduit au centre commercial.
2. Guillaume / attendre / dix minutes / devant / cinéma Guillaume a atttendu dix minutes devant le cinéma.
3. Hervé et Thérèse / vendre / pulls Hervé et Thérèse ont vendu des pulls.
4. Lise / perdre / sac à main Lise a perdu son sac à main.
5. tu / mettre / robe / bleu Tu as mis une robe bleue.
6. Sandrine et toi / ne pas répondre / vendeur Sandrine et toi, vous n'avez pas répondu au vendeur.

4 La journée de Béatrice Hier, Béatrice a fait une liste des choses à faire. Avec un(e) partenaire, utilisez les verbes de la liste au passé composé pour dire (*to say*) tout ce qu'elle a fait. Answers will vary.

attendre	mettre
conduire	rendre visite
entendre	traduire

1. devoir d'espagnol
2. parler d'un CD super
3. e-mail de Sébastien
4. tante Albertine
5. gants dans mon sac
6. vieille voiture

Communication

5 Fréquence Employez les verbes de la liste et d'autres verbes pour dire (*to tell*) à un(e) partenaire ce que (*what*) vous faites tous les jours, une fois par mois et une fois par an. Alternez les rôles. Answers will vary.

MODÈLE

Élève 1: *J'attends mes copains à la cantine tous les jours.*
Élève 2: *Moi, je rends visite à mes grands-parents une fois par mois.*

attendre	perdre
conduire	rendre
entendre	répondre
mettre	sourire

6 Les charades Par groupes de quatre, jouez aux charades. Chaque élève pense à une phrase différente avec un des verbes en **-re**. La première personne qui devine (*guesses*) propose la prochaine charade. Answers will vary.

7 Questions personnelles Avec un(e) partenaire, posez-vous ces questions à tour de rôle. Answers will vary.

1. Réponds-tu tout de suite (*immediately*) à tes e-mails?
2. As-tu promis à tes parents de faire quelque chose? Quoi?
3. Que mets-tu quand tu vas à un mariage? Pour aller à l'école? Pour sortir avec des copains?
4. Tes parents te permettent-ils de sortir tard pendant la semaine?
5. Tes parents conduisent une voiture? Comment conduisent-ils?
6. À qui rends-tu visite pendant les vacances?
7. Quelle est la dernière fois que tu as beaucoup ri? Avec qui?
8. As-tu déjà vendu quelque chose sur Internet? Quoi?

8 La journée des vendeuses Votre professeur va vous donner, à vous et à votre partenaire, une série d'illustrations qui montrent la journée d'Aude et d'Aurélie. Attention! Ne regardez pas la feuille de votre partenaire. Answers will vary.

MODÈLE

Élève 1: *Le matin, elles ont conduit pour aller au magasin.*
Élève 2: *Après,...*

---

5 Suggestion Have two volunteers read the **modèle** aloud. Tell students that they may also make a negative statement, such as **Je ne conduis jamais.**

5 Expansion To practice the **passé composé**, have students specify when they did these things. Example: **J'ai rendu visite à mes grands-parents en avril.**

5 Partner Chat You can also assign Activity 5 on vhlcentral.com. Students work in pairs to record the activity online. The pair's recorded conversation will appear in your gradebook.

6 Suggestion This activity can also be used as a game by dividing the class into two teams with players from each team acting out the charades.

7 Expansion When pairs are done with the activity, have them share with the class some areas where they differ from their partner. Example: **Mes parents ne me permettent pas de sortir tard mais les parents de Gina lui permettent de sortir très tard le week-end.**

8 Suggestion Divide the class into pairs and distribute the Info Gap Handouts found in the Activity Pack on vhlcentral.com.

EXPANSION

Questions Ask students personalized questions using **-re** verbs. Examples: **1. Comment les élèves perdent-ils leur temps? 2. Est-ce que l'argent rend les gens heureux? 3. Que vend-on dans une boutique? 4. Vos parents vous permettent-ils de sortir le soir? 5. Rendez-vous souvent visite à votre famille? 6. Où mettez-vous vos livres en classe?**

EXPANSION

Writing Practice Have students work in pairs. Tell them to write a conversation between a clerk in a clothing store and a customer who has lost some item like sunglasses, a scarf, or gloves. The customer should explain the situation, and the clerk should ask for details, such as when the item was lost and a description. Alternatively, pairs can role-play this situation.

Révision

1 **Je leur téléphone** Par groupes de quatre, interviewez vos camarades. Préparez dix questions avec un verbe et une personne de la liste. Écrivez les réponses. Answers will vary.

MODÈLE

Élève 1: *Est-ce que tu parles souvent à tes cousines?*
Élève 2: *Oui, je leur parle toutes les semaines.*

verbes	personnes
donner un cadeau	copain ou copine
envoyer une carte/un e-mail	cousin ou cousine
parler	grands-parents
rendre visite	petit(e) ami(e)
téléphoner	sœur ou frère

2 **Mes e-mails** Ces personnes vous envoient des e-mails. Que faites-vous? Vous ne répondez pas, vous attendez quelques jours, vous leur téléphonez? Par groupes de trois, comparez vos réactions. Answers will vary.

MODÈLE

Élève 1: *Ma sœur m'envoie un e-mail tous les jours.*
Élève 2: *Tu lui réponds tout de suite?*
Élève 3: *Tu préfères ne pas lui répondre?*

1. un e-mail anonyme
2. un e-mail d'un(e) camarade de classe
3. un e-mail d'un professeur
4. un e-mail d'un(e) ami(e) d'enfance
5. un e-mail d'un(e) copain (copine)
6. un e-mail de vos grands-parents

3 **Une liste** Des membres de votre famille ou des amis vous ont donné ou acheté des vêtements que vous n'aimez pas du tout. Faites une liste de quatre ou cinq de ces vêtements. Comparez votre liste à la liste d'un(e) camarade. Answers will vary.

MODÈLE

Élève 1: *Ma sœur m'a donné une écharpe verte et laide et mon père m'a acheté des chaussettes marron trop petites!*
Élève 2: *L'année dernière, un ami m'a donné...*

4 **Quoi mettre?** Vous et votre partenaire allez faire des choses différentes. Un(e) partenaire va fêter la retraite de ses grands-parents à Tahiti. L'autre va skier dans les Alpes. Qu'allez-vous porter? Demandez des vêtements à votre partenaire si vous n'aimez pas tous les vêtements de votre ensemble. Answers will vary.

MODÈLE

Élève 1: *Est-ce que tu me prêtes ton tee-shirt violet?*
Élève 2: *Ah non, j'ai besoin de ce tee-shirt. Tu me prêtes ton pantalon?*

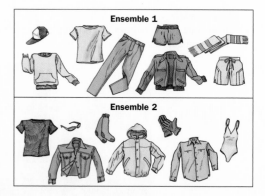

Ensemble 1

Ensemble 2

5 **S'il te plaît** Votre ami(e) a acheté un nouveau vêtement que vous aimez beaucoup. Vous essayez de convaincre *(to convince)* cet(te) ami(e) de vous prêter ce vêtement. Préparez un dialogue avec un(e) partenaire où vous employez tous les verbes. Jouez la scène pour la classe. Answers will vary.

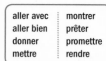

aller avec	montrer
aller bien	prêter
donner	promettre
mettre	rendre

6 **Bon anniversaire, Nicolas!** Votre professeur va vous donner, à vous et à votre partenaire, deux feuilles d'activités différentes. Attention! Ne regardez pas la feuille de votre partenaire. Answers will vary.

MODÈLE

Élève 1: *Les amis de Nicolas lui téléphonent.*
Élève 2: *Ensuite, ...*

À l'écoute vhlcentral

Section Goals

In this section, students will:
- learn to listen for specific linguistic cues
- listen for temporal cues in sentences
- listen to a conversation and complete several activities

Key Standards
1.2, 2.1

STRATÉGIE

Listening for linguistic cues

You can improve your listening comprehension by listening for specific linguistic cues. For example, if you listen for the endings of conjugated verbs, or for familiar constructions, such as the **passé composé** with **avoir**, **avoir envie de** + [*infinitive*] or **aller** + [*infinitive*], you can find out whether a person did something in the past, wants to do something, or will do something in the future.

🔊 To practice listening for linguistic cues, you will listen to four sentences. As you listen, note whether each sentence refers to a past, present, or future action.

Préparation

Regardez la photo. Où sont Pauline et Sarah? Que font-elles? Décrivez les vêtements qu'elles regardent. À votre avis, pour quelle occasion cherchent-elles des vêtements?

🔊 ## À vous d'écouter

Écoutez la conversation entre Pauline et Sarah. Après une deuxième écoute, indiquez si les actions suivantes sont du **passé (p)**, du **présent (pr)** ou du **futur (f)**.

_p_	1. la fête de la cousine de Pauline
_p_	2. beaucoup danser
_p_	3. rencontrer un musicien
_f_	4. déjeuner avec un garçon intéressant
_pr_	5. chercher de nouveaux vêtements
_f_	6. mettre des chaussures en cuir noir
_pr_	7. aimer une robe bleue
_f_	8. acheter la robe bleue

Compréhension

Complétez Complétez les phrases.

1. Pauline cherche des vêtements pour _c_.
   a. un dîner   b. une fête   c. un rendez-vous

2. Pauline va acheter un pantalon noir et _b_.
   a. un tee-shirt   b. une chemise rose   c. un maillot de bain

3. Sarah pense que _b_ ne vont pas avec les nouveaux vêtements.
   a. l'écharpe verte   b. les baskets roses   c. les lunettes de soleil

4. D'après Sarah, les chaussures _a_ sont élégantes.
   a. en cuir noir   b. roses   c. en soie

5. La couleur préférée de Sarah n'est pas le _c_.
   a. rose   b. jaune   c. vert

6. Sarah cherche un vêtement pour _b_.
   a. un déjeuner   b. la fête de retraite de son père   c. un mariage

7. Sarah va acheter une robe en soie _a_.
   a. à manches courtes   b. à manches longues   c. rouge

8. La robe existe en vert, en bleu et en _c_.
   a. noir   b. marron   c. blanc

Une occasion spéciale Décrivez la dernière fois que vous avez fêté une occasion spéciale. Qu'est-ce que vous avez fêté? Où? Comment? Avec qui? Qu'est-ce que vous avez mis comme vêtements? Et les autres?

MODÈLE

Samedi, nous avons fêté l'anniversaire de mon frère. Mes parents ont invité nos amis Paul, Marc, Julia et Naomi dans un restaurant élégant. Moi, j'ai mis une belle robe verte en coton. Mon frère a mis un costume gris. Paul a mis...

cent un **101**

Stratégie
Script 1. Est-ce que tu vas aller au mariage de tes cousins? (*future*) 2. Elles ont acheté dix nouveaux maillots de bain pour cet été! (*past*) 3. Noémie a envie de parler à Martha de son rendez-vous avec Julien. (*present*) 4. Vous avez vendu tous les tee-shirts? (*past*)
Teacher Resources DVD

Préparation Have students look at the photo of Pauline and Sarah, describe what they see, and predict what they are talking about.

À vous d'écouter
Script PAULINE: Tiens, bonjour, Sarah. Ça va?
SARAH: Ah, bonjour Pauline! Oui, très bien et toi?
P: Bien, merci. Dis, je t'ai cherchée hier soir à la fête de ma cousine...
S: Excuse-moi. J'ai passé une mauvaise journée hier et j'ai complètement oublié. Mais... Et toi? Tu as aimé la fête?
P: Oui, j'ai beaucoup dansé et j'ai rencontré un garçon intéressant. Il s'appelle Boris et il est musicien. Je vais déjeuner avec lui demain midi, alors je cherche de nouveaux vêtements pour notre rendez-vous. Qu'est-ce que tu penses de ce pantalon noir avec cette chemise rose?
S: Oui, c'est bien. Et qu'est-ce que tu vas mettre comme chaussures?
P: Ben, ces baskets roses, non?
S: Ah non. Des chaussures en cuir noir, c'est plus élégant.
P: Oui, tu as raison. Et toi, qu'est-ce que tu cherches?
S: Une jolie robe pas trop chère.
P: Tu as un rendez-vous, toi aussi?
S: Non, c'est pour la fête de départ en retraite de mon père. C'est samedi prochain.
P: Regarde cette robe rouge en coton. Elle est jolie, non?
S: Oui, mais elle a l'air un peu serrée. Je préfère les robes larges.

P: Et cette belle robe en soie à manches courtes?
S: Je déteste le vert. Ils l'ont en bleu?
P: Oui, et en blanc aussi.

S: Super. Je vais prendre la bleue.
Teacher Resources DVD

Savoir-faire

vhlcentral

Panorama

le marché de Douz, en Tunisie

L'Algérie

Le pays en chiffres

▶ **Superficie:** 2.381.741 km²

▶ **Population:** 40.263.711

▶ **Industries principales:** *agriculture, gaz naturel, pétrole°*

▶ **Ville capitale:** *Alger* ▶ **Monnaie:** *dinar algérien*

▶ **Langues:** *arabe, français, tamazight*

Le Maroc

Le pays en chiffres

▶ **Superficie:** *446.550 km²*

▶ **Population:** *33.655.786*

▶ **Industries principales:** *agriculture, exploitation minière°*

▶ **Ville capitale:** *Rabat* ▶ **Monnaie:** *dirham*

▶ **Langues:** *arabe, tamazight, français*

La Tunisie

Le pays en chiffres

▶ **Superficie:** *163.610 km²*

▶ **Population:** *11.134.588*

▶ **Industries principales:** *agriculture, exploitation minière*

▶ **Ville capitale:** *Tunis* ▶ **Monnaie:** *dinar tunisien*

▶ **Langues:** *arabe, français, tamazight*

Personnes célèbres

▶ Albert Memmi, *Tunisie, écrivain (1920–)*

▶ Nezha Chekrouni, *Maroc, politicienne (1955–)*

▶ Khaled, *Algérie, chanteur (1960–)*

pétrole *oil* exploitation minière *mining* ne... que *only*
Grâce aux *Thanks to* sources *springs* sable *sand*
faire pousser *grow* En plein milieu *Right in the middle*

`102` *cent deux*

L'OCÉAN ATLANTIQUE · LE PORTUGAL · L'ESPAGNE · LA MER MÉDITERRANÉE

Bizerte · Tanger · Oran · Sétif · Alger · Tunis · Rabat · Constantine · Fès · Casablanca · Sfax · LA TUNISIE · Marrakech · LE MAROC · LES CHAÎNES DE L'ATLAS · L'ALGÉRIE · LA LI... · LE SAHARA OCCIDENTAL · LA MAURITANIE · LE SAHARA · LE MALI · LE NIGER

la mosquée Hassan II à Casablanca, au Maroc

un café à Tlemcen, en Algérie

0 — 500 miles
0 — 500 kilomètres

Incroyable mais vrai!

Des oranges du Sahara? Dans ce désert, il ne tombe que° 12 cm de pluie par an. Grâce aux° sources° et aux rivières sous le sable°, les Sahariens ont développé un système d'irrigation pour faire pousser° des fruits et des légumes dans les oasis. En plein milieu° du désert, on peut trouver des tomates, des abricots ou des oranges!

AP® Theme: Global Challenges
Context: Diversity Issues

Les régions

Le Maghreb

La région du Maghreb, en Afrique du Nord, se compose° du Maroc, de l'Algérie et de la Tunisie. Envahis° aux 7e et 8e siècles par les Arabes, les trois pays deviennent plus tard des colonies françaises avant de retrouver leur indépendance dans les années 1950-1960. La population du Maghreb est composée d'Arabes, d'Européens et de Berbères, les premiers résidents de l'Afrique du Nord. Le Grand Maghreb inclut ces trois pays, plus la Libye et la Mauritanie. En 1989, les cinq pays ont formé l'Union du Maghreb Arabe dans l'espoir° de créer une union politique et économique, mais des tensions entre l'Algérie et le Maroc ont ralenti° le projet.

AP® Theme: Contemporary Life
Context: Travel

Les destinations

Marrakech

La ville de Marrakech, fondée en 1062, est un grand symbole du Maroc médiéval. Sa médina, ou vieille ville, est entourée° de fortifications et fermée aux automobiles. On y trouve la mosquée de Kutubiyya et la place Djem'a el-Fna. La mosquée est le joyau° architectural de la ville, et la place Djem'a el-Fna est la plus active de toute l'Afrique à tout moment de la journée, avec ses nombreux artistes et vendeurs. La médina a aussi le plus grand souk (grand marché couvert°) du Maroc, où toutes sortes d'objets sont proposés, au milieu de délicieuses odeurs de thé à la menthe°, d'épices et de pâtisseries au miel°.

AP® Theme: Beauty and Aesthetics
Context: Literature and Visual Arts

Les arts

Assia Djebar (1936–2015)

Lauréate de nombreux prix littéraires et cinématographiques, Assia Djebar était° une écrivaine et cinéaste algérienne très talenteuse. Dans ses œuvres°, Djebar présente le point de vue° féminin avec l'intention de donner une voix° aux femmes algériennes. La Soif, son premier roman°, sort en 1957. C'est plus tard, pendant qu'elle enseigne l'histoire à l'Université d'Alger, qu'elle devient cinéaste et sort son premier film, La Nouba des femmes du Mont Chenoua, en 1979. Le film reçoit le prix de la critique internationale au festival du film de Venise. En 2005, Assia Djebar devient le premier écrivain du Maghreb, homme ou femme, à être élue° à l'Académie française.

AP® Theme: Families and Communities
Context: Customs and Ceremonies

Les traditions

Les hammams

Inventés par les Romains et adoptés par les Arabes, les hammams, ou «bains turcs», sont très nombreux et populaires en Afrique du Nord. Ce sont des bains de vapeur° composés de plusieurs pièces—souvent trois—où la chaleur est plus ou moins forte. L'architecture des hammams varie d'un endroit à un autre, mais ces bains de vapeur servent tous de lieux où se laver° et de centres sociaux très importants dans la culture régionale. Les gens s'y réunissent aux grandes occasions de la vie, comme les mariages et les naissances, et y vont aussi de manière habituelle pour se détendre et parler entre amis.

Qu'est-ce que vous avez appris? Répondez aux questions par des phrases complètes.

1. Qui est un chanteur algérien célèbre?
   Khaled est un chanteur algérien célèbre.
2. Où fait-on pousser des fruits et des légumes dans le Sahara?
   On fait pousser dans les oasis.
3. Pourquoi le français est-il parlé au Maghreb?
   Parce que ces trois pays ont été des colonies françaises.
4. Combien de pays composent le Grand Maghreb? Lesquels?
   Cinq pays le composent: l'Algérie, la Libye, le Maroc, la Mauritanie et la Tunisie.
5. Qui est Assia Djebar?
   C'est une écrivaine et une cinéaste algérienne.

6. Qu'essaie-t-elle de faire dans ses œuvres?
   Elle essaie de présenter le point de vue féminin et de donner une voix aux femmes algériennes.
7. Qu'est-ce qu'un souk?
   C'est un grand marché couvert.
8. Quel est l'autre nom pour la vieille ville de Marrakech?
   Elle s'appelle aussi la médina.
9. Où peut-on aller au Maghreb pour se détendre et parler entre amis?
   On peut aller au hammam.
10. Qui a inventé les hammams?
    Les Romains les ont inventés.

Sur Internet

1. Cherchez plus d'information sur les Berbères. Où se trouvent les grandes populations de Berbères? Ont-ils encore une identité commune?

2. Le henné est une tradition dans le monde maghrébin. Comment et pourquoi est-il employé?

3. Cherchez des informations sur les oasis du Sahara. Comment est la vie là-bas? Que peut-on y faire?

se compose is made up **Envahis** Invaded **espoir** hope **ont ralenti** slowed down **était** was **œuvres** works **point de vue** point of view **voix** voice **roman** novel **élue** elected **entourée** surrounded **joyau** jewel **couvert** covered **menthe** mint **miel** honey **bains de vapeur** steam baths **se laver** to wash oneself	

Le Maghreb In Arabic, *Maghreb* means *west*. Prior to the Arab conquest, the Maghreb region was part of the Roman Empire.

Assia Djebar (1936–2015) Assia Djebar (whose given name was Fatima-Zohra Imalayen) was a well-known and prolific Algerian woman writer. She chronicled the complexities and evolution of life for North-African women in the Muslim world. Her works have been translated into over 20 languages.

Marrakech
• The **mosquée de Kutubiyya**, or **mosquée des Libraires**, was built in the twelfth century. It is a symbol of the Berber city and a principal landmark.
• The souk district is an intricate maze of covered streets where vendors sell their wares, such as carpets, iron work, leather products, clothes, and basketwork. Have students describe what they see in the photo.

Les hammams
• The **hammams** usually offer separate quarters or special days for men and women. The experience begins with a warm steam room where people relax and socialize, then a massage and an exfoliating scrub and soak, ending with a period of relaxation.

21st Century Skills

Information and Media Literacy: Sur Internet Go to vhlcentral.com to complete the **Sur Internet** activity associated with **Panorama** for additional practice accessing and using culturally authentic sources.

TELL Connection

Environment 4 *Why:* Support your cultural goals. *What:* Using the **Sur internet** and other resources, have student groups prepare visuals of foods, traditions, and specialized products to connect the classroom environment to cultural content.

PRE-AP®

Presentational Speaking with Cultural Comparison Have students work in groups of three. Tell them to compare a **hammam** to a spa in the United States. Have them list the similarities and differences in a two-column chart under the headings **Similitudes** and **Différences**. Then have groups present and explain their lists to the class.

EXPANSION

Cultural Activity Have students discuss the various elements these three countries have in common. Tell them to give specific examples. Ask: **Quels sont les éléments que ces trois pays ont en commun?** Examples: **les langues, la religion, l'histoire et la culture.**

Section Goals

In this section, students will:
- learn to recognize word families
- read an invitation to a graduation celebration

Key Standards
1.2, 2.1, 3.2, 5.2

 PRE-AP®

Interpretive Reading: Stratégie
Write **inviter** on the board and ask students what it means in English. Next to it, write **invitation** and **invité(e)**, then ask them the meaning of these words. Point out that all three words have the same root and belong to a word family. Explain that recognizing the relationship between a known word and unfamiliar words can help them infer the meaning of words they don't know.

Examinez le texte Tell students to scan the text for the new words and try to guess their meaning based on the root and context before they look them up in the dictionary.

Familles de mots Point out the three categories of words. You might want to tell students to look for the words in the **Vocabulaire** on page 108.

Savoir-faire

Lecture vhlcentral

Avant la lecture

STRATÉGIE

Recognizing word families

Recognizing related words can help you guess the meaning of words in context, ensuring better comprehension of a reading selection. Using this strategy will enrich your French vocabulary.

Examinez le texte

Voici quelques mots que vous avez déjà appris. Pour chaque mot, trouvez un terme de la même famille dans le texte et utilisez un dictionnaire pour donner son équivalent en anglais.

MODÈLE

ami	*amitié*	*friendship*
1. diplôme	diplômés	graduates
2. commencer	le commencement	beginning
3. sortir	la sortie	exit
4. timide	la timidité	shyness
5. difficile	les difficultés	difficulties
6. préférer	les préférences	preferences

Familles de mots

Avec un(e) partenaire, trouvez le bon mot pour compléter chaque famille de mots. (Note: vous avez appris tous les mots qui manquent (*all the missing words*) dans cette unité et il y a un mot de chaque famille dans le texte.)

MODÈLE

attendre	*l'attente*	*attendu(e)*
VERBE	**NOM**	**ADJECTIF**
1. boire	la boisson	bu(e)
2. fêter	la fête	festif/festive
3. vivre	la vie	vif/vive
4. rajeunir	la jeunesse	jeune
5. surprendre	la surprise	surpris(e)
6. répondre	la réponse	répondu(e)

Ça y est, c'est officiel!

Bravo, jeunes diplômés°! C'est le commencement d'une nouvelle vie. Il est maintenant temps de fêter ça!

Pour faire retomber la pression°, **Mathilde, Christophe, Alexandre et Laurence vous invitent à fêter entre amis votre diplôme bien mérité°!**

À laisser chez vous:
La timidité, la fatigue, les soucis° et les difficultés des études et de la vie quotidienne° pour une ambiance festive

Quoi d'autre?
Un groupe de musique (le frère de Mathilde et sa bande) va venir° jouer pour nous!

EXPANSION

Word Relationships Write these words on the board. At least one form will be familiar to students. Have them discuss the relationship between the words and their meanings. **1. idée, idéal(e), idéaliste, idéalement, idéaliser 2. organiser, organisateur/organisatrice, organisation, organisationnel(le) 3. chanter, chanteur/chanteuse, chansonnette, chanson, chantable**

EXPANSION

Party Working in pairs, have students discuss whether or not they would attend a party like the one in the selection. Tell them to talk about the aspects of the activities that they do and do not like. Afterwards, ask them if they have ever attended a similar event and what types of activities were planned for the guests.

À apporter:
Nourriture° et boissons: Chaque invité apporte quelque chose pour le buffet: salades, plats° froids/chauds, fruits, desserts, boissons
Activités: Jeux de cartes, ballons°, autres jeux selon° vos préférences, chaises pliantes°, maillot de bain (pour la piscine), crème solaire
Surprenez-nous!

Quand:
Le samedi 16 juillet (de 16h00 à minuit)

Où:
Chez les parents de Laurence, 14 route des Mines, Allouagne, Nord-Pas-de-Calais

Comment y aller°:
À la sortie d'Allouagne, prenez la route de Lozinghem. Tournez à gauche sur la route des Mines. Le numéro 14 est la grande maison sur la droite. (Nous allons mettre des ballons° de couleurs sur la route pour indiquer l'endroit.)

Au programme:
Faire la fête, bien sûr! Manger (buffet et barbecue), rire, danser et fêter la fin des cours! Attendez-vous à passer un bon moment!

Autres activités:
Activités en plein air° (football, badminton, volley, piscine... et surtout détente°!)

Pour répondre à cette invitation:
Téléphonez à Laurence (avant le 6 juillet, SVP°) au 06.14.55.85.80 ou par e-mail:
laurence@courriel.fr

Ça y est! That's it! diplômés graduates faire retomber la pression to unwind bien mérité well deserved soucis worries vie quotidienne daily life va venir is going to come Nourriture Food plats dishes ballons balls selon depending on pliantes folding y aller get there ballons balloons en plein air outdoor détente relaxation svp please

Après la lecture

 Vrai ou faux? Indiquez si les phrases sont **vraies** ou **fausses**. Corrigez les phrases fausses. *Answers may vary slightly.*

1. C'est une invitation à une fête d'anniversaire.
   Faux. C'est une invitation pour fêter le diplôme.
2. Les invités vont passer un mauvais moment.
   Faux. Les invités vont passer un bon moment.
3. On va manger des salades et des desserts.
   Vrai.
4. Les invités vont faire toutes les activités dans la maison.
   Faux. Les invités vont faire des activités en plein air.
5. Un groupe de musique va jouer à la fête.
   Vrai.
6. La fête commence à 16h00.
   Vrai.

Conseillez Vous êtes Laurence, l'organisatrice de la fête. Les invités veulent (*want*) assister à la fête, mais ils vous contactent pour parler de leurs soucis respectifs. Donnez-leur des conseils (*advice*) pour les mettre à l'aise (*at ease*). *Answers may vary. Suggested answers:*

MODÈLE
Isabelle: J'ai beaucoup de soucis cette semaine.
Vous: *Tu vas laisser tes soucis à la maison et venir (come) à la fête.*

1. Thomas: Je ne sais (*know*) pas quoi apporter.
   Vous: Tu vas apporter des boissons gazeuses.
2. Sarah: Je me perds (*get lost*) facilement quand je conduis.
   Vous: Tu vas chercher les ballons de couleurs sur la route.
3. Sylvie: Je ne fais pas de sport.
   Vous: Tu vas jouer aux cartes et discuter.
4. Salim: Je veux (*want*) répondre à l'invitation, mais je n'ai pas d'ordinateur.
   Vous: Tu vas me téléphoner.
5. Sandra: Je n'aime pas le barbecue.
   Vous: Tu vas manger des salades.
6. Véronique: J'aime faire du sport en plein air, mais je n'aime pas le football.
   Vous: Tu vas faire du badmington et du volley.

On va à la fête? Vous êtes invité(e) à cette fête et vous allez amener un(e) ami(e). Téléphonez à cet(te) ami(e) (votre partenaire) pour l'inviter. Donnez des détails et répondez aux questions de votre ami(e) sur les hôtes, les invités, les activités de l'après-midi et de la soirée, les choses à apporter, etc.

Vrai ou faux? Go over the answers with the class. For the false items, have students point out where they found the correct answer in the text.

Conseillez
- This activity can be done in pairs. Remind students to switch roles after items 1–3.
- Have pairs write two more situations for the activity. Then have them exchange papers with another pair and complete the situations.

On va à la fête? After students have completed the activity, take a quick class poll. Ask: **Qui va assister à la fête? Qui ne va pas assister à la fête? Pourquoi?**

 **21st Century Skills**

Creativity and Innovation
Ask students to prepare a presentation on the ideal graduation party, inspired by the information on these two pages.

PRE-AP®

Presentational Writing Have students write an invitation to a birthday party, an anniversary party, or a holiday celebration. Tell them to include the name(s) of the host(s); date, time, and place of the event; what is being celebrated; and any other important details. If possible, provide students with examples of other invitations in French to use as models.

EXPANSION

Oral Practice Working in pairs, have students write three content questions based on the reading. When they have finished, have them get together with another pair and take turns asking and answering each other's questions.

105

Écriture

Section Goals

In this section, students will:
• learn to report an interview

Key Standards

1.3, 3.1, 5.1

Stratégie Play the role of an interviewee. Tell students to interview you about your clothing preferences. Allow recording so students can transcribe the interview. Then choose volunteers to report on the interview by transcribing it verbatim or summarizing it.

Proofreading Activity Have the class correct these sentences. **1. Quand est-ce vous avez achete ces vetements? 2. Cette blouson-la est tres cher, mais c'est parfait. 3. Est-ce que vous déjà avez travaille comme styliste? 4. Vous allez parler moi de votre travail?**

STRATÉGIE

How to report an interview

There are several ways to prepare a written report about an interview. For example, you can transcribe the interview, or you can summarize it. In any event, the report should begin with an interesting title and a short introduction that answers the five W's (*who, what, when, where, why*) and the H (*how*) of the interview. The report should end with an interesting conclusion. Note that when you transcribe a conversation in French, you should pay careful attention to format and punctuation.

Écrire une interview en français

• Pour indiquer qui parle dans une interview, on peut mettre le nom de la personne qui parle devant sa phrase.

MONIQUE Lucie, qu'est-ce que tu vas mettre pour l'anniversaire de Julien?

LUCIE Je vais mettre ma robe en soie bleue à manches courtes. Et toi, tu vas mettre quoi?

MONIQUE Eh bien, une jupe en coton et un chemisier, je pense. Ou peut-être mon pantalon en cuir avec... Tiens, tu me prêtes ta chemise jaune et blanche?

LUCIE Oui, si tu me la rends (*return it to me*) dimanche. Elle va avec le pantalon que je vais porter la semaine prochaine.

• On peut aussi commencer les phrases avec des tirets (*dashes*) pour indiquer quand une nouvelle personne parle.

— Qu'est-ce que tu as acheté comme cadeau pour Julien?

— Une cravate noire et violette. Elle est très jolie. Et toi?

— Je ne lui ai pas encore acheté de cadeau. Des lunettes de soleil peut-être?

— Oui, c'est une bonne idée! Et il y a des soldes à Saint-Louis Lunettes.

Thème
Écrire une interview
Avant l'écriture

1. Clarisse Deschamps est une styliste suisse. Elle dessine des vêtements pour les jeunes et va présenter sa nouvelle collection sur votre campus. Vous allez interviewer Clarisse pour le journal de votre lycée.

Préparez une liste de questions à poser à Clarisse Deschamps sur elle ou sur sa nouvelle collection. Vous pouvez (*can*) poser des questions sur:

■ les types de vêtements

■ les couleurs

■ le style

■ les prix

Quoi?	
Comment?	
Pour qui?	
Combien?	
Pourquoi?	
Où?	
Quand?	

TEACHING OPTIONS

Avant l'écriture As a preparation, have each student write a list of their ideas about Clarisse Deschamps. What is she like? What does she look like? What kinds of clothes does she like and dislike? Have them write a short profile to use when they write the answers.

Once students have written the answers, discuss various techniques they can use to organize their information. One way is to go back to the chart they used to ask their questions and add the answers to it. Another is to prioritize by level of interest, with the most interesting information first. Ask students if they have other ideas on how to organize their facts.

2. Vérifiez que vous avez au moins (*at least*) une question pour chaque mot interrogatif du tableau (*chart*).

3. Ensuite (*Then*), choisissez 5-6 questions à poser pendant (*during*) l'interview.

Écriture

Écrivez un compte rendu (*report*) de l'interview.

■ Commencez par une courte introduction.

> **MODÈLE** *Voici une interview de Clarisse Deschamps, styliste suisse. Elle va présenter sa nouvelle collection sur notre campus vendredi, le 10 novembre.*

■ Inventez une conversation de 10 à 12 lignes entre vous et Clarisse. Indiquez qui parle, avec des tirets (*dashes*) ou avec les noms des personnes.

> **MODÈLE** *—Quel genre de vêtements préférez-vous porter pour sortir?*
> *—Moi, je préfère porter une robe noire. C'est très élégant.*

■ Terminez par une brève (*brief*) conclusion.

> **MODÈLE** *On vend la collection de Clarisse Deschamps à Vêtements & Co à côté du lycée. Cette semaine, il y a des soldes!*

Tête-à-tête avec Clarisse Deschamps

Voici une interview de Clarisse Deschamps, styliste suisse. Elle va présenter sa nouvelle collection sur notre campus vendredi, le 10 novembre.

- Quel genre de vêtements préférez-vous porter pour sortir?
- Moi, je préfère porter une robe noire. C'est très élégant...

On vend la collection de Clarisse Deschamps à Vêtements & Co dans le magasin qui est à côté de notre lycée. Cette semaine, il y a des soldes!

Après l'écriture

1. Échangez votre compte rendu avec celui (*the one*) d'un(e) partenaire. Répondez à ces questions pour commenter son travail.

■ Votre partenaire a-t-il/elle organisé les questions de manière logique?

■ A-t-il/elle inclu une introduction, une interview de 10 à 12 lignes et une conclusion?

■ A-t-il/elle utilisé le bon style pour écrire l'interview?

■ A-t-il/elle utilisé les bonnes formes verbales?

2. Corrigez votre compte rendu d'après (*according to*) les commentaires de votre partenaire. Relisez votre travail pour éliminer ces problèmes:

■ des fautes (*errors*) d'orthographe

■ des fautes de ponctuation

■ des fautes de conjugaison

■ des fautes d'accord (*agreement*) des adjectifs

■ un mauvais emploi (*use*) de la grammaire

Key Standards

4.1

Suggestion Tell students that an easy way to study from **Vocabulaire** is to cover up the French half of each section, leaving only the English equivalents exposed. They can then quiz themselves on the French items. To focus on the English equivalents of the French entries, they simply reverse this process.

21ˢᵗ Century Skills

Creativity and Innovation

Ask students to prepare a list of three products or perspectives they learned about in this unit to share with the class. Consider asking them to focus on the **Culture** and **Panorama** sections.

21ˢᵗ Century Skills

Leadership and Responsibility: Extension Project

If you have access to students in a Francophone country, have students decide on three questions they want to ask the partner class related to this unit's topic. Based on the responses they receive, work as a class to explain to the partner class one aspect of their responses that surprised the class and why.

Leçon 6A

Les fêtes

faire une surprise (à quelqu'un)	to surprise (someone)
fêter	to celebrate
organiser une fête	to plan a party
un biscuit	cookie
un bonbon	candy
un dessert	dessert
un gâteau	cake
la glace	ice cream
un glaçon	ice cube
un cadeau	present, gift
une fête	party; celebration
un hôte/une hôtesse	host(ess)
un(e) invité(e)	guest
un jour férié	holiday
une surprise	surprise

Les relations

l'amitié (f.)	friendship
l'amour (m.)	love
le bonheur	happiness
un couple	couple
un(e) fiancé(e)	fiancé; fiancée
des jeunes mariés (m.)	newlyweds
un rendez-vous	date; appointment
ensemble	together

Périodes de la vie

l'adolescence (f.)	adolescence
l'âge adulte (m.)	adulthood
un divorce	divorce
l'enfance (f.)	childhood
une étape	stage
la jeunesse	youth
un mariage	marriage; wedding
la mort	death
la naissance	birth
la vie	life
la vieillesse	old age
prendre sa retraite	to retire
tomber amoureux/ amoureuse	to fall in love
avant-hier	the day before yesterday
hier	yesterday

Expressions utiles

See p. 71.

Demonstrative adjectives

ce(t)(te)/ces	this/these; that/those
...-ci	...here
...-là	...there

Leçon 6B

Les vêtements

aller avec	to go with
porter	to wear
un anorak	ski jacket, parka
des baskets (f.)	des baskets (f.)
un blouson	jacket
une casquette	(baseball) cap
une ceinture	belt
un chapeau	hat
une chaussette	sock
une chaussure	shoe
une chemise (à manches courtes/longues)	shirt (short-/long-sleeved)
un chemisier	blouse
un costume	(man's) suit
une cravate	tie
une écharpe	scarf
un gant	glove
un jean	jeans
une jupe	skirt
des lunettes (de soleil) (f.)	(sun)glasses
un maillot de bain	swimsuit, bathing suit
un manteau	coat
un pantalon	pants
un pull	sweater
une robe	dress
un sac à main	purse, handbag
un short	shorts
un sous-vêtement	underwear
une taille	clothing size
un tailleur	(woman's) suit; tailor
un tee-shirt	tee shirt
des vêtements (m.)	clothing
des soldes (m.)	sales
un vendeur/ une vendeuse	salesman/ saleswoman
bon marché	inexpensive
chaque	each
cher/chère	expensive
large	loose; big
serré(e)	tight

Les couleurs

De quelle couleur...?	In what color...?
blanc(he)	white
bleu(e)	blue
gris(e)	gray
jaune	yellow
marron	brown
noir(e)	black
orange	orange
rose	pink
rouge	red
vert(e)	green
violet(te)	purple; violet

Expressions utiles

See p. 89.

Indirect object pronouns

me	to/for me
te	to/for you
lui	to/for him/her
nous	to/for us
vous	to/for you
leur	to/for them

Disjunctive pronouns

moi	me
toi	you
lui/elle	him/her
nous	us
vous	you
eux/elles	them
moi-même	myself
toi-même	yourself
lui-/elle-même	him-/herself
nous-mêmes	ourselves
vous-même(s)	yourself/ (yourselves)
eux-/elles-mêmes	themselves

Verbes en -re

attendre	to wait
conduire	to drive
construire	to build; to construct
descendre	to go down; to take down
détruire	to destroy
entendre	to hear
mettre	to put (on); to place
perdre (son temps)	to lose; to waste (one's time)
permettre	to allow
produire	to produce
promettre	to promise
réduire	to reduce
rendre (à)	to give back; to return (to)
rendre visite (à)	to visit someone
répondre (à)	to respond, to answer (to)
rire	to laugh
sourire	to smile
traduire	to translate
vendre	to sell

En vacances

Unit Goals

Leçon 7A
In this lesson, students will learn:
- terms for travel and vacation
- names of countries and nationalities
- the role of diacriticals
- about Tahiti and **le musée d'Orsay**
- more about transportation and lodging through specially shot video footage
- the **passé composé** with **être**
- direct object pronouns
- about modern youth hostels

Leçon 7B
In this lesson, students will learn:
- terms related to hotels and accommodations
- ordinal numbers
- expressions for sequencing events
- the pronunciation of **ti**, **sti**, and **ssi**
- how and where the French vacation
- the formation and usage of adverbs; the irregular verbs **dire, écrire** and **lire**
- the **imparfait**
- to recognize the genre of spoken discourse

Savoir-faire
In this section, students will learn:
- cultural and historical information about French Polynesia and Southeast Asia
- to predict the content of a text from its title
- to make an outline
- to write a brochure

Pour commencer
- **On voit du bleu, du violet, du vert, de l'orange.**
- **Il fait beau et chaud. Le ciel est bleu et il y a du soleil. C'est l'été.**
- **Dans un hôtel à la plage.**
- Answers will vary.

Section Goals

In this section, students will learn and practice vocabulary related to:
• travel and vacations
• names of countries and nationalities

Key Standards

1.1, 1.2, 4.1

Suggestions

• Use the digital image for this page and describe what the people are doing. Examples: **Cette femme achète un billet. Cet homme utilise un plan.**
• Ask students questions about travel and transportation using the vocabulary. **Aimez-vous voyager? Comment préférez-vous voyager? Aimez-vous prendre l'avion/le train? Préférez-vous rouler en voiture ou prendre l'autobus? Quels pays avez-vous visités?** At this time, introduce additional countries, states, provinces, and their prepositions as needed. Explain that although there are exceptions, students should use **en** with feminine singular countries or masculine countries beginning with a vowel sound, **au** with masculine, singular countries, and **aux** with plural countries.
• Point out that **un (auto)bus** is a local bus; a bus that goes from town to town is **un (auto)car**.
• Point out that **les vacances** is always plural.
• Tell students that **un plan** is a city or town map; **une carte** is a map of a region or country.
• Explain that the word **un ticket** is used for a bus, subway, or other small ticket. A plane or train ticket or a ticket to an event, such as a concert, is called **un billet**.

You will learn how to...
▪describe trips you have taken
▪tell where you went

🔊 **vhl**central

Bon voyage!

la plage

le soleil!

Elle bronze. (bronzer)

la mer

une sortie

Il utilise un plan. (utiliser)

les gens (m.)

Le Figaro

le journal

Vocabulaire

faire du shopping	to go shopping
faire les valises	to pack one's bags
faire un séjour	to spend time (somewhere)
partir en vacances	to go on vacation
prendre un train (un taxi, un (auto)bus, un bateau)	to take a train (taxi, bus, boat)
rouler en voiture	to ride in a car
un aéroport	airport
un arrêt d'autobus (de bus)	bus stop
un billet aller-retour	round-trip ticket
un billet (d'avion, de train)	(plane, train) ticket
un congé	time off, leave
une douane	customs
une gare (routière)	train station (bus terminal)
un passager/une passagère	passenger
une station (de métro)	(subway) station
une station de ski	ski resort
un ticket (de bus, de métro)	(bus, subway) ticket
des vacances (f.)	vacation
un vol	flight
à l'étranger	abroad, overseas
la campagne	country(side)
une capitale	capital
le monde	world
un pays	country
(en/l') Allemagne (f.)	(to/in) Germany
(en/l') Angleterre (f.)	(to/in) England
(en/la) Belgique (belge)	(to/in) Belgium (Belgian)
(au/le) Brésil (brésilien(ne))	(to/in) Brazil (Brazilian)
(en/la) Chine (chinois(e))	(to/in) China (Chinese)
(en/l') Irlande (irlandais(e)) (f.)	(to/in) Ireland (Irish)
(en/l') Italie (f.)	(to/in) Italy
(au/le) Japon	(to/in) Japan
(en/la) Suisse	(to/in) Switzerland

110 *cent dix*

Mise en pratique

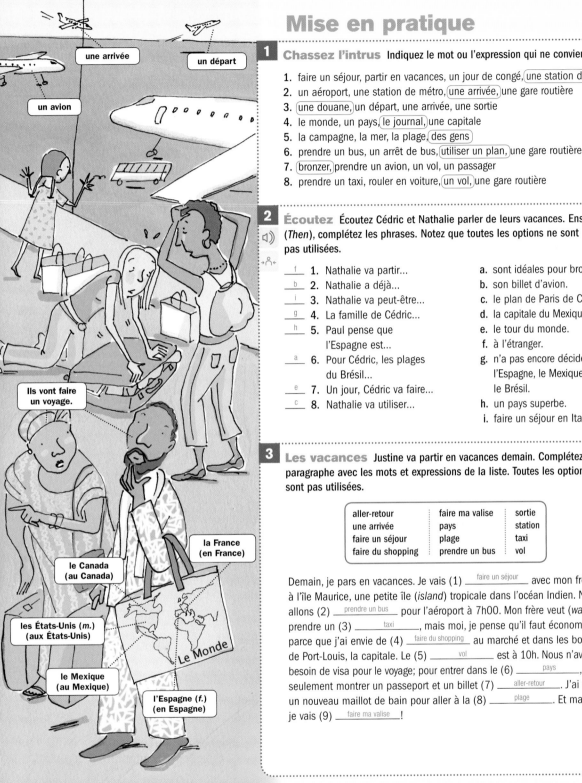

une arrivée

un départ

un avion

Ils vont faire un voyage.

la France (en France)

le Canada (au Canada)

les États-Unis (m.) (aux États-Unis)

Le Monde

le Mexique (au Mexique)

l'Espagne (f.) (en Espagne)

1 **Chassez l'intrus** Indiquez le mot ou l'expression qui ne convient pas.

1. faire un séjour, partir en vacances, un jour de congé, (une station de ski)
2. un aéroport, une station de métro, (une arrivée,) une gare routière
3. (une douane,) un départ, une arrivée, une sortie
4. le monde, un pays, (le journal,) une capitale
5. la campagne, la mer, la plage, (des gens)
6. prendre un bus, un arrêt de bus, (utiliser un plan,) une gare routière
7. (bronzer,) prendre un avion, un vol, un passager
8. prendre un taxi, rouler en voiture, (un vol,) une gare routière

2 **Écoutez** Écoutez Cédric et Nathalie parler de leurs vacances. Ensuite (*Then*), complétez les phrases. Notez que toutes les options ne sont pas utilisées.

_f_ 1. Nathalie va partir...
_b_ 2. Nathalie a déjà...
_i_ 3. Nathalie va peut-être...
_g_ 4. La famille de Cédric...
_h_ 5. Paul pense que l'Espagne est...
_a_ 6. Pour Cédric, les plages du Brésil...
_e_ 7. Un jour, Cédric va faire...
_c_ 8. Nathalie va utiliser...

a. sont idéales pour bronzer.
b. son billet d'avion.
c. le plan de Paris de Cédric.
d. la capitale du Mexique.
e. le tour du monde.
f. à l'étranger.
g. n'a pas encore décidé entre l'Espagne, le Mexique et le Brésil.
h. un pays superbe.
i. faire un séjour en Italie.

3 **Les vacances** Justine va partir en vacances demain. Complétez le paragraphe avec les mots et expressions de la liste. Toutes les options ne sont pas utilisées.

aller-retour	faire ma valise	sortie
une arrivée	pays	station
faire un séjour	plage	taxi
faire du shopping	prendre un bus	vol

Demain, je pars en vacances. Je vais (1) ___faire un séjour___ avec mon frère à l'île Maurice, une petite île (*island*) tropicale dans l'océan Indien. Nous allons (2) ___prendre un bus___ pour l'aéroport à 7h00. Mon frère veut (*wants*) prendre un (3) ___taxi___, mais moi, je pense qu'il faut économiser parce que j'ai envie de (4) ___faire du shopping___ au marché et dans les boutiques de Port-Louis, la capitale. Le (5) ___vol___ est à 10h. Nous n'avons pas besoin de visa pour le voyage; pour entrer dans le (6) ___pays___, il faut seulement montrer un passeport et un billet (7) ___aller-retour___. J'ai acheté un nouveau maillot de bain pour aller à la (8) ___plage___. Et maintenant, je vais (9) ___faire ma valise___!

Communication

4 **Répondez** Avec un(e) partenaire, posez-vous ces questions et répondez-y (them) à tour de rôle. Answers will vary.

1. Où pars-tu en vacances cette année? Quand?
2. Quand fais-tu tes valises? Avec combien de valises voyages-tu?
3. Préfères-tu la mer, la campagne ou les stations de ski?
4. Comment vas-tu à l'aéroport? Prends-tu l'autobus? Le métro?
5. Quelles sont tes vacances préférées?
6. Quand utilises-tu un plan?
7. Quel est ton pays favori? Pourquoi?
8. Dans quel(s) pays as-tu envie de voyager?

5 **Décrivez** Avec un(e) partenaire, écrivez (write) une description des images. Donnez beaucoup de détails. Ensuite (Then), rejoignez un autre groupe et lisez vos descriptions. L'autre groupe doit deviner (must guess) quelle image vous décrivez (describe). Answers will vary.

 1.
 2.
 3.
 4.
 5.
 6.

6 **Conversez** Votre professeur va vous donner, à vous et à votre partenaire, une feuille d'activités. L'un de vous est client(e), et l'autre est agent(e) de voyages. Travaillez ensemble pour finaliser la réservation et compléter vos feuilles respectives. Attention! Ne regardez pas la feuille de votre partenaire. Answers will vary.

7 **Un voyage** Vous allez faire un voyage en Europe et rendre visite à votre cousin, Jean-Marc, qui étudie en Belgique. Écrivez-lui (Write him) un e-mail et utilisez les mots de la liste. Answers will vary.

un aéroport	la France
la Belgique	prendre un taxi
un billet	la Suisse
faire un séjour	un vol
faire les valises	un voyage

- Parlez des détails de votre départ.
- Expliquez votre tour d'Europe.
- Organisez votre arrivée en Belgique.
- Parlez de ce que (what) vous allez faire ensemble.

Les sons et les lettres 🔊 vhlcentral

Diacriticals for meaning

Some French words with different meanings have nearly identical spellings except for a diacritical mark (*accent*). Sometimes a diacritical does not affect pronunciation at all.

ou	où	a	à
or	*where*	*has*	*to, at*

Sometimes, you can clearly hear the difference between the words.

côte	côté	sale	salé
coast	*side*	*dirty*	*salty*

Very often, two similar-looking words are different parts of speech. Many similar-looking word pairs are those with and without an **-é** at the end.

âge	âgé	entre	entré (entrer)
age (n.)	*elderly* (adj.)	*between* (prep.)	*entered* (p.p.)

In such instances, context should make their meaning clear.

Tu as quel âge?
How old are you? / What is your age?

C'est un homme âgé.
He's an elderly man.

Prononcez Répétez les mots suivants à voix haute.

1. la (*the*)   là (*there*)
2. êtes (*are*)   étés (*summers*)
3. jeune (*young*)   jeûne (*fasting*)
4. pêche (*peach*)   pêché (*fished*)

Articulez Répétez les phrases suivantes à voix haute.

1. J'habite dans une ferme (*farm*).
   Le magasin est fermé (*closed*).
2. Les animaux mangent du maïs (*corn*).
   Je suis suisse, mais il est belge.
3. Est-ce que tu es prête?
   J'ai prêté ma voiture (*car*) à Marcel.
4. La lampe est à côté de la chaise.
   J'adore la côte ouest de la France.

Dictons Répétez les dictons à voix haute.

À vos marques, prêts, partez! [1]

C'est un prêté pour un rendu. [2]

[1] On your mark, get set, go!
[2] One good turn deserves another. (lit. It is one loaned for one returned.)

cent treize **113**

Section Goals

In this section, students will learn about the use of diacriticals to distinguish between words with the same or similar spellings.

Key Standards
4.1

Suggestions
- Model the pronunciation of the example words and have students repeat after you.
- Write examples of other past participles that are used as adjectives on the board. Examples: **réservé** and **préparé**. Ask students to provide more examples.
- Have students give you the English equivalents for the following words in **Articulez**: 2. **maïs** 3. **prête** and **prêté** 4. **côté** and **côte**.
- Dictate five simple sentences with words that have diacriticals that distinguish meaning, repeating each one at least two times. Then write the sentences on the board or a transparency and have students check their spelling.

Dictons Have students compare the pronunciation and meaning of **prêts** and **prêté**. Then have them identify their parts of speech.

🎯 TELL Connection

Planning 4 *Why:* Support struggling students. *What:* Guide students to connect sounds with writing conventions, a task that is especially challenging for struggling students, by training their ear to distinguish among sounds before connecting them to their corresponding written accent conventions.

EXPANSION

Mini-dictée Use these sentences that contain words with and without diacriticals for additional practice or as a dictation.
1. Quel âge a-t-il? Mon grand-père est âgé. 2. Le bureau est entre le lit et la porte. Marcel est entré dans la salle. 3. La ligne est occupée. Suzanne s'occupe des enfants. 4. J'ai réservé une table au restaurant. Sylvain est réservé.

EXPANSION

Tongue Twister Teach students this French tongue-twister that contains diacriticals that affect meaning. **Un pêcheur pêchait sous un pêcher, le pêcher empêchait le pêcheur de pêcher, le pêcheur coupa le pêcher, le pêcher n'empêcha plus le pêcheur de pêcher.**

Section Goals

In this section, students will learn functional phrases for talking about vacations.

Key Standards

1.2, 2.1, 2.2, 4.1, 4.2

Video Recap: Leçon 6B
Before doing this **Roman-photo**, review the previous one with this activity.

1. _____ a fêté ses dix-huit ans. (Stéphane)
2. _____ a fait un gâteau d'anniversaire. (Sandrine)
3. _____ a visité Paris avec ses parents. (David)
4. _____ a fait une jupe originale. (Amina)
5. _____ ont donné une montre à Stéphane. (Rachid et Astrid)
6. _____ lui a donné un blouson en cuir noir. (Valérie)

Video Synopsis At the train station, David tells Rachid about his trip to Paris. At the café, he tells Stéphane about his trip and that he loved the museums. Stéphane wants to go to Tahiti. David gives Stéphane sunglasses for his birthday. When Sandrine hears about David's trip, she remembers she needs to make reservations for her ski trip to Albertville.

Suggestions

- Ask students to read the title, glance at the video stills, and predict what the episode will be about. Record their predictions.
- Have students read the **Roman-photo** aloud in groups of four.
- Point out the expressions **bon voyage** and **bon séjour**. Explain that **un voyage** refers to travel to and from a destination; **un séjour** is extended time spent at the place itself.
- Review predictions and ask which ones were correct.

De retour au P'tit Bistrot vhlcentral

AP® Theme: Contemporary Life
Context: Travel

PERSONNAGES

David

Rachid

Sandrine

Stéphane

À la gare...

RACHID Tu as fait bon voyage?
DAVID Salut! Excellent, merci.
RACHID Tu es parti pour Paris avec une valise et te voici avec ces énormes sacs en plus!
DAVID Mes parents et moi sommes allés aux Galeries Lafayette. On a acheté des vêtements et des trucs pour l'appartement aussi.

RACHID Ah ouais?
DAVID Mes parents sont arrivés des États-Unis jeudi soir. Ils ont pris une chambre dans un bel hôtel, tout près de la tour Eiffel.
RACHID Génial!
DAVID Moi, je suis arrivé à la gare vendredi soir. Et nous sommes allés dîner dans une excellente brasserie. Mmm!

DAVID Samedi, on a pris un bateau-mouche sur la Seine. J'ai visité un musée différent chaque jour: le musée du Louvre, le musée d'Orsay...
RACHID En résumé, tu as passé de bonnes vacances dans la capitale... Bon, on y va?
DAVID Ah, euh, oui, allons-y!

STÉPHANE Pour moi, les vacances idéales, c'est un voyage à Tahiti. Ahhh... la plage, et moi en maillot de bain avec des lunettes de soleil... et les filles en bikini!
DAVID Au fait, je n'ai pas oublié ton anniversaire.
STÉPHANE Ouah! Super, ces lunettes de soleil! Merci, David, c'est gentil.

DAVID Désolé de ne pas avoir été là pour ton anniversaire, Stéphane. Alors, ils t'ont fait la surprise?
STÉPHANE Oui, et quelle belle surprise! J'ai reçu des cadeaux trop cool. Et le gâteau de Sandrine, je l'ai adoré.
DAVID Ah, Sandrine... elle est adorable... Euh, Stéphane, tu m'excuses une minute?

DAVID Coucou! Je suis de retour!
SANDRINE Oh! Salut, David. Alors, tu as aimé Paris?
DAVID Oui! J'ai fait plein de choses... de vraies petites vacances! On a fait...

A C T I V I T É S

1 Les événements Mettez ces événements dans l'ordre chronologique.

__1__ a. Rachid va chercher David.
__6__ b. Stéphane parle de son anniversaire.
__10__ c. Sandrine va faire une réservation.
__5__ d. David donne un cadeau à Stéphane.
__2__ e. Rachid mentionne que David a beaucoup de sacs.
__7__ f. Stéphane met les lunettes de soleil.
__4__ g. Stéphane décrit (*describes*) ses vacances idéales.
__8__ h. David parle avec Sandrine.
__9__ i. Sandrine pense à ses vacances.
__3__ j. Rachid et David repartent en voiture.

114 *cent quatorze*

TEACHING OPTIONS

De retour au P'tit Bistrot Before viewing the video episode **De retour au P'tit Bistrot**, have pairs of students make a list of things someone might say when describing a trip and talking about means of transportation.

TEACHING OPTIONS

Regarder la vidéo Download and print the videoscript on vhlcentral.com, and white out words related to travel and transportation. Distribute the scripts to pairs or groups to complete as cloze paragraphs as they watch the video.

David parle de ses vacances.

STÉPHANE Alors, ces vacances? Tu as fait un bon séjour?
DAVID Oui, formidable!
STÉPHANE Alors, vous êtes restés combien de temps à Paris?
DAVID Quatre jours. Ce n'est pas très long, mais on a visité pas mal d'endroits.
STÉPHANE Comment est-ce que vous avez visité la ville? En voiture?

DAVID En voiture!? Tu es fou! On a pris le métro, comme tout le monde.
STÉPHANE Tes parents n'aiment pas conduire?
DAVID Si, à la campagne, mais pas en ville, surtout une ville comme Paris. On a visité les monuments, les musées...
STÉPHANE Et Monsieur l'artiste a aimé les musées de Paris?
DAVID Je les ai adorés!

SANDRINE Oh! Des vacances!
DAVID Oui... Des vacances? Qu'est-ce qu'il y a?
SANDRINE Je vais à Albertville pour les vacances d'hiver. On va faire du ski!

SANDRINE Est-ce que tu skies?
DAVID Un peu, oui...
SANDRINE Désolée, je dois partir. J'ai une réservation à faire! Rendez-vous ici demain, David. D'accord? Ciao!

2 **Questions** Répondez aux questions. Answers may vary slightly.

1. David est parti pour Paris avec combien de valises? À son retour (*Upon his return*), est-ce qu'il a le même nombre de valises?
   Il est parti avec une valise. Non, à son retour, il a des sacs en plus.
2. Qu'est-ce que David a fait pour ses vacances?
   Il a visité Paris avec ses parents.
3. Qu'est-ce que David donne à Stéphane comme cadeau d'anniversaire? Stéphane aime-t-il le cadeau?
   Il donne des lunettes de soleil à Stéphane. Oui, Stéphane aime beaucoup le cadeau.
4. Quelles sont les vacances idéales de Stéphane? C'est un voyage à Tahiti.
   Stéphane est à la plage en maillot de bain avec des lunettes de soleil.
5. Qu'est-ce que Sandrine va faire pour ses vacances d'hiver?
   Elle va faire du ski à Albertville.

3 **Écrivez** Imaginez: vous êtes David, Stéphane ou Sandrine et vous allez en vacances à Paris, Tahiti ou Albertville. Écrivez un e-mail à Valérie. Quel temps fait-il? Où est-ce que vous séjournez? Quels vêtements est-ce que vous avez apportés? Qu'est-ce que vous faites chaque jour?

A C T I V I T É S

EXPANSION

Les bateaux-mouches Touring by **bateau-mouche** is an excellent way to see the famous sights along the River Seine. Tourists can listen to narrations in various languages as they pass by **la cathédrale de Notre-Dame**, **la Conciergerie**, under the ornate **pont Alexandre III**, under the oldest bridge in Paris **le Pont Neuf**, **la tour Eiffel**, and even a miniature version of the **statue de la Liberté**.

PRE-AP®

Interpersonal Speaking Have students work in groups of four to prepare a skit to present to the class. In the skit, the group of friends is on vacation and decides what they feel like doing. Tell them to describe what city they are visiting and explain what activities they want to do while they are visiting the city.

Section Goals

In this section, students will:
- learn about Tahiti
- learn terms related to train travel
- find out some unusual facts about transportation in the Francophone world
- read about **le musée d'Orsay**
- view authentic video footage

Key Standards

2.1, 2.2, 3.1, 3.2, 4.2

21ˢᵗ Century Skills

Global Awareness
Students will gain perspectives on the Francophone world to develop respect and openness to other cultures.

Culture à la loupe

Avant la lecture Ask students: **Où est Tahiti? Quelle(s) langue(s) parle-t-on à Tahiti?** Ask if anyone can explain Tahiti's relationship to France.

Lecture Pointing out the **Coup de main** box, explain the relationship between the verb tenses in the two clauses. Discourage students from experimenting with **si** clauses except those with both verbs in the present or one in the present and the other in **le futur proche**.

Après la lecture
- Ask students if the passage makes them want to visit Tahiti or not and why. Example: **J'ai envie de visiter Tahiti parce que j'adore la montagne et la plage.**
- Have students identify any review vocabulary in the passage. Examples: **la pêche, la planche à voile, faire des randonnées**, etc.

1 Expansion Continue the activity with these questions.
11. Comment est le climat de Tahiti? (C'est un climat chaud.)
12. À part les plages, que peut-on voir? (des montagnes, des lagons, Papeete)

AP® **Theme:** Contemporary Life
Context: Travel

vhlcentral | *Flash culture*

CULTURE À LA LOUPE

Tahiti

Tahiti, dans le sud° de l'océan Pacifique, est la plus grande île° de la Polynésie française. Elle devient° un protectorat français en 1842, puis° une colonie française en 1880. Depuis 1959, elle fait partie° de la collectivité d'outre-mer° de Polynésie française. Les langues officielles de Tahiti sont le français et le tahitien.

Le tourisme est une source d'activité très importante pour l'île. Ses hôtels de luxe et leurs fameux bungalows sur l'eau accueillent° près de 170.000 visiteurs par an. Les touristes apprécient Tahiti pour son climat chaud, ses plages superbes et sa culture riche en traditions. À Tahiti, il y a la possibilité de faire toutes sortes d'activités aquatiques comme du bateau, de la pêche, de la planche à voile ou de la plongée°. On peut aussi faire des randonnées en montagne ou explorer les nombreux lagons bleus de l'île. Si on n'a pas envie de faire de sport, on peut se détendre° dans un spa, bronzer à la plage ou se promener° sur l'île. Papeete, capitale de la Polynésie française et ville principale de Tahiti, offre de bons restaurants, des boutiques variées et un marché.

sud *south* **la plus grande île** *the largest island* **devient** *becomes* **puis** *then* **fait partie** *is part of* **collectivité d'outre-mer** *overseas territory* **accueillent** *welcome* **plongée** *scuba diving* **se détendre** *relax* **se promener** *go for a walk*

Coup de main

Si introduces a hypothesis. It may come at the beginning or at the middle of a sentence.

si + *subject* + *verb* + *subject* + *verb*

Si on n'a pas envie de faire de sport, on peut se détendre dans un spa.

subject + *verb* + **si** + *subject* + *verb*

On peut se détendre dans un spa si on n'a pas envie de faire de sport.

A C T I V I T É S

1 Répondez Répondez aux questions par des phrases complètes.

1. Où est Tahiti?
   Tahiti est dans le sud de l'océan Pacifique.
2. Quand est-ce que Tahiti devient une colonie française?
   Tahiti devient une colonie en 1880.
3. De quoi fait partie Tahiti?
   Tahiti fait partie de la collectivité d'outre-mer de Polynésie française.
4. Quelles langues parle-t-on à Tahiti?
   On parle français et tahitien.
5. Quelle particularité ont les hôtels de luxe à Tahiti?
   Les hôtels de luxe ont des bungalows sur l'eau.

6. Combien de personnes par an visitent Tahiti?
   Près de 170.000 touristes par an visitent Tahiti.
7. Pourquoi est-ce que les touristes aiment visiter Tahiti? Les touristes aiment visiter Tahiti parce qu'il fait chaud et parce que les plages sont superbes.
8. Quelles sont deux activités sportives que les touristes aiment faire à Tahiti?
   Answers may vary. Possible answer: Ils aiment faire du bateau et de la plongée.
9. Comment s'appelle la ville principale de Tahiti?
   La ville principale de Tahiti s'appelle Papeete.
10. Où va-t-on à Papeete pour acheter un cadeau pour un ami?
    On va au marché ou dans les boutiques.

EXPANSION

Oral Practice 👥 Have students imagine arriving in Tahiti to meet a friend who lives there. The "visitor" should ask about possible ways to spend time during the visit and the "resident" should propose activities (basing information on the reading and the vocabulary from **Contextes**).

Then combine two pairs for a reflection on each pair's experiences while together in Tahiti. One pair should ask the other pair what they did, using **les pronoms disjoints** for emphasis and contrast. Encourage students to use an array of verbs conjugated in the **passé composé** with **avoir**.

LE FRANÇAIS QUOTIDIEN

À la gare

contrôleur	*ticket inspector*
couchette	*berth*
guichet	*ticket window*
horaire	*schedule*
quai	*train/metro platform*
voie	*track*
wagon-lit	*sleeper car*
composter	*to punch one's (train) ticket*

LE MONDE FRANCOPHONE

AP® Theme: Contemporary Life
Context: Travel

Les transports

Voici quelques faits insolites° dans les transports.

Au Canada Inauguré en 1966, le métro de Montréal est le premier du monde à rouler sur des pneus° et non sur des roues° en métal. Chaque station a été conçue° par un architecte différent.

En France Le tunnel sous la Manche° permet aux trains Eurostar de transporter des voyageurs et des marchandises entre la France et l'Angleterre.

En Mauritanie Le train du désert, en Mauritanie, en Afrique, est peut-être le train de marchandises le plus long° du monde. Long de 2 km en général, le train fait six voyages chaque jour du Sahara à la côte ouest°. C'est un voyage de plus de 700 km qui dure jusqu'à° 18 heures. Un des seuls moyens° de transport dans la région, ce train est aussi un train de voyageurs.

faits insolites *unusual facts* **pneus** *tires* **roues** *wheels* **conçue** *designed* **Manche** *English Channel* **le plus long** *the longest* **côte ouest** *west coast* **dure jusqu'à** *lasts up to* **seuls moyens** *only means*

PORTRAIT

AP® Theme: Beauty and Aesthetics
Context: Architecture

Le musée d'Orsay

Le musée d'Orsay est un des musées parisiens les plus° visités. Le lieu n'a pourtant° pas toujours été un musée. À l'origine, ce bâtiment° est une gare, construite par l'architecte Victor Laloux et inaugurée en 1900 à l'occasion de l'Exposition universelle°. Les voies de la gare d'Orsay deviennent° trop courtes et en 1939, on décide de limiter le service aux trains de banlieue. Plus tard, la gare sert de décor à des films, comme *Le Procès* de Kafka adapté par Orson Welles, puis° elle devient théâtre, puis salle de ventes aux enchères°. En 1986, le bâtiment est transformé en musée. Il est principalement dédié° à l'art du dix-neuvième siècle°, avec une magnifique collection d'art impressionniste.

les plus *the most* **pourtant** *however* **bâtiment** *building* **Exposition universelle** *World's Fair* **deviennent** *become* **puis** *then* **ventes aux enchères** *auction* **principalement dédié** *mainly dedicated* **siècle** *century*

Danseuses en bleu, Edgar Degas

Sur Internet

AP® Theme: Contemporary Life
Context: Travel

Qu'est-ce que le funiculaire de Montmartre?

Go to **vhlcentral.com** to find more information related to this **Culture** section and to watch the corresponding **Flash culture** video.

---

2 **Vrai ou faux?** Indiquez si les phrases sont **vraies** ou **fausses**. Corrigez les phrases fausses.

1. Le musée d'Orsay a été un théâtre.
   Vrai.
2. Le musée d'Orsay a été une station de métro.
   Faux. Il a été une gare.
3. Le musée d'Orsay est dédié à la sculpture moderne.
   Faux. Le musée d'Orsay est dédié à l'art du dix-neuvième siècle.
4. Il y a un tunnel entre la France et la Guyane française.
   Faux. Il y a un tunnel entre la France et l'Angleterre.
5. Le métro de Montréal roule sur des roues en métal.
   Faux. Le métro de Montréal roule sur des pneus.
6. Le train du désert transporte aussi des voyageurs.
   Vrai.

3 **Comment voyager?** Vous allez passer deux semaines en France. Vous avez envie de visiter Paris et deux autres régions. Par petits groupes, parlez des moyens (*means*) de transport que vous allez utiliser pendant votre voyage. Expliquez vos choix (*choices*).

A C T I V I T É S

Le français quotidien Explain that French people visit **la SNCF (Société nationale des chemins de fer français)** to get information about rates and to buy train tickets (just as Americans go to an Amtrak station). Bring in a map showing train routes, so students understand the viability of train travel to and from big cities and small towns alike.

Portrait Show photos of Claude Monet's train paintings *La Gare Saint-Lazare*, *Train dans la neige*, and *Train dans la campagne*, the last of which is in **le musée d'Orsay**.

Le monde francophone Have students work in pairs to ask each other content questions. Examples: **1. Quel est le nom du tunnel entre la France et l'Angleterre? (le tunnel sous la Manche) 2. Quelle est une des différences entre le métro de Montréal et le métro de Paris? (Le métro de Montréal roule sur des pneus.)**

2 **Expansion** Continue the activity with these true/false statements.
7. La gare d'Orsay a servi de décor à des films. (Vrai.)
8. Quand les voies deviennent trop courtes, la gare d'Orsay est limitée au métro. (Faux, aux trains de banlieue.)

3 **Expansion** Once students have agreed on the areas they would like to visit, they should consult road and train maps to see which **moyen de transport** would work best.

Flash culture Tell students that they will learn more about transportation and lodging by watching a video narrated by Csilla. You can also use the activities in the video manual in class to reinforce this **Flash culture** or assign them as homework.

 21ˢᵗ Century Skills

Information and Media Literacy: Sur Internet Students access and critically evaluate information from the Internet.

EXPANSION

Cultural Comparison Have students explore Paris's public transportation website (ratp.fr) and plot itineraries in the city using the website. Then have them do the same for an American city, such as New York City. Ask students: **Quel moyen de transport préférez-vous à Paris? à New York?** Tell them to list similarities (**Similitudes**) and differences (**Différences**) between the two systems.

EXPANSION

Les transports You may want to supplement this section by telling students about travel between **Tanger (Maroc)** and **Algésiras (Espagne)** via hydrofoil; between **la Corse**, **l'Italie**, and **la Tunisie** by ferry; **le funiculaire de Montmartre**; **les canaux** in France; and **le bus amphibie** in **Montréal**.

Section Goals

In this section, students will learn the **passé composé** with **être**.

Key Standards

4.1, 5.1

Suggestions: Scaffolding

- Quickly review the **passé composé** with **avoir**. Go over **Point de départ** and past participles for the verbs listed.
- Introduce the **passé composé** with **être** by describing where you went yesterday. Example: **Hier, je suis allé(e) à la bibliothèque. Ensuite, je suis allé(e) chez moi.** Then ask students: **Et vous, où êtes-vous allé(e) hier?**
- Explain the agreement of past participles in the **passé composé** with **être** using the chart and examples in bullet two.
- Go over all the verbs that take **être** by drawing a house with doors, windows, and a staircase. Write captions that include verbs that take **être** in the **passé composé** to describe what various people are doing. Stress the irregular past participles **né** and **mort**. Also, consider giving students the mnemonic device **DR & MRS P. VANDERTRAMP**, which includes many of these verbs and their derivatives.
- Follow the Teaching Options suggestion for practicing agreement. Then assign the **Vérifiez** activity.

7A.1

The *passé composé* with *être*   vhlcentral

Point de départ In **Leçon 6A**, you learned to form the **passé composé** with **avoir**. Some verbs, however, form the **passé composé** with être. Many such verbs involve motion. You already know a few: **aller, arriver, descendre, partir, sortir, passer, rentrer,** and **tomber**.

- To form the **passé composé** of these verbs, use a present-tense form of the auxiliary verb être and the past participle of the verb that expresses the action.

PRESENT TENSE	PAST PARTICIPLE		PRESENT TENSE	PAST PARTICIPLE
Je suis	allé.		Il est	sorti.

Tu es parti pour Paris.

Mes parents sont arrivés des États-Unis.

Boîte à outils

Remember, the **passé composé** has three English equivalents. Example: **Nous sommes sortis**. = *We went out. We have gone out. We did go out.*

- The past participles of verbs conjugated with **être** agree with their subjects in number and gender.

aller au passé composé

je suis allé(e)	nous sommes allé(e)s
tu es allé(e)	vous êtes allé(e)(s)
il/on est allé	ils sont allés
elle est allée	elles sont allées

Charles, tu **es allé** à Montréal?
Charles, did you go to Montreal?

Florence **est partie** en vacances.
Florence went on vacation.

Mes frères **sont rentrés**.
My brothers came back.

Elles **sont arrivées** hier soir.
They arrived last night.

- Here is a list of verbs that take **être** in the **passé composé**.

Verbs that take *être* in the *passé composé*

aller	*to go*		passer	*to pass by; to spend time*
arriver	*to arrive*		rentrer	*to return (home)*
partir	*to leave*		sortir	*to go out*
descendre	*to go down*		tomber	*to fall*
entrer	*to enter*		rester	*to stay*
monter	*to go up; to get in/on*		retourner	*to return*
mourir	*to die*		naître	*to be born*

TEACHING OPTIONS

Agreement To practice gender and number agreement of past participles in the **passé composé** with **être**, write a pattern sentence on the board. Ex: **Je suis allé à la plage**. Give students a different subject (e.g. Sylvie et Marie) and ask volunteers to go to the board and re-write the sentence making the necessary changes. Ex: **Sylvie et Marie sont allées à la plage**.

EXPANSION

Small Groups Have students work in small groups and talk about where they have already gone/haven't gone yet. Encourage them to find similarities and differences among them. Once they have spoken for a few minutes, ask them to stop and share their responses with the whole class. Ex: **Je suis déjà allé(e) à Orlando. Nous ne sommes jamais allé(e)s en France.**

- These verbs have irregular past participles in the **passé composé**.

naître ▶ **né**	**mourir** ▶ **mort**
Mes parents **sont nés** en 1958 à Paris.	Ma grand-mère **est morte** l'année dernière.
My parents were born in Paris in 1958.	*My grandmother died last year.*

 Vérifiez

Asking questions and negation

- To form a question using inversion in the **passé composé**, invert the subject pronoun and the conjugated form of **être**.

Est-elle restée à l'hôtel Aquabella?	**Êtes-vous arrivée** ce matin, Madame Roch?
Did she stay at the Aquabella Hotel?	*Did you arrive this morning, Mrs. Roch?*

- To make a verb negative in the **passé composé**, place **ne/n'** and **pas** around the auxiliary verb, in this case, **être**.

Marie-Thérèse **n'est pas sortie**?	Nous **ne sommes pas allées** à la plage.
Marie-Thérèse didn't go out?	*We didn't go to the beach.*
Je **ne suis pas passé** chez mon amie.	Tu **n'es pas rentré** à la maison hier.
I didn't drop by my friend's house.	*You didn't come home yesterday.*

Verbs that can take *avoir* or *être*

- Note that the verb **passer** takes **être** when it means *to pass by,* but it takes **avoir** when it means *to spend time.*

Maryse **est passée** à la douane.	Maryse **a passé** trois jours à la campagne.
Maryse passed through customs.	*Maryse spent three days in the country.*
Je **suis passé** par là hier.	J'**ai passé** l'après-midi avec lui.
I went by there yesterday.	*I spent the afternoon with him.*

- The verb **sortir** takes **être** in the **passé composé** when it means *to go out* or *to leave,* but it takes **avoir** when it means *to take someone or something out.*

Elle **est sortie** de chez elle.	Elle **a sorti** la voiture du garage.
She left her house.	*She took the car out of the garage.*

Essayez!   **Choisissez le participe passé approprié.**

1. Vous êtes (nés/**né**) en 1959, Monsieur?
2. Les élèves sont (**partis**/parti) le 2 juin.
3. Les filles sont (**rentrées**/rentrés) de vacances.
4. Simone de Beauvoir est-elle (mort/**morte**) en 1986?
5. Mes frères sont (**sortis**/sortie).
6. Paul n'est pas (**resté**/restée) chez sa grand-mère.
7. Tu es (arrivés/**arrivée**) avant dix heures, Sophie.
8. Jacqueline a (passée/**passé**) une semaine en Suisse.
9. Nous sommes (descendu/**descendus**) à l'arrêt d'autobus.
10. Maman est (monté/**montée**) dans la voiture.

Suggestions: Scaffolding

- Go over the bullet points on asking questions and expressing negation. Then ask students questions about what they did yesterday using the **être** verbs. Examples: **À quelle heure êtes-vous rentré(e)(s) hier? En quelle année êtes-vous né(e)(s)? Êtes-vous resté(e)(s) à la maison hier soir?**
- Explain that some verbs can take either **être** or **avoir**. Go over the bullet points about **passer** and **sortir**. You may wish to explain that **monter** and **descendre** can also be used with **avoir** depending on the context.
- Follow the Extra Practice suggestion on p. 119 to practice deciding which auxiliary verb to use, **être** or **avoir**.
- Have students turn to the illustration on pages 110–111 or use digital image for these pages and have them describe the scene in the past.
- Tell students they will learn about adverbs in **Leçon 7B**.

Essayez! For additional practice, change the subjects of the sentences (except items 1 and 7), and have students restate or rewrite them.

🎯 **TELL Connection**

Performance & Feedback 4 *Why:* Modify learning strategies to meet or exceed performance targets. *What:* Teach students to use the **passé composé** with **être** using the explanations and activities available. Then ask them to analyze their performance and suggest additional communication-centered approaches and activities. Also, ask students how they might build on the sequence of activities in their textbook to enhance their communicative competence.

EXPANSION

Extra Practice To practice discriminating between the **passé composé** with **être** and the **passé composé** with **avoir**, call out infinitives and have students respond with **avoir** or **être** and the past participle. Examples: **1. voyager (avoir voyagé) 2. entrer (être entré) 3. aller (être allé) 4. parler (avoir parlé) 5. retourner (être retourné)**

EXPANSION

Game Divide the class into two teams. Choose one team member at a time to go to the board, alternating between teams. Say a subject pronoun and an infinitive. The person at the board must write and say the correct **passé composé** form. Example: **je: aller (je suis allé[e])**. Give a point for each correct answer. The team with the most points at the end of the game wins.

Mise en pratique

1 **Un week-end sympa** Carole raconte son week-end à Paris. Complétez l'histoire avec les formes correctes des verbes au passé composé.

Thomas et moi, nous (1) ___sommes partis___ (partir) de Lyon samedi et nous (2) ___sommes arrivés___ (arriver) à Paris à onze heures. Nous (3) ___sommes passés___ (passer) à l'hôtel et puis je (4) ___suis allée___ (aller) au Louvre. En route, je (5) ___suis tombée___ (tomber) sur un vieil ami, et nous (6) ___sommes allés___ (aller) prendre un café. Ensuite, je (7) ___suis entrée___ (entrer) dans le musée. Samedi soir, Thomas et moi (8) ___sommes montés___ (monter) au sommet de la tour Eiffel et après nous (9) ___sommes sortis___ (sortir) danser. Dimanche, nous (10) ___sommes retournés___ (retourner) au Louvre. Alors aujourd'hui, je suis fatiguée.

2 **La routine** Voici ce que Nadia et Éric font aujourd'hui. Dites qu'ils ont fait les mêmes activités samedi dernier.

1. Ils vont au parc.   Ils sont allés au parc.
2. Nadia fait du cheval.   Nadia a fait du cheval.
3. Éric passe une heure à la bibliothèque.   Éric a passé une heure à la bibliothèque.
4. Nadia sort avec ses amis.   Nadia est sortie avec ses amis.
5. Ils rentrent tard le soir.   Ils sont rentrés tard le soir.
6. Ils jouent au golf.   Ils ont joué au golf.

3 **Dimanche dernier** Dites ce que (*what*) ces personnes ont fait dimanche dernier. Utilisez les verbes de la liste.   Suggested answers

Laure

▶ **MODÈLE**

Laure est allée à la piscine.

aller	rentrer
arriver	rester
monter	sortir

1. je
Je suis rentré tard.

2. tu
Tu es restée à l'hôtel.

3. nous
Nous sommes allés à l'église.

4. Pamela et Caroline
Pamela et Caroline sont sorties.

4 **L'accident** Le mois dernier, Djénaba et Safiatou sont allées au Sénégal. Complétez les phrases au passé composé. Ensuite, mettez-les dans l'ordre chronologique.

___1___ a. les filles / partir pour Dakar en avion   Les filles sont parties pour Dakar en avion.
___5___ b. Djénaba / tomber de vélo   Djénaba est tombée de vélo.
___4___ c. elles / aller faire du vélo dimanche matin   Elles sont allées faire du vélo dimanche matin.
___2___ d. elles / arriver à Dakar tard le soir   Elles sont arrivées à Dakar tard le soir.
___3___ e. elles / rester à l'hôtel Sofitel   Elles sont restées à l'hôtel Sofitel.
___6___ f. elle / aller à l'hôpital   Elle est allée à l'hôpital.

---

1 Suggestion Before beginning the activity, have students identify the past participles of the verbs in parentheses.

2 Suggestion Before students begin the activity, have them identify the infinitive of each verb and whether is takes **avoir** or **être** in the **passé composé**.

3 Expansion Ask students what they did last Sunday.

4 Expansion Have two volunteers play the roles of Djénaba and Safiatou. Tell the rest of the class to ask them questions about their trip. Example: **Quand êtes-vous arrivées à Dakar?**

EXPANSION

Oral Practice Have students make a chart with two columns about things they have done this school year using the **passé composé**. They should write sentences with **avoir** in column A and sentences with **être** in column B. Ask them to share their charts with a classmate. After students have completed the activity, ask volunteers to report what they learned about their partner.

EXPANSION

Interview Have student pairs prepare an interview of a famous person using as many sentences in the **passé composé** as possible. They should present their interviews to the class. To make sure listeners pay attention and are involved, ask the pair presenting the interview not to say the name of the interviewee so the rest of the class can try to guess who he/she is.

Communication

5 **Les vacances de printemps** Avec un(e) partenaire, parlez de vos dernières vacances. Répondez à toutes ses questions. Answers will vary.

MODÈLE

quand / partir
Élève 1: *Quand es-tu parti(e)?*
Élève 2: *Je suis parti(e) vendredi soir.*

1. où / aller
2. avec qui / partir
3. comment / voyager
4. à quelle heure / arriver
5. où / dormir

6. combien de temps / rester
7. que / visiter
8. sortir / souvent le soir
9. que / acheter
10. quand / rentrer

6 **Enquête** Votre professeur va vous donner une feuille d'activités. Circulez dans la classe et demandez à différents camarades s'ils ont fait ces choses récemment (*recently*). Présentez les résultats de votre enquête à la classe. Answers will vary.

MODÈLE

Élève 1: *Es-tu allé(e) au musée récemment?*
Élève 2: *Oui, je suis allé(e) au musée jeudi dernier.*

Questions	Nom
1. aller au musée	François
2. passer chez ses amis	
3. sortir au cinéma	
4. rester à la maison pour écouter de la musique	
5. partir en week-end avec sa famille	
6. monter en avion	

7 **À l'aéroport** Imaginez une mauvaise expérience dans un aéroport et parlez-en (*talk about it*) en petits groupes. À tour de rôle, racontez (*tell*) vos aventures et posez le plus (*most*) de questions possible. Utilisez les expressions de la liste et d'autres aussi. Answers will vary.

MODÈLE

Élève 1: *Quand je suis rentré(e) de la Martinique, j'ai attendu trois heures à la douane.*
Élève 2: *Quelle horreur! Pourquoi?*

aller	passer
arriver	perdre
attendre	plan
avion	prendre un avion
billet (aller-retour)	sortir
douane	tomber
partir	valise
passagers	vol

---

5 Suggestion Have two volunteers read the **modèle** aloud.

5 Partner Chat You can also assign Activity 5 on vhlcentral.com. Students work in pairs to record the activity online. The pair's recorded conversation will appear in your gradebook.

6 Suggestion Distribute the **Feuilles d'activités** found in the Activity Pack on vhlcentral.com.

7 Suggestion Before beginning the activity, ask the students about their travel experiences. Example: **Êtes-vous déjà allé(e)s dans un autre pays?**

Activity Pack For additional activities, go to the **Activity Pack** in the **Resources** section of vhlcentral.com.

EXPANSION

Video Show the video episode again to give students more input regarding the **passé composé** with **être** and **avoir**. Pause the video where appropriate to discuss how certain verbs were used and to ask comprehension questions.

EXPANSION

Extra Practice Using the information in the **Roman-photo**, have students write a summary of David's trip to Paris. Then have students get together with a partner and exchange papers. Tell them to peer edit each other's work. Remind them to check for the correct usage of **avoir** and **être** in the **passé composé,** subject-verb agreement, and the correct forms of past participles.

121

Section Goals

In this section, students will learn direct object pronouns.

Key Standards

4.1, 5.1

Suggestions: Scaffolding
- Go over **Point de départ** and the first three bullets. Then write these sentences on the board: **Qui a les tickets? Roger les a.** Underline **les tickets** and explain that it is the direct object. Then underline **les** and explain that it is the plural direct object pronoun. Translate both sentences, pointing out the word order. Follow the same procedure with these sentences.
  —**Qui prend le bus?**
  —**Les élèves le prennent.**
  —**Qui écrit la lettre?**
  —**Mon père l'écrit.**
- Take various objects from students' desks and ask: **Qui a _____?** Have students respond using the direct object pronoun: **Vous _____ avez.**
- Go over **Boîte à outils.** Then ask students questions that require them to answer with **me/m', te/t', nous** or **vous.** Examples: **Vous me comprenez? Tes parents t'écoutent?** Assign the **Vérifiez** activity.
- Ask students what they noticed about the placement of direct object pronouns in the present tense. Go over the examples in the last two bullets. Point out that placement is the same for indirect object pronouns.

7A.2 | # Direct object pronouns vhlcentral

Point de départ In **Leçon 6B,** you learned about indirect objects. You are now going to learn about direct objects.

- A direct object is a noun that receives the action of a verb. An indirect object is usually the person or thing that receives the direct object.

  | DIRECT OBJECT | INDIRECT OBJECT |

  J'ai fait **un cadeau à ma sœur.**
  I gave a present to my sister.

- While indirect objects are frequently preceded by the preposition **à,** no preposition is needed before a direct object.

  DIRECT OBJECT
  J'emmène **mes parents.**
  I'm taking my parents.

  but

  INDIRECT OBJECT
  Je parle **à mes parents.**
  I'm talking to my parents.

Boîte à outils

Some French verbs do not take a preposition although their English equivalents do: **écouter** (*to listen to*), **chercher** (*to look for*) and **attendre** (*to wait for*). In deciding whether an object is direct or indirect, always check if the French verb takes the preposition **à.**

Direct object pronouns

singular		plural	
me/m'	me	nous	us
te/t'	you	vous	you
le/la/l'	him/her/it	les	them

- You can use a direct object pronoun in the place of a direct object noun.

  Tu fais **les valises**?
  Are you packing the suitcases?
  ▶ Tu **les** fais?
  Are you packing them?

  Ils retrouvent **Luc** à la gare.
  They're meeting Luc at the train station.
  ▶ Ils **le** retrouvent à la gare.
  They're meeting him at the train station.

  Tu visites souvent **la Belgique**?
  Do you visit Belgium often?
  ▶ Tu **la** visites souvent?
  Do you visit there often?

Boîte à outils

Like indirect objects, the direct object pronouns **me, te, nous,** and **vous** replace people. However, the direct objects **le, la,** and **les** can replace a person, a place, or a thing.

Vérifiez

Direct object pronouns with the present tense

- In the present tense, the direct object pronoun precedes the conjugated verb unless that verb is followed by an infinitive.

  Les langues? Laurent et Xavier **les** étudient.
  Languages? Laurent and Xavier study them.

  Les élèves ne **vous** entendent pas.
  The students don't hear you.

  M'attendez-vous à l'aéroport?
  Are you waiting for me at the airport?

  Et Daniel? Tu ne **le** retrouves pas au cinéma?
  And Daniel? Aren't you meeting him at the movies?

- When an infinitive follows a conjugated verb, the direct object pronoun precedes the infinitive.

  Marcel va **nous** écouter.
  Marcel will listen to us.

  Tu ne préfères pas **la porter** demain?
  Wouldn't you rather wear it tomorrow?

TEACHING OPTIONS

Pairs Have students write ten sentences using nouns as direct objects. Their sentences should also include a mixture of verbs in the **passé composé** and the present. Ask students to exchange their sentences with a partner, who will rewrite them using direct object pronouns. Students should check their partner's work.

EXPANSION

Pairs Have students create five questions that include the direct object pronouns **me, te,** and **nous.** Then have them ask their partners the questions on their list. Ex: —**Qui te téléphone beaucoup? —Ma/Mon meilleur(e) ami(e) me téléphone beaucoup. —Qui nous écoute dans la classe? La/Le prof nous écoute dans la classe.**

Direct object pronouns with the *passé composé*

- In the **passé composé**, place the direct object pronoun before the conjugated form of the auxilary verb **avoir**.

  Le billet? Je **l'**ai acheté.
  The ticket? I bought it.

  Comment est-ce que tu **m'**as trouvé?
  How did you find me?

  Elle ne **l'a** pas pris à 14 heures?
  She didn't take it at 2 o'clock?

  Le plan? Non, nous ne **l'**avons pas utilisé.
  The map? No, we didn't use it.

- When a direct object pronoun is used with the **passé composé**, the past participle must agree with it in both gender and number.

  J'ai mis **la valise** dans la voiture ce matin.
  I put the suitcase in the car this morning.

  J'ai attendu **les filles** à la gare.
  I waited for the girls at the train station.

  ▶ Je **l'ai mise** dans la voiture ce matin.
  I put it in the car this morning.

  ▶ Je **les** ai **attendues** à la gare.
  I waited for them at the train station.

- When the gender of the direct object pronoun is ambiguous, the past participle agreement will indicate the gender of the direct object to which it refers.

  Ses copains ne **l'**ont pas **trouvée**.
  Her friends didn't find her.

  Mon père **nous** a **entendus**.
  My father heard us.

Et le gâteau, je l'ai adoré!

Les musées, je les ai adorés!

À noter

Verbs that take **être** in the **passé composé** are intransitive verbs. This means that they do not take objects.

🔊 **Vérifiez**

🏃 **Boîte à outils**

When a direct object precedes a form of the **passé composé**, the past participle must agree in number and gender with the direct object.

Quelle plage as-tu préférée?
Which beach did you prefer?

Voilà les pays que j'ai visités.
Here are the countries I visited.

🔊 **Vérifiez**

Suggestions: Scaffolding
- Go over placement rules with the **passé composé**. Point out the information in **À noter**. Then play the Game on p. 123. Assign the **Vérifiez** activity.
- Explain the agreement of past participles with direct object pronouns in the **passé composé**.
- Point out that in the second-to-last bullet, **trouvée** indicates that **l'** refers to a female, while **entendus** indicates that **nous** refers to at least two males or a mixed group of males and females. Tell students that this strategy works well for written French. In the spoken language, however, only a handful of past participles ending in a consonant, such as **fait** and **mis**, predictably reveal the gender of the direct object: **faite(s), mise(s)**. Assign the **Vérifiez** activity. Then have students watch the Grammar Tutorial before completing **Essayez!**

Essayez! For additional practice, have students restate or rewrite the answers in the negative.

Essayez!   Répondez aux questions en remplaçant l'objet direct par un pronom d'objet direct.

1. Thierry prend le train? Oui, il _____*le*_____ prend.
2. Tu attends ta mère? Oui, je _____*l'*_____ attends.
3. Vous entendez Olivier et Vincent? Oui, on _____*les*_____ entend.
4. Le professeur te cherche? Oui, il _____*me*_____ cherche.
5. Barbara et Caroline retrouvent Linda? Oui, elles _____*la*_____ retrouvent.
6. Vous m'invitez? Oui, nous _____*t'/vous*_____ invitons.
7. Tu nous as compris? Oui, je _____*vous*_____ ai compris.
8. Elles ont regardé les gens? Oui, elles _____*les*_____ ont regardés.
9. Chloé a aimé le concert? Oui, elle _____*l'*_____ a aimé.
10. Vous avez regardé le film *Chacun cherche son chat*? Oui, nous _____*l'*_____ avons regardé.

EXPANSION

Game Send a student out of the room. Give his or her belongings to other students to hide. Then have the person return. To get the belongings back, the person must ask students yes/no questions. They should respond using direct object pronouns. Example: **Tu as mon livre? (Oui, je l'ai./Non, je ne l'ai pas.)**

EXPANSION

Pairs Have students work in pairs. Write the following list on the board. Tell them to take turns asking each other who does these activities: **acheter le billet, prendre le bus, aimer les sports, passer la douane,** and **étudier les mathématiques.** Example: **Qui prend le bus? (Mon ami Patrick le prend.)**

2 Suggestion Have students ask questions with a direct object pronoun for each item. Example: **Qui l'écoute?**

3 Suggestion Before beginning the activity, have students identify the direct objects.

4 Suggestion Tell students to add two of their own questions with direct objects to the list.

Mise en pratique

1 À l'aéroport Jules est à l'aéroport et il parle à sa mère. Choisissez le pronom d'objet direct approprié pour compléter ses phrases.

1. Ton CD préféré? Marie (le, la, (l')) écoute.
2. Le plan? Les Cartier (la, les, (le)) regardent.
3. Notre amie? Roger et Emma (l', le, (la)) cherchent.
4. Le journal français? Papa (la, (l'), le) achète.
5. Nos billets? Coralie (le, l', (les)) a pris.

2 Des activités Dites ce que (*what*) ces gens font le week-end. Employez des pronoms d'objet direct.

▶ **MODÈLE**

Il l'écoute.

Dominique / ce CD

1. Benoît / ses films
   Il les regarde.
2. ma mère / cette robe
   Elle l'admire.
3. Philippe / son gâteau
   Il le mange.
4. Stéphanie et Marc / ces lunettes
   Ils les achètent.

3 À la plage La famille de Dalila a passé une semaine à la mer. Dalila parle de ce que (*what*) chaque membre de sa famille a fait. Employez des pronoms d'objet direct.

MODÈLE

J'ai conduit Ahmed à la plage. *Je l'ai conduit à la plage.*

1. Mon père a acheté le journal tous les matins.   Il l'a acheté tous les matins.
2. Ma sœur a retrouvé son petit ami au café.   Elle l'a retrouvé au café.
3. Mes parents ont emmené les enfants au cinéma.   Ils les ont emmenés au cinéma.
4. Mon frère a invité sa fiancée au restaurant.   Il l'a invitée au restaurant.
5. Anissa a porté ses lunettes de soleil.   Elle les a portées.
6. Noah a pris les cartes.   Il les a prises.

4 Des doutes Julie est au parc avec son amie Caroline et répond à ses questions sur leurs vacances avec les parents de Julie. Formez les questions que pose Caroline. Avec un(e) partenaire, jouez les deux rôles. Ensuite, présentez la scène à la classe.   Suggested answers

1. Oui, mes parents t'invitent au bord de la mer.   Tes parents m'invitent au bord de la mer?
2. Oui, je vais t'attendre à l'aéroport.   Quelqu'un va m'attendre à l'aéroport?
3. Oui, mon frère va nous emmener sur son bateau.   Ton frère va-t-il nous emmener sur son bateau?
4. Oui, je pense que ma famille va bien t'aimer.   Penses-tu que ta famille va bien m'aimer?
5. J'ai choisi d'emporter (*take*) les chaussures vertes.   Quelle chaussures as-tu choisies d'emporter?
6. J'ai pris le maillot de bain bleu.   Quel maillot de bain as-tu pris?

Communication

5   **Le départ** Clémentine va partir au Cameroun chez sa correspondante (*pen pal*) Léa. Sa mère veut (*wants*) être sûre qu'elle est prête, mais Clémentine n'a encore rien (*nothing*) fait. Avec un(e) partenaire, jouez leur conversation en utilisant les phrases de la liste. Answers will vary.

MODÈLE

Élève 1: *Tu as acheté le cadeau pour ton amie?*
Élève 2: *Non, je ne l'ai pas encore acheté.*
Élève 1: *Quand vas-tu l'acheter?*
Élève 2: *Je vais l'acheter cet après-midi.*

> **Coup de main**
>
> Place short adverbs, such as **déjà** and **encore**, between the auxiliary verb and the past participle when using the **passé composé**.

acheter ton billet d'avion	faire tes valises
avoir l'adresse de Léa	finir ton shopping
chercher un maillot de bain	prendre tes lunettes
choisir le cadeau de Léa	préparer tes vêtements
confirmer l'heure de l'arrivée	trouver ton passeport

6   **À Tahiti** Imaginez que vous alliez partir à Tahiti. Avec un(e) partenaire, posez-vous ces questions. Il/Elle vous répond en utilisant le pronom d'objet direct approprié. Ensuite, changez de rôles. Answers will vary.

MODÈLE

Est-ce que tu prends le bus pour aller à la plage?
Non, je ne le prends pas.

1. Aimes-tu la mer?
2. Est-ce que tu prends l'avion?
3. Qui va t'attendre à l'aéroport?
4. Quand as-tu fait tes valises?
5. Est-ce que tu as acheté ton maillot de bain?
6. Est-ce que tu prends ton appareil photo?
7. Où as-tu acheté tes vêtements?
8. As-tu déjà choisi ton hôtel à Tahiti?
9. Est-ce que tu as réservé ta chambre d'hôtel?
10. Tu vas regarder la télévision tahitienne?
11. Vas-tu essayer les plats typiques de Tahiti?
12. As-tu regardé le plan de Tahiti?

---

5 Suggestions
- Before beginning the activity, have students underline the direct objects in the phrases.
- Have two volunteers read the **modèle** aloud.

5 Partner Chat You can also assign Activity 5 on vhlcentral.com. Students work in pairs to record the activity online. The pair's recorded conversation will appear in your gradebook.

6 Suggestions
- Before beginning the activity, have students describe the photo.
- Tell students to add three of their own questions with direct objects to the list.

Activity Pack For additional activities, go to the **Activity Pack** in the **Resources** section of vhlcentral.com.

EXPANSION

Extra Practice Make a list of twenty questions requiring direct object pronouns in the answer. Arrange students in two concentric circles. Students in the inner circle ask questions from the list to those in the outer circle until you say stop (**Arrêtez-vous**). The outer circle then moves one person to the right and the questions begin again. Continue for five minutes, and then have the students in the outer circle ask the questions.

EXPANSION

Pairs Have students work in pairs. Tell them to invent a romantic dialogue between Simone and Jean-Claude, two protagonists of a soap opera. They should include direct object pronouns in their dialogues and these verbs: **adorer, aimer, détester,** and **attendre.** Example: **Jean-Claude: Simone, je t'adore.**

Révision

1 Il y a dix minutes Avec un(e) partenaire, décrivez (*describe*) dans cette scène les actions qui se sont passées (*happened*) il y a dix minutes. Utilisez les verbes de la liste pour écrire (*write*) des phrases. Ensuite, comparez vos phrases avec les phrases d'un autre groupe. Answers will vary.

MODÈLE

Élève 1: *Il y a dix minutes, M. Hamid est parti.*
Élève 2: *Il y a dix minutes, ...*

aller	partir
arriver	rentrer
descendre	sortir
monter	tomber

2 Qui aime quoi? Votre professeur va vous donner une feuille d'activités. Circulez dans la classe pour trouver un(e) camarade différent(e) qui aime ou qui n'aime pas chaque lieu de la liste. Answers will vary.

MODÈLE

Élève 1: *Est-ce que tu aimes les aéroports?*
Élève 2: *Je ne les aime pas du tout; je les déteste.*

3 À l'étranger Par groupes de quatre, interviewez vos camarades. Dans quels pays sont-ils déjà allés? Dans quelles villes? Comparez vos destinations, puis présentez toutes les réponses à la classe. N'oubliez pas de demander: Answers will vary.

• quand vos camarades sont parti(e)s
• où ils/elles sont allé(e)s
• où ils/elles sont resté(e)s
• combien de temps ils/elles ont passé là-bas

4 La valise Sandra et John sont partis en vacances. Voici leur valise. Avec un(e) partenaire, faites une description écrite (*written*) de leurs vacances. Où sont-ils allés? Comment sont-ils partis? Answers will vary.

5 Un long week-end Avec un(e) partenaire, préparez huit questions sur le dernier long week-end. Utilisez les verbes de la liste. Ensuite, par groupes de quatre, répondez à toutes les questions. Answers will vary.

MODÈLE

Élève 1: *Où es-tu allé(e) vendredi soir?*
Élève 2: *Vendredi soir, je suis resté(e) chez moi. Mais samedi, je suis sorti(e)!*

aller	rentrer
arriver	rester
partir	retourner
passer	sortir

6 Mireille et les Girard Votre professeur va vous donner, à vous et à votre partenaire, une feuille sur le week-end de Mireille et de la famille Girard. Posez des questions à votre partenaire pour compléter votre feuille. Attention! Ne regardez pas la feuille de votre partenaire. Answers will vary.

MODÈLE

Élève 1: *Qu'est-ce que Mireille a fait vendredi soir?*
Élève 2: *Elle est allée au cinéma.*

EXPANSION

Dehydrated Sentences Write these phrases on the board. Tell students to write complete sentences, using the **passé composé**. **1.** Janine et moi / faire du shopping **2.** Nous / partir / une heure **3.** Nous / prendre / métro / Galeries Lafayette / et / nous / passer / après-midi / là **4.** Nous / arriver / chez Janine / fatigué **5.** Elle / ne pas / avoir besoin / sortir / pour manger / et / nous / rester / la maison

PRE-AP®

Presentational Writing Have students write a composition about a memorable vacation they took with friends or family. Remind them to use the **passé composé**. They should also use object pronouns to avoid unnecessary repetition.

Section Goals

In this section, students will:
- read about youth hostels
- watch a video about modern youth hostels
- answer questions about youth travel

Key Standards
1.1, 1.2, 1.3, 2.1, 4.2

vhlcentral

AP® Theme: Contemporary Life
Context: Travel

Préparation Répondez aux questions suivantes. Answers will vary.

1. Qu'est-ce que vous aimez faire pendant les vacances?
2. Préférez-vous faire du camping, descendre (*stay*) dans un hôtel ou rester chez des amis pendant les vacances? Pourquoi?

Des auberges de jeunesse° nouvelle génération

Après avoir terminé° leurs études à l'université et avant de commencer leur vie professionnelle, beaucoup de jeunes partent en voyage à l'étranger. Avec très peu d'argent, ils arrivent à° passer plusieurs semaines, quelques mois, ou même une année entière à visiter les pays du monde. Ils voyagent seuls ou avec des amis et souvent, ils passent la nuit dans une auberge de jeunesse pour économiser de l'argent. Autrefois°, ces auberges offraient° peu de confort. Il fallait° dormir dans de grands dortoirs et partager la salle de bains au bout du couloir°. Mais aujourd'hui, les auberges s'adaptent aux jeunes qui sont de plus en plus exigeants°. Elles sont beaucoup plus confortables, mais restent bon marché°.

dortoirs *dormitories* **lits** *beds* **auberges de jeunesse** *youth hostels* **Après avoir terminé** *After having finished* **arrivent à** *manage to* **Autrefois** *In the past* **offraient** *offered* **Il fallait** *It was necessary* **au bout du couloir** *at the end of the hall* **exigeants** *demanding* **bon marché** *inexpensive*

Compréhension Indiquez toutes les phrases qui décrivent une auberge de jeunesse nouvelle génération.

_____ 1. Il y a des dortoirs de 10 à 15 lits.

_____ 2. Les douches sont dans le couloir.

✓ 3. Il y a des armoires sécurisées et du Wi-Fi gratuit.

_____ 4. Le petit-déjeuner (*breakfast*) est gratuit.

✓ 5. Les chambres coûtent entre 60–100 euros la nuit.

Conversation Avec un partenaire, décidez si vous êtes d'accord avec ces déclarations et expliquez pourquoi. Answers will vary.

1. Voyager forme (*shapes*) la jeunesse.
2. C'est important d'aider financièrement les jeunes à voyager.

Reportage de CETELEM

Oubliez les dortoirs° de 10 à 15 lits°…

Vocabulaire utile

la douche	*shower*
la couverture	*blanket, cover*
la chambre	*room*
l'armoire (f.)	*wardrobe*
sécurisé(e)	*locked*
gratuit(e)	*free*
privé(e)	*private*

Application Trouvez sur Internet deux auberges de jeunesse dans une région ou un pays francophone. Notez les services qu'elles offrent. Ensuite, utilisez ces informations pour préparer une présentation qui propose la construction d'une auberge de jeunesse dans votre région. Dans votre présentation, expliquez les services que l'auberge de jeunesse va offrir et les différents avantages qu'elle peut apporter aux jeunes et la communauté.

cent vingt-sept **127**

Préparation Tell students to base their answers on what they would like to do if they have not traveled widely.

Des auberges de jeunesse nouvelle génération To check comprehension, have students complete these statements: **1. Les jeunes partent en voyage après…** (avoir terminé leurs études à l'université) **2. …offraient peu de confort.** (Les auberges de jeunesse d'autrefois) **3. …s'adaptent aux jeunes qui sont de plus en plus exigeants.** (Les auberges de nouvelle génération)

PRE-AP®

Interpretive Communication
- Have students look at the image and read the caption to predict what the video is about.
- Explain that students will not understand every word they hear. Tell them to listen for cognates and pay attention to images that support the vocabulary they hear.

Compréhension After students complete the activity, show the video again so they can check their answers. Have them revise the unchecked statements so they describe the youth hostel in the video.

EXPANSION

Research and Discussion Have students work in groups to research the different ways Francophone countries support youth travel. Assign a different region or country to each group and have them find out what kinds of scholarships and grants, organizations, and volunteer opportunities support youth travel there. Then, as a class, discuss why it varies from place to place.

EXPANSION

Community Using their work from **Application** as a starting point, have students prepare an oral presentation for your local, regional, or state travel bureau in which they argue in favor of establishing youth hostels in your area. Tell students that they should explain the concept of youth hostels and provide a rationale for establishing and supporting them in your community.

Section Goals

In this section, students will learn and practice vocabulary related to:
• hotels
• ordinal numbers
• sequencing events

Key Standards

1.1, 1.2, 4.1

Suggestions

• Use the digital image for this page. Point out people and things in the illustration and describe what the people are doing. Example: **Ils sont à la réception d'un hôtel. Ils ont une réservation. Voici la clé de leur chambre.**

• Have students look over the new vocabulary. They should notice that many terms related to hotels and travel are cognates (**réservation, réception, passeport**).

• Point out that the word **libre** means *free*, as in *available*, not *free of charge*.

• Emphasize that, in this context, **complet/complète** means *full*, not *complete*.

• Go through ordinal numbers and have students repeat after you. Emphasize the difference in pronunciation between **deuxième** and **douzième**.

• Tell students that the word **second(e)** is used instead of **deuxième** when there are only two items to list. Example: **La Seconde Guerre mondiale.**

You will learn how to...

▪make hotel reservations
▪give instructions

À l'hôtel

Vocabulaire

annuler une réservation	to cancel a reservation
réserver	to reserve, to book
premier/première	first
cinquième	fifth
neuvième	ninth
vingt et unième	twenty-first
vingt-deuxième	twenty-second
trente et unième	thirty-first
centième	hundredth
une agence de voyages	travel agency
un agent de voyages	travel agent
une auberge de jeunesse	youth hostel
une chambre individuelle	single room
un hôtel	hotel
complet/complète	full (no vacancies)
libre	available
alors	so, then; at that moment
après (que)	after
avant (de)	before
d'abord	first
donc	therefore
enfin	finally, at last
ensuite	then, next
finalement	finally
pendant (que)	during, while
puis	then
tout à coup	suddenly
tout de suite	right away

DIFFERENTIATION

For Kinesthetic Learners Ask ten volunteers to line up facing the class. Make sure students know what number they are in line. Call out ordinal numbers at random. The student whose cardinal number corresponds to the called ordinal number has three seconds to step forward. If that student is too slow, he or she sits down. The order changes for the rest of the students standing further down the line. The last students standing win.

EXPANSION

Les étages Point out to students that a second floor in the U.S. would be called **le premier étage** in the Francophone world. Tell them that an **étage** is a floor above another floor. Elevators usually indicate the ground floor by the letter **R** (the abbreviation of **rez-de-chaussée**) or the number **0**. Add that, in buildings with only two floors, people say **à l'étage** for *on the second floor*.

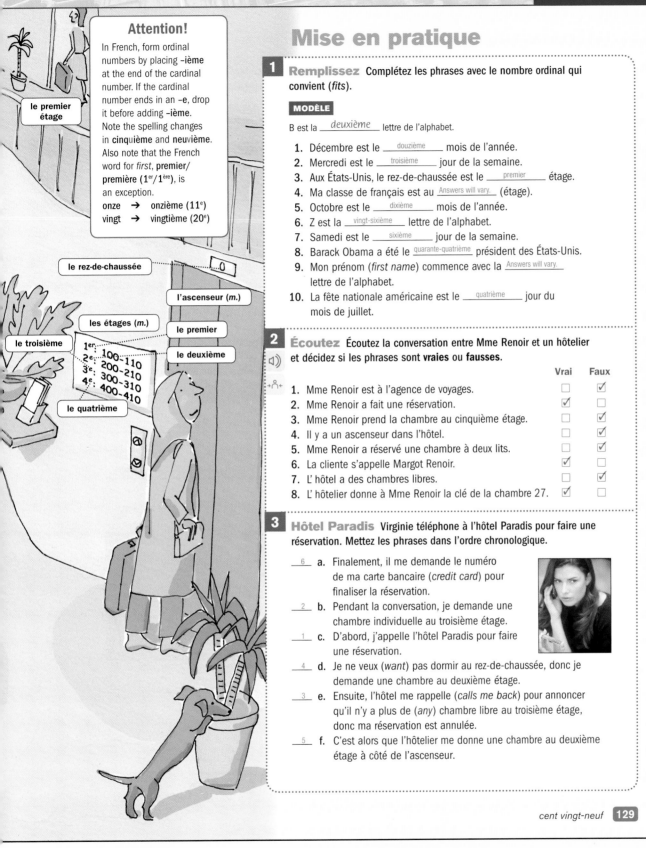

Attention!

In French, form ordinal numbers by placing –ième at the end of the cardinal number. If the cardinal number ends in an –e, drop it before adding –ième. Note the spelling changes in **cinquième** and **neuvième**. Also note that the French word for *first*, premier/première (1er/1ère), is an exception.

onze → onzième (11e)
vingt → vingtième (20e)

le premier étage

le rez-de-chaussée

l'ascenseur (m.)

les étages (m.)

le troisième
le premier
le deuxième

1er.
2e. 100-110
3e. 200-210
4e. 300-310
     400-410

le quatrième

Mise en pratique

1 **Remplissez** Complétez les phrases avec le nombre ordinal qui convient (*fits*).

MODÈLE

B est la ___deuxième___ lettre de l'alphabet.

1. Décembre est le ___douzième___ mois de l'année.
2. Mercredi est le ___troisième___ jour de la semaine.
3. Aux États-Unis, le rez-de-chaussée est le ___premier___ étage.
4. Ma classe de français est au ___Answers will vary.___ (étage).
5. Octobre est le ___dixième___ mois de l'année.
6. Z est la ___vingt-sixième___ lettre de l'alphabet.
7. Samedi est le ___sixième___ jour de la semaine.
8. Barack Obama a été le ___quarante-quatrième___ président des États-Unis.
9. Mon prénom (*first name*) commence avec la ___Answers will vary.___ lettre de l'alphabet.
10. La fête nationale américaine est le ___quatrième___ jour du mois de juillet.

2 **Écoutez** Écoutez la conversation entre Mme Renoir et un hôtelier et décidez si les phrases sont **vraies** ou **fausses**.

	Vrai	Faux
1. Mme Renoir est à l'agence de voyages.	☐	☑
2. Mme Renoir a fait une réservation.	☑	☐
3. Mme Renoir prend la chambre au cinquième étage.	☐	☑
4. Il y a un ascenseur dans l'hôtel.	☐	☑
5. Mme Renoir a réservé une chambre à deux lits.	☐	☑
6. La cliente s'appelle Margot Renoir.	☑	☐
7. L'hôtel a des chambres libres.	☐	☑
8. L'hôtelier donne à Mme Renoir la clé de la chambre 27.	☑	☐

3 **Hôtel Paradis** Virginie téléphone à l'hôtel Paradis pour faire une réservation. Mettez les phrases dans l'ordre chronologique.

___6___ a. Finalement, il me demande le numéro de ma carte bancaire (*credit card*) pour finaliser la réservation.

___2___ b. Pendant la conversation, je demande une chambre individuelle au troisième étage.

___1___ c. D'abord, j'appelle l'hôtel Paradis pour faire une réservation.

___4___ d. Je ne veux (*want*) pas dormir au rez-de-chaussée, donc je demande une chambre au deuxième étage.

___3___ e. Ensuite, l'hôtel me rappelle (*calls me back*) pour annoncer qu'il n'y a plus de (*any*) chambre libre au troisième étage, donc ma réservation est annulée.

___5___ f. C'est alors que l'hôtelier me donne une chambre au deuxième étage à côté de l'ascenseur.

cent vingt-neuf **129**

1 **Expansion**
• Point out that the French calendar begins the week with Monday.
• Give students these items. **11. Aujourd'hui, c'est le ____ jour de la semaine. 12. Ce cours est mon ____ cours aujourd'hui. 13. Ma chambre est au ____ étage. 14. Mon anniversaire est pendant le ____ mois de l'année.** (Answers will vary.)
• Have students invent riddles using ordinal numbers. Example: **Je suis le seizième président des États-Unis. Qui suis-je?** (Abraham Lincoln)

2 **Script** L'HÔTELIER: Bonjour, Madame. Bienvenue à l'hôtel Casablanca! Avez-vous une réservation?
LA CLIENTE: Bonjour, Monsieur. Oui, mon mari et moi avons fait une réservation.
H: Et c'est à quel nom?
C: Je l'ai faite à mon nom, Renoir.
H: Excellent! Vous avez réservé une chambre avec un grand lit. Votre chambre est la numéro 57 au cinquième étage.
C: Ah non, il y a une erreur. J'ai réservé la chambre numéro 27 au deuxième étage. Je refuse de prendre cette chambre, il n'y a pas d'ascenseur dans votre hôtel. Est-ce que vous avez une autre solution?
H: Madame Renoir, je suis désolé, mais l'hôtel est complet.
C: Oh là là. Ce n'est pas possible! Qu'est-ce que je vais faire?
H: Un instant, êtes-vous Marguerite Renoir?
C: Non, je suis Margot Renoir.
H: Madame Renoir, pardonnez-moi. Voici votre clé, chambre 27 au deuxième étage.
Teacher Resources DVD

3 **Suggestion** Call students' attention to the sequencing words in these sentences. Examples: **Finalement, Pendant, D'abord,** etc.

3 **Expansion** Have pairs of students rewrite the story using the sequencing words, but changing the details. Example: reserve a different kind of room, encounter a different problem, and find a different solution.

EXPANSION

Questions Review seasons, months, and days while practicing ordinal numbers by asking questions like the following: **Quel est le septième mois de l'année? Quelle est la troisième saison de l'année? Quel est le dernier jour de la semaine?**

EXPANSION

Oral Practice Ask questions about the **À l'hôtel** illustration. Examples: **Cet hôtel a combien d'étages? Le passeport est de quel pays? Qu'est-ce que l'homme à la réception donne aux clients?** Then ask students personalized questions. Examples: **À votre avis, est-ce mieux (*better*) d'aller à une agence de voyages ou de faire les réservations sur Internet? Aimez-vous voyager avec votre famille? Vos parents ont-ils un hôtel préféré?**

Communication

4 Suggestions
- Tell students that the verb **descendre** means *to stay* when used with **hôtel** and that in some countries hotel guests must leave their passports at the reception desk.
- Have students explore different hotel websites to find a hotel to describe.

4 Expansion Ask volunteers to describe their **vacances idéales** to the class.

4 Virtual Chat You can also assign Activity 4 on vhlcentral.com. Students record individual responses that appear in your gradebook.

5 Suggestion Have students consider other details that might come up while making a hotel reservation and include them in their conversation. Examples: **Est-ce qu'il y a un ascenseur? Il y a une télévision dans la chambre?**

6 Expansion Assign each group a different Francophone location. Tell students to include any nearby attractions (**la plage, la campagne, le centre-ville**) and hotel amenities (**la piscine, le restaurant**) in their poster. For inspiration, have students explore French-language hotel booking websites.

21ˢᵗ Century Skills

6 Flexibility and Adaptability Remind students to include input from all team members, adapting their presentation so it represents the whole group.

7 Suggestion Before starting this activity, have students brainstorm a list of steps involved in making a hotel reservation as well as a list of possible complications.

Successful Language Learning Remind students to accept some corrections without explanation, especially when they are attempting to use language and structures above their current level. Tell them not to overanalyze and to trust that it will make more sense as their language skills develop.

---

4 Conversez Interviewez votre camarade à propos de (*about*) ses vacances idéales dans un hôtel. Answers will vary.

1. Quelles sont les dates de ton séjour?
2. Où vas-tu? Dans quel pays, quelle région ou quelle ville? Vas-tu à la mer, à la campagne, ...?
3. À quel hôtel descends-tu (*do you stay*)?
4. Qui fait la réservation?
5. Comment est l'hôtel? Est-ce que l'hôtel a un ascenseur, une piscine, ...?
6. À quel étage est ta chambre?
7. Combien de lits a ta chambre?
8. Laisses-tu ton passeport à la réception?

5 Notre réservation Par groupes de trois, travaillez pour préparer une présentation où deux touristes font une réservation dans un hôtel ou une auberge de jeunesse francophone. N'oubliez pas d'ajouter (*add*) les informations de la liste. Answers will vary.

- le nom de l'hôtel
- le type de chambre(s)
- l'étage
- le nombre de lits
- les dates
- le prix

6 Mon hôtel Vous allez ouvrir (*open*) votre propre hôtel. Par groupes de quatre, créez une affiche (*poster*) pour le promouvoir (*promote*) avec l'information de la liste et présentez votre hôtel au reste de la classe. Votre professeur va ensuite donner à chaque groupe un budget. Avec ce budget, vous allez faire la réservation à l'hôtel qui convient le mieux (*best suits*) à votre groupe. Answers will vary.

- le nom de votre hôtel
- le nombre d'étoiles (*stars*)
- les services offerts
- le prix pour une nuit

★ une étoile	★★ deux étoiles	★★★ trois étoiles	★★★★ quatre étoiles	★★★★★ cinq étoiles

7 Pour faire une réservation Écrivez un paragraphe où vous décrivez (*describe*) ce qu'un touriste doit (*must*) faire pour réserver une chambre. Utilisez au moins cinq mots de la liste. Échangez et comparez votre paragraphe avec celui (*the one*) d'un camarade de classe. Answers will vary.

alors	d'abord	puis
après (que)	donc	tout à coup
avant (de)	enfin	tout de suite

TEACHING OPTIONS

Logical Associations Give each student a card with either (1) a noun from the **Vocabulaire**, such as **chambre, clé,** or **passeport** or (2) a related verb, such as **réserver, prendre, oublier,** or **perdre.** Tell students to find someone whose word can be combined logically with their own. Then have them write an original sentence in the **passé composé**. Compile the sentences on the board. Then use sequencing expressions to combine them into a story.

EXPANSION

Combien d'étoiles préférez-vous? Tell students that the French government regulates hotel ratings and requires that they be posted. Hotels must meet standards to qualify for a certain number of stars. A two-star hotel is a comfortable budget hotel. A five-star hotel is luxurious. While the level of comfort is standardized, prices are not.

Les sons et les lettres 🔊 vhlcentral

ti, sti, and ssi

The letters **ti** followed by a consonant are pronounced like the English word *tea*, but without the puff released in the English pronunciation.

| ac**ti**f | pe**ti**t | **ti**gre | u**ti**les |

When the letter combination **ti** is followed by a vowel sound, it is often pronounced like the sound linking the English words *miss you*.

| dic**ti**onnaire | pa**ti**ent | ini**ti**al | addi**ti**on |

Regardless of whether it is followed by a consonant or a vowel, the letter combination **sti** is pronounced *stee*, as in the English word *steep*.

| ge**sti**on | que**sti**on | Séba**sti**en | arti**sti**que |

The letter combination **ssi** followed by another vowel or a consonant is usually pronounced like the sound linking the English words *miss you*.

| pa**ssi**on | expre**ssi**on | mi**ssi**on | profe**ssi**on |

Words that end in **-sion** or **-tion** are often cognates with English words, but they are pronounced quite differently. In French, these words are never pronounced with a *sh* sound.

| compre**ssi**on | na**ti**on | atten**ti**on | addi**ti**on |

Prononcez Répétez les mots suivants à voix haute.

1. artiste
2. mission
3. réservation
4. impatient
5. position
6. initiative
7. possession
8. nationalité
9. compassion
10. possible

Articulez Répétez les phrases suivantes à voix haute.

1. L'addition, s'il vous plaît.
2. Christine est optimiste et active.
3. Elle a fait une bonne première impression.
4. Laëtitia est impatiente parce qu'elle est fatiguée.
5. Tu cherches des expressions idiomatiques dans le dictionnaire.

Dictons Répétez les dictons à voix haute.

De la discussion jaillit la lumière.[1]

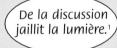

Il n'est de règle sans exception.[2]

[1] Discussion brings light.

[2] The exception proves the rule.

cent trente et un **131**

Section Goals

In this section, students will learn about the letter combinations **ti**, **sti**, and **ssi**.

Key Standards

4.1

Suggestions

• Pronounce each of the example words and have students repeat them after you.

• To practice **ti**, have students put the palm of their hand in front of their lips and say the English word *tea*. Ask them if they felt the puff of air when they pronounced the letter **t**. Then have them pronounce the French word **petit** holding their hand in front of their mouth. Explain that they should not feel a puff of air when they pronounce the letters **ti** in French.

• Point out that **-sion** as in the word **télévision** has a [z] sound. Additionally, **-cia** as in the name **Patricia** has an unvoiced [s] sound.

• Many words that end in **-sion**, **-ssion**, **-stion**, and **-tion** are cognates. Contrast the French and English pronunciation of words such as **attention** and **mission**.

• Mention words from the **Vocabulaire** that contain **ti**, **sti**, or **ssi**. Then have students repeat after you. Alternatively, ask students to recall such vocabulary. Examples: **réception, réservation, vingtième**. See if a volunteer is able to recall any words from previous lessons. Examples: **pessimiste, dessiner, l'addition**, and **attention**.

Dictons Tell students that the word **lumière** is used figuratively in the proverb **«De la discussion jaillit la lumière.»** Ask students what they think it means in this context (*clarity, ideas*).

EXPANSION

Pronunciation Here are some sentences to use for additional practice with these letter combinations. **1. C'est utile d'étudier la gestion et l'informatique. 2. La profession de Sébastien?** Il est dentiste. **3. Patricia utilise un plan de la station de ski. 4. Martine est-elle pessimiste ou optimiste?**

EXPANSION

Tongue Twisters Teach your students the following French tongue-twisters that contain **ti** and **ssi**: **1. Pauvre petit pêcheur, prend patience pour pouvoir prendre plusieurs petits poissons. 2. Un pâtissier qui pâtissait chez un tapissier qui tapissait, dit un jour au tapissier qui tapissait: vaut-il mieux pâtisser chez un tapissier qui tapisse ou tapisser chez un pâtissier qui pâtisse?**

131

La réservation d'hôtel vhlcentral

AP® Theme: Contemporary Life
Context: Travel

PERSONNAGES

Agent de voyages

Amina

Pascal

Sandrine

À l'agence de voyages...

SANDRINE J'ai besoin d'une réservation d'hôtel, s'il vous plaît. C'est pour les vacances de Noël.
AGENT Où allez-vous? En Italie?
SANDRINE Nous allons à Albertville.
AGENT Et c'est pour combien de personnes?
SANDRINE Nous sommes deux, mais il nous faut deux chambres individuelles.

AGENT Très bien. Quelles sont les dates du séjour, Mademoiselle?
SANDRINE Alors, le 25, c'est Noël, donc je fête en famille. Disons du 26 décembre au 2 janvier.
AGENT Ce n'est pas possible à Albertville, mais à Megève, j'ai deux chambres à l'hôtel Le Vieux Moulin pour 143 euros par personne. Ou alors, à l'hôtel Le Mont Blanc pour 171 euros par personne.

SANDRINE Oh non, mais Megève, ce n'est pas Albertville... et ces prix! C'est vraiment trop cher.
AGENT C'est la saison, Mademoiselle. Les hôtels les moins chers sont déjà complets.
SANDRINE Oh là là. Je ne sais pas quoi faire... J'ai besoin de réfléchir. Merci, Monsieur. Au revoir!
AGENT Au revoir, Mademoiselle.

Chez Sandrine...

SANDRINE Oui, Pascal. Amina nous a trouvé une auberge à Albertville. C'est génial, non? En plus, c'est pas cher!
PASCAL Euh, en fait... Albertville, maintenant, c'est impossible.
SANDRINE Qu'est-ce que tu dis?

PASCAL C'est que... j'ai du travail.
SANDRINE Du travail! Mais c'est Noël! On ne travaille pas à Noël! Et Amina a déjà tout réservé... Oh! C'est pas vrai!
PASCAL *(à lui-même)* Elle n'est pas très heureuse maintenant, mais quelle surprise en perspective!

Un peu plus tard...

AMINA On a réussi, Sandrine! La réservation est faite. Tu as de la chance! Mais, qu'est-ce qu'il y a?
SANDRINE Tu es super gentille, Amina, mais Pascal a annulé pour Noël. Il dit qu'il a du travail... Lui et moi, c'est fini. Tu as fait beaucoup d'efforts pour faire la réservation, je suis désolée.

A C T I V I T É S

1 **Vrai ou faux?** Indiquez si ces affirmations sont **vraies** ou **fausses**.

1. Sandrine fait une réservation à l'agence de voyages. Faux.
2. Sandrine a envie de voyager le 25 décembre. Faux.
3. Amina fait une réservation à l'hôtel Le Mont Blanc. Faux.
4. Cent soixante et onze euros, c'est beaucoup d'argent pour Sandrine. Vrai.
5. Amina ne peut pas (*can't*) aider Sandrine. Faux.

6. Il y a beaucoup de touristes à Albertville en décembre. Vrai.
7. Pascal dit qu'il travaille à Noël. Vrai.
8. Pascal est fâché contre Sandrine. Faux.
9. Sandrine est fâchée contre Pascal. Vrai.
10. Il faut annuler la réservation à l'auberge de la Costaroche. Vrai.

132 *cent trente-deux*

Sandrine essaie d'organiser son voyage.

Au P'tit Bistrot...

SANDRINE Amina, je n'ai pas réussi à faire une réservation pour Albertville. Tu peux m'aider?

AMINA C'est que... je suis connectée avec Cyberhomme.

SANDRINE Avec qui?

AMINA J'écris un e-mail à... Bon, je t'explique plus tard. Dis-moi, comment est-ce que je peux t'aider?

Un peu plus tard...

AMINA Bon, alors... Sandrine m'a demandé de trouver un hôtel pas cher à Albertville. Pas facile à Noël... Je vais essayer... Voilà! L'auberge de la Costaroche... 39 euros la nuit pour une chambre individuelle. L'hôtel n'est pas complet et il y a deux chambres libres. Quelle chance, cette Sandrine! Bon, nom... Sandrine Aubry...

AMINA Bon, la réservation, ce n'est pas un problème. C'était facile de réserver. Mais toi, Sandrine, c'est évident, ça ne va pas.

SANDRINE C'est vrai. Mais, alors, c'est qui, ce «Cyberhomme»?

AMINA Oh, c'est juste un ami virtuel. On correspond sur Internet, c'est tout. Ce soir, c'est son dixième message!

SANDRINE Lis-le-moi!

AMINA Euh non, c'est personnel...

SANDRINE Alors, dis-moi comment il est!

AMINA D'accord... Il est étudiant, sportif mais sérieux. Très intellectuel.

SANDRINE S'il te plaît, écris-lui: «Sandrine cherche aussi un cyberhomme»!

Expressions utiles

Getting help

- Je ne sais pas quoi faire... J'ai besoin de réfléchir.
  I don't know what to do... I have to think.
- Je n'ai pas réussi à faire une réservation pour Albertville.
  I didn't manage to make a reservation for Albertville.
- Tu peux m'aider?
  Can you help me?
- Dis-moi, comment est-ce que je peux t'aider?
  Tell me, how can I help you?
- Qu'est-ce que tu dis?
  What are you saying/did you say?
- On a réussi.
  We succeeded./We got it.
- S'il te plaît, écris-lui.
  Please, write to him.

Additional vocabulary

- C'est trop tard?
  Is it too late?
- Disons...
  Let's say...
- La réservation est faite.
  The reservation has been made.
- C'est fini.
  It's over.
- Je suis connectée avec...
  I am online with...
- Lis-le-moi.
  Read it to me.
- Il dit que...
  He says that...
- les moins chers
  the least expensive
- en fait
  in fact

---

2 **Questions** Répondez aux questions.

1. Pourquoi est-il difficile de faire une réservation pour Albertville?
   C'est difficile parce que c'est Noël.
2. Pourquoi est-ce que Sandrine ne veut pas (*doesn't want*) descendre à l'hôtel Le Vieux Moulin?
   L'hôtel Le Vieux Moulin est très cher.
3. Pourquoi Pascal dit-il qu'il ne peut pas (*can't*) aller à Albertville?
   Il dit qu'il a du travail.
4. Qui est Cyberhomme?
   C'est l'ami virtuel d'Amina.
5. À votre avis (*In your opinion*), Sandrine va-t-elle rester (*stay*) avec Pascal? Answers will vary.

3 **Devinez** Inventez-vous une identité virtuelle. Écrivez un paragraphe dans lequel (*in which*) vous vous décrivez, vous et vos loisirs préférés. Donnez votre nom d'internaute (*cybername*). Votre professeur va afficher (*post*) vos messages. Devinez (*Guess*) à qui correspondent les descriptions.

A C T I V I T É S

Expressions utiles

- Model the pronunciation of the **Expressions utiles** and have students repeat them. Contrast the pronunciation of the following expressions: **en fait, on fait**.
- As you work through the list, point out expressions that use a form of **dire** or **écrire**. Tell students that these irregular verbs will be formally presented in **Structures**.
- Respond briefly to questions regarding **dire** and **écrire**. Reinforce correct forms, but do not expect students to produce them consistently at this time.
- Point out the differences between direct and indirect discourse by writing these two sentences on the board: **Il dit qu'il a du travail. Il dit: «J'ai du travail.»** Ask students to respond to questions about who says what. Example: **Qui dit que c'est facile de réserver une chambre d'hôtel? (Amina)**

1 Suggestion Have students correct the items that are false.

1 Expansion Give these statements to the class.
11. Sandrine a besoin de deux chambres individuelles. (Vrai.) 12. Amina ne fait pas de réservation. (Faux.) 13. Cyberhomme est l'ami virtuel de Sandrine. (Faux.)

2 Suggestion Have students discuss these questions in small groups.

2 Expansion Discuss question #5 as a class. Have students make other predictions about what will happen. Ask what kind of surprise they think Pascal has in mind.

3 Suggestion Without revealing students' identities, match students with common interests and have them write back to one another.

PRE-AP®

Interpersonal Speaking Ask volunteers to act out the **Roman-photo** episode for the class. Assure them that it is not necessary to memorize the episode or to stick strictly to its content. Give them time to prepare. You may want to assign this as homework and do it the next class period as a review activity.

PRE-AP®

Presentational Writing Have students write a brief paragraph recapping the major events in this episode and using sequencing expressions, such as **d'abord, donc, ensuite, avant de, alors,** etc. Ask volunteers to read their synopses aloud.

133

AP® Theme: Contemporary Life
Context: Travel

Section Goals

In this section, students will:
- learn about how and where the French vacation
- learn some terms used in youth hostels
- find out about vacation spots in the Francophone world
- read about the Alps, a popular destination for skiers

Key Standards

2.1, 2.2, 3.1, 3.2, 4.2

21ˢᵗ Century Skills

Global Awareness
Students will gain perspectives on the Francophone world to develop respect and openness to other cultures.

Culture à la loupe

Avant la lecture Ask students how much vacation their parents can take annually, how much is typical in this country, and how much they think working people need to be happy in their work. You might also ask what vacation activities Americans enjoy and what the students imagine is popular in France.

Lecture
- Mention to students that when experts anticipate the **grands départs** on the **autoroutes**, these days are labeled **rouges** throughout France.
- Explain the **Coup de main** box on superlatives to help students understand the text.

Après la lecture Ask students to compare American and French vacation habits. Example: **Les élèves au lycée ici commencent leurs vacances en mai, mais les élèves en France terminent l'année scolaire en juillet.**

1 Expansion Continue the activity with these fill-in-the-blank statements.
11. Les Français d'aujourd'hui prennent des vacances qui durent ____ en moyenne. (sept jours) 12. Les vacances les moins populaires à l'étranger sont ____. (dans les DOM)

---

vhlcentral   CULTURE À LA LOUPE

Les vacances des Français

Cassis

Les Français, aujourd'hui, ont beaucoup de vacances.
En 1936, les Français obtiennent° leurs premiers congés payés: deux semaines par an. En 1956, les congés payés passent à trois semaines, puis à quatre en 1969, et enfin à cinq semaines en 1982. Aujourd'hui, les Français sont parmi ceux qui° ont le plus de vacances en Europe. Pendant longtemps, les Français prenaient° un mois de congés l'été, en août, et

Les destinations de vacances des Français aujourd'hui

PAYS / CONTINENT	SÉJOURS
France	70,2%
Espagne	4,1%
Italie	3,0%
Afrique	2,2%
Royaume-Uni	1,8%
Belgique et Luxembourg	1,8%
Allemagne	1,5%
Amérique	1,8%
Asie et Océanie	1,4%
Les DOM°	0,7%

SOURCE: Direction Générale des Entreprises (DGE)

beaucoup d'entreprises°, de bureaux et de magasins fermaient° tout le mois (la fermeture annuelle). Aujourd'hui, les Français ont tendance à prendre des vacances plus courtes (sept jours en moyenne°), mais plus souvent. Quant aux° destinations de vacances, 70,2% (pour cent) des Français restent en France métropolitaine°. S'ils partent à l'étranger, leurs destinations préférées sont l'Espagne, l'Italie et l'Afrique. Environ° 23% des Français vont à la campagne, 31% vont en ville, 22% vont à la mer, et 20% vont à la montagne.

Ce sont les personnes âgées et les agriculteurs° qui partent le moins souvent en vacances et les étudiants qui voyagent le plus, parce qu'ils ont beaucoup de vacances. Pour eux, les cours commencent en septembre ou octobre avec la rentrée des classes. Puis, il y a deux semaines de vacances plusieurs fois dans l'année: les vacances de Noël en décembre-janvier, les vacances d'hiver en février-mars et les vacances de printemps en avril-mai. Les élèves (de la maternelle° au lycée) ont une semaine en plus pour les vacances de la Toussaint en octobre-novembre. L'été, les étudiants et les élèves ont les grandes vacances de juin jusqu'à° la rentrée.

obtiennent *obtain* **parmi ceux qui** *among the ones who* **prenaient** *took* **entreprises** *companies* **fermaient** *closed* **en moyenne** *on average* **Quant aux** *As for* **métropolitaine** *mainland* **Environ** *Around* **agriculteurs** *farmers* **maternelle** *pre-school* **jusqu'à** *until* **DOM** *Overseas Departments*

Coup de main

To form the superlative of nouns, use **le plus (de)** + (*noun*) to say *the most* and **le moins (de)** + (*noun*) to say *the least*.

Les étudiants ont le plus de vacances.

Les personnes âgées prennent le moins de congés.

A C T I V I T É S

1 Complétez Complétez les phrases.

1. C'est en 1936 que les Français obtiennent leurs premiers <u>congés payés</u>.

2. Depuis (*Since*) 1982, les Français ont <u>cinq semaines</u> de congés payés.

3. Pendant longtemps, les Français ont pris leurs vacances au mois <u>d'août</u>.

4. Pendant <u>la fermeture annuelle</u> beaucoup de magasins sont fermés.

5. <u>La France</u> est la destination de vacances préférée de 70,2% des Français.

6. Les destinations étrangères préférées des Français sont <u>l'Espagne, l'Italie et l'Afrique</u>.

7. Le lieu de séjour favori des Français est <u>la ville</u>.

8. <u>Les personnes âgées et les agriculteurs</u> ne partent pas souvent en vacances.

9. Ce sont <u>les étudiants</u> qui ont beaucoup de vacances.

10. Les étudiants ont <u>deux semaines de vacances</u> plusieurs fois par an.

DIFFERENTIATION

For Visual Learners Ask students what they can learn in the chart **Les destinations de vacances des Français aujourd'hui**. (percentages showing where the French spend their vacations today) Have students quiz each other on the chart, so they can practice geography and percentages.

PRE-AP®

Presentational Speaking with Cultural Comparison Ask students to work with a partner to tell in their own words three main points described in **Les vacances des Français**. You might brainstorm a list on the board: the history of employee vacations, the change in how the French take their vacations, and the time periods of student vacations. Ask students to make comparisons with the way Americans spend their vacation.

LE FRANÇAIS QUOTIDIEN

À l'auberge de jeunesse

bagagerie (*f.*)	*baggage check room*
cadenas (*m.*)	*padlock*
casier (*m.*)	*locker*
couvre-feu (*m.*)	*curfew*
dortoir (*m.*)	*dormitory*
espace détente	*relaxation area*
laverie	*laundry*
sac (*m.*) **de couchage**	*sleeping bag*

AP® Theme: Contemporary Life **Context:** Travel

LE MONDE FRANCOPHONE

Des vacances francophones

Si votre famille veut° partir en vacances dans un pays francophone, vous pouvez° aller en France, bien sûr, mais il y a aussi beaucoup d'autres destinations.

Près des États-Unis

En hiver, dans les Antilles, il y a la Guadeloupe et la Martinique. Ces deux îles° tropicales sont des départements français. Leurs habitants ont donc des passeports français.

Dans l'océan Pacifique

De la Côte Ouest des États-Unis, au sud° de Hawaï, vous pouvez aller dans les îles de la Polynésie française: les îles Marquises; les îles du Vent, avec Tahiti; les îles Tuamotu. Au total il y a 118 îles, dont° 67 sont habitées°.

veut *wants* **pouvez** *can* **îles** *islands* **sud** *south* **dont** *of which* **habitées** *inhabited*

Les Alpes et le ski

Les Français qui partent à la montagne pendant les vacances d'hiver privilégient° les stations de ski des Alpes françaises. La chaîne° des Alpes est la plus grande chaîne de montagnes d'Europe. Elle fait plus de 1.000 km de long et va de la Méditerranée à l'Autriche°. Plusieurs pays la partagent: entre autres° la France, la Suisse, l'Allemagne et l'Italie. Le Mont-Blanc, le sommet° le plus haut° d'Europe occidentale°, est à plus de 4.800 mètres d'altitude.

On trouve d'excellentes pistes° de ski dans les Alpes, comme à Chamonix, Tignes, Val d'Isère et aux Trois Vallées.

privilégient *favor* **chaîne** *range* **l'Autriche** *Austria* **entre autres** *among others* **sommet** *peak* **le plus haut** *the highest* **occidentale** *Western* **pistes** *trails*

 AP® Theme: Contemporary Life
Context: Travel

Sur Internet

Chaque année, depuis (*since*) 1982, plus de 4 millions de Français utilisent des Chèques-Vacances pour payer leurs vacances. Qu'est-ce que c'est, un Chèque-Vacances?

Go to **vhlcentral.com** to find more information related to this **Culture** section.

---

2 Répondez Répondez aux questions par des phrases complètes.

1. Que peut-on (*can one*) utiliser à la place des draps?
   On peut utiliser un sac de couchage.
2. Quand on passe la nuit dans le dortoir d'une auberge de jeunesse, où met-on ses affaires (*belongings*)?
   On les met dans un casier.
3. Qu'est-ce que c'est, les Alpes?
   C'est la plus grande chaîne de montagnes d'Europe.
4. Quel est le sommet le plus haut d'Europe occidentale?
   Le Mont-Blanc est le sommet le plus haut d'Europe occidentale.
5. Quelles îles des Antilles sont françaises?
   La Guadeloupe et la Martinique sont françaises.

3 À l'agence de voyages Vous travaillez dans une agence de voyages en France. Votre partenaire, un(e) client(e), va vous parler des activités et du climat qu'il/elle aime. Faites quelques suggestions de destinations. Votre client(e) va vous poser des questions sur les différents voyages que vous suggérez.

A C T I V I T É S

EXPANSION

Les vacances Have students imagine that, while studying in France, they are planning a trip for an upcoming vacation. They can speak **au présent** and **au futur proche**. Examples: **Où est-ce qu'on va aller? Qui va réserver l'hôtel/l'auberge de jeunesse? Qu'est-ce qu'on a envie de faire?** Encourage them to consult **Les vacances des Français** to plan a trip when French schools are actually on break. Then have them refer to **Le monde** **francophone** to discuss which place they would most like to visit. You might want to come up with some questions as a class before students continue in pairs. Examples: **Que préférez-vous, les Antilles ou la Polynésie française? Entre la Guadeloupe et la Martinique, que préférez-vous? Moi, j'ai envie de visiter Tahiti, et vous?**

Le français quotidien Describe an **auberge de jeunesse** to students. Tell them that they have no frills, sometimes have curfews, can be noisy, and meals (if offered) are during limited hours. **L'auberge de jeunesse** is the best deal, though; many travelers find lifelong international friends and traveling companions there.

Portrait Explain that the Pyrenees are another important ski destination in France. Show their geographical relationship to the Alps on a map and point out that the Pyrenees create a natural border between France and Spain.

Le monde francophone Call on volunteers to read each paragraph. Then ask for other volunteers to point out each Francophone place mentioned on the digital images for this page.

2 Expansion Continue the activity with these questions.
6. Quels pays se partagent les Alpes? (la France, l'Allemagne, la Suisse, l'Autriche et l'Italie)
7. Où trouve-t-on de bonnes pistes de ski? (à Chamonix, Tignes, Val d'Isère et aux Trois Vallées)

3 Expansion After the trip, the **client(e)** returns to the **agent** to discuss what he or she did on the trip. The **agent** asks: **Qu'est-ce que vous avez fait? Et, qu'est-ce que vous avez vu? Ensuite, où êtes-vous allé(e)?** The **client(e)** then volunteers as much information as possible about the trip.

Culture Practice Have students choose a ski destination in the Alps and prepare a short presentation in French showing what types of lodging and activities it offers.

21ˢᵗ Century Skills

Information and Media Literacy: Sur Internet Students access and critically evaluate information from the Internet.

Section Goals

In this section, students will learn:
- the formation of adverbs using [*adjective*] + **-ment**
- irregular adverbs
- adverb placement
- the irregular verbs **dire, écrire,** and **lire**

Key Standards

4.1, 5.1

Suggestions: Scaffolding
- To start the lesson, ask volunteers to give examples of adverbs already learned and use them in a sentence. Examples: **Je vais très bien/ mal. Ils ont déjà fait leurs devoirs. Elle travaille souvent le samedi.**
- Use magazine pictures of people doing various things to further review known adverbs and introduce a few new ones. Examples: **Ce chien mange beaucoup. Cette fille-ci nettoie rarement sa chambre. Cet homme-là se sent mal.**
- Brainstorm a list of masculine adjectives with the whole class. Have students write the feminine forms, reminding them that some do not change. Examples: **heureux (heureuse), facile (facile).**
- Go over points 1-3. Then ask questions with adverbs that correspond to the adjectives mentioned earlier. Example: **Faites-vous facilement vos devoirs?** Assign the **Vérifiez** activity.
- Present the irregular adverbs and **vite.**

7B.1

Adverbs and the verbs vhlcentral
dire, écrire, and *lire*

Point de départ Adverbs modify verbs, adjectives, and other adverbs. Adverbs you have already learned include **bien, déjà, encore, surtout,** and **très.**

- To form an adverb from an adjective that ends in a consonant, take the feminine form and add **-ment.** This ending is equivalent to the English *-ly.*

masc. adjective	fem. adjective	adverb	
actif	active	activement	*actively*
franc	franche	franchement	*frankly, honestly*
heureux	heureuse	heureusement	*fortunately*

Malheureusement, il ne va pas être là.   Il n'est pas passé **dernièrement**.
Unfortunately, he is not going to be there.   *He hasn't passed by lately.*

- If an adjective's masculine form ends in a vowel, just add **-ment.**

masc. adjective	adverb	
absolu	absolument	*absolutely*
vrai	vraiment	*really*

J'ai **vraiment** sommeil aujourd'hui.   Le musée est **absolument** magnifique.
I'm really sleepy today.   *The museum is absolutely magnificent.*

- If an adjective's masculine form ends in **-ant** or **-ent**, replace the ending with **-amment** or **-emment**, respectively.

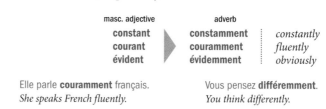

masc. adjective	adverb	
constant	constamment	*constantly*
courant	couramment	*fluently*
évident	évidemment	*obviously*

Elle parle **couramment** français.   Vous pensez **différemment**.
She speaks French fluently.   *You think differently.*

- Some adverbs are irregular.

masc. adjective	adverb	
bon	bien	*well*
gentil	gentiment	*nicely*
mauvais	mal	*badly*
petit	peu	*little*

Son français est bon; il le parle **bien**.   Leurs devoirs sont mauvais; ils écrivent **mal**.
His French is good; he speaks it well.   *Their homework is bad; they write badly.*

- Although the adverb **rapidement** can be formed from the adjective **rapide**, you can also use the adverb **vite** to say *fast.*

M. Bellay parle trop **rapidement**.   Bérénice court **vite**.
Mr. Bellay speaks too quickly.   *Bérénice runs fast.*

🏃 Boîte à outils

The exception to this rule is the adjective **lent**. Its adverb is **lentement** (*slowly*).
Il marche lentement.
He walks slowly.

🔊 Vérifiez

EXPANSION

Extra Practice Have pairs of students write sentences using adverbs such as **bien, rapidement, facilement,** and so forth. When they have finished, ask volunteers to dictate their sentences to you to write on the board. After you have written a sentence and checked it for accuracy, ask a volunteer to create a sentence that uses the antonym of the adverb.

EXPANSION

Extra Practice Have students write a short paragraph about their daily lives using at least eight of the common adverbs taught in this lesson. Ask them to share their paragraphs with a classmate. Once the pairs have compared their two paragraphs, ask them to report to the class any differences they find. Ex: **Je mange rapidement mais Paul mange lentement.**

- You've learned **jamais, parfois, rarement,** and **souvent.** Three more adverbs of frequency are: **de temps en temps** (*from time to time*), **en général** (*in general*), and **quelquefois** (*sometimes*).

  Elle visite la capitale **de temps en temps.**
  She visits the capital from time to time.

  En général, nous prenons le bus.
  In general, we take the bus.

- Place an adverb that modifies an adjective or adverb before the word it modifies.

  La chambre est **assez** grande.
  The room is pretty big.

  Ils courent **très** vite.
  They run very fast.

- Place an adverb that modifies a verb immediately after the verb.

  Elle parle **bien** le français?
  Does she speak French well?

  Ils parlent **constamment.**
  They talk constantly.

- In the **passé composé,** short adverbs are typically placed before the past participle.

  Ils sont **vite** partis.
  They left quickly.

  but

  Ils ont gagné **facilement.**
  They won easily.

The verbs *dire, lire,* and *écrire*

	dire *(to say)*	lire *(to read)*	écrire *(to write)*
je/j'	dis	lis	écris
tu	dis	lis	écris
il/elle/on	dit	lit	écrit
nous	disons	lisons	écrivons
vous	dites	lisez	écrivez
ils/elles	disent	lisent	écrivent

Elle m'**écrit.**
She writes to me.

Ne **dis** pas ton secret.
Don't tell your secret.

Lisez cet e-mail.
Read that e-mail.

- The past participles of **dire, écrire,** and **décrire,** respectively, are **dit, écrit,** and **décrit.** The past participle of **lire** is **lu.**

  Ils l'**ont dit.**
  They said it.

  Tu l'**as écrit.**
  You wrote it.

  Nous l'**avons lu.**
  We read it.

Essayez! Donnez les adverbes qui correspondent à ces adjectifs. Ensuite, donnez la forme correcte des verbes.

1. complet ___completement___
2. sérieux ___sérieusement___
3. séparé ___séparément___
4. constant ___constamment___
5. mauvais ___mal___
6. actif ___activement___
7. gentil ___gentiment___
8. Je ___lis___ (lire) le journal.
9. Nous ___disons___ (dire) la vérité (*truth*).
10. Viviane ___écrit___ (écrire) bien.
11. Les filles ___décrivent___ (décrire) l'accident.
12. Vous ___dites___ (dire) ce que (*what*) vous pensez.
13. As-tu déjà ___lu___ (lire) ce livre?
14. Je l'ai ___décrit___ (décrire) comme je l'ai vu.

cent trente-sept **137**

Boîte à outils

Adverbs of frequency, such as **de temps en temps, en général, quelquefois,** and **aujourd'hui,** are often placed at the beginning or end of a sentence.

Vérifiez

Boîte à outils

The verb **décrire** (*to describe*) is conjugated like **écrire.**

Elle décrit ses vacances.

She is describing her vacation.

Suggestions: Scaffolding

- Tell students that most adverbs can be classified into four main categories: time, manner, frequency, and quantity. Write these categories on the board and have students list the adverbs they know under each of them. Present the adverbs of frequency.
- Go over example sentences on pp. 136–137 and have students deduce placement rules for adverbs. Then follow the suggestion for Extra Practice on p. 136. Assign the **Vérifiez** activity.
- Present **dire, lire,** and **écrire** using TPR and gestures. Examples: **Je lis le livre. J'écris mon nom. Je vous dis un secret.** Then ask follow-up questions to individuals. Examples: **Lisez-vous le journal? Quel journal? Écrivez-vous souvent des e-mails? À qui écrivez-vous?**
- Point out that **dire, lire,** and **écrire** take direct objects as well as indirect objects in some contexts.

Essayez! Make three columns on the board entitled: **l'adjectif masculin, l'adjectif féminin,** and **l'adverbe avec -ment.** Have students fill in the chart.

EXPANSION

Video Replay the video episode, having students focus on the use of adverbs. Tell them to jot down a list of all of the adverbs they hear. Make two columns on the board, one for adverbs with **-ment** and another for all other adverbs. Have students write the adverbs under the appropriate column. Then have them create original sentences using each adverb.

EXPANSION

Game Divide the class into small groups. Say the name of a famous person or historical figure. Give groups three minutes to write down as many short sentences as possible about that person, using adverbs and adverbial expressions. At the end of each round, have groups read their answers aloud. Award one point after each round to the group with the highest number of correct adverbs. The first group to earn five points wins.

■ **Expansion** Have students use the antonyms in a sentence using **mais**. Example: **Je lis fréquemment le journal, mais ma meilleure amie lit rarement le journal.**

■ **Expansion** Tell students to write follow-up yes/no questions about Béatrice's description of her vacation. Then have pairs ask and answer the questions. Example: **Béatrice a accepté l'invitation de sa cousine? (Oui, elle a rapidement accepté l'invitation.)**

■ **Suggestion** Before beginning the activity, have students identify the adjectives from which the adverbs in column C are derived. Review the formation of **-amment** and **-emment** adverbs and the forms of **dire**, **écrire**, and **lire**.

Mise en pratique

1 **Assemblez** Trouvez l'adverbe opposé.

_e_ 1. gentiment   a. rarement
_d_ 2. bien   b. faiblement
_f_ 3. lentement   c. impatiemment
_c_ 4. patiemment   d. mal
_a_ 5. fréquemment   e. méchamment
_b_ 6. fortement   f. vite

2 **Invitation aux vacances** Béatrice parle de ses vacances chez sa cousine. Complétez les phrases avec les adverbes qui correspondent aux adjectifs entre parenthèses.

Ma cousine Caroline m'a invitée à passer les vacances chez elle, à Nice. (1) __Évidemment__ (Évident), j'ai été très contente et j'ai (2) __rapidement__ (rapide) accepté son invitation. J'ai lu (3) __attentivement__ (attentif) les brochures touristiques et j'ai parlé (4) __constamment__ (constant) de mon voyage. (5) __Finalement__ (Final), le jour de mon départ est arrivé. J'ai fait (6) __prudemment__ (prudent) ma valise. À Paris, j'ai attendu le train très (7) __impatiemment__ (impatient). (8) __Franchement__ (Franc), j'avais hâte (*was eager*) d'arriver!

3 **On le fait comment?** Décrivez comment Gilles et ses amis font ces actions. Employez l'adverbe logique correspondant à un des adjectifs.

1. Marc et Marie écrivent. (bon, gentil)   Ils écrivent bien.
2. J'attends mon ami. (rapide, impatient)   J'attends impatiemment mon ami.
3. Ousmane dit des secrets. (fréquent, intelligent)   Il dit fréquemment des secrets.
4. Tu conduis ta voiture. (fort, prudent)   Tu conduis prudemment ta voiture.
5. Salima lit le texte. (courant, attentif)   Elle lit attentivement le texte.

4 **Les activités** Avec un(e) partenaire, assemblez les éléments des colonnes pour décrire à tour de rôle comment on fait ces activités pendant les vacances. *Answers will vary.*

MODÈLE

Élève 1: *Je ne travaille pas sérieusement.*
Élève 2: *Mon frère joue constamment.*

A	B	C
je	aider	constamment
mon frère	dire	facilement
ma sœur	écrire	franchement
mon ami(e)	jouer	gentiment
mes profs	lire	patiemment
ma mère	travailler	rapidement
mon père	voyager	sérieusement
?	?	?

DIFFERENTIATION

For Auditory Learners Add an auditory aspect to this grammar practice. Prepare sentences using adverbs and read them aloud slowly to allow students time to write. Ex: **Je parle rapidement. Je parle lentement quand c'est nécessaire. Je perds souvent mes documents. De temps en temps, je...** Ask comprehension questions as a follow-up.

EXPANSION

Personalize After completing Activity 3, ask students to give examples from their own lives of how people they know behave and do things.

Communication

5 **Au lycée** Vous désirez mieux connaître (*know better*) vos camarades de classe. Répondez aux questions de votre partenaire avec les adverbes de la liste ou d'autres. Answers will vary.

attentivement	lentement	rapidement
bien	mal	rarement
difficilement	parfois	sérieusement
élégamment	patiemment	souvent
facilement	prudemment	quelquefois

1. Quand vas-tu à la cantine?
2. Comment étudies-tu en général?
3. Quand tes amis et toi étudiez-vous ensemble?
4. Comment les élèves écoutent-ils leur prof?
5. Comment ton prof de français parle-t-il?
6. Quand les élèves ne disent-ils pas la vérité (*truth*) au prof?
7. Quand lisez-vous pour le plaisir (*pleasure*)?
8. Quand allez-vous au cinéma, tes amis et toi?
9. Tes amis et toi, mangez-vous toujours (*always*) à la cantine?
10. Quand écrivez-vous des messages à vos amis?

6 **Fréquences** Votre professeur va vous donner une feuille d'activités. Circulez dans la classe et demandez à vos camarades à quelle fréquence ils/elles font ces choses. Trouvez une personne différente pour chaque réponse, puis présentez-les à la classe. Answers will vary.

MODÈLE

Élève 1: *À quelle fréquence pars-tu en vacances?*
Élève 2: *Je pars fréquemment en vacances.*

7 **Notre classe** Par groupes de quatre, choisissez les camarades de votre classe qui correspondent à ces descriptions. Trouvez le plus (*most*) de personnes possible. Answers will vary.

Qui dans la classe...

1. ... bavarde constamment avec ses voisins?
2. ... parle bien français?
3. ... chante bien?
4. ... apprend facilement les langues?
5. ... lit attentivement les instructions?
6. ... travaille sérieusement après les cours?
7. ... aime beaucoup les maths?
8. ... travaille trop?
9. ... écrit souvent des messages pendant le cours?
10. ... dort parfois pendant le cours?
11. ... oublie fréquemment ses devoirs?
12. ... mange rarement à la cantine?

5 **Expansion** Have students work in pairs to write three more questions like those in the activity. Students then switch questions with another pair and answer them orally.

5 **Virtual Chat** You can also assign Activity 5 on vhlcentral.com. Students record individual responses that appear in your gradebook.

6 **Suggestions**
- Have two volunteers read the **modèle** aloud, and then distribute the **Feuilles d'activités** found on vhlcentral.com.
- If some students finish early, have them form pairs or a small group to begin comparing their findings. Teach them to ask questions, such as: **Quels camarades de classe font les choses différemment? Et semblablement** (*similarly*)**?**

7 **Suggestion** Remind the class that the adverbs in these sentences modify the verb, so they immediately follow the verb.

Activity Pack For additional activities, go to the **Activity Pack** in the **Resources** section of vhlcentral.com.

7B.2

The *imparfait* vhlcentral

Point de départ You've learned how the **passé composé** can express past actions. Now you'll learn another past tense, the **imparfait** (*imperfect*).

- The **imparfait** can be translated into English in several ways.

Hakim **buvait** beaucoup de thé.
Hakim drank a lot of tea.
Hakim used to drink a lot of tea.
Hakim would drink a lot of tea.
Hakim was drinking a lot of tea.

Nina **chantait** sous la douche tous les matins.
Nina sang in the shower every morning.
Nina used to sing in the shower every morning.
Nina would sing in the shower every morning.
Nina was singing in the shower every morning.

- To form the **imparfait**, drop the **-ons** ending from the **nous** form of the present tense and replace it with these endings.

The *imparfait*

	parler (parl~~ons~~)	finir (finiss~~ons~~)	vendre (vend~~ons~~)	boire (buv~~ons~~)
je	parlais	finissais	vendais	buvais
tu	parlais	finissais	vendais	buvais
il/elle/on	parlait	finissait	vendait	buvait
nous	parlions	finissions	vendions	buvions
vous	parliez	finissiez	vendiez	buviez
ils/elles	parlaient	finissaient	vendaient	buvaient

- Verbs whose infinitives end in **-ger** add an **e** before all endings of the **imparfait** except in the **nous** and **vous** forms. Verbs whose infinitives end in **-cer** change **c** to **ç** before all endings except in the **nous** and **vous** forms.

tu **déménageais**	*but*	nous **déménagions**
les invités **commençaient**	*but*	vous **commenciez**

Mes parents **voyageaient** en Afrique.
My parents used to travel to Africa.

Vous **mangiez** toujours des pâtes le soir?
Did you always have pasta for dinner?

À quelle heure **commençait** l'école?
What time did school start?

Nous **commencions** notre journée à huit heures.
We used to start our day at 8 o'clock.

- The **nous** and **vous** forms of infinitives ending in **-ier** have a double **i** in the **imparfait**.

Vous **skiiez** dans les Alpes en janvier.
You used to ski in the Alps in January.

Nous **étudiions** parfois jusqu'à minuit.
We studied until midnight sometimes.

- The **imparfait** is used to talk about actions that took place repeatedly or habitually in the past.

Je **passais** l'hiver à Lausanne.
I spent the winters in Lausanne.

Vous m'**écriviez** tous les jours.
You would write to me every day.

Nous **achetions** des fleurs au marché.
We used to buy flowers at the market.

Il **vendait** des meubles.
He used to sell furniture.

- The **imparfait** is also used to talk about ongoing actions over an unspecified period of time in the past.

  Nous **parlions** à l'hôtelier.
  We were talking to the hotel clerk.

  Il **bronzait** sur la plage.
  He was tanning on the beach.

  Vous **écriviez** dans votre journal de voyage.
  You were writing in your travel journal.

  Je **faisais** du shopping en Chine.
  I was shopping in China.

- The **imparfait** is used for description as well, often with the verb **être**, which is irregular in this tense.

The *imparfait* of être	
j'étais	nous étions
tu étais	vous étiez
il/elle/on était	ils/elles étaient

  La cuisine **était** à côté du salon.
  The kitchen was next to the living room.

  Les toilettes **étaient** au rez-de-chaussée.
  The restrooms were on the ground floor.

  Étiez-vous heureux avec Francine?
  Were you happy with Francine?

  Nous **étions** dans le jardin.
  We were in the garden.

- Note the imperfect forms of these expressions.

  Il **pleuvait** chaque matin.
  It rained every morning.

  Il **neigeait** parfois au printemps.
  It snowed sometimes in the spring.

  Il **y avait** deux lits et une lampe.
  There were two beds and a lamp.

  Il **fallait** payer le loyer.
  We had to pay rent.

Essayez!   Choisissez la réponse correcte pour compléter les phrases.

1. Muriel (louait/louais) un appartement en ville.
2. Rodrigue (partageait/partagiez) une chambre avec un autre étudiant.
3. Nous (écrivait/écrivions) beaucoup à nos amis.
4. Il y (avait/était) des balcons au premier étage.
5. Vous (mangeait/mangiez) chez Arnaud le samedi.
6. Je n'(avais/étais) pas peur du chien.
7. Il (neigeait/fallait) mettre le chauffage (*heat*) quand il (faisaient/faisait) froid.
8. Qu'est-ce que tu (faisait/faisais) dans le couloir?
9. Vous (aimiez/aimaient) beaucoup le quartier?
10. Nous (étaient/étions) trois dans le petit studio.
11. Rémy et Nathalie (voyagiez/voyageaient).
12. Il (avais/pleuvait) constamment en juillet.
13. Il (pleuvait/neigeait) beaucoup dans les Alpes en décembre.
14. Jean-Luc (finissait/finissais) toujours les devoirs en premier.
15. Tous les étés, nous (vendaient/vendions) des bonbons pour notre équipe de futbol.

Mise en pratique

1 Nos voyages La famille d'Emmanuel voyageait souvent quand il était petit. Complétez son histoire en mettant les verbes à l'imparfait.

Quand j' (1) ____étais____ (être) jeune, mon père (2) ____travaillait____ (travailler) pour une société canadienne et nous (3) ____voyagions____ (voyager) souvent. Quand nous (4) ____partions____ (partir), je (5) ____faisais____ (faire) ma valise et je (6) ____préparais____ (préparer) toutes mes affaires. Ma petite sœur (7) ____détestait____ (détester) voyager. Elle (8) ____disait____ (dire) qu'elle (9) ____aimait____ (aimer) rester chez nous près de ses amis et que ce n' (10) ____était____ (être) pas juste!

2 Rien n'a changé Laurent parle de l'école à son grand-père, qui lui explique que les choses n'ont pas changé. Employez l'imparfait pour transformer les phrases de Laurent et donner les phrases de son grand-père.

Laurent: Les cours commencent à 7h30. Je prends le bus pour aller à l'école. J'ai beaucoup d'amis. Mes copains et moi, nous mangeons à midi. Mon dernier cours finit à 16h00. Mon école est très sympa et je l'adore!

Grand-père: Les cours... commençaient à 7h30. Je prenais le bus pour aller à l'école. J'avais beaucoup d'amis. Mes copains et moi, nous mangions à midi. Mon dernier cours finissait à 16h00. Mon école était très sympa et je l'adorais!

3 Le samedi Dites ce que (*what*) ces personnes faisaient habituellement le samedi. Suggested answers

▶ **MODÈLE**

Paul dormait.

Paul

1. je
Je faisais du jogging.

2. ils
Ils finissaient leurs devoirs.

3. vous
Vous mangiez des glaces.

4. tu
Tu prenais du café.

4 Maintenant et avant Qu'est-ce qu'Emmanuel et sa famille font différemment aujourd'hui? Écrivez des phrases à l'imparfait et trouvez les adverbes opposés. Suggested answers

MODÈLE

beaucoup travailler (je)
Maintenant je travaille beaucoup, mais avant je travaillais peu.

1. rarement voyager (je)
... je voyage rarement, ... je voyageais constamment.
2. facilement prendre le train (nous)
... nous prenons facilement le train..., ... nous prenions difficilement le train.
3. souvent aller à la piscine (on)
... on va souvent à la piscine, ... on allait rarement à la piscine.
4. parfois acheter des cartes postales (mes parents)
... ils achètent parfois des cartes postales, ... ils achetaient souvent des cartes postales.
5. bien bricoler (vous)
... vous bricolez bien, ... vous bricoliez mal.
6. patiemment attendre son anniversaire (ma sœur)
... elle attend patiemment ..., ... elle attendait impatiemment...

Communication

5 **Quand tu avais dix ans** À tour de rôle, posez ces questions à votre partenaire pour savoir (*to know*) les détails de sa vie quand il/elle avait dix ans. Answers will vary.

1. Où habitais-tu?
2. Est-ce que tu faisais beaucoup de vélo?
3. Où est-ce que ta famille et toi alliez en vacances?
4. Pendant combien de temps partiez-vous en vacances?
5. Est-ce que tes amis et toi, vous sortiez tard le soir?
6. Que faisaient tes parents le week-end?
7. Quels sports pratiquais-tu?
8. Quel genre de musique écoutais-tu?
9. Comment était ton école?
10. Aimais-tu l'école? Pourquoi?

6 **Discutez** Regardez l'image. Votre partenaire et vous avez passé vos vacances à Saint-Barthélemy. À deux, écrivez un paragraphe d'au moins six phrases pour décrire le temps qu'il faisait et ce que (*what*) vous faisiez le plus souvent quand vous étiez là-bas. Utilisez l'imparfait dans votre description. Answers will vary.

7 **Chez les grands-parents** Quand vous étiez petit(e), vous passiez toujours les vacances à la campagne chez vos grands-parents. À tour de rôle, décrivez à votre partenaire une journée typique de vacances. Answers will vary.

MODÈLE

Notre journée commençait très tôt le matin. Mémé préparait du pain...

8 **Une énigme** La nuit dernière, quelqu'un est entré dans le bureau de votre professeur et a emporté (*took away*) l'examen de français. Vous devez (*must*) trouver qui. Qu'est-ce que vos camarades de classe faisaient hier soir? Interviewez-les. Ensuite, relisez vos notes et dites qui est le voleur (*thief*). Présentez vos conclusions à la classe. Answers will vary.

---

5 Expansion Have students share their partner's answers with the class using the third person pronouns **il/elle**.

5 Virtual Chat You can also assign Activity 5 on vhlcentral.com. Students record individual responses that appear in your gradebook.

7 Suggestion Consider giving students the option of describing a vacation by the sea, in the mountains, or in their favorite city if they prefer.

7 Expansion Have pairs of students present their imaginary vacations to another pair or to the whole class. Using the imperfect, compile a list of activities on the board.

8 Suggestion Before doing this activity, remind students that the imperfect form of **être** is irregular.

Activity Pack For additional activities, go to the **Activity Pack** in the **Resources** section of vhlcentral.com.

EXPANSION

Game Label the four corners of the room with different historical periods. Examples: la Préhistoire, le Moyen Âge, la Renaissance, and le **vingtième** siècle. Tell students to go to the corner that best represents the historical period they would visit if they could. Each group then discusses their reasons for picking that period using the imparfait. A spokesperson will summarize his or her group's responses to the class.

DIFFERENTIATION

For Visual Learners Bring in, or choose a few students to bring in, video clips from popular movies. Show clips to the class. Brainstorm important vocabulary. After viewing each clip, have students use the imparfait to describe what was happening and what people in the clip were doing.

Révision

Key Standards
1.1

1 Suggestion Have students write out the questions and answers. Check use of subject pronouns and the **imparfait** forms of **être**.

2 Suggestion Have two volunteers model a question and answer for the class.

2 Expansion After group members finish questioning each other, have a student from each group read the answers from another student. The class will then guess which student's childhood birthday celebration was described.

3 Suggestions
• Ask two students to read the **modèle** aloud. Then distribute the **Feuilles d'activités** from the Activity Pack.
• Encourage students to add sports and leisure activities not already found in their survey.

4 Suggestion Before beginning the activity, have students describe what the people in the drawing are doing in the present tense.

5 Expansion Tell students to imagine they are the **ancien prof de français** and have decided to give the student a second chance. Have them write an email to the student discussing his or her past versus present behavior at school.

5 Partner Chat You can also assign Activity 5 on vhlcentral.com. Students work in pairs to record the activity online. The pair's recorded conversation will appear in your gradebook.

6 Suggestion Divide the class into pairs and distribute the Info Gap Handouts from the Activity Pack.

1 Mes affaires Vous cherchez vos affaires (*belongings*). À tour de rôle, demandez de l'aide à votre partenaire. Où étaient-elles la dernière fois? Answers will vary.

MODÈLE

Élève 1: *Je cherche mes clés. Où sont-elles?*
Élève 2: *Tu n'as pas cherché à la réception? Elles étaient à la réception.*

baskets	passeport
journal	pull
livre	sac à dos
parapluie	valise

à la réception	sur la chaise
au rez-de-chaussée	sous le lit
dans la chambre	dans ton sac
au deuxième étage	à l'auberge de jeunesse

2 Les anniversaires Avec un(e) partenaire, préparez huit questions pour savoir (*know*) comment vos camarades de classe célébraient leur anniversaire quand ils étaient enfants. Employez l'imparfait et des adverbes dans vos questions, puis posez-les à un autre groupe. Answers will vary.

MODÈLE

Élève 1: *Que faisais-tu souvent pour ton anniversaire?*
Élève 2: *Quand j'étais petit, mes parents organisaient souvent une fête.*

3 Sports et loisirs Votre professeur va vous donner une feuille d'activités. Circulez dans la classe et demandez à vos camarades s'ils pratiquaient ces activités avant d'entrer au lycée. Trouvez une personne différente qui dise (*says*) oui pour chaque activité. Présentez les réponses à la classe. Answers will vary.

MODÈLE

Élève 1: *Est-ce que tu faisais souvent du jogging avant d'entrer au lycée?*
Élève 2: *Oui, je courais souvent le matin.*

4 Pendant les vacances Par groupes de trois, créez le texte d'un article qui décrit ce que (*what*) faisaient ces gens. Utilisez des verbes à l'imparfait et des adverbes dans vos descriptions. Ensuite, présentez vos articles à la classe. Answers will vary.

5 Mes mauvaises habitudes Vous aviez de mauvaises habitudes, mais vous les avez changées. Maintenant, vous parlez avec votre ancien prof de français que vous rencontrez dans la rue. Avec un(e) partenaire, préparez la conversation. Answers will vary.

MODÈLE

Élève 1: *Vous dormiez tout le temps en cours!*
Élève 2: *Je dormais souvent, mais je travaillais aussi. Maintenant, je travaille sérieusement.*

6 Un week-end en vacances Votre professeur va vous donner, à vous et à votre partenaire, une feuille de dessins sur le week-end de M. et Mme Bardot et de leur fille Alexandra. Attention! Ne regardez pas la feuille de votre partenaire. Answers will vary.

MODÈLE

Élève 1: *En général, ils logeaient dans un hôtel.*
Élève 2: *Tous les jours, …*

TEACHING OPTIONS

Mini-dictée Use these sentences containing adverbs and verbs in the **imparfait** as a dictation. Read each sentence twice, pausing after the second time for students to write. **1. Heureusement, il y avait beaucoup d'élèves dans la classe. 2. Conduisait-il vite la voiture? 3. J'étais vraiment très heureuse de te voir. 4. Il fallait constamment travailler le samedi.**

TEACHING OPTIONS

Skits Have small groups organize a skit about a birthday or other party that took place recently. Guide them to first make general comments about the party, such as **C'était vraiment amusant!** Then describe a few specific things that were going on, what people were talking about, what they were wearing, and any other appropriate details. After the skits are performed, have students vote for their favorite one.

À l'écoute vhlcentral

STRATÉGIE

Recognizing the genre of spoken discourse

You will encounter many different types of spoken discourse in French. For example, you may hear a political speech, a radio interview, a commercial, a message on an answering machine, or a news broadcast. Try to identify the context of what you hear so that you can activate your background knowledge about that type of discourse and identify the speaker's motives and intentions.

🔊 To practice this strategy, you will listen to two short selections. Identify the genre of each one.

Préparation

Quand vous partez en vacances, qui décide où aller? Qui fait les réservations? Est-ce que vous utilisez les services d'une agence de voyages? Internet?

🔊 À vous d'écouter

Écoutez la publicité. Puis écoutez une deuxième fois et notez les informations qui manquent (*that are missing*). Notez aussi un détail supplémentaire pour chaque voyage.

Pays (ville/région)	Nombre de jours/semaines	Prix par personne	Détail supplémentaire
1. Italie (Venise)	3 jours	395 euros	Answers will vary.
2. Brésil	1 semaine	1.500 euros	Answers will vary.
3. Irlande (Dublin)	5 jours	575 euros	Answers will vary.
4. Amérique du Nord (États-Unis, Canada, Mexique)	2 semaines	2.000 euros	Answers will vary.
5. France (Avignon)	7 jours	487 euros	Answers will vary.

Compréhension

Où vont-ils? Vous travaillez pour l'agence Vacances Pour Tous cet été. Indiquez où chaque personne va aller.

1. Madame Dupuis n'a pas envie d'aller à l'étranger.
   Madame Dupuis va aller à Avignon.

2. Le fils de Monsieur Girard a besoin de pratiquer son espagnol et son anglais.
   Il va aller en Amérique du Nord.

3. Madame Leroy a envie de visiter une capitale européenne.
   Elle va aller en Irlande.

4. Yves Marignaud a seulement trois jours de congé.
   Il va aller en Italie (Venise).

5. Justine adore la plage et le soleil.
   Elle va aller au Brésil.

6. La famille Abou a envie de passer ses vacances à la campagne.
   Ils vont aller à Avignon.

Votre voyage Vous avez fait un des voyages proposés par l'agence Vacances Pour Tous. C'est le dernier jour et vous écrivez une carte postale (*postcard*) à un(e) ami(e) francophone. Parlez-lui de votre séjour. Quel voyage avez-vous fait? Pourquoi? Comment avez-vous voyagé? Qu'est-ce que vous avez fait pendant votre séjour? Est-ce que vous avez aimé vos vacances? Expliquez pourquoi.

cent quarante-cinq **145**

semaine aux États-Unis, quatre jours au Canada et trois jours au Mexique; 2.000 euros par personne. En avion et autobus. Logement en auberge de jeunesse.
Vous n'avez pas envie de partir à l'étranger, mais vous avez une semaine de congé? Nous avons une promotion incroyable sur la

France. Sept jours à la campagne. Voyage en train. Logement dans un petit hôtel près d'Avignon; 487 euros par personne.
Appelez tout de suite le 01.42.46.46.46 pour faire vos réservations!
Teacher Resources DVD

Section Goals

In this section, students will:
• learn to recognize the genre of spoken discourse
• listen to a radio ad for a travel agency

Key Standards
1.2, 2.1

Stratégie
Scripts 1. Bonjour et bienvenue à l'hôtel Belle Plage de Monaco. Nous sommes à quelques minutes de la plage, au 14 avenue des Anges, et nous avons des bus directs pour l'aéroport et la gare routière. Ce week-end, notre hôtel a encore six chambres libres. Si vous désirez des informations sur nos chambres, nos prix et notre hôtel en général, faites le 1. Pour faire ou confirmer une réservation, faites le 2. Pour contacter des clients de l'hôtel, faites le 3. Merci de nous avoir appelés et bonne journée. (message enregistré)
2. Mesdames, Messieurs, nous allons bientôt arriver à notre destination. À l'arrivée à l'aéroport de Montréal, sortez vos passeports pour passer la douane. Ensuite, allez au troisième étage pour prendre vos valises. Nous espérons que vous allez passer un agréable séjour au Canada. Merci d'avoir voyagé avec Air Vacances et à bientôt. (annonce d'avion)
Teacher Resources DVD

Préparation Have students discuss the questions in pairs or groups. Then have them describe the photo.

À vous d'écouter
Script Envie de partir en vacances? Pour un petit week-end en amoureux ou pour des vacances au soleil, l'agence Vacances Pour Tous a la formule idéale! Nos promotions de la semaine: Week-end à Venise, en Italie. Avion au départ de Paris vendredi matin, retour dimanche soir. Logement à l'hôtel; 395 euros par personne. Envie de mer et de plage? Séjour d'une semaine au Brésil; 1.500 euros par personne. Découvrez la capitale irlandaise avec un séjour de 5 jours à Dublin; 575 euros par personne. En train et bateau. Autre super promotion pour étudiants: un voyage de deux semaines en Amérique. Une

145

146 Unit 7

Section Goals

In this section, students will learn historical and cultural information about French Polynesia and Southeast Asia.

Key Standards
2.2, 3.1, 3.2, 5.1

21st Century Skills

Global Awareness
Students will gain perspectives on the Francophone world to develop respect and openness toward others and to interact appropriately and effectively with citizens of Francophone cultures.

Carte de la Polynésie française et de l'Asie du Sud-Est
- Have students look at the map or use the digital image for this page. Ask volunteers to read the names of countries and islands aloud.
- Point out that Southest Asia is the region between India and China.
- Mention that **la Polynésie française** is made up of 118 islands scattered over 1,200 miles of ocean. They are grouped into several archipelagos.

Les archipels et les pays en chiffres
- Have volunteers read the sections aloud. After each section, ask students questions about the content.
- Explain that an archipelago is a large group of islands. Point out that the **îles Gambier** and **îles de la Société** are composed of atolls (ring-shaped coral reefs).

Incroyable mais vrai! Ankor Wat is part of a 400 km² archaeological park that protects ruins of capital cities built under the Khmer Empire (9th–15th centuries). A Hindu temple at first, it became Buddhist in the 16th century.

Savoir-faire

Panorama

vhlcentral

La Polynésie française

Les archipels en chiffres

▶ Îles Australes: (7.112), Tubuai
▶ Îles de la Société: (239.852), Papeete
▶ Îles Marquises: (9.835), Nuku Hiva
▶ Îles Tuamotu-Gambier: (16.664), Fakarava, Rankiroa
SOURCE: INSEE

Personnages célèbres

▶ Henri Hiro, *Tahiti, îles de la Société, poète (1944–1991)*
▶ Rodolphe Vinh Tung, *Raiatea, îles de la Société, professionnel du wakeboard (1974–)*
▶ Célestine Hitiura Vaite, *Tahiti, îles de la Société, écrivaine° (1966–)*

L'Asie du Sud-Est

Les pays en chiffres

▶ Le Viêt-Nam: (85.789.573), *Hanoï, Hô Chi Minh, Haïphong*
▶ Le Cambodge: (13.400.000), *Phnom Penh, Battambang, Siem Reap*
▶ Le Laos: (6.700.000), *Luang Prabang, Savannakhet, Paksé*

Personnages célèbres

▶ Hô Chi Minh, *Viêt-Nam, révolutionnaire et homme d'État° (1890–1969)*
▶ Soma Serei Norodom, *Cambodge, chroniqueuse et philanthrope (1969–)*
▶ Bryan Thao Worra, *Laos, écrivain (1973–)*

écrivaine *writer* homme d'État *statesman* redécouvre *rediscovers* caché *hidden* ouvriers *workers* d'après certains *according to some* courses de pirogues *dugout canoe races*

le fleuve° Mékong au Laos

LA CHINE

Hanoï

Luang Prabang

LE LAOS

Vientiane

Savannakhet

THAÏLANDE

Hué
Da Nang

LA MER DE CHINE DU SUD

Pakxé

LE VIÊT-NAM

Siem Reap

Battambang

LE CAMBODGE

le Tonlé Sap

Phnom Penh

LE GOLFE DE THAÏLANDE

Hô-Chi-Minh-Ville

Sihanoukville

Can Tho

le delta du Mékong

les courses de pirogues° en Polynésie française

La Polynésie française

1000
1000 kilomètres

Taiohae   LES ÎLE MARQU

LES ÎLES DE LA SOCIÉTÉ
LES ÎLES TUAMOTU
Papeete
Tahiti

LES ÎLES AUSTRALES
LES ÎLES GAMBIER

200 miles
200 kilomètres

Incroyable mais vrai!

En 1860 l'explorateur français Henri Mouhot redécouvre° un temple gigantesque caché° par la forêt dans le nord du Cambodge: Angkor Vat. Construit au XIIe siècle par 300.000 ouvriers° et 6.000 éléphants d'après certains°, ce «Temple Cité Royale» est le plus grand temple religieux du monde. Aujourd'hui il est aussi le symbole emblématique du pays et son attraction touristique principale.

EXPANSION

Personnages célèbres **Henri Hiro** was responsible for a cultural resurgence of the traditional Polynesian customs in Tahitian theater, dance, music, and film. **Célestine Hitiura Vaite** writes novels that describe life in Tahiti from a contemporary perspective. Although a native French speaker, she writes primarily in English. **Ho Chi Minh**, a pseudonym for Nguyễn Sinh Cung, was a nationalist revolutionary leader who was president of Vietnam from 1954 to 1969. **Somo Serei Norodom** is a member of the royal family of Norodom, and considers herself a rebel. She writes columns for newspapers, has worked for several NGO's, and founded the non-profit Soma Norodom Foundation. **Bryan Thao Worra**, a poet and freelance journalist, writes about transience, identity, and home. He represented Laos as a Cultural Olympian at the London Summer Games in 2012.

146 Unit 7

Les arts

AP® Theme: Beauty and Aesthetics
Context: Visual Arts

Les peintures° de Gauguin

En 1891, le peintre Paul Gauguin (1848–1903) vend ses œuvres° à Paris et déménage° à Tahiti, dans les îles de la Société, pour échapper à° la vie moderne. Il y reste° deux ans avant de rentrer en France et, en 1895, il retourne en Polynésie française pour y habiter jusqu'à sa mort° en 1903. Inspirée par le nouvel environnement du peintre et la nature qui l'entoure°, l'œuvre «tahitienne» de Gauguin est célèbre° pour sa représentation du peuple indigène et l'emploi° de couleurs vives°. Ses peintures de femmes font partie de ses meilleurs tableaux°.

L'histoire

AP® Theme: Global Challenges
Context: Peace and War

L'Indochine française

Le Viêt-Nam, le Laos et le Cambodge faisaient autrefois partie° de l'Indochine, ancienne colonie de la France. Bien que° la présence française sur la péninsule date du 17e siècle, les Français ne s'y installent définitivement qu'à partir de° 1858, moment où ils sont intervenus° pour protéger les missionnaires catholiques contre l'harcèlement gouvernementale. Ils y resteront°, développant leurs intérêts économiques en exploitant les ressources du territoire, jusqu'à leur défaite° dans la guerre° d'Indochine en 1954. Aujourd'hui, on voit toujours des traces de la langue et de la culture françaises dans l'architecture, l'urbanisation des villes et la gastronomie de la région.

L'économie

AP® Theme: Global Challenges
Context: Economic Issues

La perle° noire

La Polynésie française est le principal producteur de perles noires. Dans la nature, les perles sont très rares; on en trouve dans une huître° sur 15.000. Par contre°, aujourd'hui, la Polynésie française produit plusieurs tonnes de perles noires chaque année. Des milliers de Tahitiens vivent de° l'industrie perlière. Parce qu'elle se trouve dans les lagons, la perliculture° aide à repeupler° certaines îles et certains endroits ruraux, abandonnés par les gens partis° en ville. Les perles sont très variées et présentent différentes formes et nuances de noir.

La gastronomie

La fusion des cuisines

Avant l'arrivée des colons° français au Viêt-Nam au 19e siècle, la viande de bœuf et les produits laitiers° ne figuraient pas dans sa gastronomie. Les Français, habitués° à ces produits, les y ont introduit ainsi que° le café, la baguette et certains légumes, fruits et herbes tels que les fraises, le chou° et le basilic. Aujourd'hui, ces ingrédients maintenant font partie° des plats traditionnels comme le pho, une soupe de bouillon et nouilles°, et le banh-mi, un sandwich de baguette au porc rôti°.

Qu'est-ce que vous avez appris? Répondez aux questions.

1. Où se trouve Angkor Vat et qui le redécouvre?
Dans le nord du Cambodge, Henri Mouhot
2. Quelle est la principale particularité d'Angkor Vat?
C'est le plus grand temple religieux du monde.
3. Pour quelle raison Gauguin déménage-t-il à Tahiti?
Pour échapper à la vie moderne.
4. Pour quelles raisons l'œuvre «tahitienne» de Gauguin est-elle célèbre?
Pour sa représentation du peuple indigène et pour l'emploi de couleurs vives.
5. Pendant combien de temps dure (last) la colonie de l'Indochine française?
96 ans
6. Où trouve-t-on des traces de la culture française dans l'Asie du Sud-Est?
Dans l'architecture, l'urbanisation des villes, la gastronomie et la langue.
7. D'où viennent la majorité des perles noires?
De Polynésie française.
8. Comment la perliculture influence la population de la Polynésie?
Elle aide à repeupler certaines îles et certains endroits ruraux.
9. Quels aliments (foods) les Français ont-ils introduit au Viêt-Nam?
La viande de bœuf, les produits laitiers, le café, la baguette, certains légumes, fruits et herbes
10. Quels sont deux plats qui représentent la fusion des gastronomies françaises et vietnamiennes?
Le pho et le banh-mi

Sur Internet

1. Cherchez des informations sur la gastronomie vietnamienne. Quels sont les ingrédients principaux des plats traditionnels?
2. Trouvez des informations sur Angkor Vat. Dans quel état (state) se trouve les ruines aujourd'hui?
3. Cherchez des informations sur les courses de pirogues en Polynésie française. Quelle est leur signification?

peinture painting **vend ses oeuvres** sells his artwork **déménage** moves **échapper à** escape **y reste** stays there **jusqu'à sa mort** until his death **entoure** surrounds **célèbre** famous **emploi** use **vives** bright **peintures** paintings **tableaux** paintings **anciennement faisaient partie** was formerly part of **Bien que** Although **qu'à partir de** beginning only **intervenus** intervened **resteront** will stay **défaite** defeat **perle** pearl **huître** oyster **Par contre** On the other hand **vivent de** make a living from **perliculture** pearl farming **repeupler** repopulate **gens partis** people who left **colons** colonists **laitiers** dairy **habitués** used to **ainsi que** as well as **chou** cabbage **font partie** are part of **nouilles** noodles **porc rôti** roasted pork

---

Les peintures de Gauguin

- Gauguin tried to capture authentic aspects of traditional Tahitian culture, emulated Oceanic traditions in his woodcuts, and often used the Tahitian language for titles of his works.
- Have students describe the painting. Tell them the title, **Femmes de Tahiti [sur la plage]**, and that the original is in the **Musée d'Orsay** in Paris.

L'Indochine française

- **La guerre d'Indochine** (1946–1954), called the First or French Indochina War, led to the independence of Vietnam, Cambodia, and Laos. Have students research the causes and consequences of the war for the French and the peoples of Southeast Asia.
- Tell students that around 654,000 people speak French in Vietnam, 423,000 in Cambodia, and 190,000 in Laos. Mention that French is also widely spoken in Thailand.

La perle noire Baby oysters are collected from the ocean and raised in pearl farms for three years. A small round piece of mother-of-pearl is inserted into the oyster, and the oyster begins the natural process of secreting nacre in layers onto the foreign substance which becomes a pearl after several years.

La fusion des cuisines Tell students that Vietnamese food is considered one of the healthiest and most refined cuisines in the world. Influenced by both Chinese and French traditions, Vietnamese cuisine also has many regional variations. Researchers have recorded over 500 national dishes.

21st Century Skills

Information and Media Literacy
Go to vhlcentral.com to complete the Sur Internet activity associated with **Panorama** for additional practice accessing and using culturally authentic sources.

EXPANSION

Une tradition tahitienne The **Hawaiki Nui Va'a** is one of the world's premier outrigger canoe competitions, and it is an important celebration of Tahiti's traditional sports. Each year in late October or early November, canoeists compete on an 80-mile, four-island course over the span of three days.
Cultural Comparisons **La guerre d'Indochine** (1946–1954) and the Vietnam War (1955–1975), known by many as the First and

EXPANSION

Second Indochina Wars, were unpopular wars. Have students research the reactions of the French to the First Indochina War and the reactions of Americans to the Vietnam War. Then lead a discussion in which you guide students to compare responses in both countries. In what ways did the two societies express their displeasure? How were these reactions the same and/or different?

Lecture vhlcentral

Avant la lecture

STRATÉGIE

Predicting content from the title

Prediction is an invaluable strategy in reading for comprehension. We can usually predict the content of a newspaper article from its headline, for example. More often than not, we decide whether or not to read the article based on its headline. Predicting content from the title will help you increase your reading comprehension in French.

Examinez le texte

Regardez le titre (*title*) et les sous-titres (*subtitles*) du texte. À votre avis, quel type de document est-ce? Avec un(e) camarade, faites une liste des informations que vous allez probablement trouver dans chaque section du document.

Des titres

Regardez ces titres et indiquez en quelques mots le sujet possible du texte qui suit (*follows*) chaque titre. Où pensez-vous qu'on trouve ces titres (dans un journal, un magazine, une brochure, un guide, etc.)?

Cette semaine à Paris:
un journal

Encore un nouveau restaurant pour chiens
un journal, un magazine

L'Égypte des pyramides en 8 jours
une brochure, un guide

À L'AÉROPORT CHARLES-DE-GAULLE, 155 BAGAGES D'UN VOL ALLEMAND PERDUS
un journal

Plan du centre-ville
un guide

France-Angleterre: Résultats du 7ᵉ match de foot
un journal

Hôtel confortable près de la gare routière
une brochure

TOUR DE CORSE

Voyage organisé de 12 jours

3.000 euros tout compris°
Promotion spéciale de
Vacances–Voyages,
agence de voyages certifiée

ITINÉRAIRE

JOUR 1 Paris–Ajaccio

Rendez-vous à l'aéroport CDG et embarquement° sur votre vol à destination d'Ajaccio. Transfert en bus à votre hôtel. Votre séjour commence avec une visite de la ville à pied°. Dîner à l'hôtel.

JOUR 2 Ajaccio–Bonifacio

Le matin, départ en autobus pour Bonifacio, la belle ville côtière° où vous déjeunez dans un petit restaurant italien avant de visiter la ville. L'après-midi, promenade en mer à bord° d'un bateau, occasion idéale d'observer les falaises rocailleuses° et les plages blanches de l'île°. Le soir, installation à l'hôtel à Bonifacio et dîner sur place.

JOUR 3 Bonifacio–Corte

Départ pour la forêt de l'Ospédale, l'endroit idéal pour une randonnée à pied. Pique-nique à Zonza, petite ville montagneuse, avant de continuer vers Corte, l'ancienne° capitale de la Corse. Vous passez la soirée et la nuit à Corte.

JOUR 4 Corte–Bastia

Arrivée à Bastia. Journée libre pour visiter la ville. Spectacle de danse à 20h et nuit à l'hôtel.

JOUR 5 Bastia–Calvi

Visite du Cap Corse, la péninsule au nord° de la Corse. Puis, vous continuez vers le désert des Agriates, zone de montagnes désertiques où la chaleur est très forte. Ensuite, c'est l'Île-Rousse et une promenade à vélo dans la ville de Calvi. Vous dînez à votre hôtel.

JOUR 6 Calvi–Porto

Départ en bus le matin pour la vallée du Fango et le golfe de Galéria à l'ouest° de l'île. Puis, visite du parc naturel régional et du golfe de Porto. Ensuite, promenade en bateau avant de passer la soirée dans la ville de Porto.

JOUR 7 Porto–Ajaccio

Visite en bateau des calanques°, particularité géographique de la région méditerranéenne, avant de retourner à Ajaccio.

JOURS 8 à 11 Ajaccio

À Ajaccio, vous avez trois jours pour explorer la ville. Vous avez la possibilité de visiter la cathédrale, la maison natale° de Napoléon ou des musées, et aussi de faire du shopping ou d'aller à la plage.

JOUR 12 Ajaccio–Paris

Retour à Paris en avion.

---

tout compris *all-inclusive* **embarquement** *boarding* **à pied** *on foot* **côtière** *coastal*
à bord *aboard* **falaises rocailleuses** *rocky cliffs* **île** *island* **ancienne** *former*
nord *north* **ouest** *west* **calanques** *rocky coves or creeks* **natale** *birth*

Après la lecture

 Les questions du professeur Vous avez envie de faire ce voyage en Corse et vous parlez du voyage organisé avec votre professeur de français. Répondez à ses questions par des phrases complètes, d'après la brochure.

1. Comment allez-vous aller en Corse?
   Je vais prendre l'avion à Paris.

2. Où le vol arrive-t-il en Corse?
   Le vol arrive à Ajaccio.

3. Combien de temps est-ce que vous allez passer en Corse?
   Je vais passer douze jours en Corse.

4. Est-ce que vous allez dormir dans des auberges de jeunesse?
   Non. Je vais dormir à l'hôtel./dans des hôtels.

5. Qu'est-ce que vous allez faire à Bastia?
   Je vais visiter la ville, aller à un spectacle de danse, puis passer la nuit à l'hôtel.

6. Est-ce que vous retournez à Ajaccio le neuvième jour?
   Non. Je retourne à Ajaccio le septième jour.

7. Qu'est-ce que vous allez prendre comme transports en Corse?
   Je vais prendre l'autobus et des bateaux.

8. Avez-vous besoin de faire toutes les réservations?
   Non. Le voyage est organisé par une agence de voyages.

Partons en Corse! Vous allez en France avec votre famille pour trois semaines et vous aimeriez *(would like)* faire le voyage organisé en Corse au départ de Paris. Vous téléphonez à l'agence de voyages pour avoir plus de détails. Posez des questions sur le voyage et demandez des précisions sur les villes visitées, les visites et les activités au programme, les hôtels, les transports, etc. Votre conversation doit aussi aborder *(should also touch on)* ces points:

- Vous aimez faire des randonnées, mais votre frère/sœur préfère voir *(to see)* des spectacles et faire du shopping.
- L'agent va expliquer pourquoi vous allez aimer ce voyage en Corse.
- Demandez à l'agent de vous trouver des billets d'avion aller-retour pour aller de votre ville à Paris.
- Demandez aussi un hôtel à Paris pour la troisième semaine de votre séjour en France.
- Vous expliquez à l'agent que votre famille veut *(wants)* avoir du temps libre pendant le voyage.

Les questions du professeur Have students quickly review the brochure before answering the questions. Suggest that pairs take turns answering them.

Partons en Corse! Have groups act out their conversations for the rest of the class.

Expansion Tell students that the travel agency is planning to create additional brochures to help them promote their **Tour de Corse** excursion. Their goal is to have several slightly different brochures about the same trip that may appeal to different types of people. Ask students to come up with 3 or 4 short, interesting titles for these new brochures.

 21ˢᵗ Century Skills

Creativity and Innovation
Ask students to prepare a presentation on the ideal 12-day tour to a different European destination, departing from Paris, inspired by the information on these two pages.

TELL Connection

Learning Tools 2 *Why:* Use available technology to develop real-world language and cultural competencies. *What:* Increase students' reading and listening comprehension skills with the vhlcentral.com auto-sync reading as well as their interpersonal and presentational communication skills with activities in the text, on vhlcentral.com, and in the teacher's wrap.

EXPANSION

Interviews Ask students if they have ever been on an organized tour. If students have not been on a tour similar to the one to Corsica described in **Lecture**, have them interview someone they know who has. Have students answer questions like these: **Où êtes-vous allé(e)? Avec quelle agence? Avez-vous aimé toutes les activités organisées? Expliquez pourquoi.**

EXPANSION

Narrative Have students work together in pairs. Tell them to divide the twelve-day **Tour de Corse** itinerary between them. Each student will then write at least five questions asking about their chosen parts of the trip. They will then answer each other's questions.

149

Écriture

STRATÉGIE

Making an outline

When we write to share information, an outline can serve to separate topics and subtopics, providing a framework for presenting the data. Consider the following excerpt from an outline of the tourist brochure on pages 148–149.

I. Itinéraire et description du voyage
  A. Jour 1
    1. ville: Ajaccio
    2. visites: visite de la ville à pied
    3. activités: dîner
  B. Jour 2
    1. ville: Bonifacio
    2. visites: la ville de Bonifacio
    3. activités: promenade en bateau, dîner
II. Description des hôtels et des transports
  A. Hôtels
  B. Transports

Schéma d'idées

Idea maps can be used to create outlines. The major sections of an idea map correspond to the Roman numerals in an outline. The minor sections correspond to the outline's capital letters, and so on. Consider the idea map that led to the outline above.

Thème

Écrivez une brochure

Avant l'écriture

1. Vous allez préparer une brochure pour un voyage organisé que vous avez envie de faire dans un pays francophone. Utilisez un schéma d'idées pour vous aider. Voici des exemples d'informations que votre brochure peut (*can*) donner.

- le pays et la ville/les villes

- le nombre de jours

- la date et l'heure du départ et du retour

- les transports utilisés (train, avion, …) et le lieu de départ (aéroport JFK, gare de Lyon, …)

- le temps qu'il va faire et quelques suggestions de vêtements à porter

- où on va dormir (hôtel, auberge de jeunesse, camping, …)

- où on va manger (restaurant, café, pique-nique dans un parc, …)

- les visites culturelles (monuments, musées, …)

- les autres activités au programme (explorer la ville, aller au marché, faire du sport, …)

- le prix du voyage par personne

2. Complétez le schéma d'idées pour vous aider à visualiser ce que (*what*) vous allez présenter dans votre brochure.

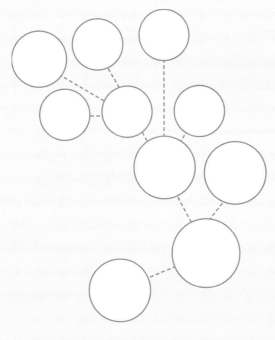

3. Une fois (*Once*) votre schéma d'idées créé, pensez à d'autres informations importantes pour la création de votre brochure.

Écriture

Utilisez votre schéma d'idées pour créer la brochure de votre voyage. Donnez un titre (*title*) à la présentation et aux différentes catégories. Chaque section et sous-section (*minor section*) doit (*must*) avoir son titre et être présentée séparément. Incorporez au moins (*at least*) quatre sous-sections. Vous pouvez inclure (*can include*) des visuels. Faites attention à bien les placer dans les sections correspondantes. Utilisez les constructions grammaticales et le vocabulaire que vous avez appris dans cette unité.

Après l'écriture

1. Échangez votre brochure avec celle (*the one*) d'un(e) partenaire. Répondez à ces questions pour commenter son travail.

- La brochure de votre partenaire correspond-elle au schéma d'idées qu'il/elle a créé?

- Votre partenaire a-t-il/elle inclu au moins quatre sections?

- Toutes les sections et sous-sections ont-elles un titre?

- Votre partenaire a-t-il/elle décrit en détail chaque catégorie?

- Chaque sous-section présente-t-elle des informations supplémentaires sur le sujet?

- Si votre partenaire a ajouté (*added*) des visuels, illustrent-ils vraiment le texte qu'ils accompagnent?

- Votre partenaire a-t-il/elle correctement utilisé les constructions grammaticales et le vocabulaire de l'unité?

2. Corrigez votre brochure d'après (*according to*) les commentaires de votre partenaire. Relisez votre travail pour éliminer ces problèmes:

- des fautes (*errors*) d'orthographe

- des fautes de ponctuation

- des fautes de conjugaison

- des fautes d'accord (*agreement*) des adjectifs

- un mauvais emploi (*use*) de la grammaire

cent cinquante et un **151**

Key Standards
4.1

Suggestion Tell students that an easy way to study from **Vocabulaire** is to cover up the French half of each section, leaving only the English equivalents exposed. They can then quiz themselves on the French items. To focus on the English equivalents of the French entries, they simply reverse this process.

21st Century Skills

Creativity and Innovation
Ask students to prepare a list of three products or perspectives they learned about in this unit to share with the class. Consider asking them to focus on the **Culture** and **Panorama** sections.

21st Century Skills

Leadership and Responsibility Extension Project
If you have access to students in a Francophone country, have students decide on three questions they want to ask the partner class related to this unit's topic. Based on the responses they receive, work as a class to explain to the partner class one aspect of their responses that surprised the class and why.

Leçon 7A

Partir en voyage

partir en vacances	to go on vacation
prendre un train (un avion, un taxi, un (auto)bus, un bateau)	to take a train (plane, taxi, bus, boat)
un aéroport	airport
un arrêt d'autobus (de bus)	bus stop
une arrivée	arrival
un avion	plane
un billet aller-retour	round-trip ticket
un billet (d'avion, de train)	(plane, train) ticket
un départ	departure
une douane	customs
une gare (routière)	train station (bus station)
un passager/une passagère	passenger
une sortie	exit
une station (de métro)	(subway) station
un vol	flight
un voyage	trip
à l'étranger	abroad, overseas
le monde	world
un pays	country

Les pays

(en/l') Allemagne (f.)	(to, in) Germany
(en/l') Angleterre (f.)	(to, in) England
(en/la) Belgique (belge)	(to, in) Belgium (Belgian)
(au/le) Brésil (brésilien(ne))	(to, in) Brazil (Brazilian)
(au/le) Canada	(to, in) Canada
(en/la) Chine (chinois(e))	(to, in) China (Chinese)
(en/l') Espagne (f.)	(to, in) Spain
(aux/les) États-Unis (m.)	(to, in) the United States
(en/la) France	(to, in) France
(en/l') Irlande (f.) (irlandais(e))	(to, in) Ireland (Irish)
(en/l') Italie (f.)	(to, in) Italy
(au/le) Japon	(to, in) Japan
(au/le) Mexique	(to, in) Mexico
(en/la) Suisse	(to, in) Switzerland

Les vacances

bronzer	to tan
faire du shopping	to go shopping
faire les valises	to pack one's bags
faire un séjour	to spend time (somewhere)
rouler en voiture	to ride in a car
utiliser un plan	to use/read a map
la campagne	country(side)
une capitale	capital
un congé	time off, leave
des gens (m.)	people
le journal	newspaper
la mer	sea
une plage	beach
une station de ski	ski resort
un ticket de bus, de métro	bus, subway ticket
des vacances (f.)	vacation

Expressions utiles

See p. 115.

Verbes

aller	to go
arriver	to arrive
descendre	to go/take down
entrer	to enter
monter	to go/come up; to get in/on
mourir	to die
naître	to be born
partir	to leave
passer	to pass by; to spend time
rentrer	to return
rester	to stay
retourner	to return
sortir	to go out; to take someone or something out
tomber (sur quelqu'un)	to fall (to run into somebody)

Direct object pronouns

me/m'	me
te/t'	you
le/la/l'	him/her/it
nous	us
vous	you
les	them

Leçon 7B

Faire une réservation

annuler une réservation	to cancel a reservation
réserver	to reserve
une agence/un agent de voyages	travel agency/agent
un ascenseur	elevator
une auberge de jeunesse	youth hostel
une chambre individuelle	single room
une clé	key
un(e) client(e)	client; guest
un étage	floor
un hôtel	hotel
un hôtelier/une hôtelière	hotel keeper
un lit	bed
un passeport	passport
la réception	reception desk
le rez-de-chaussée	ground floor
complet/complète	full (no vacancies)
libre	available

Adverbes et locutions de temps

alors	so, then; at that moment
après (que)	after
avant (de)	before
d'abord	first
donc	therefore
enfin	finally, at last
ensuite	then, next
finalement	finally
pendant (que)	during, while
puis	then
tout à coup	suddenly
tout de suite	right away

Ordinal numbers

premier/première	first
deuxième	second
troisième	third
quatrième	fourth
cinquième	fifth
neuvième	ninth
onzième	eleventh
vingtième	twentieth
vingt et unième	twenty-first
vingt-deuxième	twenty-second
trente et unième	thirty-first
centième	hundredth

Expressions utiles

See p. 133.

Adverbes

absolument	absolutely
constamment	constantly
couramment	fluently
de temps en temps	from time to time
dernièrement	lately
en général	in general
évidemment	obviously
franchement	frankly
gentiment	nicely
heureusement	fortunately
lentement	slowly
malheureusement	unfortunately
rapidement	quickly
quelquefois	sometimes
vite	fast
vraiment	really

Verbes irréguliers

décrire	to describe
dire	to say
écrire	to write
lire	to read

Chez nous

Pour commencer
- Où sont ces personnes?
  a. dans la cuisine b. dans la salle de bains
  c. dans la chambre
- Qu'est-ce qu'il y a sur la photo?
  a. une lampe b. une table c. une télévision
- Que font ces personnes?
  a. Elles étudient. b. Elles cuisinent.
  c. Elles regardent la télé.

Unit Goals

Leçon 8A

In this lesson, students will learn:
- terms for parts of the house
- terms for furniture
- the pronunciation of s and ss
- about housing in France and le château Frontenac
- more about housing in France through specially shot video footage
- the uses of the passé composé and the imparfait, and the verb vivre
- about an entrepreneur who makes cardboard furniture

Leçon 8B

In this lesson, students will learn:
- terms for household chores
- terms for appliances
- the pronunciation of semi-vowels
- about the interiors of French homes and the French Quarter in New Orleans
- more about the uses of the passé composé and the imparfait
- the uses of savoir and connaître
- to use visual cues to understand spoken French

Savoir-faire

In this section, students will learn:
- cultural and historical information about Paris and the French region l'Île-de-France
- to guess the meaning of unknown words from context
- to write a narrative using the passé composé and the imparfait

 21st Century Skills

Initiative and Self-Direction
Students can monitor their progress online using the activities and assessments on vhlcentral.com.

Pour commencer
- a. dans la cuisine
- b. une table
- b. Elles cuisinent.

Unité 8 Essential Questions
1. How do people describe their homes?
2. How do people talk about specific past actions contrasted with how things used to be?
3. How do people talk about household chores?

Unité 8 Integrated Performance Assessment
Before teaching the chapter, review the Integrated Performance Assessment (IPA) and its accompanying scoring rubric provided in the Testing Program. Use the IPA to assess students' progress toward proficiency targets at the end of the chapter.
IPA Context: It is four years from now. You and a friend are planning to spend a semester in Paris and you are looking for an apartment to rent.

 FORUMS

Forums on vhlcentral.com allow you and your students to record and share audio messages.
Use Forums for presentations, oral assessments, discussions, directions, etc.

Section Goals

In this section, students will learn and practice vocabulary related to:
• housing
• rooms and home furnishings

Key Standards

1.1, 1.2, 4.1

Suggestions

• Use the digital image for this page. Point out rooms and furnishings in the illustration. Examples: **Ça, c'est la salle de bains**. **Voici un canapé.**

• Ask students questions about their homes using the new vocabulary. Examples: **Habitez-vous dans une maison ou dans un appartement? Avez-vous un balcon? Un garage? Combien de salles de bains avez-vous?**

• Point out the difference between **le loyer** (*the rent*) and **louer** (*to rent*).

• Explain that **une chambre** is *a bedroom*, but **une pièce** is the generic term for *a room*.

• Explain that **un salon** is a more formal room used primarily for entertaining guests. Generally, it is not used for watching television or other leisure activities. **Une salle de séjour** is a more functional room, similar to an American family room or den.

• Point out that **un studio** is *a studio apartment*, usually equipped with a couch that converts into a bed and a kitchenette.

You will learn how to...
• describe your home
• talk about habitual past actions

◀) **vhl**central

AP® Theme: Contemporary Life
Context: Housing and Shelter

La maison

Vocabulaire

déménager	*to move out*
emménager	*to move in*
louer	*to rent*
un appartement	*apartment*
une cave	*cellar; basement*
un couloir	*hallway*
une cuisine	*kitchen*
un escalier	*staircase*
un immeuble	*building*
un jardin	*garden; yard*
un logement	*housing*
un loyer	*rent*
une pièce	*room*
un quartier	*area, neighborhood*
une salle à manger	*dining room*
un salon	*formal living/sitting room*
un studio	*studio (apartment)*
une armoire	*armoire, wardrobe*
une douche	*shower*
un lavabo	*bathroom sink*
un meuble	*piece of furniture*
un placard	*closet, cupboard*
un tiroir	*drawer*
un(e) propriétaire	*owner*

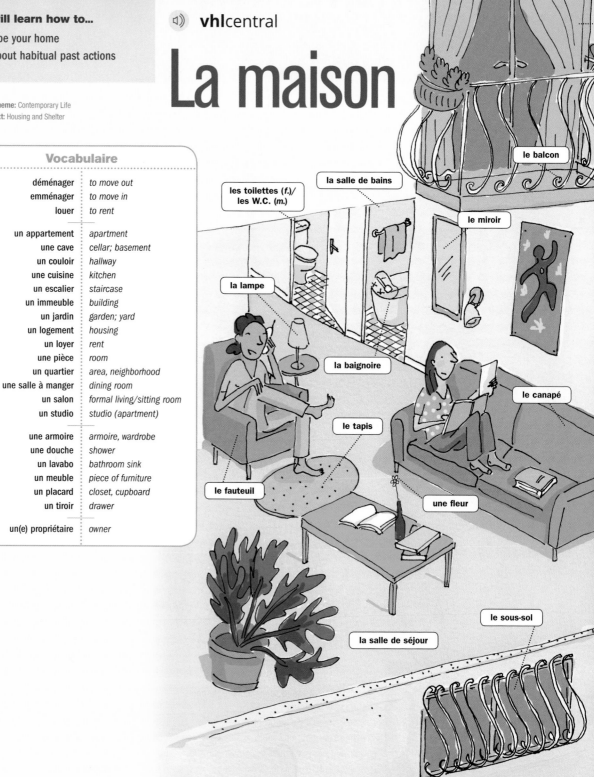

le balcon

les toilettes (f.)/ les W.C. (m.)

la salle de bains

le miroir

la lampe

la baignoire

le canapé

le tapis

le fauteuil

une fleur

le sous-sol

la salle de séjour

EXPANSION

Asking Questions Ask students what activities they do in various rooms. Examples: **Dans quelle pièce… mangez-vous? étudiez-vous? dormez-vous? faites-vous la cuisine? travaillez-vous sur l'ordinateur? parlez-vous au téléphone?**

DIFFERENTIATION

For Kinesthetic Learners Make signs for various rooms in a house and for other parts of a home, such as **le garage** or **le balcon**. Also make several signs for bedrooms and bathrooms. Distribute the signs to students. As other students describe their homes (one floor at a time), those holding signs arrange themselves according to the descriptions. Tell students to use prepositions of location in their descriptions.

Mise en pratique

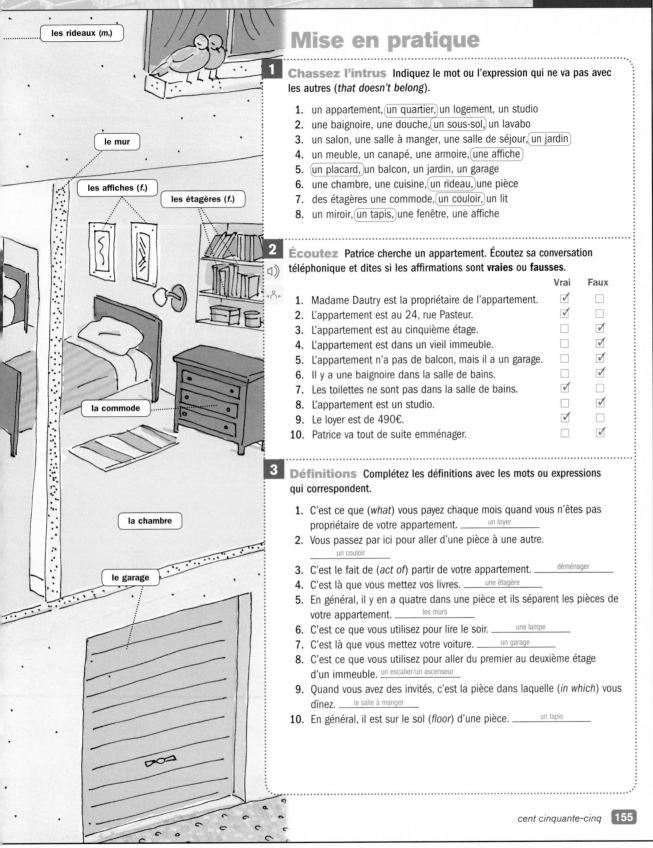

les rideaux (m.)

le mur

les affiches (f.)

les étagères (f.)

la commode

la chambre

le garage

1 **Chassez l'intrus** Indiquez le mot ou l'expression qui ne va pas avec les autres (*that doesn't belong*).

1. un appartement, un quartier, un logement, un studio
2. une baignoire, une douche, un sous-sol, un lavabo
3. un salon, une salle à manger, une salle de séjour, un jardin
4. un meuble, un canapé, une armoire, une affiche
5. un placard, un balcon, un jardin, un garage
6. une chambre, une cuisine, un rideau, une pièce
7. des étagères une commode, un couloir, un lit
8. un miroir, un tapis, une fenêtre, une affiche

2 **Écoutez** Patrice cherche un appartement. Écoutez sa conversation téléphonique et dites si les affirmations sont **vraies** ou **fausses**.

	Vrai	Faux
1. Madame Dautry est la propriétaire de l'appartement.	☑	☐
2. L'appartement est au 24, rue Pasteur.	☑	☐
3. L'appartement est au cinquième étage.	☐	☑
4. L'appartement est dans un vieil immeuble.	☐	☑
5. L'appartement n'a pas de balcon, mais il a un garage.	☐	☑
6. Il y a une baignoire dans la salle de bains.	☐	☑
7. Les toilettes ne sont pas dans la salle de bains.	☑	☐
8. L'appartement est un studio.	☐	☑
9. Le loyer est de 490€.	☑	☐
10. Patrice va tout de suite emménager.	☐	☑

3 **Définitions** Complétez les définitions avec les mots ou expressions qui correspondent.

1. C'est ce que (*what*) vous payez chaque mois quand vous n'êtes pas propriétaire de votre appartement. _____un loyer_____
2. Vous passez par ici pour aller d'une pièce à une autre. _____un couloir_____
3. C'est le fait de (*act of*) partir de votre appartement. _____déménager_____
4. C'est là que vous mettez vos livres. _____une étagère_____
5. En général, il y en a quatre dans une pièce et ils séparent les pièces de votre appartement. _____les murs_____
6. C'est ce que vous utilisez pour lire le soir. _____une lampe_____
7. C'est là que vous mettez votre voiture. _____un garage_____
8. C'est ce que vous utilisez pour aller du premier au deuxième étage d'un immeuble. _____un escalier/un ascenseur_____
9. Quand vous avez des invités, c'est la pièce dans laquelle (*in which*) vous dînez. _____la salle à manger_____
10. En général, il est sur le sol (*floor*) d'une pièce. _____un tapis_____

cent cinquante-cinq **155**

1 **Expansion** Have students create one or two additional sets using at least three of the new vocabulary words in each one. Collect their papers and write some of the items on the board.

2 **Script** PATRICE: Allô, Madame Dautry, s'il vous plaît. MADAME: Oui, c'est moi. J'écoute.
P: Mon nom est Patrice Leconte. Je vous appelle au sujet de votre appartement du 24, rue Pasteur. Est-ce qu'il est toujours libre?
M: Oui, jeune homme. Il est toujours libre.
P: Parfait. Comment est-il?
M: Il est au quatrième étage d'un immeuble moderne. Il y a un balcon, mais pas de garage. La chambre est plutôt petite, mais il y a beaucoup de placards.
P: Et la salle de bains?
M: Elle est petite aussi, avec une douche, un lavabo et un grand miroir. Les toilettes sont séparées.
P: Et le salon?
M: C'est la pièce principale. Elle est plutôt grande. La cuisine est juste à côté.
P: C'est combien, le loyer?
M: Le loyer est de 490€.
P: Oh, c'est cher!
M: Mais vous êtes à côté de l'université et l'appartement est libre le premier septembre.
P: Bon, je vais y penser. Merci beaucoup. Au revoir, Madame.
M: Au revoir, Monsieur.
Teacher Resources DVD

2 **Expansion** Play the recording again, stopping at the end of each sentence that contains an answer. Have students verify true statements and correct the false ones.

3 **Expansion** Have students work in pairs to create definitions for five other words or expressions. Before beginning this activity, teach them expressions for circumlocution. Examples: **C'est un objet qu'on utilise pour… C'est une pièce où…**

TEACHING OPTIONS

Using Games Write vocabulary words related to home furnishings on index cards. On another set of cards, draw or paste pictures to match each term. Tape them face down on the board in random order. Divide the class into two teams. Play a game of Concentration in which students match words with pictures. When a player has a match, his or her team collects those cards. When all cards are matched, the team with the most cards wins.

EXPANSION

Classifying Words Write **Logements** and **Meubles** at the top of two columns on the board or on a transparency. Say vocabulary words and have students classify them in the correct category. Examples: **un appartement (logement), une résidence (logement), un studio (logement), un canapé (meuble), un lit (meuble),** and **une armoire (meuble).**

Communication

4 Répondez À tour de rôle avec un(e) partenaire, posez-vous ces questions et répondez-y (them). Answers will vary.

1. Où est-ce que tu habites?
2. Combien de pièces y a-t-il chez toi?
3. Quand est-ce que ta famille a emménagé?
4. Est-ce qu'il y a un jardin? Un garage?
5. Combien de placards est-ce qu'il y a? Où sont-ils?
6. Quels meubles avez-vous? Comment sont-ils?
7. Quels meubles est-ce que tu voudrais (would like) avoir dans ta chambre?
   (Répondez: **Je voudrais...**)
8. Qu'est-ce que tu n'aimes pas au sujet de ta chambre?

5 Votre chambre Écrivez une description de votre chambre. À tour de rôle, lisez votre description à votre partenaire. Il/Elle va vous demander d'autres détails et dessiner un plan. Ensuite, regardez le dessin (drawing) de votre partenaire et dites s'il correspond à votre chambre ou non. N'oubliez pas d'utiliser des prépositions pour indiquer où sont certains meubles et objets. Answers will vary.

6 Sept différences Votre professeur va vous donner, à vous et à votre partenaire, deux feuilles d'activités différentes. Il y a sept différences entre les deux images. Comparez vos dessins et faites une liste de ces différences. Attention! Ne regardez pas la feuille de votre partenaire. Answers will vary.

> **MODÈLE**
> **Élève 1:** *Dans mon appartement, il y a un lit. Il y a une lampe à côté du lit.*
> **Élève 2:** *Dans mon appartement aussi, il y a un lit, mais il n'y a pas de lampe.*

7 La décoration Formez un groupe de trois. L'un de vous est un décorateur d'intérieur qui a rendez-vous avec deux clients qui veulent (want) redécorer leur maison. Les clients sont très difficiles. Imaginez votre conversation et jouez la scène devant la classe. Utilisez les mots de la liste. Answers will vary.

un canapé	un fauteuil
une chambre	un meuble
une cuisine	un mur
un escalier	un placard
une étagère	un tapis

Les sons et les lettres vhlcentral

s and ss

You've already learned that an **s** at the end of a word is usually silent.

lavabos	copains	vas	placards

An **s** at the beginning of a word, before a consonant, or after a pronounced consonant is pronounced like the *s* in the English word *set*.

soir	salon	studio	absolument

A double **s** is pronounced like the *ss* in the English word *kiss*.

grosse	assez	intéressant	rousse

An **s** at the end of a word is often pronounced when the following word begins with a vowel sound. An **s** in a liaison sounds like a *z*, like the *s* in the English word *rose*.

très élégant	trois hommes

The other instance where the French **s** has a *z* sound is when there is a single **s** between two vowels within the same word. The **s** is pronounced like the *s* in the English word *music*.

musée	amusant	oiseau	besoin

These words look alike, but have different meanings. Compare the pronunciations of each word pair.

poison	poisson	désert	dessert

Prononcez Répétez les mots suivants à voix haute.

1. sac
2. triste
3. suisse
4. chose
5. bourse
6. passer
7. surprise
8. assister
9. magasin
10. expressions
11. sénégalaise
12. sérieusement

Articulez Répétez les phrases suivantes à voix haute.

1. Le spectacle est très amusant et la chanteuse est superbe.
2. Est-ce que vous habitez dans une maison?
3. De temps en temps, Suzanne assiste à l'inauguration d'expositions au musée.
4. Heureusement, mes professeurs sont sympathiques, sociables et très sincères.

Dictons Répétez les dictons à voix haute.

Les oiseaux de même plumage s'assemblent sur le même rivage.[2]

Si jeunesse savait, si vieillesse pouvait. [1]

[2] Birds of a feather flock together.

(lit. If youth but knew, if old age but could.)
[1] Youth is wasted on the young.

Section Goals

In this section, students will learn about the sounds of **s** and **ss**.

Key Standards

4.1

Suggestions

- Model the pronunciation of the example words and have students repeat them after you.
- Ask students to provide more examples of words from this lesson or previous lessons with these sounds. Examples: **cuisine, salon,** and **expression.**
- Dictate five familiar words containing **s** and **ss**, repeating each one at least two times. Then write them on the board or on a transparency and have students check their spelling.

TELL Connection

Environment 5 *Why:* Create a word-rich environment to support performance objectives. *What:* Have students create their own labeled illustrations of the proverbs from each lesson and of the tongue-twisters in the Teacher's Edition so that they can see the language patterns they have learned on a daily basis.

EXPANSION

Mini-dictée Use these sentences for additional practice or dictation. **1.** Serge est professeur de sociologie. **2.** Solange est paresseuse et pessimiste. **3.** Ces étudiants sénégalais sont très intelligents. **4.** Sylvain essaie les chaussures sans chaussettes.

EXPANSION

Tongue-twisters Teach students these French tongue-twisters that contain the **s** and **ss** sounds. **1.** Ces six saucissons-ci sont si secs qu'on ne sait si c'en sont. **2.** Zazie causait avec sa cousine en cousant.

La visite surprise vhlcentral

AP® Theme: Contemporary Life
Context: Housing and Shelter

PERSONNAGES

David

Pascal

Rachid

Sandrine

En ville, Pascal fait tomber (drops) ses fleurs.

PASCAL Aïe!
RACHID Tenez. *(Il aide Pascal.)*
PASCAL Oh, merci.
RACHID Aïe!
PASCAL Oh pardon, je suis vraiment désolé!
RACHID Ce n'est rien.
PASCAL Bonne journée!

Chez Sandrine...

RACHID Eh, salut, David! Dis donc, ce n'est pas un logement d'étudiants ici! C'est grand chez toi! Tu ne déménages pas, finalement?
DAVID Heureusement, Sandrine a décidé de rester.
SANDRINE Oui, je suis bien dans cet appartement. Seulement, les loyers sont très chers au centre-ville.

RACHID Oui, malheureusement! Tu as combien de pièces?
SANDRINE Il y a trois pièces: le salon, la salle à manger, ma chambre. Bien sûr, il y a une cuisine et j'ai aussi une grande salle de bains. Je te fais visiter?

SANDRINE Et voici ma chambre.
RACHID Elle est belle!
SANDRINE Oui... j'aime le vert.

RACHID Dis, c'est vrai, Sandrine, ta salle de bains est vraiment grande.
DAVID Oui! Et elle a un beau miroir au-dessus du lavabo et une baignoire!
RACHID Chez nous, on a seulement une douche.
SANDRINE Moi, je préfère les douches, en fait.

Le téléphone sonne (rings).

RACHID Comparé à cet appartement, le nôtre, c'est une cave! Pas de décorations, juste des affiches, un canapé, des étagères et mon bureau.
DAVID C'est vrai. On n'a même pas de rideaux.

A C T I V I T É S

1 **Vrai ou faux?** Indiquez si ces affirmations sont **vraies** ou **fausses**. Corrigez les phrases fausses. Answers may vary.

1. C'est la première fois que Rachid visite l'appartement. Vrai.
2. Sandrine ne déménage pas. Vrai.
3. Les loyers au centre-ville ne sont pas chers. Faux. Les loyers au centre-ville sont très chers.
4. Sandrine invite ses amis chez elle. Vrai.

5. Rachid préfère son appartement à l'appartement de Sandrine. Faux. Rachid préfère l'appartement de Sandrine.
6. Chez les garçons, il y a une baignoire et des rideaux. Faux. Les garçons ont une douche et n'ont pas de rideaux.
7. Quand Pascal arrive, Sandrine est contente (*pleased*). Faux. Sandrine n'est pas contente.
8. Pascal doit (*must*) travailler ce week-end. Faux. Pascal ne travaille pas ce week-end.

TEACHING OPTIONS

La visite surprise Before viewing the video, have students read the title and predict what might happen in this episode. Write their predictions on the board. After students have watched the video, review their predictions and ask them which ones were correct.

TEACHING OPTIONS

Regarder la vidéo Show the video episode without sound and have the class create a plot summary based on the visual cues. Then show the video again with sound and have the class correct any mistakes and fill in any gaps in the plot summary they created.

Pascal arrive à Aix-en-Provence.

SANDRINE Voici la salle à manger.
RACHID Ça, c'est une pièce très
    importante pour nous, les invités.

SANDRINE Et puis, la cuisine.
RACHID Une pièce très importante
    pour Sandrine...
DAVID Évidemment!

SANDRINE Mais Pascal... je pensais
    que tu avais du travail... Quoi? Tu es
    ici, maintenant? C'est une blague!
PASCAL Mais ma chérie, j'ai pris le
    train pour te faire une surprise...

SANDRINE Une surprise! Nous deux,
    c'est fini! D'abord, tu me dis que les
    vacances avec moi, c'est impossible
    et ensuite tu arrives à Aix sans
    me téléphoner!
PASCAL Bon, si c'est comme ça, reste
    où tu es. Ne descends pas. Moi, je
    m'en vais. Voilà tes fleurs. Tu parles
    d'une surprise!

Expressions utiles

Talking about your home

- **Tu ne déménages pas, finalement?**
  You are not moving, after all?
- **Heureusement, Sandrine a décidé
  de rester.**
  *Thankfully/Happily, Sandrine has decided
  to stay.*
- **Seulement, les loyers sont très chers
  au centre-ville.**
  However, rents are very expensive downtown.
- **Je te fais visiter?**
  Shall I give you a tour?
- **Ta salle de bains est vraiment grande.**
  Your bathroom is really big.
- **Elle a un beau miroir au-dessus du lavabo.**
  It has a nice mirror above the sink.
- **Chez nous, on a seulement une douche.**
  At our place, we only have a shower.

Additional vocabulary

- **Aïe!**
  Ouch!
- **Tenez.**
  Here.
- **Je pensais que tu avais du travail.**
  I thought you had work to do.
- **Mais ma chérie, j'ai pris le train pour te
  faire une surprise.**
  But sweetie, I took the train to surprise you.
- **sans**
  without
- **Moi, je m'en vais.**
  I am leaving/getting out of here.

ACTIVITÉS

2 Quel appartement? Indiquez si ces objets sont dans
l'appartement de Sandrine (S) ou dans l'appartement de David
et Rachid (D & R).

1. baignoire S
2. douche D & R
3. rideaux S
4. canapé D & R, S
5. trois pièces S
6. étagères D & R
7. miroir S
8. affiches D & R

3 Conversez Sandrine décide que son loyer est vraiment trop cher.
Elle cherche un appartement à partager avec Amina. Avec deux
partenaires, écrivez leur conversation avec un agent immobilier
(*real estate agent*). Elles décrivent l'endroit idéal, le prix et les
meubles qu'elles préfèrent. L'agent décrit plusieurs possibilités.

cent cinquante-neuf **159**

Expressions utiles
- Model the pronunciation of the **Expressions utiles** and have students repeat them.
- As you work through the list, point out verbs in the **passé composé** and verbs in the **imparfait**. Then tell them that the uses of these two past tenses will be formally presented in the **Structures** section.

1 Suggestion Have students write their corrections for false statements on the board.

1 Expansion For additional practice, give students these items. **9. Rachid et Pascal sont de bons amis. (Faux.) 10. La chambre de Sandrine est rose. (Faux.) 11. L'appartement de Sandrine est une cave. (Faux.)**

2 Expansion For additional practice, give students these items. **9. bureau (D & R) 10. grande salle de bains (S) 11. douche (D & R)**

3 Suggestions
- Before writing the conversation, tell students that the person playing the real estate agent should make a list of questions to ask prospective clients, and the two people playing Sandrine and Amina should decide on the features they are looking for in an apartment.
- You might want to bring in some real estate ads in French from newspapers or the Internet for the agents to use.
- Have students role-play their conversations.

 TELL Connection

Planning 8 *Why:* Media engages students in a broad range of thinking processes. *What:* Bring to students' attention the role and importance of each type of thinking process they use when engaged with media and associated activities: e.g. observation, remembering, understanding, analyzing, evaluating, applying, and creating.

PRE-AP®

Interpersonal Speaking Have groups of three interview each other about their dream house, with one student conducting the interview, one answering, and one taking notes. At three-minute intervals, have students switch roles until each has been interviewer, interviewee, and note-taker. Then have two groups get together and take turns describing their dream houses to one another using their notes.

EXPANSION

Writing Practice Have students work in pairs. Tell them to write an alternate ending to this episode, in which Sandrine is pleased to see Pascal and invites him upstairs to meet Rachid and David. Encourage students to use some of the **Expressions utiles**. Then have volunteers perform their role-plays for the class.

AP® Theme: Contemporary Life
Context: Housing and Shelter

 vhlcentral | *Flash culture*

CULTURE À LA LOUPE

Le logement en France

Il y a différents types de logements. En ville, on habite dans une maison ou un appartement. À la campagne, on peut° habiter dans une villa, un château, un chalet ou un mas° provençal.

Vous avez peut-être remarqué° dans un film français qu'il y a une grande diversité de style d'habitation°. En effet°, le style et l'architecture varient d'une région à l'autre, souvent en raison° du climat et des matériaux disponibles°. Dans le Nord°, les maisons sont traditionnellement en briques° avec des toits en ardoise°. Dans l'Est°, en Alsace-Lorraine, il y

a de vieilles maisons à colombages° avec des parties de mur en bois°. Dans le Sud°, il y a des villas de style méditerranéen avec des toits en tuiles° rouges et des mas provençaux (de vieilles maisons en pierre°). Dans les Alpes, en Savoie, les chalets sont en bois avec de grands balcons très fleuris°, comme en Suisse. Les maisons traditionnelles de l'Ouest° ont des toits en chaume°. Presque toutes les maisons françaises ont des volets° et les fenêtres sont assez différentes aussi des fenêtres aux États-Unis. Très souvent il n'y a pas de moustiquaire°, même° dans le sud de la France où il fait très chaud en été.

En France les trois quarts des gens habitent en ville. Beaucoup habitent dans la banlieue, où il y a beaucoup de grands immeubles mais aussi de petits pavillons individuels (maisons avec de petits jardins). Dans les centres-villes et dans les banlieues, il y a des HLM. Ce sont des habitations à loyer modéré°. Les HLM sont construits par l'État°. Ce sont souvent des logements réservés aux familles qui ont moins d'argent.

peut *can* mas *farmhouse* remarqué *noticed* habitation *housing* En effet *Indeed* en raison du *due to the* disponibles *available* Nord *North* en briques *made of bricks* toits en ardoise *slate roofs* Est *East* à colombages *half-timbered* en bois *made of wood* Sud *South* en tuiles *made of tiles* en pierre *made of stone* fleuris *full of flowers* Ouest *West* en chaume *thatched* volets *shutters* moustiquaire *window screen* même *even* habitations à loyer modéré *low-cost housing* construits par l'État *built by the State (government)*

Coup de main

Here are some terms commonly used in statistics.

un quart = *one quarter*

un tiers = *one third*

la moitié = *half*

la plupart de = *most of*

un sur cinq = *one in five*

A C T I V I T É S

1 Vrai ou faux? Indiquez si les phrases sont **vraies** ou **fausses**.

1. Les maisons sont similaires dans les différentes régions françaises. Faux.
2. Dans le Nord les maisons sont traditionnellement en briques. Vrai.
3. En Alsace-Lorraine il y a des chalets. Faux.
4. Dans les Alpes il y a des mas provençaux. Faux.
5. Les mas provençaux sont des maisons en bois. Faux.
6. Presque toutes les maisons françaises ont des volets. Vrai.

7. Les maisons françaises n'ont pas toujours des moustiquaires. Vrai.
8. La plupart (*majority*) des Français habite à la campagne. Faux.
9. Le pavillon individuel est une sorte de grand immeuble. Faux.
10. Les millionnaires habitent dans des HLM. Faux.

Section Goals

In this section, students will:
- learn about different types of housing in France
- learn terms related to renting an apartment
- read about traditional houses in various Francophone regions
- read about **le château Frontenac**
- view authentic video footage

Key Standards
2.1, 2.2, 3.1, 3.2, 4.2

21st Century Skills

Global Awareness
Students will gain perspectives on the Francophone world to develop respect and openness toward others and to interact appropriately and effectively with citizens of Francophone cultures.

Culture à la loupe
Avant la lecture Have students look at the photo and describe what they see.

Lecture
- Point out the **Coup de main**.
- Using a map of France, point out the various regions mentioned in the reading. Ask students to share what they already know about these regions. Ask which one they would most like to visit, and why.

Après la lecture Ask students: **Dans quel type de logement français désirez-vous habiter? Pourquoi?**

1 Suggestion Have students correct the false statements.

EXPANSION

Identifying Write the following headings on the board and have students identify the different types of housing in each area: **Les villes et les banlieues, Les Alpes, Le Nord, L'Est, L'Ouest,** and **Le Sud.**

EXPANSION

Cultural Comparison Have students work in groups of three to compare the types of housing in France and the United States. Tell them to list the similarities and differences in a two-column chart under the headings **Similitudes** and **Différences**. After completing their charts, have two groups get together and compare their lists.

LE FRANÇAIS QUOTIDIEN

Location d'un logement

agence (f.) de location	rental agency
bail (m.)	lease
caution (f.)	security deposit
charges (f.)	basic utilities
chauffage (m.)	heating
électricité (f.)	electricity
locataire (m./f.)	tenant
petites annonces (f.)	(rental) ads

AP® Theme: Beauty and Aesthetics **Context:** Architecture

LE MONDE FRANCOPHONE

L'architecture

Voici quelques exemples d'habitations traditionnelles.

En Afrique centrale et de l'Ouest des maisons construites sur pilotis°, avec un grenier à riz°

En Afrique du Nord des maisons en pisé (de la terre° rouge mélangée° à de la paille°) construites autour d'un patio central et avec, souvent, une terrasse sur le toit°

Aux Antilles des maisons en bois de toutes les couleurs avec des toits en métal

En Polynésie française des bungalows, construits sur pilotis ou sur le sol, souvent en bambou avec des toits en paille ou en feuilles de cocotier°

Au Viêt-nam des maisons sur pilotis construites sur des lacs, des rivières ou simplement au-dessus du sol°

pilotis *stilts* **grenier à riz** *rice loft* **terre** *clay* **mélangée** *mixed* **paille** *straw* **toit** *roof* **feuilles de cocotier** *coconut palm leaves* **au-dessus du sol** *off the ground*

PORTRAIT

AP® Theme: Contemporary Life
Context: Travel

Le château Frontenac

Le château Frontenac est un hôtel de luxe et un des plus beaux° sites touristiques de la ville de Québec. Construit entre la fin° du

XIXᵉ siècle et le début° du XXᵉ siècle sur le Cap Diamant, dans le quartier du Vieux-Québec, le château offre une vue° spectaculaire sur la ville. Aujourd'hui, avec ses 618 chambres sur 18 étages, ses restaurants gastronomiques, sa piscine et son centre sportif, le château Frontenac est classé parmi° les 500 meilleurs° hôtels du monde.

un des plus beaux *one of the most beautiful* **fin** *end* **début** *beginning* **vue** *view* **classé parmi** *ranked among* **meilleurs** *best*

AP® Theme: Contemporary Life
Context: Holidays and Celebrations

Sur Internet

Qu'est-ce qu'une pendaison de crémaillère? D'où vient cette expression?

Go to **vhlcentral.com** to find more information related to this **Culture** section and to watch the corresponding **Flash culture** video.

---

2 **Répondez** Répondez aux questions, d'après les informations données dans les textes.

1. Qu'est-ce que le château Frontenac?
   Un hôtel de luxe.
2. De quel siècle date le château Frontenac?
   De la fin du XIXᵉ et du début du XXᵉ siècles.
3. Dans quel quartier de la ville de Québec le trouve-t-on?
   Le quartier du Vieux-Québec.
4. Où trouve-t-on des maisons sur pilotis?
   En Afrique centrale et de l'Ouest, au Viêt-nam et en Polynésie française.
5. Quelles sont les caractéristiques des maisons d'Afrique du Nord?
   Le pisé, le patio central et la terrasse sur le toit.

3 **Une année en France** Vous allez habiter en France. Téléphonez à un agent immobilier (*real estate*) (votre partenaire) et expliquez-lui le type de logement que vous recherchez. Il/Elle va vous donner des renseignements sur les logements disponibles (*available*). Posez des questions pour avoir plus de détails.

A C T I V I T É S

EXPANSION

Location d'un logement Distribute photocopies of apartment rental ads from a French newspaper or the Internet. Have students guess the meanings of abbreviations, such as **sdb**, **cuis.** and **pisc.**, and explain unfamiliar ones, such as **T3** or **m²**. Then tell students to work in pairs and write five comprehension questions based on the ads. Have volunteers read their questions aloud, and ask other students to answer them.

EXPANSION

Cultural Comparison Have students work in groups of three and compare **le château Frontenac** to the hotels in their city or town. Tell them to list the similarities and differences in a two-column chart under the headings **Similitudes** and **Différences**. After completing their charts, have two groups get together and compare their lists.

Section Goals

In this section, students will learn to compare and contrast some of the basic uses and meanings of the **passé composé** and the **imparfait**:

Key Standards

4.1, 5.1

Suggestions: Scaffolding

- Review how to form the **passé composé** and the **imparfait**. Do a rapid drill to review forms.
- Draw a timeline on the board to tell a story using examples similar to those in the presentation, such as: **Je suis allé à la pêche avec mon père la semaine dernière. Il a plu, mais nous avons passé une journée fantastique. Nous sommes partis à 6h du matin. Peu après nous avons eu faim.** Ask students what all these actions have in common (they started and ended in the past or expressed a change in state). Go through all the uses of the **passé composé** on this page and discuss the **À noter** and **Boîte à outils** boxes. Then write sentences in the imperfect related to the previous narrative on the board. Examples: **Il faisait froid sur le lac. C'était comme au bon vieux temps quand j'étais petit et que nous allions à la pêche.** Ask students to explain how these actions are different than those expressed in the **passé composé** (they occurred over an unspecified period of time).

8A.1

The *passé composé* vs. vhlcentral the *imparfait* (Part 1)

Point de départ Although the **passé composé** and the **imparfait** are both past tenses, they have very distinct uses and are not interchangeable. The choice between these two tenses depends on the context and on the point of view of the speaker.

À noter

The two basic uses of the **passé composé** are:

- to express completed actions in the past
- to describe changes in state of being

The explanations on this page point out further details regarding these two basic uses.

Boîte à outils

You have learned that **pendant** can mean *while* or *during*. When used with a time expression, however, it means *for*.

Pendant combien de temps as-tu habité à Paris?
For how long did you live in Paris?

J'ai habité à Paris pendant un an.
I lived in Paris for a year.

Uses of the *passé composé*	
To express specific actions that started and ended in the past	J'**ai nettoyé** la salle de bains deux fois. *I cleaned the bathroom twice.*
	Nous **avons acheté** un tapis. *We bought a rug.*
	L'enfant **est né** à la maison. *The child was born at home.*
	Il **a plu** hier. *It rained yesterday.*
To tell about events that happened at a specific point in time or within a specific length of time in the past	Je **suis allé** à la pêche avec papa **l'année dernière**. *I went fishing with dad last year.*
	Il **est allé** au concert **vendredi**. *He went to the concert on Friday.*
	Nous **avons passé une journée** fantastique à la plage. *We spent a fantastic day at the beach.*
	Elle **a étudié** à Paris **pendant six mois**. *She studied in Paris for six months.*
To express the beginning or end of a past action	Le film **a commencé** à huit heures. *The movie began at 8 o'clock.*
	Ils **ont fini** leurs devoirs samedi matin. *They finished their homework Saturday morning.*
To narrate a series of past actions or events	Ce matin, j'**ai fait** du jogging, j'**ai nettoyé** ma chambre et j'**ai fait** la cuisine. *This morning, I jogged, I cleaned my bedroom, and I cooked.*
	Pour la fête d'anniversaire de papa, maman **a envoyé** les invitations, elle **a acheté** un cadeau et elle **a fait** les décorations. *For dad's birthday party, mom sent out the invitations, bought a gift, and did the decorations.*
To signal a change in someone's mental, physical, or emotional state	Il **est mort** dans un accident. *He died in an accident.*
	J'**ai eu** peur quand j'ai vu le serpent. *I got scared when I saw the snake.*
	Elle **a eu** soif. *She got thirsty.*

TEACHING OPTIONS

Flashcards Have students make two flashcards. On one they write **passé composé** and on the other they write **imparfait**. Read a short text in which both verb tenses are used. As you read each verb, students show the appropriate card. Then call on a volunteer to write the conjugated verb form on the board.

EXPANSION

Interview Have students interview each other about their childhood activities using the following question: **Quand tu étais petit(e), qu'est-ce que tu faisais… a) après l'école? b) le week-end? c) pendant les grandes vacances (*summer vacation*)?**

Uses of the *imparfait*

To describe an ongoing past action with no reference to its beginning or end	Vous **dormiez** sur le canapé. *You were sleeping on the couch.*
	Tu **attendais** dans le café? *You were waiting in the café?*
	Nous **regardions** la télé chez Fanny. *We were watching TV at Fanny's house.*
	Les enfants **lisaient** tranquillement. *The children were reading peacefully.*
To express habitual or repeated past actions and events	Nous **faisions** un tour en voiture le dimanche matin. *We used to go for a drive on Sunday mornings.*
	Elle **mettait** toujours la voiture dans le garage. *She always put the car in the garage.*
	Maman **travaillait** souvent dans le jardin. *Mom would often work in the garden.*
To describe an ongoing mental, physical, or emotional state or condition	Karine **était** très inquiète. *Karine was very worried.*
	Simon et Marion **étaient** fatigués et ils **avaient** sommeil. *Simon and Marion were tired and sleepy.*
	Mon ami **avait** faim et il **avait** envie de manger quelque chose. *My friend was hungry and felt like eating something.*
	Quand j'**étais** jeune, j'**aimais** faire du camping. *When I was young, I used to like to go camping.*

 Boîte à outils

Note that the verb **avoir** has a different meaning when used in the **imparfait** versus the **passé composé**:

J'avais sommeil.
I was sleepy.

J'ai eu sommeil.
I got sleepy.

Essayez! Complétez chaque phrase avec le verbe correct.

1. Avant de partir, ils (donnaient / ont donné) leurs clés aux voisins. __ont donné__
2. Vous (étiez / avez été) souvent fatigué. __étiez__
3. Je (naissait / suis né) en 2003. __suis né__
4. On (rendait / a rendu) visite à oncle Marc deux fois le mois dernier. __a rendu__
5. Tu es rentré à la maison, et ensuite tu (regardais / as regardé) la télé. __as regardé__
6. Quand j'étais petite, j' (habitais / ai habité) une grande maison. __habitais__
7. À minuit, la température (tombait / est tombée) et nous avons eu froid. __est tombée__
8. Papa (lisait / a lu) le journal tranquillement et Maman écrivait un email. __lisait__

Suggestions: Scaffolding

- Go through all the uses of the **imparfait** on this page and discuss **Boîte à outils**.
- Contrast again the uses of the **passé composé** and **imparfait** by giving personalized examples of things you and/or your family did yesterday versus things you and your family used to do when you were young. Examples: **Hier soir, je suis allée au centre commercial. Quand j'étais petite, je jouais au foot.** Then make two columns on the board, one labeled **Hier, je/j'…** and the other labeled **Quand j'étais petit(e)…** Have volunteers take turns writing complete sentences about themselves under each column.
- As you compare the **passé composé** and the **imparfait**, have students focus on the pronunciation of these tenses. You might have them practice the following sentences: **J'ai travaillé. / Je travaillais. Il parlait. / Il a parlé. Tu allais. / Tu es allé(e). Elle chantait. / Elle a chanté.**
- Follow the Extra Practice suggestion on p. 163.

Essayez! Have students explain why they chose the **passé composé** or the **imparfait** for each of their responses.

EXPANSION

Extra Practice Make cards that contain a verb or noun and an expression that signals a past tense. Example: **hier / parc** or **Quand j'étais jeune / voyager.** Mix them up in a hat and have each student pick a card at random. Have each student state the cues on his or her card and use them in a sentence with the **passé composé** or the **imparfait.** Have the student say which tense he or she will use before formulating the sentence.

EXPANSION

Small Groups Have students work in groups to pick a popular holiday and write a few sentences in the past tense to describe it. Students might talk about typical activities they did that day, the weather, or how they felt on that day. Then, have them share their description with the class without revealing the holiday and have their classmates guess what holiday it is.

1 Expansion Have volunteers explain why they chose the **passé composé** or the **imparfait** in each case. Ask them to point out any words or expressions that triggered one tense or the other.

2 Suggestion Before assigning the activity, remind students that actions viewed as completed by the speaker take the **passé composé**. Have students give personal examples of actions in the past using this verb tense.

3 Expansion ↔👥 Have students use this activity as a model to write a short journal entry about a vacation of their own using the **passé composé** and the **imparfait**.

Mise en pratique

1 Une surprise désagréable Récemment, Benoît a fait un séjour à Strasbourg avec sa grande sœur. Complétez ses phrases avec l'imparfait ou le passé composé.

Ce matin, il (1) _____faisait_____ (faire) chaud. J' (2) _____étais_____ (être) content de partir pour Strasbourg. Je (3) _____suis parti_____ (partir) pour la gare, où j' (4) _____ai retrouvé_____ (retrouver) Émile. Le train (5) _____est arrivé_____ (arriver) à Strasbourg à midi. Nous (6) _____avons commencé_____ (commencer) notre promenade en ville. Nous (7) _____avions_____ (avoir) besoin d'un plan. J' (8) _____ai cherché_____ (chercher) mon portefeuille (*wallet*), mais il (9) _____était_____ (être) toujours dans le train! Émile et moi, nous (10) _____avons couru_____ (courir) à la gare!

2 Le week-end dernier Qu'est-ce que la famille Tran a fait le week-end dernier? Utilisez les éléments donnés et le passé composé ou l'imparfait pour écrire des phrases.

> **MODÈLE** nous / passer le week-end / chez des amis
> *Nous avons passé le week-end chez des amis.*

1. faire / beau / quand / nous / arriver Il faisait beau quand nous sommes arrivés.
2. nous / être / fatigué / mais content Nous étions fatigués mais contents.
3. Audrey et son amie / aller / à la piscine Audrey et son amie sont allées à la piscine.
4. moi, je / décider de / dormir un peu Moi, j'ai décidé de dormir un peu.
5. samedi soir / pleuvoir / quand / nous / sortir / cinéma Samedi soir, il pleuvait quand nous sommes sortis du cinéma.
6. nous / rire / beaucoup / parce que / film / être / amusant Nous avons beaucoup ri parce que le film était amusant.
7. minuit / nous / rentrer / chez nous À minuit, nous sommes rentrés chez nous.
8. Lanh / regarder / télé / quand / nous / arriver Lanh regardait la télé quand nous sommes arrivés.
9. dimanche matin / nous / passer / chez des amis Dimanche matin, nous sommes passés chez des amis.
10. nous / passer / cinq heures / chez eux Nous avons passé cinq heures chez eux.
11. ce / être / très / sympa C'était très sympa.

3 Vacances à la montagne Hugo raconte ses vacances. Complétez ses phrases avec un des verbes de la liste au passé composé ou à l'imparfait.

aller	neiger	retourner
avoir	passer	skier
faire	rester	venir

1. L'hiver dernier, nous _____avons passé_____ les vacances à la montagne.
2. Quand nous sommes arrivés sur les pistes de ski, il _____neigeait_____ beaucoup et il _____faisait_____ un temps épouvantable.
3. Ce jour-là, nous _____sommes restés_____ à l'hôtel tout l'après-midi.
4. Le jour suivant, nous _____sommes retournés_____ sur les pistes.
5. Nous _____avons skié_____ et papa _____est allé_____ faire une randonnée.
6. Quand ils _____avaient_____ mon âge, papa et oncle Hervé _____venaient_____ tous les hivers à la montagne.

Communication

4 **Situations** Avec un(e) partenaire, parlez de ces situations en utilisant le passé composé ou l'imparfait. Comparez vos réponses, puis présentez-les à la classe. Answers will vary.

MODÈLE

Le premier jour de cours...
Élève 1: *Le premier jour de cours, j'étais tellement nerveux/nerveuse que j'ai oublié mes livres.*
Élève 2: *Moi, j'étais nerveux/nerveuse aussi, alors j'ai quitté la maison très tôt.*

1. Quand j'étais petit(e),...
2. L'été dernier,...
3. Hier soir, mon/ma meilleur(e) ami(e)...
4. Hier, le professeur...
5. La semaine dernière, mon/ma camarade de classe...
6. Ce matin, au lycée,...
7. Quand j'avais dix ans,...
8. La dernière fois que j'étais en vacances,...

5 **Votre premier/première ami(e)** Posez ces questions à un(e) partenaire. Ajoutez (*Add*) d'autres questions si vous le voulez (*want*). Answers will vary.

1. Qui a été ton/ta premier/première ami(e)?
2. Quel âge avais-tu quand tu as fait sa connaissance?
3. Comment était-il/elle?
4. Est-ce que tu as fait la connaissance de sa famille?
5. Pendant combien de temps avez-vous resté(e)s ami(e)s?
6. À quoi jouiez-vous ensemble?
7. Aviez-vous les mêmes (*same*) centres d'intérêt?
8. Avez-vous perdu contact?

6 **Conversation** Sébastien est sorti avec des amis hier. Quand il est rentré plus tard que prévu (*later than planned*), sa mère était furieuse. Préparez leur conversation et présentez-la à la classe. Answers will vary.

MODÈLE

Élève 1: *Que faisais-tu cet après-midi?*
Élève 2: *Mes copains et moi, nous sommes allés manger une pizza...*

7 **Un crime** Vous avez été témoin (*witness*) d'un crime dans votre quartier et la police vous pose beaucoup de questions. Avec un(e) partenaire et à tour de rôle, jouez le détective et le témoin. Answers will vary.

MODÈLE

Élève 1: *Où étiez-vous vers huit heures hier soir?*
Élève 2: *Chez moi.*
Élève 1: *Avez-vous vu quelque chose?*

4 Expansion Have students choose one of these sentences to begin telling a short story in the past. Encourage students to use both the **passé composé** and the **imparfait**.

5 Expansion After completing the pair work, assign this activity as a short written composition.

5 Virtual Chat You can also assign Activity 5 on vhlcentral.com. Students record individual responses that appear in your gradebook.

6 Suggestion Act out the **modèle** with a volunteer before assigning this activity to pairs. Have pairs of students role-play their dialogues in front of the class.

6 Partner Chat You can also assign Activity 6 on vhlcentral.com. Students work in pairs to record the activity online. The pair's recorded conversation will appear in your gradebook.

Activity Pack For additional activities, go to the **Activity Pack** in the **Resources** section of vhlcentral.com.

EXPANSION

Fashion Show Have students work in pairs to write a critical review about a fashion show they attended last week. Have them give details about what the models were wearing and how they looked. They might also want to include comparisons between clothing styles they saw last week and how they were different from those in the past.

TEACHING OPTIONS

Small Groups Have students work in groups of four to write a brief account of a surprise party they organized last weekend. Have them tell how they prepared for the party, which rooms they decorated, what the weather was like, and how everyone felt after the party. Then, have them share their summary with the rest of the class.

8A.2

The *passé composé* vs. the *imparfait* (Part 2) and the verb *vivre*   **vhl**central

Point de départ You have already seen some uses of the **passé composé** versus the **imparfait** for talking about actions and events in the past. Here are some other contexts in which the choice of tense is important.

- The **passé composé** and the **imparfait** are often used together to narrate a story or describe an incident. The **imparfait** provides the background description, such as time, weather, and location. The **passé composé** highlights specific events in the story.

Uses of the *passé composé* and the *imparfait*	
Le passé composé	**L' imparfait**
is used to talk about:	*is used to describe:*
• main facts	• the framework of the story: *weather, date, time, background scenery*
• specific, completed events	• descriptions of people: *age, physical and personality traits, clothing, feelings, state of mind*
• actions that advance the plot	• background setting: *what was going on, what others were doing*

Il **était** minuit et le temps **était** orageux. J'**avais** peur parce que j'**étais** seule dans la maison. Soudain, quelqu'un **a frappé** à la porte. J'**ai regardé** par la fenêtre et j'**ai vu** un vieil homme habillé en noir...
It was midnight and the weather was stormy. I was afraid because I was home alone. Suddenly, someone knocked at the door. I looked through the window and I saw an old man dressed in black...

- When the **passé composé** and the **imparfait** occur in the same sentence, the action in the **passé composé** often interrupts the ongoing action in the **imparfait**.

ACTION IN PROGRESS	INTERRUPTING ACTION
Je **chantais**	quand mon ami **est arrivé**.
I was singing	*when my friend arrived.*
Céline et Maxime **dormaient**	quand le téléphone **a sonné**.
Céline and Maxime were sleeping	*when the phone rang.*

- Sometimes the use of the **passé composé** and the **imparfait** in the same sentence expresses a cause and effect.

CAUSE	EFFECT
J'avais faim,	alors j'ai mangé un sandwich.
I was hungry,	*so I ate a sandwich.*
Elle est partie	parce qu'elle était fatiguée.
She left	*because she was tired.*

⟲ Vérifiez

Expressions that signal a past tense

- Use **pendant que** to indicate that one action was completed while another was still happening.

  > Mes parents **sont arrivés** pendant que nous **répétions** dans le sous-sol.
  > *My parents arrived while we were rehearsing in the basement.*

- Certain adverbs often indicate a particular past tense.

<table>
<tr><th colspan="4" style="text-align:center">Expressions that signal a past tense</th></tr>
<tr><th colspan="2" style="text-align:center">passé composé</th><th colspan="2" style="text-align:center">imparfait</th></tr>
<tr><td style="text-align:right">soudain</td><td>*suddenly*</td><td style="text-align:right">d'habitude</td><td>*usually*</td></tr>
<tr><td style="text-align:right">tout d'un coup/
tout à coup</td><td>*all of a sudden*</td><td style="text-align:right">parfois</td><td>*sometimes*</td></tr>
<tr><td style="text-align:right"></td><td></td><td style="text-align:right">souvent</td><td>*often*</td></tr>
<tr><td style="text-align:right">une (deux, etc.) fois</td><td>*once (twice, etc.)*</td><td style="text-align:right">toujours</td><td>*always*</td></tr>
<tr><td style="text-align:right">un jour</td><td>*one day*</td><td style="text-align:right">tous les jours</td><td>*every day*</td></tr>
</table>

◯ Vérifiez

The verb *vivre*

- While talking about the past or narrating a story, you might use the verb **vivre** (*to live*) which is irregular.

<table>
<tr><th colspan="2" style="text-align:center">*vivre*</th></tr>
<tr><td style="text-align:right">je vis</td><td>nous vivons</td></tr>
<tr><td style="text-align:right">tu vis</td><td>vous vivez</td></tr>
<tr><td style="text-align:right">il/elle/on vit</td><td>ils/elles vivent</td></tr>
</table>

> Les enfants **vivent** avec leurs grands-parents.   Je **vis** à Paris.
> *The children live with their grandparents.*   *I live in Paris.*

- The past participle of **vivre** is **vécu**. The **imparfait** is formed like that of other –re verbs, by dropping **-ons** from the **nous** form, and adding the imperfect endings.

> Rémi **a vécu** à Nice pendant deux ans.   Nous **vivions** avec mon oncle.
> *Rémi lived in Nice for two years.*   *We used to live with my uncle.*

◯ Vérifiez

Essayez!   **Choisissez la forme correcte du verbe au passé.**

1. Lise (a étudié /(étudiait)) toujours avec ses amis.
2. Anne ((lisait)/a lu) quand le téléphone à sonné.
3. Les garçons avaient soif, alors ils (buvaient /(ont bu)).
4. D'habitude, ils ((arrivaient)/sont arrivés) toujours en retard.
5. Tout à coup, le professeur (entrait /(est entré)) dans la classe.
6. Autrefois, plusieurs générations ((vivaient)/ont vécu) dans la même maison.

Mise en pratique

1 Pourquoi? Expliquez pourquoi Sabine a fait ou n'a pas fait ces choses.

> **MODÈLE** ne pas faire de tennis / être fatigué
> *Sabine n'a pas fait de tennis parce qu'elle était fatiguée.*

1. aller au centre commercial / aimer faire les soldes Sabine est allée au centre commercial parce qu'elle aimait faire les soldes.
2. ne pas travailler / avoir sommeil Sabine n'a pas travaillé parce qu'elle avait sommeil.
3. ne pas sortir / pleuvoir Sabine n'est pas sortie parce qu'il pleuvait.
4. mettre un pull / faire froid Sabine a mis un pull parce qu'il faisait froid.
5. manger une pizza / avoir faim Sabine a mangé une pizza parce qu'elle avait faim.
6. acheter une nouvelle robe / sortir avec des amis Sabine a acheté une nouvelle robe parce qu'elle sortait avec des amis.
7. vendre son fauteuil / déménager Sabine a vendu son fauteuil parce qu'elle déménageait.
8. ne pas bien dormir / être inquiet Sabine n'a pas bien dormi parce qu'elle était inquiète.

2 Qu'est-ce qu'ils faisaient quand...? Dites ce qui (*what*) est arrivé quand ces personnes faisaient ces activités. Utilisez les mots donnés et d'autres mots. Suggested answers.

> **MODÈLE**
> *Tu nageais quand ton oncle est arrivé.*

tu / oncle / arriver

1. Tristan / entendre / chien
Tristan nettoyait sa chambre quand il a entendu le chien.

2. nous / petite fille / tomber
Nous patinions quand la petite fille est tombée.

3. vous / perdre / billet
Vous partiez pour la France quand vous avez perdu votre billet.

4. Paul et Éric / téléphone / sonner
Paul et Éric déjeunaient dans la salle à manger quand le téléphone a sonné.

3 Rien d'extraordinaire Matthieu a passé une journée assez banale (*ordinary*). Réécrivez ce paragraphe au passé.

Il est 6h30. Il pleut. Je prends mon petit-déjeuner, je mets mon imperméable et je quitte la maison. J'attends une demi-heure à l'arrêt de bus et finalement, je cours au restaurant où je travaille. J'arrive en retard. Le patron (*boss*) n'est pas content. Le soir, après mon travail, je rentre à la maison et je vais directement au lit.

Il était 6h30. Il pleuvait. J'ai pris mon petit-déjeuner, j'ai mis mon imperméable et j'ai quitté la maison. J'ai attendu une demi-heure à l'arrêt de bus et finalement, j'ai couru au restaurant où je travaillais. Je suis arrivé en retard. Le patron n'était pas content. Le soir, après mon travail, je suis rentré à la maison et je suis allé directement au lit.

Communication

4 **La curiosité** Votre tante Louise veut tout savoir. Elle vous pose beaucoup de questions. Avec un(e) partenaire, répondez aux questions d'une manière logique et échangez les rôles. *Answers will vary.*

> **MODÈLE** retourner au lycée
> **Élève 1:** *Pourquoi est-ce que tu es retourné(e) au lycée?*
> **Élève 2:** *Je suis retourné(e) au lycée parce que j'avais beaucoup de devoirs.*

1. aller à la bibliothèque
2. aller au magasin
3. sortir avec des amis
4. téléphoner à ton cousin
5. rentrer tard
6. aller au café
7. inviter des gens
8. être triste

5 **Une entrevue** Avec un(e) partenaire, posez-vous ces questions à tour de rôle. *Answers will vary.*

1. Où allais-tu souvent quand tu étais petit(e)?
2. Qu'est-ce que tu aimais lire?
3. Est-ce que tu as vécu dans un autre pays?
4. Comment étais-tu quand tu avais dix ans?
5. Qu'est-ce que ta sœur/ton frère faisait quand tu es rentré(e) hier?
6. Qu'est-ce que tu as fait hier soir?
7. Qu'est-ce que tu as pris au petit-déjeuner ce matin?
8. Qu'est-ce que tu as porté hier?

6 **Je me souviens!** Racontez à votre partenaire un événement spécial de votre vie qui s'est déjà passé. Votre partenaire vous pose des questions pour avoir plus de détails sur cet événement. Vous pouvez (*can*) parler d'un anniversaire, d'une fête familiale, d'un mariage ou d'un concert. *Answers will vary.*

> **MODÈLE**
> **Élève 1:** *Nous avons fait une grande fête d'anniversaire
> pour ma grand-mère l'année dernière.*
> **Élève 2:** *Quel âge a-t-elle eu?*

7 **Scénario** Par groupes de trois, créez une histoire au passé. La première personne commence par une phrase. La deuxième personne doit (*must*) continuer l'histoire. La troisième personne reprend la suite d'une manière logique. Continuez l'histoire une personne à la fois jusqu'à ce que vous ayez (*until you have*) un petit scénario. Soyez créatif! Ensuite, présentez votre scénario à la classe. *Answers will vary.*

---

4 **Expansion** Have students redo the activity, reframing the questions in the negative and asking why their partner did not do those activities. Example: **Pourquoi est-ce que tu n'es pas allé(e) à la cantine?**

5 **Suggestion** Ask students some warm-up questions as a model, before they begin the activity in pairs. Examples: **Comment étaient tes profs l'année dernière? Qu'est-ce que tu as fait le week-end dernier?**

5 **Expansion** Have students do questions 1, 2, 3, 6, 7, and 8 as a survey by circulating around the classroom and interviewing at least five classmates. Have them tabulate the responses of each classmate in a chart and see how similar or different the responses were.

5 **Virtual Chat** You can also assign Activity 5 on vhlcentral.com. Students record individual responses that appear in your gradebook.

6 **Suggestions**
• Act out the **modèle** with a volunteer before assigning this activity to pairs.
• Encourage students to use key adverbs to indicate the appropriate verb tenses in the dialogue. Examples: **soudain, tout à coup, autrefois,** etc.

7 **Suggestion** This activity can be done either orally or in writing.

Activity Pack For additional activities, go to the **Activity Pack** in the **Resources** section of vhlcentral.com.

Extra Practice Divide the class into groups of five. Have each group imagine that they own a household cleaning service and create a radio or TV commercial for it. Have students create a logo (if it is a TV commercial) and a slogan for their business and maybe a jingle to go with their commercial. As a part of their commercial, they should use testimonials from customers who used their service. The customers should talk in detail

about everything the cleaning service did and their opinion of their work.

Pairs Have students work with a partner to write an e-mail to a friend telling about a horrible weekend they had because they had a lot of homework and complaining about their siblings who kept bothering them.

Révision

1   Mes affaires Vous cherchez vos affaires (*belongings*). À tour de rôle, demandez de l'aide à votre partenaire. Où étaient-elles? Utilisez l'illustration pour les trouver.
Answers will vary.

MODÈLE

Élève 1: *Je cherche mes baskets. Où sont-elles?*
Élève 2: *Tu n'as pas cherché sur l'étagère? Elles étaient sur l'étagère.*

baskets	ordinateur
casquette	parapluie
journal	pull
livre	sac à dos

2   Un bon témoin Il y a eu un cambriolage (*burglary*) chez votre voisin M. Cachetout. Le détective vous interroge parce que vous avez vu deux personnes suspectes sortir de la maison du voisin. Avec un(e) partenaire, créez cette conversation et jouez cette scène devant la classe. Utilisez ces éléments dans votre scène. Answers will vary.

- une description physique des suspects
- leurs attitudes
- leurs vêtements
- ce que (*what*) vous faisiez quand vous avez vu les suspects

MODÈLE

Élève 1: *À quelle heure est-ce que vous avez vu les deux personnes sortir?*
Élève 2: *À dix heures. Elles sont sorties du garage.*

3   Quel séjour! Vous venez de passer une semaine de vacances dans une maison à la campagne et votre partenaire veut tout savoir (*wants to know everything*). Répondez à ses questions sur la maison, le temps, les activités dans la région et votre opinion en général. Utilisez l'imparfait et le passé composé. Ensuite, changez de rôle. Answers will vary.

MODÈLE

Élève 1: *Combien de pièces y avait-il dans cette maison?*
Élève 2: *Il y avait six pièces dans la maison.*

4   Avant et après Voici la chambre d'Annette avant et après une visite de sa mère. Comment était sa chambre à l'origine? Avec un(e) partenaire, décrivez la pièce et cherchez les différences entre les deux illustrations. Answers will vary.

MODÈLE

Avant, la lampe était à côté de l'ordinateur. Maintenant, elle est à côté du canapé.

5   La maison de mon enfance Décrivez l'appartement ou la maison de votre enfance à un(e) partenaire. Où se trouvait-il/elle? Comment les pièces étaient-elles orientées? Y avait-il une piscine, un sous-sol? Qui vivait avec vous dans cet appartement ou cette maison? Racontez (*Tell*) des anecdotes. Answers will vary.

MODÈLE

Ma maison se trouvait au bord de la mer. C'était une maison à deux étages (floors). Au rez-de-chaussée, il y avait...

Préparation Répondez aux questions. Answers will vary.

1. Aimez-vous bricoler? Créez-vous des objets ou des meubles? Ou préférez-vous acheter les meubles et la décoration? Expliquez.

2. De quelle manière votre chambre reflète-t-elle votre personnalité?

**Reportage de France 3
Côte d'Azur**

Ça va être un petit meuble... une petite table de chevet.°

Créatrice de meubles en carton°

La passion de Caroline Martial est la création de meubles en carton. Elle fait toutes les tables, les chaises, et les armoires dans sa maison. Le carton est une matière° que d'autres voient comme laide et inutile, mais elle y voit plein de possibilités. Il suffit d'°un peu d'imagination pour le transformer en objet utile et beau. De quelques bouts° de carton ondulé°, elle peut construire un fauteuil et utiliser des plumes°, des boutons° ou des paillettes° pour le décorer. Des meubles en carton pour toute la maison? Pourquoi pas! Grâce à° Caroline Martial, les possibilités sont illimitées.

table de chevet *bedside table* **carton** *cardboard* **matière** *material* **Il suffit de** *All that's necessary is* **bouts** *bits* **ondulé** *corrugated* **plumes** *feathers* **boutons** *buttons* **paillettes** *glitter* **Grâce à** *Thanks to*

Vocabulaire utile

l'emballage (*m.*)	*packaging*
une niche	*small space*
ultraléger	*very lightweight*
laisser libre cours	*to give free reign*
une réalisation	*creation*

Compréhension Indiquez si les phrases sont vraies ou fausses.

1. Au début de la vidéo, Caroline Martial crée une commode.
Faux.
2. Les meubles peuvent (*can*) résister à un poids (*weight*) important.
Vrai.
3. Les meubles sont faciles à décorer.
Vrai.
4. On voit une commode, une table de chevet et une mini-bibliothèque en carton dans les chambres des enfants de Caroline Martial.
Vrai.
5. Le carton impose certaines limites à ce qu'on peut (*what one can*) créer.
Faux.

Application Choisissez un(e) artiste qui vous intéresse et préparez un reportage sur son œuvre (*work*). Montrez une de ses créations et expliquez leur impact sur la société.

Conversation En petits groupes, discutez des questions.
Answers will vary.
1. Aimez-vous les créations de Caroline Martial? Pourquoi ou pourquoi pas?

2. Quels sont des exemples de l'art fonctionnel dans votre vie?

3. Quels artistes admirez-vous? Pourquoi les admirez-vous? Quelle influence ont-ils sur la société?

Section Goals

In this section, students will:
• read about an entrepreneur who makes cardboard furniture
• watch a news report about her
• answer questions about the report and creativity in general

Key Standards
1.1, 1.2, 1.3, 2.1, 4.2

Préparation Have students discuss the questions in small groups. You may also ask students who are creative to bring in some examples of their work to share with the class.

PRE-AP®

Interpretive Communication
• Have students look at the image and read the caption to predict what the video is about.
• Explain that students will not understand every word they hear. Tell them to listen for cognates and words they already know. Point out that the images they see will also help them understand the words they hear.

Créatrice de meubles en carton
To check comprehension, ask:
1. Que fait Caroline Martial?
(des meubles en carton)
2. Qu'est-ce qu'il suffit d'avoir pour transformer du carton en meuble? (de l'imagination)
3. Qu'est-ce qu'elle utilise pour décorer ses créations?
(des plumes, des boutons ou des paillettes)

Compréhension After students complete the activity, show the video again so they can check their answers. Guide them in revising false statements so they are true.

Conversation Once they finish their discussions, have groups share their thoughts with the class. Encourage students to express their opinions regarding the purpose of art.

EXPANSION

Craft Vocabulary Share the following craft terms used in the video with students: **le papier peint** (*wallpaper*), **les papiers artisanaux** (*hand-made papers*), **le poudre d'or** (*gold dust*), **la strasse** (*silk scraps*). Ask them what materials they use when they do crafts, and have them look up the French words for them to share with the class.

EXPANSION

Cultures Have students work in pairs or small groups to research crafts popular in other Francophone cultures. Assign each group a different Francophone area and have them research a craft that's popular there. Then discuss with the class how these crafts vary from the one seen in the video and those popular in their own region. Also discuss the purpose crafts serve in a community. What do they say about the community's culture and people?

Section Goals

In this section, students will learn and practice vocabulary related to:
• household chores
• home appliances

Key Standards
1.1, 1.2, 4.1

Suggestions
• Use the digital image for this page. Point out appliances and talk about what people in the illustration are doing. Examples: **Ça, c'est un four à micro-ondes. Cette fille balaie.**
• Ask students questions about chores using the new vocabulary. Examples: **Préférez-vous balayer ou passer l'aspirateur? Faire la cuisine ou faire la lessive? Mettre la table ou sortir la poubelle?**
• Say vocabulary words and tell students to write or say the opposite terms. Examples: **sale (propre), débarrasser la table (mettre la table)**, and **salir les vêtements (faire la lessive).**
• Point out the difference between **un évier** (*kitchen sink*) and **un lavabo** (*bathroom sink*).
• Point out the expressions that use **faire**: **faire la lessive, faire la poussière, faire le ménage, faire le lit,** and **faire la vaisselle.**
• Tell students that the names of several appliances are compounds of verbs and nouns. Examples: **grille-pain, lave-vaisselle,** and **sèche-linge.** Other appliances use the preposition **à**: **un fer à repasser, un four à micro-ondes.**

You will learn how to...
▪ talk about chores
▪ talk about appliances

Les tâches ménagères

Vocabulaire

débarrasser la table	*to clear the table*
enlever/faire la poussière	*to dust*
essuyer la vaisselle/ la table	*to dry the dishes/ to wipe the table*
faire la lessive	*to do the laundry*
faire le ménage	*to do the housework*
laver	*to wash*
mettre la table	*to set the table*
passer l'aspirateur	*to vacuum*
ranger	*to tidy up; to put away*
salir	*to soil, to make dirty*
propre	*clean*
sale	*dirty*
un appareil électrique/ ménager	*electrical/household appliance*
une cafetière	*coffeemaker*
une cuisinière	*stove*
un grille-pain	*toaster*
un lave-linge	*washing machine*
un lave-vaisselle	*dishwasher*
un sèche-linge	*clothes dryer*
une tâche ménagère	*household chore*

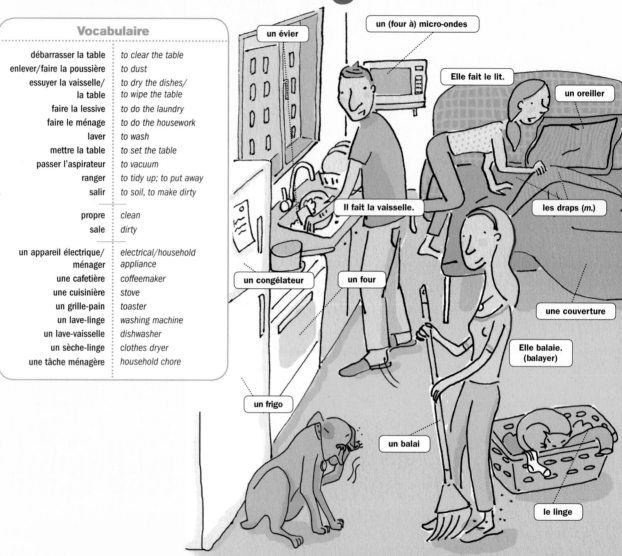

un évier

un (four à) micro-ondes

Elle fait le lit.

un oreiller

Il fait la vaisselle.

les draps (m.)

un congélateur

un four

une couverture

Elle balaie. (balayer)

un frigo

un balai

le linge

TEACHING OPTIONS

Using Games Write vocabulary words for appliances on index cards. On another set of cards, draw or paste pictures to match each term. Tape them face down on the board in random order. Divide the class into two teams. Then play a game of Concentration in which students match words with pictures. When a player has a match, that player's team collects those cards. When all the cards have been matched, the team with the most cards wins.

EXPANSION

Oral Practice Ask students what chores they do in various rooms. Examples: **Dans quelle pièce... faites-vous la vaisselle? faites-vous le lit? mettez-vous la table? passez-vous l'aspirateur? repassez-vous? balayez-vous?**

Mise en pratique

1 On fait le ménage Complétez les phrases avec le bon mot.

1. On balaie avec ___un balai___.
2. On repasse le linge avec ___un fer à repasser___.
3. On fait la lessive avec ___un lave-linge___.
4. On lave la vaisselle avec ___un lave-vaisselle___.
5. On prépare le café avec ___une cafetière___.
6. On sèche les vêtements avec ___un sèche-linge___.
7. On met la glace dans ___un congélateur___.
8. Pour faire le lit, on doit arranger ___les draps___, ___la couverture___ et ___l'oreiller/les oreillers___

2 Écoutez Écoutez la conversation téléphonique (*phone call*) entre Laurent et un conseiller à la radio (*radio psychologist*). Ensuite, indiquez les tâches ménagères que faisaient Laurent et Paul l'année dernière.

	Laurent	Paul
1. Il mettait la table.	☑	☐
2. Il faisait les lits.	☐	☑
3. Il passait l'aspirateur.	☑	☐
4. Il sortait la poubelle.	☐	☑
5. Il balayait.	☐	☑
6. Il faisait la lessive.	☑	☐
7. Il faisait la vaisselle.	☐	☑
8. Il nettoyait le frigo.	☑	☐

3 Les tâches ménagères Avec un(e) partenaire, indiquez quelles tâches ménagères vous faites dans chaque pièce ou partie de votre logement. Il y a plus d'une réponse possible. *Answers will vary.*

1. La chambre: _____
2. La cuisine: _____
3. La salle de bains: _____
4. La salle à manger: _____
5. La salle de séjour: _____
6. Le garage: _____

cent soixante-treize **173**

Il sort la poubelle. (sortir)

un fer à repasser

Il repasse. (repasser)

Communication

4 **Qui fait quoi?** Votre professeur va vous donner une feuille d'activités. Dites si vous faites les tâches indiquées en écrivant (*by writing*) **Oui** ou **Non** dans la première colonne. Ensuite, posez des questions à vos camarades de classe, et écrivez leur nom dans la deuxième colonne quand ils répondent **Oui**. Présentez vos réponses à la classe. Answers will vary.

MODÈLE

mettre la table pour prendre le petit-déjeuner
Élève 1: *Est-ce que tu mets la table pour prendre le petit-déjeuner?*
Élève 2: *Oui, je mets la table chaque matin./ Non, je ne prends pas de petit-déjeuner, donc je ne mets pas la table.*

Activités	Moi	Mes camarades de classe
1. mettre la table pour prendre le petit-déjeuner		
2. passer l'aspirateur tous les jours		
3. salir ses vêtements quand on mange		
4. nettoyer les toilettes		
5. balayer la cuisine		
6. débarrasser la table après le dîner		
7. souvent enlever la poussière sur son ordinateur		
8. laver les vitres (*windows*)		

5 **Conversez** Interviewez un(e) camarade de classe. Answers will vary.

1. Qui fait la vaisselle chez toi?
2. Qui fait la lessive chez toi?
3. Fais-tu ton lit tous les jours?
4. Quelles tâches ménagères as-tu faites le week-end dernier?
5. Repasses-tu tous tes vêtements?
6. Quelles tâches ménagères détestes-tu faire?
7. Quels appareils électriques as-tu chez toi?
8. Ranges-tu souvent ta chambre?

6 **Au pair** Vous partez dans un pays francophone pour vivre dans une famille pendant (*for*) un an. Travaillez avec deux camarades de classe et préparez un dialogue dans lequel (*in which*) vous: Answers will vary.

- parlez des tâches ménagères que vous détestez/aimez faire.
- posez des questions sur vos nouvelles responsabilités.
- parlez de vos passions et de vos habitudes.
- décidez si cette famille vous convient.

7 **Écrivez** L'appartement de Martine est un désastre: la cuisine est sale et le reste de l'appartement est encore pire (*worse*). Préparez un paragraphe où vous décrivez les problèmes que vous voyez (*see*) et que vous imaginez. Ensuite, écrivez la liste des tâches que Martine va faire pour tout nettoyer. Answers will vary.

Les sons et les lettres 🔊 vhlcentral

Semi-vowels

French has three semi-vowels. Semi-vowels are sounds that are produced in much the same way as vowels, but also have many properties in common with consonants. Semi-vowels are also sometimes referred to as *glides* because they glide from or into the vowel they accompany.

Lucien	**chien**	**soif**	**nuit**

The semi-vowel that occurs in the word **bien** is very much like the *y* in the English word *yes*. It is usually spelled with an **i** or a **y** (pronounced *ee*), then glides into the following sound. This semi-vowel sound is also produced when **ll** follows an **i**.

nation	**balayer**	**bien**	**brillant**

The semi-vowel that occurs in the word **soif** is like the *w* in the English words *was* and *we*. It usually begins with **o** or **ou**, then glides into the following vowel.

trois	**froid**	**oui**	**ouistiti**

The third semi-vowel sound occurs in the word **nuit**. It is spelled with the vowel **u**, as in the French word **tu**, then glides into the following sound.

lui	**suis**	**cruel**	**intellectuel**

Prononcez Répétez les mots suivants à voix haute.

1. oui
2. taille
3. suisse
4. fille
5. mois
6. cruel
7. minuit
8. jouer
9. cuisine
10. juillet
11. échouer
12. croissant

Articulez Répétez les phrases suivantes à voix haute.

1. Voici trois poissons noirs.
2. Louis et sa famille sont suisses.
3. Parfois, Grégoire fait de la cuisine chinoise.
4. Aujourd'hui, Matthieu et Damien vont travailler.
5. Françoise a besoin de faire ses devoirs d'histoire.
6. La fille de Monsieur Poirot va conduire pour la première fois.

Dictons Répétez les dictons à voix haute.

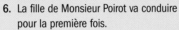

Vouloir, c'est pouvoir.[2]

La nuit, tous les chats sont gris.[1]

[1] All cats are gray in the dark.
[2] Where there's a will, there's a way.

cent soixante-quinze **175**

Section Goals

In this section, students will learn about semi-vowels.

Key Standards
4.1

Suggestions
- Model the pronunciation of the example words and have students repeat them after you.
- Ask students to provide more examples of words from this or previous lessons with these sounds. Examples: **essuyer, évier, moi, minuit, juillet.**
- Dictate five familiar words containing semi-vowels, repeating each one at least two times. Then write them on the board or on a transparency and have students check their spelling.
- Remind students that many vowels combine to make a single sound with no glide. Examples: **ai** and **ou**
- Explain that **un ouistiti** is a marmoset.

EXPANSION

Mini-dictée Use these sentences with semi-vowels for additional practice or dictation. **1. Nous balayons bien la cuisine. 2. J'ai soif, mais tu as froid. 3. Une fois, ma fille a oublié son parapluie. 4. Parfois, mon chien aime jouer entre minuit et trois heures du matin.**

EXPANSION

Tongue-twisters Teach students these French tongue-twisters that contain semi-vowels. **1. Trois petites truites non cuites, trois petites truites crues. 2. Une bête noire se baigne dans une baignoire noire.**

Section Goals

In this section, students will learn functional phrases for talking about who and what they know.

Key Standards

1.2, 2.1, 2.2, 4.1, 4.2

Video Recap: Leçon 8A
Before doing this **Roman-photo**, review the previous one with this activity.
1. Qui a fait une visite surprise à Aix-en-Provence? (Pascal)
2. Combien de pièces y a-t-il chez Sandrine? (trois)
3. Comment est l'appartement de Sandrine? (grand et beau)
4. Comment est l'appartement de Rachid et David? (petit, pas de décorations et pas beaucoup de meubles)
5. Que pense Sandrine de la visite surprise de Pascal? (Elle n'est pas contente.)

Video Synopsis

At the café, Amina talks to Sandrine on the phone. Valérie questions Stéphane about his chores and reminds him to do the dishes before he leaves. Amina arrives at Sandrine's. As Sandrine is baking cookies, she breaks a plate. The two girls talk about how annoying Pascal is. Sandrine asks if Amina plans to meet Cyberhomme in person. Amina is not sure that's a good idea.

Suggestions

• Have students predict what the episode will be about based on the title and video stills.
• Have students scan the **Roman-photo** and find sentences related to chores.
• After reading the captions, review students' predictions.

La vie sans Pascal vhlcentral

PERSONNAGES

Amina

Michèle

Sandrine

Stéphane

Valérie

Au P'tit Bistrot...
MICHÈLE Tout va bien, Amina?
AMINA Oui, ça va, merci. (*Au téléphone*) Allô?... Qu'est-ce qu'il y a, Sandrine?... Non, je ne le savais pas, mais franchement, ça ne me surprend pas... Écoute, j'arrive chez toi dans quinze minutes, d'accord? ... À tout à l'heure!

MICHÈLE Je débarrasse la table?
AMINA Oui, merci, et apporte-moi l'addition, s'il te plaît.
MICHÈLE Tout de suite.

VALÉRIE Tu as fait ton lit, ce matin?
STÉPHANE Oui, maman.
VALÉRIE Est-ce que tu as rangé ta chambre?
STÉPHANE Euh... oui, ce matin, pendant que tu faisais la lessive.

Chez Sandrine...
SANDRINE Salut, Amina! Merci d'être venue.
AMINA Mmmm. Qu'est-ce qui sent si bon?
SANDRINE Il y a des biscuits au chocolat dans le four.
AMINA Oh, est-ce que tu les préparais quand tu m'as téléphoné?

SANDRINE Tu as soif?
AMINA Un peu, oui.
SANDRINE Sers-toi, j'ai des jus de fruits au frigo.

Sandrine casse (breaks) une assiette.
SANDRINE Et zut!
AMINA Ça va, Sandrine?
SANDRINE Oui, oui... passe-moi le balai, s'il te plaît.
AMINA N'oublie pas de balayer sous la cuisinière.
SANDRINE Je sais! Excuse-moi, Amina. Comme je t'ai dit au téléphone, Pascal et moi, c'est fini.

A C T I V I T É S

1   **Questions** Répondez aux questions par des phrases complètes. Answers may vary slightly.

1. Avec qui Amina parle-t-elle au téléphone?
Elle parle avec Sandrine.
2. Comment va Sandrine aujourd'hui? Pourquoi?
Elle est de mauvaise humeur parce que c'est fini avec Pascal.
3. Est-ce que Stéphane a fait toutes ses tâches ménagères?
Non, il n'a pas fait toutes ses tâches ménagères.
4. Qu'est-ce que Sandrine préparait quand elle a téléphoné à Amina? Elle préparait des biscuits au chocolat.

5. Amina a faim et a soif. À votre avis (*opinion*), que va-t-elle prendre? Elle va prendre un jus de fruits et elle va manger des biscuits.
6. Pourquoi Amina n'est-elle pas fâchée (*angry*) contre Sandrine? Elle comprend pourquoi Sandrine est un peu triste/de mauvaise humeur.
7. Pourquoi Amina pense-t-elle que Sandrine aimerait (*would like*) un cyberhomme américain? Amina pense que Sandrine aime David.
8. Sandrine pense qu'Amina devrait (*should*) rencontrer Cyberhomme, mais Amina pense que ce n'est pas une bonne idée. À votre avis, qui a raison? Answers will vary.

La vie sans Pascal Before playing the video, show students individual photos from the **Roman-photo**, #5 or #8 for example, and have them write their own captions. Ask volunteers to write their captions on the board.

Regarder la vidéo Download and print the videoscript found on vhlcentral.com, then white out words related to household chores and other key vocabulary in order to create a master for a cloze activity. Distribute photocopies and tell students to fill in the missing information as they watch the video episode.

Amina console Sandrine.

VALÉRIE Hmm... et la vaisselle? Tu as fait la vaisselle?
STÉPHANE Non, pas encore, mais...
MICHÈLE Il me faut l'addition pour Amina.
VALÉRIE Stéphane, tu dois faire la vaisselle avant de sortir.
STÉPHANE Bon, ça va, j'y vais!

VALÉRIE Ah, Michèle, il faut sortir les poubelles pour ce soir!
MICHÈLE Oui, comptez sur moi, Madame Forestier.
VALÉRIE Très bien! Moi, je rentre, il est l'heure de préparer le dîner.

SANDRINE Il était tellement pénible. Bref, je suis de mauvaise humeur aujourd'hui.
AMINA Ne t'en fais pas, je comprends.
SANDRINE Toi, tu as de la chance.
AMINA Pourquoi tu dis ça?
SANDRINE Tu as ton Cyberhomme. Tu vas le rencontrer un de ces jours?
AMINA Oh... Je ne sais pas si c'est une bonne idée.

SANDRINE Pourquoi pas?
AMINA Sandrine, il faut être prudent dans la vie, je ne le connais pas vraiment, tu sais.
SANDRINE Comme d'habitude, tu as raison. Mais finalement, un cyberhomme, c'est peut-être mieux qu'un petit ami. Ou alors, un petit ami artistique, charmant et beau garçon.
AMINA Et américain?

Expressions utiles

Talking about what you know

- **Je ne le savais pas, mais franchement, ça ne me surprend pas.**
  I didn't know that, but frankly, I'm not surprised.
- **Je sais!**
  I know!
- **Je ne sais pas si c'est une bonne idée.**
  I don't know if that's a good idea.
- **Je ne le connais pas vraiment, tu sais.**
  I don't really know him, you know.

Additional vocabulary

- **Comptez sur moi.**
  Count on me.
- **Ne t'en fais pas.**
  Don't worry about it.
- **J'y vais!**
  I'm going there!/I'm on my way!
- **pas encore**
  not yet
- **tu dois**
  you must
- **être de bonne/mauvaise humeur**
  to be in a good/bad mood

Expressions utiles
- Model the pronunciation of the **Expressions utiles** and have students repeat them.
- As you work through the list, point out the forms of **savoir** and **connaître**. See if students can discern the difference in meaning between the two verbs from the example sentences. Respond briefly to their questions, but tell them that these verbs will be formally presented in **Structures 8B.2**.

1 **Suggestion** Have volunteers write their answers on the board. Go over them as a class.

2 **Expansion** Ask students who works the hardest of all these people. Have them support their opinion with details from this episode and previous ones.

3 **Suggestion** ↔🧍↔ To review past tenses, have students write a one-paragraph summary at the end of the month telling what their "sister" actually did or did not do, and why.

Presentational Writing Practice Ask students to reflect on what they think might happen in the next episode of **Roman-photo**, and have them create a story-board like the one shown here that represents their predictions.

---

2 **Le ménage** Indiquez qui a fait ou va faire ces tâches ménagères: Amina (A), Michèle (M), Sandrine (S), Stéphane (St), Valérie (V) ou personne (no one) (P).

1. sortir la poubelle M
2. balayer S & A
3. passer l'aspirateur P
4. faire la vaisselle St
5. faire le lit St
6. débarrasser la table M
7. faire la lessive V
8. ranger sa chambre St

3 **Écrivez** Vous avez gagné un pari (bet) avec votre grande sœur et elle doit faire (must do) en conséquence toutes les tâches ménagères que vous lui indiquez pendant un mois. Écrivez une liste de dix tâches minimum. Pour chaque tâche, précisez la pièce du logement et combien de fois par semaine elle doit l'exécuter.

A C T I V I T É S

TEACHING OPTIONS

Debate 🧍↔🧍 Divide the class into two groups based on their answers to question 8 on page 176 (whether or not Amina should meet Cyberhomme) and have a debate about who is right. Tell groups to brainstorm a list of arguments to support their point of view and anticipate rebuttals for what the other team might say.

EXPANSION

Predicting Future Episodes →🧍↔ Have students work in pairs. Tell them to reread the last lines of the **Roman-photo** and write a short paragraph predicting what will happen in future episodes. Do they think Amina will meet Cyberhomme in person? What do they think will happen in Sandrine's love life? Have volunteers read their paragraphs aloud to the class.

177

AP® Theme: Contemporary Life
Context: Housing and Shelter

vhlcentral

CULTURE À LA LOUPE

L'intérieur des logements français

L'intérieur des maisons et des appartements français est assez° différent de celui chez les Américains. Quand on entre dans un immeuble ancien en France, on est dans un hall° où il y a des boîtes aux lettres°. Ensuite, il y a souvent une deuxième porte. Celle-ci conduit à° l'escalier. Il n'y a pas souvent d'ascenseur, mais s'il y en a un°, en général, il est très petit et il est au milieu de° l'escalier. Le hall de l'immeuble peut aussi avoir une porte qui donne sur une cour° ou un jardin, souvent derrière le bâtiment°.

À l'intérieur des logements, les pièces sont en général plus petites que° les pièces américaines, surtout les cuisines et les salles de bains. Dans la cuisine, on trouve tous les appareils ménagers nécessaires (cuisinière, four, four à micro-ondes, frigo), mais ils sont plus petits qu'aux États-Unis. Les lave-vaisselle sont assez rares dans les appartements et plus communs dans les maisons. On a souvent une seule° salle de bains et les toilettes sont en général dans une autre petite pièce séparée°. Les lave-linge sont aussi assez petits et on les trouve, en général, dans la cuisine ou dans la salle de bains. Dans les chambres, en France, il n'y a pas de grands placards et les vêtements sont rangés la plupart° du temps dans une armoire ou une commode. Les fenêtres s'ouvrent° sur l'intérieur, un peu comme des portes, et il est très rare d'avoir des moustiquaires°. Par contre°, il y a presque toujours des volets°.

assez rather hall entryway boîtes aux lettres mailboxes conduit à leads to s'il y en a un if there is one au milieu de in the middle of cour courtyard bâtiment building plus petites que smaller than une seule only one séparée separate la plupart most s'ouvrent open moustiquaires screens Par contre On the other hand volets shutters

Combien de logements ont ces appareils ménagers?

Réfrigérateur	99,8%
Cuisinière / Four	96,4%
Lave-linge	95,6%
Congélateur	91,2%
Four à micro-ondes	88,3%
Lave-vaisselle	57,1%
Sèche-linge	28,7%

SOURCE: INSEE

Coup de main

Demonstrative pronouns help to avoid repetition.

	S.	P.
M.	celui	ceux
F.	celle	celles

Ce lit est grand, mais le lit de Monique est petit.

Ce lit est grand, mais **celui** de Monique est petit.

ACTIVITÉS

1 Complétez Complétez chaque phrase logiquement.
Answers will vary. Possible answers provided.

1. Dans le hall d'un immeuble français, on trouve... des boîtes aux lettres et des portes.
2. Au milieu de l'escalier, dans les vieux immeubles français, ... il y a parfois un ascenseur.
3. Derrière les vieux immeubles, on trouve souvent... une cour ou un jardin.
4. Les cuisines et les salles de bains françaises sont... assez petites.
5. Dans les appartements français, il est assez rare d'avoir... un lave-vaisselle.
6. Les logements français ont souvent une seule... salle de bains.
7. En France, les toilettes sont souvent... dans une pièce séparée.
8. Les Français rangent souvent leurs vêtements dans une armoire parce qu'ils... n'ont pas souvent de placards.
9. On trouve souvent le lave-linge... dans la cuisine ou dans la salle de bains.
10. En général, les fenêtres dans les logements français... ont des volets.

EXPANSION

Cultural Comparison Take a quick class survey to find out how many students have the appliances listed in the chart in their homes. Tally the results on the board and have students calculate the percentages. Example: **Combien de personnes ont un réfrigérateur à la maison?**

Then have students compare the results of this survey with those in the chart. Examples: **Plus d'Américains ont un sèche-linge dans leur maison./Moins de Français ont un sèche-linge dans leur maison.**

Quelles conditions!

boxon (*m.*)	*shambles*
piaule (*f.*)	*pad, room*
souk (*m.*)	*mess*
impeccable	*spic-and-span*
nickel	*spotless*
ringard	*cheesy, old-fashioned*
crécher	*to live*
semer la pagaille	*to make a mess*

AP® Theme: Beauty and Aesthetics **Context:** Architecture

Architecture moderne et ancienne

Architecte suisse

Le Corbusier Originaire du canton de Neuchâtel, il est l'un des principaux représentants du mouvement moderne au début° du 20e siècle. Il est connu° pour être l'inventeur de l'unité d'habitation°, concept sur les logements collectifs qui rassemblent dans un même lieu garderie° d'enfants, piscine, écoles, commerces et lieux de rencontre. Il est naturalisé français en 1930.

Architecture du Maroc

Les riads, mot° qui à l'origine signifie «jardins» en arabe, sont de superbes habitations anciennes° construites pour préserver la fraîcheur°. On les trouve au cœur° des ruelles° de la médina (quartier historique).
Les kasbahs, bâtisses° de terre° dans le Sud marocain, sont des exemples d'un art typiquement berbère et rural.

début *beginning* **connu** *known* **unité d'habitation** *housing unit* **garderie** *daycare center* **mot** *word* **anciennes** *old* **fraîcheur** *coolness* **cœur** *heart* **ruelles** *alleyways* **bâtisses** *dwellings* **terre** *earth*

AP® Theme: Beauty and Aesthetics
Context: Architecture

Le Vieux Carré

Le Vieux Carré, aussi appelé le Quartier Français, est le centre historique de La Nouvelle-Orléans. Il a conservé le souvenir° des époques° coloniales du 18e siècle°. La culture française est toujours présente avec des noms de rues° français comme *Toulouse* ou *Chartres*, qui sont de grandes villes françaises. Cependant° le style architectural n'est pas français; il est espagnol. Les maisons avec les beaux balcons sont l'héritage de l'occupation espagnole de la deuxième moitié° du 18e siècle. Mardi gras, en février, est la fête la plus populaire de La Nouvelle-Orléans, qui est aussi très connue° pour son festival de jazz, en avril.

souvenir *memory* **époques** *times* **siècle** *century* **noms de rues** *street names* **Cependant** *However* **moitié** *half* **connue** *known*

Sur Internet

Qu'est-ce qu'on peut voir (*see*) au musée des Arts décoratifs de Paris?

Go to **vhlcentral.com** to find more information related to this **Culture** section.

---

2 Complétez Complétez les phrases.

1. Le Vieux Carré est aussi appelé le Quartier Français.
2. *Toulouse* et *Chartres* sont deux noms de rues français à La Nouvelle-Orléans.
3. Le style architectural du Vieux Carré n'est pas français mais espagnol.
4. La Nouvelle-Orléans est connue pour son festival de jazz.
5. Le Corbusier est l'inventeur de l'unité d'habitation.
6. On trouve les riads parmi (*among*) les ruelles de la médina.

3 C'est le souk!

Votre oncle favori vient vous rendre visite et votre petit frère a semé la pagaille dans votre chambre. C'est le souk! Avec un(e) partenaire, inventez une conversation où vous lui donnez des ordres pour nettoyer avant l'arrivée de votre oncle. Jouez la scène devant la classe.

A C T I V I T É S

- Model the pronunciation of each term and have students repeat it.
- Have volunteers create sentences using these words.

Portrait Ask students: **Que désirez-vous faire ou visiter dans le Vieux Carré de La Nouvelle-Orléans?**

Le monde francophone
- Bring in photos from magazines, books, or the Internet of buildings designed by Le Corbusier, as well as images showing **riads** and **kasbahs** in Morocco. Ask students to compare and contrast the buildings and dwellings in the photos and to say which they prefer, and why.
- Ask a few content questions based on the text. Examples: **1. Quel mouvement architectural est-ce que Le Corbusier représente? (moderne) 2. Qu'est-ce qu'on trouve dans une unité d'habitation? (des garderies d'enfants, des piscines, des écoles, des commerces, des lieux de rencontre) 3. Quel style d'art représentent les kasbahs marocaines? (un art berbère et rural)**

2 Expansion For additional practice, give students these items. **7. _____ est la fête la plus populaire de La Nouvelle-Orléans. (Mardi gras) 8. On trouve des kasbahs dans le _____. (Sud marocain) 9. Au Maroc, _____ est appelé un riad. (un jardin)**

3 Suggestion Encourage students to use terms in **Le français quotidien** in their role-plays.

 21ˢᵗ Century Skills

Information and Media Literacy: Sur Internet Students access and critically evaluate information from the Internet.

Le Vieux Carré Share the following information about two important historical sites in New Orleans with students. **Le Cabildo** was completed in 1799. The ceremonies finalizing the Louisiana Purchase were held there in 1803. Since 1903, it has been the Louisiana State Museum. The museum contains a number of objects from Napoleonic history.

The present-day **cathédrale Saint-Louis** was completed in 1851. Made of bricks, the cathedral is dedicated to King Louis IX of France (1214–1270), who was canonized in 1297. His life is depicted in ten of the stained glass windows.

Section Goals

In this section, students will review:

- the uses and meanings of the **passé composé** and the **imparfait**
- common expressions indicating past tenses

Key Standards

4.1, 5.1

Note If you feel that your students have sufficiently mastered the uses of the **passé composé** and the **imparfait**, you may wish to skip **Structures 8B.1** and move on to **Structures 8B.2**; or, you may wish to assign this section as remediation.

Suggestions: Scaffolding

- To practice contrasting the **passé composé** vs. the **imparfait**, first do a review of each tense and its uses. Then write the following sentences on the board: **1. Je vais au cinéma avec un ami. 2. Nous prenons le bus. 3. Après le film, nous mangeons au restaurant. 4. Ensuite, nous faisons une promenade. 5. Nous rentrons tard à la maison.** Have students change the sentences above first to the **passé composé** and then to the **imparfait**. Have them add adverbs or expressions they've learned that signal a past tense.
- Follow the Oral Practice suggestion on p. 180. Then have students work in pairs to complete the interview in the suggestion on p. 181.

8B.1

The *passé composé* vs. the *imparfait* (Summary)

vhlcentral

Point de départ You have learned the uses of the **passé composé** versus the **imparfait** to talk about things and events in the past. These tenses are distinct and are not used in the same way. Remember always to keep the context and the message you wish to convey in mind while deciding which tense to use.

Uses of the *passé composé*	
To talk about events that happened at a specific moment or for a precise duration in the past	Je **suis allé** au concert vendredi. *I went to the concert on Friday.*
To express an action or a sequence of actions that started and ended in the past	Tu **as fait** le lit, tu **as sorti** la poubelle et tu **as mis** la table. *You made the bed, took out the trash, and set the table.*
To indicate a change in the mental, emotional or physical state of a person	Tout à coup, elle **a eu** soif. *Suddenly, she got thirsty.*
To narrate the facts in a story	Nous **avons passé** une journée fantastique à la plage. *We spent a fantastic day at the beach.*
To describe actions that move the plot forward in a narration	Soudain, Thomas **a trouvé** la réponse à leur question. *Suddenly, Thomas found the answer to their question.*

Uses of the *imparfait*	
To talk about actions that lasted for an unspecified duration of time	Elle **dormait** tranquillement. *She was sleeping peacefully.*
To relate habitual or repeated past actions and events	Nous **faisions** une promenade au parc tous les dimanches matins. *We used to walk in the park every Sunday morning.*
To describe mental, emotional or physical states or conditions	Elle **avait** toujours soif. *She was always thirsty.*
To describe the background scene and setting of a story	Il **faisait** beau et le ciel **était** bleu. *The weather was nice and the sky was blue.*
To describe people and things	C'**était** une photo d'une jolie fille. *It was a photograph of a pretty girl.*

EXPANSION

Oral Practice Have students recall a misunderstanding or a dispute they've had with a friend or family member in the past. Ask them to describe what happened using the **passé composé** and the **imparfait**. Example: **Mon ami et moi avions rendez-vous au cinéma pour voir un film. Il faisait mauvais et il pleuvait. J'ai attendu mon ami pendant une heure devant le cinéma, mais il n'est pas venu!**

TEACHING OPTIONS

Video Divide the class into small groups. Show the video of the **Roman-photo** again and have the groups write a summary of the episode, using the **passé composé** and the **imparfait**. Have the groups present their summaries and have the class vote for the best one.

Suggestion Before students complete **Essayez!**, have them reread all the points on pp. 180–181.

Essayez! Give the following items as additional practice. **9. La semaine dernière, mon ami et moi _____ (faire) de la planche à voile. (avons fait) 10. Avant, ils _____ (répondre) toujours aux questions du prof. (répondaient) 11. Papa _____ (acheter) un nouveau frigo hier. (a acheté) 12. D'habitude, nous _____ (mettre) nos vêtements dans le placard. (mettions)**

- The **imparfait** and the **passé composé** are sometimes used in the same sentence to say what was going on when something else happened. Use the **imparfait** to say what was going on and the **passé composé** to say what happened to interrupt that action.

Je **travaillais** dans le jardin quand mon amie **a téléphoné**.
I was working in the garden when my friend called.

Ils **faisaient** de la planche à voile quand j'**ai pris** cette photo.
They were wind-surfing when I took this photo.

- A cause and effect relationship is sometimes expressed by using the **passé composé** and the **imparfait** in the same sentence.

Marie **avait** envie de faire du shopping, alors elle **est allée** au centre commercial.
Marie felt like shopping so she went to the mall.

Mon ami **a balayé** la maison parce qu'elle **était** sale.
My friend swept the house because it was dirty.

- The verb **avoir** has a different meaning when used in the **imparfait** versus the **passé composé**.

J'**avais** sommeil.
I was sleepy.

J'**ai eu** sommeil.
I got sleepy.

Expressions that signal a past tense

- Certain expressions like **soudain, tout à coup, autrefois, une fois, d'habitude, souvent, toujours,** etc. serve as clues to signal a particular past tense.

Autrefois, mes parents et moi **vivions** en Belgique.
In the past, my parents and I used to live in Belgium.

D'habitude, j'**allais** au centre-ville avec mes amis.
Usually, I used to go downtown with my friends.

Un jour, j'**ai rencontré** Nathalie au cinéma.
One day, I met Nathalie at the movies.

J'**ai fait** du cheval deux fois dans ma vie.
I have gone horseback riding two times in my life.

Essayez! **Écrivez la forme correcte du verbe au passé.**

1. D'habitude, vous _mangiez_ (manger) dans la salle à manger.
2. Quand mes copines étaient petites, elles _jouaient_ (jouer) de la guitare.
3. Tout à coup, ma sœur _est arrivée_ (arriver) à l'école.
4. Ce matin, Matthieu _a repassé_ (repasser) le linge.
5. Ils _ont vécu_ (vivre) en France pendant un mois.
6. Les chats _dormaient_ (dormir) toujours sur le tapis.
7. Je/J' _ai loué_ (louer) un studio en ville pendant trois semaines.
8. Vous _laviez_ (laver) toujours les rideaux?
9. Lise _avait_ (avoir) quinze ans quand elle a déménagé.
10. Soudain, nous _avons eu_ (avoir) peur.

TEACHING OPTIONS

Interview Have students interview each other about the first time they met their best friends, using the **passé composé** and the **imparfait**. Encourage them to include time expressions such as those presented on this page.

EXPANSION

Extra Practice Distribute the handout for the activity **Les souvenirs** from the online Resources (Unité 8/Activity Pack/Vocabulary and Grammar Activities). Have students read the instructions and give them 10 minutes to complete the activity. Ask volunteers to share their answers once everyone has finished.

181

1 & 2 Expansions Have volunteers explain why they chose the **passé composé** or the **imparfait** in each case. Ask them to point out any words or expressions that triggered one tense or the other.

3 Expansion ↔👤→ Have students come up with a short story for each illustration.

⭐ **TELL Connection**

Learning Experience 4 *Why:* It is important to maintain 90% or more target language usage in the classroom, even when presenting grammar. *What:* Have students use the grammar explanations in English on the previous pages outside of class. In class, use the scaffolded activities as jumping-off points for more personalized activities that practice the structures in context. Use kinesthetic and visual approaches to clarify meaning without resorting to English, and to tap into the different learning styles in your classroom.

Mise en pratique

1 **À l'étranger!** Choisissez l'imparfait ou le passé composé pour compléter cette histoire.

Lise (1) ___avait___ (avoir) vraiment envie de travailler en France après le lycée. Alors, un jour, elle (2) ___a quitté___ (quitter) son petit village près de Bruxelles et elle (3) ___a pris___ (prendre) le train pour Paris. Elle (4) ___est arrivée___ (arriver) à Paris. Elle (5) ___a trouvé___ (trouver) une chambre dans un petit hôtel. Pendant six mois, elle (6) ___a balayé___ (balayer) le couloir et (7) ___a nettoyé___ (nettoyer) les chambres. Au bout de (*After*) six mois, elle (8) ___a pris___ (prendre) des cours au Cordon Bleu et maintenant, elle est chef dans un petit restaurant!

2 **Explique-moi!** Dites pourquoi vous et vos amis n'avez pas fait les choses qu'il fallait faire. Utilisez le passé composé pour dire ce que (*what*) vous n'avez pas fait et l'imparfait pour expliquer la raison. Faites des phrases complètes.

MODÈLE

Élise / étudier / avoir sommeil
Élise n'a pas étudié parce qu'elle avait sommeil.

1. Carla / faire une promenade / pleuvoir   Carla n'a pas fait de promenade parce qu'il pleuvait.
2. Alexandre et Mia / ranger la chambre / regarder la télé   Alexandre et Mia n'ont pas rangé la chambre parce qu'ils regardaient la télé.
3. nous / répondre au prof / ne pas faire attention   Nous n'avons pas répondu au prof parce que nous ne faisions pas attention.
4. Jade et Noémie / venir au café / nettoyer la maison   Jade et Noémie ne sont pas venues au café parce qu'elles nettoyaient la maison.
5. Léo / mettre un short / aller à un entretien (*interview*)   Léo n'a pas mis son short parce qu'il allait à un entretien.
6. je / manger au restaurant / ne pas avoir d'argent   Je n'ai pas mangé au restaurant parce que je n'avais pas d'argent.
7. Amadou / promener son chien / neiger   Amadou n'a pas promené son chien parce qu'il neigeait.
8. Marc et toi, vous / aller à la piscine / laver la voiture   Marc et toi, vous n'êtes pas allés à la piscine parce que vous laviez la voiture.
9. on / téléphoner à nos amis / ne pas avoir de portable   On n'a pas téléphoné à nos amis parce qu'on n'avait pas de portable.
10. toi, tu / faire du surf / avoir peur   Toi, tu n'as pas fait de surf parce que tu avais peur.

3 **Qu'est-ce qu'ils faisaient quand...?** Que faisaient ces personnes au moment de l'interruption?

▶ **MODÈLE**

Papa débarrassait la table quand mon frère est arrivé.

débarrasser / arriver

1. sortir / dire
Ils sortaient la poubelle quand le voisin a dit bonjour.

2. passer / tomber
Michel passait l'aspirateur quand l'enfant est tombé.

3. faire / partir
Sa mère faisait la lessive quand Anne est partie.

4. laver / commencer
Ils lavaient la voiture quand il a commencé à pleuvoir.

TEACHING OPTIONS

Extra Practice ↔👤→ Have students work in small groups to write a story about a Francophone student who came to your school as part of a year-long exchange program. Tell them to use Activity 1 as a model and to include as much detail as possible in their stories.

TEACHING OPTIONS

Extra Practice 👤↔👤 Have students prepare questions to interview a classmate about something they did last weekend. Tell them to find out what their partner did, the circumstances surrounding the event, how they felt, etc. After students conduct their interviews, have them write a summary of what they learned.

Communication

4 Situations Avec un(e) partenaire, complétez ces phrases avec le passé composé ou l'imparfait. Comparez vos réponses, puis présentez-les à la classe.

Answers will vary.

1. Autrefois, ma famille...
2. Je faisais une promenade quand...
3. Mon/Ma meilleur(e) ami(e)... tous les jours.
4. D'habitude, au petit-déjeuner, je...
5. Une fois, mon copain et moi...
6. Hier, je rentrais des cours quand...
7. Parfois, ma mère...
8. Hier, il faisait mauvais. Soudain, ...
9. Souvent, quand j'étais petit(e)...
10. La semaine dernière, en cours de français, nous...

5 À votre tour Demandez à un(e) partenaire de compléter ces phrases avec le passé composé ou l'imparfait. Ensuite, présentez ses phrases à la classe.

Answers will vary.

1. Mes profs l'année dernière...
2. Quand je suis rentré(e) chez moi hier, ...
3. Le week-end dernier, ...
4. Quand j'ai fait la connaissance de mon/ma meilleur(e) ami(e), ...
5. La première fois que mon/ma meilleur(e) ami(e) et moi sommes sorti(e)s, ...
6. Quand j'avais dix ans, ...
7. Le jour de mon dernier anniversaire, ...
8. Pendant les vacances d'été, ...
9. Quand Leonardo DiCaprio a gagné son premier Oscar, ...
10. Hier soir, je regardais la télé quand...
11. Quand mes parents étaient plus jeunes, ...
12. La dernière fois que j'ai fait un voyage, ...

6 Je me souviens! Racontez à votre partenaire un événement spécial de votre vie qui s'est déjà passé. Votre partenaire vous pose des questions pour avoir plus de détails sur cet événement. Vous pouvez (*can*) parler d'un anniversaire, d'une fête familiale, d'un mariage ou d'un concert. Utilisez le passé composé et l'imparfait. *Answers will vary.*

> **MODÈLE**
>
> **Élève 1:** *Nous avons fait une grande fête d'anniversaire pour ma grand-mère l'année dernière.*
> **Élève 2:** *Quel âge a-t-elle eu?*
> **Élève 1:** *Elle a eu soixante ans.*
> **Élève 2:** *Vous avez fait la fête chez toi?*
> **Élève 1:** *Nous avons fait la fête dans le jardin parce qu'il faisait très beau.*

4 Expansion Have students choose one of these sentences to begin telling a short story in the past. Encourage students to use both the **passé composé** and the **imparfait**.

4 Partner Chat You can also assign Activity 4 on vhlcentral.com. Students work in pairs to record the activity online. The pair's recorded conversation will appear in your gradebook.

5 Expansion You could also have students do this activity as a survey by turning the phrases into questions and adding additional questions in the past. Examples: **Comment étaient tes profs l'année dernière? Que faisait ta mère quand tu es rentré(e) chez toi hier? Qu'est-ce que tu as fait le week-end dernier?**

Activity Pack For additional activities, go to the **Activity Pack** in the **Resources** section of vhlcentral.com.

cent quatre-vingt-trois **183**

Act It Out Act out the **modèle** with a volunteer before assigning Activity 6 to pairs. Encourage students to use key adverbs to indicate the appropriate verb tenses in the dialogue. Examples: **soudain, tout à coup, autrefois,** etc.

PRE-AP®

Interpersonal Writing Have students work with a partner to write an e-mail to a friend telling about the horrible weekend they had because they had to do a lot of chores and complaining about their siblings who did not do their share of the work.

Section Goals

In this section, students will learn the uses of **savoir** and **connaître**.

Key Standards

4.1, 5.1

Suggestions: Scaffolding

- Go over **Point de départ**. Model **savoir** by asking several questions with it. Examples: _____, savez-vous faire du ski? Et vous, _____, savez-vous où est la bibliothèque? Next, write **connaître** on the board and ask questions, such as: _____, connaissez-vous mon frère? Connaissez-vous La Nouvelle-Orléans? Ask students further questions using both verbs to help them infer the difference in use between the two.

- Discuss the images and captions from **Roman-photo**. Ask: **Que sait Amina? Est-ce qu'elle connaît Cyberhomme? (qu'il faut balayer sous la cuisinière, non)**

- Point out that the context of the phrase will indicate which verb to use. Using examples in English, have students say which verb would be used for the French translation. Examples: I know how to swim. (**savoir**) He doesn't know the president. (**connaître**)

- Go over the conjugations of both **savoir** and **connaître** in the present tense.

8B.2 The verbs *savoir* and *connaître* **vhl**central

Point de départ Savoir and connaître both mean *to know*. The choice of verb in French depends on the context in which it is being used.

N'oublie pas de balayer sous la cuisinière.

Je sais!

Je ne le connais pas vraiment, tu sais.

savoir	
je	sais
tu	sais
il/elle/on	sait
nous	savons
vous	savez
ils/elles	savent

Boîte à outils

Always use the construction **savoir** + [*infinitive*] to mean *to know how to do something.*

- Savoir means *to know a fact* or *to know how to do something.*

  Je **sais** tout sur lui.
  I know everything about him.

  Elle **sait** jouer du piano
  She knows how to play piano.

  Ils ne **savent** pas qu'il est parti.
  They don't know that he left.

  Savez-vous faire la cuisine?
  Do you know how to cook?

- The verb **savoir** is often followed by **que, qui, où, quand, comment,** or **pourquoi**.

  Nous **savons que** tu arrives mardi.
  We know that you're arriving on Tuesday.

  Je **sais où** je vais.
  I know where I am going.

  Vous **savez quand** on part?
  Do you know when we're leaving?

  Ils **savent comment** aller à la gare.
  They know how to get to the train station.

  Tu **sais qui** a fait la lessive?
  Do you know who did the laundry?

  Elle **comprend pourquoi** tu es en colère.
  She understands why you're angry.

- The past participle of **savoir** is **su**. When used in the **passé composé**, **savoir** means *found out.*

  J'**ai su** qu'il y avait une fête.
  I found out there was a party.

  Je **savais** qu'il y avait une fête.
  I knew there was a party.

TEACHING OPTIONS

Large Groups Divide the class into two teams (**savoir** and **connaître**), and have them line up. Indicate the first member of each team and call out a sentence in English that uses to know (Ex: *We know the answer.*). The team member whose verb corresponds to the English sentence has to step forward and provide the French translation.

EXPANSION

Extra Practice Prepare dehydrated sentences such as these: **tu / savoir / que tu / ne pas connaître / mon meilleur ami; nous / connaître / les nouveaux élèves**. Write them on the board one at a time and have students create complete sentences using the fragments.

connaître	
je	connais
tu	connais
il/elle/on	connaît
nous	connaissons
vous	connaissez
ils/elles	connaissent

• **Connaître** means *to know* or *be familiar with a person, place, or thing.*

Côte-Nord

Avec les sofas par **Côte-Nord**, vous connaissez le confort et la joie d'être chez vous.

Vous **connaissez** le prof.
You know the teacher.

Nous **connaissons** bien Paris.
We know Paris well.

Tu **connais** ce quartier?
Do you know that neighborhood?

Je ne **connais** pas ce magasin.
I don't know this store.

• The past participle of **connaître** is **connu**. **Connaître** in the **passé composé** means *met (for the first time).*

Nous **avons connu** son père.
We met his father.

Nous **connaissions** son père.
We knew his father.

• **Reconnaître** means *to recognize.* It follows the same conjugation patterns as **connaître.**

Mes anciens profs me
reconnaissent encore.
*My former teachers still
recognize me.*

Nous **avons reconnu** vos enfants
à la soirée.
*We recognized your children
at the party.*

Essayez! Complétez les phrases avec les formes correctes des verbes **savoir** et **connaître.**

1. Je ___connais___ de bons restaurants.
2. Ils ne ___savent___ pas parler allemand.
3. Vous ___savez___ faire du cheval?
4. Tu ___connais___ une bonne coiffeuse?
5. Nous ne ___connaissons___ pas Jacques.
6. Claudette ___sait___ jouer aux échecs.
7. Laure et Béatrice ___connaissent___ -elles tes cousins?
8. Nous ___savons___ que vous n'aimez pas faire le ménage.

cent quatre-vingt-cinq **185**

Left margin notes

1 Expansion Ask individual students questions about what they know how to do. Example: **Savez-vous parler espagnol? (Non, je ne sais pas parler espagnol.)**

2 Suggestions
• Students might be inclined to use **savoir** for item 5. Explain that in French, one knows a phone number in the sense of being familiar with it, rather than in the sense of knowing a fact, as in English.
• Explain that **raï** (item 6) is a musical genre popular among young people that blends Algerian and Western influences.

2 Expansion Have students work in pairs to write three more sentences similar to those in the activity. Call on volunteers to present their sentences to the class.

Mise en pratique

1 Les passe-temps Qu'est-ce que ces personnes savent faire?

▶ **MODÈLE**

Patrick sait skier.

Patrick

1. Halima
Halima sait patiner.

2. vous
Vous savez nager.

3. tu
Tu sais jouer au tennis.

4. nous
Nous savons jouer au foot.

2 Dialogues Complétez les conversations avec le présent du verbe **savoir** ou **connaître**.

1. Marie _____sait_____ faire la cuisine?
   Oui, mais elle ne _____connaît_____ pas beaucoup de recettes (*recipes*).

2. Vous _____connaissez_____ les parents de François?
   Non, je _____connais_____ seulement sa cousine.

3. Tes enfants _____savent_____ nager dans la mer.
   Et mon fils aîné _____connaît_____ toutes les espèces de poissons.

4. Je _____sais_____ que le train arrive à trois heures.
   Est-ce que tu _____sais_____ à quelle heure il part?

5. Vous _____connaissez_____ le numéro de téléphone de Dorian?
   Oui, je le _____connais_____.

6. Nous _____connaissons_____ bien la musique arabe.
   Ah, bon? Tu _____sais_____ qu'il y a un concert de raï en ville demain?

3 Assemblez Assemblez les éléments des colonnes pour construire des phrases. Answers will vary.

MODÈLE *Je sais parler une langue étrangère.*

A	B	C
Marion Cotillard	(ne pas) connaître	des célébrités
Oprah Winfrey	(ne pas) savoir	faire la cuisine
je		jouer dans un film
ton/ta camarade de classe		Julia Roberts
		parler une langue étrangère

186 *cent quatre-vingt-six*

Communication

4 **Enquête** Votre professeur va vous donner une feuille d'activités. Circulez dans la classe pour trouver au moins une personne différente qui répond oui à chaque question. *Answers will vary.*

Sujet	Nom
1. Sais-tu faire une mousse au chocolat?	Jacqueline
2. Connais-tu New York?	
3. Connais-tu le nom des sénateurs de cet état (state)?	
4. Connais-tu quelqu'un qui habite en Californie?	

5 **Je sais faire** Michelle et Maryse étudient avec un(e) nouvel/nouvelle ami(e). Par groupes de trois, jouez les rôles. Chacun(e) (*Each one*) essaie de montrer toutes les choses qu'il/elle sait faire. *Answers will vary.*

MODÈLE

Élève 1: Alors, tu sais faire la vaisselle?
Élève 2: Je sais faire la vaisselle, et je sais faire la cuisine aussi.
Élève 3: Moi, je sais faire la cuisine, mais je ne sais pas passer l'aspirateur.

6 **Questions** À tour de rôle, posez ces questions à un(e) partenaire. Ensuite, présentez vos réponses à la classe. *Answers will vary.*

1. Quel bon restaurant connais-tu près d'ici? Est-ce que tu y (*there*) manges souvent?
2. Dans ta famille, qui sait chanter le mieux (*best*)?
3. Connais-tu l'Europe? Quelles villes connais-tu?
4. Reconnais-tu toutes les chansons (*songs*) que tu entends à la radio?
5. Tes grands-parents savent-ils utiliser Internet? Le font-ils bien?
6. Connais-tu un(e) acteur/actrice célèbre? Une autre personne célèbre?
7. Ton/Ta meilleur(e) (*best*) ami(e) sait-il/elle écouter quand tu lui racontes (*tell*) tes problèmes?
8. Connais-tu la date d'anniversaire de tous les membres de ta famille et de tous tes amis? Donne des exemples.
9. Connais-tu des films français? Lesquels (*Which ones*)? Les aimes-tu? Pourquoi?
10. Sais-tu parler une langue étrangère? Laquelle? (*Which one*)?

---

4 Suggestions
- Distribute the **Feuilles d'activités** found in the Activity Pack on vhlcentral.com.
- Have students read through the list of questions using **savoir** and **connaître** for comprehension before completing the activity.

5 Suggestion Ask for three volunteers to act out the **modèle** for the class.

6 Expansion Ask these questions of the whole class. Ask students who answer in the affirmative for additional information. Examples: **Qui sait chanter? Chantez-vous bien? Chantiez-vous à l'école quand vous étiez petit(e)?**

6 Virtual Chat You can also assign Activity 6 on vhlcentral.com. Students record individual responses that appear in your gradebook.

Activity Pack For additional activities, go to the **Activity Pack** in the **Resources** section of vhlcentral.com.

EXPANSION

Extra Practice Have students write down three things they know how to do well (using **savoir bien** + [*infinitive*]). Collect the papers, and then read the sentences. Tell students that they must not identify themselves when they hear their sentence. The rest of the class takes turns trying to guess who wrote each sentence. Repeat this activity with **connaître**.

EXPANSION

Pairs Ask students to write brief, but creative, paragraphs in which they use **savoir** and **connaître**. Then have them exchange their papers with a partner. Tell students to help each other, through peer editing, to make the paragraphs as error-free as possible. Collect the papers for grading.

Révision

Key Standards
1.1

1 Expansion Tell students to imagine they are hosting their own dinner party. Have them make a list of the tasks they completed and another one of the tasks left to complete before the guests arrive. Have them use the **passé composé**.

2 Suggestion Have two students act out the **modèle** before distributing the **Feuilles d'activités** from the Activity Pack.

3 Suggestion Review the **imparfait** with the verb phrases listed in this activity. Ask volunteers to supply the correct verb forms for the subjects you suggest. Example: **repasser le linge: je (je repassais le linge)**.

4 Suggestion Have students bring photos from magazines or newspapers to supplement this activity. Or, students may prefer to sketch drawings of events.

5 Expansion Ask students to imagine that they are writing an e-mail to a friend expressing what they have learned and whom they have met since starting the school year. Instruct them to use sentence constructions similar to those presented in this activity.

5 Partner Chat You can also assign Activity 5 on vhlcentral.com. Students work in pairs to record the activity online. The pair's recorded conversation will appear in your gradebook.

6 Suggestion Divide the class into pairs and distribute the Info Gap Handouts from the Activity Pack. Give students ten minutes to complete the activity.

---

1 Un grand dîner Émilie et son mari Vincent ont invité des amis à dîner ce soir. Qu'ont-ils fait cet après-midi pour préparer la soirée? Que vont-ils faire ce soir après le départ des invités? Conversez avec un(e) partenaire. Answers will vary.

MODÈLE

Élève 1: Cet après-midi, Émilie et Vincent ont mis la table.

Élève 2: Ce soir, ils vont faire la vaisselle.

2 Mes connaissances Votre professeur va vous donner une feuille d'activités. Interviewez vos camarades. Pour chaque activité, trouvez un(e) camarade différent(e) qui réponde affirmativement. Answers will vary.

Élève 1: Connais-tu une personne qui aime faire le ménage?

Élève 2: Oui, autrefois, mon père aimait bien faire le ménage.

Activités	Noms
1. ne pas faire souvent la vaisselle	
2. aimer faire le ménage	Farid
3. dormir avec une couverture en été	
4. faire son lit tous les jours	
5. repasser rarement ses vêtements	

3 Qui faisait le ménage? Par groupes de trois, interviewez vos camarades. Qui faisait le ménage à la maison quand ils étaient petits? Préparez des questions avec ces expressions et comparez vos réponses. Answers will vary.

balayer	mettre et débarrasser la table
faire la lessive	passer l'aspirateur
faire le lit	ranger
faire la vaisselle	repasser le linge

4 Soudain! Tout était calme quand soudain… Avec un(e) partenaire, choisissez l'une des deux photos et écrivez un texte de dix phrases. Faites cinq phrases pour décrire la photo, et cinq autres pour raconter (to tell) un événement qui s'est passé soudainement (that suddenly happened). Employez des adverbes et soyez imaginatifs. Answers will vary.

5 J'ai appris… Avec un(e) partenaire, faites une liste de cinq choses que vous ne saviez pas avant ce cours de français, et cinq choses ou personnes que vous ne connaissiez pas. Utilisez l'imparfait et le présent dans vos explications. Answers will vary.

MODÈLE

Élève 1: Avant, je ne savais pas comment dire bonjour en français, et puis j'ai commencé ce cours, et maintenant, je sais le dire.

Élève 2: Avant, je ne connaissais pas tous les pays francophones, et maintenant, je les connais.

6 Élise fait sa lessive Votre professeur va vous donner, à vous et à votre partenaire, une feuille sur la journée d'Élise. Décrivez sa journée d'après (according to) les dessins. Attention! Ne regardez pas la feuille de votre partenaire. Answers will vary.

MODÈLE

Élève 1: Hier matin, Élise avait besoin de faire sa lessive.

Élève 2: Mais, elle…

TEACHING OPTIONS

Assigning Verbs Divide the class into three groups. One group is **savoir** (present tense with infinitive, **imparfait**), the second group is **connaître** (present tense, **imparfait**), and the third group is **savoir** and **connaître** (**passé composé**). Have each group brainstorm a list of phrases using their assigned verbs and tenses. A volunteer from each group should present their results to the class.

Example: Group 1 – **Je sais chanter. (présent) Ma mère savait parler français. (imparfait)** Group 2 – **Nous connaissons les nouveaux élèves. (présent) Il connaissait le président des États-Unis. (imparfait)** Group 3 – **J'ai su que l'examen de français était très difficile. (passé composé) Mon père a connu mon meilleur ami. (passé composé)**

À l'écoute vhlcentral

AP® Theme: Contemporary Life
Context: Housing and Shelter

STRATÉGIE

Using visual cues

Visual cues like illustrations and headings provide useful clues about what you will hear.

To practice this strategy, you will listen to a passage related to the image. Jot down the clues the image gives you as you listen. Answers will vary.

Préparation

Qu'est-ce qu'il y a sur les trois photos à droite? À votre avis, quel va être le sujet de la conversation entre M. Duchemin et Mme Lopez?

À vous d'écouter

Écoutez la conversation. M. Duchemin va proposer trois logements à Mme Lopez. Regardez les annonces et écrivez le numéro de référence de chaque possibilité qu'il propose.

1. Possibilité 1: _Réf. 521_
2. Possibilité 2: _Réf. 522_
3. Possibilité 3: _Réf. 520_

À LOUER

Appartement en ville, moderne, avec balcon
1.200 €
(**Réf. 520**)

5 pièces, jardin, proche parc Victor Hugo
950 €
(**Réf. 521**)

Maison meublée en banlieue, grande, tt confort, cuisine équipée
1.200 €
(**Réf. 522**)

Compréhension

Les détails Après une deuxième écoute, complétez le tableau (*chart*) avec les informations données dans la conversation.

	Où?	Maison ou appartement?	Meublé ou non?	Nombre de chambres?	Garage?	Jardin?
Logement 1	ville	maison	non	trois	non	oui
Logement 2	banlieue	maison	oui	quatre	oui	oui
Logement 3	centre-ville	appartement	non	deux	oui	non

Quel logement pour les Lopez? Lisez cette description de la famille Lopez. Décidez quel logement cette famille va probablement choisir et expliquez votre réponse.

M. Lopez travaille au centre-ville. Le soir, il rentre tard à la maison et il est souvent fatigué parce qu'il travaille beaucoup. Il n'a pas envie de passer son temps à travailler dans le jardin. Mme Lopez adore le cinéma et le théâtre. Elle n'aime pas beaucoup faire le ménage. Les Lopez ont une fille qui a seize ans. Elle adore retrouver ses copines pour faire du shopping en ville. Les Lopez ont beaucoup de beaux meubles modernes. Ils ont aussi une nouvelle voiture: une grosse BMW qui a coûté très cher!

cent quatre-vingt-neuf **189**

Ah, oui! La cuisine est équipée avec tout le nécessaire: frigo, congéla-teur, cuisinière, four à micro-ondes, lave-linge et sèche-linge.
C: Très bien. Et la troisième possibilité?
A: C'est un grand appartement dans le centre-ville, sur la place des Halles. Il n'y a pas de jardin.
C: Et combien de chambres y a-t-il?

A: Deux chambres avec des balcons. Si vous aimez le moderne, cet appartement est parfait pour vous. Et il a un garage.
C: Bon, je vais en parler avec mon mari.
A: Très bien, Madame. Au revoir.
C: Au revoir, Monsieur Duchemin.
Teacher Resources DVD

Section Goals

In this section, students will:
• use visual cues to understand an oral description
• listen to a conversation and complete several activities

Key Standards
1.2, 2.1

Stratégie

Script Nous avons trouvé un appartement super dans le quartier du Marais. Il est au premier étage, dans un immeuble très calme. Il y a une salle de séjour assez grande, une cuisine avec frigo, cuisinière et lave-linge, une petite salle de bains et deux chambres très jolies. Il y a aussi des placards dans toutes les pièces et un garage en sous-sol pour notre voiture. On peut emménager la semaine prochaine et le loyer n'est pas très cher. Nous sommes vraiment heureux, tu sais!
Teacher Resources DVD

À vous d'écouter

Script AGENT: Allô, bonjour. Madame Lopez, s'il vous plaît.
CLIENTE: C'est elle-même.
A: Ah, bonjour, Madame. Ici Monsieur Duchemin de l'agence immobilière. Vous cherchez un logement à louer à Avignon ou dans la banlieue, c'est bien ça?
C: Oui, Monsieur, c'est exact. Vous avez une maison à me proposer?
A: Oui, j'ai trois possibilités. La première est une maison en ville, dans un quartier calme près du parc Victor Hugo. Elle n'est pas très grande, mais elle est très jolie et elle a un petit jardin. Il y a un salon, une salle à manger, une grande cuisine avec beaucoup de placards, une salle de bains, les W.-C. et trois chambres.
C: Il y a un garage?
A: Non, Madame, mais il y a toujours des places dans le quartier.
C: Bon. Et qu'est-ce que vous avez d'autre?
A: J'ai aussi une très grande maison meublée avec jardin et garage en banlieue, à une demi-heure de la ville.
C: C'est un peu loin, mais bon... Il y a combien de chambres?
A: Quatre chambres.
C: Et qu'est-ce qu'il y a comme meubles?
A: Un canapé, des fauteuils et des étagères dans le salon, un grand lit et une commode dans la grande chambre... et voyons, quoi d'autre?

Savoir-faire

vhlcentral

Panorama

Paris

La ville en chiffres

▶ **Superficie:** 105 km²

▶ **Population:** 2.229.621 (*deux millions deux cents vingt-neuf mille six cents vingt et un*)
SOURCE: INSEE

Paris est la capitale de la France. On a l'impression que Paris est une grande ville—et c'est vrai si on compte° ses environs°. Mais Paris mesure moins de° 10 kilomètres de l'est à l'ouest°. On peut très facilement visiter la ville à pied°. Paris est divisée en 20 arrondissements°. Chaque° arrondissement a son propre maire° et son propre caractère.

▶ **Industries principales:** *haute couture, finances, transports, technologie, tourisme*

▶ **Musées:** *plus de° 150 (cent cinquante): le musée du Louvre, le musée d'Orsay, le centre Georges Pompidou et le musée Rodin*

Parisiens célèbres

▶ **Victor Hugo,** *écrivain° et activiste (1802–1885)*

▶ **Charles Baudelaire,** *poète (1821–1867)*

▶ **Auguste Rodin,** *sculpteur (1840–1917)*

▶ **Jean-Paul Sartre,** *philosophe (1905–1980)*

▶ **Simone de Beauvoir,** *écrivain (1908–1986)*

▶ **Édith Piaf,** *chanteuse (1915–1963)*

▶ ···**Emmanuelle Béart,** *actrice (1965–)*

si on compte if one counts **environs** *surrounding areas* **moins de** *less than*
de l'est à l'ouest *from east to west* **à pied** *on foot* **arrondissements** *districts*
Chaque *Each* **son propre maire** *its own mayor* **plus de** *more than*
écrivain *writer* **rues** *streets* **reposent** *lie; rest* **provenant** *from* **repos** *rest*

l'Arc de Triomphe

Basilique du Sacré-Cœur

Place du Tertre

Le Moulin Rouge

Parc Monceau

BOULEVARD HAUSSMANN

Arc de Triomphe

AVENUE DES CHAMPS-ÉLYSÉES

Opéra Garnier

La Madeleine

BLVD. DES CAPUCINES

AVE. DE L'OPÉRA

BLVD. DES ITALIENS

BOULEVARD DE SÉBASTOPOL

Bois de Boulogne

Grand Palais

Jeu de Paume

Place de la Concorde

RUE DE RIVOLI

Les Halles

Beaubourg/Centre Georges Pompidou-Centre National d'Art et de Culture

Jardins du Trocadéro

QUAI D'ORSAY

Seine

Jardin des Tuileries

Orangerie

Musée du Louvre

RUE DE RIVOLI

Tour Eiffel

Assemblée Nationale

BLVD ST.-GERMAIN

Musée d'Orsay

Hôtel de Ville

Place des Vosges

Parc du Champ de Mars

Hôtel des Invalides

Conciergerie

Île de la Cité

Cathédrale Notre-Dame

Opéra de Paris Bastille

Île St.-Louis

École Militaire

BOULEVARD RASPAIL

BOULEVARD ST.-GERMAIN

Jardin du Luxembourg

Sorbonne

Panthéon

Seine

BOULEVARD SAINT-MICHEL

Tour Montparnasse

l'opéra Garnier

0   0.5 mile
0   0.5 kilomètre

une terrasse de café

Incroyable mais vrai!

Sous les rues° de Paris, il y a une autre ville: les catacombes. Ici reposent° les squelettes d'environ 6.000.000 (six millions) de personnes provenant° d'anciens cimetières de Paris et de ses environs. Plus de 500.000 (cinq cent mille) touristes par an visitent cette ville de repos° éternel.

AP® Theme: Beauty and Aesthetics
Context: Architecture

Les monuments

La tour Eiffel

La tour Eiffel a été construite°
en 1889 (mille huit cent
quatre-vingt-neuf) pour
l'Exposition universelle,
à l'occasion du centenaire°
de la Révolution française.
Elle mesure 324 (trois cent
vingt-quatre) mètres de haut et
pèse° 10.100 (dix mille cent)
tonnes. La tour attire près de°
7.000.000 (sept millions) de
visiteurs par an°.

AP® Theme: Contemporary Life
Context: Leisure and Sports

Les gens

Paris-Plages

Pour les Parisiens
qui ne voyagent pas
pendant l'été, la ville
de Paris a créé° Paris-
Plages pour apporter
la plage° aux Parisiens!
Inauguré en 2001
pour la première fois
sur les berges° de la Seine, puis prolongé sur le bassin de la
Villette en 2007, Paris-Plages consiste en plusieurs kilomètres de
sable et de pelouse°, plein° d'activités comme la natation° et le
volley. Ouvert en° juillet et en août, près de 4.000.000 (quatre
millions) de personnes visitent Paris-Plages chaque° année.

Les musées
AP® Theme: Beauty and Aesthetics
Context: Visual Arts

Le musée du Louvre

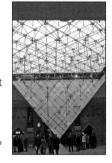

Ancien° palais royal, le musée du
Louvre est aujourd'hui un des plus
grands musées du monde avec
sa vaste collection de peintures°,
de sculptures et d'antiquités
orientales, égyptiennes, grecques et
romaines. L'œuvre° la plus célèbre
de la collection est *La Joconde*°
de Léonard de Vinci. La pyramide
de verre°, créée par l'architecte
américain I.M. Pei, marque l'entrée°
principale du musée.

AP® Theme: Beauty and Aesthetics
Context: Architecture

Les transports

Le métro

L'architecte Hector Guimard
a commencé à réaliser° des
entrées du métro de Paris en
1898 (mille huit cent quatre-
vingt-dix-huit). Ces entrées
sont construites dans le style
Art Nouveau: en forme de
plantes et de fleurs°. Le métro
est aujourd'hui un système
très efficace° qui permet
aux passagers de traverser°
Paris rapidement.

Qu'est-ce que vous avez appris? Complétez les phrases.

1. La ville de Paris est divisée en vingt ___arrondissements___.
2. Chaque arrondissement a ses propres ___maire___ et ___caractère___.
3. Charles Baudelaire est le nom d'un ___poète___ français.
4. Édith Piaf est une ___chanteuse___ française.
5. Plus de 500.000 personnes par an visitent ___les catacombes___ sous les rues de Paris.
6. La tour Eiffel mesure ___324___ mètres de haut.
7. En 2001, la ville de Paris a créé ___Paris-Plages___ au bord (*banks*) de la Seine.
8. Le musée du Louvre est un ancien ___palais___.
9. ___La pyramide de verre___ est une création de I.M. Pei.
10. Certaines entrées du métro sont de style ___Art Nouveau___.

Sur Internet

1. Quels sont les monuments les plus importants à Paris? Qu'est-ce qu'on peut faire (*can do*) dans la ville?
2. Trouvez des informations sur un des musées de Paris.
3. Recherchez la vie (*Research the life*) d'un(e) Parisien(ne) célèbre.
4. Cherchez un plan du métro de Paris et trouvez comment aller du Louvre à la tour Eiffel.

construite *built* **centenaire** *100-year anniversary* **pèse** *weighs*
attire près de *attracts nearly* **par an** *per year* **a créé** *created*
apporter la plage *bring the beach* **berges** *banks* **de sable et de
pelouse** *of sand and grass* **plein** *full* **natation** *swimming*
Ouvert en *Open in* **chaque** *each* **Ancien** *Former* **peintures** *paintings*
L'œuvre *The work (of art)* **La Joconde** *The Mona Lisa* **verre** *glass*
entrée *entrance* **réaliser** *create* **fleurs** *flowers* **efficace** *efficient*
traverser *to cross*

cent quatre-vingt-onze **191**

La tour Eiffel Constructed of
wrought iron, the architectural
design of the Eiffel Tower was
an engineering masterpiece
for its time. Critics of Gustave
Eiffel's design said it couldn't be
built, but he proved them wrong.
Later, some of the engineering
techniques employed would
be used to build the first steel
skyscrapers. The Eiffel Tower
remained the world's tallest
building until 1930.

Paris-Plages **Paris-Plages**,
with its numerous organized
sports activities, dances,
and concerts, is one of the
most popular events in Paris
during the summer months.
All activities, beaches, and
playgrounds are open and free
to the public; however, the cost
to the city of Paris can reach up
to 4 million euros each year.
Ask students if they think that
Paris-Plages is worth the money.

Le musée du Louvre Bring in
photos or slides of the **Louvre**
and some of the most famous
artwork in its collection, such
as the *Mona Lisa*, the *Venus de
Milo*, Vermeer's *The Lacemaker*,
and Delacroix's *Liberty Leading
the People* (**La Liberté guidant
le peuple**). Ask students to
describe the woman in the
Mona Lisa. Point out that only
a fraction of the 300,000 works
owned by the museum are
on display.

Le métro The Paris public
transportation system, **le métro**
(short for **le Métropolitain**),
has 14 lines. It is the most
convenient and popular means
of transportation in the city since
every building in Paris is within
500 meters of a **métro** station.
Ask students what cities in the
United States have metro or
subway systems.

21ˢᵗ Century Skills

Information and Media Literacy
Go to vhlcentral.com to complete
the **Sur Internet** activity associated
with **Panorama** for additional
practice accessing and using
culturally authentic sources.

PRE-AP®

Presentational Writing Assign each student a famous site
in Paris. Examples: **l'Île de la Cité, la Sainte-Chapelle, le
quartier latin**, etc. Tell students to research the site and write a
brief description. Encourage them to include photos from the
Internet or magazines. Ask a few volunteers to share their
descriptions with the class.

EXPANSION

Mon itinéraire Have students work in pairs. Tell them that they
have three days in Paris, and they have to make a list of places
they want to see or visit each day so that they can make the most
of their time there. Remind students that many famous sights, other
than those mentioned in the text, appear on the map. Example:
Jour 1: visiter le musée du Louvre. Ask volunteers to share their
lists with the class.

Section Goals

In this section, students will learn historical and cultural information about **Île-de-France**

Key Standards
2.2, 3.1, 3.2, 5.1

21ˢᵗ Century Skills

Global Awareness
Students will gain perspectives on the Francophone world to develop respect and openness toward others and to interact appropriately and effectively with citizens of Francophone cultures.

Carte de l'Île-de-France

- Have students look at the map of **l'Île-de-France** or use the digital image for this page. Have volunteers read aloud the cities and geographic features. Model French pronunciation of city names, as necessary.
- Ask students to look at the images and have volunteers read the captions aloud.
- Ask students if they recognize any of the town names and to share any prior knowledge they have about the locations.

La région en chiffres

- Point out that **Francilien(ne)s** refers to inhabitants of **Île-de-France**.
- Ask a volunteer to read the **Les impressionnistes** section aloud, then ask students what they know about impressionism and the artists involved in the movement.
- Show students Monet's painting *Le Pont d'Argenteuil* (1874) and have them compare it to the photo of the bridge on this page.

Incroyable mais vrai!
Dubuffet financed and built the **closerie** himself, and was in his seventies at the time. His style is known as **art brut**, and his collection includes sculptures, drawings, paintings, architectural constructions, and collages.

---

vhlcentral
Panorama

L'Île-de-France

La région en chiffres

- **Superficie:** *12.012 km²*
- **Population:** *12.027.565*
  SOURCE: INSEE
- **Industries principales:** *aéronautique, automobile, énergie nucléaire, santé°, services*
- **Villes principales:** *Paris, Meaux, Provins, Saint-Denis, Fontainebleau, Montreuil, Nanterre, Versailles, Argenteuil*

Franciliens célèbres

- **Jean Cocteau,** *poète, dramaturge° et cinéaste° (1889–1963)*
- **Dominique Voynet,** *femme politique° (1958–)*
- **Thierry Henry,** *footballeur (1977–)*
- **Jaques Prévert,** *poète, scénariste et artiste (1900–1977)*
- **Omar Sy,** *acteur (1978–)*
- **Vanessa Paradis,** *chanteuse et actrice (1972–)*

- **Les impressionnistes** *Plusieurs peintres impressionnistes du XIXᵉ siècle se sont inspirés des grands espaces° de l'Île-de-France. Quand Claude Monet a habité à Argenteuil pendant sept ans, il a réalisé° près de 250 peintures, comme «La Liseuse» (1872) et «Le pont d'Argenteuil» (1874). Auvers-sur-Oise aussi a été le sujet de plusieurs œuvres° impressionnistes, y compris° soixante-dix par Vincent Van Gogh. Aujourd'hui, on peut suivre° les quatre chemins de randonnée pédestre° aux Yveliennes qui sont dédiés aux impressionnistes pour voir° les sites où les artistes ont planté leur chevalet°.*

santé *health* **dramaturge** *playwright* **femme politique** *politician* **grands espaces** *natural spaces* **réalisé** *created* **œuvres** *works of art* **y compris** *including* **suivre** *follow* **chemins de randonnée pédestre** *walking paths* **voir** *see* **chevalet** *easel* **closerie** *enclosed property* **comprend** *includes* **abrite** *houses* **pont** *bridge* **jardin** *garden*

le pont° d'Argenteuil

LA FRANCE

0 ____ 40 miles
0 ____ 40 kilomètres

Saint-Denis • Meaux
Nanterre • Marne-la-Vallée
Versailles • Paris
ÎLE-DE-FRANCE
Provins •
• Melun
Fontainebleau •
Nemours •

le jardin° de Versailles

un tombeau royal de la basilique Saint-Denis

Incroyable mais vrai!

La closerie° Falbala a été construite entre 1971 et 1973 par l'artiste Jean Dubuffet, qui voulait créer un «espace mental» pour son énorme œuvre d'art, *Cabinet logologique*. Située sur l' île Saint-Germain, la closerie comprend° une sorte de jardin avec, au centre, la villa Falbala qui abrite° sa création. C'est l'un des monuments historiques les plus jeunes de France.

EXPANSION

Franciliens célèbres **Jean Cocteau** is known for his innovative contributions to French film and literature, most notably for his novel *Les Enfants Terribles* (1929). His work influenced many **avant-garde** artists of his time. **Dominique Voynet** was the mayor of Montreuil (2008–2014) and then served as **sénatrice** of **la Seine-Saint-Denis**. She strongly supports ecological causes for the protection of the environment.

Thierry Henry is a retired international soccer player. He is the only French soccer player to have played four times in the World Cup tournament. **Jaques Prévert** was France's most popular poet of the 20th century. He also worked on classic French films of the 1930s and 1940s. **Omar Sy** is best known for his role in *Les Intouchables*, one of the highest grossing French films ever.

AP® Theme: Families and Communities
Context: Customs and Ceremonies

L'histoire

Provins

La ville de Provins a joué un rôle commercial très important en Europe au Moyen Âge. C'est ici que neuf chemins° commerciaux se croisaient. Donc, Provins est devenu la ville avec les plus grandes foires°  de Champagne. Ces foires attiraient les marchands les plus important de l'Europe. Ces rassemblements, qui avaient lieu périodiquement et duraient° plusieurs semaines, permettaient les échanges internationaux. Aujourd'hui, la ville, classée au Patrimoine mondial par l'UNESCO, est toujours entourée° par des remparts° du Moyen Âge et la tradition des foires se perpétue avec des spectacles sur la thématique médiévale.

AP® Theme: Beauty and Aesthetics
Context: Architecture

Les gens

André Le Nôtre

Né le 12 mars 1613, André Le Nôtre passe sa jeunesse à travailler avec son père, jardinier aux Tuileries. Ensuite, il suit des cours d'architecture. Il devient jardinier du roi Louis XIV en 1637. Il amasse° une fortune énorme et gagne° une réputation internationale. Considéré  «architecte paysagiste°,» Le Nôtre est connu pour ses «jardins de la française.» Ses œuvres les plus connus sont les jardins de Versailles, des Tuileries, et de Vaux-le-Vicomte. Ses créations précises et méticuleuses sont souvent caractérisées par des plantes en formes géométriques, ainsi que des éléments formelles et théâtrales.

Les sports
AP® Theme: Contemporary Life
Context: Leisure and Sport

En forêt de Fontainebleau

Chaque année, des millions de visiteurs vont en forêt de Fontainebleau attirés par les plus de 1.600 kilomètres de routes et de chemins de randonnée forestiers, par le site naturel d'escalade° et par les parcours acrobatiques en hauteur, ou PAH. Souvent appelée accrobranche, l'activité consiste à explorer la forêt en hauteur sur des structures fixées entre les arbres ou entre des supports artificiels. L'escalade naturelle est une autre activité populaire. Les rochers° de faible hauteur permettent aux grimpeurs° de pratiquer un type d'escalade sans corde, appelé «le bloc.» Réserve de bioshpère, la forêt de Fontainebleau offre un paysage varié et des vues exceptionnelles à ceux qui y pratiquent une activité physique.

Les destinations
AP® Theme: Contemporary Life
Context: Travel

Disneyland Paris

Ouvert° en 1992 sous le nom *Euro Disney Resort*, le parc d'attractions aujourd'hui appelé Disneyland Paris se trouve° à trente-deux kilomètres à l'est de° Paris. Le complexe compte° deux parcs à thèmes (un royaume°  enchanté et un parc sur les thèmes du cinéma et de l'animation) et une soixantaine d'attractions. Le symbôle le plus connu du complexe, le Château de la Belle au bois dormant°, possède une particularité remarquable: son architecture est dans le style des contes de fée°, tandis que° les châteaux des autres parcs Disney représentent un style historique. Disneyland Paris est le parc d'attractions le plus visité de l'Europe, avec plus de 320 millions de visites depuis son ouverture°.

Qu'est-ce que vous avez appris? Complétez les phrases.

1. ___Jean Dubuffet___ était le créateur de la closerie Falbala.
2. L'artiste a construit la villa Falbala parce qu'il voulait créer un ___espace mental___ pour son œuvre.
3. ___Euro Disney Resort___ était le nom original de Disneyland Paris.
4. À Disneyland Paris, l'architecture du château est dans le style des ___contes de fée___.
5. Au Moyen Âge, neuf chemins principaux ont croisé à ___Provins___.

6. Les plus grandes ___foires de Champagne___ ont eu lieu à Provins.
7. Le jardinier principal du roi Louis XIV s'appelait ___André Le Nôtre___.
8. Les plantes dans les jardins de Le Nôtre sont souvent en formes ___géométriques___.
9. L'acronyme PAH signifie ___parcours acrobatique en hauteur___.
10. Le site d'escalade de la forêt de Fontainebleau est connu pour ses ___rochers de faible hauteur___.

Sur Internet

1. Trouvez quelques images des jardins de Le Nôtre. De quelle manière sont-ils similaires? Lequel est le plus visité?
2. Quelles autres particularités trouve-t-on à Disneyland Paris?
3. Trouvez un parc dans l'île-de-France où vous pouvez faire de l'accrobranche. Quels autres activités sont offertes?

chemins *routes* **foires** *fairs* **duraient** *lasted* **entourée** *surrounded* **remparts** *walls* **jardinier** *gardener* **suivi** *took* **illustre** *famed* **gagné** *earned* **architecte paysagiste** *landscape architect* **d'escalade** *rock climbing* **rochers** *boulders* **grimpeurs** *climbers* **Ouvert** *Opened* **se trouve** *is located* **à l'est de** *east of* **compte** *includes* **royaume** *kingdom* **Belle au bois dormant** *Sleeping Beauty* **contes de fée** *fairytales* **tandis que** *while* **ouverture** *opening*

Provins The city is also known for its famous **roses de Provins**, which have been cultivated there for centuries. During the Middle Ages the roses were said to have medicinal benefits. Today they are cultivated in **roseraies** and are used in both cuisine and cosmetics.

André Le Nôtre Le Nôtre's gardens require meticulous upkeep to maintain their manicured perfection. The gardens at Versailles cover almost 2,000 acres and have undergone five major replantations.

En forêt de Fontainebleau It wasn't until the early 2000s that adventure parks featuring ropes courses became popular recreation destinations in France. There are now about 500 locations in France dedicated to the activity, including an indoor facility in downtown Lyon.

Disneyland Paris In the 1990s, Disney considered hundreds of locations for its new park, including London and Barcelona, before choosing Paris, in part because of its flat terrain and moderate climate. Disneyland Paris celebrated its twenty-fifth anniversary in 2017 by renovating and adding several attractions and shows, including a new HyperSpace Mountain ride with a *Star Wars* theme, and a Disney Stars on Parade show.

 21st Century Skills

Information and Media Literacy: Sur Internet Students access and critically evaluate information from the Internet.

Lecture vhlcentral

Avant la lecture

AP® Theme: Beauty and Aesthetics
Context: Architecture, Contributions to World Artistic Heritage

STRATÉGIE

Guessing meaning from context

As you read in French, you will often see words you have not learned. You can guess what they mean by looking at surrounding words. Read this note and guess what **un deux-pièces** means.

> Johanne,
>
> Je cherchais un studio, mais j'ai trouvé un appartement plus grand: un deux-pièces près de mon travail! Le salon est grand et la chambre a deux placards. La cuisine a un frigo et une cuisinière, et la salle de bains a une baignoire. Et le loyer? Seulement 450 euros par mois!

If you guessed *a two-room apartment*, you are correct. You can conclude that someone is describing an apartment he or she will rent.

Examinez le texte

Regardez le texte et décrivez les photos. Quel va être le sujet de la lecture? Puis, trouvez ces mots et expressions dans le texte. Essayez de deviner leur sens (*to guess their meaning*).

ont été rajoutées were added	autour du around	de haut in height
de nombreux bassins numerous pools/fountains	légumes vegetables	roi King

Expérience personnelle

Avez-vous visité une résidence célèbre ou historique? Où? Quand? Comment était-ce? Un personnage historique a-t-il habité là? Qui? Parlez de cette visite à un(e) camarade.

À visiter près de Paris: Le château de Versailles

La construction du célèbre° château de Versailles a commencé en 1623 sous le roi Louis XIII. Au départ, c'était un petit château où le roi logeait° quand il allait à la chasse°. Plus tard, en 1678, Louis XIV, aussi appelé le Roi-Soleil, a décidé de faire de Versailles sa résidence principale. Il a demandé à son architecte, Louis Le Vau, d'agrandir° le château, et à son premier peintre°, Charles Le Brun, de le décorer. Le Vau a fait construire, entre autres°, le Grand Appartement du Roi. La décoration de cet appartement de sept pièces était à la gloire du Roi-Soleil. La pièce la plus célèbre du château de Versailles est la galerie des Glaces°. C'est une immense pièce de 73 mètres de long, 10,50 mètres de large et 12,30 mètres de haut°. D'un côté, 17 fenêtres donnent° sur les jardins, et

de l'autre côté, il y a 17 arcades embellies de miroirs immenses. Au nord° de la galerie des Glaces, on trouve le salon de la Guerre°, et, au sud°, le salon de la Paix°. Quand on visite le château de Versailles, on peut également° voir de nombreuses autres pièces, ajoutées à différentes périodes, comme la chambre de la Reine°,

À l'intérieur du palais

plusieurs cuisines et salles à manger d'hiver et d'été, des bibliothèques, divers salons et cabinets, et plus de 18.000 m²° de galeries qui racontent°

Le château de Versailles et une fontaine

l'histoire de France en images. L'opéra, une grande salle où plus de° 700 personnes assistaient souvent à divers spectacles et bals, a aussi été ajouté plus tard. C'est dans cette salle que le futur roi Louis XVI et Marie-Antoinette ont été mariés. Partout° dans le château, on peut admirer une collection unique de meubles (lits, tables, fauteuils et chaises, bureaux, etc.) et de magnifiques tissus° (tapis, rideaux et tapisseries°). Le château de Versailles a aussi une chapelle et d'autres bâtiments, comme le Grand et le Petit Trianon. Autour du château, il y a des serres° et de magnifiques jardins avec de nombreux bassins°, fontaines et statues. Dans l'Orangerie, on trouve plus de 1.000 arbres°, et de nombreux fruits et légumes sont toujours cultivés dans le Potager° du Roi. L'Arboretum de Chèvreloup était le terrain de chasse des rois et on y° trouve aujourd'hui des arbres du monde entier°.

célèbre *famous* **logeait** *stayed* **chasse** *hunting* **agrandir** *enlarge* **peintre** *painter* **entre autres** *among other things* **Glaces** *Mirrors* **haut** *high* **donnent** *open* **nord** *north* **Guerre** *War* **sud** *south* **Paix** *Peace* **également** *also* **Reine** *Queen* **m²** (**mètres carrés**) *square meters* **racontent** *tell* **plus de** *more than* **Partout** *Everywhere* **tissus** *fabrics* **tapisseries** *tapestries* **serres** *greenhouses* **bassins** *ponds* **arbres** *trees* **Potager** *vegetable garden* **y** *there* **entier** *entire*

Après la lecture

Vrai ou faux? Indiquez si les phrases sont **vraies** ou **fausses**. Corrigez les phrases fausses.

1. Louis XIII habitait à Versailles toute l'année.
   Faux. Louis XIII logeait à Versailles quand il allait à la chasse.

2. Louis Le Vau est appelé le Roi-Soleil.
   Faux. Louis XIV est appelé le Roi-Soleil.

3. La galerie des Glaces est une grande pièce avec beaucoup de miroirs et de fenêtres.
   Vrai.

4. Il y a deux salons près de la galerie des Glaces.
   Vrai.

5. Aujourd'hui, au château de Versailles, il n'y a pas de meubles.
   Faux. Il y a une collection unique de meubles (lits, tables, fauteuils et chaises, bureaux, etc.).

6. Le château de Versailles n'a pas de jardins parce qu'il a été construit en ville.
   Faux. Il a des jardins: l'Orangerie, le Potager et l'Arboretum de Chèvreloup.

Répondez Répondez aux questions par des phrases complètes.

1. Comment était Versailles sous Louis XIII? Quand logeait-il là?
   C'était un petit château où le roi logeait quand il allait à la chasse.

2. Qu'est-ce que Louis XIV a fait du château?
   Il a fait de Versailles sa résidence principale. Il l'a agrandi et l'a décoré.

3. Qu'est-ce que Louis Le Vau a fait à Versailles?
   Il a construit, entre autres, le Grand Appartement du Roi.

4. Dans quelle salle Louis XVI et Marie-Antoinette ont-ils été mariés? Comment est cette salle?
   Ils ont été mariés dans l'Opéra. C'est une grande salle où plus de 700 personnes assistaient souvent à divers spectacles et bals.

5. Louis XVI est-il devenu roi avant ou après son mariage?
   Il est devenu roi après son mariage.

6. Le château de Versailles est-il composé d'un seul bâtiment? Expliquez.
   Non, le château a aussi une chapelle et d'autres bâtiments comme le Grand et le Petit Trianon.

Les personnages célèbres de Versailles

Par groupes de trois ou quatre, choisissez une des personnes mentionnées dans la lecture et faites des recherches (*research*) à son sujet. Préparez un rapport écrit (*written report*) à présenter à la classe. Vous pouvez (*may*) utiliser les ressources de votre bibliothèque ou Internet.

cent quatre-vingt-quinze **195**

Section Goals

In this section, students will:
• learn to write a narrative using the **passé composé** and the **imparfait**
• write a story about the past

Key Standards
1.3, 3.1, 5.1

Stratégie Write these sentences on the board. **1. Le film a fini à minuit. 2. J'ai fait mon lit, j'ai rangé ma chambre et j'ai passé l'aspirateur. 3. Le bébé a dormi parce qu'il avait sommeil. 4. Quand nous étions au restaurant, nous avons parlé avec nos copains.** Ask volunteers to explain why the **passé composé** or the **imparfait** was used in each case. Then have the class write sentences for their compositions.

PRE-AP®

Presentational Writing: Thème Explain that the story students are going to write will be about events that occurred in the past. Encourage them to brainstorm as many details as possible before they begin writing.

Écriture

STRATÉGIE

Mastering the past tenses

In French, when you write about events that occurred in the past, you need to know when to use the **passé composé** and when to use the **imparfait**. A good understanding of the uses of each tense will make it much easier to determine which one to use as you write.

Look at the following summary of the uses of the **passé composé** and the **imparfait**. Write your own example sentence for each of the rules described.

Passé composé vs. imparfait

Passé composé

1. Actions viewed as completed

   _____

2. Beginning or end of past actions

   _____

3. Change in mental, emotional or physical state

   _____

Imparfait

1. Ongoing past actions

   _____

2. Habitual past actions

   _____

3. Mental, physical, and emotional states and characteristics of the past

   _____

With a partner, compare your example sentences. Use the sentences as a guide to help you decide which tense to use as you are writing a story about something that happened in the past.

Thème
Écrire une histoire
Avant l'écriture

1. Quand vous étiez petit(e), vous habitiez dans la maison ou l'appartement de vos rêves (*of your dreams*).

   ■ Vous allez décrire cette maison ou cet appartement.

   ■ Vous allez décrire les différentes pièces, les meubles et les objets décoratifs.

   ■ Vous allez parler de votre pièce préférée et de ce que (*what*) vous aimiez faire dans cette pièce.

   Ensuite, imaginez qu'il y ait eu (*was*) un cambriolage (*burglary*) dans cette maison ou dans cet appartement. Vous allez alors décrire ce qui est arrivé (*what happened*).

Coup de main

Here are some terms that you may find useful in your narration.

le voleur	*thief*
casser	*to break*
j'ai vu	*I saw*
manquer	*to be missing*

TEACHING OPTIONS

Avant l'écriture Say or read aloud some French past-tense sentences and have students identify the **passé composé** and **imparfait** forms. For each sentence, have students say why one form or the other was used. Review with them the situations and contexts that trigger the use of each tense.

Preview the use of the arrow diagram. Copy it on the board, making sure it is large enough to write inside. Start out with a description of the setting using the **imparfait** and write those sentences inside the arrow. Then have students volunteer possible completed actions using the **passé composé** and write them on the lines that intersect the arrow.

2. Utilisez le diagramme pour noter les éléments de votre histoire. Écrivez les éléments où il faut employer l'imparfait dans la partie IMPARFAIT et les éléments où il faut employer le passé composé dans les parties PASSÉ COMPOSÉ.

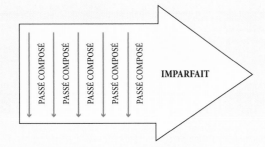

3. Échangez votre diagramme avec le diagramme d'un(e) partenaire. Est-ce qu'il faut changer quelque chose sur son diagramme? Si oui, expliquez pourquoi.

Écriture

Utilisez le diagramme pour écrire votre histoire. Écrivez trois paragraphes:

- le premier sur la présentation générale de la maison ou de l'appartement

- le deuxième sur votre pièce préférée et pourquoi vous l'avez choisie

- le troisième sur le cambriolage: les faits (*facts*) et vos réactions.

Quand j'étais petit(e), j'habitais dans un château, en France. Le château était dans une petite ville près de Paris. Il y avait un grand jardin, avec beaucoup d'animaux. Il y avait douze pièces...

Ma pièce préférée était la cuisine parce que j'aimais faire la cuisine et...

Un jour, mes parents et moi, nous sommes rentrés de vacances...

Après l'écriture

1. Échangez votre histoire avec celle (*the one*) d'un(e) partenaire. Répondez à ces questions pour commenter son travail.

- Votre partenaire a-t-il/elle correctement utilisé l'imparfait et le passé composé?

- A-t-il/elle écrit trois paragraphes qui correspondent aux descriptions de sa maison ou de son appartement, de sa pièce préférée et du cambriolage?

- Quel(s) détail(s) ajouteriez-vous (*would you add*)? Quel(s) détail(s) enlèveriez-vous (*would you delete*)? Quel(s) autre(s) commentaire(s) avez-vous pour votre partenaire?

2. Corrigez votre histoire d'après (*according to*) les commentaires de votre partenaire. Relisez votre travail pour éliminer ces problèmes:

- des fautes (*errors*) d'orthographe

- des fautes de ponctuation

- des fautes de conjugaison

- des fautes d'accord (*agreement*) des adjectifs

- un mauvais emploi (*use*) de la grammaire

EVALUATION

Criteria

Content Contains a complete description of a house or apartment, its furnishings, and the place where it was located, followed by a complete past-tense narration about a robbery that took place there.
Scale: 1 2 3 4 5

Organization Contains two parts: a complete past-tense description of a place that uses **imparfait** forms followed by a past-tense narration using the **passé composé**.
Scale: 1 2 3 4 5

Accuracy Uses **passé composé** and **imparfait** forms correctly and in the correct context. Spells words, conjugates verbs, and modifies adjectives correctly throughout.
Scale: 1 2 3 4 5

Creativity Includes additional information that is not included in the task and/or uses adjectives and descriptive verbs to make the scene more vivid.
Scale: 1 2 3 4 5

Scoring

Excellent	18–20 points
Good	14–17 points
Satisfactory	10–13 points
Unsatisfactory	< 10 points

 21ˢᵗ Century Skills

Productivity and Accountability
Provide the rubric to students before they hand their work in for grading. Ask students to make sure they have met the highest standard possible on the rubric before submitting their work.

 TELL Connection

Performance and Feedback 3
Why: Students set and monitor their own goals to meet proficiency targets. *What:* Have students use the activities in this section to connect their previous learning with their written product and to provide feedback to each other.

Key Standards

4.1

Suggestion Tell students that an easy way to study from **Vocabulaire** is to cover up the French half of each section, leaving only the English equivalents exposed. They can then quiz themselves on the French items. To focus on the English equivalents of the French entries, they simply reverse this process.

21ˢᵗ Century Skills

Creativity and Innovation
Ask students to prepare a list of three products or perspectives they learned about in this unit to share with the class. Consider asking them to focus on the **Culture** and **Panorama** sections.

21ˢᵗ Century Skills

Leadership and Responsibility: Extension Project
If you have access to students in a Francophone country, have students decide on three questions they want to ask the partner class related to this unit's topic. Based on the responses they receive, work as a class to explain to the partner class one aspect of their responses that surprised the class and why.

Leçon 8A

Les parties d'une maison

un balcon	balcony
une cave	basement, cellar
une chambre	bedroom
un couloir	hallway
une cuisine	kitchen
un escalier	staircase
un garage	garage
un jardin	garden; yard
un mur	wall
une pièce	room
une salle à manger	dining room
une salle de bains	bathroom
une salle de séjour	living/family room
un salon	formal living/sitting room
un sous-sol	basement
les toilettes/W.-C.	restrooms/toilet

Chez soi

un(e) propriétaire	owner
un appartement	apartment
un immeuble	building
un logement	housing
un loyer	rent
un quartier	area, neighborhood
un studio	studio (apartment)
une affiche	poster
une armoire	armoire, wardrobe
une baignoire	bathtub
un canapé	couch
une commode	dresser, chest of drawers
une douche	shower
une étagère	shelf
un fauteuil	armchair
une fleur	flower
une lampe	lamp
un lavabo	bathroom sink
un meuble	piece of furniture
un miroir	mirror
un placard	closet, cupboard
un rideau	drape, curtain
un tapis	rug
un tiroir	drawer
déménager	to move out
emménager	to move in
louer	to rent

Expressions utiles

See p. 159.

Expressions that signal a past tense

d'habitude	usually
une (deux, etc.) fois	once (twice, etc.)
un jour	one day
parfois	sometimes
soudain	suddenly
souvent	often
toujours	always
tous les jours	everyday
tout à coup/tout d'un coup	all of a sudden

Verbes

vivre	to live

Leçon 8B

Les tâches ménagères

une tâche ménagère	household chore
balayer	to sweep
débarrasser la table	to clear the table
enlever/faire la poussière	to dust
essuyer la vaisselle/la table	to dry the dishes/to wipe the table
faire la lessive	to do the laundry
faire le lit	to make the bed
faire le ménage	to do the housework
faire la vaisselle	to do the dishes
laver	to wash
mettre la table	to set the table
passer l'aspirateur	to vacuum
ranger	to tidy up; to put away
repasser (le linge)	to iron (the laundry)
salir	to soil, to make dirty
sortir la/les poubelle(s)	to take out the trash
propre	clean
sale	dirty

Chez soi

un balai	broom
une couverture	blanket
les draps (m.)	sheets
un évier	kitchen sink
un oreiller	pillow

Les appareils ménagers

un appareil électrique/ménager	electrical/household appliance
une cafetière	coffeemaker
un congélateur	freezer
une cuisinière	stove
un fer à repasser	iron
un four (à micro-ondes)	(microwave) oven
un frigo	refrigerator
un grille-pain	toaster
un lave-linge	washing machine
un lave-vaisselle	dishwasher
un sèche-linge	clothes dryer

Expressions utiles

See p. 177.

Locutions de temps

autrefois	in the past

Verbes

connaître	to know, to be familiar with
reconnaître	to recognize
savoir	to know (facts), to know how to do something

Appendices

The *impératif*

Point de départ The **impératif** is the form of a verb that is used to give commands or to offer directions, hints, and suggestions. With command forms, you do not use subject pronouns.

- Form the **tu** command of **-er** verbs by dropping the **-s** from the present tense form. Note that **aller** also follows this pattern.

  Réserve deux chambres.   **Ne travaille pas.**   **Va** au marché.
  Reserve two rooms.   *Don't work.*   *Go to the market.*

- The **nous** and **vous** command forms of **-er** verbs are the same as the present tense forms.

  Nettoyez votre chambre.   **Mangeons** au restaurant ce soir.
  Clean your room.   *Let's eat at the restaurant tonight.*

- For **-ir** verbs, **-re** verbs, and most irregular verbs, the command forms are identical to the present tense forms.

  Finis la salade.   **Attendez** dix minutes.   **Faisons** du yoga.
  Finish the salad.   *Wait ten minutes.*   *Let's do some yoga.*

The *impératif* of *avoir* and *être*		
	avoir	**être**
(tu)	aie	sois
(nous)	ayons	soyons
(vous)	ayez	soyez

- The forms of **avoir** and **être** in the **impératif** are irregular.

  Aie confiance.   Ne **soyons** pas en retard.
  Have confidence.   *Let's not be late.*

- An object pronoun can be added to the end of an affirmative command. Use a hyphen to separate them. Use **moi** and **toi** for the first- and second-person object pronouns.

  Permettez-moi de vous aider.   Achète le dictionnaire et **utilise-le**.
  Allow me to help you.   *Buy the dictionary and use it.*

- In negative commands, place object pronouns between **ne** and the verb. Use **me** and **te** for the first- and second-person object pronouns.

  Ne **me montre** pas les réponses, **s'il te plaît.**   Cette photo est fragile. Ne **la touchez** pas.
  Please don't show me the answers.   *That picture is fragile. Don't touch it.*

Glossary of Grammatical Terms

ADJECTIVE A word that modifies, or describes, a noun or pronoun.

des livres **amusants**   une **jolie** fleur
*some **funny** books*   *a **pretty** flower*

Demonstrative adjective An adjective that specifies which noun a speaker is referring to.

cette chemise   **ce** placard
***this** shirt*   ***this** closet*

cet hôtel   **ces** boîtes
***this** hotel*   ***these** boxes.*

Possessive adjective An adjective that indicates ownership or possession.

ma belle montre   C'est **son** cousin.
***my** beautiful watch*   *This is **his/her** cousin.*

tes crayons   Ce sont **leurs** tantes.
***your** pencils*   *Those are **their** aunts.*

ADVERB A word that modifies, or describes, a verb, adjective, or other adverb.

Michael parle **couramment** français.
*Michael speaks French **fluently**.*

Elle lui parle **très** franchement.
*She speaks to him **very** honestly.*

ARTICLE A word that points out a noun in either a specific or a non-specific way.

Definite article An article that points out a noun in a specific way.

le marché   **la** valise
***the** market*   ***the** suitcase*

les dictionnaires   **les** mots
***the** dictionaries*   ***the** words*

Indefinite article An article that points out a noun in a general, non-specific way.

un vélo   **une** fille
***a** bike*   ***a** girl*

des oiseaux   **des** affiches
***some** birds*   ***some** posters*

CLAUSE A group of words that contains both a conjugated verb and a subject, either expressed or implied.

Main (or Independent) clause A clause that can stand alone as a complete sentence.

J'ai un manteau vert.
I have a green coat.

Glossary of Grammatical Terms

Subordinate (or Dependent) clause A clause that does not express a complete thought and therefore cannot stand alone as a sentence.

Je travaille dans un restaurant **parce que j'ai besoin d'argent**.
*I work in a restaurant **because I need money**.*

COMPARATIVE A construction used with an adjective or adverb to express a comparison between two people, places, or things.

Thomas est **plus petit** qu'Adrien.
*Thomas is **shorter than** Adrien.*

En Corse, il pleut **moins souvent qu'**en Alsace.
*In Corsica, it rains **less often than** in Alsace.*

Cette maison n'a pas **autant de fenêtres** que l'autre.
*This house does not have **as many windows as** the other one.*

CONJUGATION A set of the forms of a verb for a specific tense or mood, or the process by which these verb forms are presented.

Imparfait conjugation of **chanter**:
je chant**ais**	nous chant**ions**
tu chant**ais**	vous chant**iez**
il/elle chant**ait**	ils/elles chant**aient**

CONJUNCTION A word used to connect words, clauses, or phrases.

Suzanne **et** Pierre habitent en Suisse.
*Suzanne **and** Pierre live in Switzerland.*

Je ne dessine pas très bien, **mais** j'aime les cours de dessin.
*I don't draw very well, **but** I like art classes.*

CONTRACTION The joining of two words into one. In French, the contractions are **au**, **aux**, **du**, and **des**.

Ma sœur est allée **au** concert hier soir.
*My sister went **to a** concert last night.*

Il a parlé **aux** voisins cet après-midi.
*He talked **to the** neighbors this afternoon.*

Je retire de l'argent **du** distributeur automatique.
*I withdraw money **from the** ATM machine.*

Nous avons campé près **du** village.
*We camped **near the** village.*

DIRECT OBJECT A noun or pronoun that directly receives the action of the verb.

Thomas lit **un livre**.   Je **l'**ai vu hier.
*Thomas reads **a book**.   I saw **him** yesterday.*

GENDER The grammatical categorizing of certain kinds of words, such as nouns and pronouns, as masculine, feminine, or neuter.

Masculine
articles **le, un**
pronouns **il, lui, le, celui-ci, celui-là, lequel**
adjective **élégant**

Feminine
articles **la, une**
pronouns **elle, la, celle-ci, celle-là, laquelle**
adjective **élégante**

IMPERSONAL EXPRESSION A third-person expression with no expressed or specific subject.

Il pleut.   **C'est** très important.
It's raining.   *It's very important.*

INDIRECT OBJECT A noun or pronoun that receives the action of the verb indirectly; the object, often a living being, to or for whom an action is performed.

Éric donne un livre **à Linda**.
*Éric gave a book **to Linda**.*

Le professeur **m'**a donné une bonne note.
*The teacher gave **me** a good mark.*

INFINITIVE The basic form of a verb. Infinitives in French end in **-er**, **-ir**, **-oir**, or **-re**.

parler	**finir**	**savoir**	**prendre**
to speak	*to finish*	*to know*	*to take*

INTERROGATIVE An adjective or pronoun used to ask a question.

Qui parle?
Who is speaking?

Combien de biscuits as-tu achetés?
How many cookies did you buy?

Que penses-tu faire aujourd'hui?
What do you plan to do today?

INVERSION Changing the word order of a sentence, often to form a question.

Statement: Elle a vendu sa voiture.

Inversion: A-t-elle vendu sa voiture?

MOOD A grammatical distinction of verbs that indicates whether the verb is intended to make a statement or command or to express a doubt, emotion, or condition contrary to fact.

Conditional mood Verb forms used to express what would be done or what would happen under certain circumstances, or to make a polite request, soften a demand, express what someone could or should do, or to state a contrary-to-fact situation.

Il irait se promener s'il avait le temps.
He would go for a walk if he had the time.

Pourrais-tu éteindre la lumière, s'il te plaît?
Would you turn off the light, please?

Je devrais lui parler gentiment.
I should talk to her nicely.

Imperative mood Verb forms used to make commands or suggestions.

Parle lentement.   **Venez** avec moi.
Speak slowly.   *Come with me.*

Indicative mood Verb forms used to state facts, actions, and states considered to be real.

Je sais qu'**il a** un chat.
I know that he has a cat.

Subjunctive mood Verb forms used principally in subordinate (dependent) clauses to express wishes, desires, emotions, doubts, and certain conditions, such as contrary-to-fact situations.

Il est important que **tu finisses** tes devoirs.
*It's important that **you finish** your homework.*

Je doute que **Louis ait** assez d'argent.
*I doubt that **Louis has** enough money.*

NOUN A word that identifies people, animals, places, things, and ideas.

homme	chat	Belgique
man	*cat*	*Belgium*
maison	livre	amitié
house	*book*	*friendship*

NUMBER A grammatical term that refers to singular or plural. Nouns in French and English have number. Other parts of a sentence, such as adjectives, articles, and verbs, can also have number.

Singular	Plural
une chose	**des** choses
a thing	*some things*
le professeur	**les** professeurs
the professor	*the professors*

NUMBERS Words that represent amounts.

Cardinal numbers Words that show specific amounts.

cinq minutes   l'année **deux mille six**
five minutes   *the year 2006*

Ordinal numbers Words that indicate the order of a noun in a series.

le **quatrième** joueur   la **dixième** fois
the fourth player   *the tenth time*

PAST PARTICIPLE A past form of the verb used in compound tenses. The past participle may also be used as an adjective, but it must then agree in number and gender with the word it modifies.

Ils ont beaucoup **marché**.
They have walked a lot.

Je n'ai pas **préparé** mon examen.
I haven't prepared for my exam.

Il y a une fenêtre **ouverte** dans le salon.
There is an open window in the living room.

PERSON The form of the verb or pronoun that indicates the speaker, the one spoken to, or the one spoken about. In French, as in English, there are three persons: first, second, and third.

Person	Singular		Plural	
1st	**je**	*I*	**nous**	*we*
2nd	**tu**	*you*	**vous**	*you*
3rd	**il/elle**	*he/she/it*	**ils/elles**	*they*
	on	*one*		

PREPOSITION A word or words that describe(s) the relationship, most often in time or space, between two other words.

Annie habite **loin de** Paris.
Annie lives far from Paris.

Le blouson est **dans** la voiture.
The jacket is in the car.

Martine s'est coiffée **avant de** sortir.
Martine combed her hair before going out.

PRONOUN A word that takes the place of a noun or nouns.

Demonstrative pronoun A pronoun that takes the place of a specific noun.

Je veux **celui-ci**.
I want this one.

Marc préférait **ceux-là**.
Marc preferred those.

Object pronoun A pronoun that functions as a direct or indirect object of the verb.

Elle **lui** donne un cadeau.
*She gives **him** a present.*

Frédéric **me l'**a apporté.
*Frédéric brought **it** to **me**.*

Reflexive pronoun A pronoun that indicates that the action of a verb is performed by the subject on itself. These pronouns are often expressed in English with -*self*: *myself, yourself,* etc.

Je **me lave** avant de sortir.
*I **wash (myself)** before going out.*

Marie **s'est couchée** à onze heures et demie.
*Marie **went to bed** at eleven-thirty.*

Relative pronoun A pronoun that connects a subordinate clause to a main clause.

Le garçon **qui** nous a écrit vient nous voir demain.
*The boy **who** wrote us is coming to visit tomorrow.*

Je sais **que** nous avons beaucoup de choses à faire.
*I know **that** we have a lot of things to do.*

Subject pronoun A pronoun that replaces the name or title of a person or thing, and acts as the subject of a verb.

Tu vas partir.
***You** are going to leave.*

Il arrive demain.
***He** arrives tomorrow.*

SUBJECT A noun or pronoun that performs the action of a verb and is often implied by the verb.

Marine va au supermarché.
***Marine** goes to the supermarket.*

Ils travaillent beaucoup.
***They** work a lot.*

Ces livres sont très chers.
***Those books** are very expensive.*

SUPERLATIVE A word or construction used with an adjective, adverb or a noun to express the highest or lowest degree of a specific quality among three or more people, places, or things.

Le cours de français est **le plus intéressant**.
*The French class is **the most interesting**.*

Romain court **le moins rapidement**.
*Romain runs **the least fast**.*

C'est son jardin qui a **le plus d'arbres**.
*It is her garden that has **the most trees**.*

TENSE A set of verb forms that indicates the time of an action or state: past, present, or future

Compound tense A two-word tense made up of an auxiliary verb and a present or past participle. In French, there are two auxiliary verbs: **être** and **avoir**.

Le colis n'**est** pas encore **arrivé**.
*The package **has** not **arrived** yet.*

Elle **a réussi** son examen.
*She **has passed** her exam.*

Simple tense A tense expressed by a single verb form.

Timothée **jouait** au volley-ball pendant les vacances.
*Timothée **played** volleyball during his vacation.*

Joëlle **parlera** à sa mère demain.
*Joëlle **will speak** with her mom tomorrow.*

VERB A word that expresses actions or states-of-being.

Auxiliary verb A verb used with a present or past participle to form a compound tense. **Avoir** is the most commonly used auxiliary verb in French.

Ils **ont** vu les éléphants.
*They **have** seen the elephants.*

J'espère que tu **as** mangé.
*I hope you **have** eaten.*

Reflexive verb A verb that describes an action performed by the subject on itself and is always used with a reflexive pronoun.

Je **me suis acheté** une voiture neuve.
*I **bought myself** a new car.*

Pierre et Adeline **se lèvent** très tôt.
*Pierre and Adeline **get (themselves) up** very early.*

Spelling-change verb A verb that undergoes a predictable change in spelling in the various conjugations.

acheter	e → è	nous achetons	j'achète
espérer	é → è	nous espérons	j'espère
appeler	l → ll	nous appelons	j'appelle
envoyer	y → i	nous envoyons	j'envoie
essayer	y → i	nous essayons	j'essaie/ j'essaye

Verb Conjugation Tables

Each verb in this list is followed by a model verb conjugated according to the same pattern. The number in parentheses indicates where in the verb tables you can find the conjugated forms of the model verb. Reminder: All reflexive (pronominal) verbs use **être** as their auxiliary verb in the **passé composé**. The infinitives of reflexive verbs begin with **se (s')**.

* = This verb, unlike its model, takes **être** in the **passé composé**.

† = This verb, unlike its model, takes **avoir** in the **passé composé**.

In the tables you will find the infinitive, past participles, and all the forms of each model verb you have learned.

abolir like finir (2)
aborder like parler (1)
abriter like parler (1)
accepter like parler (1)
accompagner like parler (1)
accueillir like ouvrir (31)
acheter (7)
adorer like parler (1)
afficher like parler (1)
aider like parler (1)
aimer like parler (1)
aller (13) **p.c.** with **être**
allumer like parler (1)
améliorer like parler (1)
amener like acheter (7)
animer like parler (1)
apercevoir like recevoir (36)
appeler (8)
applaudir like finir (2)
apporter like parler (1)
apprendre like prendre (35)
arrêter like parler (1)
arriver* like parler (1)
assister like parler (1)
attacher like parler (1)
attendre like vendre (3)
attirer like parler (1)
avoir (4)
balayer like essayer (10)
bavarder like parler (1)
boire (15)
bricoler like parler (1)
bronzer like parler (1)
célébrer like préférer (12)
chanter like parler (1)
chasser like parler (1)

chercher like parler (1)
choisir like finir (2)
classer like parler (1)
commander like parler (1)
commencer (9)
composer like parler (1)
comprendre like prendre (35)
compter like parler (1)
conduire (16)
connaître (17)
consacrer like parler (1)
considérer like préférer (12)
construire like conduire (16)
continuer like parler (1)
courir (18)
coûter like parler (1)
couvrir like ouvrir (31)
croire (19)
cuisiner like parler (1)
danser like parler (1)
débarrasser like parler (1)
décider like parler (1)
découvrir like ouvrir (31)
décrire like écrire (22)
décrocher like parler (1)
déjeuner like parler (1)
demander like parler (1)
démarrer like parler (1)
déménager like manger (11)
démissionner like parler (1)
dépasser like parler (1)
dépendre like vendre (3)
dépenser like parler (1)
déposer like parler (1)
descendre* like vendre (3)
désirer like parler (1)

dessiner like parler (1)
détester like parler (1)
détruire like conduire (16)
développer like parler (1)
devenir like venir (41)
devoir (20)
dîner like parler (1)
dire (21)
diriger like parler (1)
discuter like parler (1)
divorcer like commencer (9)
donner like parler (1)
dormir† like partir (32)
douter like parler (1)
durer like parler (1)
échapper like parler (1)
échouer like parler (1)
écouter like parler (1)
écrire (22)
effacer like commencer (9)
embaucher like parler (1)
emménager like manger (11)
emmener like acheter (7)
employer like essayer (10)
emprunter like parler (1)
enfermer like parler (1)
enlever like acheter (7)
enregistrer like parler (1)
enseigner like parler (1)
entendre like vendre (3)
entourer like parler (1)
entrer* like parler (1)
entretenir like tenir (40)
envahir like finir (2)
envoyer like essayer (10)
épouser like parler (1)

espérer like préférer (12)
essayer (10)
essuyer like essayer (10)
éteindre (24)
éternuer like parler (1)
étrangler like parler (1)
être (5)
étudier like parler (1)
éviter like parler (1)
exiger like manger (11)
expliquer like parler (1)
explorer like parler (1)
faire (25)
falloir (26)
fermer like parler (1)
fêter like parler (1)
finir (2)
fonctionner like parler (1)
fonder like parler (1)
freiner like parler (1)
fréquenter like parler (1)
fumer like parler (1)
gagner like parler (1)
garder like parler (1)
garer like parler (1)
gaspiller like parler (1)
enfler like parler (1)
goûter like parler (1)
graver like parler (1)
grossir like finir (2)
guérir like finir (2)
habiter like parler (1)
imprimer like parler (1)
indiquer like parler (1)
interdire like dire (21)
inviter like parler (1)

jeter like appeler (8)
jouer like parler (1)
laisser like parler (1)
laver like parler (1)
lire (27)
loger like manger (11)
louer like parler (1)
lutter like parler (1)
maigrir like finir (2)
maintenir like tenir (40)
manger (11)
marcher like parler (1)
mêler like préférer (12)
mener like parler (1)
mettre (28)
monter* like parler (1)
montrer like parler (1)
mourir (29); **p.c.** with **être**
nager like manger (11)
naître (30); **p.c.** with **être**
nettoyer like essayer (10)
noter like parler (1)
obtenir like tenir (40)
offrir like ouvrir (31)
organiser like parler (1)
oublier like parler (1)
ouvrir (31)
parler (1)
partager like manger (11)
partir (32); **p.c.** with **être**
passer like parler (1)
patienter like parler (1)
patiner like parler (1)
payer like essayer (10)
penser like parler (1)
perdre like vendre (3)
permettre like mettre (28)
pleuvoir (33)
plonger like manger (11)
polluer like parler (1)
porter like parler (1)
poser like parler (1)
posséder like préférer (12)
poster like parler (1)
pouvoir (34)
pratiquer like parler (1)
préférer (12)

prélever like parler (1)
prendre (35)
préparer like parler (1)
présenter like parler (1)
préserver like parler (1)
prêter like parler (1)
prévenir like tenir (40)
produire like conduire (16)
profiter like parler (1)
promettre like mettre (28)
proposer like parler (1)
protéger like préférer (12)
provenir like venir (41)
publier like parler (1)
quitter like parler (1)
raccrocher like parler (1)
ranger like manger (11)
réaliser like parler (1)
recevoir (36)
recommander like parler (1)
reconnaître like connaître (17)
recycler like parler (1)
réduire like conduire (16)
réfléchir like finir (2)
regarder like parler (1)
régner like préférer (12)
remplacer like parler (1)
remplir like finir (2)
rencontrer like parler (1)
rendre like vendre (3)
rentrer* like parler (1)
renvoyer like essayer (10)
réparer like parler (1)
repasser like parler (1)
répéter like préférer (12)
repeupler like parler (1)
répondre like vendre (3)
réserver like parler (1)
rester* like parler (1)
retenir like tenir (40)
retirer like parler (1)
retourner* like parler (1)
retrouver like parler (1)
réussir like finir (2)
revenir like venir (41)

revoir like voir (42)
rire (37)
rouler like parler (1)
salir like finir (2)
s'amuser like se laver (6)
s'asseoir (14)
sauvegarder like parler (1)
sauver like parler (1)
savoir (38)
se brosser like se laver (6)
se coiffer like se laver (6)
se composer like se laver (6)
se connecter like se laver (6)
se coucher like se laver (6)
se croiser like se laver (6)
se dépêcher like se laver (6)
se déplacer* like commencer (9)
se déshabiller like se laver (6)
se détendre* like vendre (3)
se disputer like se laver (6)
s'embrasser like se laver (6)
s'endormir like partir (32)
s'énerver like se laver (6)
s'ennuyer* like essayer (10)
s'excuser like se laver (6)
se fouler like se laver (6)
s'installer like se laver (6)
se laver (6)
se lever* like acheter (7)
se maquiller like se laver (6)
se marier like se laver (6)
se promener* like acheter (7)
se rappeler* like appeler (8)
se raser like se laver (6)
se rebeller like se laver (6)
se réconcilier like se laver (6)
se relever* like acheter (7)
se reposer like se laver (6)
se réveiller like se laver (6)

servir† like partir (32)
se sécher* like préférer (12)
se souvenir like venir (41)
se tromper like se laver (6)
s'habiller like se laver (6)
sentir† like partir (32)
signer like parler (1)
s'inquiéter* like préférer (12)
s'intéresser like se laver (6)
skier like parler (1)
s'occuper like se laver (6)
sonner like parler (1)
s'orienter like se laver (6)
sortir like partir (32)
sourire like rire (37)
souffrir like ouvrir (31)
souhaiter like parler (1)
subvenir† like venir (41)
suffire like lire (27)
suggérer like préférer (12)
suivre (39)
surfer like parler (1)
surprendre like prendre (35)
télécharger like parler (1)
téléphoner like parler (1)
tenir (40)
tomber* like parler (1)
tourner like parler (1)
tousser like parler (1)
traduire like conduire (16)
travailler like parler (1)
traverser like parler (1)
trouver like parler (1)
tuer like parler (1)
utiliser like parler (1)
valoir like falloir (26)
vendre (3)
venir (41); **p.c.** with **être**
vérifier like parler (1)
visiter like parler (1)
vivre like suivre (39)
voir (42)
vouloir (43)
voyager like manger (11)

Verb Conjugation Tables

Regular verbs

Infinitive Past participle	INDICATIVE					CONDITIONAL	SUBJUNCTIVE	IMPERATIVE
	Subject Pronouns	Present	Passé composé	Imperfect	Future	Present	Present	
1 parler *(to speak)* parlé	je (j')	parle	ai parlé	parlais	parlerai	parlerais	parle	
	tu	parles	as parlé	parlais	parleras	parlerais	parles	parle
	il/elle/on	parle	a parlé	parlait	parlera	parlerait	parle	
	nous	parlons	avons parlé	parlions	parlerons	parlerions	parlions	parlons
	vous	parlez	avez parlé	parliez	parlerez	parleriez	parliez	parlez
	ils/elles	parlent	ont parlé	parlaient	parleront	parleraient	parlent	
2 finir *(to finish)* fini	je (j')	finis	ai fini	finissais	finirai	finirais	finisse	
	tu	finis	as fini	finissais	finiras	finirais	finisses	finis
	il/elle/on	finit	a fini	finissait	finira	finirait	finisse	
	nous	finissons	avons fini	finissions	finirons	finirions	finissions	finissons
	vous	finissez	avez fini	finissiez	finirez	finiriez	finissiez	finissez
	ils/elles	finissent	ont fini	finissaient	finiront	finiraient	finissent	
3 vendre *(to sell)* vendu	je (j')	vends	ai vendu	vendais	vendrai	vendrais	vende	
	tu	vends	as vendu	vendais	vendras	vendrais	vendes	vends
	il/elle/on	vend	a vendu	vendait	vendra	vendrait	vende	
	nous	vendons	avons vendu	vendions	vendrons	vendrions	vendions	vendons
	vous	vendez	avez vendu	vendiez	vendrez	vendriez	vendiez	vendez
	ils/elles	vendent	ont vendu	vendaient	vendront	vendraient	vendent	

Auxiliary verbs: *avoir* and *être*

Infinitive		INDICATIVE				CONDITIONAL	SUBJUNCTIVE	IMPERATIVE
Past participle	Subject Pronouns	Present	Passé composé	Imperfect	Future	Present	Present	
4 avoir *(to have)*	j'	ai	ai eu	avais	aurai	aurais	aie	
	tu	as	as eu	avais	auras	aurais	aies	aie
	il/elle/on	a	a eu	avait	aura	aurait	ait	
eu	nous	avons	avons eu	avions	aurons	aurions	ayons	ayons
	vous	avez	avez eu	aviez	aurez	auriez	ayez	ayez
	ils/elles	ont	ont eu	avaient	auront	auraient	aient	
5 être *(to be)*	je (j')	suis	ai été	étais	serai	serais	sois	
	tu	es	as été	étais	seras	serais	sois	sois
	il/elle/on	est	a été	était	sera	serait	soit	
été	nous	sommes	avons été	étions	serons	serions	soyons	soyons
	vous	êtes	avez été	étiez	serez	seriez	soyez	soyez
	ils/elles	sont	ont été	étaient	seront	seraient	soient	

Reflexive (Pronominal)

Infinitive		INDICATIVE				CONDITIONAL	SUBJUNCTIVE	IMPERATIVE
Past participle	Subject Pronouns	Present	Passé composé	Imperfect	Future	Present	Present	
6 se laver *(to wash oneself)*	je	me lave	me suis lavé(e)	me lavais	me laverai	me laverais	me lave	
	tu	te laves	t'es lavé(e)	te lavais	te laveras	te laverais	te laves	lave-toi
	il/elle/on	se lave	s'est lavé(e)	se lavait	se lavera	se laverait	se lave	
lavé	nous	nous lavons	nous sommes lavé(e)s	nous lavions	nous laverons	nous laverions	nous lavions	lavons-nous
	vous	vous lavez	vous êtes lavé(e)s	vous laviez	vous laverez	vous laveriez	vous laviez	lavez-vous
	ils/elles	se lavent	se sont lavé(e)s	se lavaient	se laveront	se laveraient	se lavent	

Verbs with spelling changes

Infinitive Past participle	Subject Pronouns	INDICATIVE Present	Passé composé	Imperfect	Future	CONDITIONAL Present	SUBJUNCTIVE Present	IMPERATIVE
7 acheter	j'	achète	ai acheté	achetais	achèterai	achèterais	achète	
(to buy)	tu	achètes	as acheté	achetais	achèteras	achèterais	achètes	achète
	il/elle/on	achète	a acheté	achetait	achètera	achèterait	achète	
acheté	nous	achetons	avons acheté	achetions	achèterons	achèterions	achetions	achetons
	vous	achetez	avez acheté	achetiez	achèterez	achèteriez	achetiez	achetez
	ils/elles	achètent	ont acheté	achetaient	achèteront	achèteraient	achètent	
8 appeler	j'	appelle	ai appelé	appelais	appellerai	appellerais	appelle	
(to call)	tu	appelles	as appelé	appelais	appelleras	appellerais	appelles	appelle
	il/elle/on	appelle	a appelé	appelait	appellera	appellerait	appelle	
appelé	nous	appelons	avons appelé	appelions	appellerons	appellerions	appelions	appelons
	vous	appelez	avez appelé	appeliez	appellerez	appelleriez	appeliez	appelez
	ils/elles	appellent	ont appelé	appelaient	appelleront	appelleraient	appellent	
9 commencer	je (j')	commence	ai commencé	commençais	commencerai	commencerais	commence	
(to begin)	tu	commences	as commencé	commençais	commenceras	commencerais	commences	commence
	il/elle/on	commence	a commencé	commençait	commencera	commencerait	commence	
commencé	nous	commençons	avons commencé	commencions	commencerons	commencerions	commencions	commençons
	vous	commencez	avez commencé	commenciez	commencerez	commenceriez	commenciez	commencez
	ils/elles	commencent	ont commencé	commençaient	commenceront	commenceraient	commencent	
10 essayer	j'	essaie	ai essayé	essayais	essaierai	essaierais	essaie	
(to try)	tu	essaies	as essayé	essayais	essaieras	essaierais	essaies	essaie
	il/elle/on	essaie	a essayé	essayait	essaiera	essaierait	essaie	
essayé	nous	essayons	avons essayé	essayions	essaierons	essaierions	essayions	essayons
	vous	essayez	avez essayé	essayiez	essaierez	essaieriez	essayiez	essayez
	ils/elles	essayent	ont essayé	essayaient	essaieront	essaieraient	essaient	
11 manger	je (j')	mange	ai mangé	mangeais	mangerai	mangerais	mange	
(to eat)	tu	manges	as mangé	mangeais	mangeras	mangerais	manges	mange
	il/elle/on	mange	a mangé	mangeait	mangera	mangerait	mange	
mangé	nous	mangeons	avons mangé	mangions	mangerons	mangerions	mangions	mangeons
	vous	mangez	avez mangé	mangiez	mangerez	mangeriez	mangiez	mangez
	ils/elles	mangent	ont mangé	mangeaient	mangeront	mangeraient	mangent	
12 préférer	je (j')	préfère	ai préféré	préférais	préférerai	préférerais	préfère	
(to prefer)	tu	préfères	as préféré	préférais	préféreras	préférerais	préfères	préfère
	il/elle/on	préfère	a préféré	préférait	préférera	préférerait	préfère	
préféré	nous	préférons	avons préféré	préférions	préférerons	préférerions	préférions	préférons
	vous	préférez	avez préféré	préfériez	préférerez	préféreriez	préfériez	préférez
	ils/elles	préfèrent	ont préféré	préféraient	préféreront	préféreraient	préfèrent	

Irregular verbs

Infinitive		INDICATIVE				CONDITIONAL	SUBJUNCTIVE	IMPERATIVE
Past participle	Subject Pronouns	Present	Passé composé	Imperfect	Future	Present	Present	
13 aller	je (j')	vais	suis allé(e)	allais	irai	irais	aille	
(to go)	tu	vas	es allé(e)	allais	iras	irais	ailles	va
	il/elle/on	va	est allé(e)	allait	ira	irait	aille	
allé	nous	allons	sommes allé(e)s	allions	irons	irions	allions	allons
	vous	allez	êtes allé(e)s	alliez	irez	iriez	alliez	allez
	ils/elles	vont	sont allé(e)s	allaient	iront	iraient	aillent	
14 s'asseoir	je	m'assieds	me suis assis(e)	m'asseyais	m'assiérai	m'assiérais	m'asseye	
(to sit down,	tu	t'assieds	t'es assis(e)	t'asseyais	t'assiéras	t'assiérais	t'asseyes	assieds-toi
to be seated)	il/elle/on	s'assied	s'est assis(e)	s'asseyait	s'assiéra	s'assiérait	s'asseye	
	nous	nous asseyons	nous sommes assis(e)s	nous asseyions	nous assiérons	nous assiérions	nous asseyions	asseyons-nous
assis	vous	vous asseyez	vous êtes assis(e)s	vous asseyiez	vous assiérez	vous assiériez	vous asseyiez	asseyez-vous
	ils/elles	s'asseyent	se sont assis(e)s	s'asseyaient	s'assiéront	s'assiéraient	s'asseyent	
15 boire	je (j')	bois	ai bu	buvais	boirai	boirais	boive	
(to drink)	tu	bois	as bu	buvais	boiras	boirais	boives	bois
	il/elle/on	boit	a bu	buvait	boira	boirait	boive	
bu	nous	buvons	avons bu	buvions	boirons	boirions	buvions	buvons
	vous	buvez	avez bu	buviez	boirez	boiriez	buviez	buvez
	ils/elles	boivent	ont bu	buvaient	boiront	boiraient	boivent	
16 conduire	je (j')	conduis	ai conduit	conduisais	conduirai	conduirais	conduise	
(to drive; to lead)	tu	conduis	as conduit	conduisais	conduiras	conduirais	conduises	conduis
	il/elle/on	conduit	a conduit	conduisait	conduira	conduirait	conduise	
conduit	nous	conduisons	avons conduit	conduisions	conduirons	conduirions	conduisions	conduisons
	vous	conduisez	avez conduit	conduisiez	conduirez	conduiriez	conduisiez	conduisez
	ils/elles	conduisent	ont conduit	conduisaient	conduiront	conduiraient	conduisent	
17 connaître	je (j')	connais	ai connu	connaissais	connaîtrai	connaîtrais	connaisse	
(to know, to be	tu	connais	as connu	connaissais	connaîtras	connaîtrais	connaisses	connais
acquainted with)	il/elle/on	connaît	a connu	connaissait	connaîtra	connaîtrait	connaisse	
	nous	connaissons	avons connu	connaissions	connaîtrons	connaîtrions	connaissions	connaissons
connu	vous	connaissez	avez connu	connaissiez	connaîtrez	connaîtriez	connaissiez	connaissez
	ils/elles	connaissent	ont connu	connaissaient	connaîtront	connaîtraient	connaissent	
18 courir	je (j')	cours	ai couru	courais	courrai	courrais	coure	
(to run)	tu	cours	as couru	courais	courras	courrais	coures	cours
	il/elle/on	court	a couru	courait	courra	courrait	coure	
couru	nous	courons	avons couru	courions	courrons	courrions	courions	courons
	vous	courez	avez couru	couriez	courrez	courriez	couriez	courez
	ils/elles	courent	ont couru	couraient	courront	courraient	courent	
19 croire	je (j')	crois	ai cru	croyais	croirai	croirais	croie	
(to believe)	tu	crois	as cru	croyais	croiras	croirais	croies	crois
	il/elle/on	croit	a cru	croyait	croira	croirait	croie	
cru	nous	croyons	avons cru	croyions	croirons	croirions	croyions	croyons
	vous	croyez	avez cru	croyiez	croirez	croiriez	croyiez	croyez
	ils/elles	croient	ont cru	croyaient	croiront	croiraient	croient	

Irregular verbs (continued)

Infinitive / Past participle		INDICATIVE				CONDITIONAL	SUBJUNCTIVE	IMPERATIVE
	Subject Pronouns	Present	Passé composé	Imperfect	Future	Present	Present	
20 devoir	je (j')	dois	ai dû	devais	devrai	devrais	doive	
(to have to;	tu	dois	as dû	devais	devras	devrais	doives	dois
to owe)	il/elle/on	doit	a dû	devait	devra	devrait	doive	
	nous	devons	avons dû	devions	devrons	devrions	devions	devons
dû	vous	devez	avez dû	deviez	devrez	devriez	deviez	devez
	ils/elles	doivent	ont dû	devaient	devront	devraient	doivent	
21 dire	je (j')	dis	ai dit	disais	dirai	dirais	dise	
(to say, to tell)	tu	dis	as dit	disais	diras	dirais	dises	dis
	il/elle/on	dit	a dit	disait	dira	dirait	dise	
dit	nous	disons	avons dit	disions	dirons	dirions	disions	disons
	vous	dites	avez dit	disiez	direz	diriez	disiez	dites
	ils/elles	disent	ont dit	disaient	diront	diraient	disent	
22 écrire	j'	écris	ai écrit	écrivais	écrirai	écrirais	écrive	
(to write)	tu	écris	as écrit	écrivais	écriras	écrirais	écrives	écris
	il/elle/on	écrit	a écrit	écrivait	écrira	écrirait	écrive	
écrit	nous	écrivons	avons écrit	écrivions	écrirons	écririons	écrivions	écrivons
	vous	écrivez	avez écrit	écriviez	écrirez	écririez	écriviez	écrivez
	ils/elles	écrivent	ont écrit	écrivaient	écriront	écriraient	écrivent	
23 envoyer	j'	envoie	ai envoyé	envoyais	enverrai	enverrais	envoie	
(to send)	tu	envoies	as envoyé	envoyais	enverras	enverrais	envoies	envoie
	il/elle/on	envoie	a envoyé	envoyait	enverra	enverrait	envoie	
envoyé	nous	envoyons	avons envoyé	envoyions	enverrons	enverrions	envoyions	envoyons
	vous	envoyez	avez envoyé	envoyiez	enverrez	enverriez	envoyiez	envoyez
	ils/elles	envoient	ont envoyé	envoyaient	enverront	enverraient	envoient	
24 éteindre	j'	éteins	ai éteint	éteignais	éteindrai	éteindrais	éteigne	
(to turn off)	tu	éteins	as éteint	éteignais	éteindras	éteindrais	éteignes	éteins
	il/elle/on	éteint	a éteint	éteignait	éteindra	éteindrait	éteigne	
éteint	nous	éteignons	avons éteint	éteignions	éteindrons	éteindrions	éteignions	éteignons
	vous	éteignez	avez éteint	éteigniez	éteindrez	éteindriez	éteigniez	éteignez
	ils/elles	éteignent	ont éteint	éteignaient	éteindront	éteindraient	éteignent	
25 faire	je (j')	fais	ai fait	faisais	ferai	ferais	fasse	
(to do; to make)	tu	fais	as fait	faisais	feras	ferais	fasses	fais
	il/elle/on	fait	a fait	faisait	fera	ferait	fasse	
fait	nous	faisons	avons fait	faisions	ferons	ferions	fassions	faisons
	vous	faites	avez fait	faisiez	ferez	feriez	fassiez	faites
	ils/elles	font	ont fait	faisaient	feront	feraient	fassent	
26 falloir	il	faut	a fallu	fallait	faudra	faudrait	faille	
(to be necessary)								
fallu								

Infinitive		INDICATIVE				CONDITIONAL	SUBJUNCTIVE	IMPERATIVE
Past participle	Subject Pronouns	Present	Passé composé	Imperfect	Future	Present	Present	
27 lire	je (j')	lis	ai lu	lisais	lirai	lirais	lise	
(to read)	tu	lis	as lu	lisais	liras	lirais	lises	lis
	il/elle/on	lit	a lu	lisait	lira	lirait	lise	
lu	nous	lisons	avons lu	lisions	lirons	lirions	lisions	lisons
	vous	lisez	avez lu	lisiez	lirez	liriez	lisiez	lisez
	ils/elles	lisent	ont lu	lisaient	liront	liraient	lisent	
28 mettre	je (j')	mets	ai mis	mettais	mettrai	mettrais	mette	
(to put)	tu	mets	as mis	mettais	mettras	mettrais	mettes	mets
	il/elle/on	met	a mis	mettait	mettra	mettrait	mette	
mis	nous	mettons	avons mis	mettions	mettrons	mettrions	mettions	mettons
	vous	mettez	avez mis	mettiez	mettrez	mettriez	mettiez	mettez
	ils/elles	mettent	ont mis	mettaient	mettront	mettraient	mettent	
29 mourir	je	meurs	suis mort(e)	mourais	mourrai	mourrais	meure	
(to die)	tu	meurs	es mort(e)	mourais	mourras	mourrais	meures	meurs
	il/elle/on	meurt	est mort(e)	mourait	mourra	mourrait	meure	
mort	nous	mourons	sommes mort(e)s	mourions	mourrons	mourrions	mourions	mourons
	vous	mourez	êtes mort(e)s	mouriez	mourrez	mourriez	mouriez	mourez
	ils/elles	meurent	sont mort(e)s	mouraient	mourront	mourraient	meurent	
30 naître	je	nais	suis né(e)	naissais	naîtrai	naîtrais	naisse	
(to be born)	tu	nais	es né(e)	naissais	naîtras	naîtrais	naisses	nais
	il/elle/on	naît	est né(e)	naissait	naîtra	naîtrait	naisse	
né	nous	naissons	sommes né(e)s	naissions	naîtrons	naîtrions	naissions	naissons
	vous	naissez	êtes né(e)s	naissiez	naîtrez	naîtriez	naissiez	naissez
	ils/elles	naissent	sont né(e)s	naissaient	naîtront	naîtraient	naissent	
31 ouvrir	j'	ouvre	ai ouvert	ouvrais	ouvrirai	ouvrirais	ouvre	
(to open)	tu	ouvres	as ouvert	ouvrais	ouvriras	ouvrirais	ouvres	ouvre
	il/elle/on	ouvre	a ouvert	ouvrait	ouvrira	ouvrirait	ouvre	
ouvert	nous	ouvrons	avons ouvert	ouvrions	ouvrirons	ouvririons	ouvrions	ouvrons
	vous	ouvrez	avez ouvert	ouvriez	ouvrirez	ouvririez	ouvriez	ouvrez
	ils/elles	ouvrent	ont ouvert	ouvraient	ouvriront	ouvriraient	ouvrent	
32 partir	je	pars	suis parti(e)	partais	partirai	partirais	parte	
(to leave)	tu	pars	es parti(e)	partais	partiras	partirais	partes	pars
	il/elle/on	part	est parti(e)	partait	partira	partirait	parte	
parti	nous	partons	sommes parti(e)s	partions	partirons	partirions	partions	partons
	vous	partez	êtes parti(e)(s)	partiez	partirez	partiriez	partiez	partez
	ils/elles	partent	sont parti(e)s	partaient	partiront	partiraient	partent	
33 pleuvoir	il	pleut	a plu	pleuvait	pleuvra	pleuvrait	pleuve	
(to rain)								
plu								

Irregular verbs (continued)

Infinitive		INDICATIVE				CONDITIONAL	SUBJUNCTIVE	IMPERATIVE
Past participle	Subject Pronouns	Present	Passé composé	Imperfect	Future	Present	Present	
34 pouvoir	je (j')	peux	ai pu	pouvais	pourrai	pourrais	puisse	
(to be able)	tu	peux	as pu	pouvais	pourras	pourrais	puisses	
	il/elle/on	peut	a pu	pouvait	pourra	pourrait	puisse	
pu	nous	pouvons	avons pu	pouvions	pourrons	pourrions	puissions	
	vous	pouvez	avez pu	pouviez	pourrez	pourriez	puissiez	
	ils/elles	peuvent	ont pu	pouvaient	pourront	pourraient	puissent	
35 prendre	je (j')	prends	ai pris	prenais	prendrai	prendrais	prenne	
(to take)	tu	prends	as pris	prenais	prendras	prendrais	prennes	prends
	il/elle/on	prend	a pris	prenait	prendra	prendrait	prenne	
pris	nous	prenons	avons pris	prenions	prendrons	prendrions	prenions	prenons
	vous	prenez	avez pris	preniez	prendrez	prendriez	preniez	prenez
	ils/elles	prennent	ont pris	prenaient	prendront	prendraient	prennent	
36 recevoir	je (j')	reçois	ai reçu	recevais	recevrai	recevrais	reçoive	
(to receive)	tu	reçois	as reçu	recevais	recevras	recevrais	reçoives	reçois
	il/elle/on	reçoit	a reçu	recevait	recevra	recevrait	reçoive	
reçu	nous	recevons	avons reçu	recevions	recevrons	recevrions	recevions	recevons
	vous	recevez	avez reçu	receviez	recevrez	recevriez	receviez	recevez
	ils/elles	reçoivent	ont reçu	recevaient	recevront	recevraient	reçoivent	
37 rire	je (j')	ris	ai ri	riais	rirai	rirais	rie	
(to laugh)	tu	ris	as ri	riais	riras	rirais	ries	ris
	il/elle/on	rit	a ri	riait	rira	rirait	rie	
ri	nous	rions	avons ri	riions	rirons	ririons	riions	rions
	vous	riez	avez ri	riiez	rirez	ririez	riiez	riez
	ils/elles	rient	ont ri	riaient	riront	riraient	rient	
38 savoir	je (j')	sais	ai su	savais	saurai	saurais	sache	
(to know)	tu	sais	as su	savais	sauras	saurais	saches	sache
	il/elle/on	sait	a su	savait	saura	saurait	sache	
su	nous	savons	avons su	savions	saurons	saurions	sachions	sachons
	vous	savez	avez su	saviez	saurez	sauriez	sachiez	sachez
	ils/elles	savent	ont su	savaient	sauront	sauraient	sachent	
39 suivre	je (j')	suis	ai suivi	suivais	suivrai	suivrais	suive	
(to follow)	tu	suis	as suivi	suivais	suivras	suivrais	suives	suis
	il/elle/on	suit	a suivi	suivait	suivra	suivrait	suive	
suivi	nous	suivons	avons suivi	suivions	suivrons	suivrions	suivions	suivons
	vous	suivez	avez suivi	suiviez	suivrez	suivriez	suiviez	suivez
	ils/elles	suivent	ont suivi	suivaient	suivront	suivraient	suivent	
40 tenir	je (j')	tiens	ai tenu	tenais	tiendrai	tiendrais	tienne	
(to hold)	tu	tiens	as tenu	tenais	tiendras	tiendrais	tiennes	tiens
	il/elle/on	tient	a tenu	tenait	tiendra	tiendrait	tienne	
tenu	nous	tenons	avons tenu	tenions	tiendrons	tiendrions	tenions	tenons
	vous	tenez	avez tenu	teniez	tiendrez	tiendriez	teniez	tenez
	ils/elles	tiennent	ont tenu	tenaient	tiendront	tiendraient	tiennent	

Infinitive				INDICATIVE			CONDITIONAL	SUBJUNCTIVE	IMPERATIVE
Past participle	Subject Pronouns	Present	Passé composé	Imperfect	Future	Present	Present	
41 venir	je	viens	suis venu(e)	venais	viendrai	viendrais	vienne	
(to come)	tu	viens	es venu(e)	venais	viendras	viendrais	viennes	viens
	il/elle/on	vient	est venu(e)	venait	viendra	viendrait	vienne	
venu	nous	venons	sommes venu(e)s	venions	viendrons	viendrions	venions	venons
	vous	venez	êtes venu(e)(s)	veniez	viendrez	viendriez	veniez	venez
	ils/elles	viennent	sont venu(e)s	venaient	viendront	viendraient	viennent	
42 voir	je (j')	vois	ai vu	voyais	verrai	verrais	voie	
(to see)	tu	vois	as vu	voyais	verras	verrais	voies	vois
	il/elle/on	voit	a vu	voyait	verra	verrait	voie	
vu	nous	voyons	avons vu	voyions	verrons	verrions	voyions	voyons
	vous	voyez	avez vu	voyiez	verrez	verriez	voyiez	voyez
	ils/elles	voient	ont vu	voyaient	verront	verraient	voient	
43 vouloir	je (j')	veux	ai voulu	voulais	voudrai	voudrais	veuille	
(to want, to wish)	tu	veux	as voulu	voulais	voudras	voudrais	veuilles	veuille
	il/elle/on	veut	a voulu	voulait	voudra	voudrait	veuille	
voulu	nous	voulons	avons voulu	voulions	voudrons	voudrions	voulions	veuillons
	vous	voulez	avez voulu	vouliez	voudrez	voudriez	vouliez	veuillez
	ils/elles	veulent	ont voulu	voulaient	voudront	voudraient	veuillent	

Guide to Vocabulary

This glossary contains the words and expressions listed on the **Vocabulaire** page found at the end of each unit in **D'accord!** Levels 1 & 2. The numbers following an entry indicate the **D'accord!** level and unit where the term was introduced. For example, the first entry in the glossary, **à**, was introduced in **D'accord!** Level 1, Unit 4. Note that **II–P** refers to the **Unité Préliminaire** in **D'accord!** Level 2.

Abbreviations used in this glossary

adj.	adjective	*f.*	feminine	*i.o.*	indirect object	*prep.*	preposition
adv.	adverb	*fam.*	familiar	*m.*	masculine	*pron.*	pronoun
art.	article	*form.*	formal	*n.*	noun	*refl.*	reflexive
comp.	comparative	*imp.*	imperative	*obj.*	object	*rel.*	relative
conj.	conjunction	*indef.*	indefinite	*part.*	partitive	*sing.*	singular
def.	definite	*interj.*	interjection	*p.p.*	past participle	*sub.*	subject
dem.	demonstrative	*interr.*	interrogative	*pl.*	plural	*super.*	superlative
disj.	disjunctive	*inv.*	invariable	*poss.*	possessive	*v.*	verb
d.o.	direct object						

French-English

A

à *prep.* at; in; to I-4
  À bientôt. See you soon. I-1
  à condition que on the condition that, provided that II-7
  à côté de *prep.* next to I-3
  À demain. See you tomorrow. I-1
  à droite (de) *prep.* to the right (of) I-3
  à gauche (de) *prep.* to the left (of) I-3
  à … heure(s) at … (o'clock) I-4
  à la radio on the radio II-7
  à la télé(vision) on television II-7
  à l'étranger abroad, overseas I-7
  à mi-temps half-time (*job*) II-5
  à moins que unless II-7
  à plein temps full-time (*job*) II-5
  À plus tard. See you later. I-1
  À quelle heure? What time?; When? I-2
  À qui? To whom? I-4
  À table! Let's eat! Food is on! II-1
  à temps partiel part-time (*job*) II-5
  À tout à l'heure. See you later. I-1
  au bout (de) *prep.* at the end (of) II-4

au contraire on the contrary II-7
  au fait by the way I-3
  au printemps in the spring I-5
  Au revoir. Good-bye. I-1
  au secours help II-3
  au sujet de on the subject of, about II-6
abolir *v.* to abolish II-6
absolument *adv.* absolutely I-7
accident *m.* accident II-3
  avoir un accident to have/to be in an accident II-3
accompagner *v.* to accompany II-4
acheter *v.* to buy I-5
acteur *m.* actor I-1
actif/active *adj.* active I-3
activement *adv.* actively I-8, II-P
actrice *f.* actress I-1
addition *f.* check, bill I-4
adieu farewell II-6
adolescence *f.* adolescence I-6
adorer *v.* to love I-2
  J'adore… I love… I-2
adresse *f.* address II-4
aérobic *m.* aerobics I-5
  faire de l'aérobic *v.* to do aerobics I-5
aéroport *m.* airport I-7
affaires *f., pl.* business I-3
affiche *f.* poster I-8, II-P
afficher *v.* to post II-5
âge *m.* age I-6
  âge adulte *m.* adulthood I-6
agence de voyages *f.* travel agency I-7
agent *m.* officer; agent II-3
  agent de police *m.* police officer II-3

agent de voyages *m.* travel agent I-7
agent immobilier *m.* real estate agent II-5
agréable *adj.* pleasant I-1
agriculteur/agricultrice *m., f.* farmer II-5
aider (à) *v.* to help (*to do something*) I-5
aie (avoir) *imp. v.* have I-7
ail *m.* garlic II-1
aimer *v.* to like I-2
  aimer mieux to prefer I-2
  aimer que… to like that… II-6
  J'aime bien… I really like… I-2
  Je n'aime pas tellement… I don't like … very much. I-2
aîné(e) *adj.* elder I-3
algérien(ne) *adj.* Algerian I-1
aliment *m.* food item; a food II-1
Allemagne *f.* Germany I-7
allemand(e) *adj.* German I-1
aller *v.* to go I-4
  aller à la pêche to go fishing I-5
  aller aux urgences to go to the emergency room II-2
  aller avec to go with I-6
  aller-retour *adj.* round-trip I-7
  billet aller-retour *m.* round-trip ticket I-7
  Allons-y! Let's go! I-2
  Ça va? What's up?; How are things? I-1
  Comment allez-vous? *form.* How are you? I-1
  Comment vas-tu? *fam.* How are you? I-1

Je m'en vais. I'm leaving. I-8, II-P
Je vais bien/mal. I am doing well/badly. I-1
J'y vais. I'm going/coming. I-8, II-P
Nous y allons. We're going/coming. II-1
allergie *f.* allergy II-2
Allez. Come on. I-5
allô *(on the phone)* hello I-1
allumer *v.* to turn on II-3
alors *adv.* so, then; at that moment I-2
améliorer *v.* to improve II-5
amende *f.* fine II-3
amener *v.* to bring *(someone)* I-5
américain(e) *adj.* American I-1
  football américain *m.* football I-5
ami(e) *m., f.* friend I-1
  petit(e) ami(e) *m., f.* boyfriend/girlfriend I-1
amitié *f.* friendship I-6
amour *m.* love I-6
amoureux/amoureuse *adj.* in love I-6
  tomber amoureux/amoureuse *v.* to fall in love I-6
amusant(e) *adj.* fun I-1
an *m.* year I-2
ancien(ne) *adj.* ancient, old; former II-7
ange *m.* angel I-1
anglais(e) *adj.* English I-1
angle *m.* corner II-4
Angleterre *f.* England I-7
animal *m.* animal II-6
année *f.* year I-2
  cette année this year I-2
anniversaire *m.* birthday I-5
  C'est quand l'anniversaire de … ? When is …'s birthday? I-5
  C'est quand ton/votre anniversaire? When is your birthday? I-5
annuler (une réservation) *v.* to cancel (a reservation) I-7
anorak *m.* ski jacket, parka I-6
antipathique *adj.* unpleasant I-3
août *m.* August I-5
apercevoir *v.* to see, to catch sight of II-4
aperçu (apercevoir) *p.p.* seen, caught sight of II-4
appareil *m.* (on the phone) telephone II-5
  appareil (électrique/ménager) *m.* (electrical/household) appliance I-8, II-P

appareil photo (numérique) *m.* (digital) camera II-3
C'est M./Mme/Mlle … à l'appareil. It's Mr./Mrs./Miss … on the phone. II-5
Qui est à l'appareil? Who's calling, please? II-5
appartement *m.* apartment II-7
appeler *v.* to call I-7
applaudir *v.* to applaud II-7
applaudissement *m.* applause II-7
apporter *v.* to bring, to carry *(something)* I-4
apprendre (à) *v.* to teach; to learn *(to do something)* I-4
appris (apprendre) *p.p., adj.* learned I-6
après (que) *adv.* after I-2
après-demain *adv.* day after tomorrow I-2
après-midi *m.* afternoon I-2
  cet après-midi this afternoon I-2
  de l'après-midi in the afternoon I-2
  demain après-midi *adv.* tomorrow afternoon I-2
  hier après-midi *adv.* yesterday afternoon I-7
arbre *m.* tree II-6
architecte *m., f.* architect I-3
argent *m.* money II-4
  dépenser de l'argent *v.* to spend money I-4
  déposer de l'argent *v.* to deposit money I-4
  retirer de l'argent *v.* to withdraw money I-4
armoire *f.* armoire, wardrobe I-8, II-P
arrêt d'autobus (de bus) *m.* bus stop I-7
arrêter (de faire quelque chose) *v.* to stop (doing something) II-3
arrivée *f.* arrival I-7
arriver (à) *v.* to arrive; to manage *(to do something)* I-2
art *m.* art I-2
  beaux-arts *m., pl.* fine arts II-7
artiste *m., f.* artist I-3
ascenseur *m.* elevator I-7
aspirateur *m.* vacuum cleaner I-8, II-P
  passer l'aspirateur to vacuum I-8, II-P
aspirine *f.* aspirin II-2
Asseyez-vous! (s'asseoir) *imp. v.* Have a seat! II-2
assez *adv.* *(before adjective or adverb)* pretty; quite I-8, II-P

assez (de) *(before noun)* enough (of) I-4
  pas assez (de) not enough (of) I-4
assiette *f.* plate II-1
assis (s'asseoir) *p.p., adj. (used as past participle)* sat down; *(used as adjective)* sitting, seated II-2
assister *v.* to attend I-2
assurance (maladie/vie) *f.* (health/life) insurance II-5
athlète *m., f.* athlete I-3
attacher *v.* to attach II-3
  attacher sa ceinture de sécurité to buckle one's seatbelt II-3
attendre *v.* to wait I-6
attention *f.* attention I-5
  faire attention (à) *v.* to pay attention (to) I-5
au (à + le) *prep.* to/at the I-4
auberge de jeunesse *f.* youth hostel I-7
aucun(e) *adj.* no; *pron.* none II-2
  ne… aucun(e) none, not any II-4
augmentation (de salaire) *f.* raise (in salary) II-5
aujourd'hui *adv.* today I-2
auquel (à + lequel) *pron., m., sing.* which one II-5
aussi *adv.* too, as well; as I-1
  Moi aussi. Me too. I-1
  aussi … que *(used with an adjective)* as … as II-1
autant de … que *adv. (used with noun to express quantity)* as much/as many … as II-6
auteur/femme auteur *m., f.* author II-7
autobus *m.* bus I-7
  arrêt d'autobus (de bus) *m.* bus stop I-7
  prendre un autobus to take a bus I-7
automne *m.* fall I-5
  à l'automne in the fall I-5
autoroute *f.* highway II-3
autour (de) *prep.* around II-4
autrefois *adv.* in the past I-8, II-P
aux (à + les) to/at the I-4
auxquelles (à + lesquelles) *pron., f., pl.* which ones II-5
auxquels (à + lesquels) *pron., m., pl.* which ones II-5
avance *f.* advance I-2
  en avance *adv.* early I-2
avant (de/que) *adv.* before I-7
avant-hier *adv.* day before yesterday I-7

avec *prep.* with I-1
   Avec qui? With whom? I-4
aventure *f.* adventure II-7
   film d'aventures *m.*
   adventure film II-7
avenue *f.* avenue II-4
avion *m.* airplane I-7
   prendre un avion *v.* to take
   a plane I-7
avocat(e) *m., f.* lawyer I-3
avoir *v.* to have I-2
   aie *imp. v.* have I-2
   avoir besoin (de) to need
   (*something*) I-2
   avoir chaud to be hot I-2
   avoir de la chance to be
   lucky I-2
   avoir envie (de) to feel like
   (*doing something*) I-2
   avoir faim to be hungry I-4
   avoir froid to be cold I-2
   avoir honte (de) to be
   ashamed (of) I-2
   avoir mal to have an ache II-2
   avoir mal au cœur to feel
   nauseated II-2
   avoir peur (de/que) to be
   afraid (of/that) I-2
   avoir raison to be right I-2
   avoir soif to be thirsty I-4
   avoir sommeil to be sleepy I-2
   avoir tort to be wrong I-2
   avoir un accident to have/to
   be in an accident II-3
   avoir un compte bancaire to
   have a bank account II-4
   en avoir marre to be fed up I-3
avril *m.* April I-5
ayez (avoir) *imp. v.* have I-7
ayons (avoir) *imp. v.* let's have I-7

B

bac(calauréat) *m.* an important
   exam taken by high-school
   students in France I-2
baguette *f.* baguette I-4
baignoire *f.* bathtub I-8, II-P
bain *m.* bath I-6
   salle de bains *f.* bathroom
   I-8, II-P
balai *m.* broom I-8, II-P
balayer *v.* to sweep I-8, II-P
balcon *m.* balcony I-8, II-P
banane *f.* banana II-1
banc *m.* bench II-4
bancaire *adj.* banking II-4
   avoir un compte bancaire *v.*
   to have a bank account II-4
bande dessinée (B.D.) *f.*
   comic strip I-5
banlieue *f.* suburbs I-4

banque *f.* bank II-4
banquier/banquière *m., f.*
   banker II-5
barbant *adj.*, **barbe** *f.* drag I-3
baseball *m.* baseball I-5
basket(-ball) *m.* basketball I-5
baskets *f., pl.* tennis shoes I-6
bateau *m.* boat I-7
   prendre un bateau *v.* to take
   a boat I-7
bateau-mouche *m.* riverboat I-7
bâtiment *m.* building II-4
batterie *f.* drums II-7
bavarder *v.* to chat I-4
beau (belle) *adj.* handsome;
   beautiful I-3
   faire quelque chose de
   beau *v.* to be up to something
   interesting II-4
   Il fait beau. The weather is
   nice. I-5
beaucoup (de) *adv.* a lot (of) 4
   Merci (beaucoup). Thank
   you (very much). I-1
beau-frère *m.* brother-in-law I-3
beau-père *m.* father-in-law;
   stepfather I-3
beaux-arts *m., pl.* fine arts II-7
belge *adj.* Belgian I-7
Belgique *f.* Belgium I-7
belle *adj., f.* (*feminine form of*
   beau) beautiful I-3
belle-mère *f.* mother-in-law;
   stepmother I-3
belle-sœur *f.* sister-in-law I-3
besoin *m.* need I-2
   avoir besoin (de) to need
   (*something*) I-2
beurre *m.* butter 4
bibliothèque *f.* library I-1
bien *adv.* well I-7
   bien sûr *adv.* of course I-2
   Je vais bien. I am doing
   well. I-1
   Très bien. Very well. I-1
bientôt *adv.* soon I-1
   À bientôt. See you soon. I-1
bienvenu(e) *adj.* welcome I-1
bijouterie *f.* jewelry store II-4
billet *m.* (*travel*) ticket I-7;
   (*money*) bills, notes II-4
   billet aller-retour *m.* round-
   trip ticket I-7
biologie *f.* biology I-2
biscuit *m.* cookie I-6
blague *f.* joke I-2
blanc(he) *adj.* white I-6
blessure *f.* injury, wound II-2
bleu(e) *adj.* blue I-3
blond(e) *adj.* blonde I-3
blouson *m.* jacket I-6
bœuf *m.* beef II-1

boire *v.* to drink I-4
bois *m.* wood II-6
boisson (gazeuse) *f.* (carbonated)
   drink/beverage I-4
boîte *f.* box; can II-1
   boîte aux lettres *f.* mailbox II-4
   boîte de conserve *f.* can
   (of food) II-1
bol *m.* bowl II-1
bon(ne) *adj.* kind; good I-3
   bon marché *adj.* inexpensive I-6
   Il fait bon. The weather is
   good/warm. I-5
bonbon *m.* candy I-6
bonheur *m.* happiness I-6
Bonjour. Good morning.;
   Hello. I-1
Bonsoir. Good evening.;
   Hello. I-1
bouche *f.* mouth II-2
boucherie *f.* butcher's shop II-1
boulangerie *f.* bread shop,
   bakery II-1
boulevard *m.* boulevard II-4
   suivre un boulevard *v.* to
   follow a boulevard II-4
bourse *f.* scholarship, grant I-2
bout *m.* end II-4
   au bout (de) *prep.* at the end
   (of) II-4
bouteille (de) *f.* bottle (of) I-4
boutique *f.* boutique, store II-4
brancher *v.* to plug in, to
   connect II-3
bras *m.* arm II-2
brasserie *f.* restaurant II-4
Brésil *m.* Brazil II-2
brésilien(ne) *adj.* Brazilian I-7
bricoler *v.* to tinker; to do odd
   jobs I-5
brillant(e) *adj.* bright I-1
bronzer *v.* to tan I-6
brosse (à cheveux/à dents) *f.*
   (hair/tooth)brush II-2
brun(e) *adj.* (*hair*) dark I-3
bu (boire) *p.p.* drunk I-6
bureau *m.* desk; office I-1
   bureau de poste *m.* post
   office II-4
bus *m.* bus I-7
   arrêt d'autobus (de bus)
   m. bus stop I-7
   prendre un bus *v.* to take a
   bus I-7

C

ça *pron.* that; this; it I-1
  Ça dépend. It depends. I-4
  Ça ne nous regarde pas. That has nothing to do with us.; That is none of our business. II-6
  Ça suffit. That's enough. I-5
  Ça te dit? Does that appeal to you? II-6
  Ça va? What's up?; How are things? I-1
  ça veut dire that is to say II-2
  Comme ci, comme ça. So-so. I-1
cadeau *m.* gift I-6
  paquet cadeau wrapped gift I-6
cadet(te) *adj.* younger I-3
cadre/femme cadre *m., f.* executive II-5
café *m.* café; coffee I-1
  terrasse de café *f.* café terrace I-4
  cuillére à café *f.* teaspoon II-1
cafetière *f.* coffeemaker I-8, II-P
cahier *m.* notebook I-1
calculatrice *f.* calculator I-1
calme *adj.* calm I-1; *m.* calm I-1
camarade de classe *m., f.* classmate I-1
caméra vidéo *f.* camcorder II-3
caméscope *m.* camcorder II-3
campagne *f.* country(side) I-7
  pain de campagne *m.* country-style bread I-4
  pâté (de campagne) *m.* pâté, meat spread II-1
camping *m.* camping I-5
  faire du camping *v.* to go camping I-5
Canada *m.* Canada I-7
canadien(ne) *adj.* Canadian I-1
canapé *m.* couch I-8, II-P
candidat(e) *m., f.* candidate; applicant II-5
cantine *f.* (school) cafeteria I-2
capitale *f.* capital I-7
capot *m.* hood II-3
carafe (d'eau) *f.* pitcher (of water) II-1
carotte *f.* carrot II-1
carrefour *m.* intersection II-4
carrière *f.* career II-5
carte *f.* map I-1; menu II-1; card II-4
  payer par carte (bancaire/ de crédit) to pay with a (debit/credit) card II-4

carte postale *f.* post-card II-4
cartes *f. pl.* (*playing*) cards I-5
casque *f.* **à écouteurs** *m., pl.* headphones II-3
casquette *f.* (baseball) cap I-6
cassette vidéo *f.* video-tape II-3
catastrophe *f.* catastrophe II-6
cave *f.* basement, cellar I-8, II-P
ce *dem. adj., m., sing.* this; that I-6
  ce matin this morning I-2
  ce mois-ci this month I-2
  Ce n'est pas grave. It's no big deal. I-6
  ce soir this evening I-2
  ce sont... those are... I-1
  ce week-end this weekend I-2
ceinture *f.* belt I-6
  attacher sa ceinture de sécurité *v.* to buckle one's seatbelt II-3
célèbre *adj.* famous II-7
célébrer *v.* to celebrate I-5
célibataire *adj.* single I-3
celle *pron., f., sing.* this one; that one; the one II-6
celles *pron., f., pl.* these; those; the ones II-6
celui *pron., m., sing.* this one; that one; the one II-6
cent *m.* one hundred I-3
  cent mille *m.* one hundred thousand I-5
  cent un *m.* one hundred one I-5
  cinq cents *m.* five hundred I-5
centième *adj.* hundredth I-7
centrale nucléaire *f.* nuclear plant II-6
centre commercial *m.* shopping center, mall I-4
centre-ville *m.* city/town center, downtown I-4
certain(e) *adj.* certain II-1
  Il est certain que... It is certain that... II-7
  Il n'est pas certain que... It is uncertain that... II-7
ces *dem. adj., m., f., pl.* these; those I-6
c'est... it/that is... I-1
  C'est de la part de qui? On behalf of whom? II-5
  C'est le 1ᵉʳ (premier) octobre. It is October first. I-5
  C'est M./Mme/Mlle ... (à l'appareil). It's Mr./Mrs./Miss ... (on the phone). II-5
  C'est quand l'anniversaire de... ? When is ...'s birthday? I-5

C'est quand ton/votre anniversaire? When is your birthday? I-5
  Qu'est-ce que c'est? What is it? I-1
cet *dem. adj., m., sing.* this; that I-6
  cet après-midi this afternoon I-2
cette *dem. adj., f., sing.* this; that I-6
  cette année this year I-2
  cette semaine this week I-2
ceux *pron., m., pl.* these; those; the ones II-6
chaîne (de télévision) *f.* (television) channel II-3
chaise *f.* chair I-1
chambre *f.* bedroom I-8, II-P
  chambre (individuelle) *f.* (single) room I-7
champ *m.* field II-6
champignon *m.* mushroom II-1
chance *f.* luck I-2
  avoir de la chance *v.* to be lucky I-2
chanson *f.* song II-7
chanter *v.* to sing I-5
chanteur/chanteuse *m., f.* singer I-1
chapeau *m.* hat I-6
chaque *adj.* each I-6
charcuterie *f.* delicatessen II-1
charmant(e) *adj.* charming I-1
chasse *f.* hunt II-6
chasser *v.* to hunt II-6
chat *m.* cat I-3
châtain *adj.* (*hair*) brown I-3
chaud *m.* heat I-2
  avoir chaud *v.* to be hot I-2
  Il fait chaud. (*weather*) It is hot. I-5
chauffeur de taxi/de camion *m.* taxi/truck driver II-5
chaussette *f.* sock I-6
chaussure *f.* shoe I-6
chef d'entreprise *m.* head of a company II-5
chef-d'œuvre *m.* masterpiece II-7
chemin *m.* path; way II-4
  suivre un chemin *v.* to follow a path II-4
chemise (à manches courtes/ longues) *f.* (short-/long-sleeved) shirt I-6
chemisier *m.* blouse I-6
chèque *m.* check II-4
  compte-chèques *m.* checking account II-4
  payer par chèque *v.* to pay by check II-4

cher/chère *adj.* expensive I-6
chercher *v.* to look for I-2
  chercher un/du travail to look for a job/work II-4
chercheur/chercheuse *m., f.* researcher II-5
chéri(e) *adj.* dear, beloved, darling I-2
cheval *m.* horse I-5
  faire du cheval *v.* to go horseback riding I-5
cheveux *m., pl.* hair II-1
  brosse à cheveux *f.* hairbrush II-2
  cheveux blonds blond hair I-3
  cheveux châtains brown hair I-3
  se brosser les cheveux *v.* to brush one's hair II-1
cheville *f.* ankle II-2
  se fouler la cheville *v.* to twist/sprain one's ankle II-2
chez *prep.* at (*someone's*) house I-3, at (*a place*) I-3
  passer chez quelqu'un *v.* to stop by someone's house I-4
chic *adj.* chic I-4
chien *m.* dog I-3
chimie *f.* chemistry I-2
Chine *f.* China I-7
chinois(e) *adj.* Chinese 7
chocolat (chaud) *m.* (hot) chocolate I-4
chœur *m.* choir, chorus II-7
choisir *v.* to choose I-4
chômage *m.* unemployment II-5
  être au chômage *v.* to be unemployed II-5
chômeur/chômeuse *m., f.* unemployed person II-5
chose *f.* thing I-1
  quelque chose *m.* something; anything I-4
chrysanthèmes *m., pl.* chrysanthemums II-1
chut shh II-7
-ci (*used with demonstrative adjective* **ce** *and noun or with demonstrative pronoun* **celui**) here I-6
  ce mois-ci this month I-2
ciel *m.* sky II-6
cinéma (ciné) *m.* movie theater, movies I-4
cinq *m.* five I-1
cinquante *m.* fifty I-1
cinquième *adj.* fifth 7
circulation *f.* traffic II-3
clair(e) *adj.* clear II-7
  Il est clair que... It is clear that... II-7
classe *f.* (*group of students*) class I-1

camarade de classe *m., f.* classmate I-1
  salle de classe *f.* classroom I-1
clavier *m.* keyboard II-3
clé *f.* key I-7
  clé USB *f.* USB drive II-3
client(e) *m., f.* client; guest I-7
cœur *m.* heart II-2
  avoir mal au cœur to feel nauseated II-2
coffre *m.* trunk II-3
coiffeur/coiffeuse *m., f.* hairdresser I-3
coin *m.* corner II-4
colis *m.* package II-4
colocataire *m., f.* roommate (*in an apartment*) I-1
Combien (de)... ? *adv.* How much/many... ? I-1
  Combien coûte... ? How much is... ? I-4
combiné *m.* receiver II-5
comédie (musicale) *f.* comedy (musical) II-7
commander *v.* to order II-1
comme *adv.* how; like, as I-2
  Comme ci, comme ça. So-so. I-1
commencer (à) *v.* to begin (*to do something*) I-2
comment *adv.* how I-4
  Comment? *adv.* What? I-4
  Comment allez-vous?, *form.* How are you? I-1
  Comment t'appelles-tu? *fam.* What is your name? I-1
  Comment vas-tu? *fam.* How are you? I-1
  Comment vous appelez-vous? *form.* What is your name? I-1
commerçant(e) *m., f.* shopkeeper II-1
commissariat de police *m.* police station II-4
commode *f.* dresser, chest of drawers I-8, II-P
complet (complète) *adj.* full (no vacancies) I-7
composer (un numéro) *v.* to dial (a number) II-3
compositeur *m.* composer II-7
comprendre *v.* to understand I-4
compris (comprendre) *p.p., adj.* understood; included I-6
comptable *m., f.* accountant II-5
compte *m.* account (*at a bank*) II-4
  avoir un compte bancaire *v.* to have a bank account II-4
  compte de chèques *m.* checking account II-4

compte d'épargne *m.* savings account II-4
  se rendre compte *v.* to realize II-2
compter sur quelqu'un *v.* to count on someone I-8, II-P
concert *m.* concert II-7
condition *f.* condition II-7
  à condition que on the condition that..., provided that... II-7
conduire *v.* to drive I-6
conduit (conduire) *p.p., adj.* driven I-6
confiture *f.* jam II-1
congé *m.* time off, leave I-7
  jour de congé *m.* day off I-7
  prendre un congé *v.* to take time off II-5
congélateur *m.* freezer I-8, II-P
connaissance *f.* acquaintance I-5
  faire la connaissance de *v.* to meet (*someone*) I-5
connaître *v.* to know, to be familiar with I-8, II-P
connecté(e) *adj.* connected II-3
  être connecté(e) avec quelqu'un *v.* to be online with someone I-7, II-3
connu (connaître) *p.p., adj.* known; famous I-8, II-P
conseil *m.* advice II-5
conseiller/conseillère *m., f.* consultant; advisor II-5
considérer *v.* to consider I-5
constamment *adv.* constantly I-7
construire *v.* to build, to construct I-6
conte *m.* tale II-7
content(e) *adj.* happy II-5
  être content(e) que... *v.* to be happy that... II-6
continuer (à) *v.* to continue (*doing something*) II-4
contraire *adj.* contrary II-7
  au contraire on the contrary II-7
copain/copine *m., f.* friend I-1
corbeille (à papier) *f.* wastebasket I-1
corps *m.* body II-2
costume *m.* (*man's*) suit I-6
côte *f.* coast II-6
coton *m.* cotton II-4
cou *m.* neck II-2
couche d'ozone *f.* ozone layer II-6
  trou dans la couche d'ozone *m.* hole in the ozone layer II-6
couleur *f.* color 6
  De quelle couleur... ? What color... ? I-6

couloir *m.* hallway I-8, II-P
couple *m.* couple I-6
courage *m.* courage II-5
courageux/courageuse *adj.* courageous, brave I-3
couramment *adv.* fluently I-7
courir *v.* to run I-5
courrier *m.* mail II-4
cours *m.* class, course I-2
course *f.* errand II-1
  faire les courses *v.* to go (grocery) shopping II-1
court(e) *adj.* short I-3
  chemise à manches courtes *f.* short-sleeved shirt I-6
couru (courir) *p.p.* run I-6
cousin(e) *m., f.* cousin I-3
couteau *m.* knife II-1
coûter *v.* to cost I-4
  Combien coûte... ? How much is... ? I-4
couvert (couvrir) *p.p.* covered II-3
couverture *f.* blanket I-8, II-P
couvrir *v.* to cover II-3
covoiturage *m.* carpooling II-6
cravate *f.* tie I-6
crayon *m.* pencil I-1
crème *f.* cream II-1
  crème à raser *f.* shaving cream II-2
crêpe *f.* crêpe I-5
crevé(e) *adj.* deflated; blown up II-3
  pneu crevé *m.* flat tire II-3
critique *f.* review; criticism II-7
croire (que) *v.* to believe (that) II-7
  ne pas croire que... to not believe that... II-7
croissant *m.* croissant I-4
croissant(e) *adj.* growing II-6
  population croissante *f.* growing population II-6
cru (croire) *p.p.* believed II-7
cruel/cruelle *adj.* cruel I-3
cuillère (à soupe/à café) *f.* (soup/tea)spoon II-1
cuir *m.* leather II-4
cuisine *f.* cooking; kitchen 5
  faire la cuisine *v.* to cook 5
cuisiner *v.* to cook II-1
cuisinier/cuisinière *m., f.* cook II-5
cuisinière *f.* stove I-8, II-P
curieux/curieuse *adj.* curious I-3
curriculum vitæ (C.V.) *m.* résumé II-5

D

d'abord *adv.* first I-7
d'accord *(tag question)* all right? I-2; *(in statement)* okay I-2
  être d'accord to be in agreement I-2
d'autres *m., f.* others I-4
d'habitude *adv.* usually I-8, II-P
danger *m.* danger, threat II-6
dangereux/dangereuse *adj.* dangerous II-3
dans *prep.* in I-3
danse *f.* dance II-7
danser *v.* to dance I-4
danseur/danseuse *m., f.* dancer II-7
date *f.* date I-5
  Quelle est la date? What is the date? I-5
de/d' *prep.* of I-3; from I-1
  de l'après-midi in the afternoon I-2
  de laquelle *pron., f., sing.* which one II-5
  De quelle couleur... ? What color... ? I-6
  De rien. You're welcome. I-1
  de taille moyenne of medium height I-3
  de temps en temps *adv.* from time to time I-7
débarrasser la table *v.* to clear the table I-8, II-P
déboisement *m.* deforestation II-6
début *m.* beginning; debut II-7
décembre *m.* December I-5
déchets toxiques *m., pl.* toxic waste II-6
décider (de) *v.* to decide (to do something) II-3
découvert (découvrir) *p.p.* discovered II-3
découvrir *v.* to discover II-3
décrire *v.* to describe I-7
décrocher *v.* to pick up II-5
décrit (décrire) *p.p., adj.* described I-7
degrés *m., pl.* (temperature) degrees I-5
  Il fait ... degrés. *(to describe weather)* It is ... degrees. I-5
déjà *adv.* already I-5
déjeuner *m.* lunch II-1; *v.* to eat lunch I-4
de l' *part. art., m., f., sing.* some I-4
de la *part. art., f., sing.* some I-4
délicieux/délicieuse delicious I-8, II-P
demain *adv.* tomorrow I-2

À demain. See you tomorrow. I-1
  après-demain *adv.* day after tomorrow I-2
  demain matin/après-midi/ soir *adv.* tomorrow morning/ afternoon/evening I-2
demander (à) *v.* to ask (someone), to make a request (of someone) I-6
  demander que... *v.* to ask that... II-6
démarrer *v.* to start up II-3
déménager *v.* to move out I-8, II-P
demie half I-2
  et demie half past ... (o'clock) I-2
demi-frère *m.* half-brother, stepbrother I-3
demi-sœur *f.* half-sister, stepsister I-3
démissionner *v.* to resign II-5
dent *f.* tooth II-1
  brosse à dents *f.* tooth brush II-2
  se brosser les dents *v.* to brush one's teeth II-1
dentifrice *m.* toothpaste II-2
dentiste *m., f.* dentist I-3
départ *m.* departure I-7
dépasser *v.* to go over; to pass II-3
dépense *f.* expenditure, expense II-4
dépenser *v.* to spend I-4
  dépenser de l'argent *v.* to spend money I-4
déposer de l'argent *v.* to deposit money II-4
déprimé(e) *adj.* depressed II-2
depuis *adv.* since; for II-1
dernier/dernière *adj.* last I-2
dernièrement *adv.* lastly, finally I-7
derrière *prep.* behind I-3
des *part. art., m., f., pl.* some I-4
des (de + les) *m., f., pl.* of the I-3
dès que *adv.* as soon as II-5
désagréable *adj.* unpleasant I-1
descendre (de) *v.* to go downstairs; to get off; to take down I-6
désert *m.* desert II-6
désirer (que) *v.* to want (that) I-5
désolé(e) *adj.* sorry I-6
  être désolé(e) que... to be sorry that... II-6
desquelles (de + lesquelles) *pron., f., pl.* which ones II-5
desquels (de + lesquels) *pron., m., pl.* which ones II-5

dessert *m.* dessert I-6
dessin animé *m.* cartoon II-7
dessiner *v.* to draw I-2
détester *v.* to hate I-2
  Je déteste... I hate... I-2
détruire *v.* to destroy I-6
détruit (détruire) *p.p., adj.*
  destroyed I-6
deux *m.* two I-1
deuxième *adj.* second I-7
devant *prep.* in front of I-3
développer *v.* to develop II-6
devenir *v.* to become II-1
devoir *m.* homework I-2; *v.* to
  have to, must II-1
dictionnaire *m.* dictionary I-1
différemment *adv.* differently
  I-8, II-P
différence *f.* difference I-1
différent(e) *adj.* different I-1
difficile *adj.* difficult I-1
dimanche *m.* Sunday I-2
dîner *m.* dinner II-1; *v.* to have
  dinner I-2
diplôme *m.* diploma, degree I-2
dire *v.* to say I-7
  Ça te dit? Does that appeal
  to you? II-6
  ça veut dire that is to say II-2
  veut dire *v.* means, signifies
  II-1
diriger *v.* to manage II-5
discret/discrète *adj.* discreet;
  unassuming I-3
discuter *v.* discuss I-6
disque dur *m.* hard drive II-3
dissertation *f.* essay II-3
**distributeur automatique/de
billets** *m.* ATM II-4
dit (dire) *p.p., adj.* said I-7
divorce *m.* divorce I-6
divorcé(e) *adj.* divorced I-3
divorcer *v.* to divorce I-3
dix *m.* ten I-1
dix-huit *m.* eighteen I-1
dixième *adj.* tenth I-7
dix-neuf *m.* nineteen I-1
dix-sept *m.* seventeen I-1
documentaire *m.*
  documentary II-7
doigt *m.* finger II-2
doigt de pied *m.* toe II-2
domaine *m.* field II-5
dommage *m.* harm II-6
  Il est dommage que... It's a
  shame that... II-6
donc *conj.* therefore I-7
donner (à) *v.* to give (*to*
  someone) I-2
dont *rel. pron.* of which; of
  whom; that II-3
dormir *v.* to sleep I-5

dos *m.* back II-2
  sac à dos *m.* backpack I-1
douane *f.* customs I-7
douche *f.* shower I-8, II-P
  prendre une douche *v.* to
  take a shower II-2
doué(e) *adj.* talented, gifted II-7
douleur *f.* pain II-2
douter (que) *v.* to doubt
  (that) II-7
douteux/douteuse *adj.*
  doubtful II-7
  Il est douteux que... It is
  doubtful that... II-7
doux/douce *adj.* sweet; soft I-3
douze *m.* twelve I-1
dramaturge *m.* playwright II-7
drame (psychologique) *m.*
  (psychological) drama II-7
draps *m., pl.* sheets I-8, II-P
droite *f.* the right (side) I-3
  à droite de *prep.* to the right
  of I-3
drôle *adj.* funny I-3
du *part. art., m., sing.* some I-4
du (de + le) *m., sing.* of the I-3
dû (devoir) *p.p., adj. (used with
infinitive)* had to; *(used with
noun)* due, owed II-1
duquel (de + lequel) *pron., m.,
sing.* which one II-5

E

eau (minérale) *f.* (mineral)
  water I-4
  carafe d'eau *f.* pitcher of
  water II-1
écharpe *f.* scarf I-6
échecs *m., pl.* chess I-5
échouer *v.* to fail I-2
éclair *m.* éclair I-4
école *f.* school I-2
écologie *f.* ecology II-6
écologique *adj.* ecological II-6
économie *f.* economics I-2
écotourisme *m.* ecotourism II-6
écouter *v.* to listen (to) I-2
écran *m.* screen 11
écrire *v.* to write I-7
écrivain(e) *m., f.* writer II-7
écrit (écrire) *p.p., adj.* written I-7
écureuil *m.* squirrel II-6
éducation physique *f.* physical
  education I-2
effacer *v.* to erase II-3
effet de serre *m.* greenhouse
  effect II-6
égaler *v.* to equal I-3
église *f.* church I-4

égoïste *adj.* selfish I-1
Eh! *interj.* Hey! I-2
électrique *adj.* electric I-8, II-P
  appareil électrique/ménager
  m. electrical/household
  appliance I-8, II-P
électricien/électricienne *m., f.*
  electrician II-5
élégant(e) *adj.* elegant 1
élevé *adj.* high II-5
élève *m., f.* pupil, student I-1
elle *pron., f.* she; it I-1; her I-3
  elle est... she/it is... I-1
elles *pron., f.* they I-1; them I-3
  elles sont... they are... I-1
e-mail *m.* e-mail II-3
emballage (en plastique) *m.*
  (plastic) wrapping/
  packaging II-6
embaucher *v.* to hire II-5
embrayage *m.* (*automobile*)
  clutch II-3
émission (de télévision) *f.*
  (television) program II-7
emménager *v.* to move in
  I-8, II-P
emmener *v.* to take (*someone*) I-5
emploi *m.* job II-5
  **emploi à mi-temps/à temps
partiel** *m.* part-time job II-5
  emploi à plein temps *m.*
  full-time job II-5
employé(e) *m., f.* employee II-5
employer *v.* to use, to employ I-5
emprunter *v.* to borrow II-4
en *prep.* in I-3
  en automne in the fall I-5
  en avance early I-2
  en avoir marre to be fed up I-6
  en effet indeed; in fact II-6
  en été in the summer I-5
  en face (de) *prep.* facing,
  across (from) I-3
  en fait in fact I-7
  en général *adv.* in general I-7
  en hiver in the winter I-5
  en plein air in fresh air II-6
  en retard late I-2
  en tout cas in any case 6
  en vacances on vacation 7
  être en ligne to be online II-3
en *pron.* some of it/them; about
  it/them; of it/them; from it/
  them II-2
  Je vous en prie. *form.*
  Please.; You're welcome. I-1
  Qu'en penses-tu? What do
  you think about that? II-6
enceinte *adj.* pregnant II-2
Enchanté(e). Delighted. I-1
encore *adv.* again; still I-3
endroit *m.* place I-4

Vocabulary

énergie (nucléaire/solaire) *f.* (nuclear/solar) energy II-6
enfance *f.* childhood I-6
enfant *m., f.* child I-3
enfin *adv.* finally, at last I-7
enlever la poussière *v.* to dust I-8, II-P
ennuyeux/ennuyeuse *adj.* boring I-3
énorme *adj.* enormous, huge I-2
enregistrer *v.* to record II-3
enregistreur DVR *m.* DVR II-3
enseigner *v.* to teach I-2
ensemble *adv.* together I-6
ensuite *adv.* then, next I-7
entendre *v.* to hear I-6
entracte *m.* intermission II-7
entre *prep.* between I-3
entrée *f.* appetizer, starter II-1
entreprise *f.* firm, business II-5
entrer *v.* to enter I-7
entretien: passer un entretien *to have an interview* II-5
enveloppe *f.* envelope II-4
envie *f.* desire, envy I-2
 avoir envie (de) to feel like (*doing something*) I-2
environnement *m.* environment II-6
envoyer (à) *v.* to send (*to someone*) I-5
épargne *f.* savings II-4
 compte d'épargne *m.* savings account I-4
épicerie *f.* grocery store I-4
épouser *v.* to marry I-3
épouvantable *adj.* dreadful 5
 Il fait un temps épouvantable. The weather is dreadful. I-5
époux/épouse *m., f.* husband/wife I-3
équipe *f.* team I-5
escalier *m.* staircase I-8, II-P
escargot *m.* escargot, snail II-1
espace *m.* space II-6
Espagne *f.* Spain 7
espagnol(e) *adj.* Spanish I-1
espèce (menacée) *f.* (endangered) species II-6
espèces *m.* cash II-4
espérer *v.* to hope I-5
essayer *v.* to try I-5
essence *f.* gas II-3
 réservoir d'essence *m.* gas tank II-3
 voyant d'essence *m.* gas warning light II-3
essentiel(le) *adj.* essential II-6
 Il est essentiel que... It is essential that... II-6

essuie-glace *m.* (**essuie-glaces** *pl.*) windshield wiper(s) II-3
essuyer (la vaiselle/la table) *v.* to wipe (the dishes/the table) I-8, II-P
est *m.* east II-4
Est-ce que... ? (*used in forming questions*) I-2
et *conj.* and I-1
 Et toi? *fam.* And you? I-1
 Et vous? *form.* And you? I-1
étage *m.* floor I-7
étagère *f.* shelf I-8, II-P
étape *f.* stage I-6
États-Unis *m., pl.* United States I-7
été *m.* summer I-5
 en été in the summer I-5
été (être) *p.p.* been I-6
éteindre *v.* to turn off II-3
éternuer *v.* to sneeze II-2
étoile *f.* star II-6
étranger/étrangère *adj.* foreign I-2
 langues étrangères *f., pl.* foreign languages I-2
étranger *m.* (*places that are*) abroad, overseas I-7
 à l'étranger abroad, overseas I-7
étrangler *v.* to strangle II-5
être *v.* to be I-1
 être bien/mal payé(e) to be well/badly paid II-5
 être connecté(e) avec quelqu'un to be online with someone I-7, II-3
 être en ligne avec to be online with II-3
 être en pleine forme to be in good shape II-2
études (supérieures) *f., pl.* studies; (higher) education I-2
étudiant(e) *m., f.* student I-1
étudier *v.* to study I-2
eu (avoir) *p.p.* had I-6
eux *disj. pron., m., pl.* they, them I-3
évidemment *adv.* obviously, evidently; of course I-7
évident(e) *adj.* evident, obvious II-7
 Il est évident que... It is evident that... II-7
évier *m.* sink I-8, II-P

éviter (de) *v.* to avoid (*doing something*) II-2
exactement *adv.* exactly II-1
examen *m.* exam; test I-1
 être reçu(e) à un examen *v.* to pass an exam I-2

passer un examen *v.* to take an exam I-2
Excuse-moi. *fam.* Excuse me. I-1
Excusez-moi. *form.* Excuse me. I-1
exercice *m.* exercise II-2
 faire de l'exercice *v.* to exercise II-2
exigeant(e) *adj.* demanding II-5
 profession (exigeante) *f.* a (demanding) profession II-5
exiger (que) *v.* to demand (that) II-6
expérience (professionnelle) *f.* (professional) experience II-5
expliquer *v.* to explain I-2
explorer *v.* to explore I-4
exposition *f.* exhibit II-7
extinction *f.* extinction II-6

F

facile *adj.* easy I-2
facilement *adv.* easily I-8, II-P
facteur *m.* mailman II-4
faible *adj.* weak I-3
faim *f.* hunger I-4
 avoir faim *v.* to be hungry I-4
faire *v.* to do; to make I-5
 faire attention (à) *v.* to pay attention (to) I-5
 faire quelque chose de beau *v.* to be up to something interesting II-4
 faire de l'aérobic *v.* to do aerobics I-5
 faire de la gym *v.* to work out I-5
 faire de la musique *v.* to play music II-5
 faire de la peinture *v.* to paint II-7
 faire de la planche à voile *v.* to go windsurfing I-5
 faire de l'exercice *v.* to exercise II-2
 faire des projets *v.* to make plans II-5
 faire du camping *v.* to go camping I-5
 faire du cheval *v.* to go horseback riding I-5
 faire du jogging *v.* to go jogging I-5
 faire du shopping *v.* to go shopping I-7
 faire du ski *v.* to go skiing I-5
 faire du sport *v.* to do sports I-5
 faire du vélo *v.* to go bike riding I-5

faire la connaissance de *v.* to meet (*someone*) I-5
faire la cuisine *v.* to cook I-5
faire la fête *v.* to celebrate I-6
faire la lessive *v.* to do the laundry I-8, II-P
faire la poussière *v.* to dust I-8, II-P
faire la queue *v.* to wait in line II-4
faire la vaisselle *v.* to do the dishes I-8, II-P
faire le lit *v.* to make the bed I-8, II-P
faire le ménage *v.* to do the housework I-8, II-P
faire le plein *v.* to fill the tank II-3
faire les courses *v.* to run errands II-1
faire les musées *v.* to go to museums II-7
faire les valises *v.* to pack one's bags I-7
faire mal *v.* to hurt II-2
faire plaisir à quelqu'un *v.* to please someone II-5
faire sa toilette *v.* to wash up II-2
faire une piqûre *v.* to give a shot 10
faire une promenade *v.* to go for a walk I-5
faire une randonnée *v.* to go for a hike I-5
faire un séjour *v.* to spend time (*somewhere*) I-7
faire un tour (en voiture) *v.* to go for a walk (drive) I-5
faire visiter *v.* to give a tour I-8, II-P
fait (faire) *p.p., adj.* done; made I-6
falaise *f.* cliff II-6
faut (falloir) *v.* (*used with infinitive*) is necessary to... I-5
  Il a fallu... It was necessary to... I-6
  Il fallait... One had to... I-8, II-P
  Il faut que... One must.../It is necessary that... II-6
fallu (falloir) *p.p.* (*used with infinitive*) had to... I-6
  Il a fallu... It was necessary to... I-6
famille *f.* family I-3
fatigué(e) *adj.* tired I-3
fauteuil *m.* armchair I-8, II-P
favori/favorite *adj.* favorite I-3
fax *m.* fax (machine) II-3

félicitations congratulations II-7
femme *f.* woman; wife I-1
  femme d'affaires businesswoman I-3
  femme au foyer housewife II-5
  femme auteur author II-7
  femme cadre executive II-5
  femme peintre painter II-7
  femme politique politician II-5
  femme pompier firefighter II-5
fenêtre *f.* window I-1
fer à repasser *m.* iron I-8, II-P
férié(e) *adj.* holiday I-6
  jour férié *m.* holiday I-6
fermé(e) *adj.* closed II-4
fermer *v.* to close; to shut off II-3
festival (festivals *pl.***)** *m.* festival II-7
fête *f.* party; celebration I-6
  faire la fête *v.* to celebrate I-6
fêter *v.* to celebrate I-6
feu de signalisation *m.* traffic light II-4
feuille de papier *f.* sheet of paper I-1
feuilleton *m.* soap opera II-7
février *m.* February I-5
fiancé(e) *adj.* engaged I-3
fiancé(e) *m., f.* fiancé I-6
fichier *m.* file II-3
fier/fière *adj.* proud I-3
fièvre *f.* fever II-2
  avoir de la fièvre *v.* to have a fever II-2
fille *f.* girl; daughter I-1
film (d'aventures, d'horreur, de science-fiction, policier) *m.* (adventure, horror, science-fiction, crime) film II-7
fils *m.* son I-3
fin *f.* end II-7
finalement *adv.* finally I-7
fini (finir) *p.p., adj.* finished, done, over I-4
finir (de) *v.* to finish (*doing something*) I-4
fleur *f.* flower I-8, II-P
fleuve *m.* river II-6
fois *f.* time I-8, II-P
  une fois *adv.* once I-8, II-P
  deux fois *adv.* twice I-8, II-P
fonctionner *v.* to work, to function II-3
fontaine *f.* fountain II-4
foot(ball) *m.* soccer I-5
  football américain *m.* football I-5
forêt (tropicale) *f.* (tropical) forest II-6

formation *f.* education; training II-5
forme *f.* shape; form II-2
  être en pleine forme *v.* to be in good shape II-2
formidable *adj.* great I-7
formulaire *m.* form II-4
  remplir un formulaire to fill out a form II-4
fort(e) *adj.* strong I-3
fou/folle *adj.* crazy I-3
four (à micro-ondes) *m.* (microwave) oven I-8, II-P
fourchette *f.* fork II-1
frais/fraîche *adj.* fresh; cool I-5
  Il fait frais. (*weather*) It is cool. I-5
fraise *f.* strawberry II-1
français(e) *adj.* French I-1
France *f.* France I-7
franchement *adv.* frankly, honestly I-7
freiner *v.* to brake II-3
freins *m., pl.* brakes II-3
fréquenter *v.* to frequent; to visit I-4
frère *m.* brother I-3
  beau-frère *m.* brother-in-law I-3
  demi-frère *m.* half-brother, stepbrother I-3
frigo *m.* refrigerator I-8, II-P
frisé(e) *adj.* curly I-3
frites *f., pl.* French fries I-4
froid *m.* cold I-2
  avoir froid to be cold I-2
  Il fait froid. (*weather*) It is cold. I-5
fromage *m.* cheese I-4
fruit *m.* fruit II-1
fruits de mer *m., pl.* seafood II-1
funérailles *f., pl.* funeral II-1
furieux/furieuse *adj.* furious II-6
  être furieux/furieuse que... *v.* to be furious that... II-6

G

gagner *v.* to win I-5; to earn II-5
gant *m.* glove I-6
garage *m.* garage I-8, II-P
garanti(e) *adj.* guaranteed 5
garçon *m.* boy I-1
garder la ligne *v.* to stay slim II-2
gare (routière) *f.* train station (bus station) I-7
gaspillage *m.* waste II-6
gaspiller *v.* to waste II-6
gâteau *m.* cake I-6
gauche *f.* the left (side) I-3
  à gauche (de) *prep.* to the left (of) I-3

gazeux/gazeuse *adj.* carbonated, fizzy 4
  boisson gazeuse *f.* carbonated drink/beverage I-4
généreux/généreuse *adj.* generous I-3
génial(e) *adj.* great I-3
genou *m.* knee II-2
genre *m.* genre II-7
gens *m., pl.* people I-7
gentil/gentille *adj.* nice I-3
gentiment *adv.* nicely I-8, II-P
géographie *f.* geography I-2
gérant(e) *m., f.* manager II-5
gestion *f.* business administration I-2
glace *f.* ice cream I-6
glaçon *m.* ice cube I-6
glissement de terrain *m.* landslide II-6
golf *m.* golf I-5
enfler *v.* to swell II-2
gorge *f.* throat II-2
goûter *m.* afternoon snack II-1; *v.* to taste II-1
gouvernement *m.* government II-6
grand(e) *adj.* big I-3
  grand magasin *m.* department store I-4
grand-mère *f.* grandmother I-3
grand-père *m.* grandfather I-3
grands-parents *m., pl.* grandparents I-3
gratin *m.* gratin II-1
gratuit(e) *adj.* free II-7
grave *adj.* serious II-2
  Ce n'est pas grave. It's okay.; No problem. I-6
grille-pain *m.* toaster I-8, II-P
grippe *f.* flu II-2
gris(e) *adj.* gray I-6
gros(se) *adj.* fat I-3
grossir *v.* to gain weight I-4
guérir *v.* to get better II-2
guitare *f.* guitar II-7
gym *f.* exercise I-5
  faire de la gym *v.* to work out I-5
gymnase *m.* gym I-4

H

habitat *m.* habitat II-6
  sauvetage des habitats *m.* habitat preservation II-6
habiter (à) *v.* to live (in/at) I-2
haricots verts *m., pl.* green beans II-1
Hein? *interj.* Huh?; Right? I-3
herbe *f.* grass II-6
hésiter (à) *v.* to hesitate (*to do something*) II-3

heure(s) *f.* hour, o'clock; time I-2
  à … heure(s) at … (o'clock) I-4
  À quelle heure? What time?; When? I-2
  À tout à l'heure. See you later. I-1
  Quelle heure avez-vous? *form.* What time do you have? I-2
  Quelle heure est-il? What time is it? I-2
heureusement *adv.* fortunately I-8, II-P
heureux/heureuse *adj.* happy I-3
  être heureux/heureuse que… to be happy that… II-6
hier (matin/après-midi/soir) *adv.* yesterday (morning/afternoon/evening) I-7
  avant-hier *adv.* day before yesterday I-7
histoire *f.* history; story I-2
hiver *m.* winter I-5
  en hiver in the winter I-5
homme *m.* man I-1
  homme d'affaires *m.* businessman I-3
  homme politique *m.* politician II-5
honnête *adj.* honest II-7
honte *f.* shame I-2
  avoir honte (de) *v.* to be ashamed (of) I-2
hôpital *m.* hospital I-4
horloge *f.* clock I-1
hors-d'œuvre *m.* hors d'œuvre, appetizer II-1
hôte/hôtesse *m., f.* host I-6
hôtel *m.* hotel I-7
hôtelier/hôtelière *m., f.* hotel keeper I-7
huile *f.* oil II-1
  huile *f.* (automobile) oil II-3
  huile d'olive *f.* olive oil II-1
  vérifier l'huile to check the oil II-3
  voyant d'huile *m.* oil warning light II-3
huit *m.* eight I-1
huitième *adj.* eighth I-7
humeur *f.* mood I-8, II-P
  être de bonne/mauvaise humeur *v.* to be in a good/bad mood I-8, II-P

I

ici *adv.* here I-1
idée *f.* idea I-3
il *sub. pron.* he; it I-1
  il est… he/it is… I-1

Il n'y a pas de quoi. It's nothing.; You're welcome. I-1
Il vaut mieux que… It is better that… II-6
Il faut (falloir) *v. (used with infinitive)* It is necessary to… I-6
  Il a fallu… It was necessary to… I-6
  Il fallait… One had to… I-8, II-P
  Il faut (que)… One must…/ It is necessary that… II-6
il y a there is/are I-1
  il y a eu there was/were 6
  il y avait there was/were I-8, II-P
  Qu'est-ce qu'il y a? What is it?; What's wrong? I-1
  Y a-t-il… ? Is/Are there… ? I-2
il y a… *(used with an expression of time)* … ago II-1
île *f.* island II-6
ils *sub. pron., m., pl.* they I-1
  ils sont… they are… I-1
immeuble *m.* building I-8, II-P
impatient(e) *adj.* impatient I-1
imperméable *m.* rain jacket I-5
important(e) *adj.* important I-1
  Il est important que… It is important that… II-6
impossible *adj.* impossible II-7
  Il est impossible que… It is impossible that… II-7
imprimante *f.* printer II-3
imprimer *v.* to print II-3
incendie *m.* fire II-6
  prévenir l'incendie to prevent a fire II-6
incroyable *adj.* incredible II-3
indépendamment *adv.* independently I-8, II-P
indépendant(e) *adj.* independent I-1
indications *f.* directions II-4
indiquer *v.* to indicate I-5
indispensable *adj.* essential, indispensable II-6
  Il est indispensable que… It is essential that… II-6
individuel(le) *adj.* single, individual I-7
  chambre individuelle *f.* single (hotel) room I-7
infirmier/infirmière *m., f.* nurse II-2
informations (infos) *f., pl.* news II-7
informatique *f.* computer science I-2
ingénieur *m.* engineer I-3
inquiet/inquiète *adj.* worried I-3

instrument *m.* instrument I-1
intellectuel(le) *adj.* intellectual I-3
intelligent(e) *adj.* intelligent I-1
interdire *v.* to forbid, to prohibit II-6
intéressant(e) *adj.* interesting I-1
inutile *adj.* useless I-2
invité(e) *m., f.* guest I-6
inviter *v.* to invite I-4
irlandais(e) *adj.* Irish I-7
Irlande *f.* Ireland I-7
Italie *f.* Italy I-7
italien(ne) *adj.* Italian I-1

J

jaloux/jalouse *adj.* jealous I-3
jamais *adv.* never I-5
  ne... jamais never, not ever II-4
jambe *f.* leg II-2
jambon *m.* ham I-4
janvier *m.* January I-5
Japon *m.* Japan I-7
japonais(e) *adj.* Japanese I-1
jardin *m.* garden; yard I-8, II-P
jaune *adj.* yellow I-6
je/j' *sub. pron.* I I-1
  Je vous en prie. *form.* Please.; You're welcome. I-1
jean *m., sing.* jeans I-6
jeter *v.* to throw away II-6
jeu *m.* game I-5
  jeu télévisé *m.* game show II-7
  jeu vidéo (des jeux vidéo) *m.* video game(s) II-3
jeudi *m.* Thursday I-2
jeune *adj.* young I-3
  jeunes mariés *m., pl.* newly-weds I-6
jeunesse *f.* youth I-6
  auberge de jeunesse *f.* youth hostel I-7
jogging *m.* jogging I-5
  faire du jogging *v.* to go jogging I-5
joli(e) *adj.* handsome; beautiful I-3
joue *f.* cheek II-2
jouer (à/de) *v.* to play (a sport/a musical instrument) I-5
  jouer un rôle *v.* to play a role II-7
joueur/joueuse *m., f.* player I-5
jour *m.* day I-2
  jour de congé *m.* day off I-7
  jour férié *m.* holiday I-6
  Quel jour sommes-nous? *What day is it?* I-2
journal *m.* newspaper; journal I-7

journaliste *m., f.* journalist I-3
journée *f.* day I-2
juillet *m.* July I-5
juin *m.* June I-5
jungle *f.* jungle II-6
jupe *f.* skirt I-6
jus (d'orange/de pomme) *m.* (orange/apple) juice I-4
jusqu'à (ce que) *prep.* until II-4
juste *adv.* just; right I-3
  juste à côté right next door I-3

K

kilo(gramme) *m.* kilo(gram) II-1
kiosque *m.* kiosk I-4

L

l' *def. art., m., f. sing.* the I-1; *d.o. pron., m., f.* him; her; it I-7
la *def. art., f. sing.* the I-1; *d.o. pron., f.* her; it I-7
là(-bas) (over) there I-1
-là (*used with demonstrative adjective* **ce** *and noun or with demonstrative pronoun* **celui**) there I-6
lac *m.* lake II-6
laid(e) *adj.* ugly I-3
laine *f.* wool II-4
laisser *v.* to let, to allow II-3
  laisser tranquille *v.* to leave alone II-2
  laisser un message *v.* to leave a message II-5
  laisser un pourboire *v.* to leave a tip I-4
lait *m.* milk I-4
laitue *f.* lettuce II-1
lampe *f.* lamp I-8, II-P
langues (étrangères) *f., pl.* (foreign) languages I-2
lapin *m.* rabbit II-6
laquelle *pron., f., sing.* which one II-5
  à laquelle *pron., f., sing.* which one II-5
  de laquelle *pron., f., sing.* which one II-5
large *adj.* loose; big I-6
lavabo *m.* bathroom sink I-8, II-P
lave-linge *m.* washing machine I-8, II-P
laver *v.* to wash I-8, II-P
laverie *f.* laundromat II-4
lave-vaisselle *m.* dishwasher I-8, II-P
le *def. art., m. sing.* the I-1; *d.o. pron.* him; it I-7
légume *m.* vegetable II-1
lent(e) *adj.* slow I-3

lentement *adv.* slowly I-7
lequel *pron., m., sing.* which one II-5
  auquel (à + lequel) *pron., m., sing.* which one II-5
  duquel (de + lequel) *pron., m., sing.* which one II-5
les *def. art., m., f., pl.* the I-1; *d.o. pron., m., f., pl.* them I-7
lesquelles *pron., f., pl.* which ones II-5
  auxquelles (à + lesquelles) *pron., f., pl.* which ones II-5
  desquelles (de + lesquelles) *pron., f., pl.* which ones II-5
lesquels *pron., m., pl.* which ones II-5
  auxquels (à + lesquels) *pron., m., pl.* which ones II-5
  desquels (de + lesquels) *pron., m., pl.* which ones II-5
lessive *f.* laundry I-8, II-P
  faire la lessive *v.* to do the laundry I-8, II-P
lettre *f.* letter II-4
  boîte aux lettres *f.* mailbox II-4
  lettre de motivation *f.* letter of application II-5
  lettre de recommandation *f.* letter of recommendation, reference letter II-5
lettres *f., pl.* humanities I-2
leur *i.o. pron., m., f., pl.* them I-6
leur(s) *poss. adj., m., f.* their I-3
librairie *f.* bookstore I-1
libre *adj.* available I-7
lien *m.* link II-3
lieu *m.* place I-4
ligne *f.* figure, shape II-2
  garder la ligne *v.* to stay slim II-2
limitation de vitesse *f.* speed limit II-3
limonade *f.* lemon soda I-4
linge *m.* laundry I-8, II-P
  lave-linge *m.* washing machine I-8, II-P
  sèche-linge *m.* clothes dryer I-8, II-P
lire *v.* to read I-7
lit *m.* bed I-7
  faire le lit *v.* to make the bed I-8, II-P
littéraire *adj.* literary II-7
littérature *f.* literature I-1
livre *m.* book I-1
logement *m.* housing I-8, II-P
logiciel *m.* software, program II-3
loi *f.* law II-6
loin de *prep.* far from I-3
loisir *m.* leisure activity I-5
long(ue) *adj.* long I-3

chemise à manches longues *f.* long-sleeved shirt I-6
longtemps *adv.* a long time I-5
louer *v.* to rent I-8, II-P
loyer *m.* rent I-8, II-P
lu (lire) *p.p.* read I-7
lui *pron., sing.* he I-1; him I-3; *i.o. pron. (attached to imperative)* to him/her II-1
l'un(e) à l'autre to one another II-3
l'un(e) l'autre one another II-3
lundi *m.* Monday I-2
Lune *f.* moon II-6
lunettes (de soleil) *f., pl.* (sun)glasses I-6
lycée *m.* high school I-1
lycéen(ne) *m., f.* high school student I-2

M

ma *poss. adj., f., sing.* my I-3
Madame *f.* Ma'am; Mrs. I-1
Mademoiselle *f.* Miss I-1
magasin *m.* store I-4
grand magasin *m.* department store I-4
magazine *m.* magazine II-7
magnétophone *m.* tape recorder II-3
magnétoscope *m.* videocassette recorder (VCR) II-3
mai *m.* May I-5
maigrir *v.* to lose weight I-4
maillot de bain *m.* swimsuit, bathing suit I-6
main *f.* hand I-5
sac à main *m.* purse, handbag I-6
maintenant *adv.* now I-5
maintenir *v.* to maintain II-1
mairie *f.* town/city hall; mayor's office II-4
mais *conj.* but I-1
mais non (but) of course not; no I-2
maison *f.* house I-4
rentrer à la maison *v.* to return home I-2
mal *adv.* badly I-7
Je vais mal. I am doing badly. I-1
le plus mal *super. adv.* the worst II-1
se porter mal *v.* to be doing badly II-2
mal *m.* illness; ache, pain II-2
avoir mal *v.* to have an ache II-2
avoir mal au cœur *v.* to feel nauseated II-2
faire mal *v.* to hurt II-2
malade *adj.* sick, ill II-2

tomber malade *v.* to get sick II-2
maladie *f.* illness II-5
assurance maladie *f.* health insurance II-5
malheureusement *adv.* unfortunately I-7
malheureux/malheureuse *adj.* unhappy I-3
manche *f.* sleeve I-6
chemise à manches courtes/longues *f.* short-/long-sleeved shirt I-6
manger *v.* to eat I-2
salle à manger *f.* dining room I-8, II-P
manteau *m.* coat I-6
maquillage *m.* makeup II-2
marchand de journaux *m.* newsstand II-4
marché *m.* market I-4
bon marché *adj.* inexpensive I-6
marcher *v.* to walk (person) I-5; to work (thing) II-3
mardi *m.* Tuesday I-2
mari *m.* husband I-3
mariage *m.* marriage; wedding (ceremony) I-6
marié(e) *adj.* married I-3
mariés *m., pl.* married couple I-6
jeunes mariés *m., pl.* newlyweds I-6
marocain(e) *adj.* Moroccan I-1
marron *adj., inv.* (not for hair) brown I-3
mars *m.* March I-5
martiniquais(e) *adj.* from Martinique I-1
match *m.* game I-5
mathématiques (maths) *f., pl.* mathematics I-2
matin *m.* morning I-2
ce matin *adv.* this morning I-2
demain matin *adv.* tomorrow morning I-2
hier matin *adv.* yesterday morning I-7
matinée *f.* morning I-2
mauvais(e) *adj.* bad I-3
Il fait mauvais. The weather is bad. I-5
le/la plus mauvais(e) *super. adj.* the worst II-1
mayonnaise *f.* mayonnaise II-1
me/m' *pron., sing.* me; myself I-6
mec *m.* guy II-2
mécanicien *m.* mechanic II-3
mécanicienne *f.* mechanic II-3
méchant(e) *adj.* mean I-3
médecin *m.* doctor I-3
médicament (contre/pour) *m.* medication (against/for) II-2
meilleur(e) *comp. adj.* better II-1

le/la meilleur(e) *super. adj.* the best II-1
membre *m.* member II-7
même *adj.* even I-5; same
-même(s) *pron.* -self/-selves I-6
menacé(e) *adj.* endangered II-6
espèce menacée *f.* endangered species II-6
ménage *m.* housework I-8, II-P
faire le ménage *v.* to do housework I-8, II-P
ménager/ménagère *adj.* household I-8, II-P
appareil ménager *m.* household appliance I-8, II-P
tâche ménagère *f.* household chore I-8, II-P
mention *f.* distinction II-5
menu *m.* menu II-1
mer *f.* sea I-7
Merci (beaucoup). Thank you (very much). I-1
mercredi *m.* Wednesday I-2
mère *f.* mother I-3
belle-mère *f.* mother-in-law; stepmother I-3
mes *poss. adj., m., f., pl.* my I-3
message *m.* message II-5
laisser un message *v.* to leave a message II-5
messagerie *f.* voicemail II-5
météo *f.* weather II-7
métier *m.* profession II-5
métro *m.* subway I-7
station de métro *f.* subway station I-7
metteur en scène *m.* director (of a play) II-7
mettre *v.* to put, to place 6
mettre la table to set the table I-8, II-P
meuble *m.* piece of furniture I-8, II-P
mexicain(e) *adj.* Mexican I-1
Mexique *m.* Mexico I-7
Miam! *interj.* Yum! I-5
micro-onde *m.* microwave oven I-8, II-P
four à micro-ondes *m.* microwave oven I-8, II-P
midi *m.* noon I-2
après-midi *m.* afternoon I-2
mieux *comp. adv.* better II-1
aimer mieux *v.* to prefer I-2
le mieux *super. adv.* the best II-1
se porter mieux *v.* to be doing better II-2
mille *m.* one thousand I-5
cent mille *m.* one hundred thousand I-5
million, un *m.* one million I-5
deux millions *m.* two million I-5

minuit *m.* midnight I-2
miroir *m.* mirror I-8, II-P
mis (mettre) *p.p.* put, placed I-6
mode *f.* fashion I-2
modeste *adj.* modest II-5
moi *disj. pron., sing.* I, me I-3; *pron. (attached to an imperative)* to me, to myself II-1
  Moi aussi. Me too. I-1
  Moi non plus. Me neither. I-2
moins *adv.* before … (o'clock) I-2
moins (de) *adv.* less (of); fewer I-4
  le/la moins *super. adv. (used with verb or adverb)* the least II-1
  le moins de... *(used with noun to express quantity)* the least… II-6
  moins de... que... *(used with noun to express quantity)* less… than… II-6
mois *m.* month I-2
  ce mois-ci this month I-2
moment *m.* moment I-1
mon *poss. adj., m., sing.* my I-3
monde *m.* world I-7
monnaie *f.* change, coins; money II-4
Monsieur *m.* Sir; Mr. I-1
montagne *f.* mountain I-4
monter *v.* to go up, to come up; to get in/on I-7
montre *f.* watch I-1
montrer (à) *v.* to show (to someone) I-6
morceau (de) *m.* piece, bit (of) I-4
mort *f.* death I-6
mort (mourir) *p.p., adj. (as past participle)* died; *(as adjective)* dead I-7
mot de passe *m.* password II-3
moteur *m.* engine II-3
mourir *v.* to die I-7
moutarde *f.* mustard II-1
moyen(ne) *adj.* medium I-3
  de taille moyenne of medium height I-3
MP3 *m.* MP3 II-3
mur *m.* wall I-8, II-P
musée *m.* museum I-4
  faire les musées *v.* to go to museums II-7
musical(e) *adj.* musical II-7
  comédie musicale *f.* musical II-7
musicien(ne) *m., f.* musician I-3
musique: faire de la musique *v.* to play music II-7

N

nager *v.* to swim I-4
naïf/naïve *adj.* naïve I-3
naissance *f.* birth I-6
naître *v.* to be born I-7
nappe *f.* tablecloth II-1
nationalité *f.* nationality I-1
  Je suis de nationalité... I am of … nationality. I-1
  Quelle est ta nationalité? *fam.* What is your nationality? I-1
  Quelle est votre nationalité? *fam., pl., form.* What is your nationality? I-1
nature *f.* nature II-6
naturel(le) *adj.* natural II-6
  ressource naturelle *f.* natural resource II-6
né (naître) *p.p., adj.* born I-7
ne/n' no, not I-1
  ne... aucun(e) none, not any II-4
  ne... jamais never, not ever II-4
  ne... ni... ni... neither… nor… II-4
  ne... pas no, not I-2
  ne... personne nobody, no one II-4
  ne... plus no more, not anymore II-4
  ne... que only II-4
  ne... rien nothing, not anything II-4
  N'est-ce pas? *(tag question)* Isn't it? I-2
nécessaire *adj.* necessary II-6
  Il est nécessaire que... It is necessary that… II-6
neiger *v.* to snow I-5
  Il neige. It is snowing. I-5
nerveusement *adv.* nervously I-8, II-P
nerveux/nerveuse *adj.* nervous I-3
nettoyer *v.* to clean I-5
neuf *m.* nine I-1
neuvième *adj.* ninth I-7
neveu *m.* nephew I-3
nez *m.* nose II-2
ni nor II-4
  ne... ni... ni... neither… nor II-4
nièce *f.* niece I-3
niveau *m.* level II-5
noir(e) *adj.* black I-3
non no I-2
  mais non (but) of course not; no I-2
nord *m.* north II-4

nos *poss. adj., m., f., pl.* our I-3
note *f. (academics)* grade I-2
notre *poss. adj., m., f., sing.* our I-3
nourriture *f.* food, sustenance II-1
nous *pron.* we I-1; us I-3; ourselves II-2
nouveau/nouvelle *adj.* new I-3
nouvelles *f., pl.* news II-7
novembre *m.* November I-5
nuage de pollution *m.* pollution cloud II-6
nuageux/nuageuse *adj.* cloudy I-5
  Le temps est nuageux. It is cloudy. I-5
nucléaire *adj.* nuclear II-6
  centrale nucléaire *f.* nuclear plant II-6
  énergie nucléaire *f.* nuclear energy II-6
nuit *f.* night I-2
  boîte de nuit *f.* nightclub I-4
nul(le) *adj.* useless I-2
numéro *m. (telephone)* number II-3
  composer un numéro *v.* to dial a number II-3
  recomposer un numéro *v.* to redial a number II-3

O

objet *m.* object I-1
obtenir *v.* to get, to obtain II-5
occupé(e) *adj.* busy I-1
octobre *m.* October I-5
œil (les yeux) *m.* eye (eyes) II-2
œuf *m.* egg II-1
œuvre *f.* artwork, piece of art II-7
  chef-d'œuvre *m.* masterpiece II-7
  hors-d'œuvre *m.* hors d'œuvre, starter II-1
offert (offrir) *p.p.* offered II-3
office du tourisme *m.* tourist office II-4
offrir *v.* to offer II-3
oignon *m.* onion II-1
oiseau *m.* bird I-3
olive *f.* olive II-1
  huile d'olive *f.* olive oil II-1
omelette *f.* omelette I-5
on *sub. pron., sing.* one (we) I-1
  on y va let's go II-2
oncle *m.* uncle I-3
onze *m.* eleven I-1
onzième *adj.* eleventh I-7
opéra *m.* opera II-7
optimiste *adj.* optimistic I-1
orageux/orageuse *adj.* stormy I-5
  Le temps est orageux. It is stormy. I-5

orange *adj. inv.* orange I-6; *f.* orange II-1

orchestre *m.* orchestra II-7

ordinateur *m.* computer I-1

ordonnance *f.* prescription II-2

ordures *f., pl.* trash II-6
  ramassage des ordures *m.* garbage collection II-6

oreille *f.* ear II-2

oreiller *m.* pillow I-8, II-P

organiser (une fête) *v.* to organize/to plan (a party) I-6

origine *f.* heritage I-1
  Je suis d'origine... I am of... heritage. I-1

orteil *m.* toe II-2

ou *or* I-3

où *adv., rel. pron.* where 4

ouais *adv.* yeah I-2

oublier (de) *v.* to forget (*to do something*) I-2

ouest *m.* west II-4

oui *adv.* yes I-2

ouvert (ouvrir) *p.p., adj. (as past participle)* opened; *(as adjective)* open II-3

ouvrier/ouvrière *m., f.* worker, laborer II-5

ouvrir *v.* to open II-3

ozone *m.* ozone II-6
  trou dans la couche d'ozone *m.* hole in the ozone layer II-6

P

page d'accueil *f.* home page II-3

pain (de campagne) *m.* (country-style) bread I-4

panne *f.* breakdown, malfunction II-3
  tomber en panne *v.* to break down II-3

pantalon *m., sing.* pants I-6

pantoufle *f.* slipper II-2

papeterie *f.* stationery store II-4

papier *m.* paper I-1
  corbeille à papier *f.* wastebasket I-1
  feuille de papier *f.* sheet of paper I-1

paquet cadeau *m.* wrapped gift I-6

par *prep.* by I-3
  par jour/semaine/mois/an per day/week/month/year I-5

parapluie *m.* umbrella I-5

parc *m.* park I-4

parce que *conj.* because I-2

Pardon. Pardon (me). I-1

Pardon? What? I-4

pare-brise *m.* windshield II-3

pare-chocs *m.* bumper II-3

parents *m., pl.* parents I-3

paresseux/paresseuse *adj.* lazy I-3

parfait(e) *adj.* perfect I-4

parfois *adv.* sometimes I-5

parking *m.* parking lot II-3

parler (à) *v.* to speak (to) I-6
  parler (au téléphone) *v.* to speak (on the phone) I-2

partager *v.* to share I-2

partir *v.* to leave I-5
  partir en vacances *v.* to go on vacation I-7

pas (de) *adv.* no, none II-4
  ne... pas no, not I-2
  pas de problème no problem II-4
  pas du tout not at all I-2
  pas encore not yet I-8, II-P
  Pas mal. Not badly. I-1

passager/passagère *m., f.* passenger I-7

passeport *m.* passport I-7

passer *v.* to pass by; to spend time I-7
  passer chez quelqu'un *v.* to stop by someone's house I-4
  passer l'aspirateur *v.* to vacuum I-8, II-P
  passer un examen *v.* to take an exam I-2

passe-temps *m.* pastime, hobby I-5

pâté (de campagne) *m.* pâté, meat spread II-1

pâtes *f., pl.* pasta II-1

patiemment *adv.* patiently I-8, II-P

patient(e) *m., f.* patient II-2; *adj.* patient I-1

patienter *v.* to wait (on the phone), to be on hold II-5

patiner *v.* to skate I-4

pâtisserie *f.* pastry shop, bakery, pastry II-1

patron(ne) *m., f.* boss II-5

pauvre *adj.* poor I-3

payé (payer) *p.p., adj.* paid II-5
  être bien/mal payé(e) *v.* to be well/badly paid II-5

payer *v.* to pay I-5
  payer par carte (bancaire/ de crédit) *v.* to pay with a (debit/credit) card II-4
  payer en espèces *v.* to pay in cash II-4
  payer par chèque *v.* to pay by check II-4

pays *m.* country I-7

peau *f.* skin II-2

pêche *f.* fishing I-5; peach II-1
  aller à la pêche *v.* to go fishing I-5

peigne *m.* comb II-2

peintre/femme peintre *m., f.* painter II-7

peinture *f.* painting II-7

pendant (que) *prep.* during, while I-7
  pendant *(with time expression) prep.* for II-1

pénible *adj.* tiresome I-3

penser (que) *v.* to think (that) I-2
  ne pas penser que... to not think that... II-7
  Qu'en penses-tu? What do you think about that? II-6

perdre *v.* to lose I-6
  perdre son temps *v.* to waste time I-6

perdu *p.p., adj.* lost II-4
  être perdu(e) to be lost II-4

père *m.* father I-3
  beau-père *m.* father-in-law; stepfather I-3

permettre (de) *v.* to allow (*to do something*) I-6

permis *m.* permit; license II-3
  permis de conduire *m.* driver's license II-3

permis (permettre) *p.p., adj.* permitted, allowed I-6

personnage (principal) *m.* (main) character II-7

personne *f.* person I-1; *pron.* no one II-4
  ne... personne nobody, no one II-4

pessimiste *adj.* pessimistic I-1

petit(e) *adj.* small I-3; short (*stature*) I-3
  petit(e) ami(e) *m., f.* boyfriend/girlfriend I-1

petit-déjeuner *m.* breakfast II-1

petite-fille *f.* granddaughter I-3

petit-fils *m.* grandson I-3

petits-enfants *m., pl.* grandchildren I-3

petits pois *m., pl.* peas II-1

peu (de) *adv.* little; not much (of) I-2

peur *f.* fear I-2
  avoir peur (de/que) *v.* to be afraid (of/that) I-2

peut-être *adv.* maybe, perhaps I-2

phares *m., pl.* headlights II-3

pharmacie *f.* pharmacy II-2

pharmacien(ne) *m., f.* pharmacist II-2

philosophie *f.* philosophy I-2

photo(graphie) *f.* photo (graph) I-3

physique *f.* physics I-2

piano *m.* piano II-7

pièce *f.* room I-8, II-P

pièce de théâtre *f.* play II-7

pièces de monnaie *f., pl.* change II-4
pied *m.* foot II-2
pierre *f.* stone II-6
pilule *f.* pill II-2
pique-nique *m.* picnic II-6
piqûre *f.* shot, injection II-2
   faire une piqûre *v.* to give a shot II-2
pire *comp. adj.* worse II-1
   le/la pire *super. adj.* the worst II-1
piscine *f.* pool I-4
placard *m.* closet; cupboard I-8, II-P
place *f.* square; place I-4; *f.* seat II-7
plage *f.* beach I-7
plaisir *m.* pleasure, enjoyment II-5
   faire plaisir à quelqu'un *v.* to please someone II-5
plan *m.* map I-7
   utiliser un plan *v.* to use a map I-7
planche à voile *f.* windsurfing I-5
   faire de la planche à voile *v.* to go windsurfing I-5
planète *f.* planet II-6
   sauver la planète *v.* to save the planet II-6
plante *f.* plant II-6
plastique *m.* plastic II-6
   emballage en plastique *m.* plastic wrapping/packaging II-6
plat (principal) *m.* (main) dish II-1
plein air *m.* outdoor, open-air II-6
pleine forme *f.* good shape, good state of health II-2
   être en pleine forme *v.* to be in good shape II-2
pleurer *v.* to cry
pleuvoir *v.* to rain I-5
   Il pleut. It is raining. I-5
plombier *m.* plumber II-5
plu (pleuvoir) *p.p.* rained I-6
pluie acide *f.* acid rain II-6
plus *adv. (used in comparatives, superlatives, and expressions of quantity)* more I-4
   le/la plus ... *super. adv. (used with adjective)* the most II-1
   le/la plus mauvais(e) *super. adj.* the worst II-1
   le plus *super. adv. (used with verb or adverb)* the most II-1
   le plus de... *(used with noun to express quantity)* the most... II-6
   le plus mal *super. adv.* the worst II-1
   plus... que *(used with adjective)* more... than II-1

plus de more of I-4
plus de... que *(used with noun to express quantity)* more... than II-6
   plus mal *comp. adv.* worse II-1
   plus mauvais(e) *comp. adj.* worse II-1
plus *adv.* no more, not any-more II-4
   ne... plus no more, not any-more II-4
plusieurs *adj.* several I-4
plutôt *adv.* rather I-2
pneu (crevé) *m.* (flat) tire II-3
   vérifier la pression des pneus *v.* to check the tire pressure II-3
poème *m.* poem II-7
poète/poétesse *m., f.* poet II-7
point *m. (punctuation mark)* period II-3
poire *f.* pear II-1
poisson *m.* fish I-3
poissonnerie *f.* fish shop II-1
poitrine *f.* chest II-2
poivre *m. (spice)* pepper II-1
poivron *m. (vegetable)* pepper II-1
poli(e) *adj.* polite I-1
police *f.* police II-3
   agent de police *m.* police officer II-3
   commissariat de police *m.* police station II-4
policier *m.* police officer II-3
   film policier *m.* detective film II-7
policière *f.* police officer II-3
poliment *adv.* politely I-8, II-P
politique *adj.* political I-2
   femme politique *f.* politician II-5
   homme politique *m.* politician II-5
   sciences politiques (sciences po) *f., pl.* political science I-2
polluer *v.* to pollute II-6
pollution *f.* pollution II-6
   nuage de pollution *m.* pollution cloud II-6
pomme *f.* apple II-1
pomme de terre *f.* potato II-1
pompier/femme pompier *m., f.* firefighter II-5
pont *m.* bridge II-4
population croissante *f.* growing population II-6
porc *m.* pork II-1
portable *m.* cell phone II-3
porte *f.* door I-1
porter *v.* to wear I-6
portière *f.* car door II-3
portrait *m.* portrait I-5
poser une question (à) *v.* to ask (*someone*) a question I-6

posséder *v.* to possess, to own I-5
possible *adj.* possible II-7
   Il est possible que... It is possible that... II-6
poste *f.* postal service; post office II-4
   bureau de poste *m.* post office II-4
poste *m.* position II-5
poster une lettre *v.* to mail a letter II-4
postuler *v.* to apply II-5
poulet *m.* chicken II-1
pour *prep.* for I-5
   pour qui? for whom? I-4
   pour rien for no reason I-4
   pour que so that II-7
pourboire *m.* tip I-4
   laisser un pourboire *v.* to leave a tip I-4
pourquoi? *adv.* why? I-2
poussière *f.* dust I-8, II-P
   enlever/faire la poussière *v.* to dust I-8, II-P
pouvoir *v.* to be able to; can II-1
pratiquer *v.* to play regularly, to practice I-5
préféré(e) *adj.* favorite, preferred I-2
préférer (que) *v.* to prefer (that) I-5
premier *m.* the first (*day of the month*) I-5
   C'est le 1er (premier) octobre. It is October first. I-5
premier/première *adj.* first I-2
prendre *v.* to take I-4; to have I-4
   prendre sa retraite *v.* to retire I-6
   prendre un train/avion/ taxi/autobus/bateau *v.* to take a train/plane/taxi/bus/ boat I-7
   prendre un congé *v.* to take time off II-5
   prendre une douche *v.* to take a shower II-2
   prendre (un) rendez-vous *v.* to make an appointment II-5
   prendre une photo(graphe) *v.* to take a photo(graph) II-3
préparer *v.* to prepare (for) I-2
près (de) *prep.* close (to), near I-3
   tout près (de) very close (to) II-4
présenter *v.* to present, to introduce II-7
   Je te présente... *fam.* I would like to introduce... to you. I-1
   Je vous présente... *fam., form.* I would like to introduce... to you. I-1

préservation *f.* protection II-6
préserver *v.* to preserve II-6
presque *adv.* almost I-2
pressé(e) *adj.* hurried II-1
pression *f.* pressure II-3
   vérifier la pression des pneus to check the tire pressure II-3
prêt(e) *adj.* ready I-3
prêter (à) *v.* to lend (*to someone*) I-6
prévenir l'incendie *v.* to prevent a fire II-6
principal(e) *adj.* main, principal II-1
   personnage principal *m.* main character II-7
   plat principal *m.* main dish II-1
printemps *m.* spring I-5
   au printemps in the spring I-5
pris (prendre) *p.p., adj.* taken I-6
prix *m.* price I-4
problème *m.* problem I-1
prochain(e) *adj.* next I-2
produire *v.* to produce I-6
produit *m.* product II-6
produit (produire) *p.p., adj.* produced I-6
professeur *m.* teacher, professor I-1
profession (exigeante) *f.* (demanding) profession II-5
professionnel(le) *adj.* professional II-5
   expérience professionnelle *f.* professional experience II-5
profiter (de) *v.* to take advantage (of); to enjoy II-7
programme *m.* program II-7
projet *m.* project II-5
   faire des projets *v.* to make plans II-5
promenade *f.* walk, stroll I-5
   faire une promenade *v.* to go for a walk I-5
promettre *v.* to promise I-6
promis (promettre) *p.p., adj.* promised I-6
promotion *f.* promotion II-5
proposer (que) *v.* to propose (that) II-6
   proposer une solution *v.* to propose a solution II-6
propre *adj.* clean I-8, II-P
propriétaire *m., f.* owner I-8, II-P
protection *f.* protection II-6
protéger *v.* to protect 5
psychologie *f.* psychology I-2
psychologique *adj.* psychological II-7
psychologue *m., f.* psychologist II-5
pu (pouvoir) *p.p. (used with infinitive)* was able to 9

publicité (pub) *f.* advertisement II-7
publier *v.* to publish II-7
puis *adv.* then I-7
pull *m.* sweater I-6
pur(e) *adj.* pure II-6

Q

quand *adv.* when I-4
   C'est quand l'anniversaire de ... ? When is ...'s birthday? I-5
   C'est quand ton/votre anniversaire? When is your birthday? I-5
quarante *m.* forty I-1
quart *m.* quarter I-2
   et quart a quarter after... (o'clock) I-2
quartier *m.* area, neighborhood I-8, II-P
quatorze *m.* fourteen I-1
quatre *m.* four I-1
quatre-vingts *m.* eighty I-3
quatre-vingt-dix *m.* ninety I-3
quatrième *adj.* fourth I-7
que/qu' *rel. pron.* that; which II-3; *conj.* than II-1, II-6
   plus/moins ... que *(used with adjective)* more/less ... than II-1
   plus/moins de ... que *(used with noun to express quantity)* more/less ... than II-6
que/qu'...? *interr. pron.* what? I-4
   Qu'en penses-tu? What do you think about that? II-6
   Qu'est-ce que c'est? What is it? I-1
   Qu'est-ce qu'il y a? What is it?; What's wrong? I-1
que *adv.* only II-4
   ne... que only II-4
québécois(e) *adj.* from Quebec I-1
quel(le)(s)? *interr. adj.* which? I-4; what? I-4
   À quelle heure? What time?; When? I-2
   Quel jour sommes-nous? What day is it? I-2
   Quelle est la date? What is the date? I-5
   Quelle est ta nationalité? *fam.* What is your nationality? I-1
   Quelle est votre nationalité? *form.* What is your nationality? I-1
   Quelle heure avez-vous? *form.* What time do you have? I-2
   Quelle heure est-il? What time is it? I-2
   Quelle température fait-il? *(weather)* What is the temperature? I-5

   Quel temps fait-il? What is the weather like? I-5
quelqu'un *pron.* someone II-4
quelque chose *m.* something; anything I-4
   Quelque chose ne va pas. Something's not right. I-5
quelquefois *adv.* sometimes I-7
quelques *adj.* some I-4
question *f.* question I-6
   poser une question (à) to ask (*someone*) a question I-6
queue *f.* line II-4
   faire la queue *v.* to wait in line II-4
qui? *interr. pron.* who? I-4; whom? I-4; *rel. pron.* who, that II-3
   à qui? to whom? I-4
   avec qui? with whom? I-4
   C'est de la part de qui? On behalf of whom? II-5
   Qui est à l'appareil? Who's calling, please? II-5
   Qui est-ce? Who is it? I-1
quinze *m.* fifteen I-1
quitter (la maison) *v.* to leave (the house) I-4
   Ne quittez pas. Please hold. II-5
quoi? *interr. pron.* what? I-1
   Il n'y a pas de quoi. It's nothing.; You're welcome. I-1
   quoi que ce soit whatever it may be II-5

R

raccrocher *v.* to hang up II-5
radio *f.* radio II-7
   à la radio on the radio II-7
raide *adj.* straight I-3
raison *f.* reason; right I-2
   avoir raison *v.* to be right I-2
ramassage des ordures *m.* garbage collection II-6
randonnée *f.* hike I-5
   faire une randonnée *v.* to go for a hike I-5
ranger *v.* to tidy up, to put away I-8, II-P
rapide *adj.* fast I-3
rapidement *adv.* quickly I-7
rarement *adv.* rarely I-5
rasoir *m.* razor II-2
ravissant(e) *adj.* beautiful; delightful II-5
réalisateur/réalisatrice *m., f.* director (*of a movie*) II-7
récent(e) *adj.* recent II-7
réception *f.* reception desk I-7
recevoir *v.* to receive II-4

réchauffement de la Terre *m.* global warming II-6

recharger *v.* to charge (battery) II-3

rechercher *v.* to search for, to look for II-5

recommandation *f.* recommendation II-5

recommander (que) *v.* to recommend (that) II-6

recomposer (un numéro) *v.* to redial (a number) II-3

reconnaître *v.* to recognize I-8, II-P

reconnu (reconnaître) *p.p., adj.* recognized I-8, II-P

reçu *m.* receipt II-4

reçu (recevoir) *p.p., adj.* received I-7
être reçu(e) à un examen to pass an exam I-2

recyclage *m.* recycling II-6

recycler *v.* to recycle II-6

redémarrer *v.* to restart, to start again II-3

réduire *v.* to reduce I-6

réduit (réduire) *p.p., adj.* reduced I-6

référence *f.* reference II-5

réfléchir (à) *v.* to think (about), to reflect (on) I-4

refuser (de) *v.* to refuse (*to do something*) II-3

regarder *v.* to watch I-2
Ça ne nous regarde pas. That has nothing to do with us.; That is none of our business. II-6

régime *m.* diet II-2
être au régime *v.* to be on a diet II-1

région *f.* region II-6

regretter (que) *v.* to regret (that) II-6

remplir (un formulaire) *v.* to fill out (a form) II-4

rencontrer *v.* to meet I-2

rendez-vous *m.* date; appointment I-6
prendre (un) rendez-vous *v.* to make an appointment II-5

rendre (à) *v.* to give back, to return (to) I-6
rendre visite (à) *v.* to visit I-6

rentrer (à la maison) *v.* to return (home) I-2
rentrer (dans) *v.* to hit II-3

renvoyer *v.* to dismiss, to let go II-5

réparer *v.* to repair II-3

repartir *v.* to go back II-7

repas *m.* meal II-1

repasser *v.* to take again II-7
repasser (le linge) *v.* to iron (the laundry) I-8, II-P
fer à repasser *m.* iron I-8, II-P

répéter *v.* to repeat; to rehearse I-5

répondeur (téléphonique) *m.* answering machine II-3

répondre (à) *v.* to respond, to answer (to) I-6

réseau (social) *m.* (social) network II-3

réservation *f.* reservation I-7
annuler une réservation *v.* to cancel a reservation I-7

réservé(e) *adj.* reserved I-1

réserver *v.* to reserve I-7

réservoir d'essence *m.* gas tank II-3

responsable *m., f.* manager, supervisor II-5

ressource naturelle *f.* natural resource II-6

restaurant *m.* restaurant I-4

rester *v.* to stay I-7

résultat *m.* result I-2

retenir *v.* to keep, to retain II-1

retirer (de l'argent) *v.* to withdraw (money) II-4

retourner *v.* to return I-7

retraite *f.* retirement I-6
prendre sa retraite *v.* to retire I-6

retraité(e) *m., f.* retired person II-5

retrouver *v.* to find (again); to meet up with I-2

rétroviseur *m.* rear-view mirror II-3

réunion *f.* meeting II-5

réussir (à) *v.* to succeed (*in doing something*) I-4

réussite *f.* success II-5

réveil *m.* alarm clock II-2

revenir *v.* to come back II-1

rêver (de) *v.* to dream about II-3

revoir *v.* to see again II-7
Au revoir. Good-bye. I-1

revu (revoir) *p.p.* seen again II-7

rez-de-chaussée *m.* ground floor I-7

rhume *m.* cold II-2

ri (rire) *p.p.* laughed I-6

rideau *m.* curtain I-8, II-P

rien *m.* nothing II-4
De rien. You're welcome. I-1
ne... rien nothing, not anything II-4
ne servir à rien *v.* to be good for nothing II-1

rire *v.* to laugh I-6

rivière *f.* river II-6

riz *m.* rice II-1

robe *f.* dress I-6

rôle *m.* role II-6
jouer un rôle *v.* to play a role II-7

roman *m.* novel II-7

rose *adj.* pink I-6

roue (de secours) *f.* (emergency) tire II-3

rouge *adj.* red I-6

rouler en voiture *v.* to ride in a car I-7

rue *f.* street II-3
suivre une rue *v.* to follow a street II-4

S

s'adorer *v.* to adore one another II-3

s'aider *v.* to help one another II-3

s'aimer (bien) *v.* to love (like) one another II-3

s'allumer *v.* to light up II-3

s'amuser *v.* to play; to have fun II-2
s'amuser à *v.* to pass time by II-3

s'apercevoir *v.* to notice; to realize II-4

s'appeler *v.* to be named, to be called II-2
Comment t'appelles-tu? *fam.* What is your name? I-1
Comment vous appelez-vous? *form.* What is your name? I-1
Je m'appelle... My name is... I-1

s'arrêter *v.* to stop II-2

s'asseoir *v.* to sit down II-2

sa *poss. adj., f., sing.* his; her; its I-3

sac *m.* bag I-1
sac à dos *m.* backpack I-1
sac à main *m.* purse, handbag I-6

sain(e) *adj.* healthy II-2

saison *f.* season I-5

salade *f.* salad II-1

salaire (élevé/modeste) *m.* (high/low) salary II-5
augmentation de salaire *f.* raise in salary II-5

sale *adj.* dirty I-8, II-P

salir *v.* to soil, to make dirty I-8, II-P

salle *f.* room I-8, II-P
salle à manger *f.* dining room I-8, II-P
salle de bains *f.* bathroom I-8, II-P
salle de classe *f.* classroom I-1

salle de séjour *f.* living/family room I-8, II-P

salon *m.* formal living room, sitting room I-8, II-P

  salon de beauté *m.* beauty salon II-4

Salut! Hi!; Bye! I-1

samedi *m.* Saturday I-2

sandwich *m.* sandwich I-4

sans *prep.* without I-8, II-P

  sans que *conj.* without II-7

santé *f.* health II-2

  être en bonne/mauvaise santé *v.* to be in good/bad health II-2

saucisse *f.* sausage II-1

sauvegarder *v.* to save II-3

sauver (la planète) *v.* to save (the planet) II-6

sauvetage des habitats *m.* habitat preservation II-6

savoir *v.* to know (*facts*), to know how to do something I-8, II-P

  savoir (que) *v.* to know (that) II-7

  Je n'en sais rien. I don't know anything about it. II-6

savon *m.* soap II-2

sciences *f., pl.* science I-2

  sciences politiques (sciences po) *f., pl.* political science I-2

sculpture *f.* sculpture II-7

sculpteur/sculptrice *m., f.* sculptor II-7

se/s' *pron., sing., pl.* (*used with reflexive verb*) himself; herself; itself; 10 (*used with reciprocal verb*) each other II-3

séance *f.* show; screening II-7

se blesser *v.* to hurt oneself II-2

se brosser (les cheveux/les dents) *v.* to brush one's (hair/teeth) II-1

se casser *v.* to break II-2

sèche-linge *m.* clothes dryer I-8, II-P

se coiffer *v.* to do one's hair II-2

se connaître *v.* to know one another II-3

se coucher *v.* to go to bed II-2

secours *m.* help II-3

  Au secours! Help! II-3

s'écrire *v.* to write one another II-3

sécurité *f.* security; safety

  attacher sa ceinture de sécurité *v.* to buckle one's seatbelt II-3

se dépêcher *v.* to hurry II-2

se déplacer *v.* to move, to change location II-4

se déshabiller *v.* to undress II-2

se détendre *v.* to relax II-2

se dire *v.* to tell one another II-3

se disputer (avec) *v.* to argue (with) II-2

se donner *v.* to give one another II-3

se fouler (la cheville) *v.* to twist/to sprain one's (ankle) II-2

se garer *v.* to park II-3

seize *m.* sixteen I-1

séjour *m.* stay I-7

  faire un séjour *v.* to spend time (*somewhere*) I-7

  salle de séjour *f.* living room I-8, II-P

sel *m.* salt II-1

se laver (les mains) *v.* to wash oneself (one's hands) II-2

se lever *v.* to get up, to get out of bed II-2

semaine *f.* week I-2

  cette semaine this week I-2

s'embrasser *v.* to kiss one another II-3

se maquiller *v.* to put on makeup II-2

se mettre *v.* to put (*something*) on (yourself) II-2

  se mettre à *v.* to begin to II-2

  se mettre en colère *v.* to become angry II-2

s'endormir *v.* to fall asleep, to go to sleep II-2

s'énerver *v.* to get worked up, to become upset II-2

sénégalais(e) *adj.* Senegalese I-1

s'ennuyer *v.* to get bored II-2

s'entendre bien (avec) *v.* to get along well (with one another) II-2

sentier *m.* path II-6

sentir *v.* to feel; to smell; to sense I-5

séparé(e) *adj.* separated I-3

se parler *v.* to speak to one another II-3

se porter mal/mieux *v.* to be ill/better II-2

se préparer (à) *v.* to get ready; to prepare (*to do something*) II-2

se promener *v.* to take a walk II-2

sept *m.* seven I-1

septembre *m.* September I-5

septième *adj.* seventh I-7

se quitter *v.* to leave one another II-3

se raser *v.* to shave oneself II-2

se réconcilier *v.* to make up II-7

se regarder *v.* to look at oneself; to look at each other II-2

se relever *v.* to get up again II-2

se rencontrer *v.* to meet one another, to make each other's acquaintance II-3

se rendre compte *v.* to realize II-2

se reposer *v.* to rest II-2

se retrouver *v.* to meet one another (*as planned*) II-3

se réveiller *v.* to wake up II-2

se sécher *v.* to dry oneself II-2

se sentir *v.* to feel II-2

sérieux/sérieuse *adj.* serious I-3

serpent *m.* snake II-6

serre *f.* greenhouse II-6

  effet de serre *m.* greenhouse effect II-6

serré(e) *adj.* tight I-6

serveur/serveuse *m., f.* server I-4

serviette *f.* napkin II-1

  serviette (de bain) *f.* (bath) towel II-2

servir *v.* to serve I-5

ses *poss. adj., m., f., pl.* his; her; its I-3

se souvenir (de) *v.* to remember II-2

se téléphoner *v.* to phone one another II-3

se tourner *v.* to turn (oneself) around II-2

se tromper (de) *v.* to be mistaken (about) II-2

se trouver *v.* to be located II-2

seulement *adv.* only I-8, II-P

s'habiller *v.* to dress II-2

shampooing *m.* shampoo II-2

shopping *m.* shopping I-7

  faire du shopping *v.* to go shopping I-7

short *m., sing.* shorts I-6

si *conj.* if II-5

si *adv.* (*when contradicting a negative statement or question*) yes I-2

signer *v.* to sign II-4

S'il te plaît. *fam.* Please. I-1

S'il vous plaît. *form.* Please. I-1

sincère *adj.* sincere I-1

s'inquiéter *v.* to worry II-2

s'intéresser (à) *v.* to be interested (in) II-2

site Internet/web *m.* web site II-3

six *m.* six I-1

sixième *adj.* sixth I-7

ski *m.* skiing I-5

  faire du ski *v.* to go skiing I-5

  station de ski *f.* ski resort I-7

skier *v.* to ski I-5

smartphone *m.* smartphone II-3

SMS *m.* text message II-3

s'occuper (de) *v.* to take care (*of something*), to see to II-2

sociable *adj.* sociable I-1

sociologie *f.* sociology I-1

sœur *f.* sister I-3

  belle-sœur *f.* sister-in-law I-3

demi-sœur *f.* half-sister, stepsister I-3
soie *f.* silk II-4
soif *f.* thirst I-4
  avoir soif *v.* to be thirsty I-4
soir *m.* evening I-2
  ce soir *adv.* this evening I-2
  demain soir *adv.* tomorrow evening I-2
  du soir *adv.* in the evening I-2
  hier soir *adv.* yesterday evening I-7
soirée *f.* evening I-2
sois (être) *imp. v.* be I-2
soixante *m.* sixty I-1
soixante-dix *m.* seventy I-3
solaire *adj.* solar II-6
  énergie solaire *f.* solar energy II-6
soldes *f., pl.* sales I-6
soleil *m.* sun I-5
  Il fait (du) soleil. It is sunny. I-5
solution *f.* solution II-6
  proposer une solution *v.* to propose a solution II-6
sommeil *m.* sleep I-2
  avoir sommeil *v.* to be sleepy I-2
son *poss. adj., m., sing.* his; her; its I-3
sonner *v.* to ring II-3
s'orienter *v.* to get one's bearings II-4
sorte *f.* sort, kind II-7
sortie *f.* exit I-7
sortir *v.* to go out, to leave I-5; to take out I-8, II-P
  sortir la/les poubelle(s) *v.* to take out the trash I-8, II-P
soudain *adv.* suddenly I-8, II-P
souffrir *v.* to suffer II-3
souffert (souffrir) *p.p.* suffered II-3
souhaiter (que) *v.* to wish (that) II-6
soupe *f.* soup I-4
  cuillère à soupe *f.* soupspoon II-1
sourire *v.* to smile I-6; *m.* smile II-4
souris *f.* mouse II-3
sous *prep.* under I-3
sous-sol *m.* basement I-8, II-P
sous-vêtement *m.* underwear I-6
souvent *adv.* often I-5
soyez (être) *imp. v.* be I-7
soyons (être) *imp. v.* let's be I-7
spécialiste *m., f.* specialist II-5
spectacle *m.* show I-5
spectateur/spectatrice *m., f.* spectator II-7
sport *m.* sport(s) I-5

faire du sport *v.* to do sports I-5
sportif/sportive *adj.* athletic I-3
stade *m.* stadium I-5
stage *m.* internship; professional training II-5
station (de métro) *f.* (subway) station I-7
station de ski *f.* ski resort I-7
station-service *f.* service station II-3
statue *f.* statue II-4
steak *m.* steak II-1
studio *m.* studio (*apartment*) I-8, II-P
stylo *m.* pen I-1
su (savoir) *p.p.* known I-8, II-P
sucre *m.* sugar I-4
sud *m.* south II-4
suggérer (que) *v.* to suggest (that) II-6
sujet *m.* subject II-6
  au sujet de on the subject of; about II-6
suisse *adj.* Swiss I-1
Suisse *f.* Switzerland I-7
suivre (un chemin/une rue/ un boulevard) *v.* to follow (a path/a street/a boulevard) II-4
supermarché *m.* supermarket II-1
sur *prep.* on I-3
sûr(e) *adj.* sure, certain II-1
  bien sûr of course I-2
  Il est sûr que... It is sure that... II-7
  Il n'est pas sûr que... It is not sure that... II-7
surpopulation *f.* overpopulation II-6
surpris (surprendre) *p.p., adj.* surprised I-6
  être surpris(e) que... *v.* to be surprised that... II-6
  faire une surprise à quelqu'un *v.* to surprise someone I-6
surtout *adv.* especially; above all I-2
sympa(thique) *adj.* nice I-1
symptôme *m.* symptom II-2
syndicat *m.* (*trade*) union II-5

T

ta *poss. adj., f., sing.* your I-3
table *f.* table I-1
  À table! Let's eat! Food is ready! II-1
  débarrasser la table *v.* to clear the table I-8, II-P
  mettre la table *v.* to set the table I-8, II-P

tableau *m.* blackboard; picture I-1; *m.* painting II-7
tablette (tactile) *f.* tablet II-3
tâche ménagère *f.* household chore I-8, II-P
taille *f.* size; waist I-6
  de taille moyenne of medium height I-3
tailleur *m.* (*woman's*) suit; tailor I-6
tante *f.* aunt I-3
tapis *m.* rug I-8, II-P
tard *adv.* late I-2
  À plus tard. See you later. I-1
tarte *f.* pie; tart I-8, II-P
tasse (de) *f.* cup (of) I-4
taxi *m.* taxi I-7
  prendre un taxi *v.* to take a taxi I-7
te/t' *pron., sing., fam.* you I-7; yourself II-2
tee-shirt *m.* tee shirt I-6
télécharger *v.* to download II-3
télécommande *f.* remote control II-3
téléphone *m.* telephone I-2
  parler au téléphone *v.* to speak on the phone I-2
téléphoner (à) *v.* to telephone (*someone*) I-2
télévision *f.* television I-1
  à la télé(vision) on television II-7
  chaîne (de télévision) *f.* television channel II-3
tellement *adv.* so much I-2
  Je n'aime pas tellement... I don't like... very much. I-2
température *f.* temperature I-5
  Quelle température fait-il? What is the temperature? I-5
temps *m., sing.* weather I-5
  Il fait un temps épouvantable. The weather is dreadful. I-5
  Le temps est nuageux. It is cloudy. I-5
  Le temps est orageux. It is stormy. I-5
  Quel temps fait-il? What is the weather like? I-5
temps *m., sing.* time I-5
  de temps en temps *adv.* from time to time I-7
  emploi à mi-temps/à temps partiel *m.* part-time job II-5
  emploi à plein temps *m.* full-time job II-5
  temps libre *m.* free time I-5
Tenez! (tenir) *imp. v.* Here! II-1
tenir *v.* to hold II-1
tennis *m.* tennis I-5
terrasse (de café) *f.* (café) terrace I-4

Terre *f.* Earth II-6
  réchauffement de la Terre *m.* global warming II-6
tes *poss. adj., m., f., pl.* your I-3
tête *f.* head II-2
texto *m.* text message II-3
thé *m.* tea I-4
théâtre *m.* theater II-7
thon *m.* tuna II-1
ticket de bus/métro *m.* bus/subway ticket I-7
Tiens! (tenir) *imp. v.* Here! II-1
timbre *m.* stamp II-4
timide *adj.* shy I-1
tiret *m. (punctuation mark)* dash; hyphen II-3
tiroir *m.* drawer I-8, II-P
toi *disj. pron., sing., fam.* you I-3; *refl. pron., sing., fam. (attached to imperative)* yourself II-2
  toi non plus you neither I-2
toilette *f.* washing up, grooming II-2
  faire sa toilette to wash up II-2
toilettes *f., pl.* restroom(s) I-8, II-P
tomate *f.* tomato II-1
tomber *v.* to fall I-7
  tomber amoureux/amoureuse *v.* to fall in love I-6
  tomber en panne *v.* to break down II-3
  tomber/être malade *v.* to get/be sick II-2
  tomber sur quelqu'un *v.* to run into someone I-7
ton *poss. adj., m., sing.* your I-3
tort *m.* wrong; harm I-2
  avoir tort *v.* to be wrong I-2
tôt *adv.* early I-2
toujours *adv.* always I-8, II-P
tour *m.* tour I-5
  faire un tour (en voiture) *v.* to go for a walk (drive) I-5
tourisme *m.* tourism II-4
  office du tourisme *m.* tourist office II-4
tourner *v.* to turn II-4
tousser *v.* to cough II-2
tout *m., sing.* all I-4
  tous les *(used before noun)* all the... I-4
  tous les jours *adv.* every day I-8, II-P
  toute la *f., sing. (used before noun)* all the... I-4
  toutes les *f., pl. (used before noun)* all the... I-4
  tout le *m., sing. (used before noun)* all the... I-4
  tout le monde everyone II-1

tout(e) *adv. (before adjective or adverb)* very, really I-3
  À tout à l'heure. See you later. I-1
  tout à coup suddenly I-7
  tout à fait absolutely; completely II-4
  tout de suite right away I-7
  tout droit straight ahead II-4
  tout d'un coup *adv.* all of a sudden I-8, II-P
  tout près (de) really close by, really close (to) I-3
toxique *adj.* toxic II-6
  déchets toxiques *m., pl.* toxic waste II-6
trac *m.* stage fright II-5
traduire *v.* to translate I-6
traduit (traduire) *p.p., adj.* translated I-6
tragédie *f.* tragedy II-7
train *m.* train I-7
tranche *f.* slice II-1
tranquille *adj.* calm, serene II-2
  laisser tranquille *v.* to leave alone II-2
travail *m.* work II-4
  chercher un/du travail *v.* to look for a job/work II-4
  trouver un/du travail *v.* to find a job/work II-5
travailler *v.* to work I-2
travailleur/travailleuse *adj.* hard-working I-3
traverser *v.* to cross II-4
treize *m.* thirteen I-1
trente *m.* thirty I-1
très *adv. (before adjective or adverb)* very, really I-8, II-P
  Très bien. Very well. I-1
triste *adj.* sad I-3
  être triste que... *v.* to be sad that... II-6
trois *m.* three I-1
troisième *adj.* third 7
trop (de) *adv.* too many/much (of) I-4
tropical(e) *adj.* tropical II-6
  forêt tropicale *f.* tropical forest II-6
trou (dans la couche d'ozone) *m.* hole (in the ozone layer) II-6
troupe *f.* company, troupe II-7
trouver *v.* to find; to think I-2
  trouver un/du travail *v.* to find a job/work II-5
truc *m.* thing I-7
tu *sub. pron., sing., fam.* you I-1

U

un *m. (number)* one I-1
un(e) *indef. art.* a; an I-1
urgences *f., pl.* emergency room II-2
  aller aux urgences *v.* to go to the emergency room II-2
usine *f.* factory II-6
utile *adj.* useful I-2
utiliser (un plan) *v.* to use (a map) I-7

V

vacances *f., pl.* vacation I-7
  partir en vacances *v.* to go on vacation I-7
vache *f.* cow II-6
vaisselle *f.* dishes I-8, II-P
  faire la vaisselle *v.* to do the dishes I-8, II-P
  lave-vaisselle *m.* dishwasher I-8, II-P
valise *f.* suitcase I-7
  faire les valises *v.* to pack one's bags I-7
vallée *f.* valley II-6
variétés *f., pl.* popular music II-7
vaut (valoir) *v.*
  Il vaut mieux que It is better that II-6
vélo *m.* bicycle I-5
  faire du vélo *v.* to go bike riding I-5
velours *m.* velvet II-4
vendeur/vendeuse *m., f.* seller I-6
vendre *v.* to sell I-6
vendredi *m.* Friday I-2
venir *v.* to come II-1
  venir de *v. (used with an infinitive)* to have just II-1
vent *m.* wind I-5
  Il fait du vent. It is windy. I-5
ventre *m.* stomach II-2

vérifier (l'huile/la pression des pneus) *v.* to check (the oil/the tire pressure) II-3
véritable *adj.* true, real II-4
verre (de) *m.* glass (of) I-4
vers *adv.* about I-2
vert(e) *adj.* green I-3
  haricots verts *m., pl.* green beans II-1
vêtements *m., pl.* clothing I-6
  sous-vêtement *m.* underwear I-6
vétérinaire *m., f.* veterinarian II-5
veuf/veuve *adj.* widowed I-3

veut dire (vouloir dire) *v.* means, signifies II-1
viande *f.* meat II-1
vie *f.* life I-6
    assurance vie *f.* life insurance II-5
vieille *adj., f. (feminine form of vieux)* old I-3
vieillesse *f.* old age I-6
vietnamien(ne) *adj.* Vietnamese I-1
vieux/vieille *adj.* old I-3
ville *f.* city; town I-4
vingt *m.* twenty I-1
vingtième *adj.* twentieth I-7
violet(te) *adj.* purple; violet I-6
violon *m.* violin II-7
visage *m.* face II-2
visite *f.* visit I-6
    rendre visite (à) *v.* to visit *(a person or people)* I-6
visiter *v.* to visit *(a place)* I-2
    faire visiter *v.* to give a tour I-8, II-P
vite *adv.* fast I-7
vitesse *f.* speed II-3
vivre *v.* to live I-8, II-P
voici here is/are I-1
voilà there is/are I-1
voir *v.* to see II-7
voisin(e) *m., f.* neighbor I-3
voiture *f.* car II-3
    faire un tour en voiture *v.* to go for a drive I-5
    rouler en voiture *v.* to ride in a car I-7
vol *m.* flight I-7
volant *m.* steering wheel II-3
volcan *m.* volcano II-6
volley(-ball) *m.* volleyball I-5
volontiers *adv.* willingly II-2
vos *poss. adj., m., f., pl.* your I-3
votre *poss. adj., m., f., sing.* your I-3
vouloir *v.* to want; to mean *(with* **dire***)* II-1
    ça veut dire that is to say II-2
    veut dire *v.* means, signifies II-1
    vouloir (que) *v.* to want (that) II-6
voulu (vouloir) *p.p., adj. (used with infinitive)* wanted to… ; *(used with noun)* planned to/for II-1
vous *pron., sing., pl., fam., form.* you I-1; *d.o. pron.* you I-7; yourself, yourselves II-2
voyage *m.* trip I-7
    agence de voyages *f.* travel agency I-7
    agent de voyages *m.* travel agent I-7
voyager *v.* to travel I-2

voyant (d'essence/d'huile) *m.* (gas/oil) warning light 11
vrai(e) *adj.* true; real I-3
    Il est vrai que… It is true that… II-7
    Il n'est pas vrai que… It is untrue that… II-7
vraiment *adv.* really I-7
vu (voir) *p.p.* seen II-7

W

W.-C. *m., pl.* restroom(s) I-8, II-P
week-end *m.* weekend I-2
    ce week-end this weekend I-2

Y

y *pron.* there; at *(a place)* II-2
    j'y vais I'm going/coming I-8, II-P
    nous y allons we're going/coming II-1
    on y va let's go II-2
    Y a-t-il… ? Is/Are there… ? I-2
yaourt *m.* yogurt II-1
yeux (œil) *m., pl.* eyes I-3

Z

zéro *m.* zero I-1
zut *interj.* darn I-6

Vocabulary

English-French

A

a **un(e)** *indef. art.* I-1
able: to be able to **pouvoir** *v.* II-1
abolish **abolir** *v.* II-6
about **vers** *adv.* I-2
abroad **à l'étranger** I-7
absolutely **absolument**
  adv. I-7;
  tout à fait *adv.* I-6
accident **accident** *m.* II-2
  to have/to be in an accident
  avoir un accident *v.* II-3
accompany **accompagner** *v.* II-4
account (*at a bank*) **compte**
  m. II-4
  checking account **compte** *m.*
  de chèques II-4
  to have a bank account **avoir**
  un compte bancaire *v.* II-4
accountant **comptable** *m., f.* II-5
acid rain **pluie acide** *f.* II-6
across from **en face de** *prep.* I-3
acquaintance **connaissance** *f.* I-5
active **actif/active** *adj.* I-3
actively **activement** *adv.* I-8, II-P
actor **acteur/actrice** *m., f.* I-1
address **adresse** *f.* II-4
administration: business
  administration **gestion** *f.* I-2
adolescence **adolescence** *f.* I-6
adore **adorer** I-2
  I love... **J'adore...** I-2
  to adore one another
  s'adorer *v.* II-3
adulthood **âge adulte** *m.* I-6
adventure **aventure** *f.* II-7
  adventure film **film** *m.*
  d'aventures II-7
advertisement **publicité (pub)**
  f. II-7
advice **conseil** *m.* II-5
advisor **conseiller/conseillère**
  m., f. II-5
aerobics **aérobic** *m.* I-5
  to do aerobics **faire de**
  l'aérobic *v.* I-5
afraid: to be afraid of/that **avoir**
  peur de/que *v.* II-6
after **après (que)** *adv.* I-7
afternoon **après-midi** *m.* I-2
  ... (o'clock) in the afternoon
  ... heure(s) de l'après-midi I-2
afternoon snack **goûter** *m.* II-1
again **encore** *adv.* I-3
age **âge** *m.* I-6

agent: travel agent **agent de**
  voyages *m.* I-7
  real estate agent **agent**
  immobilier *m.* II-5
ago (*with an expression of time*)
  il y a... II-1
agree: to agree (with) **être**
  d'accord (avec) *v.* I-2
airport **aéroport** *m.* I-7
alarm clock **réveil** *m.* II-2
Algerian **algérien(ne)** *adj.* I-1
all **tout** *m., sing.* I-4
  all of a sudden **soudain** *adv.*
  I-8, II-P; **tout à coup** *adv.*; **tout**
  d'un coup *adv.* I-7
all right? (*tag question*)
  d'accord? I-2
allergy **allergie** *f.* II-2
allow (*to do something*) **laisser** *v.*
  II-3; **permettre (de)** *v.* I-6
allowed **permis (permettre)**
  p.p., adj. I-6
all the... (*agrees with noun that
  follows*) **tout le...** *m., sing;*
  toute la... *f., sing;* **tous les...**
  m., pl.; **toutes les...** *f., pl.* I-4
almost **presque** *adv.* I-5
a lot (of) **beaucoup (de)** *adv.* I-4
alone: to leave alone **laisser**
  tranquille *v.* II-2
already **déjà** *adv.* I-3
always **toujours** *adv.* I-8, II-P
American **américain(e)** *adj.* I-1
an **un(e)** *indef. art.* I-1
ancient (*placed after noun*)
  ancien(ne) *adj.* II-7
and **et** *conj.* I-1
  And you? **Et toi?**, *fam.;* **Et**
  vous? *form.* I-1
angel **ange** *m.* I-1
angry: to become angry
  s'énerver *v.* II-2; **se mettre**
  en colère *v.* II-2
animal **animal** *m.* II-6
ankle **cheville** *f.* II-2
answering machine **répondeur**
  téléphonique *m.* II-3
apartment **appartement** *m.* I-7
appetizer **entrée** *f.* II-1;
  hors-d'œuvre *m.* II-1
applaud **applaudir** *v.* II-7
applause **applaudissement**
  m. II-7
apple **pomme** *f.* II-1
appliance **appareil** *m.* I-8, II-P
  electrical/household appliance
  appareil *m.* **électrique/**
  ménager I-8, II-P
applicant **candidat(e)** *m., f.* II-5
apply **postuler** *v.* II-5

appointment **rendez-vous** *m.* II-5
  to make an appointment
  prendre (un) rendez-vous
  v. II-5
April **avril** *m.* I-5
architect **architecte** *m., f.* I-3
Are there... ? **Y a-t-il... ?** I-2
area **quartier** *m.* I-8, II-P
argue (with) **se disputer**
  (avec) *v.* II-2
arm **bras** *m.* II-2
armchair **fauteuil** *m.* I-8, II-P
armoire **armoire** *f.* I-8, II-P
around **autour (de)** *prep.* II-4
arrival **arrivée** *f.* I-7
arrive **arriver (à)** *v.* I-2
art **art** *m.* I-2
  artwork, piece of art **œuvre**
  f. II-7
  fine arts **beaux-arts** *m., pl.* II-7
artist **artiste** *m., f.* I-3
as (*like*) **comme** *adv.* I-6
  as ... as (*used with adjective to
  compare*) **aussi ... que** II-1
  as much ... as (*used with
  noun to express comparative
  quality*) **autant de ... que** II-6
  as soon as **dès que** *adv.* II-5
ashamed: to be ashamed of
  avoir honte de *v.* I-2
ask **demander** *v.* I-2
  to ask (*someone*) **demander**
  (à) *v.* I-6
  to ask (*someone*) a question
  poser une question (à) *v.* I-6
  to ask that... **demander**
  que... II-6
aspirin **aspirine** *f.* II-2
at **à** *prep.* I-4
  at ... (o'clock) **à ... heure(s)** I-4
  at the doctor's office **chez le**
  médecin *prep.* I-2
  at (someone's) house **chez...**
  prep. I-2
  at the end (of) **au bout (de)**
  prep. II-4
  at last **enfin** *adv.* II-3
athlete **athlète** *m., f.* I-3
ATM **distributeur** *m.* **automa-**
  tique/de billets *m.* II-4
attend **assister** *v.* I-2
August **août** *m.* I-5
aunt **tante** *f.* I-3
author **auteur/femme auteur**
  m., f. II-7
autumn **automne** *m.* I-5
  in autumn **en automne** I-5
available (*free*) **libre** *adj.* I-7
avenue **avenue** *f.* II-4
avoid **éviter de** *v.* II-2

B

back **dos** *m.* II-2
backpack **sac à dos** *m.* I-1
bad **mauvais(e)** *adj.* I-3
  to be in a bad mood **être de mauvaise humeur** I-8, II-P
  to be in bad health **être en mauvaise santé** II-2
badly **mal** *adv.* I-7
  I am doing badly. **Je vais mal.** I-1
  to be doing badly **se porter mal** *v.* II-2
baguette **baguette** *f.* I-4
bakery **boulangerie** *f.* II-1
balcony **balcon** *m.* I-8, II-P
banana **banane** *f.* II-1
bank **banque** *f.* II-4
  to have a bank account **avoir un compte bancaire** *v.* II-4
banker **banquier/banquière** *m., f.* II-5
banking **bancaire** *adj.* II-4
baseball **baseball** *m.* I-5
baseball cap **casquette** *f.* I-6
basement **sous-sol** *m.;* **cave** *f.* I-8, II-P
basketball **basket(-ball)** *m.* I-5
bath **bain** *m.* I-6
bathing suit **maillot de bain** *m.* I-6
bathroom **salle de bains** *f.* I-8, II-P
bathtub **baignoire** *f.* I-8, II-P
be **être** *v.* I-1
  sois (être) *imp. v.* I-7;
  soyez (être) *imp. v.* I-7
beach **plage** *f.* I-7
beans **haricots** *m., pl.* II-1
  green beans **haricots verts** *m., pl.* II-1
bearings: to get one's bearings **s'orienter** *v.* II-4
beautiful **beau (belle)** *adj.* I-3
beauty salon **salon** *m.* **de beauté** II-4
because **parce que** *conj.* I-2
become **devenir** *v.* II-1
bed **lit** *m.* I-7
  to go to bed **se coucher** *v.* II-2
bedroom **chambre** *f.* I-8, II-P
beef **bœuf** *m.* II-1
been **été (être)** *p.p.* I-6
before **avant (de/que)** *adv.* I-7
  before (o'clock) **moins** *adv.* I-2
begin (to do something) **commencer (à)** *v.* I-2; **se mettre à** *v.* II-2
beginning **début** *m.* II-7
behind **derrière** *prep.* I-3
Belgian **belge** *adj.* I-7

Belgium **Belgique** *f.* I-7
believe (that) **croire (que)** *v.* II-7
believed **cru (croire)** *p.p.* II-7
belt **ceinture** *f.* I-6
  to buckle one's seatbelt **attacher sa ceinture de sécurité** *v.* II-3
bench **banc** *m.* II-4
best: the best **le mieux** *super. adv.* II-1; **le/la meilleur(e)** *super. adj.* II-1
better **meilleur(e)** *comp. adj.;* **mieux** *comp. adv.* II-1
  It is better that… **Il vaut mieux que/qu'…** II-6
  to be doing better **se porter mieux** *v.* II-2
  to get better (from illness) **guérir** *v.* II-2
between **entre** *prep.* I-3
beverage (carbonated) **boisson** *f.* **(gazeuse)** I-4
bicycle **vélo** *m.* I-5
  to go bike riding **faire du vélo** *v.* I-5
big **grand(e)** *adj.* I-3; (clothing) **large** *adj.* I-6
bill (in a restaurant) **addition** *f.* I-4
bills (money) **billets** *m., pl.* II-4
biology **biologie** *f.* I-2
bird **oiseau** *m.* I-3
birth **naissance** *f.* I-6
birthday **anniversaire** *m.* I-5
bit (of) **morceau (de)** *m.* I-4
black **noir(e)** *adj.* I-3
blackboard **tableau** *m.* I-1
blanket **couverture** *f.* I-8, II-P
blonde **blond(e)** *adj.* I-3
blouse **chemisier** *m.* I-6
blue **bleu(e)** *adj.* I-3
boat **bateau** *m.* I-7
body **corps** *m.* II-2
book **livre** *m.* I-1
bookstore **librairie** *f.* I-1
bored: to get bored **s'ennuyer** *v.* II-2
boring **ennuyeux/ennuyeuse** *adj.* I-3
born: to be born **naître** *v.* I-7; **né (naître)** *p.p., adj.* I-7
borrow **emprunter** *v.* II-4
bottle (of) **bouteille (de)** *f.* I-4
boulevard **boulevard** *m.* II-4
boutique **boutique** *f.* II-4
bowl **bol** *m.* II-1
box **boîte** *f.* II-1
boy **garçon** *m.* I-1
boyfriend **petit ami** *m.* I-1
brake **freiner** *v.* II-3
brakes **freins** *m., pl.* II-3
brave **courageux/courageuse** *adj.* I-3

Brazil **Brésil** *m.* I-7
Brazilian **brésilien(ne)** *adj.* I-7
bread **pain** *m.* I-4
  country-style bread **pain** *m.* **de campagne** I-4
bread shop **boulangerie** *f.* II-1
break **se casser** *v.* II-2
breakdown **panne** *f.* II-3
break down **tomber en panne** *v.* II-3
break up (to leave one another) **se quitter** *v.* II-3
breakfast **petit-déjeuner** *m.* II-1
bridge **pont** *m.* II-4
bright **brillant(e)** *adj.* I-1
bring (a person) **amener** *v.* I-5; (a thing) **apporter** *v.* I-4
broom **balai** *m.* I-8, II-P
brother **frère** *m.* I-3
brother-in-law **beau-frère** *m.* I-3
brown **marron** *adj., inv.* I-3
  brown (hair) **châtain** *adj.* I-3
brush (hair/tooth) **brosse** *f.* **(à cheveux/à dents)** II-2
  to brush one's hair/teeth **se brosser les cheveux/ les dents** *v.* II-1
buckle: to buckle one's seatbelt **attacher sa ceinture de sécurité** *v.* II-3
build **construire** *v.* I-6
building **bâtiment** *m.* II-4; **immeuble** *m.* I-8, II-P
bumper **pare-chocs** *m.* II-3
bus **autobus** *m.* I-7
bus stop **arrêt d'autobus (de bus)** *m.* I-7
bus terminal **gare** *f.* **routière** I-7
business (profession) **affaires** *f., pl.* I-3; (company) **entreprise** *f.* II-5
business administration **gestion** *f.* I-2
businessman **homme d'affaires** *m.* I-3
businesswoman **femme d'affaires** *f.* I-3
busy **occupé(e)** *adj.* I-1
but **mais** *conj.* I-1
butcher's shop **boucherie** *f.* II-1
butter **beurre** *m.* I-4
buy **acheter** *v.* I-5
by **par** *prep.* I-3
Bye! **Salut!** *fam.* I-1

C

cabinet **placard** *m.* I-8, II-P
café **café** *m.* I-1
  café terrace **terrasse** *f.* **de café** I-4
cafeteria (school) **cantine** *f.* I-2

cake **gâteau** *m.* I-6
calculator **calculatrice** *f.* I-1
call **appeler** *v.* II-5
calm **calme** *adj.* I-1; **calme** *m.* I-1
camcorder **caméra vidéo** *f.* II-3; **caméscope** *m.* II-3
camera **appareil photo** *m.* II-3
  digital camera **appareil photo** *m.* **numérique** II-3
camping **camping** *m.* I-5
  to go camping **faire du camping** *v.* I-5
can (of food) **boîte (de conserve)** *f.* II-1
Canada **Canada** *m.* I-7
Canadian **canadien(ne)** *adj.* I-1
cancel (a reservation) **annuler (une réservation)** *v.* I-7
candidate **candidat(e)** *m., f.* II-5
candy **bonbon** *m.* I-6
cap: baseball cap **casquette** *f.* I-6
capital **capitale** *f.* I-7
car **voiture** *f.* II-3
  to ride in a car **rouler en voiture** *v.* I-7
card (letter) **carte postale** *f.* II-4; credit card **carte** *f.* **de crédit** II-4
  to pay with a (debit/credit) card **payer par carte (bancaire/de crédit)** *v.* II-4
  cards (playing) **cartes** *f.* I-5
carbonated drink/beverage **boisson** *f.* **gazeuse** I-4
career **carrière** *f.* II-5
carpooling **covoiturage** *m.* II-6
carrot **carotte** *f.* II-1
carry **apporter** *v.* I-4
cartoon **dessin animé** *m.* II-7
case: in any case **en tout cas** I-6
cash **espèces** *m.* I-4
  to pay in cash **payer en espèces** *v.* II-4
cat **chat** *m.* I-3
catastrophe **catastrophe** *f.* II-6
catch sight of **apercevoir** *v.* II-4
celebrate **célébrer** *v.* I-5; **fêter** *v.* I-6; **faire la fête** *v.* I-6
celebration **fête** *f.* I-6
cellar **cave** *f.* I-8, II-P
cell(ular) phone **portable** *m.* II-3
center: city/town center **centre-ville** *m.* I-4
certain **certain(e)** *adj.* II-1; **sûr(e)** *adj.* II-7
  It is certain that… **Il est certain que…** II-7
  It is uncertain that… **Il n'est pas certain que…** II-7
chair **chaise** *f.* I-1
change (coins) **(pièces** *f. pl.* **de) monnaie** II-4

channel (television) **chaîne** *f.* **(de télévision)** II-3
character **personnage** *m.* II-7
  main character **personnage principal** *m.* II-7
charge (battery) **recharger** *v.* II-3
charming **charmant(e)** *adj.* I-1
chat **bavarder** *v.* I-4
check **chèque** *m.* II-4; (bill) **addition** *f.* I-4
  to pay by check **payer par chèque** *v.* II-4;
  to check (the oil/the air pressure) **vérifier (l'huile/la pression des pneus)** *v.* II-3
checking account **compte** *m.* **de chèques** II-4
cheek **joue** *f.* II-2
cheese **fromage** *m.* I-4
chemistry **chimie** *f.* I-2
chess **échecs** *m., pl.* I-5
chest **poitrine** *f.* II-2
  chest of drawers **commode** *f.* I-8, II-P
chic **chic** *adj.* I-4
chicken **poulet** *m.* II-1
child **enfant** *m., f.* I-3
childhood **enfance** *f.* I-6
China **Chine** *f.* I-7
Chinese **chinois(e)** *adj.* I-7
choir **chœur** *m.* II-7
choose **choisir** *v.* I-4
chorus **chœur** *m.* II-7
chrysanthemums **chrysanthèmes** *m., pl.* II-1
church **église** *f.* I-4
city **ville** *f.* I-4
city hall **mairie** *f.* II-4
city/town center **centre-ville** *m.* I-4
class (group of students) **classe** *f.* I-1; (course) **cours** *m.* I-2
classmate **camarade de classe** *m., f.* I-1
classroom **salle** *f.* **de classe** I-1
clean **nettoyer** *v.* I-5; **propre** *adj.* I-8, II-P
clear **clair(e)** *adj.* II-7
  It is clear that… **Il est clair que…** II-7
  to clear the table **débarrasser la table** I-8, II-P
client **client(e)** *m., f.* I-7
cliff **falaise** *f.* II-6
clock **horloge** *f.* I-1
  alarm clock **réveil** *m.* II-2
close (to) **près (de)** *prep.* I-3
  very close (to) **tout près (de)** II-4
close **fermer** *v.* II-3
closed **fermé(e)** *adj.* II-4
closet **placard** *m.* I-8, II-P

clothes dryer **sèche-linge** *m.* I-8, II-P
clothing **vêtements** *m., pl.* I-6
cloudy **nuageux/nuageuse** *adj.* I-5
  It is cloudy. **Le temps est nuageux.** I-5
clutch **embrayage** *m.* II-3
coast **côte** *f.* II-6
coat **manteau** *m.* I-6
coffee **café** *m.* I-1
coffeemaker **cafetière** *f.* I-8, II-P
coins **pièces** *f. pl.* **de monnaie** II-4
cold **froid** *m.* I-2
  to be cold **avoir froid** *v.* I-2
  (weather) It is cold. **Il fait froid.** I-5
cold **rhume** *m.* II-2
color **couleur** *f.* I-6
  What color is… ? **De quelle couleur est… ?** I-6
comb **peigne** *m.* II-2
come **venir** *v.* I-7
come back **revenir** *v.* II-1
Come on. **Allez.** I-2
comedy **comédie** *f.* II-7
comic strip **bande dessinée (B.D.)** *f.* I-5
company (troop) **troupe** *f.* II-7
completely **tout à fait** *adv.* I-6
composer **compositeur** *m.* II-7
computer **ordinateur** *m.* I-1
computer science **informatique** *f.* I-2
concert **concert** *m.* II-7
congratulations **félicitations** II-7
connect **brancher** *v.* II-3
consider **considérer** *v.* I-5
constantly **constamment** *adv.* I-7
construct **construire** *v.* I-6
consultant **conseiller/ conseillère** *m., f.* II-5
continue (doing something) **continuer (à)** *v.* II-4
cook **cuisiner** *v.* II-1; **faire la cuisine** *v.* I-5; **cuisinier/ cuisinière** *m., f.* II-5
cookie **biscuit** *m.* I-6
cooking **cuisine** *f.* I-5
cool: (weather) It is cool. **Il fait frais.** I-5
corner **angle** *m.* II-4; **coin** *m.* II-4
cost **coûter** *v.* I-4
cotton **coton** *m.* I-6
couch **canapé** *m.* I-8, II-P
cough **tousser** *v.* II-2
count (on someone) **compter (sur quelqu'un)** *v.* I-8, II-P
country **pays** *m.* I-7
  country(side) **campagne** *f.* I-7

country-style **de campagne** *adj.* I-4

couple **couple** *m.* I-6

courage **courage** *m.* II-5

courageous **courageux/ courageuse** *adj.* I-3

course **cours** *m.* I-2

cousin **cousin(e)** *m., f.* I-3

cover **couvrir** *v.* II-3

covered **couvert (couvrir)** *p.p.* II-3

cow **vache** *f.* II-6

crazy **fou/folle** *adj.* I-3

cream **crème** *f.* II-1

credit card **carte** *f.* **de crédit** II-4

to pay with a debit/credit card **payer par carte bancaire/de crédit** *v.* II-4

crêpe **crêpe** *f.* I-5

crime film **film policier** *m.* II-7

croissant **croissant** *m.* I-4

cross **traverser** *v.* II-4

cruel **cruel/cruelle** *adj.* I-3

cry **pleurer** *v.*

cup (of) **tasse (de)** *f.* I-4

cupboard **placard** *m.* I-8, II-P

curious **curieux/ curieuse** *adj.* I-3

curly **frisé(e)** *adj.* I-3

currency **monnaie** *f.* II-4

curtain **rideau** *m.* I-8, II-P

customs **douane** *f.* I-7

D

dance **danse** *f.* II-7

to dance **danser** *v.* I-4

danger **danger** *m.* II-6

dangerous **dangereux/ dangereuse** *adj.* II-3

dark (*hair*) **brun(e)** *adj.* I-3

darling **chéri(e)** *adj.* I-2

darn **zut** II-3

dash (*punctuation mark*) **tiret** *m.* II-3

date (*day, month, year*) **date** *f.* I-5; (*meeting*) **rendez-vous** *m.* I-6

to make a date **prendre (un) rendez-vous** *v.* II-5

daughter **fille** *f.* I-1

day **jour** *m.* I-2; **journée** *f.* I-2

day after tomorrow **après-demain** *adv.* I-2

day before yesterday **avant-hier** *adv.* I-7

day off **congé** *m.,* **jour de congé** I-7

dear **cher/chère** *adj.* I-2

death **mort** *f.* I-6

December **décembre** *m.* I-5

decide (*to do something*) **décider (de)** *v.* II-3

deforestation **déboisement** *m.* II-6

degree **diplôme** *m.* I-2

degrees (*temperature*) **degrés** *m., pl.* I-5

It is... degrees. **Il fait... degrés.** I-5

delicatessen **charcuterie** *f.* II-1

delicious **délicieux/délicieuse** *adj.* I-4

Delighted. **Enchanté(e).** *p.p., adj.* I-1

demand (that) **exiger (que)** *v.* II-6

demanding **exigeant(e)** *adj.*

demanding profession **profession** *f.* **exigeante** II-5

dentist **dentiste** *m., f.* I-3

department store **grand magasin** *m.* I-4

departure **départ** *m.* I-7

deposit: to deposit money **déposer de l'argent** *v.* II-4

depressed **déprimé(e)** *adj.* II-2

describe **décrire** *v.* I-7

described **décrit (décrire)** *p.p., adj.* I-7

desert **désert** *m.* II-6

desire **envie** *f.* I-2

desk **bureau** *m.* I-1

dessert **dessert** *m.* I-6

destroy **détruire** *v.* I-6

destroyed **détruit (détruire)** *p.p., adj.* I-6

detective film **film policier** *m.* II-7

detest **détester** *v.* I-2

I hate... **Je déteste...** I-2

develop **développer** *v.* II-6

dial (a number) **composer (un numéro)** *v.* II-3

dictionary **dictionnaire** *m.* I-1

die **mourir** *v.* I-7

died **mort (mourir)** *p.p., adj.* I-7

diet **régime** *m.* II-2

to be on a diet **être au régime** II-1

difference **différence** *f.* I-1

different **différent(e)** *adj.* I-1

differently **différemment** *adv.* I-8, II-P

difficult **difficile** *adj.* I-1

digital camera **appareil photo** *m.* **numérique** II-3

dining room **salle à manger** *f.* I-8, II-P

dinner **dîner** *m.* II-1

to have dinner **dîner** *v.* I-2

diploma **diplôme** *m.* I-2

directions **indications** *f.* II-4

director (*movie*) **réalisateur/ réalisatrice** *m., f.;* (*play/show*) **metteur en scène** *m.* II-7

dirty **sale** *adj.* I-8, II-P

discover **découvrir** *v.* II-3

discovered **découvert (découvrir)** *p.p.* II-3

discreet **discret/discrète** *adj.* I-3

discuss **discuter** *v.* II-3

dish (*food*) **plat** *m.* II-1

to do the dishes **faire la vaisselle** *v.* I-8, II-P

dishwasher **lave-vaisselle** *m.* I-8, II-P

dismiss **renvoyer** *v.* II-5

distinction **mention** *f.* II-5

divorce **divorce** *m.* I-6

to divorce **divorcer** *v.* I-3

divorced **divorcé(e)** *p.p., adj.* I-3

do (*make*) **faire** *v.* I-5

to do odd jobs **bricoler** *v.* I-5

doctor **médecin** *m.* I-3

documentary **documentaire** *m.* II-7

dog **chien** *m.* I-3

done **fait (faire)** *p.p., adj.* I-6

door (*building*) **porte** *f.* I-1; (*automobile*) **portière** *f.* II-3

doubt (that)... **douter (que)...** *v.* II-7

doubtful **douteux/douteuse** *adj.* II-7

It is doubtful that... **Il est douteux que...** II-7

download **télécharger** *v.* II-3

downtown **centre-ville** *m.* I-4

drag **barbant** *adj.* I-3; **barbe** *f.* I-3

drape **rideau** *m.* I-8, II-P

draw **dessiner** *v.* I-2

drawer **tiroir** *m.* I-8, II-P

dreadful **épouvantable** *adj.* I-5

dream (about) **rêver (de)** *v.* II-3

dress **robe** *f.* I-6

to dress **s'habiller** *v.* II-2

dresser **commode** *f.* I-8, II-P

drink (carbonated) **boisson** *f.* **(gazeuse)** I-4

to drink **boire** *v.* I-4

drive **conduire** *v.* I-6

to go for a drive **faire un tour en voiture** I-5

driven **conduit (conduire)** *p.p.* I-6

driver (taxi/truck) **chauffeur (de taxi/de camion)** *m.* II-5

driver's license **permis** *m.* **de conduire** II-3

drums **batterie** *f.* II-7

drunk **bu (boire)** *p.p.* I-6

dryer (*clothes*) **sèche-linge** *m.* I-8, II-P

dry oneself **se sécher** *v.* II-2

due **dû(e) (devoir)** *adj.* II-1

during **pendant** *prep.* I-7

dust **enlever/faire la poussière** *v.* I-8, II-P

DVR **enregistreur DVR** *m.* II-3

E

each **chaque** *adj.* I-6
ear **oreille** *f.* II-2
early **en avance** *adv.* I-2; **tôt** *adv.* I-2
earn **gagner** *v.* II-5
Earth **Terre** *f.* II-6
easily **facilement** *adv.* I-8, II-P
east **est** *m.* II-4
easy **facile** *adj.* I-2
eat **manger** *v.* I-2
   to eat lunch **déjeuner** *v.* I-4
éclair **éclair** *m.* I-4
ecological **écologique** *adj.* II-6
ecology **écologie** *f.* II-6
economics **économie** *f.* I-2
ecotourism **écotourisme** *m.* II-6
education **formation** *f.* II-5
effect: in effect **en effet** II-6
egg **œuf** *m.* II-1
eight **huit** *m.* I-1
eighteen **dix-huit** *m.* I-1
eighth **huitième** *adj.* I-7
eighty **quatre-vingts** *m.* I-3
eighty-one **quatre-vingt-un** *m.* I-3
elder **aîné(e)** *adj.* I-3
electric **électrique** *adj.* I-8, II-P
   electrical appliance **appareil** *m.* **électrique** I-8, II-P
electrician **électricien/ électricienne** *m., f.* II-5
elegant **élégant(e)** *adj.* I-1
elevator **ascenseur** *m.* I-7
eleven **onze** *m.* I-1
eleventh **onzième** *adj.* I-7
e-mail **e-mail** *m.* II-3
emergency room **urgences** *f., pl.* II-2
   to go to the emergency room **aller aux urgences** *v.* II-2
employ **employer** *v.* I-5
end **fin** *f.* II-7
endangered **menacé(e)** *adj.* II-6
   endangered species **espèce** *f.* **menacée** II-6
engaged **fiancé(e)** *adj.* I-3
engine **moteur** *m.* II-3
engineer **ingénieur** *m.* I-3
England **Angleterre** *f.* I-7
English **anglais(e)** *adj.* I-1
enormous **énorme** *adj.* I-2
enough (of) **assez (de)** *adv.* I-4
   not enough (of) **pas assez (de)** I-4
enter **entrer** *v.* I-7
envelope **enveloppe** *f.* II-4
environment **environnement** *m.* II-6
equal **égaler** *v.* I-3
erase **effacer** *v.* II-3
errand **course** *f.* II-1

escargot **escargot** *m.* II-1
especially **surtout** *adv.* I-2
essay **dissertation** *f.* II-3
essential **essentiel(le)** *adj.* II-6
   It is essential that… **Il est essentiel/indispensable que…** II-6
even **même** *adv.* I-5
evening **soir** *m.*; **soirée** *f.* I-2
   … (o'clock) in the evening … **heures du soir** I-2
every day **tous les jours** *adv.* I-8, II-P
everyone **tout le monde** *m.* II-1
evident **évident(e)** *adj.* II-7
   It is evident that… **Il est évident que…** II-7
evidently **évidemment** *adv.* I-7
exactly **exactement** *adv.* II-1
exam **examen** *m.* I-1
Excuse me. **Excuse-moi.** *fam.* I-1; **Excusez-moi.** *form.* I-1
executive **cadre/femme cadre** *m., f.* II-5
exercise **exercice** *m.* II-2
   to exercise **faire de l'exercice** *v.* II-2
exhibit **exposition** *f.* II-7
exit **sortie** *f.* I-7
expenditure **dépense** *f.* II-4
expensive **cher/chère** *adj.* I-6
explain **expliquer** *v.* I-2
explore **explorer** *v.* I-4
extinction **extinction** *f.* II-6
eye (eyes) **œil (yeux)** *m.* II-2

F

face **visage** *m.* II-2
facing **en face (de)** *prep.* I-3
fact: in fact **en fait** I-7
factory **usine** *f.* II-6
fail **échouer** *v.* I-2
fall **automne** *m.* I-5
   in the fall **en automne** I-5
   to fall **tomber** *v.* I-7
   to fall in love **tomber amoureux/amoureuse** *v.* I-6
   to fall asleep **s'endormir** *v.* II-2
family **famille** *f.* I-3
famous **célèbre** *adj.* II-7; **connu (connaître)** *p.p., adj.* I-8, II-P
far (from) **loin (de)** *prep.* I-3
farewell **adieu** *m.* II-6
farmer **agriculteur/ agricultrice** *m., f.* II-5
fashion **mode** *f.* I-2
   fashion design **stylisme de mode** *m.* I-2
fast **rapide** *adj.* I-3; **vite** *adv.* I-7

fat **gros(se)** *adj.* I-3
father **père** *m.* I-3
father-in-law **beau-père** *m.* I-3
favorite **favori/favorite** *adj.* I-3; **préféré(e)** *adj.* I-2
fax machine **fax** *m.* II-3
fear **peur** *f.* I-2
   to fear that **avoir peur que** *v.* II-6
February **février** *m.* I-5
fed up: to be fed up **en avoir marre** *v.* I-3
feel *(to sense)* **sentir** *v.* I-5; *(state of being)* **se sentir** *v.* II-2
   to feel like *(doing something)* **avoir envie (de)** I-2
   to feel nauseated **avoir mal au cœur** II-2
festival (festivals) **festival (festivals)** *m.* II-7
fever **fièvre** *f.* II-2
   to have fever **avoir de la fièvre** *v.* II-2
fiancé **fiancé(e)** *m., f.* I-6
field *(terrain)* **champ** *m.* II-6; *(of study)* **domaine** *m.* II-5
fifteen **quinze** *m.* I-1
fifth **cinquième** *adj.* I-7
fifty **cinquante** *m.* I-1
figure *(physique)* **ligne** *f.* II-2
file **fichier** *m.* II-3
fill: to fill out a form **remplir un formulaire** *v.* II-4
   to fill the tank **faire le plein** *v.* II-3
film **film** *m.* II-7
   adventure/crime film **film** *m.* **d'aventures/policier** II-7
finally **enfin** *adv.* I-7; **finalement** *adv.* I-7; **dernièrement** *adv.* I-7
find (a job/work) **trouver (un/ du travail)** *v.* II-5
   to find again **retrouver** *v.* I-2
fine **amende** *f.* II-3
fine arts **beaux-arts** *m., pl.* II-7
finger **doigt** *m.* II-2
finish *(doing something)* **finir (de)** *v.* I-4, II-3
fire **incendie** *m.* II-6
firefighter **pompier/femme pompier** *m., f.* II-5
firm *(business)* **entreprise** *f.* II-5;
first **d'abord** *adv.* I-7; **premier/ première** *adj.* I-2; **premier** *m.* I-5
   It is October first. **C'est le 1er (premier) octobre.** I-5
fish **poisson** *m.* I-3
fishing **pêche** *f.* I-5
   to go fishing **aller à la pêche** *v.* I-5

fish shop **poissonnerie** *f.* II-1
five **cinq** *m.* I-1
flat tire **pneu** *m.* **crevé** II-3
flight (*air travel*) **vol** *m.* I-7
floor **étage** *m.* I-7
flower **fleur** *f.* I-8, II-P
flu **grippe** *f.* II-2
fluently **couramment** *adv.* I-7
follow (*a path/a street/a boulevard*) **suivre (un chemin/une rue/ un boulevard)** *v.* II-4
food item **aliment** *m.* II-1; **nourriture** *f.* II-1
foot **pied** *m.* II-2
football **football américain** *m.* I-5
for **pour** *prep.* I-5; **pendant** *prep.* II-1
    For whom? **Pour qui?** I-4
forbid **interdire** *v.* II-6
foreign **étranger/étrangère** *adj.* I-2
    foreign languages **langues** *f., pl.* **étrangères** I-2
forest **forêt** *f.* II-6
    tropical forest **forêt tropicale** *f.* II-6
forget (*to do something*) **oublier (de)** *v.* I-2
fork **fourchette** *f.* II-1
form **formulaire** *m.* II-4
former (*placed before noun*) **ancien(ne)** *adj.* II-7
fortunately **heureusement** *adv.* I-7
forty **quarante** *m.* I-1
fountain **fontaine** *f.* II-4
four **quatre** *m.* I-1
fourteen **quatorze** *m.* I-1
fourth **quatrième** *adj.* I-7
France **France** *f.* I-7
frankly **franchement** *adv.* I-7
free (*at no cost*) **gratuit(e)** *adj.* II-7
    free time **temps libre** *m.* I-5
freezer **congélateur** *m.* I-8, II-P
French **français(e)** *adj.* I-1
French fries **frites** *f., pl.* I-4
frequent (*to visit regularly*) **fréquenter** *v.* I-4
fresh **frais/fraîche** *adj.* I-5
Friday **vendredi** *m.* I-2
friend **ami(e)** *m., f.* I-1; **copain/ copine** *m., f.* I-1
friendship **amitié** *f.* I-6
from **de/d'** *prep.* I-1
    from time to time **de temps en temps** *adv.* I-7
front: in front of **devant** *prep.* I-3
fruit **fruit** *m.* II-1
full (*no vacancies*) **complet (complète)** *adj.* I-7
full-time job **emploi** *m.* **à plein temps** II-5
fun **amusant(e)** *adj.* I-1

to have fun (*doing something*) **s'amuser (à)** *v.* II-3
funeral **funérailles** *f., pl.* II-1
funny **drôle** *adj.* I-3
furious **furieux/furieuse** *adj.* II-6
    to be furious that... **être furieux/furieuse que...** *v.* II-6

G

gain: gain weight **grossir** *v.* I-4
game (*amusement*) **jeu** *m.* I-5; (*sports*) **match** *m.* I-5
game show **jeu télévisé** *m.* II-7
garage **garage** *m.* I-8, II-P
garbage **ordures** *f., pl.* II-6
garbage collection **ramassage** *m.* **des ordures** II-6
garden **jardin** *m.* I-8, II-P
garlic **ail** *m.* II-1
gas **essence** *f.* II-3
gas tank **réservoir d'essence** *m.* II-3
gas warning light **voyant** *m.* **d'essence** II-3
generally **en général** *adv.* I-7
generous **généreux/généreuse** *adj.* I-3
genre **genre** *m.* II-7
gentle **doux/douce** *adj.* I-3
geography **géographie** *f.* I-2
German **allemand(e)** *adj.* I-1
Germany **Allemagne** *f.* I-7
get (*to obtain*) **obtenir** *v.* II-5
get along well (with) **s'entendre bien (avec)** *v.* II-2
get off **descendre (de)** *v.* I-6
get up **se lever** *v.* II-2
    get up again **se relever** *v.* II-2
gift **cadeau** *m.* I-6
    wrapped gift **paquet cadeau** *m.* I-6
gifted **doué(e)** *adj.* II-7
girl **fille** *f.* I-1
girlfriend **petite amie** *f.* I-1
give (*to someone*) **donner (à)** *v.* I-2
    to give a shot **faire une piqûre** *v.* II-2
    to give a tour **faire visiter** *v.* I-8, II-P
    to give back **rendre (à)** *v.* I-6
    to give one another **se donner** *v.* II-3
glass (of) **verre (de)** *m.* I-4
glasses **lunettes** *f., pl.* I-6
    sunglasses **lunettes de soleil** *f., pl.* I-6
global warming **réchauffement** *m.* **de la Terre** II-6
glove **gant** *m.* I-6
go **aller** *v.* I-4
    Let's go! **Allons-y!** I-4; **On y va!** II-2

I'm going. **J'y vais.** I-8, II-P
to go back **repartir** *v.* II-7
to go downstairs **descendre (de)** *v.* I-6
to go out **sortir** *v.* I-7
to go over **dépasser** *v.* II-3
to go up **monter** *v.* I-7
to go with **aller avec** *v.* I-6
golf **golf** *m.* I-5
good **bon(ne)** *adj.* I-3
    Good evening. **Bonsoir.** I-1
    Good morning. **Bonjour.** I-1
    to be good for nothing **ne servir à rien** *v.* II-1
    to be in a good mood **être de bonne humeur** *v.* I-8, II-P
    to be in good health **être en bonne santé** *v.* II-2
    to be in good shape **être en pleine forme** *v.* II-2
    to be up to something interesting **faire quelque chose de beau** *v.* II-4
Good-bye. **Au revoir.** I-1
government **gouvernement** *m.* II-6
grade (*academics*) **note** *f.* I-2
grandchildren **petits-enfants** *m., pl.* I-3
granddaughter **petite-fille** *f.* I-3
grandfather **grand-père** *m.* I-3
grandmother **grand-mère** *f.* I-3
grandparents **grands-parents** *m., pl.* I-3
grandson **petit-fils** *m.* I-3
grant **bourse** *f.* I-2
grass **herbe** *f.* II-6
gratin **gratin** *m.* II-1
gray **gris(e)** *adj.* I-6
great **formidable** *adj.* I-7; **génial(e)** *adj.* I-3
green **vert(e)** *adj.* I-3
green beans **haricots verts** *m., pl.* II-1
greenhouse **serre** *f.* II-6
    greenhouse effect **effet de serre** *m.* II-6
grocery store **épicerie** *f.* I-4
groom: to groom oneself (*in the morning*) **faire sa toilette** *v.* II-2
ground floor **rez-de-chaussée** *m.* I-7
growing population **population** *f.* **croissante** II-6
guaranteed **garanti(e)** *p.p., adj.* I-5
guest **invité(e)** *m., f.* I-6; **client(e)** *m., f.* I-7
guitar **guitare** *f.* II-7
guy **mec** *m.* II-2
gym **gymnase** *m.* I-4

Vocabulary

H

habitat **habitat** *m.* II-6
 habitat preservation **sauvetage des habitats** *m.* II-6
had **eu (avoir)** *p.p.* I-6
 had to **dû (devoir)** *p.p.* II-1
hair **cheveux** *m., pl.* II-1
 to brush one's hair **se brosser les cheveux** *v.* II-1
 to do one's hair **se coiffer** *v.* II-2
hairbrush **brosse** *f.* **à cheveux** II-2
hairdresser **coiffeur/coiffeuse** *m., f.* I-3
half **demie** *f.* I-2
 half past … (o'clock) **… et demie** I-2
half-brother **demi-frère** *m.* I-3
half-sister **demi-sœur** *f.* I-3
half-time job **emploi** *m.* **à mi-temps** II-5
hallway **couloir** *m.* I-8, II-P
ham **jambon** *m.* I-4
hand **main** *f.* I-5
handbag **sac à main** *m.* I-6
handsome **beau** *adj.* I-3
hang up **raccrocher** *v.* II-5
happiness **bonheur** *m.* I-6
happy **heureux/heureuse** *adj.*; **content(e)** II-5
 to be happy that… **être content(e) que…** *v.* II-6; **être heureux/heureuse que…** *v.* II-6
hard drive **disque (dur)** *m.* II-3
hard-working **travailleur/ travailleuse** *adj.* I-3
hat **chapeau** *m.* I-6
hate **détester** *v.* I-2
 I hate… **Je déteste…** I-2
have **avoir** *v.* I-2; **aie (avoir)** *imp., v.* I-7; **ayez (avoir)** *imp. v.* I-7; **prendre** *v.* I-4
 to have an ache **avoir mal** *v.* I-2
to have to (must) **devoir** *v.* II-1
he **il** *sub. pron.* I-1
head (body part) **tête** *f.* II-2; (of a company) **chef** *m.* **d'entreprise** II-5
headache: to have a headache **avoir mal à la tête** *v.* II-2
headlights **phares** *m., pl.* II-3
headphones **casque** *f.* **à écouteurs** *m., pl.* II-3
health **santé** *f.* II-2
 to be in good health **être en bonne santé** *v.* II-2
health insurance **assurance** *f.* **maladie** II-5
healthy **sain(e)** *adj.* II-2

hear **entendre** *v.* I-6
heart **cœur** *m.* II-2
heat **chaud** *m.* 2
hello (on the phone) **allô** I-1; (in the evening) **Bonsoir.** I-1; (in the morning or afternoon) **Bonjour.** I-1
help **au secours** II-3
 to help (to do something) **aider (à)** *v.* I-5
 to help one another **s'aider** *v.* II-3
her **la/l'** *d.o. pron.* I-7; **lui** *i.o. pron.* I-6; (attached to an imperative) **-lui** *i.o. pron.* II-1
her **sa** *poss. adj., f., sing.* I-3; **ses** *poss. adj., m., f., pl.* I-3; **son** *poss. adj., m., sing.* I-3
Here! **Tenez!** *form., imp. v.* II-1; **Tiens!** *fam., imp., v.* II-1
here **ici** *adv.* I-1; (used with demonstrative adjective **ce** and noun or with demonstrative pronoun **celui**); **-ci** I-6; Here is…. **Voici…** I-1
heritage: I am of… heritage. **Je suis d'origine…** I-1
herself (used with reflexive verb) **se/s'** *pron.* II-2
hesitate (to do something) **hésiter (à)** *v.* II-3
Hey! **Eh!** *interj.* 2
Hi! **Salut!** *fam.* I-1
high **élevé(e)** *adj.* II-5
high school **lycée** *m.* I-1
 high school student **lycéen(ne)** *m., f.* 2
higher education **études supérieures** *f., pl.* 2
highway **autoroute** *f.* II-3
hike **randonnée** *f.* I-5
 to go for a hike **faire une randonnée** *v.* I-5
him **lui** *i.o. pron.* I-6; **le/l'** *d.o. pron.* I-7; (attached to imperative) **-lui** *i.o. pron.* II-1
himself (used with reflexive verb) **se/s'** *pron.* II-2
hire **embaucher** *v.* II-5
his **sa** *poss. adj., f., sing.* I-3; **ses** *poss. adj., m., f., pl.* I-3; **son** *poss. adj., m., sing.* I-3
history **histoire** *f.* I-2
hit **rentrer (dans)** *v.* II-3
hold **tenir** *v.* II-1
 to be on hold **patienter** *v.* II-5
hole in the ozone layer **trou dans la couche d'ozone** *m.* II-6
holiday **jour férié** *m.* I-6; **férié(e)** *adj.* I-6
home (house) **maison** *f.* I-4
 at (someone's) home **chez…** *prep.* 4

home page **page d'accueil** *f.* II-3
homework **devoir** *m.* I-2
honest **honnête** *adj.* II-7
honestly **franchement** *adv.* I-7
hood **capot** *m.* II-3
hope **espérer** *v.* I-5
hors d'œuvre **hors-d'œuvre** *m.* II-1
horse **cheval** *m.* I-5
 to go horseback riding **faire du cheval** *v.* I-5
hospital **hôpital** *m.* I-4
host **hôte/hôtesse** *m., f.* I-6
hot **chaud** *m.* I-2
 It is hot (weather). **Il fait chaud.** I-5
 to be hot **avoir chaud** *v.* I-2
hot chocolate **chocolat chaud** *m.* I-4
hotel **hôtel** *m.* I-7
 (single) hotel room **chambre** *f.* **(individuelle)** I-7
hotel keeper **hôtelier/ hôtelière** *m., f.* I-7
hour **heure** *f.* I-2
house **maison** *f.* I-4
 at (someone's) house **chez…** *prep.* I-2
 to leave the house **quitter la maison** *v.* I-4
 to stop by someone's house **passer chez quelqu'un** *v.* I-4
household **ménager/ménagère** *adj.* I-8, II-P
household appliance **appareil** *m.* **ménager** I-8, II-P
household chore **tâche ménagère** *f.* I-8, II-P
housewife **femme au foyer** *f.* II-5
housework: to do the housework **faire le ménage** *v.* I-8, II-P
housing **logement** *m.* I-8, II-P
how **comme** *adv.* I-2; **comment?** *interr. adv.* I-4
 How are you? **Comment allez-vous?** *form.* I-1; **Comment vas-tu?** *fam.* I-1
 How many/How much (of)? **Combien (de)?** I-1
How much is… ? **Combien coûte… ?** I-4
huge **énorme** *adj.* I-2
Huh? **Hein?** *interj.* I-3
humanities **lettres** *f., pl.* I-2
hundred: one hundred **cent** *m.* I-5
 five hundred **cinq cents** *m.* I-5
 one hundred one **cent un** *m.* I-5
 one hundred thousand **cent mille** *m.* I-5
hundredth **centième** *adj.* I-7
hunger **faim** *f.* I-4

hungry: to be hungry **avoir faim** *v.* I-4
hunt **chasse** *f.* II-6
  to hunt **chasser** *v.* II-6
hurried **pressé(e)** *adj.* II-1
hurry **se dépêcher** *v.* II-2
hurt **faire mal** *v.* II-2
  to hurt oneself **se blesser** *v.* II-2
husband **mari** *m.;* **époux** *m.* I-3
hyphen *(punctuation mark)* **tiret** *m.* II-3

I

I **je** *sub. pron.* I-1; **moi** *disj. pron., sing.* I-3
ice cream **glace** *f.* I-6
ice cube **glaçon** *m.* I-6
idea **idée** *f.* I-3
if **si** *conj.* II-5
ill: to become ill **tomber malade** *v.* II-2
illness **maladie** *f.* II-5
immediately **tout de suite** *adv.* I-4
impatient **impatient(e)** *adj.* I-1
important **important(e)** *adj.* I-1
  It is important that... **Il est important que...** II-6
impossible **impossible** *adj.* II-7
  It is impossible that... **Il est impossible que...** II-7
improve **améliorer** *v.* II-5
in **dans** *prep.* I-3; **en** *prep.* I-3; **à** *prep.* I-4
included **compris (comprendre)** *p.p., adj.* I-6
incredible **incroyable** *adj.* II-3
independent **indépendant(e)** *adj.* I-1
independently **indépendamment** *adv.* I-8, II-P
indicate **indiquer** *v.* 5
indispensable **indispensable** *adj.* II-6
inexpensive **bon marché** *adj.* I-6
injection **piqûre** *f.* II-2
  to give an injection **faire une piqûre** *v.* II-2
injury **blessure** *f.* II-2
instrument **instrument** *m.* I-1
insurance (health/life) **assurance** *f.* **(maladie/vie)** II-5
intellectual **intellectuel(le)** *adj.* I-3
intelligent **intelligent(e)** *adj.* I-1
interested: to be interested (in) **s'intéresser (à)** *v.* II-2
interesting **intéressant(e)** *adj.* I-1
intermission **entracte** *m.* II-7
internship **stage** *m.* II-5

intersection **carrefour** *m.* II-4
interview: to have an interview **passer un entretien** II-5
introduce **présenter** *v.* I-1
  I would like to introduce *(name)* to you. **Je te présente...** , *fam.* I-1
  I would like to introduce *(name)* to you. **Je vous présente...** , *form.* I-1
invite **inviter** *v.* I-4
Ireland **Irlande** *f.* I-7
Irish **irlandais(e)** *adj.* I-7
iron **fer à repasser** *m.* I-8, II-P
  to iron (the laundry) **repasser (le linge)** *v.* I-8, II-P
isn't it? *(tag question)* **n'est-ce pas?** I-2
island **île** *f.* II-6
Italian **italien(ne)** *adj.* I-1
Italy **Italie** *f.* I-7
it: It depends. **Ça dépend.** I-4
  It is... **C'est...** I-1
itself *(used with reflexive verb)* **se/s'** *pron.* II-2

J

jacket **blouson** *m.* I-6
jam **confiture** *f.* II-1
January **janvier** *m.* I-5
Japan **Japon** *m.* I-7
Japanese **japonais(e)** *adj.* I-1
jealous **jaloux/jalouse** *adj.* I-3
jeans **jean** *m. sing.* I-6
jewelry store **bijouterie** *f.* II-4
jogging **jogging** *m.* I-5
  to go jogging **faire du jogging** *v.* I-5
joke **blague** *f.* I-2
journalist **journaliste** *m., f.* I-3
juice (orange/apple) **jus** *m.* **(d'orange/de pomme)** I-4
July **juillet** *m.* I-5
June **juin** *m.* I-5
jungle **jungle** *f.* II-6
just *(barely)* **juste** *adv.* I-3

K

keep **retenir** *v.* II-1
key **clé** *f.* I-7
keyboard **clavier** *m.* II-3
kilo(gram) **kilo(gramme)** *m.* II-1
kind **bon(ne)** *adj.* I-3
kiosk **kiosque** *m.* I-4
kiss one another **s'embrasser** *v.* II-3
kitchen **cuisine** *f.* I-8, II-P
knee **genou** *m.* II-2
knife **couteau** *m.* II-1

know *(as a fact)* **savoir** *v.* I-8, II-P; *(to be familiar with)* **connaître** *v.* I-8, II-P
  to know one another **se connaître** *v.* II-3
  I don't know anything about it. **Je n'en sais rien.** II-6
  to know that... **savoir que...** II-7
known *(as a fact)* **su (savoir)** *p.p.* I-8, II-P; *(famous)* **connu (connaître)** *p.p., adj.* I-8, II-P

L

laborer **ouvrier/ouvrière** *m., f.* II-5
lake **lac** *m.* II-6
lamp **lampe** *f.* I-8, II-P
landslide **glissement de terrain** *m.* II-6
language **langue** *f.* I-2
  foreign languages **langues** *f., pl.* **étrangères** I-2
last **dernier/dernière** *adj.* I-2
lastly **dernièrement** *adv.* I-7
late *(when something happens late)* **en retard** *adv.* I-2; *(in the evening, etc.)* **tard** *adv.* I-2
laugh **rire** *v.* I-6
laughed **ri (rire)** *p.p.* I-6
laundromat **laverie** *f.* II-4
laundry: to do the laundry **faire la lessive** *v.* I-8, II-P
law **loi** *f.* II-6
lawyer **avocat(e)** *m., f.* I-3
lay off *(let go)* **renvoyer** *v.* II-5
lazy **paresseux/paresseuse** *adj.* I-3
learned **appris (apprendre)** *p.p.* I-6
least **moins** II-1
  the least... *(used with adjective)* **le/la moins...** *super. adv.* II-1
  the least... , *(used with noun to express quantity)* **le moins de...** II-6
  the least... *(used with verb or adverb)* **le moins...** *super. adv.* II-1
leather **cuir** *m.* I-6
leave **partir** *v.* I-5; **quitter** *v.* I-4
  to leave alone **laisser tranquille** *v.* II-2
  to leave one another **se quitter** *v.* II-3
  I'm leaving. **Je m'en vais.** I-8, II-P
left: to the left (of) **à gauche (de)** *prep.* I-3
leg **jambe** *f.* II-2
leisure activity **loisir** *m.* I-5
lemon soda **limonade** *f.* I-4

lend (*to someone*) **prêter
(à)** *v.* I-6
less **moins** *adv.* I-4
  less of... (*used with noun
to express quantity*) **moins
de...** I-4
  less … than (*used with noun
to compare quantities*) **moins
de… que** II-6
  less… than (*used with adjective
to compare qualities*) **moins…
que** II-1
let **laisser** *v.* II-3
  to let go (*to fire or lay off*)
renvoyer *v.* II-5
  Let's go! **Allons-y!** I-4; **On y
va!** II-2
letter **lettre** *f.* II-4
  letter of application **lettre** *f.*
de motivation II-5
  letter of recommendation/
reference **lettre** *f.* **de
recommandation** II-5
lettuce **laitue** *f.* II-1
level **niveau** *m.* II-5
library **bibliothèque** *f.* I-1
license: driver's license **permis** *m.*
de conduire II-3
life **vie** *f.* I-6
life insurance **assurance** *f.*
vie II-5
light: warning light (*automobile*)
voyant *m.* II-3
  oil/gas warning light **voyant**
m. **d'huile/d'essence** II-3
  to light up **s'allumer** *v.* II-3
like (*as*) **comme** *adv.* I-6; to like
aimer *v.* I-2
  I don't like … very much. **Je
n'aime pas tellement...** I-2
  I really like… **J'aime bien...** I-2
  to like one another **s'aimer
bien** *v.* II-3
  to like that… **aimer que…**
v. II-6
line **queue** *f.* II-4
  to wait in line **faire la queue**
v. II-4
link **lien** *m.* II-3
listen (to) **écouter** *v.* I-2
literary **littéraire** *adj.* II-7
literature **littérature** *f.* I-1
little (*not much*) (of) **peu (de)**
adv. I-4
live **vivre** *v.* I-8, II-P
  live (in) **habiter (à)** *v.* I-2
living room (*informal room*)
salle de séjour *f.* I-8, II-P;
(*formal room*) **salon** *m.* I-8, II-P
located: to be located **se trouver**
v. II-2
long **long(ue)** *adj.* I-3
  a long time **longtemps** *adv.* I-5

look (*at one another*) **se
regarder** *v.* II-3; (*at oneself*)
se regarder *v.* II-2
look for **chercher** *v.* I-2
  to look for work/a job
chercher du/un travail II-4
loose (*clothing*) **large** *adj.* I-6
lose: to lose **perdre** *v.* I-6
  to lose weight **maigrir** *v.* I-4
lost: to be lost **être perdu(e)** *v.* II-4
lot: a lot of **beaucoup de** *adv.* I-4
love **amour** *m.* I-6
  to love **adorer** *v.* I-2
  I love… **J'adore...** I-2
  to love one another **s'aimer**
v. II-3
  to be in love **être amoureux/
amoureuse** *v.* I-6
luck **chance** *f.* I-2
  to be lucky **avoir de la chance**
v. I-2
lunch **déjeuner** *m.* II-1
  to eat lunch **déjeuner** *v.* I-4

M

ma'am **Madame.** *f.* I-1
machine: answering machine
répondeur *m.* II-3
mad: to get mad **s'énerver** *v.* II-2
made **fait (faire)** *p.p., adj.* I-6
magazine **magazine** *m.* II-7
mail **courrier** *m.* II-4
mailbox **boîte** *f.* **aux lettres** II-4
mailman **facteur** *m.* II-4
main character **personnage
principal** *m.* II-7
main dish **plat (principal)** *m.* II-1
maintain **maintenir** *v.* II-1
make **faire** *v.* I-5
makeup **maquillage** *m.* II-2
  to put on makeup **se
maquiller** *v.* II-2
make up **se réconcilier** *v.* II-7
malfunction **panne** *f.* II-3
man **homme** *m.* I-1
manage (*in business*) **diriger** *v.*
II-5; (*to do something*) **arriver
à** *v.* I-2
manager **gérant(e)** *m., f.* II-5,
responsable *m., f.* II-5
many (of) **beaucoup (de)** *adv.* I-4
  How many (of)? **Combien
(de)?** I-1
map (*of a city*) **plan** *m.* I-7;
(*of the world*) **carte** *f.* I-1
March **mars** *m.* I-5
market **marché** *m.* I-4
marriage **mariage** *m.* I-6
married **marié(e)** *adj.* I-3
  married couple **mariés** *m.,
pl.* I-6
marry **épouser** *v.* I-3

Martinique: from Martinique
martiniquais(e) *adj.* I-1
masterpiece **chef-d'œuvre** *m.* II-7
mathematics **mathématiques
(maths)** *f., pl.* I-2
May **mai** *m.* I-5
maybe **peut-être** *adv.* I-2
mayonnaise **mayonnaise** *f.* II-1
mayor's office **mairie** *f.* II-4
me **moi** *disj. pron., sing.* I-3;
(*attached to imperative*) **-moi**
pron. II-1; **me/m'** *i.o. pron.*
I-6; **me/m'** *d.o. pron.* I-7
  Me too. **Moi aussi.** I-1
  Me neither. **Moi non plus.** I-2
meal **repas** *m.* II-1
mean **méchant(e)** *adj.* I-3
  to mean (*with* dire) **vouloir**
v. II-1
means: that means **ça veut
dire** *v.* II-1
meat **viande** *f.* II-1
mechanic **mécanicien/
mécanicienne** *m., f.* II-3
medication (*against/
for*) **médicament (contre/
pour)** *m., f.* II-2
meet (*to encounter, to run into*)
rencontrer *v.* I-2; (*to make the
acquaintance of*) **faire la
connaissance de** *v.* I-5, **se
rencontrer** *v.* II-3; (*planned
encounter*) **se retrouver** *v.* II-3
meeting **réunion** *f.* II-5;
rendez-vous *m.* I-6
member **membre** *m.* II-7
menu **menu** *m.* II-1; **carte** *f.* II-1
message **message** *m.* II-5
  to leave a message **laisser
un message** *v.* II-5
Mexican **mexicain(e)** *adj.* I-1
Mexico **Mexique** *m.* I-7
microwave oven **four à micro-
ondes** *m.* I-8, II-P
midnight **minuit** *m.* I-2
milk **lait** *m.* I-4
mineral water **eau** *f.* **minérale** I-4
mirror **miroir** *m.* I-8, II-P
Miss **Mademoiselle** *f.* I-1
mistaken: to be mistaken (*about
something*) **se tromper (de)**
v. II-2
modest **modeste** *adj.* II-5
moment **moment** *m.* I-1
Monday **lundi** *m.* I-2
money **argent** *m.* II-4; (*currency*)
monnaie *f.* II-4
  to deposit money **déposer de
l'argent** *v.* II-4
month **mois** *m.* I-2
  this month **ce mois-ci** I-2
moon **Lune** *f.* II-6
more **plus** *adv.* I-4

more of **plus de** I-4
more … than *(used with noun to compare quantities)* **plus de… que** II-6
more … than *(used with adjective to compare qualities)* **plus… que** II-1
morning **matin** *m.* I-2; **matinée** *f.* I-2
this morning **ce matin** I-2
Moroccan **marocain(e)** *adj.* I-1
most **plus** II-1
the most… *(used with adjective)* **le/la plus…** *super. adv.* II-1
the most… *(used with noun to express quantity)* **le plus de…** II-6
the most… *(used with verb or adverb)* **le plus…** *super. adv.* II-1
mother **mère** *f.* I-3
mother-in-law **belle-mère** *f.* I-3
mountain **montagne** *f.* I-4
mouse **souris** *f.* II-3
mouth **bouche** *f.* II-2
move *(to get around)* **se déplacer** *v.* II-4
to move in **emménager** *v.* I-8, II-P
to move out **déménager** *v.* I-8, II-P
movie **film** *m.* II-7
adventure/horror/science-fiction/crime movie **film** *m.* **d'aventures/d'horreur/de science-fiction/policier** II-7
movie theater **cinéma (ciné)** *m.* I-4
MP3 **MP3** *m.* II-3
much (as much … as) *(used with noun to express quantity)* **autant de … que** *adv.* II-6
How much *(of something)?* **Combien (de)?** I-1
How much is… ? **Combien coûte… ?** I-4
museum **musée** *m.* I-4
to go to museums **faire les musées** *v.* II-7
mushroom **champignon** *m.* II-1
music: to play music **faire de la musique** II-7
musical **comédie** *f.* **musicale** II-7; **musical(e)** *adj.* II-7
musician **musicien(ne)** *m., f.* I-3
must *(to have to)* **devoir** *v.* II-1
One must **Il faut…** I-5
mustard **moutarde** *f.* II-1
my **ma** *poss. adj., f., sing.* I-3; **mes** *poss. adj., m., f., pl.* I-3; **mon** *poss. adj., m., sing.* I-3
myself **me/m'** *pron., sing.* II-2; *(attached to an imperative)* **-moi** *pron.* II-1

N

naïve **naïf (naïve)** *adj.* I-3
name: My name is… **Je m'appelle…** I-1
named: to be named **s'appeler** *v.* II-2
napkin **serviette** *f.* II-1
nationality **nationalité** *f.*
I am of … nationality. **Je suis de nationalité…** I-1
natural **naturel(le)** *adj.* II-6
natural resource **ressource naturelle** *f.* II-6
nature **nature** *f.* II-6
nauseated: to feel nauseated **avoir mal au cœur** *v.* II-2
near (to) **près (de)** *prep.* I-3
very near (to) **tout près (de)** II-4
necessary **nécessaire** *adj.* II-6
It was necessary… *(followed by infinitive or subjunctive)* **Il a fallu…** I-6
It is necessary…. *(followed by infinitive or subjunctive)* **Il faut que…** I-5
It is necessary that… *(followed by subjunctive)* **Il est nécessaire que/qu'…** II-6
neck **cou** *m.* II-2
need **besoin** *m.* I-2
to need **avoir besoin (de)** *v.* I-2
neighbor **voisin(e)** *m., f.* I-3
neighborhood **quartier** *m.* I-8, II-P
neither… nor **ne… ni… ni…** *conj.* II-4
nephew **neveu** *m.* I-3
nervous **nerveux/nerveuse** *adj.* I-3
nervously **nerveusement** *adv.* I-8, II-P
network (social) **réseau (social)** *m.* II-3
never **jamais** *adv.* I-5; **ne… jamais** *adv.* II-4
new **nouveau/nouvelle** *adj.* I-3
newlyweds **jeunes mariés** *m., pl.* I-6
news **informations (infos)** *f., pl.* II-7; **nouvelles** *f., pl.* II-7
newspaper **journal** *m.* I-7
newsstand **marchand de journaux** *m.* II-4
next **ensuite** *adv.* I-7; **prochain(e)** *adj.* I-2
next to **à côté de** *prep.* I-3
nice **gentil/gentille** *adj.* I-3; **sympa(thique)** *adj.* I-1
nicely **gentiment** *adv.* I-7
niece **nièce** *f.* I-3
night **nuit** *f.* I-2

nine **neuf** *m.* I-1
nine hundred **neuf cents** *m.* I-5
nineteen **dix-neuf** *m.* I-1
ninety **quatre-vingt-dix** *m.* I-3
ninth **neuvième** *adj.* I-7
no *(at beginning of statement to indicate disagreement)* **(mais) non** I-2; **aucun(e)** *adj.* II-2
no more **ne… plus** II-4
no problem **pas de problème** II-4
no reason **pour rien** I-4
no, none **pas (de)** II-4
nobody **ne… personne** II-4
none (not any) **ne… aucun(e)** II-4
noon **midi** *m.* I-2
no one **personne** *pron.* II-4
north **nord** *m.* II-4
nose **nez** *m.* II-2
not **ne… pas** I-2
not at all **pas du tout** *adv.* I-2
Not badly. **Pas mal.** I-1
to not believe that **ne pas croire que** *v.* II-7
to not think that **ne pas penser que** *v.* II-7
not yet **pas encore** *adv.* I-8, II-P
notebook **cahier** *m.* I-1
notes **billets** *m., pl.* II-3
nothing **rien** *indef. pron.* II-4
It's nothing. **Il n'y a pas de quoi.** I-1
notice **s'apercevoir** *v.* II-4
novel **roman** *m.* II-7
November **novembre** *m.* I-5
now **maintenant** *adv.* I-5
nuclear **nucléaire** *adj.* II-6
nuclear energy **énergie nucléaire** *f.* II-6
nuclear plant **centrale nucléaire** *f.* II-6
nurse **infirmier/infirmière** *m., f.* II-2

O

object **objet** *m.* I-1
obtain **obtenir** *v.* II-5
obvious **évident(e)** *adj.* II-7
It is obvious that… **Il est évident que…** II-7
obviously **évidemment** *adv.* I-7
o'clock: It's… (o'clock). **Il est… heure(s).** I-2
at … (o'clock) **à … heure(s)** I-4
October **octobre** *m.* I-5
of **de/d'** *prep.* I-3
of medium height **de taille moyenne** *adj.* I-3

Vocabulary

of the **des (de + les)** I-3
of the **du (de + le)** I-3
of which, of whom **dont** *rel. pron.* II-3
of course **bien sûr** *adv.* I-2; **évidemment** *adv.* I-7
of course not *(at beginning of statement to indicate disagreement)* **(mais) non** I-2
offer **offrir** *v.* II-3
offered **offert (offrir)** *p.p.* II-3
office **bureau** *m.* I-4
at the doctor's office **chez le médecin** *prep.* I-2
often **souvent** *adv.* I-5
oil **huile** *f.* II-1
automobile oil **huile** *f.* II-3
oil warning light **voyant** *m.* **d'huile** II-3
olive oil **huile** *f.* **d'olive** II-1
to check the oil **vérifier l'huile** *v.* II-3
okay **d'accord** I-2
old **vieux/vieille** *adj.; (placed after noun)* **ancien(ne)** *adj.* I-3
old age **vieillesse** *f.* I-6
olive **olive** *f.* II-1
olive oil **huile** *f.* **d'olive** II-1
omelette **omelette** *f.* I-5
on **sur** *prep.* I-3
On behalf of whom? **C'est de la part de qui?** II-5
on the condition that… **à condition que** II-7
on television **à la télé(vision)** II-7
on the contrary **au contraire** II-7
on the radio **à la radio** II-7
on the subject of **au sujet de** II-6
on vacation **en vacances** I-7
once **une fois** *adv.* I-8, II-P
one **un** *m.* I-1
one **on** *sub. pron., sing.* I-1
one another **l'un(e) à l'autre** II-3
one another **l'un(e) l'autre** II-3
one had to… **il fallait…** I-8, II-P
One must… **Il faut que/qu'…** II-6
One must… **Il faut…** *(followed by infinitive or subjunctive)* I-5
one million **un million** *m.* I-5
one million *(things)* **un million de…** I-5
onion **oignon** *m.* II-1
online **en ligne** II-3
to be online **être en ligne** *v.* II-3
to be online (with someone) **être connecté(e) (avec quelqu'un)** *v.* I-7, II-3

only **ne… que** II-4; **seulement** *adv.* I-8, II-P
open **ouvrir** *v.* II-3; **ouvert(e)** *adj.* II-3
opened **ouvert (ouvrir)** *p.p.* II-3
opera **opéra** *m.* II-7
optimistic **optimiste** *adj.* I-1
or **ou** I-3
orange **orange** *f.* II-1; **orange** *inv.adj.* I-6
orchestra **orchestre** *m.* II-7
order **commander** *v.* II-1
organize (a party) **organiser (une fête)** *v.* I-6
orient oneself **s'orienter** *v.* II-4
others **d'autres** I-4
our **nos** *poss. adj., m., f., pl.* I-3; **notre** *poss. adj., m., f., sing.* I-3
outdoor *(open-air)* **plein air** II-6
over **fini** *adj., p.p.* I-7
overpopulation **surpopulation** *f.* II-6
overseas **à l'étranger** *adv.* I-7
over there **là-bas** *adv.* I-1
owed **dû (devoir)** *p.p., adj.* II-1
own **posséder** *v.* I-5
owner **propriétaire** *m., f.* I-8, II-P
ozone **ozone** *m.* II-6
hole in the ozone layer **trou dans la couche d'ozone** *m.* II-6

P

pack: to pack one's bags **faire les valises** I-7
package **colis** *m.* II-4
paid **payé (payer)** *p.p., adj.* II-5
to be well/badly paid **être bien/mal payé(e)** II-5
pain **douleur** *f.* II-2
paint **faire de la peinture** *v.* II-7
painter **peintre/femme peintre** *m., f.* II-7
painting **peinture** *f.* II-7; **tableau** *m.* II-7
pants **pantalon** *m., sing.* I-6
paper **papier** *m.* I-1
Pardon (me). **Pardon.** I-1
parents **parents** *m., pl.* I-3
park **parc** *m.* I-4
to park **se garer** *v.* II-3
parka **anorak** *m.* I-6
parking lot **parking** *m.* II-3
part-time job **emploi** *m.* **à mi-temps/à temps partiel** *m.* II-5
party **fête** *f.* I-6
pass **dépasser** *v.* II-3; **passer** *v.* I-7
to pass an exam **être reçu(e) à un examen** *v.* I-2

passenger **passager/passagère** *m., f.* I-7
passport **passeport** *m.* I-7
password **mot de passe** *m.* II-3
past: in the past **autrefois** *adv.* I-8, II-P
pasta **pâtes** *f., pl.* II-1
pastime **passe-temps** *m.* I-5
pastry **pâtisserie** *f.* II-1
pastry shop **pâtisserie** *f.* II-1
pâté **pâté (de campagne)** *m.* II-1
path **sentier** *m.* II-6; **chemin** *m.* I-4
patient **patient(e)** *adj.* I-1
patiently **patiemment** *adv.* I-8, II-P
pay **payer** *v.* I-5
to pay by check **payer par chèque** *v.* II-4
to pay in cash **payer en espèces** *v.* II-4
to pay with a debit/credit card **payer par carte bancaire/de crédit** *v.* II-4
to pay attention (to) **faire attention (à)** *v.* I-5
peach **pêche** *f.* II-1
pear **poire** *f.* II-1
peas **petits pois** *m., pl.* II-1
pen **stylo** *m.* I-1
pencil **crayon** *m.* I-1
people **gens** *m., pl.* I-7
pepper *(spice)* **poivre** *m.* II-1; *(vegetable)* **poivron** *m.* II-1
per day/week/month/year **par jour/semaine/mois/an** I-5
perfect **parfait(e)** *adj.* I-2
perhaps **peut-être** *adv.* I-2
period *(punctuation mark)* **point** *m.* II-3
permit **permis** *m.* II-3
permitted **permis (permettre)** *p.p., adj.* I-6
person **personne** *f.* I-1
pessimistic **pessimiste** *adj.* I-1
pharmacist **pharmacien(ne)** *m., f.* II-2
pharmacy **pharmacie** *f.* II-2
philosophy **philosophie** *f.* I-2
phone one another **se téléphoner** *v.* II-3
photo(graph) **photo(graphie)** *f.* I-3
physical education **éducation physique** *f.* I-2
physics **physique** *f.* I-2
piano **piano** *m.* II-7
pick up **décrocher** *v.* II-5
picnic **pique-nique** *m.* II-6
picture **tableau** *m.* I-1
pie **tarte** *f.* II-1
piece (of) **morceau (de)** *m.* I-4

piece of furniture **meuble** *m.* I-8, II-P
pill **pilule** *f.* II-2
pillow **oreiller** *m.* I-8, II-P
pink **rose** *adj.* I-6
pitcher (of water) **carafe (d'eau)** *f.* II-1
place **endroit** *m.* I-4; **lieu** *m.* I-4
planet **planète** *f.* II-6
plans: to make plans **faire des projets** *v.* II-5
plant **plante** *f.* II-6
plastic **plastique** *m.* II-6
plastic wrapping **emballage en plastique** *m.* II-6
plate **assiette** *f.* II-1
play **pièce de théâtre** *f.* II-7
play **s'amuser** *v.* II-2; (*a sport/a musical instrument*) **jouer (à/de)** *v.* I-5
    to play regularly **pratiquer** *v.* I-5
    to play sports **faire du sport** *v.* I-5
    to play a role **jouer un rôle** *v.* II-7
player **joueur/joueuse** *m., f.* I-5
playwright **dramaturge** *m.* II-7
pleasant **agréable** *adj.* I-1
please: to please someone **faire plaisir à quelqu'un** *v.* II-5
    Please. **S'il te plaît.** *fam.* I-1
    Please. **S'il vous plaît.** *form.* I-1
    Please. **Je vous en prie.** *form.* I-1
    Please hold. **Ne quittez pas.** II-5
plug in **brancher** *v.* II-3
plumber **plombier** *m.* II-5
poem **poème** *m.* II-7
poet **poète/poétesse** *m., f.* II-7
police **police** *f.* II-3; **policier** *adj.* II-7
police officer **agent de police** *m.* II-3; **policier** *m.* II-3; **policière** *f.* II-3
police station **commissariat de police** *m.* II-4
polite **poli(e)** *adj.* I-1
politely **poliment** *adv.* I-8, II-P
political science **sciences politiques (sciences po)** *f., pl.* I-2
politician **homme/femme politique** *m., f.* II-5
pollute **polluer** *v.* II-6
pollution **pollution** *f.* II-6
    pollution cloud **nuage de pollution** *m.* II-6
pool **piscine** *f.* I-4
poor **pauvre** *adj.* I-3
popular music **variétés** *f., pl.* II-7
population **population** *f.* II-6
    growing population **population** *f.* **croissante** II-6

pork **porc** *m.* II-1
portrait **portrait** *m.* I-5
position (*job*) **poste** *m.* II-5
possess (*to own*) **posséder** *v.* I-5
possible **possible** *adj.* II-7
    It is possible that... **Il est possible que...** II-6
post **afficher** *v.* II-5
post office **bureau de poste** *m.* II-4
postal service **poste** *f.* II-4
postcard **carte postale** *f.* II-4
poster **affiche** *f.* I-8, II-P
potato **pomme de terre** *f.* II-1
practice **pratiquer** *v.* I-5
prefer **aimer mieux** *v.* I-2; **préférer (que)** *v.* I-5
pregnant **enceinte** *adj.* II-2
prepare (for) **préparer** *v.* I-2
    to prepare (*to do something*) **se préparer (à)** *v.* II-2
prescription **ordonnance** *f.* II-2
present **présenter** *v.* II-7
preservation: habitat preservation **sauvetage des habitats** *m.* II-6
preserve **préserver** *v.* II-6
pressure **pression** *f.* II-3
    to check the tire pressure **vérifier la pression des pneus** *v.* II-3
pretty **joli(e)** *adj.* I-3; (*before an adjective or adverb*) **assez** *adv.* I-8, II-P
prevent: to prevent a fire **prévenir l'incendie** *v.* II-6
price **prix** *m.* I-4
principal **principal(e)** *adj.* II-4
print **imprimer** *v.* II-3
printer **imprimante** *f.* II-3
problem **problème** *m.* I-1
produce **produire** *v.* I-6
produced **produit (produire)** *p.p., adj.* I-6
product **produit** *m.* II-6
profession **métier** *m.* II-5; **profession** *f.* II-5
    demanding profession **profession** *f.* **exigeante** II-5
professional **professionnel(le)** *adj.* II-5
    professional experience **expérience professionnelle** *f.* II-5
program **programme** *m.* II-7; (*software*) **logiciel** *m.* II-3; (*television*) **émission** *f.* **de télévision** II-7
prohibit **interdire** *v.* II-6
project **projet** *m.* II-5
promise **promettre** *v.* I-6
promised **promis (promettre)** *p.p., adj.* I-6

promotion **promotion** *f.* II-5
propose that... **proposer que...** *v.* II-6
    to propose a solution **proposer une solution** *v.* II-6
protect **protéger** *v.* I-5
protection **préservation** *f.* II-6; **protection** *f.* II-6
proud **fier/fière** *adj.* I-3
psychological **psychologique** *adj.* II-7
psychological drama **drame psychologique** *m.* II-7
psychology **psychologie** *f.* I-2
psychologist **psychologue** *m., f.* II-5
publish **publier** *v.* II-7
pure **pur(e)** *adj.* II-6
purple **violet(te)** *adj.* I-6
purse **sac à main** *m.* I-6
put **mettre** *v.* I-6
    to put (on) (yourself) **se mettre** *v.* II-2
    to put away **ranger** *v.* I-8, II-P
    to put on makeup **se maquiller** *v.* II-2
put **mis (mettre)** *p.p.* I-6

Q

quarter **quart** *m.* I-2
    a quarter after ... (o'clock) **... et quart** I-2
Quebec: from Quebec **québécois(e)** *adj.* I-1
question **question** *f.* I-2
    to ask (*someone*) a question **poser une question (à)** *v.* I-6
quickly **vite** *adv.* I-7; **rapidement** *adv.* I-7
quite (*before an adjective or adverb*) **assez** *adv.* I-8, II-P

R

rabbit **lapin** *m.* II-6
rain **pleuvoir** *v.* I-5
    acid rain **pluie** *f.* **acide** II-6
    It is raining. **Il pleut.** I-5
    It was raining. **Il pleuvait.** I-8, II-P
rain forest **forêt tropicale** *f.* II-6
rain jacket **imperméable** *m.* I-5
rained **plu (pleuvoir)** *p.p.* I-6
raise (in salary) **augmentation (de salaire)** *f.* II-5
rarely **rarement** *adv.* I-5
rather **plutôt** *adv.* I-1
ravishing **ravissant(e)** *adj.* II-5
razor **rasoir** *m.* II-2
read **lire** *v.* I-7
read **lu (lire)** *p.p., adj.* I-7
ready **prêt(e)** *adj.* I-3

Vocabulary

real (*true*) **vrai(e)** *adj.*; **véritable** *adj.* I-3
real estate agent **agent immobilier** *m., f.* II-5
realize **se rendre compte** *v.* II-2
really **vraiment** *adv.* I-7; (*before adjective or adverb*) **tout(e)** *adv.* I-3; really close by **tout près** I-3
rear-view mirror **rétroviseur** *m.* II-3
reason **raison** *f.* I-2
receive **recevoir** *v.* II-4
received **reçu (recevoir)** *p.p., adj.* II-4
receiver **combiné** *m.* II-5
recent **récent(e)** *adj.* II-7
reception desk **réception** *f.* I-7
recognize **reconnaître** *v.* I-8, II-P
recognized **reconnu (reconnaître)** *p.p., adj.* I-8, II-P
recommend that... **recommander que...** *v.* II-6
recommendation **recommandation** *f.* II-5
record **enregistrer** *v.* II-3
recycle **recycler** *v.* II-6
recycling **recyclage** *m.* II-6
red **rouge** *adj.* I-6
redial **recomposer (un numéro)** *v.* II-3
reduce **réduire** *v.* I-6
reduced **réduit (réduire)** *p.p., adj.* I-6
reference **référence** *f.* II-5
reflect (on) **réfléchir (à)** *v.* I-4
refrigerator **frigo** *m.* I-8, II-P
refuse (*to do something*) **refuser (de)** *v.* II-3
region **région** *f.* II-6
regret that... **regretter que...** II-6
relax **se détendre** *v.* II-2
remember **se souvenir (de)** *v.* II-2
remote control **télécommande** *f.* II-3
rent **loyer** *m.* I-8, II-P
to rent **louer** *v.* I-8, II-P
repair **réparer** *v.* II-3
repeat **répéter** *v.* I-5
research **rechercher** *v.* II-5
researcher **chercheur/ chercheuse** *m., f.* II-5
reservation **réservation** *f.* I-7
to cancel a reservation **annuler une réservation** I-7
reserve **réserver** *v.* I-7
reserved **réservé(e)** *adj.* I-1
resign **démissionner** *v.* II-5
resort (ski) **station** *f.* **(de ski)** I-7
respond **répondre (à)** *v.* I-6
rest **se reposer** *v.* II-2
restart **redémarrer** *v.* II-3

restaurant **restaurant** *m.* I-4
restroom(s) **toilettes** *f., pl.* I-8, II-P; **W.-C.** *m., pl.*
result **résultat** *m.* I-2
résumé **curriculum vitæ (C.V.)** *m.* II-5
retake **repasser** *v.* II-7
retire **prendre sa retraite** *v.* I-6
retired person **retraité(e)** *m., f.* II-5
retirement **retraite** *f.* I-6
return **retourner** *v.* I-7
to return (home) **rentrer (à la maison)** *v.* I-2
review (*criticism*) **critique** *f.* II-7
rice **riz** *m.* II-1
ride: to go horseback riding **faire du cheval** *v.* I-5
to ride in a car **rouler en voiture** *v.* I-7
right **juste** *adv.* I-3
to the right (of) **à droite (de)** *prep.* I-3
to be right **avoir raison** I-2
right away **tout de suite** I-7
right next door **juste à côté** I-3
ring **sonner** *v.* II-3
river **fleuve** *m.* II-6; **rivière** *f.* II-6
riverboat **bateau-mouche** *m.* I-7
role **rôle** *m.* II-6
room **pièce** *f.* I-8, II-P; **salle** *f.* I-8, II-P
bedroom **chambre** *f.* I-7
classroom **salle** *f.* **de classe** I-1
dining room **salle** *f.* **à manger** I-8, II-P
single hotel room **chambre** *f.* **individuelle** I-7
round-trip **aller-retour** *adj.* I-7
round-trip ticket **billet** *m.* **aller-retour** I-7
rug **tapis** *m.* I-8, II-P
run **courir** *v.* I-5; **couru (courir)** *p.p., adj.* I-6
to run into someone **tomber sur quelqu'un** *v.* I-7

S

sad **triste** *adj.* I-3
to be sad that... **être triste que...** *v.* II-6
safety **sécurité** *f.* II-3
said **dit (dire)** *p.p., adj.* I-7
salad **salade** *f.* II-1
salary (a high, low) **salaire (élevé, modeste)** *m.* II-5
sales **soldes** *f., pl.* I-6
salon: beauty salon **salon** *m.* **de beauté** II-4

salt **sel** *m.* II-1
sandwich **sandwich** *m.* I-4
sat (down) **assis (s'asseoir)** *p.p.* II-2
Saturday **samedi** *m.* I-2
sausage **saucisse** *f.* II-1
save **sauvegarder** *v.* II-3
save the planet **sauver la planète** *v.* II-6
savings **épargne** *f.* II-4
savings account **compte d'épargne** *m.* II-4
say **dire** *v.* I-7
scarf **écharpe** *f.* I-6
scholarship **bourse** *f.* I-2
school **école** *f.* I-2
science **sciences** *f., pl.* I-2
political science **sciences politiques (sciences po)** *f., pl.* I-2
screen **écran** *m.* II-3
screening **séance** *f.* II-7
sculpture **sculpture** *f.* II-7
sculptor **sculpteur/sculptrice** *m., f.* II-7
sea **mer** *f.* I-7
seafood **fruits de mer** *m., pl.* II-1
search for **chercher** *v.* I-2
to search for work/a job **chercher du/un travail** *v.* II-4
season **saison** *f.* I-5
seat **place** *f.* II-7
seatbelt **ceinture de sécurité** *f.* II-3
to buckle one's seatbelt **attacher sa ceinture de sécurité** *v.* II-3
seated **assis(e)** *p.p., adj.* II-2
second **deuxième** *adj.* I-7
security **sécurité** *f.* II-3
see **voir** *v.* II-7; (*catch sight of*) **apercevoir** *v.* II-4
to see again **revoir** *v.* II-7
See you later. **À plus tard.** I-1
See you later. **À tout à l'heure.** I-1
See you soon. **À bientôt.** I-1
See you tomorrow. **À demain.** I-1
seen **aperçu (apercevoir)** *p.p.* II-4; **vu (voir)** *p.p.* II-7
seen again **revu (revoir)** *p.p.* II-7
self/-selves **même(s)** *pron.* I-6
selfish **égoïste** *adj.* I-1
sell **vendre** *v.* I-6
seller **vendeur/vendeuse** *m., f.* I-6
send **envoyer** *v.* I-5
to send (*to someone*) **envoyer (à)** *v.* I-6
to send a letter **poster une lettre** II-4
Senegalese **sénégalais(e)** *adj.* I-1

sense **sentir** v. I-5

separated **séparé(e)** adj. I-3

September **septembre** m. I-5

serious **grave** adj. II-2;
sérieux/sérieuse adj. I-3

serve **servir** v. I-5

server **serveur/serveuse**
m., f. I-4

service station **station-service**
f. II-3

set the table **mettre la table**
v. I-8, II-P

seven **sept** m. I-1

seven hundred **sept cents** m. I-5

seventeen **dix-sept** m. I-1

seventh **septième** adj. I-7

seventy **soixante-dix** m. I-3

several **plusieurs** adj. I-4

shame **honte** f. I-2
It's a shame that… **Il est
dommage que…** II-6

shampoo **shampooing** m. II-2

shape (state of health) **forme** f. II-2

share **partager** v. I-2

shave (oneself) **se raser** v. II-2

shaving cream **crème à raser**
f. II-2

she **elle** pron. I-1

sheet of paper **feuille de papier**
f. I-1

sheets **draps** m., pl. I-8, II-P

shelf **étagère** f. I-8, II-P

shh **chut** II-7

shirt (short-/long-sleeved)
**chemise (à manches
courtes/longues)** f. I-6

shoe **chaussure** f. I-6

shopkeeper **commerçant(e)**
m., f. II-1

shopping **shopping** m. I-7
to go shopping **faire du
shopping** v. I-7
to go (grocery) shopping **faire
les courses** v. II-1

shopping center **centre
commercial** m. I-4

short **court(e)** adj. I-3;
(stature) **petit(e)** I-3

shorts **short** m. I-6

shot (injection) **piqûre** f. II-2
to give a shot **faire une piqûre**
v. II-2

show **spectacle** m. I-5; (movie
or theater) **séance** f. II-7
to show (to someone) **montrer
(à)** v. I-6

shower **douche** f. I-8, II-P

shut off **fermer** v. II-3

shy **timide** adj. I-1

sick: to get/be sick **tomber/être
malade** v. II-2

sign **signer** v. II-4

silk **soie** f. I-6

since **depuis** adv. II-1

sincere **sincère** adj. I-1

sing **chanter** v. I-5

singer **chanteur/chanteuse**
m., f. I-1

single (marital status) **célibataire**
adj. I-3
single hotel room **chambre** f.
individuelle I-7

sink **évier** m. I-8, II-P;
(bathroom) **lavabo** m. I-8, II-P

sir **Monsieur** m. I-1

sister **sœur** f. I-3

sister-in-law **belle-sœur** f. I-3

sit down **s'asseoir** v. II-2

sitting **assis(e)** adj. II-2

six **six** m. I-1

six hundred **six cents** m. I-5

sixteen **seize** m. I-1

sixth **sixième** adj. I-7

sixty **soixante** m. I-1

size **taille** f. I-6

skate **patiner** v. I-4

ski **skier** v. I-5; **faire du ski** I-5

skiing **ski** m. I-5

ski jacket **anorak** m. I-6

ski resort **station** f. **de ski** I-7

skin **peau** f. II-2

skirt **jupe** f. I-6

sky **ciel** m. II-6

sleep **sommeil** m. I-2
to sleep **dormir** v. I-5
to be sleepy **avoir sommeil**
v. I-2

sleeve **manche** f. I-6

slice **tranche** f. II-1

slipper **pantoufle** f. II-2

slow **lent(e)** adj. I-3

slowly **lentement** adv. I-7

small **petit(e)** adj. I-3

smartphone **smartphone** m. II-3

smell **sentir** v. I-5

smile **sourire** m. I-6
to smile **sourire** v. I-6

snack (afternoon) **goûter** m. II-1

snake **serpent** m. II-6

sneeze **éternuer** v. II-2

snow **neiger** v. I-5
It is snowing. **Il neige.** I-5
It was snowing… **Il
neigeait…** I-8, II-P

so **si** II-3; **alors** adv. I-1
so that **pour que** II-7

soap **savon** m. II-2

soap opera **feuilleton** m. II-7

soccer **foot(ball)** m. I-5

sociable **sociable** adj. I-1

sociology **sociologie** f. I-1

sock **chaussette** f. I-6

software **logiciel** m. II-3

soil (to make dirty) **salir** v. I-8, II-P

solar **solaire** adj. II-6

solar energy **énergie solaire** f. II-6

solution **solution** f. II-6

some **de l'** part. art., m., f., sing. I-4
some **de la** part. art., f., sing. I-4
some **des** part. art., m., f., pl. I-4
some **du** part. art., m., sing. I-4
some **quelques** adj. I-4
some (of it/them) **en** pron. II-2

someone **quelqu'un** pron. II-4

something **quelque chose** m. I-4
Something's not right.
Quelque chose ne va pas. I-5

sometimes **parfois** adv. I-5;
quelquefois adv. I-7

son **fils** m. I-3

song **chanson** f. II-7

sorry **désolé(e)** II-3
to be sorry that… **être
désolé(e) que…** v. II-6

sort **sorte** f. II-7

So-so. **Comme ci, comme
ça.** I-1

soup **soupe** f. I-4

soupspoon **cuillère à soupe**
f. II-1

south **sud** m. II-4

space **espace** m. II-6

Spain **Espagne** f. I-7

Spanish **espagnol(e)** adj. I-1

speak (on the phone) **parler
(au téléphone)** v. I-2
to speak (to) **parler (à)** v. I-6
to speak to one another **se
parler** v. II-3

specialist **spécialiste** m., f. II-5

species **espèce** f. II-6
endangered species **espèce** f.
menacée II-6

spectator **spectateur/
spectatrice** m., f. II-7

speed **vitesse** f. II-3

speed limit **limitation de vitesse**
f. II-3

spend **dépenser** v. I-4
to spend money **dépenser de
l'argent** I-4
to spend time **passer** v. I-7
to spend time (somewhere)
faire un séjour I-7

spoon **cuillère** f. II-1

sport(s) **sport** m. I-5
to play sports **faire du sport**
v. I-5

sporty **sportif/sportive** adj. I-3

sprain one's ankle **se fouler la
cheville** II-2

spring **printemps** m. I-5
in the spring **au printemps** I-5

square (place) **place** f. I-4

squirrel **écureuil** m. II-6

stadium **stade** m. I-5

stage (phase) **étape** f. I-6

stage fright **trac** II-5

staircase **escalier** *m.* I-8, II-P
stamp **timbre** *m.* II-4
star **étoile** *f.* II-6
starter **entrée** *f.* II-1
start up **démarrer** *v.* II-3
station **station** *f.* I-7
   subway station **station** *f.* **de métro** I-7
   train station **gare** *f.* I-7
stationery store **papeterie** *f.* II-4
statue **statue** *f.* II-4
stay **séjour** *m.* I-7; **rester** *v.* I-7
   to stay slim **garder la ligne** *v.* II-2
steak **steak** *m.* II-1
steering wheel **volant** *m.* II-3
stepbrother **demi-frère** *m.* I-3
stepfather **beau-père** *m.* I-3
stepmother **belle-mère** *f.* I-3
stepsister **demi-sœur** *f.* I-3
still **encore** *adv.* I-3
stomach **ventre** *m.* II-2
   to have a stomach ache **avoir mal au ventre** *v.* II-2
stone **pierre** *f.* II-6
stop (doing something) **arrêter (de faire quelque chose)** *v.;* *(to stop oneself)* **s'arrêter** *v.* II-2
   to stop by someone's house **passer chez quelqu'un** *v.* I-4
   bus stop **arrêt d'autobus (de bus)** *m.* I-7
store **magasin** *m.;* **boutique** *f.* II-4
   grocery store **épicerie** *f.* I-4
stormy **orageux/orageuse** *adj.* I-5
   It is stormy. **Le temps est orageux.** I-5
story **histoire** *f.* I-2
stove **cuisinière** *f.* I-8, II-P
straight **raide** *adj.* I-3
   straight ahead **tout droit** *adv.* II-4
strangle **étrangler** *v.* II-5
strawberry **fraise** *f.* II-1
street **rue** *f.* II-3
   to follow a street **suivre une rue** *v.* II-4
strong **fort(e)** *adj.* I-3
student **étudiant(e)** *m., f.* 1; **élève** *m., f.* I-1
   high school student **lycéen(ne)** *m., f.* I-2
studies **études** *f.* I-2
studio (apartment) **studio** *m.* I-8, II-P
study **étudier** *v.* I-2
suburbs **banlieue** *f.* I-4
subway **métro** *m.* I-7
subway station **station** *f.* **de métro** I-7
succeed (in doing something) **réussir (à)** *v.* I-4

success **réussite** *f.* II-5
suddenly **soudain** *adv.* I-8, II-P; **tout à coup** *adv.* I-7.; *tout d'un coup* adv. I-8, II-P
suffer **souffrir** *v.* II-3
suffered **souffert (souffrir)** *p.p.* II-3
sugar **sucre** *m.* I-4
suggest (that) **suggérer (que)** *v.* II-6
suit *(man's)* **costume** *m.* I-6; *(woman's)* **tailleur** *m.* I-6
suitcase **valise** *f.* I-7
summer **été** *m.* I-5
   in the summer **en été** I-5
sun **soleil** *m.* I-5
   It is sunny. **Il fait (du) soleil.** I-5
Sunday **dimanche** *m.* I-2
sunglasses **lunettes de soleil** *f., pl.* I-6
supermarket **supermarché** *m.* II-1
supervisor **responsable** *m., f.* II-5
sure **sûr(e)** II-1
   It is sure that… **Il est sûr que…** II-7
   It is unsure that… **Il n'est pas sûr que…** II-7
surprise (someone) **faire une surprise (à quelqu'un)** *v.* I-6
surprised **surpris (surprendre)** *p.p., adj.* I-6
   to be surprised that… **être surpris(e) que…** *v.* II-6
sweater **pull** *m.* I-6
sweep **balayer** *v.* I-8, II-P
swell **enfler** *v.* II-2
swim **nager** *v.* I-4
swimsuit **maillot de bain** *m.* I-6
Swiss **suisse** *adj.* I-1
Switzerland **Suisse** *f.* I-7
symptom **symptôme** *m.* II-2

T

table **table** *f.* I-1
   to clear the table **débarrasser la table** *v.* I-8, II-P
tablecloth **nappe** *f.* II-1
tablet **tablette (tactile)** *f.* II-3
take **prendre** *v.* I-4
   to take a photo(graph) **prendre une photo(graphe)** *v.* II-3
   to take a shower **prendre une douche** II-2
   to take a train (plane, taxi, bus, boat) **prendre un train (un avion, un taxi, un autobus, un bateau)** *v.* I-7
   to take a walk **se promener** *v.* II-2
   to take advantage of **profiter de** *v.* II-7

to take an exam **passer un examen** *v.* I-2
to take care (of something) **s'occuper (de)** *v.* II-2
to take out the trash **sortir la/les poubelle(s)** *v.* I-8, II-P
to take time off **prendre un congé** *v.* II-5
to take (someone) **emmener** *v.* I-5
taken **pris (prendre)** *p.p., adj.* I-6
tale **conte** *m.* II-7
talented (gifted) **doué(e)** *adj.* II-7
tan **bronzer** *v.* I-6
tape recorder **magnétophone** *m.* II-3
tart **tarte** *f.* II-1
taste **goûter** *v.* II-1
taxi **taxi** *m.* I-7
tea **thé** *m.* I-4
teach **enseigner** *v.* I-2
   to teach (to do something) **apprendre (à)** *v.* I-4
teacher **professeur** *m.* I-1
team **équipe** *f.* I-5
teaspoon **cuillére à café** *f.* II-1
tee shirt **tee-shirt** *m.* I-6
teeth **dents** *f., pl.* II-1
   to brush one's teeth **se brosser les dents** *v.* II-1
telephone (receiver) **appareil** *m.* II-5
   to telephone (someone) **téléphoner (à)** *v.* I-2
   It's Mr./Mrs./Miss … (on the phone.) **C'est M./Mme/Mlle … (à l'appareil.)** II-5
television **télévision** *f.* I-1
   television channel **chaîne** *f.* **(de télévision)** II-3
   television program **émission** *f.* **de télévision** II-7
tell one another **se dire** *v.* II-3
temperature **température** *f.* I-5
ten **dix** *m.* I-1
tennis **tennis** *m.* I-5
tennis shoes **baskets** *f., pl.* I-6
tenth **dixième** *adj.* I-7
terminal (bus) **gare** *f.* **routière** I-7
terrace (café) **terrasse** *f.* **de café** I-4
test **examen** *m.* I-1
text message **texto, SMS** *m.* II-3
than **que/qu'** *conj.* II-1, II-6
thank: Thank you (very much). **Merci (beaucoup).** I-1
that **ce/c', ça** I-1; **que** *rel. pron.* II-3
   Is that… ? **Est-ce… ?** I-2
   That's enough. **Ça suffit.** I-5

That has nothing to do with us.
That is none of our business. **Ça ne nous regarde pas.** II-6
that is… **c'est…** I-1
that is to say **ça veut dire** II-2
theater **théâtre** *m.* II-7
their **leur(s)** *poss. adj., m., f.* I-3
them **les** *d.o. pron.* I-7, **leur** *i.o. pron., m., f., pl.* I-6
then **ensuite** *adv.* I-7, **puis** *adv.* I-7, **puis** I-4; **alors** *adv.* I-7
there **là** I-1; **y** *pron.* II-2
Is there… ? **Y a-t-il… ?** I-2
over there **là-bas** *adv.* I-1
(over) there *(used with demonstrative adjective* **ce** *and noun or with demonstrative pronoun* **celui**) **-là** I-6
There is/There are… **Il y a…** I-1
There is/There are…. **Voilà…** I-1
There was… **Il y a eu…** I-6; **Il y avait…** I-8, II-P
therefore **donc** *conj.* I-7
these/those **ces** *dem. adj., m., f., pl.* I-6
these/those **celles** *pron., f., pl.* II-6
these/those **ceux** *pron., m., pl.* II-6
they **ils** *sub. pron., m.* I-1; **elles** *sub. and disj. pron., f.* I-1; **eux** *disj. pron., pl.* I-3
thing **chose** *f.* I-1, **truc** *m.* I-7
think (about) **réfléchir (à)** *v.* I-4
to think (that) **penser (que)** *v.* I-2
third **troisième** *adj.* I-7
thirst **soif** *f.* I-4
to be thirsty **avoir soif** *v.* I-4
thirteen **treize** *m.* I-1
thirty **trente** *m.* I-1
thirty-first **trente et unième** *adj.* I-7
this/that **ce** *dem. adj., m., sing.* I-6; **cet** *dem. adj., m., sing.* I-6; **cette** *dem. adj., f., sing.* I-6
this afternoon **cet après-midi** I-2
this evening **ce soir** I-2
this one/that one **celle** *pron., f., sing.* II-6; **celui** *pron., m., sing.* II-6
this week **cette semaine** I-2
this weekend **ce week-end** I-2
this year **cette année** I-2
those are… **ce sont…** I-1
thousand: one thousand **mille** *m.* I-5
one hundred thousand **cent mille** *m.* I-5
threat **danger** *m.* II-6
three **trois** *m.* I-1

three hundred **trois cents** *m.* I-5
throat **gorge** *f.* II-2
throw away **jeter** *v.* II-6
Thursday **jeudi** *m.* I-2
ticket **billet** *m.* I-7
round-trip ticket **billet** *m.* **aller-retour** I-7 bus/subway ticket **ticket de bus/de métro** *m.* I-7
tie **cravate** *f.* I-6
tight **serré(e)** *adj.* I-6
time *(occurence)* **fois** *f.* I-8, II-P; *(general sense)* **temps** *m., sing.* I-5
a long time **longtemps** *adv.* I-5
free time **temps libre** *m.* I-5
from time to time **de temps en temps** *adv.* I-7
to waste time **perdre son temps** *v.* I-6
tinker **bricoler** *v.* I-5
tip **pourboire** *m.* I-4
to leave a tip **laisser un pourboire** *v.* I-4
tire **pneu** *m.* II-3
flat tire **pneu** *m.* **crevé** II-3
(emergency) tire **roue (de secours)** *f.* II-3
to check the tire pressure **vérifier la pression des pneus** *v.* II-3
tired **fatigué(e)** *adj.* I-3
tiresome **pénible** *adj.* I-3
to **à** *prep.* I-4; **au (à + le)** I-4; **aux (à + les)** I-4
toaster **grille-pain** *m.* I-8, II-P
today **aujourd'hui** *adv.* I-2
toe **orteil** *m.* II-2; **doigt de pied** *m.* II-2
together **ensemble** *adv.* I-6
tomato **tomate** *f.* II-1
tomorrow (morning, afternoon, evening) **demain (matin, après-midi, soir)** *adv.* I-2
day after tomorrow **après-demain** *adv.* I-2
too **aussi** *adv.* I-1
too many/much (of) **trop (de)** I-4
tooth **dent** *f.* II-1
to brush one's teeth **se brosser les dents** *v.* II-1
toothbrush **brosse** *f.* **à dents** II-2
toothpaste **dentifrice** *m.* II-2
tour **tour** *m.* I-5
tourism **tourisme** *m.* II-4
tourist office **office du tourisme** *m.* II-4
towel (bath) **serviette (de bain)** *f.* II-2
town **ville** *f.* I-4
town hall **mairie** *f.* II-4
toxic **toxique** *adj.* II-6

toxic waste **déchets toxiques** *m., pl.* II-6
traffic **circulation** *f.* II-3
traffic light **feu de signalisation** *m.* II-4
tragedy **tragédie** *f.* II-7
train **train** *m.* I-7
train station **gare** *f.* I-7; **station** *f.* **de train** I-7
training **formation** *f.* II-5
translate **traduire** *v.* I-6
translated **traduit (traduire)** *p.p., adj.* I-6
trash **ordures** *f., pl.* II-6
travel **voyager** *v.* I-2
travel agency **agence de voyages** *f.* I-7
travel agent **agent de voyages** *m.* I-7
tree **arbre** *m.* II-6
trip **voyage** *m.* I-7
troop *(company)* **troupe** *f.* II-7
tropical **tropical(e)** *adj.* II-6
tropical forest **forêt tropicale** *f.* II-6
true **vrai(e)** *adj.* I-3; **véritable** *adj.* I-6
It is true that… **Il est vrai que…** II-7
It is untrue that… **Il n'est pas vrai que…** II-7
trunk **coffre** *m.* II-3
try **essayer** *v.* I-5
Tuesday **mardi** *m.* I-2
tuna **thon** *m.* II-1
turn **tourner** *v.* II-4
to turn off **éteindre** *v.* II-3
to turn on **allumer** *v.* II-3
to turn (oneself) around **se tourner** *v.* II-2
twelve **douze** *m.* I-1
twentieth **vingtième** *adj.* I-7
twenty **vingt** *m.* I-1
twenty-first **vingt et unième** *adj.* I-7
twenty-second **vingt-deuxième** *adj.* I-7
twice **deux fois** *adv.* I-8, II-P
twist one's ankle **se fouler la cheville** *v.* II-2
two **deux** *m.* I-1
two hundred **deux cents** *m.* I-5
two million **deux millions** *m.* I-5
type **genre** *m.* II-7

U

ugly **laid(e)** *adj.* I-3
umbrella **parapluie** *m.* I-5
uncle **oncle** *m.* I-3
under **sous** *prep.* I-3

understand **comprendre** *v.* I-4

understood **compris (comprendre)** *p.p., adj.* I-6

underwear **sous-vêtement** *m.* I-6

undress **se déshabiller** *v.* II-2

unemployed person **chômeur/ chômeuse** *m., f.* II-5

to be unemployed **être au chômage** *v.* II-5

unemployment **chômage** *m.* II-5

unfortunately **malheureusement** *adv.* I-7

unhappy **malheureux/ malheureuse** *adj.* I-3

union **syndicat** *m.* II-5

United States **États-Unis** *m., pl.* I-7

unless **à moins que** *conj.* II-7

unpleasant **antipathique** *adj.* I-3; **désagréable** *adj.* I-1

until **jusqu'à** *prep.* II-4; **jusqu'à ce que** *conj.* II-7

upset: to become upset **s'énerver** *v.* II-2

us **nous** *i.o. pron.* I-6; **nous** *d.o. pron.* I-7

USB drive **clé USB** *f.* II-3

use **employer** *v.* I-5

to use a map **utiliser un plan** *v.* I-7

useful **utile** *adj.* I-2

useless **inutile** *adj.* I-2; **nul(le)** *adj.* I-2

usually **d'habitude** *adv.* I-8, II-P

V

vacation **vacances** *f., pl.* I-7

vacation day **jour de congé** *m.* I-7

vacuum **aspirateur** *m.* I-8, II-P

to vacuum **passer l'aspirateur** *v.* I-8, II-P

valley **vallée** *f.* II-6

vegetable **légume** *m.* II-1

velvet **velours** *m.* I-6

very *(before adjective)* **tout(e)** *adv.* I-3

Very well. **Très bien.** I-1

veterinarian **vétérinaire** *m., f.* II-5

videocassette recorder (VCR) **magnétoscope** *m.* II-3

video game(s) **jeu vidéo (des jeux vidéo)** *m.* II-3

videotape **cassette vidéo** *f.* II-3

Vietnamese **vietnamien(ne)** *adj.* I-1

violet **violet(te)** *adj.* I-6

violin **violon** *m.* II-7

visit **visite** *f.* I-6

to visit *(a place)* **visiter** *v.* I-2; *(a person or people)* **rendre visite (à)** *v.* I-6; *(to visit regularly)* **fréquenter** *v.* I-4

voicemail **messagerie** *f.* II-5

volcano **volcan** *m.* II-6

volleyball **volley(-ball)** *m.* I-5

W

waist **taille** *f.* I-6

wait **attendre** *v.* I-6

to wait *(on the phone)* **patienter** *v.* II-5

to wait in line **faire la queue** *v.* II-4

wake up **se réveiller** *v.* II-2

walk **promenade** *f.* I-5; **marcher** *v.* I-5

to go for a walk **faire une promenade** I-5; **faire un tour** I-5

wall **mur** *m.* I-8, II-P

want **désirer** *v.* I-5; **vouloir** *v.* II-1

wardrobe **armoire** *f.* I-8, II-P

warming: global warming **réchauffement de la Terre** *m.* II-6

warning light (gas/oil) **voyant** *m.* **(d'essence/d'huile)** II-3

wash **laver** *v.* I-8, II-P

to wash oneself (one's hands) **se laver (les mains)** *v.* II-2

to wash up (in the morning) **faire sa toilette** *v.* II-2

washing machine **lave-linge** *m.* I-8, II-P

waste **gaspillage** *m.* II-6; **gaspiller** *v.* II-6

wastebasket **corbeille (à papier)** *f.* I-1

waste time **perdre son temps** *v.* I-6

watch **montre** *f.* I-1; **regarder** *v.* I-2

water **eau** *f.* I-4

mineral water **eau** *f.* **minérale** I-4

way *(by the way)* **au fait** *I-3;* *(path)* **chemin** *m.* II-4

we **nous** *pron.* I-1

weak **faible** *adj.* I-3

wear **porter** *v.* I-6

weather **temps** *m., sing.* I-5; **météo** *f.* II-7

The weather is bad. **Il fait mauvais.** I-5

The weather is dreadful. **Il fait un temps épouvantable.** I-5

The weather is good/warm. **Il fait bon.** I-5

The weather is nice. **Il fait beau.** I-5

web site **site Internet/web** *m.* II-3

wedding **mariage** *m.* I-6

Wednesday **mercredi** *m.* I-2

weekend **week-end** *m.* I-2

this weekend **ce week-end** *m.* I-2

welcome **bienvenu(e)** *adj.* I-1

You're welcome. **Il n'y a pas de quoi.** I-1

well **bien** *adv.* I-7

I am doing well/badly. **Je vais bien/mal.** I-1

west **ouest** *m.* II-4

What? **Comment?** *adv.* I-4; **Pardon?** I-4; **Quoi?** I-1 *interr. pron.* I-4

What day is it? **Quel jour sommes-nous?** I-2

What is it? **Qu'est-ce que c'est?** *prep.* I-1

What is the date? **Quelle est la date?** I-5

What is the temperature? **Quelle température fait-il?** I-5

What is the weather like? **Quel temps fait-il?** I-5

What is your name? **Comment t'appelles-tu?** *fam.* I-1

What is your name? **Comment vous appelez-vous?** *form.* I-1

What is your nationality? **Quelle est ta nationalité?** *sing., fam.* I-1

What is your nationality? **Quelle est votre nationalité?** *sing., pl., fam., form.* I-1

What time do you have? **Quelle heure avez-vous?** *form.* I-2

What time is it? **Quelle heure est-il?** I-2

What time? **À quelle heure?** I-2

What do you think about that? **Qu'en penses-tu?** II-6

What's up? **Ça va?** I-1

whatever it may be **quoi que ce soit** II-5

What's wrong? **Qu'est-ce qu'il y a?** I-1

when **quand** *adv.* I-4

When is …'s birthday? **C'est quand l'anniversaire de …?** I-5

When is your birthday? **C'est quand ton/votre anniversaire?** I-5

where **où** *adv., rel. pron.* I-4

which? **quel(le)(s)?** *adj.* I-4

which one **à laquelle** *pron., f., sing.* II-5

which one **auquel (à + lequel)** *pron., m., sing.* II-5
which one **de laquelle** *pron., f., sing.* II-5
which one **duquel (de + lequel)** *pron., m., sing.* II-5
which one **laquelle** *pron., f., sing.* II-5
which one **lequel** *pron., m., sing.* II-5
which ones **auxquelles (à + lesquelles)** *pron., f., pl.* II-5
which ones **auxquels (à + lesquels)** *pron., m., pl.* II-5
which ones **desquelles (de + lesquelles)** *pron., f., pl.* II-5
which ones **desquels (de + lesquels)** *pron., m., pl.* II-5
which ones **lesquelles** *pron., f., pl.* II-5
which ones **lesquels** *pron., m., pl.* II-5
while **pendant que** *prep.* I-7
white **blanc(he)** *adj.* I-6
who? **qui?** *interr. pron.* I-4; **qui** *rel. pron.* II-3
   Who is it? **Qui est-ce?** I-1
   Who's calling, please? **Qui est à l'appareil?** II-5
whom? **qui?** *interr.* I-4
   For whom? **Pour qui?** I-4
   To whom? **À qui?** I-4
why? **pourquoi?** *adv.* I-2, I-4
widowed **veuf/veuve** *adj.* I-3
wife **femme** *f.* I-1; **épouse** *f.* I-3
willingly **volontiers** *adv.* II-2
win **gagner** *v.* I-5
wind **vent** *m.* I-5
   It is windy. **Il fait du vent.** I-5
window **fenêtre** *f.* I-1
windshield **pare-brise** *m.* II-3
windshield wiper(s) **essuie-glace (essuie-glaces** *pl.***)** *m.* II-3
windsurfing **planche à voile** *v.* I-5
   to go windsurfing **faire de la planche à voile** *v.* I-5
winter **hiver** *m.* I-5
   in the winter **en hiver** I-5
wipe (the dishes/the table) **essuyer (la vaisselle/la table)** *v.* I-8, II-P
wish that... **souhaiter que...** *v.* II-6
with **avec** *prep.* I-1
   with whom? **avec qui?** I-4
withdraw money **retirer de l'argent** *v.* II-4
without **sans** *prep.* I-8, II-P; **sans que** *conj.* I-5
woman **femme** *f.* I-1

wood **bois** *m.* II-6
wool **laine** *f.* I-6
work **travail** *m.* II-4
   to work **travailler** *v.* I-2; **marcher** *v.* II-3; **fonctionner** *v.* II-3
work out **faire de la gym** *v.* I-5
worker **ouvrier/ouvrière** *m., f.* II-5
world **monde** *m.* I-7
worried **inquiet/inquiète** *adj.* I-3
worry **s'inquiéter** *v.* II-2
worse **pire** *comp. adj.* II-1; **plus mal** *comp. adv.* II-1; **plus mauvais(e)** *comp. adj.* II-1
worst: the worst **le plus mal** *super. adv.* II-1; **le/la pire** *super. adj.* II-1; **le/la plus mauvais(e)** *super. adj.* II-1
wound **blessure** *f.* II-2
wounded: to get wounded **se blesser** *v.* II-2
write **écrire** *v.* I-7
   to write one another **s'écrire** *v.* II-3
writer **écrivain(e)** *m., f.* II-7
written **écrit (écrire)** *p.p., adj.* I-7
wrong **tort** *m.* I-2
   to be wrong **avoir tort** *v.* I-2

Y

yeah **ouais** I-2
year **an** *m.* I-2; **année** *f.* I-2
yellow **jaune** *adj.* I-6
yes **oui** I-2; *(when making a contradiction)* **si** I-2
yesterday (morning/afternoon evening) **hier (matin/après-midi/soir)** *adv.* I-7
   day before yesterday **avant-hier** *adv.* I-7
yogurt **yaourt** *m.* II-1
you **toi** *disj. pron., sing., fam.* I-3; **tu** *sub. pron., sing., fam.* I-1; **vous** *pron., sing., pl., fam., form.* I-1
   you neither **toi non plus** I-2
   You're welcome. **De rien.** I-1
young **jeune** *adj.* I-3
younger **cadet(te)** *adj.* I-3
your **ta** *poss. adj., f., sing.* I-3; **tes** *poss. adj., m., f., pl.* I-3; **ton** *poss. adj., m., sing.* I-3; **vos** *poss. adj., m., f., pl.* I-3; **votre** *poss. adj., m., f., sing.* I-3;
yourself **te/t'** *refl. pron., sing., fam.* II-2; **toi** *refl. pron., sing., fam.* II-2; **vous** *refl. pron., form.* II-2

youth **jeunesse** *f.* I-6
youth hostel **auberge de jeunesse** *f.* I-7
Yum! **Miam!** *interj.* I-5

Z

zero **zéro** *m.* I-1

Mots utiles

absent(e) *absent*
un département *department*
une dictée *dictation*
une phrase *sentence*
une feuille d'activités
  activity sheet
l'horaire des cours (m.)
  class schedule
un paragraphe *paragraph*
une épreuve *quiz*
un examen *exam; test*
suivant(e) *following*

Expressions utiles

Asseyez-vous, s'il vous plaît.
  Sit down, please.
Avez-vous des questions?
  Do you have any questions?
**Comment dit-on _____ en
français?** *How do you say
_____ in French?*
**Comment écrit-on _____ en
français?** *How do you write
_____ in French?*
Écrivez votre nom. *Write
your name.*
Étudiez la leçon trois. *Study
lesson 3.*
Fermez votre livre. *Close your
book(s).*
Je ne comprends pas. *I don't
understand.*
Je ne sais pas. *I don't know.*
Levez la main. *Raise your hand(s).*
**Lisez la phrase à voix
haute.** *Read the sentence aloud.*
**Ouvrez votre livre à la page
deux.** *Open your book to
page two.*
**Plus lentement, s'il vous
plaît.** *Slower, please.*
Que signifie _____? *What
does _____ mean?*
**Répétez, s'il vous
plaît.** *Repeat, please.*
**Répondez à la/aux
question(s).** *Answer the
question(s).*
Vous comprenez? *Do you
understand?*

Titres des sections
du livre

À l'écoute *Listening*
Après la lecture *After Reading*
Avant la lecture *Before Reading*
Coup de main *Helping Hand*
Culture à la loupe *Culture
  through a magnifying glass*
Écriture *Writing*
Essayez! *Try it!*
Incroyable mais vrai! *Incredible
  But True!*
Le français quotidien *Everyday
  French*
Le français vivant *French Live*
Lecture *Reading*
Les sons et les lettres *Sounds
  and Letters*
Mise en pratique *Putting it
  into Practice*
Le monde francophone *The
  Francophone World*
Pour commencer *To Begin*
Projet *Project*
Roman-photo *Story based
  on photographs*
Savoir-faire *Know-how*
Structures *Structures; Grammar*
Le zapping *Channel-surfing*

D'autres adjectifs de
nationalité en Europe

autrichien(ne) *Austrian*
belge *Belgian*
bulgare *Bulgarian*
danois(e) *Danish*
écossais(e) *Scottish*
finlandais(e) *Finnish*
grec/grecque *Greek*
hongrois(e) *Hungarian*
norvégien(ne) *Norwegian*
polonais(e) *Polish*
portugais(e) *Portuguese*
roumain(e) *Romanian*
russe *Russian*
slovaque *Slovakian*
slovène *Slovene; Slovenian*
suédois(e) *Swedish*
tchèque *Czech*

D'autres adjectifs de
nationalité en Afrique

africain(e) *African*
angolais(e) *Angolan*
béninois(e) *Beninese*
camerounais(e) *Cameroonian*
congolais(e) *Congolese*
égyptien(ne) *Egyptian*
éthiopien(ne) *Ethiopian*
kenyan(e) *Kenyan*
ivoirien(ne) *of the Ivory Coast*
nigérien(ne) *Nigerian*
somalien(ne) *Somali*
soudanais(e) *Sudanese*
sud-africain(e) *South African*
tchadien(ne) *Chadian*
togolais(e) *Togolese*
tunisien(ne) *Tunisian*

D'autres adjectifs
de nationalité dans
le monde

antillais(e) *Caribbean, West Indian*
argentin(e) *Argentinian*
asiatique *Asian*
australien(ne) *Australian*
bolivien(ne) *Bolivian*
chilien(ne) *Chilean*
colombien(ne) *Colombian*
cubain(e) *Cuban*
haïtien(ne) *Haitian*
indien(ne) *Indian*
irakien(ne) *Iraqi*
iranien(ne) *Iranian*
israélien(ne) *Israeli*
libanais(e) *Lebanese*
néo-zélandais(e) *New Zealander*
pakistanais(e) *Pakistani*
péruvien(ne) *Peruvian*
portoricain(e) *Puerto Rican*
syrien(ne) *Syrian*
turc/turque *Turkish*
vénézuélien(ne) *Venezuelan*

D'autres cours

l'agronomie (f.) *agriculture*
l'algèbre (m.) *algebra*
l'anatomie (f.) *anatomy*
l'anthropologie (f.) *anthropology*
l'archéologie (f.) *archaeology*
l'architecture (f.) *architecture*
l'astronomie (f.) *astronomy*
la biochimie *biochemistry*
la botanique *botany*
le commerce *business*
une filière *course of study*
le latin *Latin*
les langues romanes
    romance languages
la linguistique *linguistics*
le marketing *marketing*
les mathématiques
    supérieures,
    spéciales *calculus*
la médecine *medicine*
la musique *music*
la trigonométrie *trigonometry*
la zoologie *zoology*

D'autres mots utiles

un classeur *binder*
une gomme *eraser*
l'infirmerie (f.) *infirmary*
une règle *ruler*

D'autres animaux familiers

un cochon d'Inde *guinea pig*
un furet *ferret*
une gerbille *gerbil*
un hamster *hamster*
un rongeur *rodent*
une souris *mouse*
une tortue *turtle*

D'autres adjectifs pour décrire les gens

ambitieux/ambitieuse *ambitious*
arrogant(e) *arrogant*
calme *calm*
compétent(e) *competent*
excellent(e) *excellent*
franc/franche *frank, honest*
(mal)honnête *(dis)honest*
idéaliste *idealistic*
immature *immature*
mûr(e) *mature*
(ir)responsable *(ir)responsible*
romantique *romantic*
séduisant(e) *attractive*
sentimental(e) *sentimental*
souple *flexible*
studieux/ieuse *studious*
tranquille *quiet*

D'autres professions

un boucher/une
    bouchère *butcher*
un boulanger/une
    boulangère *baker*
un caissier/une
    caissière *cashier*
un cordonnier *cobbler*
un dessinateur/une
    dessinatrice *illustrator*
un fermier/une fermière *farmer*
un(e) informaticien(ne)
    computer scientist
un instituteur/une institutrice
    nursery/elementary school teacher
un(e) photographe *photographer*
un(e) pilote *pilot*
un(e) styliste *fashion designer*
un tailleur (pour dames)
    (ladies') tailor
un teinturier *dry cleaner*

Au café

une brioche *brioche, bun*
un café crème *espresso with milk*
un croque-monsieur *toasted
ham and cheese sandwich*
de l'eau gazeuse (f.) *sparkling
mineral water*
de l'eau plate (f.) *plain water*
un garçon de café *waiter*
une omelette au jambon/au
    fromage *omelet with ham/
with cheese*
des œufs au/sur le plat
    (m.) *fried eggs*
une part de tarte *slice of a pie*
une tartine de beurre *slice of
bread and butter*

Quelques fromages

du bleu des Causses *blue
cheese made with cow's milk*
du camembert *soft cheese made
with cow's milk*
du fromage de chèvre
    goat cheese
du gruyère *Swiss cheese*
du munster *semisoft cheese that
can be sharp in flavor, made
with cow's milk*
du reblochon *soft cheese made
with cow's milk*
du roquefort *blue cheese made
with sheep's milk*
de la tomme de Savoie
    *cheese from the Alps made of
scalded curds*

Supplementary Vocabulary

D'autres loisirs

une bicyclette *bicycle*
bricolage (faire du) *fixing things*
collectionner les timbres *to collect stamps*
faire des mots croisés *to do a crossword puzzle*
une fête foraine/une foire *fair*
jouer à la pétanque/aux boules (f.) *to play the game of petanque*
jouer aux dames (f.) *to play checkers*
louer une vidéo/un DVD *to rent a video/DVD*
la natation (faire de) *swimming*
un parc d'attractions *amusement park*
tapisserie (faire de la) *needlework*
tricoter *knitting*

Des mots liés à la météo

une averse *shower*
la bise *North wind*
la brise *breeze*
un ciel couvert *overcast sky*
un ciel dégagé *clear sky*
une éclaircie *break in the weather; sunny spell*
la grêle *hale*
la grisaille *grayness*
de la neige fondue *sleet*
un nuage *cloud*
un orage *thunder storm*
une vague de chaleur *heat wave*
le verglas *black ice*

Des fêtes de famille

une bague de fiançailles *engagement ring*
un baptême *christening*
les fiançailles *engagement*
les noces d'argent *silver wedding anniversary*
les noces d'or *golden wedding anniversary*
un enterrement *funeral*

Des jours fériés

l'Action de grâce *Thanksgiving*
la fête de l'Indépendance *Independence Day*
une fête nationale *National holiday*
le Jour de l'an/la Saint-Sylvestre *New Year's Day*
le 14 juillet *Bastille Day*
la Saint-Valentin *Valentine's Day*

D'autres mots pour faire la fête

des accessoires de cotillon (m.) *party accessories*
des amuse-gueule (m.) *appetizers; nibbles*
un bal *ball*
des confettis *confetti*
des feux d'artifice *fireworks*
un serpentin *streamer*

Quelques vêtements

une doudoune *down coat*
un foulard *headscarf*
un gilet *cardigan; vest*
un moufle *mitten*
un pantacourt *capri pants*
un pull à col roulé *turtleneck*
un sweat-shirt *sweatshirt*
une veste *jacket*

Quelques pays d'Europe

l'/en Autriche (f.) *Austria*
la/en Bulgarie *Bulgaria*
le/au Danemark *Denmark*
l'/en Écosse (f.) *Scotland*
la/en Finlande *Finland*
la/en Grèce *Greece*
la/en Hongrie *Hungary*
la/en Norvège *Norway*
la/en Pologne *Poland*
le/au Portugal *Portugal*
la/en République tchèque *Czech Republic*
la/en Roumanie *Romania*
le/au Royaume-Uni *United Kingdom*
la/en Russie *Russia*
la/en Slovaquie *Slovakia*
la/en Slovénie *Slovenia*
la/en Suède *Sweden*

Quelques pays d'Afrique

l'/en Afrique du Sud (f.) *South Africa*
l'/en Algérie (f.) *Algeria*
l'/en Angola (f.) *Angola*
le/au Bénin *Benin*
le/au Cameroun *Cameroon*
le/au Congo *Congo*
la/en Côte d'Ivoire *Ivory Coast*
l'/en Égypte (f.) *Egypt*
l'/en Éthiopie (f.) *Ethiopia*
le/au Kenya *Kenya*
le/au Maroc *Morocco*
le/au Niger *Niger*
le/au Sénégal *Senegal*
la/en Somalie *Somalia*
le/au Soudan *Sudan*
le/au Soudan du Sud *South Sudan*
le/au Tchad *Chad*
le/au Togo *Togo*
la/en Tunisie *Tunisia*

D'autres pays

l'/en Argentine (f.) *Argentina*
l'/en Australie (f.) *Australia*
la/en Bolivie *Bolivia*
le/au Chili *Chile*
la/en Colombie *Colombia*
(à) Cuba (f.) *Cuba*
(à) Haïti *Haiti*
l'/en Inde (f.) *India*
l'/en Irak (m.) *Iraq*
l'/en Iran (m.) *Iran*
(en) Israël (m.) *Israel*
le/au Liban *Lebanon*
la/en Nouvelle-Zélande *New Zealand*
le/au Pakistan *Pakistan*
le/au Pérou *Peru*
(à) Porto Rico (f.) *Puerto Rico*
la/en Syrie *Syria*
la/en Turquie *Turkey*
le/au Venezuela *Venezuela*

Partir en vacances

atterrir *to land*
l'atterrissage (m.) *landing*
une compagnie aérienne *airline*
une crème solaire *sunscreen*
une croisière *cruise*
le décollage *take-off*
décoller *to take off*
défaire ses valises *to unpack*
un douanier *customs officer*
une frontière *border*
un groom *bellhop*
un numéro de vol *flight number*
dormir à la belle étoile *to sleep out in the open*
une station balnéaire *seaside resort*

Dans la maison

allumer la lumière *to turn on the light*
du bois *wood*
le chauffage central *central heating*
la cheminé *chimney; fireplace*
la climatisation *air-conditioning*
la décoration intérieure *interior design*
en bas *downstairs*
en haut *upstairs*
éteindre la lumière *to turn off the light*
le fioul *heating oil*
le gaz *natural gas*
le grenier *attic*
la lumière *light*
une penderie *walk-in closet*
un plafond *ceiling*
le sol *floor*
le toit *roof*

Des tâches ménagères

aérer une pièce *to air a room*
arroser les plantes *to water the plants*
étendre le linge *to hang out/hang up washing*
laver les vitres *to clean the windows*
une vitre *windowpane*

Des meubles et des objets de la maison

une ampoule *light bulb*
une bougie *candle*
un buffet *sideboard*
une corde à linge *clothesline*
une couette *comforter*
le linge de maison *linen*
une persienne *shutter*
une pince à linge *clothes pin*
un portemanteau *coat rack*
un radiateur *radiator*
un robot ménager *food processor*
un store *blind*
un volet *shutter*

AP® French Themes & Contexts

This index aligns the cultural content in **D'accord! 1B** with the AP® French Language and Culture themes and recommended contexts to help you build the broad cultural understanding you need to succeed in class, on the AP® Exam, and beyond.

The numbers following each entry can be understood as follows:

(8) 193 = **(Unit)** page
As shown, the entry above would be found in Unit 8, page 193.

*Entries marked with an asterisk offer cultural information that supports the AP® theme and context but may not fully align with it.

You can find a comprehensive index of AP® Themes & Contexts for all levels of **D'accord!** on the Supersite.

Grammar Index

Credits

Every effort has been made to trace the copyright holders of the works published herein. If proper copyright acknowledgment has not been made, please contact the publisher and we will correct the information in future printings.

Photography and Art Credits

Cover: Partrip/RelaXimages/AGE Fotostock

Front Matter (TE): T36: SimmiSimons/iStockphoto; **T38:** Monkeybusinessimages/Bigstock.

Front Matter (SE): xvii: (all) North Wind Picture Archives/Alamy; **xviii:** (l) Courtesy of the Library of Congress; (r) Design Pics Inc/Alamy; **xix:** Masterpics/Alamy; **xx:** (tl) Moodboard/Fotolia; (bl) Moshimochi/Shutterstock; (br) Wavebreakmedia Ltd/Shutterstock; **xxi:** JTB Photo Communications, Inc/Alamy; **xxii:** (l) Gawrav/iStockphoto; (r) Yuri/iStockphoto; **xxiii:** FMB/Isabel Schiffler/Future Image/WENN/Newscom; **xxiv:** (t) Monkey Business Images/Fotolia; (b) Yuri Arcurs/Fotolia; **xxv:** (t) Monkeybusinessimages/iStockphoto; (b) Masterfile Royalty-Free; **xxvi:** David Schaffer/Media Bakery.

Reprise: 1: Theodor Barth/laif/Redux Pictures; **6:** (tl) Annie Pickert Fuller; (tm) VHL; (tr) Shaun Best/Reuters; (bl) Martín Bernetti; (bm) Martín Bernetti; (br) VHL **9:** (l) Martín Bernetti; (r) Pascal Pernix; **10:** John Kershaw/Alamy; **11:** (t) Dieu Nalio Chery/AP Images; (b) Jeff Greenberg 4 of 6/Alamy; **16:** (t) Martín Bernetti; (tml) Dmitry Kutlayev/iStockphoto; (tmr) VHL; (ml) Zentilia/Fotolia; (mr) Anne Loubet; (bl) AHBE/Fotolia; (br) Martín Bernetti; **20:** Anne Loubet.

Unit 5: 21: Lagos Nigeria/Alamy; **24:** Martín Bernetti; **28:** Orban Thierry/ABACA/Newscom; **29:** (t) Marco Iacobucci EPP/Shutterstock; (b) Arko Datta/Reuters: **42:** Ron Koeberer/Getty Images; **46:** Anne Loubet; **47:** (l) Anne Loubet; (r) Benoit Tessier/Reuters/Newscom; **49:** Vanessa Bertozzi; **58:** (left col: t) ATB/ATP/WENN/Newscom; (left col: b) Shaun Best/Reuters; (t) Brianafrica/Alamy; (ml) Author's Image Ltd/Alamy; (mr) MJ Photography/Alamy; (b) Gerard Lacz Images/SuperStock; **59:** (tl) Seyllou/AFP/Getty Images; (tr) Sadaka Edmond/SIPA/Newscom; (bl) Kevin Schafer/Alamy; (br) Werner Forman Archive/Heritage Image Partnership Ltd/Alamy; **60:** (t) Perry Mastrovito/Corbis; (b) Rossy Llano; **61:** Anne Loubet; **62:** Pascal Pernix; **63:** (l) Martine Coquilleau/Fotolia; (r) Peter Adams Photography Ltd/Alamy.

Unit 6: 65: Jupiterimages/Getty Images; **72:** Fadi Al-barghouthy/123RF; **73:** (t) Mal Langsdon/Reuters; (b) Trevor Pearson/Alamy; **74:** Rachel Distler; **75:** (all) Martín Bernetti; **85:** (t) Ben Blankenburg/Corbis; (ml) Hemera Technologies/Getty Images; (mr) Purestock/Jupiterimages; (b) Ablestock.com/Getty Images; **90:** Poree-Wyters/ABACA/Newscom; **91:** (t) Evening Standard/Hulton Archive/Getty Images; (b) Graylock/MCT/Newscom; **95:** Anne Loubet; **99:** Anne Loubet; **101:** Anne Loubet; **102:** (t) Idealink Photography/Alamy; (ml) A.Anwar Sacca/Fotolia; (mr) Nik Wheeler/Getty Images; (bl) Abdelhak Senna/Getty Images; (br) Frans Lemmens/Getty Images; **103:** (tl) Stephen Lloyd Morocco/Alamy; (tr) Ulf Andersen/Getty Images; (bl) Paul Springett B/Alamy; (br) Romilly Lockyer/Getty Images; **104:** Trois-Rivieres Le Nouvelliste/The Canadian Press (Sylvain Mayer); **104-105:** (background) Corbis RF; **106:** Jeff Greenberg/Alamy; **107:** Brian McEntire/iStockphoto.

Unit 7: 109: Janet Dracksdorf; **112:** PeopleImages/iStockphoto; **116:** Courtesy of www.Tahiti-Tourisme.com; **117:** (l) Zonesix/Shutterstock; (r) Edgar Degas (1834–1917). Danseuses bleues, Blue dancers, c. 1890. Location: Musée d'Orsay, Paris, France. Photo credit: Alfredo Dagli Orti/The Art Archive/Art Resource; **125:** Courtesy of www.Tahiti-Tourisme.com; **129:** Photolibrary; **130:** Martín Bernetti; **134:** (l) Janet Dracksdorf; (r) Anne Loubet; **135:** Johner Images/Alamy; **143:** Alantide Phototravel/Getty Images; **145:** Anne Loubet; **146:** (left col: t) The AGE/Getty Images; (left col: b) Charles Bonnay/Gamma-Rapho/Getty Images; (t) Saiko3p/Shutterstock; (m) Melba Photo Agency/Alamy; (b) Ashit Desai/Getty Images; **147:** (tl) Photo Josse/Leemage/Getty Images; (tr) Neftali77/Deposit Photos; (bl) Courtesy of www.Tahiti-Tourisme.com; (br) AS Food Studio/Shutterstock; **148-149:** Andreas Prott/Shutterstock; **150:** Pascal Pernix; **151:** Jessica Beets.

Unit 8: 153: Helen & Bodil Sturesson/Johner Images; **160:** Anne Loubet; **161:** Maridav/Shutterstock; **173:** Giantstep Inc/Getty Images; **174:** Thinkstock/Corbis; **178:** Anne Loubet; **179:** David Redfern/Getty Images; 185: 290712/Fotolia; **186:** (t) Stockshot/Alamy; (bl) Ben Blankenburg/Corbis; (bml) Martín Bernetti; (bmr) Martín Bernetti; (br) Martín Bernetti; **187:** Sigrid Olsson/AGE Fotostock; **188:** (all) Anne Loubet; **189:** (all) Anne Loubet; **190:** (left col: t) Historical Picture Archive/Getty Images; (left col: m) Keystone Pictures/AGE Fotostock; (left col: b) Kurt Krieger/Getty Images; (t) Jeremy Reddington/Shutterstock; (ml) Abadesign/Shutterstock; (mr) Anne Loubet; (b) Benjamin Herzog/Fotolia; **191:** (tl) Tom Delano; (tr) Anne Loubet; (bl) Janet Dracksdorf; (br) Anne Loubet; **192:** (left col, t) Aksaran/Gamma-Rapho/Getty Images; (left col, m) Stills Press/Alamy; (left col, b) AF Archive/Alamy; (t) Structurae/Nicolas Janberg; (ml) Paanna/Deposit Photos; (mr) Sigurcamp/Shutterstock; (b) Jean Dubuffet. Closerie Falbala (1971-1973). Painted epoxy resin and sprayed concrete. Surface area: 1.610 m2. Fondation Dubuffet, Perigny-sur-Marne (France). Copyright Fondation Dubuffet / ARS 2017. **193:** (tl) Kalpana Kartik/Alamy; (tr) Josse Christophel/Alamy; (bl) Tony C. French/Getty Images; (br) Bukki88/Depositphotos; **194–195:** Jessica Beets; **194:** (b) Jessica Beets; **195:** (inset) Jessica Beets; **196:** Anne Loubet; **197:** Terry J Alcorn/iStockphoto.

Back Cover: Demaerre/iStockphoto.

Television Credits